法律史译评

【第八卷】

周东平　朱腾　主编

Legal History Studies

中西書局

图书在版编目(CIP)数据

法律史译评. 第八卷/周东平，朱腾主编. —上海：中西书局，2020
ISBN 978-7-5475-1792-5

Ⅰ.①法… Ⅱ.①周… ②朱… Ⅲ.①法制史—研究—中国 Ⅳ.①D929

中国版本图书馆 CIP 数据核字(2020)第 242994 号

FALÜSHI YIPING(DI-BA JUAN)

法律史译评(第八卷)

周东平 朱 腾 主编

责任编辑 孙本初
助理编辑 姚骄桐
装帧设计 黄 骏
责任校对 左钟亮
责任印制 朱人杰
出版发行 上海世纪出版集团
中西書局(www.zxpress.com.cn)
地 址 上海市陕西北路457号(邮编 200040)
印 刷 上海肖华印务有限公司
开 本 710×1000 毫米 1/16
印 张 26.75
字 数 497 000
版 次 2020年11月第1版 2020年11月第1次印刷
书 号 ISBN 978-7-5475-1792-5/D·074
定 价 118.00元

本书编委会成员

主编 周东平　朱　腾

编委（按姓氏拼音排列）

[美] 步德茂　陈惠馨　陈俊强　陈　利

[日] 宫宅潔　黄源盛　[日] 铃木秀光

[俄] 马　硕　邱澎生　[日] 辻正博

[美] 谢　凯　周东平　朱　腾

编辑（按姓氏拼音排列）

唐国昌　王牧云　尹嘉越

目　录

西周国家*

李 峰** 著 王一义*** 译

前 言

如果有人要指出中国历史上持续时间最久的王室,那一定是周(公元前1045—前256)。即便周朝辉煌的一页已经揭过,“周”的名称仍然承载着可观的尊严,并曾经成为五个政权尊奉的王朝名号。在长达857年的时间里,这些称为“周”的政权或统治近乎整个“中国”,或控制了它的很大一部分地区。对于孔子及其追随者来说,西周时期(公元前1045—前771)是文明史上的黄金时代。但西周国家相对较早地开始衰退,并长期受到内在和外部持续的政治压力带来的困扰。周朝一系列独特的政治和礼仪制度被不同人群融合而成的居民所接受,逐步形成了一个文化系统。正是有赖于这一文化系统,在周王朝衰落几个世纪后,周王仍能以“天子”的身份承担特殊的礼仪角色。

从全球史视野看,周人取得统治地位的时间与近东地区的所谓黑暗时代(约公元前1100—前900)同时。[1] 这一时期之后是一个大规模帝国——新亚述帝国(公元前911—前609)的兴起,继之而起的是波斯。在地中海世界的历史中,希腊的“黑暗时代”(约公元前1100—前776)也约略同时。[2] 周朝为此后长期的历史发展创造了最初的条件,经过重大的调整,这些条件最终促成了秦帝国(公元前221—前207)的兴起。周朝还创立了一种国家制度的模式,其结构和组织逻辑与亚述帝国以及希腊

---

* 本文原题为“The Western Zhou State”,载 *Routledge Handbook of Early Chinese History*, Routledge, 2018, pp. 84-107。

** 李峰,美国哥伦比亚大学东亚语言与文化系终身教授。

*** 王一义,清华大学法学院法律史专业2018级博士研究生。

1 Van De Mieroop, Marc. *A History of the Ancient Near East, ca.* 3000-323 *BC*. Malden, MA: Blackwell Publishing, 2004, pp. 189-194.

2 Hornblower, Simon, Antony Spawforth, and Esther Eidinow (eds.). *The Oxford Classical Dictionary*, Oxford: Oxford University Press, 2012, p. 628.

的“城邦国家”有很大的不同。笔者基于新的理论工具研究和日益丰富的新材料,以获得对西周国家性质的初步认识,但笔者尚未就周王朝在对世界早期文明的比较研究中的价值展开讨论。

一、时间和空间

笔者对先周时期认识来源于一次重大天文事件的记录。当时,在陕西中部(即周人领土)的北方,能够清晰地看到太阳系五大行星出现在一起,即所谓“五星聚”。这一现象据说发生在末代商王帝辛在位的第32年中。[1] 在现代科技手段的帮助下,历史学家把这一事件定位在公元前1059年5月。我们由此可以确信,“五星聚”为周人信仰天命提供了确实的天文宗教依据。天命降于文王,周文王随即称王。[2] 历史文献中依次记载了此后12年发生的事情,直到公元前1046年冬天,周武王灭商,建国号为周(公元前1046—前771),后世称之为西周。

西周总共持续了274年,结束于公元前771年。这一年,西周的都城被一群来自西北高地的敌人洗劫。尽管我们可以确定西周的起止时间,但如何明确十二位君主的统治时间至今仍然是一个存在争议的传统问题。不过至少有一些“固定点”得到学者们的普遍接受,即他们赞成把西周分成三个时期:早期、中期和晚期。公元前842年,叛乱者攻占了周王都,结束了周厉王的统治。此后西周以最后两个王——宣王(在位46年)和幽王(在位11年)——而闻名。公元前899年,在陕西西部的郑国日出后不久发生了一次日食,即所谓“天再旦于郑”,这是西周中期周懿王(第八位君主)的即位年。[3]

如何对公元前1045—前899年间西周早中期的六位君主(武、成、康、昭、穆、恭)和公元前899—前842年间西周晚期的四位君主(懿、孝、夷、厉)的统治时间进行分割呢?这有赖于综合零散并时有冲突的文献资料和金文记载的年数研究。金文中的年数暗示了某一位君主可能统治的最短年数(不过多数情况下学者并不知道究竟是哪一位君主)。不少金文也确实记载了月份、日数甚至月相;如果能将这些信息和一份从公元前842年回溯日月的日历对照,就有望确定相关君主的统治年数。当然,很

---

1 《今本竹书纪年》,商务印书馆1920年版,第34页。

2 Pankenier, David. “The Cosmo-Political Background of Heaven's Mandate,” *Early China* 20, 1995, pp. 121-176.

3 Shaughnessy, Edward L. *Sources of Western Zhou History: Inscribed Bronze Vessels*, Berkeley, CA: University of California Press, 1991, p. 256.

多学者为达成这一目标做了系统工作,夏含夷教授制作的年表即为其中之一(见表格 1)。[1] 然而,学者仍然不能确定许多君主的统治时间。尽管如此,至少可以确定武王死于公元前 1043 年,上距克商 2 年;[2] 昭王即位 19 年后,死于南征。铭文还表明,康王至少统治了 25 年。一篇新发现的铭文(覨公簋)表明,成王至少统治了 28 年。西周中期,我们知道穆王至少统治了 34 年(鲜簋),恭王至少统治了 15 年。最后,从懿王到厉王,平均每位君主的统治时间是 14 年。

表格 1　西周诸王在位年代[3]

君主	时期	分期
文王	公元前 1099/1056—前 1050	前征商时期
武王	公元前 1049/1045*—前 1043	
(周公)	公元前 1042—前 1036	西周早期
成王	公元前 1042/1035—前 1006	
康王	公元前 1005/1003—前 978	
昭王	公元前 977/975—前 957	
穆王	公元前 956—前 918	
恭王	公元前 917/915—前 900	西周中期
懿王	公元前 899/997—前 873	
孝王	公元前 872? —前 866	
夷王	公元前 865—前 858	
厉王	公元前 857/853—前 842/828	西周晚期
(共和行政)	公元前 841—前 828	
宣王	公元前 827/825—前 782	
幽王	公元前 781—前 771	

*部分君主确定了两个元年,这是基于倪德卫看法。倪德卫指出,西周的君主在他父亲去世的第二年开始自己的统治。在服丧期结束后,他校准年份并重新开始自己的纪年。[4]

---

1 Shaughnessy, Edward L. *Sources of Western Zhou History: Inscribed Bronze Vessels*, pp. 217-287.

2 然而,即便这个年份也在近期受到了挑战。清华简中有一篇题为《周武王有疾》的文书,其中记载周武王在征服商朝后第三年得病(可能死于此年)(李学勤主编:《清华大学藏战国竹简(壹)》,中西书局 2011 年版,第 157 页)。清华简包含 2000 多支盗自墓葬的竹简,这批竹简由北京清华大学购得,从 2011 年至今(指本文完成之时,即 2017 年。——编者注),已出版五卷。参见 Allan, Sarah. "On *Shu* 書(Documents) and the Origin of the *Shang shu* 尚書(Ancient Documents) in Light of Recently Discovered Bamboo Slip Manuscripts", *Bulletin of the School of Oriental and African Studies* 75.3, 2012, pp. 547-557。

3 Shaughnessy, Edward L. *Sources of Western Zhou History: Inscribed Bronze Vessels*, pp. XIX.

4 Nivison, David. "The Dates of Western Chou," *Harvard Journal of Asiatic Studies* 43, 1983, pp. 481-580.

周代的史料情况(见下文)使我们在历史进程和地理位置之间建立起令人信服的联系,这主要得益于考古发掘的文字材料。周人的建国进程看来发生在位于甘肃东部和陕西西部的高地上。考古证据和周人流传下来的诗歌表明,灭商前周的中心位于今天的周原,处于岐山以南和渭河以北的黄土塬上(图 1)。古公时期,周人历史性地迁移到渭河谷地,此后一直到征服商王朝之前,这座岐邑承载着周政权核心的功能。在此之前,周人的活动跟一个叫作豳的地方联系在一起。这个地方很有可能位于今陕西的彬县和长武一带,岐山以北的泾河上游的河谷中。尽管豳的确切位置尚未得到考古发掘的确定,但是灭商前两个河谷地带陶器的一致性,提示了周崛起的物质文化背景。[1]

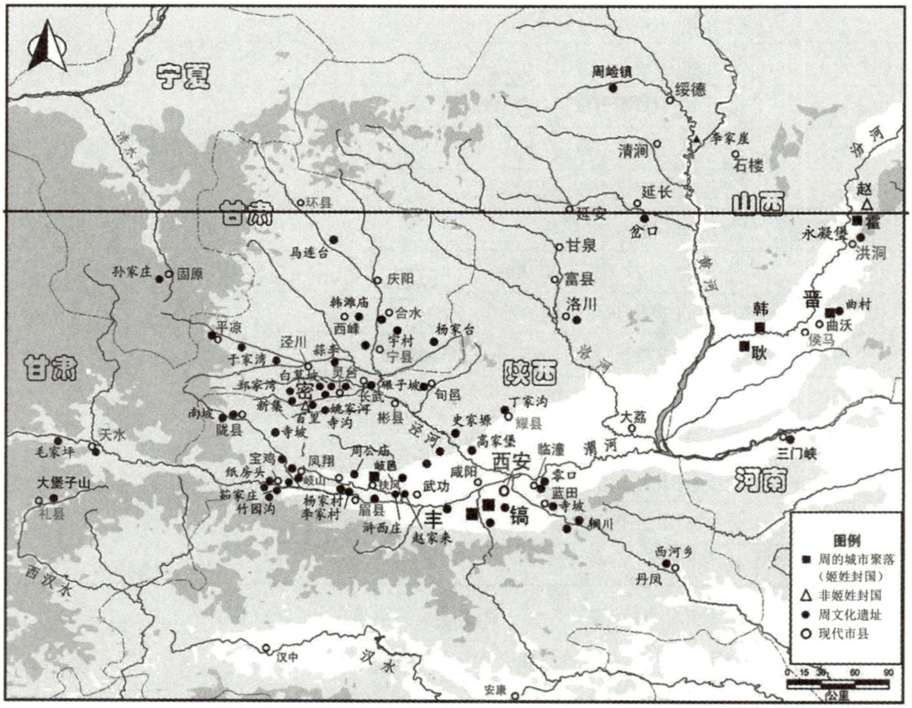

图 1　陕西渭河谷地周的中心区域示意

(地形图层采自 ESRI & Maps: 2004;河流采自哈佛中国历史 GIS 数据,2.0 版:2003 年 8 月)

两代以后,随着周文王的即位,周的政治势力向西拓展回泾水上游,并远达陇山-六盘山脉边缘地带。向东则到达河南西部山地,这些山地把渭水流域和河南东北部的商朝核心地带分隔开来。中国西部高原和河谷地区的酋邦、部落与新兴的周

1　李峰:《先周文化的内涵及其渊源探讨》,载《考古学报》1991 年第 3 期。

有不同程度的结盟；东部平原上的国家和族群则处于商王的统治之下。周武王于公元前1046年发起的灭商之役，就是东西两种势力之间的决战。周的两次征商造就的政治版图囊括了两大独立的地理区域（图2）。公元前10世纪，西周早期结束。在此之前，周在各地发展的不同程度的政治军事势力组成了庞大的网络，这一网络覆盖了河南、河北全境，山东的西部和北部，陕西中部，甘肃东部，山西南部，辽宁西南角，安徽北部，并到达湖北境内汉水以东的中游长江流域。[1] 但是由于西周可以定性为一

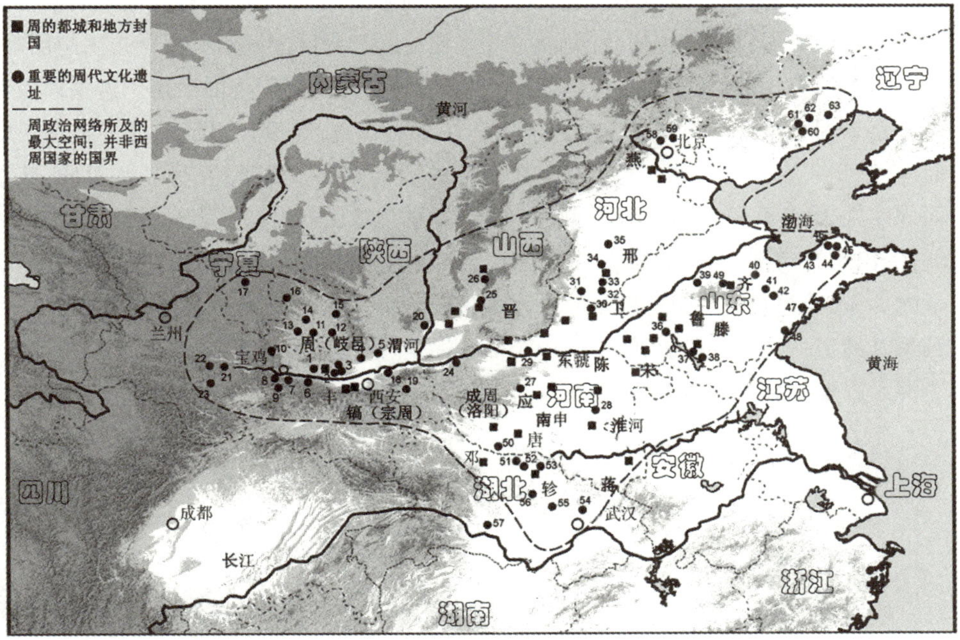

图2　西周分封示意图

1. 周公庙　2. 浒西庄　3. 赵家来　4. 高家堡　5. 丁家沟　6. 杨家村　7. 石鼓山　8. 茹家庄　9. 竹园沟　10. 南坡　11. 白草坡　12. 碾子坡　13. 郑家洼　14. 于家湾　15. 宇村　16. 平凉　17. 孙家庄　18. 零口　19. 辋川　20. 梁带村　21. 天水　22. 毛家坪　23. 大堡子山　24. 三门峡　25. 曲村　26. 永凝堡　27. 仓头　18. 田庄　29. 北平皋　30. 辛村　31. 界段营　32. 西潘旺　33. 龟台寺　34. 葛庄　35. 西张村　36. 梁山　37. 庄里西　38. 薛故城　39. 刘台子　40.寿光　41. 宇家　42. 河西　43. 东曲城　44. 鲁家沟　45. 庄头　46. 归城　47. 西庵　48. 固河崖　49. 临淄　50. 新野　51. 郭家庙　52. 羊子山　53. 叶家山　54. 鲁台山　55. 孝感　56. 苏家垄　57. 江陵　58. 白浮　59. 牛栏山　60. 山湾子　61. 马广沟　62. 北洞　63. 魏营子

1　Li Feng, *Landscape and Power in Early China: The Crisis and Fall of the Western Zhou*, 1045–771 BC. Cambridge: Cambridge University Press, 2006, p. 341.

个邑制国家(详见后),这并不要求它对其政治力量所及范围内的每一块土地施行连续的控制。不过,考古和文献记载提供的信息表明,周统治者及其臣民或服从周统治的混合人群所居住的大量的聚落,一定分布在上述最大的空间范围之内;西周国家的政治网络就是通过这些聚落展开的。毫无疑问,周王在这一空间内——甚至超出此范围——追求政治目的、实施协同军事行动的能力是远远超过了商王的。证据有力地表明了周在征服商王朝后相当短的时间内,就获得了这样的能力。

然而,周人对南方征战的彻底失败结束了周昭王的统治,此后的政治发展使得周越来越难以拓展自己广阔的政治网络,甚至维持既有程度的统治都变得越来越困难。在一段时间里,面对外族的入侵,周甚至明显无力防卫国都附近的聚落。这些入侵者主要是东南方持续威胁周的安全的淮夷。在东北方向,周可能已经撤退了很长一段时间,以至于在西周中期不得不与河北南部的敌人作战。但是,在另一些时候,甚至西周晚期,我们仍然可以发现周王指挥了远离周都地区的协同军事征战,诸如在安徽北部、山东东南部,一些远离战场的诸侯国也参与了战争。有证据表明,在周宣王统治时期,周通过在河南南部的南阳盆地移植或建立一些重要的政治体的方式和一系列系统的努力,以恢复在长江中游的统治。但是,这些措施随后导致了周王畿(坐落于渭水谷地)西北部防御力量的削弱。

二、史料

西周是中国历史上第一个研究成果很大程度上得益于考古学和历史学的综合运用的朝代,即以公正地处理三种类型的证据——考古证据、金文和传世文献为基础。

最早从20世纪30年代开始,考古学家就对西周时期的遗址进行了持续的调查和发掘。这些工作充分阐明了西周物质文化的发展序列。这些早期工作主要集中于西周的核心区域,也就是渭水谷地和洛阳盆地。20世纪80年代,研究焦点战略性地转移到了外围区域,极大丰富了我们关于西周的整体认识。这些田野工作发现了大量遗址,诸如宫殿和房屋的地基遗址、灰坑、作坊和墓葬遗址,这些发现为我们了解当时的社会生活提供了直接证据。在这些遗迹中,考古学家获取了大量材料,诸如陶器、玉器、漆器和青铜器;同时还有人和动物的遗骸,有时还有伴有车马坑。这些考古信息不仅使我们对西周的物质财富——特别是其区域变化——获得更深刻的认识,也为我们解读这一时期的历史提供了坚实的基础。但是,必须特别指出的是,尽管这些物质证据使我们得以直接观察过去的生活场景,它们的出现却是碎片化的、偶然的,它们不会自己形成系统的证据。为了达到历史分析的目的,这些物质证据必须通过精心设计的研究方案和其他类型的证据相结合。

幸运的是,并不是所有的物质证据都是“沉默”的,因为还存在一种特殊的考古证据——铸有铭文的青铜器。青铜铭文(金文)是铸在青铜器上的文字,其长短和复杂性不尽相同,其中最重要的是被铸器在容器上的铭文。如果离开这些金文,要对西周时期的研究有所推进是非常困难的。最新的汇编所汇集的从商到东周的器皿和乐器铭文共有 15989 篇(其中大多数属于西周),其中还不包括最新的和尚未出版的。[1] 由于这些铸有铭文的青铜器同时具备了物质和文本的属性,它们提供了考古学和历史学的最佳联系。如果这些青铜器在特定的现场被科学地发掘,就能帮助我们把历史进程置于其真实发生的地方。在过去,金文被狭隘地理解为上呈给祖先的宗教性文本,[2] 这种理解存在方法上的缺陷,也因对更多铭文更全面的思考而被否定。最近的研究已经使学者意识到,铸造有铭文的青铜器的原因有多种;也使学者注意到,这些青铜器在不同的社会背景下满足着周朝统治者不同的需求。[3] 特别重要的是,超过 100 篇“册命金文”记录了周王亲自向他的官员委派行政职务的宫廷仪式。这些铭文往往记载了历史的细节,为周的统治方式和西周的国家形态提供了直接的证据。一个很重要的现象是,这些在不同时机出现的金文,几乎都与其作器者——也是所有者——的生平事迹有关,所以这些金文为周代社会的几乎每一个方面都提供了重要的证据。

关于西周时期的传世文献分为不同层次,其中最早的部分产生于西周同期。这一部分包含《尚书》中的十几篇文献和《诗经》中相当多的诗歌。其中,《尚书》中的五篇“诰”被认为传自西周早期,此外的篇章和《诗经》中西周的大部分诗歌则可能传自西周晚期。第二个层次由战国时期的文本组成,这些文本包括传世文献和出土文书。在传世文献中,最重要的是《竹书纪年》《国语》和《左传》。尤其是《竹书纪年》(最初是在公元 3 世纪出土于战国墓),提供了西周时期和春秋时期的完整编年史;[4]《国语》通常被认为记载了西周中期以来王室和地方宫廷中的谈话;《左传》不仅详述了春秋时期的历史进程,也频繁提及更早期的历史。出土于战国墓葬的文书主要是

---

1 吴镇烽:《商周青铜器铭文暨图像集成》卷一,上海古籍出版社 2012 年版,第 2 页。

2 Falkenhausen, Lothar von. “Issues in Western Zhou Studies: A Review Article,” *Early China* 18, 1993, pp. 145-152.

3 Li Feng, *Bureaucracy and the State in Early China: Governing the Western Zhou*, 1045-771 BC. Cambridge: Cambridge University Press, 2008, pp. 11-20; Li Feng, “Literacy and the Social Contexts of Writing in the Western Zhou,” in *Writing and Literacy in Early China: Studies from the Columbia Early China Seminar*, ed. Li Feng and David Prager Branner, Seattle: University of Washington Press, 2011, pp. 293-300.

4 Shaughnessy, Edward L. *Rewriting Early Chinese Texts*, Albany: State University of New York Press, 2006, pp. 185-256.

一些哲学著作,但是最近出版的清华简则包含约十篇文章,声称讲述了西周的历史;此外还有一种来源不明的历史信息的汇编,题为《系年》。[1] 第三个层次的信息则由汉代的文献所提供,其中最重要的是《史记》。这些文献提供了汉代对西周历史的回顾性质的叙述。

正如世界上所有地区的历史一样,合理地运用这些传世文献面临着方法论上的挑战。显然,早期的信息优于晚出的信息。但是,因为文本流传过程的极度复杂性,文本在年代上的顺序并不能简单地被转换为其所包含信息在价值上的高低优劣。因为可能出现这样的情况,即后出的文献有着更早的史源。所以对早期或晚期史料的接受或排除有赖于专业史学家的判断。这些史学家必须熟练掌握文本分析的策略,从而能够权衡不同史料的价值高低。为了解决这些难题,把文本信息置于由考古材料和同时代金文所建立的基础之上进行考察就显得很重要。[2] 另一方面,对文本信息的正确处理,有助于获得对考古材料和金文更加丰富、更加情境化的理解。将文献和金文相结合,并关注考古学提供的信息,就能获得西周历史的一个梗概。尽管仍有若干缺环有待将来填补,但确实利于揭示历史发展的长期趋势。

三、建立与扩张

周的诗歌传统将周的建立归功于古公亶父。《诗经·大雅·绵》记载,周人搬迁到渭水谷地新的定居点岐邑后,古公亶父奠定了房屋的基址,划分了土地的疆界,建造了宗庙和城门,设立了司空和司徒,这两个职位是西周官僚体制的要职,不见于商。照理说,这是一个即将形成的国家。但它仍然不是一个王国,几乎可以肯定,"太王"这个称号最早也是在古公亶父死后,由文王于公元前1059年称王后追认的——如果不是于周灭商之后。同样,文王的父亲季历被称作"王季"也不是在他生前。

从古公亶父到文王,是周人政权兴起过程中一个极其重要的时代,同时也制造了周人早期历史中一个政治伤痕。古公亶父三个儿子之间的政治冲突很有可能是继位问题导致的,直到两个年长的儿子逃避到邻近的山区后,矛盾才得到缓和:季历成了

1　Allan, Sarah. "On *Shu* 書 (Documents) and the Origin of the *Shang shu* 尚書 (Ancient Documents) in Light of Recently Discovered Bamboo Slip Manuscripts", pp. 547-557; Li Xueqin, and Liu Guozhong. "The Tsinghua Bamboo Strips and Ancient Chinese Civilization," *Journal of Chinese Philosophy*, supplement to volume 37, 2010, pp. 6-15.

2　Li Feng, "The Study of Western Zhou History: A Response and a Methodological Explication," *Early China* 33-34, 2010-2011, pp. 287-306.

唯一的继承人。这段历史似乎在文王称王后被彻底改写。文王的父亲升为“王季”，祖父升为“太王”，这代表了周政权的合法继承谱系。与此同时，文王的两个在政治斗争中失败的叔叔被尊称为隐士，他们甘愿让位给他们的弟弟，从而使王位传递给将来的周朝缔造者文王。这曾是周代早期历史的一个谜，它导致千百年以来人们一直相信文王的两个叔叔是和平让位的。现在，在不同于以往视角的解释下，我们才能更好地捕捉到周代早期政治的真实动态。

季历据说是被商王杀害的。这个事件表明，商王不再继续容忍逐渐壮大的周政权。但无论如何，周似乎能逆转局势以获得最大的利益。就像传统上公认的那样，文王娶了商的公主，从而在名义上保持着商王臣民的身份。周与商的这一层密切关系也得到了甲骨文的确证，这些甲骨文发现于灭商前周的都城所在的周原。这些文字清楚地表明，与祭祀自己的祖先相比，周将祭祀逝去的商王置于更加重要的地位。另一个方面，在物质文化上，特别是渭水谷地周的故土上发现的青铜器，与商都安阳发现的青铜器，不论在技术特点还是艺术水准上，都有很大的相似性(图 1)。然而，在公元前 1050 年文王去世之际，周的统治者显然已经变得对商王不耐烦了。他们也对自己的力量有了自信。所以，当随后即位的周武王完成了他的礼仪义务——为父亲服丧三年后，就迅速发动了对商的战争。

图 1　宝鸡石鼓山出土的青铜牺尊(4 号墓:212,214)

时间略早于周灭商。图片由陕西省考古研究院的王占奎和丁岩提供。

依据夏含夷对这场灭商战役的复原,周的军队于公元前1046年10月底开始向东出发。两个多月的行军后,周的军队到达商都附近一个叫作牧野的地方。在那里,血腥的战争于公元前1045年1月甲子日打响。[1] 利簋铭文证实了这一时间,这件青铜器铸造于灭商之役后大约7天。商的军队战败了,最后一任商王纣在他的宫殿里自杀。但周似乎并没有为迅速的胜利做好准备,正如征服后的历史发展所告诉我们的那样。在短暂的占领之后,周武王让军队的主力回到西边的本土,让他的两个弟弟管叔和蔡叔各掌管一支驻防在商都附近的军队。而商地被征服的居民则由商纣王的儿子武庚统治。

之后发生的事牵涉到一桩关于周公"王位"的传统公案。公元前1043年周武王去世后,周公成了周朝事实上的统治者。在《尚书·康诰》中,周公以一位周王的名义发表了演说。为了提高周公在西周政权建设中的历史地位,儒家学者做了很多工作以降低周成王的年龄和重要性。在他们的叙述中,周成王尚在母亲的怀抱中。不论如何,周王室这一新的政局变化引发了商王子武庚和商人盟友的叛乱,他们杀害了周王的兄弟,消灭了他们掌管的军队。[2] 青铜铭文暗示,周成王不仅在年龄上足以领导处理东部危机的军事行动,在周人重新获得对商都控制权后,他还派了他的另一个叔父太保召公奭,完成了对商的五个盟国的惩罚性攻击。[3]

这场至少持续三年的"二次灭商"是西周政权的一次重大转折。它不仅使周在商的核心区域建立起稳固的统治,还帮助周将其统治势力扩张到东部平原的边缘地带,包括河北北部、山东西部、河南南部,可能还包括安徽北部,从而为新成立的国家奠定了基础。对"二次灭商"成果的巩固经历了两个重要步骤:1.在今天的洛阳建立了新的都城"成周",这座城随后成为西周在靠近东部平原地区的政治和行政中心;2.在东部平原及其边缘地带,把领土和人口授予王室宗亲和一些周的同盟,从而建立起周稳固的统治结构——诸侯国。这一被称为"封建"制度的做法,赋予了周人新的国家形态,并成为周重要的特征之一(详见下文)。现有信息尚不足以确定这些封国的具体数量。据《左传》,周公的兄弟和儿子建立的国家有26个。考古发掘已经确认了约9个封国的中心都邑位置,包括晋、卫、虢、邢、燕、齐、鲁、滕、应,另有两个在西周

---

1 Shaughnessy, Edward L. "'New' Evidence on the Zhou Conquest," *Early China* 6, 1981-1982, pp. 66-67.

2 据《史记》记载,在对西部周王廷的联合叛乱中,管叔和蔡叔是武庚的共谋者。但是,据清华简《系年》的记载,他们是叛乱最直接的受害者。

3 保卣铭文提到,周王给了"太保"战争的命令。这应该是一次持续的军事行动,其目的是安定东方那些受叛乱战争攻击的国家。这场战争针对的是录子圣(见太保簋),大多数学者认为他就是武庚,他显然也是《系年》中提到的录子耿。

中晚期建立或迁移的秦和申。[1]

诚然,西周早期周人是非常好战的。它建立起了青铜时代最有力的战争机器,足以与强大的亚述帝国匹敌。亚述帝国是铁器时代美索不达米亚的第一个国家,[2]在公元前10世纪晚期,周开始衰落后大约100年,它才达到了军事实力的最高点。不论从军事实力的发展速度,还是治下土地与人口的总和,西周早期(至少74年里)以任何历史标准来看都堪称“大扩张”时期。在东方,周持续发动征服山东半岛土著的战争,最远到达今天的烟台。在东北,周的封国燕可能把周王室的力量扩张到东北地区南部的辽河流域。在西北,金文(如小盂鼎铭文)真实地记载了周对鬼方的征服,后者是一个处于青铜时代的族群,从商代晚期开始居住在今天山西和陕西北部的高地上。夺取黄河中游农业社会传统核心区以外新的领土和民众,是周王室的重要使命。而物资和人口向周中心地区的持续流入,促进并传播了周的精英文化,这些文化集中反映在承载很高文学价值铭文的有铭铜器的铸造。获得战争的荣耀和王室的封赏是周贵族容易达到的目标,也是一个骄傲的话题,他们将之铸成数以百计的有铭铜器以作纪念。

四、中晚期西周政治的发展

然而,周人并不是在所有阵线上都取得了成功。在南方的长江中游地区,周遭遇了难以应对的抵抗,抵抗者跟历史上的楚国至少有部分联系。冲突导致周昭王发起两次战争,他是西周早期最后一个王。第一场战争发生在昭王十六年,这次战争的目标很明确地指向楚国。战争看来一切都进展得很顺利,因为从这次战争中回来的周人将领们铸造了很多带有铭文的青铜器,有的铭文提到纪念这次对南方金属资源的掠夺。从商朝开始,这里一直是铜的主要产地。但是,发生在昭王十九年的第二次战争却是一次灾难性的错误。不仅仅是周常备军近一半的西六师在汉水被歼灭,周昭王本人也丧命于江中。关于第二场战争的主要目标尚存争议,[3]西周早期的扩张因为这次失败而戛然而止却是毋庸置疑的。

---

1 Li Feng, *Landscape and Power in Early China: The Crisis and Fall* of the *Western Zhou*, 1045-771 BC. pp. 66-67.

2 Lloyd, Seton. *The Archaeology of Mesopotamia: From the Old Stone Age to the Persian Conquest*, London: Thomas and Hudson Ltd, 1978, p. 188.

3 传统学者都认为两场战争的目标都是楚国,但是金文显示,昭王十九年的那场战争的目标是虎方。这可能是一个位于长江南岸某个地方的族群。参见 Li Feng, *Landscape and Power in Early China: The Crisis and Fall* of the *Western Zhou*, 1045-771 BC. pp. 93-94,特别是注释6。

西周早期的结束,使周在周穆王的统治时期出现了调整和过渡的趋势,这一转变决定了此后几个世纪里中国历史的方向。在边境,周的地位发生了缓慢的变化:从一个可以在任意时间和地点寻求军事目的的侵略者,变成一个频繁遭受外来侵略的受害者。比如,早在穆王十三年,来自东南方淮水流域淮夷的侵略就已经开始了。[1] 漫长的前线,使周人必须在河南南部和安徽北部开阔平坦的地面进行防御,从而必然严重消耗周王室的力量,进而导致周在其他边境地区的局势日益紧张。特别是西北边境的局势,后来成了威胁周王朝生存的致命因素。周王朝内部的一些征兆表明,周王甚至不再能够有效应对心怀野心的诸侯带来的挑战。一段金文记载了一次或许由周王发起的战争,这场战争针对的是位于山东的齐国,长久以来,它一直是周的下属。而战争的起因则是周王室和齐之间的一场争端。

如后文所要讨论的那样,西周中期也是周政府逐渐官僚化的时期。一项最近的研究表明,周的礼仪制度在此阶段经历了重大的变化。整合多种仪式以强化周王政治宗教地位的实践,催生了一种意在制造和维持周贵族内部差别的礼仪制度。[2] 从社会层面来看,大扩张的结束阻碍了王畿日益扩大的周贵族阶层的出路,除非他们迁移到新征服的边缘地带。这一变化必然导致一些重大的社会问题,最明显的是发生在渭水谷地的土地资源争夺。关于这些争夺的记载频繁出现在卷入其中的宗族成员铸造器物的金文中。从长时段看,周王室的土地赏赐政策削弱了周政权的经济实力。[3]

在所有发生于西周中期的变化中,有一个在政治上特别重要,但是其原因仍然是一个谜。不知出于什么原因,王朝建立以来标准的继承规则在孝王时首次被打破。孝王是穆王的儿子,恭王的兄弟,他却继承了他的侄子懿王的王位,成为第八个周王。但是在孝王死后,权力又回到了懿王这一支。懿王的儿子夷王即位,成为王朝的第九个王。学界曾经希望借助金文为这次异常继承提供一些背景线索,但事与愿违。2003年,在陕西眉县发现了逑盘,在其长篇铭文里关于孝王统治时期的记载中,我们没有发现任何异常。[4] 相反,证据表明孝王的统治被认为是合法的,即使在西周贵族的主流政治思想中这并非常规(图2)。

---

1 《今本竹书纪年》,第9页。

2 Vogt, Paul Nicholas. "Between Kin and King: Social Aspects of Western Zhou Ritual," Ph.D. Dissertation, Columbia University, 2012, pp. 350–356.

3 Li Feng, *Landscape and Power in Early China: The Crisis and Fall of the Western Zhou*, 1045–771 BC. pp. 122–126.

4 陕西省考古研究所等:《陕西眉县杨家村西周青铜器窖藏发掘简报》,载《文物》2003年第6期。

图 2 逨盘的器物和铭文

铭文并列记载了单氏世系的和文王到厉王期间周王室的历史。这件青铜器属于周宣王统治时期。由陕西省考古研究院的张天恩提供。

始于周厉王统治的西周晚期深陷困境,在过去的几个世纪中,王室力量的持续衰退使周政权四面楚歌。在东南方,淮夷重新开始了对周的侵扰,从金文来看,这似乎是对湖北北部鄂侯反叛的迅速响应。最近发现的柞伯鼎铭文记载了虢仲领导的一场战役,虢仲得到了蔡侯属下封国军队的协助,与之联合攻打河南南部淮夷的一个城。包括晋侯苏编钟铭文在内的其他金文和传世文献的记载也印证了这个信息。这些记载表明,对周王室而言,与淮夷及其关联族群的战争一定都漫长而艰难。在西北方,玁狁对泾水上游谷地周人的聚落发动了持续的进攻,造成了对渭河平原上周中心区域直接的威胁。[1] 面对新的压力,可能是为了使王室重新获得因朝廷的土地授予政策而长期衰落的经济力量,周厉王陷入了与宗室贵族的严重冲突中。冲突最终导致了一场发生在周都的叛乱,这场公元前842年的叛乱骤然结束了周厉王的统治。

随后是一个政治过渡期,这一时期伯龢父(在传世文献中记载为共伯和)实际掌控了周室政权直到公元前827年,厉王的儿子宣王即位。宣王是西周统治时间最长的王,在位长达46年。在宣王的统治下,不少国家从西部迁移到南阳盆地——其中最重要的是南申政权,其铸有铭文的青铜器在20世纪90年代被发现——从而重新打开了周通往南方的道路,王室重振了部分实力。另一方面,周王廷也努力提升与远方诸侯国的关系,诸如河北北部的燕国和山东的齐国、鲁国。在西北,通过支持新国秦——位于甘肃东南部上游渭水和西汉水谷地——的崛起与扩张,周至少在某些时候能够抑制住高地族群玁狁。宣王统治时期的长度本身就是西周政权稳定的标志,尽管与西周早期相比,它仍显得羸弱。

五、国家的组织

基本上,西周国家可以被视为数千个村落和聚落(金文中叫作“邑”)组成的集合体,这些聚落分布在中国北部的河谷地带和东部平原的边缘地带,由周王室的政治力量组织在一起。这些不同规模的邑彼此之间维持着复杂的关系,它们是西周社会的基础性建构要素,也是西周国家权力的附着点。尽管发生了一些变化,不可避免地增加了各个邑人口结构的多样性,但在最初它们代表着同一亲缘群体,这些群体各自占据着邑的核心居住区,并耕种着周围的土地。包含多个亲缘群体的较大的邑开始成

1　Li Feng, *Landscape and Power in Early China*: *The Crisis and Fall* of the *Western Zhou*, 1045–771 BC. pp. 141–192.

为区域中心,它们通常会承担起地方封国都城的功能。小规模的邑则是一些居住着属周世袭贵族所有的农民和奴隶的小村落。金文提供的一些例证表明,小规模的邑常常作为买卖和交换的对象或是一场败诉或者宗族间战争的赔偿。

在很长的时间里,西周国家被解释为“封建(feudal)国家”,而把周的各个政治体约束在一起的政治纽带被解释为“封建关系”。这暗示了与中世纪欧洲所谓“封建制度”(feudalism)的某种相似性:欧洲封建制度的核心价值是封臣对领主基于契约的忠诚和两者之间互相的义务。[1] 然而,最近的研究已经证明,这种最初源于早期汉学家误会的类比是错误的。西周有一个更加稳固的国家组织结构,其中,数以千计的邑依据周王室及其合作宗族的血缘结构进行分配,这形成了一套与封建制度不一样的关系,特点是接受封邑者无条件地服从于周王,视周王同时为国家的元首和姬姓王族的首领。[2] 在国家的西半部分,也就是陕西中部和甘肃东部的渭河平原及其支流河谷,老牌宗族诸如虢、南宫、散和单早在周征商之前就已经从周宗室接受了不少聚落。随着时间的推移,更多王室的近世后代加入了这一宗族名单,诸如周、召、荣和井,他们各自控制着众多邑,并从中获得收益。在东部平原以及山西南部的汾河谷地、河南南部的南阳盆地,诸侯国——主要分封给周武王和周公的兄弟和儿子——大多承担着把数以千计的邑组织成大规模聚落集群的地方政权的功能。也存在非姬姓的国家,其建立者不是周王或周公的后代,但很可能曾是商的同盟。他们通过与周王室或周王室的地方分支联姻的方式加入到这一国家结构中。再往南到湖北北部的随枣走廊,一系列始于2010年的考古发掘发现了曾国的物质财富。曾国声称其祖先出自陕西王畿的南宫家族,从西周早期到战国初期一直生存在这一地区(图3)。就我们所知,在西部核心地区并不存在这类地方封国,尽管我们确实知道在西部边缘有少数国家,诸如在较晚时期因为西部政治局势变化而建立的秦国。这一“二分结构”是西周国家的重要特征。

由于所建地方封国周边环境的多样和时势的变迁,这些地方封国(西部的贵族宗族也类似)不是以连续地块的形态存在,而仅仅以邑的集群形态存在。像后世“领土国家”那样划界的线性国界并不存在(详见后)。在陕西渭河谷地的周王畿,以及位于洛阳的东都成周外围的小区域以外,并不存在能被称作“周”的领土。聚落的集

---

1 Maspero, Henri. “Le régime féodal et la propriété foncière dans la Chine antique,” in *Mélanges posthumes sur les religions et l’histoire de la Chine, III: Études historiques*, Paris: Musée Guimet, 1950, pp. 111-146; Creel, Herrlee. *The Origins of Statecraft in China*, Vol. 1: The *Western Chou Empire*. Chicago: University of Chicago Press, 1970, pp. 317-387.

2 Li Feng, “‘Feudalism’ and Western Zhou China: A Criticism,” *Harvard Journal of Asiatic Studies* 63.1, 2003, pp. 115-144.

(1)

(2)

(3)

(4)

(5)

(6)

(7)

(8)

(9)

图3　新出土于叶家山28号墓的青铜器

(1-9:157,181,164,162,153,178,159,174,166),墓主为曾侯,属于西周早期。由湖北省文物考古研究所的方勤提供。

群属于诸侯国,彼此之间由森林、湿地分隔。可能也有一些非周的族群定居于这些国家之间,特别是当我们把关注点转移到西周国家的边缘地带时。属于一个国家的聚落距离另一个国家的中心区域更近是很有可能存在的情况。这些区域中心由道路和小径彼此连接成一个网络,东西各地又共同与周王都连接。“邑制国家”(settlement state)最能概括这种国家的特点,同时,它很大程度上是依据姬姓王室宗族的亲缘结构组织起来的。从这个意义上看,邑既是西周国家政治结构的组成部分,也是其基石。

诸侯凭借周天子授予的政治权力统治他们的地方封国。在封国中,他们有充分的权力进行各个方面的管理和裁判,但是他们不像周天子或者战国的君主那样享有独立的主权。作为陕西姬姓周王室下级支系的首领,诸侯的存在源于前者,他们自然必须效忠且无条件服从于周天子,并在自己的封域内承担维护西周国家安全的责任。因为同样的原因,周天子命令诸侯、要求诸侯服从的权力同时具有法律和宗教的正当性。[1] 诸侯偶尔会不完全贯彻对周国家和周天子的义务,而作为国家和姬姓宗族的首领,周天子在认为合适的时候,有权通过包括武力在内的方式要求诸侯履行其职责。事实上,越来越多的新出金文表明,将诸侯国与周王室联结的纽带,远比过去在“封建”或其他解释框架下学者们所认为的强大。[2] 叔夨鼎和不少其他青铜器的铭文表明,诸侯经常随从周天子参加在东都成周举行的国家典礼,或者被要求回到陕西参拜周天子。晋侯苏编钟记载,晋侯代表周厉王指挥军队作战。班师后,作为臣子受到周厉王的恩赏。在所有新出器皿中,最近公布的柞伯鼎记载了一场陕西周王室官员领导的战役,而蔡国国君蔡侯在其麾下作为军官效力。这些新发现的金文生动地反映了诸侯在西周国家的政治和军事角色;同时,也确切地表明周王室在许多诸侯国内设置了世袭监察官员,以代表周天子密切监视各国。

1　在这一方面,周王权力的性质与商王权的性质存在根本上的区别,他们所依据的组织原则是非常不同的。

2　比如,蒲百瑞主张的“分立国家”框架和柯鹤立主张的“夸富宴”(Potlatch)理论(参见 Blakeley, Barry B. “Regional Aspects of Chinese Socio-Political Development in the Spring and Autumn Period [722-464 B.C.]: Clan Power in A Segmentary State,” Ph.D. Dissertation: University of Michigan, 1970, pp. 59-62; Cook, Constance, “Wealth and the Western Zhou,” *Bulletin of the School of Oriental and African Studies* 60.2, 1997, pp. 269-273)。“分立国家”的问题已经在其他地方讨论过(参见 Li Feng, *Bureaucracy and the State in Early China: Governing the Western Zhou*, 1045-771 BC. pp. 278-280, 269-273)。“夸富宴”(Potlatch)理论的有效性建立在把西周(至少早期西周)理解为前国家社会,将西周定位在“复杂酋邦”(complex chiefdom)向“国家”过渡的某个阶段(Cook, Constance, “Wealth and the Western Zhou,” pp. 290)。然而,从新的证据来看,这样的观点在很大程度上是站不住脚的。

六、政府和官僚体制

由于对诸侯国政府的情况知之甚少,任何关于西周政府的记载都不可避免地把渭河谷地的王畿作为重点。西周的王室中心与商王都安阳大不相同。借用吉德炜的说法,商的所有政治-宗教能量都集中在安阳,[1]而周的任何一个王室中心,无论在其空间规模上还是在其文化的丰富性上,都远不能与安阳相比。但是,它们在数量上确实比得上商朝——这是由西周国家的政治和管理需求所决定的。周朝的王权以重要城市——在金文中被提到的有“五邑”——组成的网络为基础,周天子频繁地往来其间并履行其统治的职责,包括进行重大的行政任命。尽管确切的算法还不清楚,在中期西周诸多“王城”组成的网络中,至少包括西部的镐、丰、岐、䒥,可能还有郑。有时周天子会任命具体负责“五邑”的高级官员作为周行政治体系中的一个等级。在这个网络中还必须加上成周,这座位于今天洛阳的东部都城在周对东部中国的控制上起到了关键的作用。

确定的行政机构,比如存在于周统治相当早期的“卿事寮”是日常行政机构,它综合了西周政府的核心职位——司土、司工、司马——的职能,尽管现在关于“三有司”这个称法的证据不早于西周中期。这表明,从很早开始,周人就采纳了与商非常不同的统治方式,[2]将这一统治方式定性为民政及务实行政取向,是大体正确的。由于大量最新发现的金文都是西周政府的“册命金文”,这些材料保存了周王所作行政任命有关的各种信息,所以我们对西周政府细节的了解,远远超过了对早期中国任何一个西周结束几个世纪以后政府的了解。金文表明,到西周中期,西周政府另一个重要的机构,即太史寮,建立起来,这个机构由太史领导,并由大批“史”任职其中。他们为周的中央政府记事并起草书面命令。

这一“二元结构”在西周中期成为西周政府核心的同时,可以很明显地看到王室(包括王室在“五邑”和其他地方的各种设施)的管理成为一个独立的系统,其领导者是“宰”,一大批被周天子形象地称作“执事”的工作人员任职其中。在王室管理系统中也有众多“史”,他们隶属于“内史尹”。在金文中,我们不仅看到了这些官名,也看到了相应官职的具体职责。在这些系统之外还有驻扎在渭河平原王都周围的“西六

---

1 Keightley, David. *The Ancestral Landscape: Time, Space, and Community in Late Shang China*. Berkeley, CA: Institute of East Asian Studies, 2000, p. 58.

2 商也有一些职位在周代得到延续,比如“作册”,但商从来没有过像周的“卿事寮”“三有司”这类日常行政机构。

师"和驻扎在东都洛阳城外的"成周八师"。在西周中期以前,这两支部队都获得了大量土地和人口,从而发展出了具体的属于自己民政职能。

这里所描述的西周行政机构的分化完全是基于同时代的证据,也就是西周金文。结构的日益复杂化和职能的日益稳固化是西周政府的"官僚化"的表现。毫无疑问,这一过程发生在西周中期,并在西周晚期不断强化。另一方面,控制西周政府的权力及其运作也经历了巨大的变革。西周早期,调动资源以支持扩张是中央政府的主要目标,此期王廷政治的特征是少数重臣之间的冲突和妥协,他们是周天子的叔伯或兄弟,其中最著名的是周公和召公。在西周中期,至少在一到两位君主统治时期,很多决策由高级官员群体作出,其成员在金文中以固定的次序出现。这表明官僚体制的影响在政府的决策制定机制中日益加深。更重要的是,行政官员的任命程序表现出更加典型的官僚制特点,并需要经历一个程序严格的册命仪式。在册命仪式中,周天子会亲自会见候任者,然后由内史尹宣读王命并将册书交给候任者(少数时候周天子会亲自宣读册命)。[1] 我们如今有超过100件西周中到晚期的此类册命金文,它们不厌其烦地记载着册命仪式的细节,并描述了被册命者的行政职责。另一个行政程序的发展是,年轻贵族首先需要作为高级别官员的副手,经历了一定时间的任职后,他们会升迁到更高级的职位。[2]

西周国家模式的特点是,把王畿之外的地方治理委托给诸侯,这些诸侯在他们指定的地理范围中领导其政府(见上文)。然而,关于这些地方封国政府的信息太过贫乏,能说的很少。一些行政职务名称,诸如我们在王畿青铜器金文中看到的"三有司"也出现在地方金文中。但是它们既缺乏语境,又出现于不同的诸侯国,所以很难从中看到他们的普遍构造形态。学者也意识到,有些职务在不同的国家可能有不同的职能。但是最近发现的金文也揭示了属于诸侯国特有的官职,比如"监",这是周王室控制诸侯国的关键职位。我们有理由相信,很多诸侯国有这类官员,在河南南部的(南)申国的例子中,担任"监"的明显是周王的兄弟(见仲爯父簋铭文)。

七、社会制度

"姓"和"氏"是西周的两大关键社会制度。有学者指出,周人是中国历史上最早

---

1 Li Feng, *Bureaucracy and the State in Early China: Governing the Western Zhou*, 1045–771 BC. pp. 107–111.

2 Li Feng, *Bureaucracy and the State in Early China: Governing the Western Zhou*, 1045–771 BC. pp. 190–234.

用“姓”的制度管理周社会共同体中各个族群婚姻关系的人群。[1] 因此,“姓”通常是一个共同祖先的后裔组成的亲缘团体,“姓”的名称则源于其母系远祖。例如,周王室是姬姓团体的成员,他们传统上主要选择姜姓团体的女性作为其婚姻对象。同姓的成员——也就是同一祖先的后裔——之间的婚姻在原则上是被禁止的,尽管我们从传世文献中可以得知极少数违背这一原则的案例。[2] 若干经常出现于金文的其他姓成员会和姬姓王族通婚,或者彼此之间通婚,包括姜、嬴、姞、妘、姒、妫、妊、嫚、曹、子等。由于这些确定族外通婚的姓持续使用到春秋晚期,所以“姓”是对周和非周贵族进行分类的最重要的系统。

宗族(氏)是共同掌握土地和人口的社会实体,宗族的名称(氏名)一般源于他们的中央居邑——一个由宗族拥有的土地环绕的大型自然聚落(详见上)。每一个宗族进一步掌控着大量较小的聚落,他们的农民居住在其中,生业活动也在其间展开。富裕的宗族在王室中心城市也拥有居住区,这些居住区的供给由宗族聚落的收入提供。当然,渭河平原最大多数的宗族由姬姓王族的后裔建立。所以,我们既可以称之为“姬姓”也可以称作“姬姓宗族”。这些姬姓宗族和非姬姓宗族在王畿地区争夺社会和经济资源,他们把成员送到周的中央政府任职,并为驻扎在周都附近的王室军队提供后备武装力量。到西周晚期,他们不断增长的实力甚至使王室黯然失色,后者需要与一些重要的宗族诸如召、井、郑、散、虢、荣、单等进行协商来确定政策。

宗族分化的过程导致了重要的社会变迁。较晚的儒家文献描述了这一过程:每过五代,宗族里的次子就被要求移出宗族并建立小宗,宗族增长的人口从而可以保持在可控的水平。[3] 自然,在大宗和小宗之间是存在区别的,小宗由于在宗族谱系中的地位而要忠诚于大宗。之前属于宗族的偏远聚落,甚或位于王都的居住区,会很容易成为新出小宗的基地。金文并不能证实“五世而迁”的规则是否得到实行,但提供了小宗与大宗有关活动的充分证据。也有证据表明,在呈送周王室处理的法律案件中,大宗会作为其小宗的代表。

尽管周代的社会分化是沿着宗族边界构造的,但每一个宗族自身也存在内部的社会等级结构。在嫡长子继承制度之下,只有每一代的长子(称作“伯”)有机会成为宗族的首领,而其他的儿子(称作仲、叔和季)则建立他们单独的家庭,并在共同的宗

---

1 Pulleyblank, Edwin. “Ji and Jiang: the Role of Exogamic Clans in the Organization of the Zhou Polity,” pp. 1-27.

2 例如,在河南北部公元前3世纪的战国墓葬中出土的《穆天子传》记载,周穆王娶了一个名为盛姬的女性作为配偶,从名称规则(详见下)来看,她是一个出自姬氏族的女性(参见《穆天子传》第六卷[四部丛刊本],商务印书馆1922年版,第74页)。

3 Falkenhausen, Lothar von. *Chinese Society in the Age of Confucius* (1000-250 B.C.): *The Archaeological Evidence*, Los Angeles: Cotsen Institute of Archaeology, UCLA, 2006, pp. 64-70.

庙中祭祀先祖。在宗族主导的社会中,我们还无法证明更小的核心家庭的真实存在,如果存在,其社交和经济活动一定很不活跃。此外,金文表明宗族还包括两类人,他们不是宗族祖先的后代。第一种是“附庸”,他们是依附于宗族的非自由农民。尽管附庸的起源并不清楚——或许各不相同——但他们有可能包括早先居住于周边缘地区的土著居民或者从东部移居到渭河平原的居民。第二种被称作“人鬲”,可能就是“奴隶”的意思。学者们仍然不知道他们确切的地位,但他们有可能是在西周早期扩张中被引入周人社会的战俘。

由于宗族在周的社会政治系统中有着重要的作用,在西周贵族人口持续增长、异姓宗族之间进行通婚以及宗族持续分裂的情况下,如何维系宗族的认同成为一个挑战。最近的研究揭示了两个使周人社会持续运作的重要规则,笔者称之为“称名区别规则Ⅰ和Ⅱ”(图4)。“规则Ⅰ”确定了贵族妇女在婚姻中被称呼的方法。比如,丈夫用其配偶们的姓来称呼她们,以表明她们各自的祖源。但是作为父亲,他在称呼自己已婚的女儿时,应该用她们丈夫的宗族名加上他本人的姓——当然,也是他女儿们的姓。在这样的称呼原则下,一个女子总是带着她的姓,但是她在宗族社会中的社会身份根据谁称呼她而决定。当她自称或者被她的儿子称呼时,她的名字是她丈夫宗族名与她所出宗族的姓的结合。就我们所知,这一原则在金文中是被严格遵守的,而且被提及的有些女性是非常重要的政治角色。基本上,在姬姓和非姬姓宗族(比如姜姓的宗族)的通婚中,各自的身份是被明确记载的,这是凝聚西周国家的重要制度。

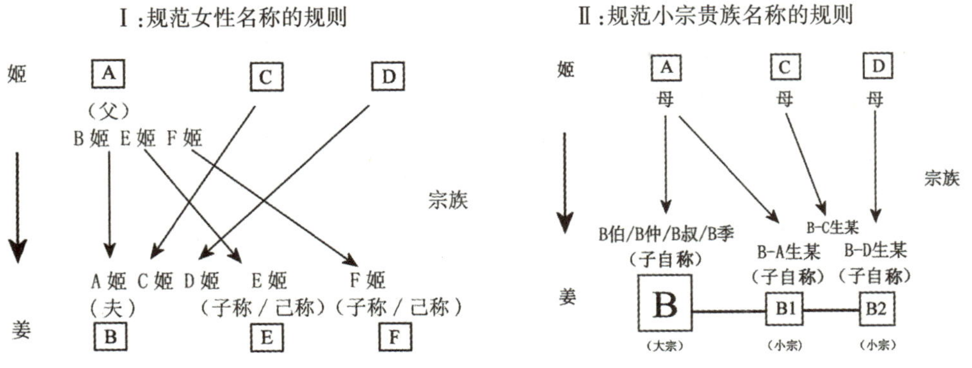

图4　称名区别规则Ⅰ和Ⅱ

“规则Ⅱ”所涉及的是宗族分化所带来的问题。当一个宗族分化后,会产生次级的宗族,后者的每一代贵族成员都需要与大宗区别开来。一种界定大宗成员的可能方法是,采用小宗创立者的名字诸如“虢季”或“井叔”作为相关小宗的氏名。但是,这一制度到底落实到何种程度,是需要进一步研究加以澄清的。多数情况下,小宗贵族成员的称呼中会(也可能是被要求)包含母亲所出宗族的名称。所以,我们看到的"琱生""虢生""番生"之类的名称,意味着这些人是琱、虢和番氏宗族的外甥,而他们自己宗族的氏名(在第一例中是"召")则被隐去了。这些人中,有的在西周中期升至西周官僚体制的最高层,比如番生,但是他们的称呼方式中仍然隐去了其宗族身份。这类名称在西周的使用频率表明,它是周代宗法社会中维持和界定宗族身份的重要途径。

八、王室秩序的破坏和领土国家的形成

导致西周王朝于公元前771年灭亡的原因源于统治西周11年的周幽王获取权力的过程。一场激烈的斗争在一个高官群体和幽王及其支持者之间展开,前者由"皇父"领导,他曾长期在宣王手下任职。这也把周王室带进了与西北边境地带申和鄫等封国的冲突中。公元前771年,玁狁、西申和鄫的联军沿着泾河谷地行进,并夺取了周都。他们杀死了幽王,也终结了西周王朝。曾经因父王迫害而受到西申庇护的太子宜臼即位为平王(公元前770—前720)在位,他发现已经不可能继续在渭河谷地进行统治了。这不仅仅是因为这一区域的战略弱点——门户已经向西方的侵略者打开,也是因为与擅位的携王之间的政治斗争,后者由渭河平原的虢氏宗族拥立。这一时期,虢已经在今天河南西部三门峡的狭窄通道上建立了据点,事实上切断了渭河平原从东部封国获取任何可能援助的通道。因此,主要在晋、郑两国的支持下,平王决定把王室迁移到曾是西周之东都的成周,也就是今天的洛阳,从而开始了中国历史上的东周(公元前770—前221)时期。

向东周的过渡确立了社会深度转型的趋势,为后来秦帝国(公元前221—前207)的建立奠定了基础。但是,直到最近,学者才能以对西周国家的新认识为出发点,从逻辑上解释这种向帝国的转变。如之前阐明的那样,西周这类"邑制国家"最重要的特点在于,国家并不是由一整块完整的领土界定的,而是由所属的聚落群界定的。因此,不同国家所认为的领域可能是相互重叠的。这样一种国家存在状况得以在整个西周时期维持下来,准确地说是因为周王室居间调节。由于完全丧失了在渭河谷地的经济基础,在洛阳重建的周王室没有足够的实力来维持这一角色。相反,这是诸侯夺取周王室控制权并以此来达到他们目标的时机。东周的政治军事冲突是从郑、虢等国开始的,他们与周王廷一起新迁至东部,致力于侵略王都附近的小国以巩固他们的新据点。渐渐地,先前西周边缘的国家诸如齐、鲁、燕、晋和楚等国,因为与那些内部国家的联系而卷入战争,从而推动了国际战争和区域冲突的新时代的到来。

随着战争规模和影响区域的持续扩大，那些离敌国中心最近的聚落最先被征服，并合并到后者的聚落系统中。各国之间也会交换较远的聚落或土地，因为从战略上看，这些土地在更好的地缘政治控制中是最脆弱的。这些进程使国家成为紧密团聚在一起的聚落群，从而能够以系统的防御工事来划定界限，最终形成了整块的领土，这就是所谓的“领土国家”。这是“帝国”的雏形。这一进程在中国历史上的地位，与欧洲历史上罗马帝国解体之后最具破坏性的“三十年战争”非常相似。“三十年战争”的结果是所有政权于1648年签署的《威斯特发里亚条约》，条约保护德意志诸侯们的领土完整，并确保各自领土国家内的宗教自由。在中国，领土巩固的进程导致了一种更加有形的地理特征——公元前5—前4世纪各个国家建造的城墙。那些在今天的地理景观中留下清晰痕迹的城墙包括齐、魏和秦国的长城，以及楚国的方城等。[1]

在这些领土越来越清晰的国家中，统治者不愿意再把新征服的边缘聚落授予他的兄弟或儿子，后者会因为获得这些聚落而成为当地新宗族的首领。为了更好地从那些聚落获取人力和经济资源以支持国家的战争，国君会直接派遣他的官吏去治理这些聚落，从而创建了一种新型的行政单元——县，这是向“领土国家”转型的关键制度。过去的学者曾经关注“县”和“悬”的关系，因为二者在周代的语言中同音，所以暗示“县”是直接附属于国都的行政单元，这意味着它们受到国君任命官员的直接控制。在笔者新的理解中，“县”更准确地说是在传统“邑制国家”的土地再分配过程中悬挂起来而形成的“特别经济区”，从而受到国君的直接控制。[2] 根据历史记载，在公元前740—前690年之间，楚武王征服了一个小政治体“权”，并将之设为县。这被视为把被征服政治体设为县的最早例子。之后，河南南部先前西周的地方封国如南申、吕、邓和息也并入楚国的领土，都成为了县。在北方，秦国早在公元前7世纪采用这一办法。[3] 到公元前5世纪，县已经非常普遍地建立起来，战国早期所有的主要国家都建立了几十个这样的县。

这是理解早期中国发生的一系列社会变革的关键，这些变化共同促成“领土国家”成为现实。在县里，农民生活在由一对夫妻和他们的子女、父母组成的小型核心家庭中。因为传统贵族宗族或在被征服的过程中消失，或被新的国家蓄意地打压，这些农民经营着他们独立的农业生产单元。由于自由家庭的经济优势，贫困的宗族成

---

1 Li Feng, *Early China: A Social and Cultural History*, Cambridge: Cambridge University Press, 2014, pp. 183-186.

2 Li Feng, *Early China: A Social and Cultural History*, pp. 166-170.

3 Creel, Herrlee. “The Beginning of Bureaucracy in China: The Origins of the Hsien,” *Journal of Asian Studies* 22, 1964, pp. 155-183.

员会选择脱离宗族而成为新国家的自由农民。国家自身也会采取积极措施鼓励民众迁居到县,以开辟新的处女地进行农耕,相关的政策也有效地削弱了传统宗族。由于传统宗族同时失去了他们的经济力量和政治威望,不能继续依赖世系权利的年轻宗族后代,依靠他们所受的教育和作为武士的贵族精神转而在别处寻求生存。这就是所谓"士"——"学者-武士"的起源,他们常常受雇于国君管理新国家的事务。

失去了贵族的居间调节,国家首次与广大从事自给生产的民众建立了直接的联系。这种国家与个体农民的新型关系通过三种途径得以实现。第一种是税收,自由农民耕种国家分配给他们的土地,并有义务上缴他们的部分收获给国家。据记载,公元前 594 年鲁国"初税亩",从上下文可知,这是一种土地税。到春秋晚期,随着县的普遍设立,税收制度也成为所有主要国家完善的制度。在一些国家,税率据说达到了每户生产收入的 20%。[1] 第二,自由农民不仅要缴税,他们还对国家负有参军的义务;作为奖励,他们能获得爵位制度所授予的一些特权,比如免税。秦国建立了十七级爵,所有的民众都受到一个论功行赏的管理体系的支配。第三,各国颁布了法律,以规范对脱离宗族监督的自由农民的管理。另一方面,随着人口的增长以及手工业和商业的发展,东周时期的城市,特别是各国的都城,得到了显著的发展,这在考古中是非常明显的。在所有大城市中,都存在大量自由的专业人群,他们受雇于各个国有的或者私人的作坊,为新兴的社会精英生产武器、工具和奢侈品。国家有必要控制这些人群。所以,我们在历史记载中看到,改革中的郑国于公元前 536 年最早"铸刑书于鼎",这在公元前 513 年也被晋国效仿。

以上讨论的一系列变化,是对"邑制国家"向"领土国家"转型过程的回应。战争是这些变革的最初原因。经历了这一转型,早期中国社会从最底层得到重塑,之后帝国的基础也牢固地建立起来。帝国是"领土国家"征服其同类后的扩大版,而"领土国家"发明了帝国的创建所需的所有技术手段。

---

1 Li Feng, *Early China: A Social and Cultural History*, pp. 191–194.

战国时期秦的“邦”与畿内[*]

[日]渡边英幸[**] 著 张西艳[***] 译

前 言

“邦”存在于先秦时代的汉语世界中，相当于日语中的“国”(state)这个名词。在西周时期的金文中，有以“邦”来记载周室及其诸侯国和“夷(尸)”之群体的实例。在战国时期的简牍资料中，也有众多使用“邦”字的表述。在以《史记》为代表的传世文献中，先秦时代的国家虽以“国”来记载，但是可以推断，在秦代以前的早期原始资料中，大多以“邦”字来记载。因此，“邦”是构成中国文明的国家观、疆域观之基础的重要词语。[1]

“邦”的含义及其发展至今仍被认为是一个被累次讨论的大课题，尤其是讨论“邦”和与其有密切联系的“国”字的关系，[2]还有与汉高祖刘邦的避讳关系等论点。[3]根据近年的研究，有几种旧的观点被纠正，例如认为“国”字最初含义是指城市国家

---

* 本文原题为《戦国秦の“邦”と畿内》，载《東洋史研究》第77卷第3号，第39—78页。

** 渡边英幸，日本爱知教育大学教育学部准教授。

*** 张西艳，北京外国语大学国际中国文化研究院副教授。

1 先秦时期的黄河、长江流域，在中国文明内部被看作是分设了无数“邦”(殷代为“方”)的世界，西周时代的周天子作为“周邦之君”，同时也统治着“四方、四或(国)”的“万邦”。参见丰田久：《周王朝と“成”の構造について——“成周”はなぜ“成”周と呼ばれたか》，载《东洋文化研究所纪要》第一百零九册，1989年；松井佳德：《周代国制の研究》，汲古书院2002年版。

2 参见大西克也：《国の誕生——出土資料における“或”系字の時義の変遷》，载《楚地出土資料と中国古代文化》，汲古书院2002年版。

3 关于“邦”字的避讳，除了大西2002年的研究之外，还有站在死后避讳立场的庞朴1977年的研究和坚持生前避讳与“国”“邦”的同义互换说立场的影山辉国2005年的研究等。参见庞朴：《马王堆帛书解开了思孟五行说之谜——帛书〈老子〉甲本卷后古佚书之一的初步研究》，载《文物》1997年第10期；影山辉国：《关于汉代的避讳》，载《简帛研究(2002—2003)》，广西师范大学出版社2005年版。

城墙内部的观点等。[1] 但是关于“邦”的议论却并未十分深入,且观点也不尽相同。[2] 不仅如此,近年来由于里耶秦简、岳麓秦简等新史料的发现和公开,又发现了新的问题。

需特别注意的是,“邦”与秦统一的关系。如笔者在其他论文中所述,[3] 里耶秦简J1-8-461《更名扁书》被推断为是秦的地方官吏汇总的一览表,表中内容是在秦统一前后所推行的种种有关修订官方用语的规定。其中,“骑邦尉”“郡邦尉”“邦司马”“邦门”等冠以“邦”字的若干用语在秦统一前后都被修订,告诉人们“邦”字被删除这一事实。这说明与西汉初年的高祖避讳相比,“邦”的改变、删除实施得更早。表示国家的重要用语多半正在消失,这一事实让人预想到其背后存在的国家体制、法律体系的重大变革。其变革的性质如何?为了阐明这个问题,有必要对统一以前的秦的“邦”的含义进行正确地把握。

与此相关的一个重要的问题点就出现了,即“邦”的字义。“邦”字曾被笼统地认为是指秦国全境(其范围本身就有待商榷),近年已有人提出与此不同的观点,即认为战国时期秦的“邦”仅指作为秦之“故地”的关中、畿内疆域(迄今一直被称作“故秦”“内史”“关中”“畿内”等)这种观点。其代表性学者为杨振红,[4] 其对先秦至秦统一时期的文字资料进行了研究,在解释秦的“内史”一贯为掌治畿内的行政官的同时,指出“邦”的管辖范围仅指畿内疆域。

另外,周海锋也以岳麓秦简《为狱等状四种》的“邦亡”为例,论述了“邦亡”并非

1 关于“或(国)的原义”,古典主义观点将其看作是邑和武器的象形,认为其含义为“城墙围绕的城市国家”。参见于省吾:《释中国》,载《中华学术论文集》,中华书局1981年版;白川静:《字统》,平凡社1984年版。但是,如大西克也所述,在西周时期的“或(国)”的用例中,可见指代“下或(国)”“东或(国)”“南或(国)”“四或(国)”等广阔地域的内容。还有何尊铭文的“中或(国)”,也不是指单一的城邑,不如认为指洛邑附近的土地(武王宣言时,成周洛邑尚未建设)。参见大西克也:《国の誕生——出土資料における“或”系字の時義の変遷》。吉本道雅也认可西周时期的广阔的“或(国)”的字义,认为其在春秋时期向诸侯国级别的“国”缩小了。参见吉本道雅:《春秋国人再考》,载《立命馆文学》第五百七十八号,2003年。

2 关于“邦”字,大西认为整个西周、春秋、战国时期一贯为“表达国家的名词”。在关于睡虎地秦简的事例中,该文也反对了认为县或乡被称作“邦”的观点,将其解释为基本的“国家”之意。参见大西克也:《“国”誕生——出土資料における或系字の時義の変遷》。与此不同的是,工藤元男认为睡虎地秦简的“邦”具有多义性,也有指代县或乡级别的城邑的场合。参见工藤元男:《“日書”を通してみた国家と社会》,初次发表于1991年,收入氏著:《睡虎地秦簡よりみた秦代の国家と社会》,创文社1998年版。

3 参见拙文:《里耶秦簡〈更名扁書〉試訳》,载《古代文化》第六十六卷第四号,2015年。

4 参见杨振红:《从秦“邦”、“内史”的演变看战国秦汉时期郡县制的发展》,载《中国史研究》2013年第4期。

是指从秦的全部疆域逃亡，而是指从与郡相区别的畿内逃亡之意。[1] 孙闻博在对秦汉时期的“尉”制度进行系统研究的考论中，根据里耶秦简“郡邦尉”的记述提出了一种新的观点，他认为战国时期秦的全部疆域在被看作“邦”的同时，畿内疆域与各“郡”被视为不同的“邦”。[2]

这就不仅仅是“邦”的字义问题了，还涉及秦的国家观和疆域观。实际上，日本早就有将秦的畿内疆域（关中地区）看作“故地”“本国”的观点。例如，工藤元男曾经指出，战国时期秦的关中地区被称作“故秦”，也就是“固有的秦土”，与其受到郡县制和封建制的统治不同的是，其外侧的“占领地”设有各种各样的“臣邦”，其居民不能直接被认定为是真正的秦人，而是要通过与秦人女性结婚生子才能被“秦化”，二者之间存在很大的区别。[3]

除此之外，鹤间和幸指出，睡虎地秦简的律是以“故秦”（即“战国时期秦的疆域”）为对象的“非常偏颇的法律”。在秦帝国形成的过程中，战国时期秦疆域的人被称作“故秦人”；秦统治之后的东方六国的人则被称为“新民”，以示严格区别。[4] 鹤间还指出，其“故秦”的范围是指渭河盆地和黄土高原，也就是内史、陇西、北地、上郡。[5]

还有，大栉敦弘对自战国时期至统一时期的秦的疆域构造进行了探讨，认为存在“双重国境线”，即环绕秦“本土”关中地区的关所的境域和环绕关中以外疆域的边关的国境线，外侧的国境线形成“邦”的疆界，而在内部“本土”（被称作“中”“故秦”“秦中”“邦中”等）和“占领地”（“内”的诸郡）之间也存在明确的地域差异。[6] 大栉进而对以往关于“内史”的先行研究进行了广泛探讨，提出了自己的观点，认为秦在关中地区统治中存在的内史、廷尉、太史等“中央诸官府管辖构成其全境的各属县”的体制，其中关中地区以外的郡，也就是“占领地”，留下了浓厚的“本国”“本土”的特征。[7]

---

1 周海锋，《〈为狱等状四种〉中的“吏议”与“邦亡”》，初次发表于 2013 年，后收入王沛主编：《出土文献与法律史研究》（第三辑），上海人民出版社 2014 年版。

2 参见孙闻博：《秦汉太尉、将军演变考》，载《秦汉军制演变史稿》，中国社会科学出版社 2016 年版，第一章第二节。

3 参见工藤元男：《秦の領土拡大と国際秩序の形成》，初次发表于 1984 年，后收入氏著：《睡虎地秦簡よりみた秦代の国家と社会》，创文社 1998 年版。

4 参见鹤间和幸：《古代中華帝国の統一法と地域——秦帝国の法の統一とその虚構性》，初次发表于 1992 年，后收入氏著：《秦帝国の形成と地域》，汲古书院 2013 年版。

5 参见鹤间和幸：《秦長城建設とその歴史的背景》，初次发表于 1997 年，后收入氏著：《秦帝国の形成と地域》，汲古书院 2013 年版。

6 参见大栉敦弘：《秦邦——雲夢睡虎地秦簡より見た“統一前夜”》，载《中国古代の文字と文化論集》，汲古书院 1999 年版。

7 参见大栉敦弘：《近年の内史研究から見る秦漢統一国家体制の形成》，载《中国史学》第二十四卷，2014 年。

从上述诸种观点中可以看到共通之处,即都认为在以关中地区为中心的“故秦”(即“故地”“本国”)和关外的诸郡(即“占领地”)之间存在统治上的边界性和不均等。另外,关于“邦”的观点虽然大不相同,但在战国时期秦的关中之内外被区分这一点上,与杨振红等学者的观点也是相通的。

但是,在战国时期秦关中(畿内)和关外的诸郡之间,实际上存在多大程度的区别呢?其区别程度有“邦”“秦”的内外那么大吗?如笔者在其他论文中所述,[1]认为睡虎地秦简和岳麓秦简中出现的“邦亡”是指从关中地区到关外诸郡的逃亡这种观点显然是难以成立的,即便是认为关中地区和关外诸郡为不同的“邦”这种观点也必然是存疑的。还有,一直以来大多数研究者将关中地区看作秦的“本国”“故地”,认为其与“占领地”之间存在地域上的分界,这种观点也有再探讨的余地。

作为将关中地区看作秦的“故地”“本国”这种观点的根据,大体可举出三点。第一,迄今许多学者认为,秦存在指代关中地区和其住民的“故秦”这一名称,是为与其外部的“新地”“新民”相区别;第二,云梦睡虎地秦简中几乎无法确认“郡”的存在,却有好像以关中地区为秦之“邦”的记载;第三,汉代史料中留下了关中地区称作“秦”“故秦”的记述。[2] 其中,第三点是以秦的瓦解和汉的成立为前提的言论,不能作为直接证明战国时期秦的疆域观的史料。值得探讨的主要是第一点和第二点。

因此,本论文将对以下几点进行探讨。首先,关于战国时期秦的文字资料中出现的“邦”的意思。其中哪种多样性是被认可的?是否存在将畿内看作“邦”的事例?其次,关于战国时期秦的疆域内地域的分界。在战国时期的秦,是否存在只将关中视为“故地”“本国”而将关中之外的占领地作为“新地”“新民”以示区别的意识?其三,在战国时期秦疆域扩大的过程中,畿内和畿外是何种关系,其律令体系如何发展变化?通过探讨上述三点内容,厘清战国时期秦的国家观、疆域观和作为其前提的统治结构的发展变化,是本论文的研究目的。

另外,关于本论文使用的概念,有几处还需说明。以渭河为中心的关中平原为周、秦的根据地,在迄今为止的研究中,有“关中”“王畿”“京师”“内史”等各种各样

---

1 参见拙文:《戦国秦の国境を越えた人びと——嶽麓秦簡〈為獄等状〉の“邦亡”と“帰義”を中心に》,载高村武幸编:《周縁領域よりみた秦漢帝国》,六一书房 2017 年版。

2 如鹤间和幸所指出的那样,《汉书》卷三十九《地理志》“秦地”中可见“故秦”这一用语,是指战国时期的秦。参见鹤间和幸:《秦長城建設とその歴史的背景》。但是,其范围是比“内史”更广的“雍、梁二州”,“故秦地天下三分之一,而人众不过什三,然量其富居什六”。这并非仅指关中地区。即使在先行研究中,工藤、大栉将“故秦”认为是关中地区、畿内(内史)的,鹤间认为其为内史加上上郡、陇西、北地等诸郡的地点,他们的观点在认识上就有不同。

的称呼,[1]其用法也并非确定无疑。关于众所周知的"关中",有观点认为是指在汉初也包含巴蜀地区的大的范围(大关中)。[2] 即便是关于"内史",也有关于其是否被确立为明确的首都圈的讨论。[3] 但是,如后面将要论述的,至少从战国末期到统一时期的秦,将与诸郡相区分的首都圈称为"中""内史"的例子是确实存在的。在论述时,必须明确概念是指地域,并不是指行政区划。本论文在将渭河盆地的关中平原(不是大关中)作为地域称呼的时候,使用"关中",作为行政区分称呼郡以外的首都圈(京师)的时候,使用"畿内",都不加括号。还有,在使用史料中出现的用语时,以"中"和"内史"等加上括号的形式来记述。

一、秦简中"邦"的各种情形

睡虎地秦简中出现的"邦",是具有一定程度多样性的用语。以往的注解和研究中出现的解释大体可分为以下四种:

(a) 秦国或国家

(b) 秦以外的国或群体

(c) 城邑、国都

(d) 关中地区

下面将对各例进行研究,并考证其正误。另外,睡虎地秦简的事例整理在表格1中,一并供大家参考。

---

1 例如,森谷一树提出了汉初的内史所管辖地区称为"京师"的观点。参见森谷一树:《"二年律令"にみえる内史について》,载《江陵張家山二四七號墓出土漢律令の研究》,朋友书店2006年版。

2 参见王子今:《秦汉区域地理学的"大关中"概念》,载《秦汉史论丛》第九辑,2004年。

3 工藤元男指出,战国时期秦的"内史"原来曾是管辖全国财政的中央官(相当于后来的治粟内史),但随着县制整备和疆域扩大,具备了畿内行政管理和全国财政管理的二重性,自战国末期至统一时期,治粟内史被分离出来的结果是,内史被改编成为"掌治京师"的行政官。参见工藤元男:《睡虎地秦簡よりみた秦代の国家と社会》,创文社1998年版。与此不同的是,江村治树认为内史起初就是"掌治京师"的行政官。杨振红也同样将内史理解为畿内的行政官。参见江村治树:《雲夢睡虎地出土秦律の性格をめぐって》,初次发表于1981年,后收入《春秋戦国秦漢時代出土文字資料の研究》,汲古书院2000年版;杨振红:《从秦"邦"、"内史"的演变看战国秦汉时期郡县制的发展》。关于"内史"的以往研究,大栉敦弘进行了总括,确实整理了"二重性"等论点,追认了从内史到郡守"替换说"的有效性等,在研究史上占有重要的位置。参见大栉敦弘:《近年の内史研究から見る秦漢統一国家体制の形成》。笔者也曾于2017年8月,在中国人民大学召开的第六届出土文献青年学者论坛上以《战国秦的内史与郡县制》(石洋译)为题对研究史的论点进行了整理。其详细内容将会择机发表。

表格1 睡虎地秦简中的“邦”

序号	用语	“邦”的意思	原文	资料名称	简牍号
1	邦亡	秦国	人臣甲谋遣人妾乙盗主牛,买(卖),把钱偕邦亡,出徼,得,论各可(何)殴(也)?当城旦黥之,各畀主。	法律答问	5
2	邦亡	秦国	告人曰邦亡,未出徼阑亡,告不审,论可(何)殴(也)?为告黥城旦不审。	法律答问	48
3	臣邦	封国	“擅杀、刑、髡其后子,谳之。”●可(何)谓“后子”?●官其男为爵后,及臣邦君长所置为后大(太)子,皆为“后子”。	法律答问	72
4	邦客	秦国/国家	“邦客与主人斗,以兵刃、投(殳)梃、拳指伤人,抿以布。”可(何)谓“抿”?抿布入公,如赀布,入赍钱如律。	法律答问	90
5	臣邦	封国	可(何)谓“赎鬼薪鋈足”?可(何)谓“赎宫”?●臣邦真戎君长,爵当上造以上,有罪当赎者,其为群盗,令赎鬼薪鋈足;其有府(腐)罪,【赎】宫。其它罪比群盗者亦如此。	法律答问	114
6	邦关	秦国	“盗出朱(珠)玉邦关及买(卖)于客者,上朱(珠)玉内史,内史材鼠(予)购。”●可(何)以购之?其耐罪以上,购如捕它罪人;赀罪,不购。	法律答问	140
7	邦门	城市/聚落	旞火延燔里门,当赀一盾;其邑邦门,赀一甲。	法律答问	160

（续表）

序号	用语	“邦”的意思	原文	资料名称	简牍号
8	臣邦	封国	“臣邦人不安其主长而欲去夏者，勿许。”可（何）谓“（去）夏”。欲去秦属是谓“（去）夏”。	法律答问	176
9	臣邦 它邦	封国	“真臣邦君公有罪，致耐罪以上，令赎。”可（何）谓“真”？臣邦父母产子及产它邦而是谓“真”。●可（何）谓“夏子”？●臣邦父、秦母谓殹（也）。	法律答问	177—178
10	外臣邦 邦徒	国家	“使者（诸）侯、外臣邦，其邦徒及伪吏不来，弗坐。”可（何）谓“邦徒”、“伪使”？●徒、吏与偕使，而弗为私舍人，是谓“邦徒”“伪使”。	法律答问	180
11	邦亡	秦国	邦亡来通钱过万，已复，后来盗而得，可（何）以论之？以通钱。	法律答问	181
12	它邦	国家	可（何）谓“匧面”？“匧面”者，耤（藉）秦人使，它邦耐吏、行旞与偕者，命客吏曰“匧”，行旞曰“面”。	法律答问	204
13	邦中之繇	秦国	邦中之（徭）及公事官（馆）舍，其（假）公，（假）而有死亡者，亦令其徒、舍人任其（假），如从兴戍然。工律	秦律十八种	101
14	属邦	国家	道官相输隶臣妾、收人，必署其已禀年日月，受衣未受，有妻毋（无）有。受者以律续食衣之。	秦律十八种	201

(续表)

序号	用语	“邦”的意思	原文	资料名称	简牍号
15	邦司空	秦国	不当禀军中而禀者,皆赀二甲,法(废);非吏殹(也),戍二岁;徒食、敦(屯)长、仆射弗告,赀戍一岁;令、尉、士吏弗得,赀一甲。●军人买(卖)禀禀所及过县,赀戍二岁;同车食、敦长、仆射弗告,戍一岁;县司空、司空佐史、士吏将者弗得,赀一甲;邦司空一盾。	秦律杂抄	11—14
16	邦	国家	古者,民各有乡俗,其所利及好恶不同,或不便于民,害于邦。	语书	1
17	邦	秦国/国家	今法律令已具矣,而吏民莫用,乡俗淫失(泆)之民不止,是即法(废)主之明法殹(也),而长邪避(僻)淫失(泆)之民,甚害于邦,不便于民。	语书	3—4
18	邦	国家	操邦柄,慎度量,来者有稽莫敢忘。贤鄙溉辥,禄立(位)有续孰敱上?	为吏之道	5伍—6伍
19	邦	国家	邦之急,在体级,掇民之欲政乃立。上毋间陆,下虽善欲独可(何)急?	为吏之道	7伍—8伍
20	邦	国家	申之义,以击畸,欲令之具下勿议。彼邦之倾,下恒行巧而威故移。	为吏之道	11伍—12伍
21	相邦、邦	国家(魏国)	廿五年闰再十二月丙午朔辛亥,○告相邦:民或弃邑居壄(野),入人孤寡,徼人妇女,非邦之故也。	为吏之道	16伍—21伍
22	邦	国都	阳日,百事顺成,邦郡得年,小夫四成,以蔡(祭),上下群神飨之,乃盈志。	日书甲种	3正贰

（续表）

序号	用语	“邦”的意思	原文	资料名称	简牍号
23	邦	城邑/小国	达日，利以行师，出正（征），见人，以祭，上下皆吉。生子，男吉。女必出于邦。	日书甲种	7正贰
24	邦中	城邑	壬癸病，甲有间，乙酢。若不酢，烦居邦中，岁在西方，黄色死。	日书甲种	72正贰—73正贰
25	邦门	城邑	北门，利为邦门，贱人弗敢居。	日书甲种	126正贰
26	邦君门	城邑	东门，是胃（谓）邦君门，贱人弗敢居，居之凶。	日书甲种	119正叁
27	邦	城邑/小国	己卯生子，去其邦。	日书甲种	145正壹
28	邦	城邑/小国	戊子生子，去其邦北。	日书甲种	144正贰
29	邦	城邑	凡宇最邦之高，贵贫。	日书甲种	15背壹
30	邦	城邑	宇最邦之下，富而痒。	日书甲种	16背壹
31	邦中	城邑	凡邦中之立丛，其鬼恒夜呼焉，是遽鬼执人以自伐〈代〉也。乃解衣弗袵，入而傅（搏）者之，可得也乃。	日书甲种	67背贰—68背贰
32	邦门	城邑	行到邦门困（阃），禹步三，勉壹步，呼：“皋，敢告曰：某行毋（无）咎，先为禹除道。”即五画地，椒其画中央土而怀之。	日书甲种	111背—112背
33	邦	城邑/小国	平达之日，利以行师徒、见人、入邦。罔邋，获。作事，吉。	日书乙种	19壹
34	帮门	城邑	【出】邦门，可☐	日书乙种	102叁
35	邦	?	☐☐右环（还），曰行邦☐	日书乙种	105叁
36	邦中	?	戊己有疾，巫堪，王父为姓（眚），☐☐☐索鱼堇☐☐☐☐间，乙酢（作），不酢（作），☐☐邦中，中岁在西，人黄色，死土日。	日书乙种	184

(续表)

序号	用语	"邦"的意思	原文	资料名称	简牍号
37	邦	城邑/小国	壬申生,有问(闻)邦。	日书乙种	239
38	邦	城邑/小国	已卯生,去其邦。	日书乙种	240
39	邦	城邑/小国	戊子生,去其邦北亟。	日书乙种	241—242
40	邦君	封国	凡生子北首西乡(向),必为上卿,女子为邦君妻。	日书乙种	248
41	邦	城邑/小国	酉失火,邦有年。	日书乙种	251—252

(a) 代指秦国或国家的"邦"

首先,从可以认为是基本的用例来确认。在战国时期的秦简中,可以确认代指秦国本身的"邦"的例子。睡虎地秦简《语书》被认为是秦王政二十年南郡守所下达诏书的抄本,《为吏之道》《日书》等也例外地含有具体时间的节点。其中将违反法律律令的行为称为"害于邦",明确将秦国整体称为"邦"(表格1:16—17)。可以确认的同样的例子还有《为吏之道》中的"邦柄""邦之急""彼邦之倾"(表格1:18—20)。该篇若为秦的官吏应该熟知的规范教材,"邦"字无疑含有他们所属的秦国本身之意。

其次,在战国时期的秦,存在往国外逃亡之意的"邦亡"这一罪名。(睡虎地秦简中可见越过界限时犯罪行为即成立的观点。表格1:1、2、11)。"徼"意为秦的郡县疆域的周边边界。在里耶秦简中,比较明确的是,有防御设施边界为"塞",没有防御设施的边界为"徼",战国时期秦的边界在统一后更名为"故塞""故徼"。[1] 北方的长城线(塞)及其之外的边界(徼)形成了战国时期秦的"国界",这一事实是可以确认的。另外,"故徼"在岳麓秦简《秦律令(壹)》中也作为边界线出现,[2] 文献中也有关于西汉时西南方有秦的"故徼"的记载。[3]

1　里耶秦简 J1-8-461 简《更名扁书》中有 B17"边塞曰故塞"和 B18"毋塞者曰故徼"。参见拙文:《里耶秦簡〈更名扁書〉試訳》。

2　岳麓秦简《秦律令(壹)》简 098-102 中可见"之亡徼中蛮夷而未盈岁,完为城旦舂""奴婢从诱,其得徼中,黥颜頯。其得故徼外,城旦黥之,皆畀主。诱隶臣、隶臣从诱,以亡故塞徼外蛮夷,皆黥为城旦舂。亡徼中蛮夷,黥其诱者,以为城旦舂"。"故徼"为秦统一前边境线"徼"的改称,当然并不限定于关中地区。"徼中蛮夷"应是指位于疆域内侧并与秦一般百姓不同的异族的居住地。

3　《史记》卷一百十六《西南夷列传》云:"秦时常頞略通五尺道,诸此国颇置吏焉。十余岁,秦灭。及汉兴,皆弃此国而开蜀故徼。巴蜀民或窃出商贾,取其筰马、僰僮、髦牛,以此巴蜀殷富。"

在岳麓秦简《为狱等状四种》中，也有可以确认关于战国最末期的秦、楚边界地带频繁发生“邦亡”的审判案例存在。[1] 正如笔者在其他论文中已明确指出的那样，《为狱等状四种》中出现的“邦亡”均指从秦整个疆域范围内的逃亡，不能解释成是从关中地区到各郡的逃亡。在此基础上，笔者确认了战国末期包含南郡的秦的全部郡县疆域被看作“邦”这一事实。

如上所述，在战国时期的秦，存在将包含郡的秦国整体称之为“邦”的事例。然而在睡虎地秦简中虽然有若干“内史”等官管辖诸县的记载，但关于“郡”的记载却极为稀少。由此，杨振红认为秦代的“邦”为内史所管辖的畿内，即关中地区。事实上，睡虎地秦简中并没有对比“内史”和“郡”，而且仅将前者称为“邦”的记载。那么，该如何去理解其时代性呢?

睡虎地秦简的秦律中“郡”的记载极少这一点，早就成为一个问题。除了后面还将论述的《日书》的事例，“郡”的用例仅有《法律答问》第144简“郡县除佐”、《秦律十八种・置吏律》第158简“县、都官、十二郡免除吏及佐、群官属”和秦王政二十年的《语书》。在墓主“喜”于南郡诸县任“史”一职之时，秦的疆域包含很多郡，南郡也理应施行该律令。但是，许多律文却与其时代状况相背离。

先行研究已经对这一点进行了深入的探讨。裘锡圭认为，睡虎地秦简的秦律保持着秦设郡以前的以内史所属的诸县为对象的内容和形式，并被袭用于疆域扩大后的郡。[2] 江村治树也指出，睡虎地秦简的秦律虽施行于南郡，其中也不乏内史管辖诸县状态的条文，从其增补情况来看，也保留了古律的旧貌。这表明，该秦律本来是以内史管辖的疆域为对象的律，在地方的郡中，律文中的内史被替换成郡守。[3]

对于这种“替换说”，也有人提出异议。[4] 近几年，大栉敦弘对诸种观点进行了总结，提出了如下观点：战国时期秦的内史具备“二重性”，既是管辖整个秦国财政和文书行政的中央官之一，也是治理“秦之故地”的地方行政官。内史和廷尉、太史等中央诸官管辖属县的体制存在于“秦之故地”为“全部疆域”的时期，在疆域扩大之后，其规定以郡守替换诸官的形式来使用。[5] 后面还将论述的“秦之故地”这一概念虽然仍有可疑之处，但认为关中为秦全部疆域时期的秦律保存在睡虎地秦简中，认为这些

---

1 《为狱等状四种》案例01、02、05、14中可见“邦亡”，01以外全是往“荆”等外国的逃亡，01也为往“荆”等外国逃亡的可能性很高。参见拙文：《戦国秦の国境を越えた人びと——嶽麓秦簡〈為獄等状〉の“邦亡”と“帰義”を中心に》。

2 参见裘锡圭：《啬夫初探》，收入中华书局编辑部：《云梦秦简研究》，中华书局1981年版。

3 参见江村治树：《雲夢睡虎地出土秦律の性格をめぐって》。

4 参见森谷一树：《“二年律令”にみえる内史について》。

5 参见大栉敦弘：《近年の内史研究から見る秦漢統一国家体制の形成》。

秦律在郡中也被准用,是非常富有说服力的观点。

如这些先行诸说所示,睡虎地秦简的律令被理解为是秦扩大疆域设郡以前的体制,即睡虎地秦简的律令保存了"关中地区"为秦的"全部疆域"、以内史为首的中央诸官管辖国内诸县时期的律文。[1] 在睡虎地秦简中,并没有出现"内史"与"郡"相对比的记载,而且,自《为狱等状四种》至战国末"邦"包含郡的范围被逐步确定,是对杨振红所认为的战国时期秦的内史的管辖范围即是畿内为"邦"的有力反证。也就是说,在睡虎地秦律中,可以确认若干告知人们内史和诸县关系的条文,而超过县的范围被称作"邦"的理由,并非由于只有畿内被视为"邦",而是由于保留了秦的"邦"所指的疆域整体仅限于关中地区时所制定的条文。

另外,关于睡虎地秦简的时代性,吉本道雅进行了深入研究。[2] 吉本根据用语的汇总研究断定,在睡虎地秦简中,《秦律十八种》《效律》《秦律杂抄》《法律答问》《封诊式》的成书时期应为秦王政元年至五年(公元前 246—前 242)。根据字例进行归纳性地锁定书写年代,这种研究方法的准确性很高,即便是在新出史料增多的现在,也仍有其价值。但是,其中所记载律文的时代是以书写时期为下限,其制定时期当然要更早。这些律文或许是将关中地区为全部疆域时制定的旧条文[3]和郡设置后增加

1 根据张家山汉简《二年律令》的记述可以明确,汉初的畿内诸县不仅被内史管辖,所主管之事还受太史、太卜、廷尉等中央官的管辖。参见森谷一树:《"二年律令"にみえる内史について》;游逸飞:《太史、内史、郡——张家山〈二年律令·史律〉所见汉初政区关系》,载《历史地理》第二十六辑,2012 年;大栉敦弘:《近年の内史研究から見る秦漢統一国家体制の形成》。后面将要论述的战国时期秦的"邦司空""邦尉"等"判"官也可认为是管辖"县司空""县尉"等诸县的官。

2 参见吉本道雅:《睡虎地秦简年代考》,初次发表于 2007 年,后载《中国古代史论丛》第九号,2017 年。

3 从"公室"(《秦律十八种·工律》,第 100 简)、"公室告"(《法律答问》第 103 简、第 104—105 简)等用语可以推测,睡虎地秦简的秦律中至少包含比惠文君称王(公元前 325 年)更早以前的条文。里耶秦简《更名扁书》中可见"王室曰县官"(B8)、"公室曰县官"(B9)这些规定,由此可窥见在秦统一以前的官方用语中,"公室"和"王室"是作为两个同义词并存的。如果"王室"是称王以后的用语的话,"公室"无疑被用于称王以前的诏令和律文等。而且,睡虎地秦律中残存着"公室"等这一事实,充分说明了两点,一是该条文被制定于称王以前,二是称王以后也没有被修订为"王室"。还有,秦得到上郡的时期,相当于称王 3 年前的秦惠文王十年(公元前 328 年)。睡虎地秦简的大部分律文中没有"郡"的记述这一事实和称王以前的用语残存的事实,不可能只是偶然。这说明了律文原原本本地保留当初的形式被施行的原因,自商鞅变法至惠文王称王的约 35 年间,大部分律文已被制定,之后也没有被修订。广濑薰雄对青川木牍进行了再研究,认为可能是商鞅时期所制定的"为田律"被秦武王命令丞相、内史再次公布了。参见广濑薰雄:《青川郝家坪秦墓木牘補論》,载藤田勝久、関尾史郎編:《簡牘が描く中国古代の政治と社会》,汲古书院 2017 年版。还有高村武幸在 2018 年 5 月召开的第 63 届国际东方学者会议上推测认为,秦的文书行政制度是以公元前 4 世纪中期为界限的比较短的时间内形成的。这些都是极其富有启发性的观点。

的少数条文[1]混合并分类整理而成。由于这一推测也与睡虎地秦简的时代性和秦的国制发展有关,本论文的最后还会再次言及。

在考察指代秦国整体的“邦”的范围时,还有一个问题就是“邦司空”和“邦尉”等冠以“邦”字的官职名称及其管辖范围。在统一之前的秦的文字史料中,常有可确认的冠以“邦”字的官职名称、用语。睡虎地秦简中可见“邦司空”,其被推断为是比诸县的“县司空”更高级的官员(表格1:15)。[2] 可以断定,邦司空与其他的中央官一样管辖着诸县。这种冠以“邦”字的官职名称,其他还可确认的有“邦尉”“郡邦尉”“邦司马”等若干。[3]

关于这些“邦尉”“郡邦尉”“邦司马”,在之前的论文中已进行了探讨。总而言之,“邦尉”(国尉)为管辖诸县县尉的高级官员,“邦司马”为其属官。在秦的疆域仅限于关中诸县的时期,虽然只有“邦尉-县尉”这一系统,但由于其周边疆域设置了郡,所以其管辖范围就有了界限,有必要增加人员分置于各郡。这就是《更名扁书》中所说的“郡邦尉”,相当于后来的郡尉。近几年所发现的“南阳邦尉”和“洞庭邦尉”的事例为设置于南阳郡、洞庭郡的“郡邦尉”。[4] 《更名扁书》的规定被断定为在统一之际将“郡邦尉”“邦司马”的名称修订为“郡尉”“郡司马”。还有,与郡邦尉不同的是,原来的中央官邦尉之后被改称为“中尉”。也就是说,其发展过程可以推测如下:

---

1 在睡虎地秦简中,也有明确言及郡的《秦律十八种・置吏律》第158简“县、都官、十二郡免除吏及佐、群官属”,整理小组及前述吉本道雅都推测认为其为比秦王政五年(公元前242)建立东郡更早的条文。这表明,从惠文王时期至秦王政即位,也制定了若干新规的律文,睡虎地秦简至少包含其中的一部分。关于制定了多少条文,其中有几成由喜抄写,只能全凭猜测了。但是,可以说重要的一点是,置郡后所追加的少数条文和置郡以前原有的条文,没有被专门修订就混在一起,并被施行于各郡。另外,关于十二郡的内部情况,晏昌贵有详细论述。参见晏昌贵:《睡虎地秦简“十二郡”及其相关问题》,初次发表于2012年,收入《秦简牍地理研究》,武汉大学出版社2017年版。

2 宫宅潔对秦汉时期的“邦司空”进行了详细的研究,推测认为睡虎地秦简的“邦司空”是比县司空更高级的、与王权更密切的相应的官。参见宫宅潔:《“司空”小考——秦漢時代における刑徒管理の一斑》,载《中国古代刑制史の研究》,京都大学学术出版会2011年版。

3 参见拙文:《里耶秦簡〈更名扁書〉試訳》。

4 关于“南阳邦尉”,参见拙文:《里耶秦簡〈更名扁書〉試訳》。关于“洞庭邦尉”,在里耶秦简J1-9-430中可见“☐洞庭邦尉府□□☐”,还有J1-9-1874中也可见“迁陵邦候”这一称呼(湖南省文物考古所,2017年)。“洞庭邦尉”无疑是设在洞庭郡的邦尉,正是“郡邦尉”的实例。后者的“邦候”为邦尉的属官,相当于张家山汉简《二年律令・秩律》中的“中候、郡候”(秩六百石)。“迁陵邦候”为派遣到迁陵县的“邦候”。里耶秦简J1-8-649简的正面有“邦尉都官军在县界中者各☐……皆以门亭行新武陵言书到□☐……”,“迁陵邦候”应该可以看作是“邦尉都官军在县界中者”的实例。这些都是证明秦统一以前的“郡邦尉”“邦候”的重要新出史料。

〈置郡以前〉		〈置郡以后〉		〈统一以后〉
邦尉、邦司马	⇨	（畿内）邦尉、邦候、邦司马	⇨	中尉、中候、中司马
	⇨	（各郡）郡邦尉、邦候、邦司马	⇨	郡尉、郡候、郡司马

张家山汉简《二年律令・秩律》中可确认“中尉”和“（郡）尉”“中候、郡候”“中司马、郡司马”等名称，岳麓秦简《秦律令》中也有与“中”“郡”相对比的条文，这些事实证明了这一推测。

因此，不论是“邦司空”，还是“邦尉”，管辖着关中地区为事实，但并不意味着与郡相对的畿内被称作“邦”。当初的“邦”应该看作是“秦邦”整体，是拥有超过县的广阔管辖范围的官职名称。[1]

（b）代指秦以外的国家或群体“邦”的事例

在秦简中，有若干将秦以外的国家或群体称为“邦”的事例。

首先是“臣邦”（表格1:3、5、8、9）。虽然有不少关于其本质的讨论，但笔者认为，“臣邦”臣属于秦，是受到秦国支配的国家，据推断，其本质内涵包括附属的异民族的群体，秦所分封的封君、列侯，也包含原则上臣服于秦的诸侯国。[2] 其统治阶层的“君长”“君公”确实是受秦律的支配。其属下的住民，很可能在原则上是通过“君长”“君公”受到间接统治。

“臣邦”被认为是跟秦有区别的“邦”，从“臣邦”的脱离“去夏”这一用语来理解，其与“邦亡”相区分的事实也可确认。值得注意的是两者在疆域上的多层结构。如巴郡南郡蛮（廪君巴氏）的“蛮夷君长”（出自《后汉书》卷八十六《南蛮西南夷列传》，

---

1 孙闻博以《更名扁书》中“郡邦尉”至“郡尉”的改称规定为依据，推测认为秦的全部疆域虽被称为“邦”，但同时“郡”也看作是另外的一个“邦”（参见孙闻博：《秦汉太尉、将军演变考》）。但是，笔者并不同意这种观点。“迁陵邦候”（J1-9-1874）为派遣到迁陵县的“邦候”（邦尉的属官），这个“邦”不可能为迁陵县之意。同样，“洞庭邦尉”和“南阳邦尉”等“郡邦尉”也应看作只是被设于郡中的“邦尉”（当初掌管关中地区），郡并不是指“邦”。如前述研究，秦简中的“邦”，指代“秦邦”或城邑的用例占大多数，但表明畿内和郡之间“邦”的区别的痕迹却难以找到。另外，即使将目光转向传世文献，《史记》卷六《秦始皇本纪》中有“嫪毐封为长信侯，予之山阳地，令毐居之。宫室车马衣服苑囿驰猎恣毐，事无小大皆决于毐。又以河西太原郡更为毐国”的记载，《史记》卷七十二《穰侯列传》中有“于是秦昭王悟，乃免相国，令泾阳之属皆出关，就封邑。穰侯出关，辎车千乘有余。穰侯卒于陶，而因葬焉。秦复收陶为郡”之语。这里的“国”“封邑”和“郡”是被明确区分的。如果原本战国时期秦的“郡”也被称作“邦”的话，不得不说“郡邦尉”这一官职名对异文同义词的重复是难以理解的，也无法说明为何不将郡守称为邦守。总之，在战国时期的秦，郡、县中即使派遣、设置了“邦”官，畿内和郡之间也不存在“邦”的不同，可以说原则上也没有郡被看作“邦”之事。

2 参见拙文：《秦律の夏と臣邦》，初次发表于2007年，后收入拙著：《古代〈中華〉観念の形成》，岩波书店2010年版。

相当于“臣邦君长”)、在嫪毐之乱中被动员参与叛乱的“戎翟君公”(出自《史记》卷六《秦始皇本纪》,相当于“臣邦君公”)的存在,说明“臣邦”在疆域上也可能存在于秦的郡县内部,被认为是在秦的“邦”内形成嵌套结构。这一点也正如大栉敦弘所述。

另外,还有“外臣邦”“它邦”(表格1:9、10、12)。具体情况前文已述,此处不赘。“它邦”相当于与秦没有统属关系的诸侯国和蛮夷,“外臣邦”相当于传世文献中所说的“藩臣”,都是指没有受到秦实际支配的政治体。

与“臣邦”相关的官职名称中,有一个官职迄今备受争议,即“属邦”。两者曾被混淆,也曾被与郡等而视之,在此想确认另一个概念。

在睡虎地秦简的《秦律十八种·属邦律》中,有关于道官输送和衣食发放的法律规定。[1] 由此,不仅可以断定属邦对各道持有统辖权这一事实,而且还可以确认“属邦”的官印和长官名,[2] 其职能为负责武器的铸造和保管。[3] 可见“属邦”作为中央官府之一至汉代转变为典属国,应是拥有通过道管辖各地异民族的权限。

“属邦”在里耶秦简中,有被推测为是始皇帝二十八年自琅邪郡被传达到“内史、属邦、郡守”的平行文书:[4]

> ☐亥朔辛丑,琅邪叚(假)[守]☐敢告内史、属邦、郡守主:琅邪尉徙治即[默]☐

---

1 睡虎地秦简《秦律十八种》第201简(表格1:14)“道官相输隶臣妾、收人,必署其已禀年日月,受衣未受,有妻毋(无)有。受者以律续食衣之”中有关于道官续食的律的规定,说明秦代的属邦对各地的道有一定的管辖权。

2 参见矢泽悦子:《戦国秦の異民族支配と“属邦”》,载《明大アジア史論集》(Ⅰ),1997年;刘瑞:《秦“属邦”“臣邦”与“典属国”》,载《民族研究》1999年第4期;拙文:《秦律の夏と臣邦》。汉代的典属国见于《汉书》卷十九《百官公卿表上》:“典属国,秦官,掌蛮夷降者。武帝元狩三年昆邪王降,复增属国,置都尉、丞、候、千人。属官,九译令。成帝河平元年省并大鸿胪。”

3 在刻有“属邦”的青铜兵器铭刻中,有“五年相邦吕不韦戈”(《殷周金文集成》,下称《集成》,第11396页)、“八年相邦吕不韦戈”(《集成》,第11395页)、“少府矛”(《集成》,第11532页)、“十三年少府矛”(《集成》,第11550页)、“寺工矛”(《集成》,第11533页)、“属邦矛”(袁仲一:《秦中央督造的兵器刻辞综述》,载《考古与文物》1984年第5期)等。还有,“十四年属邦戈”于广州市东郊萝岗M4的出土(广州市文物管理委员会《广州东郊萝冈秦墓发掘简报》,载《考古》1962年第8期)。“属邦”被认为是在咸阳的中央诸官之一,负责武器的铸造、保管、管理、发放,而且通过道官调动外族,属官也会出征的前线。

4 这一纪年的复原依据东京外国语大学亚非语言文化研究所的共同研究课题《簡牘学から日本東洋学の復活の道を探る——中国古代簡牘の横断领域的研究(3)》(代表:陶安あんど)中目黑杏子的研究。

琅邪守四百卌四里,卒[1]可令县官有辟、吏卒衣用及卒有物故当辟征遝☐

告琅邪尉,毋告琅邪守。告琅邪守固留费,且辄却论吏当坐者。它如律令。敢☐☐

(里耶秦简 J1-8-657 正面)

该文书通告了琅邪郡尉迁至即默(即墨)以及如有应处理的案件应通知郡尉的内容,是针对全国行政单位的通告。

首先,该文书可推断为是从"内史"被传达到畿内诸县。在战国末期的秦,区分"内史"与"郡"的行政区划已经成立。[2] 另一方面,"郡守"作为畿外诸县的长官,通过文书传达给属下的行政机构。考虑到秦王政二十年的睡虎地秦简《语书》中有南郡郡守下令给所属"县道官"的事实,可认为是各郡向所属县、道、都官的通告。

而且,"属邦"也管辖着针对道官的文书行政。依据郡守给其属下的道下达文书这一事实推断,在始皇二十八年的琅邪郡文书中的属邦,至少应是向畿内的道传达文书。

另外,最近有与"属邦"相关的新史料被公布。在里耶秦简的第二分册所收简牍中,含有"迁陵属邦候"这样的官名。[3] 该文书为始皇二十六年秦统一前后酉阳县与迁陵县之间传达的平行文书,在逃亡者的案件中,可见前一年"迁陵属邦候显""候丞不智名"与"反寇"战斗而候丞战死之事的记述。详情虽然不明,但在统一战争末期,"属邦候"被派遣到迁陵县,楚的残党或许是与异民族进行战斗。若是如此,这是可以作为保留了洞庭郡、迁陵县的统属关系则是另外一种形式,"属邦"的属官从中央被派遣至郡县这一事实的史料。这可以说应该叫做属邦的"都官"[4],汉武帝时期以后,"属国"被设置于来降的外族居住地,这或许能够看作是其久远的滥觞。

如果加上上述新的信息的话,通过内史、属邦、郡守至全国的信息传达路径应该可以复原如下:

---

1 "卒人"为郡守级别的敬称,在此指内史、属邦、郡守。参见陶安あんど:《卒人に関する覚書》,载东京外国语大学亚非语言文化研究所《中国古代簡牘の横断領域的研究》,2016 年 10 月。

2 里耶秦简 J1-92287"今洞庭兵输内史,及巴、南郡、苍梧,输甲兵,当传者多"和 J1-10-15"☐五十岁居内史七岁☐"等。关于何时开始存在内史与诸郡的行政区划,内史有没有管辖全国的中央官职掌(即"二重性"),先行研究中也见解不一。笔者将会在其他论文中进行详细探讨。

3 里耶秦简 J1-9-2287:"廿六年五月辛巳朔壬辰,酉阳齮敢告迁陵主:或诣男子它。辞曰:士五(伍),居新武陵軴上。往岁八月毄(击)反寇迁陵,属邦候显、候丞【不】智(知)名。与反寇战,丞死。它狱迁陵,论,耐它为侯(候),遣他归复令。令史畸追环它更论,它毄(繫)狱府,去亡。令史可以书到时定名吏(事)里,亡年日月,它坐,论报赦辠(罪)云何,或覆问毋有遣识者,当腾腾,为报。勿留。敢告主。"

4 这一点包含里耶秦简的"属邦"相关条文的信息,得到高村武幸的指点。

· 内史——畿内的县、都官
· 属邦——畿内的道+全国的属邦都官（即全国的异民族群体）
· 郡守——畿外的县、道、都官

如上所示，属邦或许可以理解为是原来管辖异民族的“邦”的中央官府，虽然拥有对道的特殊的管辖权限，但在统一前后，与内史、郡守一样，发挥着管辖对畿内道官的文书行政和派往各地的属官的作用。

（c）指称城邑、国都为“邦”的事例

在战国时期的秦，曾有“邦门”这一用语。《法律答问》中有“旞火延燔里门，当赀一盾；其邑邦门，赀一甲”（表格1：7），《日书》甲、乙中也有若干可以确认的“邦门”的事例（表格1：25、32、34）。另外，里耶秦简《更名扁书》中也有从“邦门”到“都门”的更名规定。

关于其含义，有诸多说法。工藤元男将“邑邦门”解释为是指县城的大门，认为战国时期秦的“邦”未必限定于国家之意，是包含县、乡等的多义语词。[1] 对此，大西克也以《日书》的记载为根据，指出“邦门”是与“将军门”和“邦君门”等一样的邑门的名称之一，“邦门”虽在县城，但县也并没有因此被称作“邦”。[2] 杨振红提出了不同的观点，将“邦门”解释为曾是咸阳的正门，试图与其“邦”为畿内疆域的个人观点相一致。[3]

那么，“邦门”是什么呢？如果将《法律答问》中的“里门”和“邦门”进行对比，以《更名扁书》中也记载了“邦门”的改称这一事实为根据的话，必然得出以下两点：

（1）“邦门”为官府所使用的官方用语。

（2）“邦门”在律文中与“里门”相对，指“邑”中特定的门。

可见，“邦门”是比“里”更大规模的聚落，也就是指乡、县一级的城邑的门，是理所当然的。

有问题的是《日书》中的记载。“将军门”和“邦君门”等诸门作为根据邑门的方位和配置进行分类的观念性名称，应是存在于当时的秦国社会的。但是，并不能将“邦门”与这些概念性的名称同等对待。这是由于“邦君门”等名称与“邦门”作为官方用语不同，未必能等而视之。《日书》甲种（表格1：25、26）中有如下内容：

1　参见工藤元男：《“日書”を通してみた国家と社会》，初次发表于1991年，后收入同氏：《睡虎地秦簡よりみた秦代の国家と社会》，创文社1998年版。

2　参见大西克也：《“国”誕生——出土資料における或系字の時義の変遷》。

3　参见杨振红：《从秦“邦”“内史”的演变看战国秦汉时期郡县制的发展》。

(1) 北门,利为邦门,贱人弗敢居。

(2) 东门,是胃(谓)邦君门,贱人弗敢居,居之凶。

“邦君门”被用作东门的别称(俗称)。与其不同的是,“邦门”并非指代北门,而是从诸门中选定的特定的门,北门被认为正合适。因此,甚至无需与《法律答问》中的事例相对照,即可知将“邦门”看作是指邑中特定的门或者正门是恰当的。这说明将城邑视为“邦”的看法在统一以前的秦国社会是存在的。还有,即便占术书的记述中确实存在“邦郡门”和“将军门”等观念性的称呼,也不能作为各邑被称作“邦”的相反证据。

根据以上内容,在战国时期的秦确实存在将城邑比作“邦”的用法是可以判明的。这是将城邑本身作为“邦”,也就是一种回忆城市国家(邑制国家)时代的怀旧用法。可以说,如“邑邦门”这一称呼所示,被视为“邦”的只是城市或聚落,并非县或乡这种行政单位。

其次,《日书》甲、乙中有将人们的生活空间称作“邦中”的事例(表格1:24、31)。还有,在判断人吉凶的记述中,将居住场所的高处、底部表述成“最邦之高”“最邦之下”(表格1:29、30)。可以说这些将人的居住空间称为“邦”的情况具体还是指聚落。同样,“邦中之立业”这一表述也可以看作是对作为生活空间的聚落内部之丛林的称呼。总之,这些事例将人们居住的邑称作“邦”,与前面探讨的“邦门”是有共通性的用例。

值得注意的是,《日书》中有可以确认的明确指代国都或者城市国家的“邦”的事例。在占卜人命运的记述中,可见“入邦”和“去其邦”等作为个人生活、出入机构的“邦”(表格1:23、27、28、33、37、38、39)。同样的事例,也存在于传世文献中。例如,《礼记·曲礼上》中可见如下用例:

(1) 入境而问禁,入国而问俗,入门而问讳。

(2) 入国不驰,入里必式。

(3) 郊之祭也,丧者不敢哭,凶服者不敢入国门,敬之至也。

事例(1)为“宫门—国—疆界”这种同心圆式的界线,事例(2)为与里相对比的国都,事例(3)以举行郊祭的国邑之门为题材,都把将国都或邑作为主要构成单位的小国家称作“国”(邦)。尤其是事例(2)的“国”与“里”相对比,需留意其与前面探讨的《法律答问》中的“邑邦门”拥有同样的规模。这说明,睡虎地秦简其实保留了相当古老时期的惯用词汇。

（d）被认为指代关中地区的“邦”

下面将对在先行研究中被解释成指代关中地区的“邦”的诸例进行探讨。

首先是《秦律十八种》中出现的“邦中之徭”这一事例（表格1：13）。

> 邦中之（徭）及公事官（馆）舍，其（假）公，（假）而有死亡者，亦令其徒、舍人任其（假），如从兴戍然。　　工律

这一史料在财政史研究中常被使用。[1] 工藤元男认为“邦中”为畿内之意，将其解释为内史所管辖的“故秦”之地；大栉敦弘在对其断定有所保留的同时，也指出“邦”为关中地区的可能。另一方面，山田胜芳、重近启树认为“邦中之徭”为中央的徭役，将“邦中”理解为国都咸阳之意。还有，广濑薰雄对秦简的“徭”的字义进行了重新探讨，认为其与一直以来被等同视之的“践更”不同，并将其解释为临时性劳役。[2]

基于以上诸说，笔者认为，“邦中”为“秦邦的中央”之意，从疆域内诸县临时征发至国都咸阳的劳役被称为“邦中之徭”。既然在该条文中与“郡”的对比没有被论及，就不能将“邦中”解释为畿内整体。若“中”具有中央之意，理应将“邦中”视为“邦”的中心国都咸阳。在张家山汉简《奏谳书》中收录的案件十七（秦王政元年，前246年）中，虽然出现了“践更咸阳”，但是可以断定，“邦中之徭”在从关中诸县至咸阳的劳力调动中，并非是指轮番的践更，而是指临时的徭役。

值得注意的是，即便该条文的“邦”指代关中地区，也并不意味着其为畿内。如前所述，睡虎地秦简的秦律大部分保存了置郡以前的定式。总之，“邦中”的“邦”很可能是当时的秦邦全域之意，并非畿内疆域的特定称谓。

“邦关”的事例也是如此。睡虎地秦简《法律答问》（表格1：6）中有如下内容：

> “盗出朱（珠）玉邦关及买（卖）于客者，上朱（珠）玉内史，内史材鼠（予）

1　参见工藤元男：《睡虎地秦簡よりみた秦代の国家と社会》；山田胜芳：《秦漢財政収入の研究》，汲古书院1993年版，第四章“徭役、兵役”；重近启树：《秦漢税役体系の研究》，汲古书院1999年版，第四章“徭役”；大栉敦弘：《秦邦——雲夢睡虎地秦簡より見た“統一前夜”》。另外，土口史记也指出“邦中”等于关中说的根据薄弱。参见土口史记：《先秦期における“郡”の形成とその契機》，初次发表于2010年，后收入《先秦時代の領域支配》，京都大学学术出版会2011年版。

2　参见广濑薰雄：《秦漢律令研究》，汲古书院2010年版，第七章附论“卒の踐更”。

购。”●可(何)以购之?其耐罪以上,购如捕它罪人。赀罪,不购。

该条文虽有脱文和省略,但主题无疑是对抓捕到试图将珠玉带到“邦关”外或卖给境外来客之人的购赏规定。依据珠玉的价格对盗出、盗卖者判处刑罚,发放与其价格相应的购赏,而且清楚地记载进行购赏发放时的主体为“内史”。

此条文乍一看似乎是一条将内史管辖范围的畿内解释为“邦”的史料。但是,该条文中完全不见“郡”的存在,能够确认的仅有律文制定时内史管理着“邦关”这一事实。那么,该条文也应看作是形成于置郡以前的时期,是内史管辖关中诸县的阶段所制定的律文。因此,“邦关”还是指“秦邦”的关所之意。

律文制定时的“邦关”很可能是构成以函谷关、武关为代表的关中地区诸关,[1]可以看作是在疆域扩大以后,向指代在诸郡边境新设的关即“边关”这一称呼转变。[2]根据岳麓秦简的《为狱等状四种》,战国末期秦的“邦”包含南郡等诸郡的范围业已被证明。因此,在郡的边境设置的关所很可能被称作“邦关”。[3] 依据这种推测,置郡后发生在边关的案件处理,理应被认为是将律文中的“内史”替换为负责的郡守来处理的。

那么,在睡虎地秦简中,是否存在与“郡”相对应的形式仅称畿内为“邦”的事例?可能符合的事例仅能找出一例。在《日书》甲种中,有“邦郡得年”这一记述(表格1:22)。倘若此郡为郡县制之郡,此为将畿内疆域称作“邦”的唯一事例。

但是,该记述为不载历史时刻的《日书》的占卜记述。如表格1所示,在睡虎地秦简《日书》中,指代前面探讨过的城邑、小国的“邦”的用例非常多,但其他被认可的言及郡县制的“郡”的事例却没有。假如仅以《日书》中的这一处的郡县制为前提来论述畿内、畿外诸郡的对比,也确实比较勉强。而且,在传世文献中,也有与郡县制无关的“郡”的用例。例如,在《春秋左氏传》的哀公二年,可见“上大夫受县,下大夫受郡,士田十万,庶人、工商遂,人臣、隶圉免”的记载。这个“郡”是指比县规模小的邑,即鄙邑。如果“邦郡得年”的“邦”同其他用例一样是指国都或小国的话,那么“郡”

---

1 如森谷一树所指出的那样,在张家山汉简《二年律令·津关令》第502简的记载中,某女子可否通行是要经过函谷关至内史、由内史至相国的上书来确认的。参见森谷一树:《“二年律令”にみえる内史について》。依次类推的话,可以说《法律答问》中内史管理的“邦关”中包含函谷关的可能性极高。

2 参见山田胜芳:《秦漢財政収入の研究》,第448页;大西克也:《“国”誕生——出土資料における或系字の時義の変遷》。

3 “邦”的疆域扩大以后,函谷关等界线仍然是管理交通的要冲,这一点根据张家山汉简《津关令》的内容和岳麓秦简《秦律令(壹)》第一类中简053“郡及襄武 、上雒 、商 、函谷关外人及(迁)郡、襄武、上雒、商、函谷关外”可以明确。但是,《秦律令》该简中并没有将函谷关称作“邦关”。

与《左传》的事例相同,将其解释成指代从属于邦的鄙邑是合适的,令人想到城市国家时代的古义用法。

综上所述,在睡虎地秦简中,对比畿内和郡,仅将前者称之为"邦"的事例实际上并不存在,大多数的事例是指某个时期秦的疆域整体,或是指城邑、小国的用例。在岳麓秦简和里耶秦简现公布的史料中,依笔者管见,同样未见只将畿内(内史)称为"邦"的事例。这与杨振红的推测相反,就现有资料并不能找出证明战国时期秦一贯将畿内视为"邦"的史料根据。

二、"故秦"的再研究

此节讨论的是战国时期秦的疆域观。先行研究共通的观点是把秦以关中地区为中心的故地称为"故秦",将其与占领地的诸郡和居住在那里的"新民"严格区分开。将"故秦"解释称"秦之故地"的关中地区,是以两种史料为根据的,也就是睡虎地秦简《秦律杂抄·游士律》和《商君书·徕民篇》。

> 游士在,亡符,居县赀一甲;卒岁,责之。有为故秦人出,削籍,上造以上为鬼薪,公士以下刑为城旦。　游士律
>
> (睡虎地秦简《秦律杂抄》第 04-05 简)

将此处的"故秦人"看作"秦的故地""固有的秦土"的住民一直以来都是主流观点。睡虎地秦简整理小组指出,"故秦人",也就是《商君书·徕民篇》中的"故秦民",指秦固有的居民,与属于原东方六国的"新民"相区分。"出"注解为出境之意。这里所说的《商君书·徕民篇》,是指如下记述:

> 今以故秦事敌,而使新民作本,兵虽百宿于外,竟内不失须臾之时,此富强两成之效也。臣之所谓兵者,非谓悉兴尽起也,论竟内所能给军卒车骑,令故秦兵,新民给刍食。

这里的"故秦"与"新民"相对比,"新民"明显是指"新归属秦的民"。这一记载说明在自战国末期至统一时期,秦将本国的"百姓(黔首)"区分为从前就属于秦的"故民"和新近归属的"新民"。实际上,在里耶秦简和张家山汉简中,有关于将新近

获得的占领地称为“新地”或“新黔首”的记载。[1]

但是,结合《商君书·徕民篇》的这一记载和前述《秦律杂抄·游士律》,并不能单纯地解释为“故秦即固有的秦土”或“秦的本土即关中地区的民”。首先,从“故”的含义来考证。在里耶秦简中,可见若干以“故○”的形式来表述人或事物属性的记载。比如下面这些事例:

(1) 廿六年八月庚戌朔丙子,司空守樛敢言:前日言竟陵汉阴狼假迁陵公船一,袤三丈三尺,名曰□,以求故荆积瓦。未归船。狼属司马昌官。谒告昌官,令狼归船。

(里耶秦简 J1-8-135 正面)

(2) 故邯郸韩审里大男子吴骚,为人黄皙色,隋面,长七尺三寸▨

年至今可六十三、四岁,行到端,毋它疵瑕,不智(知)衣服,死产、在所▨

(里耶秦简 J1-8-894)

(3) ……[制诏]御史闻:代人多坐从以系。其御史往行,□其名□所坐以系▨

县□奏军初□□到使者至,其当于秦下令系者率署其所坐▨

令且解盗戒(械)。卅五年七月戊戌,御史大夫绾下将军下令叚(假)御史謷往行▨

▨下书都吏治从人者,□大□□□见下校尉主军□都吏治从▨

▨书从事,各二牒,故何邦人爵列越□从及有以当制【秦】▨

(里耶秦简 J1-8-532+672+528 正面)

史料(1)的“故荆积瓦”为“旧楚的积瓦”,是与搬运被征服的旧楚地所储备的瓦器相关的文书。考虑到“荆”(楚)的范围自战国中期至后期转移的事实和没有将南郡称之为“故荆”的事例,因此其范围不可能在江陵周边,不能解释为“固有的楚地”之意。史料(2)的“故邯郸”说的也是“原邯郸”居住的人,不可能是“固有的邯郸”

1 里耶秦简 J1-8-1516 正面“廿六年十二月癸丑朔庚申,迁陵守禄敢言之。沮守瘳言。课廿四年畜,息子得钱殿。沮守周主,为新地吏,令县论言夬。●问之,周不在迁陵。敢言之”,和张家山汉简《奏谳书》案例 18“令:所取荆新地多群盗,吏所兴与群盗遇,去北,以儋乏不斗律论”都被认为是指得到不久之后的疆域。有始皇帝二十七年纪年的张家山汉简《奏狱书》案例 18 中也有“新黔首”“荆新地”的记述。关于这些“新地”“新黔首”,于振波进行了探讨。参见于振波:《秦律令中的“新黔首”与“新地吏”》,载《中国史研究》2009 年第 3 期。另外,在本文校正过程中得到的岳麓秦简《秦律令(贰)》中也可见同样的用语,也可以确认与“故黔首”相对比的条文(简 039—044)。关于这些事例,笔者将会择机进行论述。

等。还有，史料(3)虽缺字较多难以理解，却被推断为是御史大夫在接到始皇帝命令处理代地的“从人”系留者的诏令后所下达的文书的一部分。[1] 其中虽可见让报告“故何邦人”的语句，但这也明显是旧的所属国之意。

另外，在岳麓秦简《为狱等状四种》的案例05中，简的残存状况虽然不好，但其中可见“故秦人邦亡荆者男子多”这个句子。即使从案例的记述来判断，这里的“男子多”为“原秦人”逃亡国外至荆(楚)的人物无疑。

上述用例中出现的“故”都不是“固有的”“本来的”，而是“原来的”“从前就是的”之意，是表述人或物的旧的所属的常用表达。因此，《游士律》中的“故秦人”也并非“固有的秦地之人”或“秦本土之人”，很可能是出国的“原秦人”之意。若不这样解释的话，意思是不通的。

这也就是说，“有为故秦人出，削籍”可解释成为了出国的“原秦人”，有关人员删除出国者户籍的行为。不用说，这种情况多为家人和有关人员为避免连坐进行的隐蔽工作。而且，删除出国者的户籍，在秦国的任何地方理应都会成为问题，没有将对象限定为关中地区的必然性。总之，根据该条文，不能认为在战国时期的秦存在“故秦”的地域性结构。

而且，《商君书·徕民篇》中的“故秦”之意也始终是指“从前就是秦人”，这种解释与“新民”的对比也非常明确。原本该篇的形成年代也不可追溯到商鞅变法的时期。如先行研究所指出的那样，从“四世战胜”这一表达来判断的话，确实是以昭襄王时期的情形尤其是长平之战(前260年)为依据的。[2] 秦的疆域在惠文王、武王时期已扩大至上郡和巴蜀、汉中等，昭襄王时期进而扩大至黄土高原、三晋地区、南阳盆地和江汉平原。在这样的状况下，是很难仅将关中地区称为“故秦”，而继续将关中地区以外的郡的住民全体看作“新民”的。[3] 自战国末期至秦统一前后的史料中称之

---

1 李洪财认为“从人”在被秦灭掉的反秦诸侯国中，也是指身份较高者的称呼，以传世文献中所说的“合纵”之人为原义。参见李洪财：《秦简牍“从人”考》，载《文物》2016年第12期。

2 参见守屋美都雄：《漢代爵制の源流として見たる商鞅爵制の研究》，初次发表于1957年，后收入东洋史研究会：《中国古代の家族と国家》，1968年；西嶋定生：《中国古代帝国の形成と構造——二十等爵の研究》，东京大学出版社1961年版，第五章第三节“郡県制の形成と二十等爵”；好并隆司：《商君書研究》，溪水社1992年版等。

3 秦在公元前328年得到上郡以后，于公元前325年得到陕县，公元前316年得到蜀、巴，公元前312年得到汉中群，公元前290—前286年得到河东、河内，公元前278年得到南郡，公元前272年得到南阳郡，公元前271年得到北地郡之地。设置了侯国的蜀另当别论，上郡、陕县、汉中郡等都可以自长平之战往前追溯50年以上，河东、河内也经过了26年以上。在此期间，仅将关中地区一贯称为“故秦”而将关中以外继续称之为“新地”是难以理解的。更何况自战国末期至统一时期的“新”应是指占领周围之后不久的土地、民。可以说，“故”和“新”并非固定的地域，而是由于疆域的扩大而发生变化的相对性的区分。

为“新地”和“新黔首”的对象,也全是占领之后不久的周边的疆域。

还需注意战国后期的秦将其得到的旧六国的住民编入本国的国民这一事实。的确,秦在疆域扩大的过程中,曾有让不顺从的占领地住民离开,让从前的本国住民迁入该地。[1] 但是,在长平之战前夜,上党郡县的住民忌避“为秦民”而投降赵国,还有在《为狱等状四种》的案例01中,楚县直接被编入秦,这些事实说明,到了后期,秦是以将占领地的住民编入“秦”民为原则的。[2] 至少,并没有秦的统治阶层将占领地的住民与本国国民相区别,并限制前者编入的迹象。

如上所述,“故秦”这一用语意味着出国的“原秦”的人(《游士律》),还有与占领不久之后的“新地、新民”相对应的“从前就属于秦”的土地和民,不可能是一直以来所认为的那种包含关中地区乃至其周围的地域性的概念。不能以这一概念的存在为根据来讨论秦的国制与“本土即关中和占领地即关外诸郡”的严格区分,更何况在两者之间设想“邦”和“秦”的内外原本就不妥。那么,问题就转移到以下几点:战国时期秦的畿内地区的称呼为何?畿内与畿外之间存在怎样的区别?在睡虎地秦简中,为何没有体现出那种区别?

三、战国时期秦的“中”与“郡”的关系

(一)“秦中”与“中”

在战国时期的秦,指代关中地区和畿内(内史)疆域的“故秦”这一概念是无法确认的,还有仅将畿内疆域称为“邦”这一观点也明显不被认可。那么,如何理解秦为关中地区呢?在自战国末期至秦统一时期的史料中,发现了“中”这一用语所表达的诸概念。

首先,在岳麓秦简《为狱等状四种》中可见“秦中”这一用语,明显是指与南阳郡

---

1 西嶋定生论述了所谓的“新县”形成的契机是秦对占领地旧住民的强制移居和秦的徙民政策。参见西嶋定生:《中国古代帝国の形成と構造——二十等爵の研究》,第517页。王子今也对同样的事例进行了更为详细地论述。参见王子今:《秦兼并战争中的“出其人”政策——上古移民史的特例》,初次发表于2015年,收入《秦汉交通史新识》,中国社会科学出版社2015年版。

2 关于战国时期秦对归属的其他国家的郡县住民原则上就地编入“秦”的事实,参见拙文:《秦漢交代期における民・夷の帰属と編成》,载爱知教育大学历史学会:《历史研究》第五十九号,2013年;《戦国秦の国境を越えた人びと——嶽麓秦簡〈為獄等状〉の“邦亡”と“帰義”を中心に》。当然,编入之后的民确实被视为“新民”“新黔首”,也保存了原所属国的爵位等(里耶秦简《户籍简》),但并不意味着没有被视为自己的国民。继续将关外的全部住民以“新”来认定到底是不可能的。

相区别的秦的畿内疆域。[1] "秦中"一词在传世文献中也可确认,在秦末的反秦诸侯军之中,当"故繇使屯戍过秦中"时,对于从"秦中"的吏卒受虐待抱有怨言者颇多,此为虐待成为奴虏的秦卒的内容。[2] 如大櫛敦弘所指出的那样,这些指代关中地区、内史疆域仍然毋庸置疑。[3] 自战国末期至统一时期的秦,关中地区被称为"秦中",与其他的郡相区分。

在与这一地域概念"秦中"密切相关且具备作为行政用语特征的用语中,有"中"或"中县道"。里耶秦简中有被认为是统一时期的诏令和下达文书的一部分:

> ☐黔首习俗,好本事,不好末作,其习俗槎田岁更,以异中县。
>
> (里耶秦简 J1-8-355)

关于这一史料的内容,笔者另有论述。[4] 大概讲述的是关于含迁陵县南方地区的住民,在对他们喜好"本事(农耕)"而不喜好"末作(商业)"这一点进行评价的同时,认为其习俗为采伐树木改变每年耕作土地的烧田农法,与"中县"的状况不同。这里所说的"中县道",与边境的烧田地区不同,可以看作是对秦的中心地区的称呼,但没有表示明确的范围。与此不同的是,在岳麓秦简《秦律令(壹)》中,有更清楚的规定。例如:

> (1) 亡不仁(认)邑里、官,毋以智(知)何人殹(也),中县道官诣咸阳,郡【县】道诣其郡都县,皆毄(系)城旦舂,槫作仓,苦,令舂勿出,将司之如城旦舂。……咸阳及郡都县恒以计时上不仁邑里及官者数狱属所执法,县道官别之,且令都吏时覆治之,以论失者,覆治之而即言请(情)者,以自出律论之。
>
> (岳麓秦简《秦律令(壹)》第一组简 024—028)
>
> (2) 郡及襄武、上雒、商、函谷关外人及(迁)郡、襄武、上雒、商、函谷关外。
>
> 男女去,阑亡、将阳,来入之中县道,无少长,舍人室,室主舍者,智(知)其请

---

1 《为狱等状四种》的案例 14 第 218—221 简"有(又)曰:冯将军子臣癸敢昧死谒胡阳公。丈人诏令癸出田南阳,因种食、钱贷,以为私【书】。癸田新壄(野),新壄(野)丞主幸叚(假)癸錢、食一岁。少吏莫敢诃癸。今胡【阳少内丞赠☐】谓癸非冯将军子。癸居秦中,名闻,以为不☐……"。

2 《史记》卷七《项羽本纪》:"诸侯吏卒异时故繇使屯戍过秦中,秦中吏卒遇之多无状。及秦军降诸侯,诸侯吏卒乘胜多奴虏使之,轻折辱秦吏卒。"

3 参见大櫛敦弘:《秦邦——雲夢睡虎地秦簡より見た"統一前夜"》。

4 参见拙文:《"槎田歳更"小考》,载东京外国语大学亚非语言文化研究所《中国古代簡牘の横断領域的研究》,2013 年 9 月。

(情),以律(迁)之。典伍不告,赀典一甲,伍一盾。不智(知)其请(情),主舍,赀二甲,典、伍不告,赀一盾。

(岳麓秦简《秦律令(壹)》第一组简053—055)

(3) □□□罪而与郡县道及告子居陇西县道及郡县道者,皆毋得来之中县道官。

(岳麓秦简《秦律令(壹)》第一组简093)

(4) 五月,诏曰:"粤人之俗,好相攻击,前时秦徙中县之民南方三郡,使与百粤杂处。会天下诛秦,南海尉它居南方长治之,甚有文理,中县人以故不耗减,粤人相攻击之俗益止,俱赖其力。今立它为南粤王。"命陆贾即授玺绶。它稽首称臣。

(《汉书》卷一《高帝纪》)

史料(1)明确表示了"中"与"郡"的区别。该律文大概是统一前后的规定,[1]说明在那之前,"畿内即中"和"畿外即郡"的行政区划是成立的。关于"中"的范围,在史料(2)中可见"郡、襄武、上雒、商、函谷关"这种区分,在史料(3)中,"陇西""郡"与"中"相区分,从前者到后者的移居被限制。史料(4)虽为传世文献,却表明了"中县"这一称呼在秦灭亡以后仍被使用。[2]

这样就可以确认,最晚至战国末期,在秦国已形成了指代畿内、关中的"中"这一地域性的结构,而且,除了陇西郡的襄武、上雒、商邑等,"中"作为与"郡"相对比、区分的行政区划,也被明确记录在律令中。众所周知,同样的"中"这一区划虽然也存在于张家山汉简中,但其原型可以明确追溯到战国时代。[3]

还要明确两点:第一,即在岳麓秦简《秦律令(壹)》的诸条文制定的战国末期至秦统一时期,在"中"即畿内与畿外的诸郡之间,设定了襄武(陇西郡)、上雒、商、函谷关这类的"界线",对通行和移居实行限制。[4] 由此可以窥见,在秦的疆域扩大之后,"中"也没有与其他郡县被等同视之,而是优先考虑畿内的安定。第二,划分畿内和

1 宫宅潔推测,《秦律令(壹)》中虽然包含带有秦王政十四年(公元前233年)、二十年(公元前227年)、二十五年(公元前222年),即统一以前制定的律文(参见宫宅潔:《岳麓书院所蔵简"亡律"解题》,载《東方学報》第九十二册,2017年),但依据用字例的话,为始皇三十年(公元前217年)以后经过抄写、修订的版本。

2 考虑到赵佗本身为常山郡出身的话,这里所说的"中县"是否仅指关中地区是不能确定的。可以说,"中县"的原义即便是指关中、畿内,实际上也有更为广阔的中原地区之意。

3 张家山汉简《二年律令·置吏律》简214—215:"县道官之计,各关属所二千石官:其受恒秩气(饩)禀,及求财用委输,郡关其守,中关内史。"关于"中"与"郡"的区别,森谷一树于2006年进行了详细论述。

4 关于这一点,宫宅潔曾经指出,在秦统一之后不久,强烈意识到划分曾经的国境线(故塞、故徼)乃至关中、关外的界线。参见宫宅潔:《岳麓书院所藏简"亡律"解题》,载《東方学報》第九十二册,2017年。

畿外的“界线”一贯保持着其重要性。在“邦”的疆域扩大的过程中，曾为“邦”的关中地区被视为并非“郡”的“中”。[1]

另外，如大栉敦弘所述，郡设置以后，在畿内地区也存续着由中央诸官直接分管诸县的“旧的体制”，很可能与由郡守承担大多业务的畿外的诸郡在官制系统上相异。按照这个逻辑，大栉指出，对“内史”“中”的统治与其他的“郡”不同，保留了浓厚的作为“本土”的特征。必须指出，大栉的这一观点确实是说到了点子上。

那么，在秦的国制中，从关中到关外的发展是如何推进的呢？还有，在战国末年所抄写的睡虎地秦简中，几乎看不到“中”和“郡”的记述，又是为何呢？下一节将继续探讨。

（二）战国时期秦的国制的扩大、发展

与岳麓秦简中区分“中”和“郡”的条文相比，睡虎地秦简的秦律具有“古老”的特征。如裘锡圭、江村治树、大栉敦弘所述，睡虎地秦简保存了在关中地区为“全部疆域”的时期所制定的古老律文，这些条文很可能在各郡一直被“准用”“袭用”。其中可以看出以内史为首的中央诸官直接分管各“县”的体制，与岳麓秦简的秦律形成鲜明的对照。

这表明，在秦的国制中，即使有随时需要添加了一些新的规定（言及“十二郡”的条文等），以原来的关中地区为对象的古律条文本身在较长时期内并没有被修订，而是一直被保存下来，也被施行于各郡。[2]

以关中地区的诸县为对象的律原原本本地被“准用”于诸郡，这一事实说明，至少在法律的施行这一点上，秦在畿内和畿外之间并没有设定等级差别。而且，依据本章之前的探讨结果，可以说畿内和畿外之间虽然存在行政上的区别，但并不能确认仅将畿内疆域看作“固有的秦土”或“邦”的观念，将占领地的住民不认定为自己国家之民的措施也不存在。

这个过程反映了战国时期秦的国制中同化、扩大的倾向。至睡虎地秦简产生的秦王政前半期，秦一边根据需要追加新的律、令，一边也将以关中地区为对象的当初

---

1 在此需要注意是的，前述所引的睡虎地秦简《秦律十八种》的“邦中之繇”，这是自诸县至中央的临时征发，“邦中”很可能指咸阳。与此不同的是，自战国末期至统一时期的秦的“秦中”“中”应该指畿内，“中”的实际情况被推测认为是由诸县的中央的国都向诸郡的中央的畿内扩大。

2 广濑薰雄认为，秦汉时代的律是根据先王下达的制诏（王令）一条条制定的，被各行政机关所保存和收集，官吏根据需要进行选择、编纂并用于工作中。参见广濑薰雄：《秦漢律令研究》第四章“秦漢時代の律の基本的特徴について”。

的律文原原本本地用于占领地,尽可能地将其他国家的住民编入秦。如《商君书·徕民篇》的记载所示,“故”与“新”的区别确实存在。但是,那并不是基于关中地区和关中地区之外的固定的地域区分,而是伴随着疆域的扩大逐渐向周边更新的相对的区分,“新”的民也与秦人毫无差异。

秦的国制并非在“故地”和“占领地”之间设定严密区别的不连续关系,而是将均等的统治扩大至占领地,应理解为具有连续性。

那么,关于秦的国制,有必要至少划分为以下三个时期来把握。

(Ⅰ)内史等中央诸官分管、管辖关中地区的县、道、都官的阶段。行政以诸县为单位的形式来修整,“郡”与畿内的区分没有形成。

(Ⅱ)随着疆域扩大而设置各“郡”,郡守代替中央官职掌的阶段。律令基本上将(Ⅰ)阶段的内史换成郡守等准用,进而根据需要对王令(律令)进行追加、再公布。

(Ⅲ)针对统一实施调整律文和修订用语,区别了畿内的“中”和畿外的“郡”,前者由内史等中央诸官,后者由郡守管辖,各自修整职官的分管和文书行政的路径的阶段。

大体上可以说,在时间段上,阶段(Ⅰ)相当于自商君变法至惠文君时期,阶段(Ⅱ)相当于自惠文王至昭襄王、秦王政的前半期,阶段(Ⅲ)相当于秦王政的后半期以后。睡虎地秦简的秦律大部分为阶段(Ⅰ)所制定的律文,少数阶段(Ⅱ)的律文被混在其中。依据睡虎地秦简的《编年记》可知,墓主“喜”在秦王政元年(公元前246)获得“傅”的身份,秦王政三年(公元前244)获得“史”的身份以后,直到秦王政十三年(公元前234)从军,作为南郡诸县的令史活跃着。从年代角度来说,睡虎地秦简保存了令人出乎意料的古老时期的内容。

综上所述,认为战国时期秦的“邦”仅指畿内疆域的观点,简而言之可以说是将阶段(Ⅰ)的律令中出现的“邦”与阶段(Ⅲ)的畿内/畿外的区分结合在一起的结果。的确,两者具有与关中地区相同的规模。但是,“邦”与“畿内”(京师)是不同时代的不同概念,笼而统之将失之于不实际。

结 语

以上论述以睡虎地秦简为中心,对战国时期秦的“邦”的字义进行了分析,并对“故秦”和“中县”等与畿内观念相关的用语进行了再次考证。

首先关于“邦”的意义,不用说睡虎地秦简了,整个战国时期没有仅指秦的畿内的事例,基本上指“秦邦”或其以外的国家;而指代城邑和城市国家(国都)的古义的用例也以《日书》为中心广泛存在。还有,像“臣邦”这种拥戴自己的君主的群体,即便在秦的实际支配疆域内,也会被看作是与“秦”不同的另外的“邦”。在西周以后金文中,不用说周室、诸侯,归属的蛮夷群体也广泛被称作“邦”。[1] 鉴于这一事实,先秦时代“邦”的第一要义可以说是指拥戴其君主的一般政治体之意。因此,应该认为,秦的“邦”原义只是“秦邦”,即便在郡中设置了“邦”官,也没有独自君主的郡被称作“邦”或被认为是与畿内不同的另外的“邦”。

其次是“故秦”。认为关中地区一贯被称为“故秦”的观点是有问题的。至少睡虎地秦简的《游士律》不能那样解释,事实上,很难确认战国时期存在“故秦”这种固定的地域。迄今的观点,将汉代史料中出现的秦的故地观念与文脉有所不同的睡虎地秦简《游士律》和《商君书·徕民篇》的记载接合在一起,进而混同了睡虎地秦简的多数内容以关中地区为对象的事实。实际上,在先行研究中,“故秦”的范围也不一致,不能作为在研究上值得使用的概念。

据推测,战国时期的秦,随着疆域的扩大,在以前的疆域边缘设置了郡,在“邦”的内部逐渐形成了“中”和“郡”的区划。但是,其国制在两者之间并没有设定“本国”和“占领地”的等级差别,反倒是以将关中地区为“全部疆域”时期所修整的法律体系原原本本施行于各郡的形式来发展的。这种关系并非不连续,反而应该以扩大、同化的状况来理解。

睡虎地秦简出土以后,研究者将其内容的时代范围认定为秦代或战国的秦国。从其中几乎没有出现“郡”的踪影这一事实,认为秦仅以关中地区作为本土,以各县为单位的体制存续了很久,并指出郡管辖县的结构的后出性。但是,随着里耶秦简和岳麓秦简的公布,战国末期以“郡”的权限为前提的全国性的文书行政确立,在律令上区分“中”与“郡”的诸规定被修整,这些事实已明确。不能认为睡虎地秦简保存了古老的内容,这一意外的情况使之原原本本地反映战国末期至统一时期的真实情况。

最后,关于在秦统一前后的官方用语中大多数“邦”消失了踪影这一事实,应该如何评价呢?首先,可以确认的一点是,背离“郡邦尉”等原义的“邦官”和“邦门”等古老用语被广泛淘汰,这可以理解为是整理了因循使用的用语变更成符合实际情况的用语。但是,在统一时期秦的史料中,几乎没有指代秦国整体的“邦”,“秦”这一名称本身的使用也受到限制,鉴于这一事实,并不能说明这仅仅归因于用语的整理。应

---

1 关于蛮夷,在师寰簋(中国社会科学院考古研究所 1984—1990[以下简称《集成》]:4313—4314/林巳奈夫 1984[以下简称“林”]:西周ⅢB)、驹父盨盖(《集成》4464)、㝬钟(《集成》260/林:西周Ⅲ)等中可见有关“夷”之“邦”的记述,尤其在㝬钟铭中有“南夷东夷具见廿又六邦”,将朝见厉王的蛮夷群体(或为君长阶层)以“邦”划分。“邦”与其说是指某些疆域,倒不如说是指拥有自己的君主的一般国家。

该还有始皇帝对“秦”和“邦”等以前的结构本身进行清算的原因,其目的是构建除皇帝之外不存在君主的新的国家体制。这种国家体制与君临“万邦”的王权有本质的不同,是以实际统治力的有无来划分疆土的固有体制。至于秦统一以后的具体情况,只能作为以后的课题。

要考证秦的国制发展状况,内史的实体及其变迁,还有内史与郡县制的关系,都是重要的课题,本文未能尽述。另外,岳麓秦简中出现的“新地”“新黔首”和“徼”等应进一步探讨的关联问题也有很多。这些将作为今后的课题,在此暂时结束本文的研究。

附记:

本论文在2016年11月于东洋史研究会大会上所报告的《秦统一前后的“邦”与畿内》基础上修改订正而成。在此向大会上给予有益建议的诸位表示诚挚的感谢。另外,本论文的内容含有亚非语言文化研究所共同利用、共同研究课题《从简牍学探寻日本东洋学的复活之路——中国古代简牍的横断面领域的研究(3)》(主持:陶安あんど)[1]、2014—2016年度JSPS科研费(青年B)《关于利用新出简牍资料的战国秦至统一秦的研究》(主持:渡边英幸)[2]、2015—2017年度JSPS科研费(基础C)《关于从西北边疆的历史发展来看中国古代史的再构建的基础性研究》(主持:高村武幸)的研究成果。[3]

1　课题日文名称为《簡牘学から日本東洋学の復活の道を探る——中国古代簡牘の横断領域的研究(3)》。

2　课题日文名称为《新出簡牘資料を用いた戦国秦から統一秦にかけての国制変革に関する研究》。

3　课题日文名称为《西北周縁領域の歴史的展開からみた中国古代史の再構築に関する基礎的研究》。

岳麓秦简《亡律》日期起首律条初探*

欧　扬** 著

前　言

岳麓书院藏秦简(下文简称“岳麓秦简”)《亡律》有5简之文以日期起首,从形制、书体、简文等方面判断,此5简属《亡律》卷册。这些简文是否为律文,其内容来源为何,下文试析之。

一、编联简述

以下分3组简述这5枚简的编联。

> 廿年后九月戊戌以来,其前死及去乃后遝者,尽论之如律。卿,其家啬夫是坐之。(4·044/2089)廿五年五月戊戌以来,匿亡人及将阳者,其室主匿赎死罪以下,皆与同罪。亡人罪轻于(4·045/2088)☐有(又)以亡律论之。(4·046/2054)[1]

简2089、简2088处于一个背划线连续不断的13枚简序列,是序列最末2枚。简2054与简2088的背划线不连,而简2088的划线与律令起首的简2009的划线可能同

---

* 本文为国家社科基金青年项目“秦亡汉兴之际司法实态变迁研究”(16CFX008)、湖南省哲学社会科学基金青年项目“岳麓秦简法律文献译注及相关问题研究”(17YBQ022)的阶段性成果。2016年笔者以本文初稿参加第六届“出土文献与法律史研究”暨庆祝华东政法大学法律古籍整理研究所成立三十周年学术研讨会。

** 欧扬,湖南大学法学院讲师。

1 陈松长主编:《岳麓书院藏秦简(肆)》,上海辞书出版社2016年版,第53—54页。简末(4·046/2054)指《岳麓书院藏秦简(肆)》卷内号046,整理号2054。下同。

组,中间就差1枚简的划线。简2054划线错位原因待考,它应是简2088与简2009之间的那枚。

因此简2089的内容是以日期起首的律条,简2088、简2054的内容是以另一日期起首的律条。

> 十四年七月辛丑以来,诸居赀赎责(债)未备而去亡者,坐其未备钱数,与盗同法。(4·066/2047)其隶臣妾殹(也),有(又)以亡日臧数,与盗同法。(4·067/1947)隶臣妾及诸当作县道官者、仆、庸,为它作务,其钱财当入县道官而逋未入去亡者,(4·068/1992)有(又)坐逋钱财臧,与盗同法。(4·069/1946)廿年后九月戊戌以来,其前死及去而后遝者,尽论之如律。(4·070/2010)[1]

简2047的划线靠近简下端,与之前的简2043的划线相连。简1947、简1992、简1946、简2010的划线相连。

简2047末尾还有可容纳一到两个字的空白区域,而简1947末端有大片空白。划线紧接在简1946之后的简2010标明"廿年后九月戊戌以来"。

由此可知,简2010的内容是以日期起首的律条。简2047则是以日期起首律条之首简。

> 取罪人、群亡人以为庸,智(知)其请(情),为匿之;不智(知)其请(情),取过五日以上,以舍罪人律论之。(4·075/2012)廿年后九月戊戌以来,取罪人、群亡人以为庸,虽前死及去而后遝者,论之如律。(4·076/1985)免奴为主私属而将阳阑亡者,以将阳阑亡律论之,复为主私属。(4·077/1945)[2]

简2012、简1985、简1945背面的划线相连。因此,简1985、简1945的内容是一条日期起首律条,该律文编在简2012之后。

我们认为,这3组的简,划线分别与其前文简连续,整理小组的编联方案建立在背划线分析的基础上,是合理的。5枚带日期简中的3枚日期是"廿年后九月戊戌",然而整理小组并未合编这3枚日期相同的简。这3条律文同日颁行,编联时却不邻接,其原因值得探讨。

---

1 陈松长主编:《岳麓书院藏秦简(肆)》,第60—62页。

2 陈松长主编:《岳麓书院藏秦简(肆)》,第63—64页。

二、日期起首条文的结构与源流

（一）日期起首条文的结构

龙岗秦简也见日期起首律文，并且纪年与岳麓秦简《亡律》接近，如下引：

> 廿五年四月乙亥【以来】，□【犬彘】牛羊□□□☒（98/79/78/237）[1]
> 廿四年正月甲寅以来，吏行田赢【律】詐（诈）☒（116/102/102/180）[2]
> 田及为詐（诈）伪【写田】籍，皆坐臧（赃），与盗□☒（151/104/104/182）[3]

简116、简151当连读为一条律文，简151末残断处当按文例补为"与盗同法"。此律大意：吏"行田"超过律的规定以及在编写田籍时弄虚作假，这两种行为的案值都作为赃值，以盗律处罚。

龙岗秦简可能属一简册，也有可能分属两简册。[4] 然而龙岗秦简中不含令，所以无论是一册还是两册，这两条日期起首条文是作为律条而与其他律条一同合编。龙岗秦简再整理者注第98简："这可能是某一律令颁布的日期，而此时需要做修改、补充或检查。"[5] 这一观点很有启发意义，起首日期的确是颁布日，这类条文之功能的确是修改及补充，其修改、补充的对象将在下文分析。

日期起首律文来源于设定法律规则的王命、王令或制诏。岳麓秦简《亡律》与龙岗秦简所见7条日期起首律文都是"年月日以来"格式。参见睡虎地秦简《为吏之道》附抄的两条魏律：[6]

> 廿五年闰再十二月丙午朔辛亥，○告相邦：民或弃邑居壄（野），入人孤寡，徼人妇女，非邦之故也。自今以来，叚（假）门逆吕（旅），赘壻后父，勿令为户，勿鼠（予）田宇。三枼（世）之后，欲士士之，乃署其籍曰：故某虑赘壻某叟之乃

---

1 释文及简号根据陈伟主编：《秦简牍合集·释文注释修订本》（叁），武汉大学出版社2016年版，第54页。
2 陈伟主编：《秦简牍合集·释文注释修订本》（叁），第60页。
3 陈伟主编：《秦简牍合集·释文注释修订本》（叁），第80页。
4 参见陈伟主编：《秦简牍合集·释文注释修订本》（叁），第7页。
5 转引自陈伟主编：《秦简牍合集·释文注释修订本》（叁），第55页。
6 释文据陈伟主编：《秦简牍合集·释文注释修订本》（壹），武汉大学出版社2016年版，第321—323页。

(仍)孙。《䰙(魏)户律》

廿五年闰再十二月丙午朔辛亥,○告将军:叚(假)门逆●(旅),赘壻后父,或衛(率)民不作,不治室屋,寡人弗欲。且杀之,不忍其宗族昆弟。今遣从军,将军勿衈(恤)视。享(烹)牛食士,赐之参饭而勿鼠(予)殽。攻城用其不足,将军以堙豪(壕)。《䰙(魏)奔命律》

第一,两条魏律以同一日期起首,分别被称为魏户律、魏奔命律。《为吏之道》抄录这两条魏律,说明秦人认为其有参考价值。我们也可参考之。

第二,魏户律的内容是魏王告相邦的王命,以"自今以来"为界分为两部分,前一部分内容是立法理由,包括对某些社会现象的描绘及其评价,点明特定事务需要法律规范。后一部分是王命设立的法律规范。魏奔命律中所见的王命同样可分为两部分,其分界是"今"字,即"自今以来"的省略。"自今以来"意为从今以后,这个"今"是指文书起首标识的日期。

第三,可知岳麓秦简《亡律》所见"年月日以来"之"以来"是"自今以来"之省略。公文书中的立法理由部分位于日期与"自今以来"之间,删除立法理由部分以后,日期与"自今以来"合为"年月日以来"格式。

第四,日期相同而且内容都涉及"叚(假)门逆吕(旅)""赘壻后父"的两条魏律都是源于魏王的一条命令,两条被分别编入魏之户律与奔命律。这两条律依旧还可见君王命令格式语与日期等标识,但其被编入不同律篇的现象揭示魏国有将君王命令编入律文的常例。

综上可知"年月日以来"是省略形式,其来源是对公文书的编删,删除了"自今以来"之前的立法理由,仅保留了法律规范。

含"自今以来"格式可大致分为两类,一类是官吏议请设定法律规范,其标识是"请自今以来",另一类是君主发布的命令或制诏设定法律规范,其标识有"闻"等。"请自今以来"辞例如下引:

廿年二月辛酉内史言:里人及少吏有治里中,数昼闭门不出入。请:自今以来敢有□来□□□☑(4·297/0443)[1]

●鱼(渔)阳外厩□赁□簿,故□以其故坏,疑它县官有等。请:自今以来,

1 陈松长主编:《岳麓书院藏秦简(肆)》,第193页。

有赁为簿,□□☒(4·305/0530)[1]

两条引文来自《岳麓书院藏秦简(肆)》,都是秦令。以"请自令以来"为界,该句之前内容包括日期与立法理由,之后则是请求设立法律规范的具体内容。"请自令以来"有时省略为"请自令"或"请"。

(左)雄又上言:"郡国孝廉,古之贡士,出则宰民,宣协风教。若其面墙,则无所施用。孔子曰'四十不惑',《礼》称'强仕'。请自今孝廉年不满四十,不得察举,皆先诣公府,诸生试家法,文吏课笺奏,副之端门,练其虚实,以观异能,以美风俗。有不承科令者,正其罪法。若有茂才异行,自可不拘年齿。"帝从之,于是班下郡国。(《后汉书》卷六十一《左雄传》)

请求设立法律规范的具体内容前冠以"请"字,文献多见,不必赘述。

君主以发布命令或制诏的形式颁布新律令条文,辞例如下:

制曰:"朕闻太古有号毋谥,中古有号,死而以行为谥。如此,则子议父,臣议君也,甚无谓,朕弗取焉。自今已来,除谥法。朕为始皇帝。后世以计数,二世三世至于万世,传之无穷。"(《史记》卷六《秦始皇本纪》)

于是下令国中曰:"吾闻两雄不俱立,两贤不并世。汉皇帝贤天子。自今以来,去帝制黄屋左纛。"(《汉书》卷九十五《西南夷两粤朝鲜传》)

两则引文各以"(君主)闻"与"自今以来"起首,"闻"是君主命令中具有特定功能的格式语。"闻"之后是君主听闻的某些现象,然后对此现象进行评价,进而指出需要颁行律令等予以规制。值得注意的是,"闻"字本不限定为君主听闻,然而官吏请示文书中有避免使用"闻"字的现象。由此可对某些材料有新的认识:

闻新地城多空不实者,且令故民有为不如令者实☒[2](睡虎地4号秦墓6号木牍)

---

1 陈松长主编:《岳麓书院藏秦简(肆)》,第196页。

2 陈伟主编:《秦简牍合集·释文注释修订本》(贰),武汉大学出版社2016年版,第599页。

“闻”字之后的牍文是对秦王政颁布的一道命令的抄录。[1]

> □□御史:闻代人多坐从以毄,其御史往行,□其名□所坐以毄。
>
> (J1-8-528+8-532+8-674)[2]

引文是秦君发布的命令或制诏。

(二)相关条文的源流

下文从格式语“自今以来”的视角分析相关条文的来源与传承。

第一,“自今”类格式语见于东周时期的盟誓文书与执行戮刑时发布的言辞,秦汉时期也有这两类用法的辞例。这当是秦汉律令格式语“自今以来”的源头。

> 宁武子与卫人盟于宛濮,曰:“天祸卫国,君臣不协,以及此忧也。今天诱其衷,使皆降心以相从也。不有居者,谁守社稷?不有行者,谁捍牧圉?不协之故,用昭乞盟于尔大神以诱天衷。自今日以往,既盟之后,行者无保其力,居者无惧其罪。有渝此盟,以相及也。明神先君,是纠是殛。”[3](《左传·僖公二十八年》)

“自今日以往”前是盟誓背景及原因,其后是盟誓的规范内容。

> 将盟,郑六卿公子騑、公子发、公子嘉、公孙辄、公孙虿、公孙舍之,及其大夫、门子皆从郑伯。晋士庄子为载书,曰:“自今日既盟之后,郑国而不唯晋命是听,而或有异志者,有如此盟。”公子騑趋进曰:“天祸郑国,使介居两大国之间,大国不加德音而乱以要之,使其鬼神不获歆其禋祀,其民人不获享其土利,夫妇辛苦垫隘,无所底告。自今日既盟之后,郑国而不惟有礼与强可以庇民者是从,而敢有异志者,亦如之。”[4](《左传·襄公九年》)

---

1 对这条材料君主命令性质的探讨,参见拙文:《岳麓秦简“毋夺田时令”再探》,载《出土文献综合研究集刊》(第四辑),巴蜀书社2016年版,第159—171页。

2 陈伟主编:《里耶秦简牍校释》(第一卷),武汉大学出版社2012年版,第173—174页。

3 左丘明撰、杜预集解:《左传(春秋经传集解)》,上海古籍出版社1997年版,第376—377页。

4 左丘明撰、杜预集解:《左传(春秋经传集解)》,第854页。

引文见晋郑两国对载书的争议,两处“自今日既盟之后”后是各自的载书草案,郑公子骓草案在“自今日既盟之后”之前介绍盟誓理由和背景。

侯马载书亦见“自今”类格式语,如下引:

自今以往,敢不率从此盟质之言,而倘敢纳室者;而或闻宗人兄弟或纳室者,而弗执弗献,丕显出公大冢,明亟覞之,麻夷非是。[1]

秦汉时期盟誓文书亦然:

昌、猛即与为盟约曰:“自今以来,汉与匈奴合为一家,世世毋得相诈相攻。有窃盗者,相报,行其诛,偿其物;有寇,发兵相助。汉与匈奴敢先背约者,受天不祥。令其世世子孙尽如盟。”(《汉书》卷九十四《匈奴传》)

此例不见盟约起源部分,当是删节所致。无法直接得出该结论,或可引其他文献中此事例以相互验证。

被瞻入晋军,文公将烹之。被瞻据镬而呼曰:“三军之士皆听瞻也,自今以来,无有忠于其君,忠于其君者将烹。”文公谢焉。罢师,归之于郑。[2] (《吕氏春秋·离俗览》)

韩厥献丑父,郤献子将戮之。呼曰:“自今无有代其君任患者,有一于此,将为戮乎!”郤子曰:“人不难以死免其君,我戮之不祥,赦之以劝事君者。”乃免之。[3] (《左传·成公二年》)

执齐庆封而尽灭其族。将戮庆封。椒举曰:“臣闻无瑕者可以戮人。庆封惟逆命,是以在此,其肯从于戮乎? 播于诸侯,焉用之?”王弗听,负之斧钺,以徇于诸侯,使言曰:“无或如齐庆封,弑其君,弱其孤,以盟其大夫。”庆封曰:“无或如楚共王之庶子围,弑其君兄之子麇而代之,以盟诸侯。”王使速杀之。[4] (《左传·昭公四年》)

---

1 转引自高明:《侯马载书盟主考》,载高明:《高明学术论集》,上海古籍出版社 2013 年版,第 383 页。

2 吕不韦著、陈奇猷校注:《吕氏春秋新校释》,上海古籍出版社 2002 年版,第 1265 页。

3 左丘明撰、杜预集解:《左传(春秋经传集解)》,第 642 页。

4 左丘明撰、杜预集解:《左传(春秋经传集解)》,第 1245—1246 页。

以上3条春秋时期辞例揭示了当时戮刑执行含有一步骤,即受刑者当众宣告特定文辞,其内容下文称之为"戮首辞"。然而戮刑的受刑者有可能说出对行刑者不利的话,此即椒举劝谏楚灵王的理由。《左传·成公二年》明言执行戮刑,然而受刑者通过戮首辞进行辩解。引文前两个辞例有"自今以来""自今"等格式语。可见戮首辞的固定格式是:"自今以来,禁止如本受刑者那样为某行为,否则将受同样的惩罚。"

以上所举盟誓文书与戮首辞都有"自今"类格式语,而两者的关系如何,参考下引辞例:

> 臧纥致防而奔齐。其人曰:"其盟我乎?"臧孙曰:"无辞。"将盟臧氏,季孙召外史掌恶臣,而问盟首焉,对曰:"盟东门氏也,曰:'毋或如东门遂,不听公命,杀适立庶。'盟叔孙氏也,曰:'毋或如叔孙侨如,欲废国常,荡覆公室。'季孙曰:"臧孙之罪,皆不及此。"孟椒曰:"盍以其犯门斩关?"季孙用之,乃盟臧氏曰:"毋或如臧孙纥,干国之纪,犯门斩关!"[1](《左传·襄公二十三年》)

引文这类特殊的盟誓起刑罚的功能。[2] 其辞称"盟首"。此例揭示了盟誓文书与戮首辞的紧密关系,执行上古戮刑本身就是一种特殊的盟誓,通过一定的仪式将罪人排除出共同体之外,并通过盟誓文辞颁行一条新的规则。

格式语"自今"早在西周就出现在一起司法功能的盟誓文书中,倗匜铭文有:"伯扬父迺或使牧牛誓曰:'自今余敢扰乃小大事。'……牧牛则誓。"[3]"自今"之后是誓辞设立的具体义务,牧牛受此约束。

战国秦国以及秦代的戮刑,见睡虎地秦简:

> "誉适(敌)以恐众心者,翏(戮)。""翏(戮)"者可(何)如?生翏(戮),翏(戮)之已乃斩之之谓殹(也)。[4] (《法律答问》简51)

刘海年认为:"《法律答问》的解释是,活着让他受到耻辱,此后再斩,这与《左传》

1　左丘明撰、杜预集解:《左传(春秋经传集解)》,第1002页。

2　参见滋贺秀三撰、姚荣涛译:《中国上古刑罚考——以盟誓为线索》,载杨一凡、寺田浩明主编:《日本学者中国法制史论著选·先秦秦汉卷》,中华书局2016年版,第163—186页。

3　参见刘海年:《倗匜铭文及其所反映的西周刑制》,载《法学研究》1984年第1期。

4　陈伟主编:《秦简牍合集·释文注释修订本》(壹),第201页。

昭公四年记载的楚王戮齐庆封的过程是一致的。”[1]徐富昌认为:“秦律中的戮刑,事实上是由周的刑罚中继承下来的。”[2]这一继承性还体现在戮刑的一种类型是将领在军中执行戮刑,根据《法律答问》简 52:“‘广众心,声闻左右者,赏。’将军材以钱若金赏,毋(无)恒数。”[3]可见简 51 和简 52 内容都涉军营,军中由将军论赏,则也当是由将军执行戮刑。上引东周三辞例都是在军中由统帅军队的君主或将领行刑,可见在这一点上确实存在传承性。《法律答问》引军中执行戮刑的律文,以此引出对戮刑执行方式的解释,可见戮刑多见于军中。戮刑公开执行的方式以及受刑者念戮首辞的程序,展现了法律的教育作用,用当时的语词说是“教化作用”。然而,这一执行刑罚的程序也含有创设法律的功能,劝诫围观者今后有类似受刑者的行为会受到处罚,这就创设了一条有普遍效力的规则。这种规则创设的模式,也对秦汉时代以命令或制诏修改律令的模式产生了一定影响。

> 十二年,文信侯不韦死,窃葬。其舍人临者,晋人也逐出之;秦人六百石以上夺爵,迁;五百石以下不临,迁,勿夺爵。自今以来,操国事不道如嫪毐、不韦者籍其门,视此。(《史记》卷六《秦始皇本纪》)

引文是秦王政的命令,“自今以来”之前是对涉及私自下葬吕不韦的相关人员的惩罚,属于对具体事件的处理,“自今以来”之后,是将这一惩罚方式赋予普遍适用的效力,“视此”这一格式语的功能类似“比此”“有等比”,[4]这一命令设定了当被编入律令的法律规范。此命令“自今以来”之后的文辞文风似戮首辞,其源头当是《左传·襄公二十三年》辞例所见的盟首辞。

盟约文书与律令条文之间有密切的关系,律令可以说是一种特殊的盟约,两者的共同点有同样具有强制力等,学界对这方面的讨论集中于对汉高祖“约法三章”的探讨。戮首辞有设定普遍性法律规范的功能,也就是将一个特殊案件的处理方式创设为普遍性规则,在性质相同的案件发生之后,也适用这一惩罚方式。春秋时期戮首辞的这一功能类似秦的比行事与汉的决事比。[5]

第二,律令格式语“自今”一直沿用至明清,并对社会其他领域产生了影响。

---

1 刘海年:《秦简刑罚考析》,载《云梦秦简研究》,中华书局 1981 年版。转引自陈伟主编:《秦简牍合集·释文注释修订本》(壹),第 201 页。

2 徐富昌:《睡虎地秦简研究》,文史哲出版社 1993 年,第 213 页。

3 陈伟主编:《秦简牍合集·释文注释修订本》(壹),第 201—202 页。

4 对岳麓秦简律令所见格式语“有等比”的探讨,参见拙文:《岳麓秦简所见秦比行事初探》,载《出土文献研究》(第十四辑),中西书局 2016 年版。

5 参见拙文:《岳麓秦简所见秦比行事初探》。

> 太祖闻之,谓浩曰:"卿此可为万世法。"乃著令,自今已后有持质者,皆当并击,勿顾质。由是劫质者遂绝。(《三国志》卷九《诸夏侯曹传》)

引文见"自今已后"格式语,曹操明言此令为"万世法",即普遍适用的法律规范。

> 寻谓侍臣曰:"人命至重,一死不可再生。昔世充杀郑颋,既而悔之,追止不及。今春府史取财不多,朕怒杀之,后亦寻悔,皆由思不审也。比来决囚,虽三覆奏,须臾之间,三奏便讫,都未得思,三奏何益?自今已后,宜二日中五覆奏,下诸州三覆奏。
>
> 又古者行刑,君为彻乐减膳。朕今庭无常设之乐,莫知何彻,然对食即不啖酒肉。自今已后,令与尚食相知,刑人日勿进酒肉。内教坊及太常,并宜停教。
>
> 且曹司断狱,多据律文,虽情在可矜,而不敢违法,守文定罪,或恐有冤。自今门下覆理,有据法合死而情可宥者,宜录状奏。"
>
> 自是全活者甚众。其五覆奏,以决前一日、二日覆奏,决日又三覆奏。惟犯恶逆者,一覆奏而已,著之于令。(《旧唐书》卷五十《刑法志》)

上文已分引文为四层,其中前三层是《旧唐书》直接引用的唐太宗言辞,这三层各自有其立法理由和法律规范,皆以"自今已后"或"自今"为界。第四层是执行五覆奏的方式,其文末有术语"著之于令"。

> 至元十六年十二月二十四日,成吉思皇帝降生,日出至没,尽收诸国,各依风俗。这许多诸色民内,唯有回回人每为言:俺不吃蒙古之食。上曰:为天护助,俺收抚了您也。您是俺奴仆,却不吃俺茶饭,怎生中?么道,便教吃。若抹杀羊呵,有罪过者。么道,行条理来。如今,直北从八里灰田地里将海青来底回回每:别人宰杀来的,俺不吃。么道,骚扰贫困百姓来底上头。从今以后,木速忽蛮回回、木[术]忽回回每,不拣是何人杀来的肉交吃者,休抹杀羊者,休做速纳者。若奴仆告呵,从本使取出为良,家缘财物,不拣有的甚么,都与那人。若有他人首告呵,依这体例断与。钦此。[1] (《元典章》)

《元典章》此条文辞颇有特色,"从今以后"之前是对现象的批判性描述,而之后是"体例"规定的具体内容。

---

1 转引自刘迎胜:《丝绸之路》,江苏人民出版社 2014 年版,第 198—199 页。

> 太祖洪武十年二月诏:食禄之家,与庶民贵贱有等。趋事执役以奉上者,庶民之事。若贤人君子,既责其身而复役其家,则君子野人无所分,非劝士待贤之道。自今日百司见任官员之家,有田土者输租税外,悉免其徭役。著为令。[1](《明实录》)

明太祖此诏,"自今日"格式语类似秦汉律令所见"自今以来"的功能,而"著为令"同前引《三国志》辞例。

"自今"作为律令格式语在社会上存在一定影响。

> 延熹四年九月丙辰朔卅日乙酉,直闭,黄帝告丘丞墓伯、地下二千石、墓左墓右主墓狱史、墓门亭长,莫不/皆在:今平阴偃人乡苌富里钱仲游妻薄命蚤死,今来下葬。自买万世冢田,贾直九万九千,钱即日毕。四角/立封,中央明堂,皆有尺六桃卷、钱、布、铅人。时证知者,先□曾王父母□□氏知也。自今以后,不得干□主人。/有天帝教,如律令。/[2]

此买地券之文模仿实际的买地券书,其文末借用了格式语"自今以后"。

> "自今以去,若有病人危厄、困笃之人不差者,大魔王断其家祑小鬼,令病人自差者,大魔王等上迁。不差者,汝等身作万分矣。"[3](《太上洞渊神咒经》卷二[敦煌本 P.2959])

引文所见"自今以去"是此类文献对律令术语的模仿。

三、日期起首律文的功能与价值

(一)《岳麓书院藏秦简》简 2047 之条文分析

2047 组的若干条之间内容紧密联系而且可以连读,简背的划线相连。

---

1 转引自阎步克:《士大夫政治演生史稿》,北京大学出版社 2015 年第 3 版,第 23 页。

2 释文据鲁西奇:《中国古代买地券研究》,厦门大学出版社 2014 年版,第 28 页。

3 经文据牛尚鹏:《道法类经书疑难语词考释》,南开大学博士论文,2012 年 5 月,第 33 页。

十四年七月辛丑以来,诸居赀赎责(债)未备而去亡者,坐其未备钱数,与盗同法。(4·066/2047)其隶臣妾殹(也),有(又)以亡日臧数,与盗同法。(4·067/1947)隶臣妾及诸当作县道官者、仆、庸,为它作务,其钱财当入县道官而逋未入去亡者,(4·068/1992)有(又)坐逋钱财臧,与盗同法。(4·069/1946)[1]

简2047、简1947、简1946的结束语都是“与盗同法”。我们认为,以简2047为起首简的律文可分为三层,简2047的内容是第一层,简1947的内容是第二层,简1992、简1946的内容是第三层。这三层的内容互相关联,发布日期应该都是“十四年七月辛丑”,第二层、第三层省略了日期。“十四年七月辛丑”颁行的令,有三层编入了《亡律》,由于3层的内容是针对同一律文的补充与修订,所以抄写者将其编在一起,也正因为合编,所以只在第一层标识了具体日期。抄写者有意分开这三层,所以简1947抄完第二层之后,尚有空白的情况下,抄写者还是另起一简(即简1992)抄写第三层。

(二)“廿年后九月”起首三条是从赦令编入《亡律》

《亡律》5条日期起首律文中有3条的日期相同,试将其合编:

廿年后九月戊戌以来,其前死及去乃后遝者,尽论之如律。卿,其家啬夫是坐之。(4·044/2089)[2]

廿年后九月戊戌以来,其前死及去而后遝者,尽论之如律。(4·070/2010)[3]

廿年后九月戊戌以来,取罪人、群亡人以为庸,虽前死及去而后遝者,论之如律。(4·076/1985)免奴为主私属而将阳阑亡者,以将阳阑亡律论之,复为主私属。(4·077/1945)[4]

首先,合编之后上下文显得重复,还是分开更好,这3条分别是对3条律文的补充,因而其行文都有承前省略。

其次,3条文皆有“前死及去而后遝”。可知“廿年后九月戊戌”颁下的是赦令,而这3条是赦令列举的必须“论之如律”之情形。“死及去”即是死与逃亡两种情况,

1 陈松长主编:《岳麓书院藏秦简(肆)》,第60—61页。
2 陈松长主编:《岳麓书院藏秦简(肆)》,第53页。
3 陈松长主编:《岳麓书院藏秦简(肆)》,第62页。
4 陈松长主编:《岳麓书院藏秦简(肆)》,第64页。

可对应“死若亡”的用法,见《法律答问》简 60:“廷行事有辠(罪)当署(迁),已断已令,未行而死若亡,其所包当诣署(迁)所。”[1]“遝”赦令见于岳麓秦简《为狱等状四种》,其案例〇三见“遝戊午赦(赦)”[2],即遝“戊午”日颁行的赦令。案例一二见“遝己巳赦(赦)”,即遝“己巳”日颁行的赦令。“虽前死及去而后遝者”之“前”“后遝”可参考《为狱等状四种》案例一二:“驩、路以赦(赦)前货毋智,以后遝。”[3]可见犯罪行为在赦令颁下前,即“前”,在赦令颁下后抓获的,称“后遝”。对这种赦令“前”所为而“后遝”的犯罪,官府一般不追究,见《法律答问》简 37:“或以赦前盗千钱,赦后尽用之而得,论可(何)殹(也)?毋论。”[4]在这种情形下按律令论罪需要赦令明文列举。

再次,这 3 条的“尽论之如律”,在编入《亡律》之前很可能是“尽论之如亡律”。在编入《亡律》之时,3 条各自附于相关律条后,改为“尽论之如律”,即以其所附的律文论罪。简 2089“尽论之如律”一句,“如”“律”之间空出一字之距,刘欣欣指出应当作“尽论之如亡律”,“亡”字被刮削。[5]

综上,《亡律》所见“虽前死及去而后遝者,尽论之如律”,意即是赦令颁行之前死或逃亡,赦令颁行之后才抓获治罪的,依然要根据律文论罪。《亡律》所见这一“廿年后九月戊戌”颁行的赦令,按照《为狱等状四种》的相关辞例,可称之为“戊戌赦”。

(三) 简 2089、简 2088 与前文“不会”四条的关系

> 不会笞及除,未盈卒岁而得,以将阳癖(癖),卒岁而得,以阑癖,有(又)行其笞。(4·043/1989)
>
> 廿年后九月戊戌以来,其前死及去乃后遝者,尽论之如律。卿,其家啬夫是坐之。(4·044/2089)廿五年五月戊戌以来,匿亡人及将阳者,其室主匿赎死罪以下,皆与同罪。亡人罪轻于(4·045/2088)☐有(又)以亡律论之。(4·046/2054)[6]

如前所述,简 2089 与简 1989 的背划线相连,而且简 2089 与简 2088、简 2054 的

---

1 陈伟主编:《秦简牍合集·释文注释修订本》(壹),第 205 页。

2 朱汉民、陈松长主编:《岳麓书院藏秦简(叁)》,上海辞书出版社 2013 年版,第 119—124 页。

3 朱汉民、陈松长主编:《岳麓书院藏秦简(叁)》,第 209 页。

4 陈伟主编:《秦简牍合集·释文注释修订本》(壹),第 196 页。

5 感谢湖南大学岳麓书院刘欣欣硕士指出这一现象。

6 陈松长主编:《岳麓书院藏秦简(肆)》,第 53—54 页。

编联方案可从,两条日期起首律文都是对之前律文的补充与修正。简 2088 提到"将阳者",与简 1989"以将阳癖"存在前后联系。关于简 1989 的内容,参见睡虎地秦简《法律答问》简 163:

"不会,治(笞);未盈卒岁得,以将阳有(又)行治(笞)。"今士五(伍)甲不会,治(笞)五十;未卒岁而得,治(笞)当驾(加)不当?当。[1]

对比岳麓秦简《亡律》简 1989 与《法律答问》简 163 所引律令内容,确定是同一条律文,那么可对这两条进行对读。

岳麓秦简《亡律》共有四条"不会"起首律文,另三条是简 2044、简 2048 及简 2101,起首分别是"不会毄(系)城旦舂者""不会收及隶臣妾之耐""不会司寇之耐者",都是不前去接受惩罚的意思,整理小组将简 1989 起首的"不会笞及除"连读,该标点方案可读。

据此重新标点《法律答问》简 163 如下:

"不会治(笞),未盈卒岁得,以将阳,有(又)行其治(笞)。"今士五(伍)甲不会治(笞)五十,未盈卒岁得,治(笞)当加不当?当。

律文规定不前去接受笞,未满一年时间而被官府捕到,以将阳来定性惩罚,又要执行他所逃避的笞。如今士伍甲不会笞五十的惩罚,未满一年而被官府捕到,请问笞刑是否应该执行?应当执行。本条引律即载于《亡律》简 1989,"以将阳"之后省略"癖"字。

(四)日期起首律文起类似修正案的功能

日期起首律文的功能与作用,我们从格式语"论之如律"为切入点进行探讨。

取罪人、群亡人以为庸,智(知)其请(情),为匿之。不智(知)其请(情),取过五日以上,以舍罪人律论之。(4·075/2012)廿年后九月戊戌以来,取罪人、群亡人以为庸,虽前死及去而后遝者,论之如律。(4·076/1985)[2]

---

1 陈伟主编:《秦简牍合集·释文注释修订本》(壹),第 244 页。

2 陈松长主编:《岳麓书院藏秦简(肆)》,第 63—64 页。

如前所述,简 1985 与简 2012 的划线相连。简 2012 以“取罪人、群亡人以为庸”起首,而简 1985 在“年月日以来”之后同样是“取罪人、群亡人以为庸”,两简针对的是同类行为。简 1985 末的“论之如律”,意为按照简 2012 律文论罪。推而广之,此类条文所见“论之如律”之“律”就是指本条所附之律条。简 1985 是针对简 2012 的,没有简 2012 所载律文,简 1985 内容就毫无意义。与简 1985 的日期相同的简 2089、简 2010,同样是附于相关律文之后,起补充或细化的作用,因为编联方式本身说明了其内容的依附性,这 2 枚简没有“取罪人、群亡人以为庸”的对应部分,是编删所致。总之,《亡律》5 条日期起首律文,内容都具有依附性,是对所依附的律文的修订。

《亡律》5 条日期起首律文所见“以亡律论之”,说明此类律文发源于君主命令或制诏。这有助于我们更深入理解秦汉律中的“以某某律令”。

《亡律》5 条日期起首律文对所依附的律文的修改,体现的是以君主命令(制诏)修律的模式。这种模式起类似当代的刑法修正案的功能。以君主命令(制诏)修律的内容直接编入相关律篇,而刑法修正案的内容直接编入《刑法》。以君主命令修律,如“廿年后九月戊戌”发布三则分别针对《亡律》三处特定律文的条文,于是三条分别编在相关律文之下。

以上所言的所谓类似修正案的模式也可用于分析对“律令”之“令”的修改。如张家山汉简《二年律令 · 津关令》简 495 末尾是“皆以越塞令论之”,[1] 其令文以“相国、御史请”起首,内容是针对“越塞令”的修改补充,而“越塞令”即《二年律令 · 津关令》的第一条。“以某某令论之”是含义与功能类似于“以某某律论之”的格式语。

涉及法律规范的命令(制诏)与律令的关系有以下几类:

第一类,命令(制诏)明确指定本规定编入某律篇,成为律文,例如青川“更修为《田律》”。[2] 岳麓秦简《亡律》5 条日期起首律文也属此类。张忠炜指出《二年律令》若干“律文是以王命或王命之诏颁布,稍加修饰或者根本不加修饰而直接入律”。[3] 张氏所举的那些律文属于此类。

第二类,命令(制诏)明确指定本规定编入某令篇,成为令文,例如张家山汉简《津关令》所见的诸多带有“制诏御史”等格式语的令。《史记》卷一百二十一《儒林列传》记载公孙弘请令文书末尾有“请著功令”,就是请求皇帝将此令文编入《功令》。

第三类,命令(制诏)内容虽创设了法律规范,但尚未明确该条编入何律何令,成为一单行的令或比行事(或称决事比)。

---

1 张家山二四七号汉墓整理小组编著:《张家山汉墓竹简[二四七号墓](释文修订本)》,文物出版社 2006 年版,第 84 页。

2 陈伟主编:《秦简牍合集 · 释文注释修订本》(肆),第 227 页。

3 张忠炜:《秦汉律令法系研究初编》,社会科学文献出版社 2012 年版,第 127—128 页。

上文对《亡律》5条日期起首律文的探讨,并不直接涉及律令关系。律篇内容和令篇内容之前的关系,才可称为律令关系。令篇是经过编次而形成的,具有限定的范围,而并非律之外的法律规范都可以泛泛地称为令。在律文内容中发现了君主命令或制诏的格式语,或者在律文内容中发现了可以确定年代的内容,这类发现的性质是发现律文中的君主命令或制诏的痕迹,相关的探讨是探讨律篇与命令或制诏的关系,而不是律令关系。

日期起首律文是对原有律文的修改补充,《亡律》5条日期起首律文的纪年是秦王政十四年、二十年、二十五年,龙岗秦简的日期起首律文的纪年是二十四年、二十五年,如果日期起首律文这种修改原律的模式一直存在,何以在较早的纪年并不可见?我们认为,这是因为律篇过了编次,较早年份的日期起首律文的标识已被删去,成为普通的律文。我们可以从岳麓秦简中找到一个例子,原属于日期起首律文,被删去了"以来"等标识。如下:

> 置吏律曰:有辠以罨(迁)者及赎耐以上居官有辠以废者,虏、收人、人奴、群耐子、免者、赎子,辄傅其(4·212/1389)计籍。其有除以为冗佐、佐吏、县匠、牢监、牡马、簪裹者,毋许,及不得为租。君子、虏、收人、人奴、群耐子、免者、(4·213/1378)赎子,其前卅年五月除者勿免,免者勿复用。(4·214/1418)[1]

简1378、简1418的大意是:如果有除任相关人员为冗佐等职事的,不应准许该除任,以及不得收租。君子、虏等相关人员,在卅年五月之前除任的,就不要免去该除任,已经被免去除任的,则不要重新任用。简1418出现了"卅年五月","前卅年五月"即在此之前。此后的内容具有依附性,起补充细化的功能,可以与《亡律》相关条文进行比较。这组置吏律文收录了"卅年五月"起首的某命令或制诏,经过编删,其它痕迹如"以来"等格式语已删,但此年月揭示了该组律文收录了某令的事实。

> ●狱史、令史、有秩吏及属、尉佐以上,二岁以来新为人赘壻(婿)者免之。其以二岁前为人赘壻(婿)而(4·334/0559)能去妻室者勿免,其弗能去者免之∟。二岁以来家不居其所为吏之郡县,而为舍室即取(娶)妻焉☑(4·335/0359)官,免之。家不居咸阳而取(娶)妻咸阳及前取(娶)妻它县而后为吏焉,不用此令。(4·336/0353)[2]

---

1 陈松长主编:《岳麓书院藏秦简(肆)》,第138—139页。

2 陈松长主编:《岳麓书院藏秦简(肆)》,第205—206页。

引文“二岁以来”与“年月日以来”有关。将“二岁以来”理解为这两年以来是不妥的,因为律令中出现的时间当有确定性。“二岁”当指向一个精确的时间。本组令第二个“二岁以来”前的钩识符号起分层作用。两个“二岁以来”分别为同时颁行的两款规定之起首,内容所指一事,日期相同,所以本组令对两款进行连续抄写和编联。“年月日以来”格式经过再次编辑,删去月日,仅留纪年,就变为“某年(岁)以来”格式。里耶秦简 8-1067:“☑□五岁以来见船数具言岁☑”,[1]“五岁以来”似可与“二岁以来”联系。

套用顾颉刚的著名论断“古史是层累地造成的”,[2]可以说岳麓秦简《亡律》是层累地编成的,进而可认定秦及汉初的特定律篇都是如此。各个时期的覆盖层的叠加,从若干特定律条开始,对其进行修改和补充的诸多条文附益其上,经过不同时代的若干次编次,逐渐形成了篇幅上可称为篇章而内容上形成一定体系的特定律篇。令篇亦然。对覆盖层的考察应从具有一定客观性的标识开始,它大致有两类覆盖层标识,一类是日期,《亡律》最新的覆盖层就是那 5 条以日期起首的律文,其覆盖层标识就是“年月日以来”格式。岳麓秦简所见《置吏律》的“卅年五月”也属日期标识。另一类标识是不带日期的格式语,如“论之如律”“以律论”“有等比”等。

---

1 陈伟主编:《里耶秦简牍校释(第一卷)》,武汉大学出版社 2012 年版,第 272 页。此辞例感谢游逸飞博士指点。

2 参见黄海烈:《顾颉刚“古史层累说”初探》,吉林大学博士论文,2007 年。

新见荆州胡家草场12号汉墓《外乐律》《蛮夷律》条文读记与校释*

唐俊峰** 著

前 言

2018年10月至翌年3月，荆州博物馆在胡家草场12号汉墓(M12)发现大量简牍。虽然离田野发掘不到两年，但发掘者已迅速发布M12的简报，并完成其中出土简牍的红外扫描和初步释文，效率甚高。[1] 关于M12的时代，《简报》据出土随葬品和历、日至简记录的朔日、干支下限，定为西汉早期，不早于汉文帝后元元年(公元前163年)。地理位置上，胡家草场墓地位于湖北省荆州市岳山村，西南距荆州古城3.4公里，西距秦汉郢城遗址仅0.98公里，东北离谢家桥墓地更不到400米。研究者多据秦封泥“郢采金丞”的官名，认为战国中期秦国占领楚国郢都后，即在其邻设置郢县，其时应属南郡。[2] 按《汉书・地理志》亦记郢县属南郡，[3] 但汉初吕后二年(公元前186年)的张家山汉简《二年律令・秩律》没有记录郢县，[4] 年代在吕后五年(公元

---

* 本文写作得到德意志研究协会(Deutsche Forschungsgemeinschaft)附属海德堡大学933号特别研究中心(Sonderforschungsbereich)“Materiale Textkulturen”的资助;修改过程承匿名审稿人惠示宝贵意见，避免错讹，谨致谢忱。

** 唐俊峰，海德堡大学汉学系博士后。

1 参见荆州博物馆:《湖北荆州市胡家草场墓地M12发掘简报》，载《考古》2020年第2期(下简称为《简报》);李志芳、蒋鲁敬:《湖北荆州市胡家草场西汉墓M12出土简牍概述》，载《考古》2020年第2期(下简称为《概述》)。本文关于胡家草场12号汉墓以及其中出土法律文献的考古学内容，如无他指，俱出自以上二文，不另标注。

2 参见后晓荣著:《秦代政区地理》，社会科学文献出版社2009年版，第400页。

3 《汉书》卷二十八《地理志上》。

4 本文征引张家山汉简《二年律令》与《奏谳书》释文，如无特指，俱从彭浩、陈伟、工藤元男主编:《二年律令与奏谳书:张家山二四七号汉墓出土法律文献释读》，上海古籍出版社2007年版，不赘。

前183年)的谢家桥1号墓出土的告地书又有“江陵丞虒移地下丞”之语,[1]加上郢城周边出土的其他汉初《告地书》,如高台M18(断代为公元前173年)、凤凰山M168(断代为公元前167年)均提到江陵丞,[2]皆说明吕后时谢家桥、胡家草场墓地一带属南郡江陵县辖区。针对汉初郢县,《中国行政区划通史·秦汉卷》认为它隶属于长沙国的时间或不早于汉景帝二年(公元前155年),至宣帝时才被归入南郡。[3] 又有学者据考古材料,提出郢城在秦至汉初为南郡和江陵县的治所,直至汉武帝后期至成帝元延年之间,南郡和江陵县南迁,郢城才成为郢县县治。[4] 结合秦封泥、《二年律令·秩律》和汉初告地书的记载,汉初时郢县或一度被裁撤,其地归于江陵县,其后南郡和江陵县治南迁,郢县才被复置于原江陵县北部。因此,胡家草场M12墓主下葬时该地最可能属江陵县。[5]

对于墓主的身份,《简报》据墓葬规模和出土遗物推测其可能为“史”一类的吏。曹旅宁猜测墓主“有可能曾在学室中研习或教授法律”,“可能是西汉文帝时期南郡郡守府府吏”。[6] 这些猜想虽不乏道理,但鉴于现时证据不足,暂存疑。现时关于墓主生前的供职地点,及M12出土写本制作地点等方面尚存不少疑问,希望将来能有更多资料解答这些基础问题。

虽然M12曾遭盗掘,以致出土随葬品较同等规模的墓葬为少,足箱、边箱和椁室的出土器物保存情况尤其严峻,但所幸头厢出土简牍大体上没有受到盗扰,保持了原始的存放状态。这些简牍被置于两个竹笥,约有竹木简4636枚、木牍6枚;简牍可据出土位置分为四组,其中第1—3组出自编号为M12∶10的竹笥、第4组出于M12∶90竹笥。据《概述》记载,这批简牍包含岁纪、历、日至、法律文献、日

1 此枚告地书竹牍的图版和墓葬年代参见杨开勇:《谢家桥1号汉墓》,载《荆州重要考古发现》,文物出版社2009年版,第191、194页;释文参见刘国胜:《谢家桥一号汉墓〈告地书〉牍的初步考察》,简帛网http://www.bsm.org.cn/show_article.php? id=1018,发布时间:2009年4月11日。

2 关于这些《告地书》的内容及断代,参见蒋鲁敬:《郢城周边西汉墓出土告地书汇释》,载邬文玲主编:《简帛研究》(二〇一七秋冬卷),广西师范大学出版社2018年版,第111—112页。

3 参见周振鹤、李晓杰、张莉著:《中国行政区划通史:秦汉卷》,复旦大学出版社2016年版,第439页。

4 参见王建苏、刘建业、王潘盼、朱江松:《郢城遗址的年代与性质新证》,载《江汉考古》2020年第3期。

5 正如周振鹤、晏昌贵等指出,《秩律》所列地名属吕后二年汉中央政府直接控制的郡县和侯国,没有包含地方王国辖区。因此也不能排除郢县在吕后二年时因属王国势力范围,所以没有被列于《秩律》。惟考虑到《秩律》和谢家桥1号墓告地书时代极其接近,其间发生频繁政区变动的可能性相对较低,笔者倾向认为吕后二年至五年间不存在郢县。参见周振鹤:《〈二年律令·秩律〉的历史地理意义(修订)》,简帛研究网站,发布时间:2003年11月23日;晏昌贵:《〈二年律令·秩律〉与汉初政区地理》,《历史地理》第21辑,2006年。

6 说见曹旅宁:《中国律令法系的初步形成与发达——论荆州胡家草场12号汉墓所出汉律令名及其相关问题》,复旦大学出土文献与古文字研究中心网http://www.gwz.fudan.edu.cn/Web/Show/4562,发布时间:2020年5月3日。本文引述曹先生论点,俱出于此文,不另标注。

书、医及杂方、簿籍、遣册等多种写本,对研究战国至汉初史事、社会、法制、物质文化等皆甚具裨益。

M12出土写本以法律文献数量最多,共达三千多枚,其中绝大多数属律、令;律令简之外,尚有十一枚木简记录案例的公文格式,其简长22.2厘米,宽1.5—1.7厘米,两道编绳,性质类似于睡虎地秦简《封诊式》。对于M12律令简的年代,蒋鲁敬指出一则《田律》条文避汉文帝讳,改"恒"为"常"。[1] 此现象或表示法律写本抄写(或校雠)于文帝一朝,年代晚于《二年律令》。形制方面,这些律令简长、宽约为30厘米、0.5厘米,与《二年律令》简长相约,折合汉尺约长一尺三寸,有三道编绳。据《概述》,这批律令简可复原成五卷简册,三卷为律,两卷为令,其中三卷更有书写于独立竹简的篇题。如两卷律简册分别有"旁律甲""旁律乙"的自题,一卷令简册题为"令散甲"。相较此前发布的秦汉律令简,这五卷简册最特别之处在于它们均附有篇目。据已公布材料,无自题一卷律简册共录十四律、[2]"旁律甲"卷十八律、[3]"旁律乙"卷十三律,[4]"令散甲"卷共载令十一章、[5]无自题令简册二十六章。[6] 总之,五卷简册共收律四十五种,令三十七章。

《概述》一共公布了18枚律令简的彩色、红外照片和释文,排除篇目、卷题和篇题,共收两枚《外乐律》和三枚《蛮夷律》的条文,以及简376的释文,其内容为《户律》。在《概述》之前,胡家草场墓地考古发掘的领队李志芳曾发表一篇介绍性文章(下简称为《李文》),其中包括十枚《概述》所无的竹简照片。[7] 观其内容,这十枚简有五枚是"旁律乙"简册的篇目,五枚属蛮夷相关律的条文(其中三枚附有释文)。事实上,《李文》所附照片虽不太清晰,但因竹简保存甚好、书手字体规整,把图片放大后文字大致可辨,足以释读两枚未释简。除以上部分,曹旅宁也曾转引蒋鲁敬公布的一条蛮夷律条文(编号2603)。何有祖又与简牍发掘者合写了两篇论文,分别利用了M12所见的《盗律》《传食律》和《赐律》条文,重新复原张家山汉简《二年律令》对应

1　转引自曹旅宁:《中国律令法系的初步形成与发达》。

2　它们分别是《告律》《盗律》《贼律》《亡律》《捕律》《囚律》《具律》《复律》《兴律》《关市律》《杂律》《钱律》《厩律》《效律》,与睡虎地77号汉墓一卷题为"□律"的简册所收律重覆,曹旅宁认为属"正律"。

3　《概述》称此卷共有朝、田、户、置吏、赐、市贩、置后、秩、均输、仓、爵、徭、行书、金布、傅、尉卒、奔命等律。

4　计有《腊律》《祠律》《司空律》《治水律》《工作课律》《传食律》《外乐律》《葬律》《䜌(蛮)夷复除律》《䜌(蛮)夷士律》《䜌(蛮)夷律》《䜌(蛮)夷杂律》《上郡䜌(蛮)夷闲律》。

5　其细目为:令甲、令乙、令丙、令丁、令戊、壹行令、功令、少府令、䜌(蛮)夷卒令、卫宫令、市事令。

6　《概述》称包括户令甲、户令丙、厩令甲、金布令甲、金布令乙、诸侯共令、禁苑令、仓令甲、尉令乙等令。

7　李志芳:《十大考古候选项目湖北荆州胡家草场西汉墓地发现大量秦汉简牍》,文博中国网https://wemp.app/posts/6bdbcdfb-5fb0-4b04-a34d-894e40f287b2,发布时间:,2020年1月13日。

律文的顺序和归属。[1] 综合现有资料，已公布M12出土法律文献的具体条文共十二枚，其中一枚属《户律》、五枚属《赐律》、两枚属《盗律》、两枚属《传食律》、两枚属《外乐律》、九枚属《蛮夷律》。

虽然目前我们仍对这批法律文献的具体内容所知甚少，但已公布简的内容相当丰富。如简376之《户律》条文，文字与《二年律令》简271重合，比较之下可知简271简首所缺当"行田宅"三字。据此，《二年律令》简271应由《行书律》移至《户律》并置于简318后。[2] 而新见的《外乐律》《蛮夷律》更分别揭示了秦汉宗庙礼制和当时政府管理归附外族不少前所未见的细节，意义重大。有鉴《外乐律》《蛮夷律》条文的巨大价值，本文希望对十一枚已公布简略作解说、校释，作为将来更深入研究的基础。

下文将分别对已知《外乐律》《蛮夷律》条文的内容略作解说，再接以律文校释。据前文所述，已知胡家草场M12的《外乐律》《蛮夷律》条文分见于十一枚竹简，其中九枚附有考古编号、释文。虽然这些简均出自"旁律乙"简册，但因为现在尚未公布它们详细的考古信息，暂未知它们相互之间的叠压关系，以及两种律各自的条文是否前后相接。仅从内容来看，除编号2621、2630的两枚简，其余九简似未能连读。校释部分为方便读者查找，笔者将根据这些简的考古编号依次胪列释文，暂未知编号的简则置于最后，但这个次序并不代表它们在简册的顺序。

一、《外乐律》读记与校释

（一）《外乐律》读记

外乐一职见于《二年律令·秩律》，秩八百石（简448）。正如研究者指出，出土文献显示汉初的外乐实沿袭秦官制，应系奉常的属官。[3] 对于外乐官的职能，学界尚存争议。前贤大多认为"外乐"与"内乐"相对。周晓陆、路东之从负责音乐类别的角度理解内、外之别，认为外乐指宫廷、宴飨、韶武之乐，内乐则为宫寝、宗庙、祠祀之乐。[4] 万尧绪虽同意这种划分原则，但以乐府官从属于服务皇帝的少府为由，认为乐府负责

---

1 参见何有祖、李志芳：《张家山汉简〈二年律令〉新编（二则）》，载《江汉考古》2020年第3期；何有祖、刘盼、蒋鲁敬：《张家山汉简〈二年律令·赐律〉简序新探——以胡家草场汉简为线索》，载《文物》2020年第8期。

2 参见李志芳、蒋鲁敬：《湖北荆州市胡家草场西汉墓M12出土简牍概述》，载《考古》2020年第2期。

3 彭浩、陈伟、工藤元男主编：《二年律令与奏谳书：张家山二四七号汉墓出土法律文献释读》，第269页，注41；李志芳、蒋鲁敬：《湖北荆州市胡家草场西汉墓M12出土简牍概述》，载《考古》2020年第2期。

4 参见周晓陆、路东之著：《秦封泥集》，三秦出版社2000年版，第140页。

宫廷、宴飨的俗乐,外乐才是掌管祠祀、宗庙之乐的官署,在汉代易名为传世文献中的太乐。[1] 此外,李安敦(Anthony Barbieri-Low)和叶山(Robin Yates)选择从空间角度理解外乐之"外",怀疑外乐本来负责秦咸阳宫之外地点的音乐事务,包括在秦陵、离宫、郡庙举行典礼的奏乐,以及皇帝出游时的娱乐等。[2] 按新见《外乐律》条文内容主要涉及武德、文始、五行舞的表演人数。又据《汉书·礼乐志》载,以上三支舞皆属皇帝宗庙祭祀表演的雅舞。[3] 由此看来,外乐官除音乐表演外,还承担皇帝宗庙祭祀所需的舞蹈表演。这是否代表外乐官不负责宫廷、宴飨的俗乐和舞蹈表演,又或乐府官不掌祭祀的雅乐,难以断言。[4]

《概述》又提到,M12 的《外乐律》条文涉及"乐师及学习各种乐器的学子人数、乐舞学子的选取标准、舞人及学子的表演仪态、乐舞人数、教授人员和学子的待遇"等等。[5] 可见外乐除实际表演外,还需选拔、训练乐人和舞者。按郑玄注《周礼·春官宗伯·大胥》时曾引用一条"汉大乐律":

> 卑者之子,不得舞宗庙之酎。除吏二千石到六百石及关内侯到五大夫子,先取适子,高七尺已(以)上,年十二到年三十,颜色和顺,身体修治者,以为舞人。[6]

所谓"大乐律"当即"太乐律"。此条文规管"宗庙之酎"舞人的选取标准,显示汉代对"宗庙之酎"伴舞舞人的出身有严格规定,只有高官、高爵者的子女才能担当此职,其中以嫡子优先。不但如此,舞人的年龄、高度、外貌、体态皆有相应标准。可以想象,在汉代于宗庙祭祀仪式伴舞应属难得的荣耀。《汉书·景帝纪》载,景帝元年(公元前 156 年)十月诏曰:"高庙酎,奏武德、文始、五行之舞。孝惠庙酎,奏文始、

---

1 参见万尧绪:《"乐府"新证》,载《黄钟(武汉音乐学院学报)》2013 年第 3 期。

2 Anthony Barbieri-Low and Robin D.S. Yates, *Law, State, and Society in Early Imperial China: A Study with Critical Edition and Translation of the Legal Texts from Zhangjiashan Tomb no. 247*, vol.2, Leiden: Brill, 2015, p. 1014n120.

3 《汉书》卷二十二《礼乐志》。

4 按《汉书·礼乐志》载汉哀帝即位后下诏议罢乐府官,其中提到"郊祭乐及古兵法武乐,在经非郑卫之乐者,条奏,别属他官",其后丞相孔光、大司空何武的奏对胪列乐府官所属乐人的员额和职务,其中确有相当部分负责南北、外郊祭和朝贺置酒的奏乐,足示西汉末的乐府官并非只掌管俗乐。因此,以音乐类别的角度理解内、外之别,甚至这种二分是否真的存在,颇值怀疑。参见《汉书》卷二十二《礼乐志》。

5 参见李志芳、蒋鲁敬:《湖北荆州市胡家草场西汉墓 M12 出土简牍概述》。

6 按"七尺已(以)",《续汉书》刘昭注所引卢植《礼注》引用的同一律文作"五尺";"已",孙诒让认为是"以"之误,可从。又"年十二",贾公彦疏认为"十二"乃"二十"之误,惠栋据刘昭注反对此说,认为"五尺"正对应"年十二"。孙诒让虽言"惠说亦通",但觉得不能排除汉代仿效周制,以及刘昭注文本传写有误的可能。参见《周礼正义》卷四十二《春官宗伯·大胥》。

五行之舞。”[1]“酎”即三重酿的醇酒,用以宗庙祭祖。[2] 是汉高祖庙祭祀在尝酎仪式时,须伴以武德、文始、五行之舞,恰好为M12已公布《外乐律》所涉的三支雅舞。此反映《太乐律》和《外乐律》规管的范畴很可能重合。由此类推,汉代太乐官确可能自外乐官改组而来。虽然尚不清楚上引《太乐律》是否由西汉政府制订,但其所记舞人的选取标准或能启示汉初《外乐律》相关条文的内容。

回到M12《外乐律》条文本身,现时只公布了编号为2506和2518的两枚简。格式上,它们皆分上下两栏书写,之间以墨点隔开,其中三栏分别条列武德、文始、五行舞的表演人数和构成,一栏记录教舞人员的设定额。据《汉书·礼乐志》,除五行舞外的其余两支舞皆制作、更名于汉高祖初年,《概述》因此认为“两则简文反映的当是高庙的奏舞”。[3] 按前引《景帝纪》言“孝惠庙酎,奏文始、五行之舞”,《礼乐志》亦云“诸帝庙皆常奏文始、四时、五行舞云”,[4] 可见文始、五行舞并不局限于高祖庙的祭祀,《概述》的说法容易令人误会。惟简2506和2518所记条文颁行于汉高祖时,当无疑义。《礼乐志》此前载汉文帝作“四时舞”,景帝“采武德舞以为昭德,以尊大宗(按:即汉文帝)庙”。[5] 前文提到M12一则《田律》避文帝讳,则M12写本中的《外乐律》果抄写于文帝时,其余律文或涉四时舞的条文。

关于这两枚简所列人员的任务,《汉书·礼乐志》载,“舞人无乐者,将至至尊之前不敢以乐也;出用乐者,言舞不失节,能以乐终也。大氐皆因秦旧事焉”。[6] 柯马丁(Martin Kern)曾将“舞人无乐者,将至至尊之前不敢以乐也”一句译成:“舞蹈进入(庙堂)时之没有音乐,乃因即将面对至尊,所以不敢使用音乐。”[7] 也就是说,他把“舞人无乐者”的“人”读成“入”,“入无乐者”与后文“出用乐者”相对。考虑到“人”“入”二字于隶书形近,后者确有可能在传抄过程被误写为“人”,柯先生的读法使前后文的关系豁然开朗,甚有见地。然而,他把后句理解成“舞蹈退场时之使用音乐,意在不使舞蹈节拍错乱,所以令舞蹈跟随音乐一起结束”。[8] 寻绎文意,此句更像指

---

1 《汉书》卷五《景帝纪》。

2 同上书,注2。

3 参见李志芳、蒋鲁敬:《湖北荆州市胡家草场西汉墓M12出土简牍概述》。

4 《汉书》卷二十二《礼乐志》。

5 同上。

6 同上。

7 “Bei den Tänzen gab es während des Eintretens [in die Halle] keine Musik; [denn] war man im Begriff, vor die höchst Verehrungswürdigen zu treten, wagte man nicht, Musik einzusetzen.”参见 Martin Kern, *Die Hymnen der chinesischen Staatsopfer: Literatur und Ritual in der politischen Repräsentation von der Han-Zeit bis zu den Sechs Dynastien*, Stuttgart: Franz Steiner, 1997, p. 54。

8 “Daß man während des Hinausgehens Musik verwendete, hatte die Bedeutung, den Tanz nicht den Rhythmus verlieren zu lassen und ihn so mit der Musik zum Abschluß zu bringen.” 同上注。

"舞蹈退场时之使用音乐,意在表示舞蹈节拍没有错乱,因此能和伴乐一起完结"。盖当时雅乐多用编钟、编磬、鼓之类大型敲击乐器合奏,乐手未必能清楚看见舞蹈动作;即便能看清,演奏者众多,若不像现代乐团般有指挥或领奏协调,也难以临场跟随舞者调整音乐节奏。也就是说,一旦舞蹈节拍较预设版本有所改变,便会对不上伴乐;相反如舞、乐能一起结束,便代表舞蹈节拍无误。上引《礼乐志》的记载表明宗庙表演之雅舞,应在将近尾声时才加伴乐,故《外乐律》所列人数应纯就舞者而言,不包括奏乐者;而且比例上有一半是士卒,不完全是前引《太乐律》所规定的高官、高爵者的子女。

据《外乐律》,武德、文始、五行舞的表演人数皆八的倍数,这有几种可能:

(1) 今本《论语·八佾》记,孔子谓季氏:"八佾舞于庭,是可忍也,孰不可忍也?"[1]今、古文《春秋》经传也一致认为周天子祭祀用舞者八佾。[2] 如采用此说作为列数上限,武德舞用48人,即每列6人;文始舞用64人,每列8人;五行舞用80人,每列10人。

(2) 秦、汉初雅舞表演也可能固定以8人为一列。[3] 如武德舞48人,应有6列舞者;文始舞即8列舞者;五行舞折合有10列舞者。

(3) 上说皆非,秦、汉初雅舞表演既无固定列数,每列也无固定人数,三支舞的表演人数皆八的倍数纯属巧合。

以上诸说虽暂不知孰是(最后一说成立可能性似较低),但从《外乐律》条文所示,秦与汉初皇帝宗庙祭祀所用舞者数会随舞蹈调整,相当灵活,不尽符合儒家经传所言周天子固定使用八佾64人,其中五行舞用80人,更远超64之数。这一方面可能跟秦、汉初处于儒家文献经典化的开端,礼制受经传内容的影响较低有关。另一方面,《汉书·礼乐志》提到五行舞"本周舞也",秦始皇二十六年统一六国后才改作是名。究竟是秦始皇刻意增加舞者的数量,以彰显自己超越前代的成功盛德,还是汉代儒家经典所载礼制并不反映战国末期的实相?不论如何,《外乐律》记载了当时礼制实践过程中一些史籍缺载的细节,值得重视。

---

1 参见刘宝楠:《论语正义》卷三《八佾》。

2 针对《春秋》鲁隐公五年"九月,考仲子之宫。初献六羽"的记载,古文《左传》云雅舞列数为"天子用八,诸侯用六,大夫四,士二",今文《谷梁传》则认为"天子八佾,诸公六佾,诸侯四佾。"可见今、古文经传统虽有不同,但皆赞同天子用八佾。参见《春秋左传正义》卷三,北京大学出版社2000年版,第112页;《春秋穀梁传注疏》卷二,北京大学出版社2000年版,第24页。

3 东汉以降的经学家对前引《左传》"天子用八,诸侯用六,大夫四,士二"的解说各异。何休、杜预均认为雅舞为方阵,"用六"指六六三十六人,"四"为四四十六人,如此类推。服虔、马融则认为每列人数固定八人,"用六"即六八四十八,大夫"四"即四八三十二,士"二"即二八十六。孔颖达正义从何、杜,刘宝楠详列众说,最后同意服、马的说法。诸说分见《春秋左传正义》卷三,第112—113页;刘宝楠:《论语正义》卷三《八佾》,第77—79页。

(二)《外乐律》校释

五行舞用八十人,其卌人卒[1]。·教舞,员[2]十人。(简1,编号2506)

武德舞用卌八人,其廿四人卒。·文始舞用六十四人,其卅二人卒。(简2,编号2518)

[1] 卒,士卒,占表演者总数的一半。张家山汉简《奏谳书》案例17载秦王政元年(公元前246年)时一名叫"讲"的乐人曾"践十一月更外乐"(简106)。虽然《续汉书·百官志二》引《汉官》曰,太予乐属员有"乐人八佾舞三百八十人",可见东汉把舞者也视作"乐人"。按上文曾指出此处所列人数应只包括舞者,虽然《奏谳书》案例17中的乐人"讲"未必是舞者,但此条《外乐律》的"卒"当包括这类更卒。

[2] 教舞,职名;员,设定额。

二、"蛮夷诸律"读记与校释

(一)"蛮夷诸律"读记

已公布的胡家草场M12法律文献大多属管理归附外族的法律条文,虽然《李文》所附照片的标题把这些条文皆归入《蛮夷律》,但不能排除它们包含前述《蛮夷复除律》《蛮夷士律》诸律的内容,故此处暂将这些条文统称为"蛮夷诸律"。据《概述》,"蛮夷诸律"涉及"分封、拜爵、徭役、賨赋、除罪、朝见等诸多事项"。较之已知内容,又可补充编户、授田、葬俗、家吏人数诸项,可见其内容之多样,规管之细密。

虽然这些律条应抄写于汉初,但部分条文(如简2597、2621、2630)应沿袭自秦律。正如前贤指出,战国秦在惠文王吞并巴蜀地区后,其实已符合一般定义里"帝国"的特质,即一个统治固有疆域外的广袤领地、多民族的政权。[1] 在帝国化进程中,

1 Robin D.S. Yates,"Reflections on the Foundation of the Chinese Empire in the Light of Newly Discovered Legal and Related Manuscripts",载陈光祖编:《东亚考古学的再思:张光直先生逝世十周年纪念论文集》,"中研院"历史语言研究所2013年版,第483—484页;高村武幸:《戦国秦の"帝国"化と周缘領域統治の変遷》,载高村武幸、广濑薰雄、渡边英幸编:《周缘領域からみた秦漢帝国2》六一书房2019年版,第51—55页。

秦国吸收了大量西戎、巴、蜀等非秦人族群;其后秦王政横扫山东六国、拓边南北,其间臣服于秦帝国的族群应更多。胡家草场 M12“蛮夷诸律”的一些条文应于此历史背景下被制订。按睡虎地秦简《秦律十八种》有一条《属邦律》,涉及道官互相输送隶臣妾、收人的规定(简 201)。[1] 虽然秦代的属邦和道之间未必存在统属关系,[2] 但战国秦的《属邦律》包括有关道的规定,殆无疑问。按现时于西汉初墓葬发掘的律令简共见四十多种,暂未发现《属国律》,M12“蛮夷诸律”与《属邦律》之间的关系和区别,颇值将来再作探究。

根据已知条文内容,“蛮夷诸律”应主要规管生活在道辖区内的归附外族聚落,如 2615 号简记载了道对辖区外族编户造籍的细节。道内的归附外族,虽然所负义务、享有权利与一般编户民有程度上的差距,却无本质差异;而部分条文更显示秦汉政府对归附外族的习俗和势力有所限制,这跟以往秦汉帝国会把刚归附的外族,以“因其故俗”方式管理的印象颇不相同。可以想象,这些新资料的全面公布,将大大深化汉初(应也包括秦代)对非汉人族群统治政策的理解。兹将从“编户与授田”“爵与徭”“限制与同化”三方面阐释 M12 蛮夷诸律的内容。

1. 编户与授田

从已公布“蛮夷诸律”的内容看来,秦、汉初政府管理聚居于道的归附外族的核心在于将之编户,政府推行的种种政策,诸如徭役的征收、田地的授予、聚落的分类等等,都围绕户籍所登记的资料。此措施当属战国以来对民众编户齐民传统的延伸。[3] 关于将归附外族编户,《后汉书·南蛮传》载战国秦时巴郡南郡蛮民“户出幏布八丈二尺,鸡羽三十鍭”。[4] 考虑到这类实物税以户为单位征收,其先决条件在于掌握户口资料,而且“蛮夷诸律”的部分条文应沿袭自秦律(参下文),或许秦代已开始将归附的外族编户。

简 2615 所记条文披露了道政府对归附外族编户的几个细节。首先,蛮夷户造籍的时间在每年七月,较《二年律令·户律》简 328—329 所载一般民众在八月造籍为

1 本文所引睡虎地秦简释文,俱参陈伟主编:《秦简牍合集:释文注释修订本》(壹),武汉大学出版社 2016 年版,不赘。

2 矢泽悦子曾据张家山汉简《奏谳书》案例 1 的“毋忧案”,认为属邦没有涉及案件,与道没有直接的统属关系。参见氏著:《戦國秦の異民族支配と“屬邦”》,载《明大アジア史論集》创刊号,1996 年。

3 关于战国以来编户齐民的发展和意义,参见杜正胜:《编户齐民:传统政治社会结构之形式》,联经出版事业公司 1990 年版,第 1—48 页。

4 《后汉书》卷八十六《南蛮传》。

早。据《户律》,造籍的主要负责机构是乡吏和县廷派出的令史,[1]但简2615所载条文完全没有提及乡吏的角色。考虑到归附外族的聚落可能没有乡里结构,不能排除道会直接派遣吏员至蛮夷邑登记、更新户籍的可能。

自商鞅变法规定"民有二男以上不分异者,倍其赋"以来,[2]秦汉政府皆鼓励小家庭,避免大家庭的无限扩张。[3] 简2615记道内归附外族的家庭亦须遵守家庭分异的原则。按归附外族的家庭结构应较一般编户为大,而且往往举族归附。如里耶秦简16-950载:"新黔首户百六,男千卌人,小男子……"[4]笔者曾猜测鉴于这些新黔首大男子的比例超乎寻常,远远超越里耶户籍简所记南阳里一户的平均口数,似代表他们的家庭结构较一般编户庞大,可能就是归附的外族编户。[5] 若此说尚有道理,根据2615的规定,起码在官方登记的户籍上,这些新黔首的家庭其后应需分拆成较小的核心家庭。这种分异不但代表户籍登记的变更,还往往表示家庭分居和内部财产的分割。假如此政策被确切执行,它在一定程度上冲击了归附外族原有的家庭结构。此举措之目的,除增加政府的租赋收入外,应有借分离归附外族的家庭、财产,减低君长对旗下部众的影响力,从而加强政府对归附外族的控制。不论如何,2615条文显示分异原则也适用于道内归附外族的家庭,于此层面他们可谓无别于普通编户齐民。

需强调的是,外族归附汉帝国的形式和居往形态十分多样,除居住在县、道、属国一类地方行政区、受帝国控制较强的族群,也存有不少控制较松散,甚至仅对帝国保持名义上臣服的族群。[6] 悬泉汉简中有一份时代约在西汉晚期的"归义羌人名籍"。相较里耶秦简户籍简,"归义羌人名籍"最大的区别在于它并非以户为单位登记,只

1 有关秦汉户籍的登记资料和案比地点、程序等问题的综合讨论,可参见邢义田《汉代案比在县或在乡?》《从出土资料看秦汉聚落形态和乡里行政》二文,俱收入氏著:《治国安邦:法制、行政与军事》,中华书局2011年版,第211—241、295—305、324—334页。

2 《史记》卷六十八《商君列传》。

3 此政策在秦、汉初尤为明显,西汉中期以降至东汉末,政府虽有发布鼓励同居的法律规定,但分异法在法律上未被废除。有关秦汉分异法的实施情形的综述,可参见周东平主编:《〈晋书·刑法志〉译注》,人民出版社2017年版,第202—204页,注445。

4 释文见张春龙:《里耶秦简所见的户籍和人口管理》,载中国社会科学院考古研究所、中国社会科学院历史研究所、湖南省文物考古研究所编:《里耶古城·秦简与秦文化研究——中国里耶古城·秦简与秦文化国际学术研讨会论文集》,科学出版社2009年版,第190页。

5 见拙文:《里耶秦简所示秦代的"见户"与"积户"——兼论秦代迁陵县的户数》,简帛网 http://www.bsm.org.cn/show_article.php? id=1987,发布时间2014年2月8日。

6 如先零羌大豪杨玉虽被封归义侯,但汉宣帝时因不满义渠安国大肆击杀先零羌种人,乃"遂劫略小种,背畔犯塞,攻城邑,杀长吏。"又汉哀帝时乌孙贵族卑爰疐虽被封为归义侯,但仍旧侵陵大、小昆弥,最终为西域都护孙建袭杀。凡此皆可见外族归附帝国、接受封号,并不代表汉廷能对他们始终保持有力的控制。参见《汉书》卷六十九《赵充国传》;《汉书》卷四十五《息夫躬传》。

是依次记录了羌人的身份(归义)、族群("聊""垒")、种落、性别和名称。[1] 按悬泉汉简IIT0214②:195载,羌人男子韩芒属"酒泉归义垒羌龙耶种",可知垒羌位于酒泉郡。[2]《汉书·地理志》并未记载酒泉郡设属国都尉,学界一般也认同酒泉属国始设于东汉,西汉酒泉郡内没有属国。[3] 这似乎代表垒羌人并没有被安置于属国,只是松散地居住于郡界。总之,归附外族是否会被纳入编户系统取决于他们各自的臣服程度、客观情势等因素,简2615(以至本文所论大部分"蛮夷诸律")的条文应只代表秦汉帝国对控制力较强族群的做法,未必能划一套用到所有归附外族的情况。

对于成为帝国编户的外族来说,他们生活的各方面皆受其影响。如归附外族所居的"蛮夷邑",其划分也与户籍登记息息相关。简2601条文提到"蛮夷邑"分大、中、小邑三个等级,其划分标准在于聚落户数的多少。此处的户数当就记录在官方户籍的编户数而言,并非外族原生家庭的情况。按汉代县分大、小县,其长官秩级也有所不同,大县以令、小县以长为长官。蛮夷聚落既分大、中、小邑,其君长待遇(如所赐封号、所比军功爵位)或也有所不同。

归附外族编户与普通编户的同质性,也体现在对蛮夷户的授田政策。据简2636,政府会对蛮夷邑人按户授田,此政策的推行,无疑取决于简2615所规管的户籍登记。与一般编户不同,归附外族编户所授田的数量并非根据爵位,而是田地的肥瘠程度。从律文"蛮夷邑人"看来,所授田似乎来自简2601提到的"蛮夷邑"。倘若这些"蛮夷邑"是归附外族原来居住的聚落,授田过程或涉及原有聚落田地的再分配。如归附者为逐水草而居的游牧民族,或半农半牧的族群,还需确保他们愿意改变固有生活方式,定居耕作。[4] 虽然现在仍不清楚向蛮夷授田的具体操作方式,甚或2636条文是否仅属具文,但它反映了汉政府纳归附外族为编户齐民的意图,殆无疑问。

2. 爵与徭

秦汉帝国构建的身份秩序,也被套用至归附外族的内部社会。正如《李文》《概

1 关于这份《归义羌人名籍》性质和内容的进一步研究,参见黎明钊:《悬泉置汉简的羌人问题——以〈归义羌人名籍〉为中心》,载《九州学林》总34期,2014年;马智全:《从出土汉简看汉代羌族部族》,载《丝绸之路》2011年第6期。

2 简文转引自张俊民:《敦煌悬泉置出土汉简所见人名综述(二)——以少数民族人名为中心的考察》,载《西域研究》2006年第4期。

3 参见王宗维:《汉代的属国》,载《文史》第20辑,中华书局1983年版;田澍、何玉红主编:《西北边疆社会研究》,中国社会科学出版社2009年版,第214页。

4 需强调的是,游牧民族的生活习惯和居往形态并非无法改变,如肩水金关汉简的记录显示西汉张掖属国存在里,似暗示属国内部生活的游牧民族渐渐定居,其居往形态有所变化。参见黎明钊、唐俊峰:《秦至西汉属国的职官制度与安置模式》,载《中国史研究》2018年第3期。

述》指出,对“蛮夷君长等级划分,参照了秦汉时期的二十等爵制”。此代表了外族原有的统治阶层获得秦汉政府的承认。据2587所载条文,外族君长在军功爵体系里相应的待遇大致如表格1:

表格1 蛮夷君长与军功爵等级类比表

蛮夷君长等级	相当军功爵	军功爵等级
君	官大夫	第六级
公、诸侯	大夫	第五级
右大夫、左大夫、胄䛗、彻公子	不更	第四级

由上表可见,蛮夷君长相当的军功爵最高只达第六级的官大夫。《汉书·高帝纪》引高祖五年(公元前202年)五月诏书曰:“七大夫、公乘以上,皆高爵也。”[1]可见在汉初人心里,第六级的官大夫不被视作高爵。至于蛮夷右大夫、左大夫、胄䛗(此称号含义的讨论参“校释”部分,2597号简的注1)、彻公子所当的不更,更只是士级,参考简10,他们理论上须服徭役。由此看来,这些归附外族统治阶级在爵制身份秩序中的地位,应低于自己原有的社会身份。相对而言,西汉中期以来,政府往往对归附外族的首领赐予归义、率众王、侯等封号,佩金印,待遇似乎较高。[2]

关于2597条文的年代,《史记·秦始皇本纪》载,秦王政九年(公元前238年)嫪毐叛乱,与谋者有“戎翟君公”。[3] 睡虎地秦简《法律答问》载“真戎君长”(简113),应即2597条文中蛮夷君、公一类人物。如此类推,此条文极可能继承秦律,成文于西汉前。前文提及的里耶秦简户籍简,被登记者多持“荆不更”之爵,邢义田曾指出这些居民原应为楚人,“不更”应是秦政府比照他们原有的楚爵,给予他们相当等级的秦爵,目的在于争取故楚人支持,保证归顺者的既有权益,此说甚是。[4]《后汉书·南蛮列传》又载:“及秦惠王并巴中,以巴氏为蛮夷君长,世尚秦女,其民爵比不更,有罪得以爵除。”[5]里耶秦简户籍简和《南蛮列传》虽然性质、时代皆不尽相同,却不约而同地记载新归附秦政权的外邦、外族人,其爵相当于不更一级,似非偶然。参考本简条文的规定,它可能就是里耶户籍简和《南蛮列传》政策的依据。由此推论,2597条文极可能沿袭自战国秦。事实上,考虑到2597条文所记称谓古奥,此条文或原用于春

1 《汉书》卷一《高帝纪》,中华书局1962年版,第54页。

2 参见黎明钊、唐俊峰:《秦至西汉属国的职官制度与安置模式》。

3 《史记》卷六《秦始皇本纪》。

4 邢义田:《龙山里耶秦迁陵县城遗址出土某乡南阳里户籍简试探》,简帛网 http://www.bsm.org.cn/show_article.php? id=744,发布时间:2007年11月3日。

5 《后汉书》卷八十六《南蛮列传》。

秋战国时东方诸国归附秦的贵族,后来才套用至外族君长。

当然,所谓君、公、诸侯、右大夫云云,也有可能是秦人以自身的等级制度,比附归附外族的社会组织。与东方诸国类似,战国秦境内仍存在封君,多属宗室外戚(如安国君、昌平君、昌文君等,例子甚多,不一而足)和获特大功绩者(如商君卫鞅、武安君白起等)。[1] 事实上,秦惠文王即位后,称王前,曾自称"惠文君",[2]可见在战国秦人眼中,"君"的地位应高于公、侯,正合2597条文显示的位阶。此外,《左传》载,鲁成公二年(公元前589年)十一月,"秦右大夫说"参与了一次与楚国的会盟;[3]又鲁襄公十一年(公元前562年)记"秦右大夫詹帅师从楚子,将以伐郑"。[4] 此皆可见春秋秦国设有右大夫一职。又如"彻公子"与秦军功爵之"彻侯"结构雷同,也颇具秦制特色。由此看来,右大夫、左大夫、胄靖、彻公子等称号,可能是一些没有被纳入后来二十等军功爵的早期秦爵。若此说成立,则2597条文所载称谓或对研究东周秦制颇有裨益。

秦汉时代,军功爵规定的身份秩序和编户与应服徭役密切相关。《二年律令·徭律》简407载"睆老各半其爵繇(徭)员"。正如研究者指出,这表示徭役额度的设定视乎行徭者的爵位高低。[5] 简10显示归附外族编户每年被设定的徭役劳动额度也与他们拥有的爵位挂钩,应即参考此原则而来。这也再次反映蛮夷编户和一般编户民的雷同。虽然如此,蛮夷编户被设定的年度徭役日数,似与一般编户不同。杨振红曾提出编户民的年均徭役时间为三十天,[6]其说获宫宅潔赞同,并补充三十天当为对无爵者徭役的设定额。[7] 比较此数与简10规定无爵者四十八天的徭员,蛮夷编户被设定之徭役日数不但明显超过一般编户的三十天之数,也不符不更或以下有爵者的徭员每级依次以八日递增的比例。事实上,即便是蛮夷公士承担的数额,也比三十天的数值多两天。由此看来,蛮夷编户每年或须较一般编户承担更长时间的徭役

---

1 关于战国秦封君制度的综合研究,可参见董平均:《出土秦律、汉律所见封君食邑制度研究》,黑龙江人民出版社2007年版,第69—92页。据董先生统计,由秦孝公至秦王政统一六国前,秦分封的列侯封君约38人,同时山东六国共有封君73人,可见战国秦列侯封君数量甚多(第79页)。又关于战国封君制度的概述,可参见郑威:《楚国封君研究(修订本)》,湖北教育出版社2017年版,第9—18页;小林伸二:《戦国封君:王権构造の一侧面》,中国古代史研究会编:《中國古代史研究 第八—創立七十周年記念論文集—》,研文出版2017年版,第112—129页。

2 《史记》卷五《秦本纪》。

3 《春秋左传正义》卷二十五,北京大学出版社2000年版,第813页。

4 《春秋左传正义》卷三十一,第1031页。

5 彭浩、陈伟、工藤元男主编:《二年律令与奏谳书》,上海古籍出版社2007年版,第246页,注1。

6 杨振红:《出土简牍与秦汉社会(续篇)》,广西师范大学出版社2015年版,第201页;李安敦和叶山说同,参见Anthony Barbieri-Low and Robin D.S. Yates, *Law, State, and Society in Early Imperial China*, vol. 2, p. 906n2。

7 宫宅潔:《秦代徭役·兵役制度の再检讨》,载《東方学報》94,2019年,第17页。

劳动。

以上差异或许牵涉另一重要问题，即归附外族用以替代徭赋的“賨钱”。《后汉书·南蛮列传》载楚汉相争期间，刘邦曾征发巴地板楯蛮夷进攻三秦，事成后把这些夷人“遣还巴中，复其渠帅罗、朴、督、鄂、度、夕、龚七姓，不输租赋，余户乃岁入賨钱，口四十”。[1] 张家山汉简《奏谳书》案例1毋忧案，官吏诘问毋忧时曾引述一条“变（蛮）夷律”，提到“变（蛮）夷男子岁出賨钱，以当繇（徭）赋”（简4）；毋忧本人抗辩时，也提到自己“岁出五十六钱以当繇（徭）赋”（简2），金额略高于《后汉书》所记。结合简10和毋忧案，賨钱所当之徭赋，应即简10所记的每年设定徭役日数，只是不知賨钱金额是划一，还是会随爵位高低调整。《概述》提到M12“蛮夷诸律”有“賨赋”内容，似乎賨钱在汉代确被视为一种“赋”。可以想象，待相关资料全面披露，我们将更了解賨钱的性质和征收方式。

金钱之外，归附外族还可纳实物代役。如秦代时，巴郡南郡蛮“君长岁出赋二千一十六钱，三岁一出义赋千八百钱。其民户出幏布八丈二尺，鸡羽三十鍭。汉兴，南郡太守靳彊请一依秦时故事”。[2] 据此，赋可用钱或实物的形式缴纳。按秦与汉初尚无明确史料证明一般编户可纳钱或实物代替亲自执行徭役。[3] 就此而言，归附外族能缴纳钱、物替代徭役，确可视作一种宽免政策。可能正因如此，蛮夷编户同时被设以较长的徭役日数，以弥补因代役失去的潜在劳动力。

3. 限制与同化

前两节讨论了归附汉帝国的外族编户之义务、权利与一般编户民的同质性。然而，这些归附的外族编户终非真正的“齐民”，“蛮夷诸律”反映秦汉政府对归附外族编户存在一些限制措施，其目的应在压抑外族君长的势力扩张，并加速同化这些外族，使之成为与一般编户无别的齐民。

关于限制外族君长的条文，2621、2630一组简最值注意。正如《概述》指出，这组条文规定蛮夷君长可通过交纳粮食的方式，保存自身“戎葬”习俗。按“戎葬”一词甚值注意。众所周知，秦人自居西陲以来，长久以来与所谓西戎频繁交流。《二年律令·秩律》反映汉初陇西郡辖“戎邑”（简453），即此点之明证。事实上，直到战国时代，秦国关中核心区北方仍存在所谓“义渠戎”，与秦且战且降，至昭王三十六年（公

1 《后汉书》卷八十六《南蛮列传》。

2 同上。

3 参见石洋：《两汉三国时期“佣”群体的历史演变：以民间傭佣为中心》，载《中国史研究》2014年第3期。

元前271年)才彻底被秦国消灭。[1] 秦始皇三十三年(公元前214年)逐匈奴后,始皇又“使蒙恬渡河取高阙、陶(阴)山、北假中,筑亭障以逐戎人”。[2] 可见对戎人的征战实伴随秦政权的终始。不难想象,与戎人长久交流的过程中,秦政权曾吸纳大量戎人聚落,上文提到归附秦国的戎翟君公、真戎君长,当即此过程的产物。由此看来,此则条文(甚或其他蛮夷律条文)应沿袭秦代针对归附戎人的法律,其制订背景和规定措施与戎人密切相关。至于“戎葬”条文是否能套用至其他归附外族的葬俗,尚待研究。[3]

蛮夷长之所以支付禾粟而非金、铜钱之类货币,可能考虑到归附外族聚落货币使用不发达,又或希望趁机补充粮食资源。参考2601号简对蛮夷邑大小的定义,大邑君长至少要支付二千石禾粟以换取戎葬的特权,中邑君长须付一千或一千五百石,小邑君长和平民也要支付一千石。曹旅宁认为甘肃张家川马家塬战国晚期戎人墓葬,其墓主可能支付了此条律文规定的禾粟,才能以戎人习俗下葬。按战国末期,马家塬墓地无疑处于秦国国境之内,而马家塬墓葬的整体风格虽与同时期秦墓迥异,但部分葬俗相对同时期的西戎文化墓葬颇有不同。郭物指出,相对同时期的西戎墓葬,随身武器在马家塬高级墓发现的数量不多,且集中在戈、矛、铜镞之类长、远兵器,缺乏具有身份象征意义的短剑。他进一步推断这侧面反映马家塬墓葬墓主被秦国所羁縻,甚至随葬品的类型也受到秦国的规管。[4] 虽然戎人君长随葬武器的改变与秦国羁縻制度的联系尚待进一步论证,但郭先生的观察点出马家塬墓地与其他地区戎葬的区别。事实上,马家塬墓葬多用棺椁,部分墓又以青铜礼器、车马器、漆器随葬,这些特征应为秦文化影响的结果。[5] 考虑到以上因素,如果说这些戎墓的主人是生活在秦国境内、受道管辖的戎人君长,当无大误。甘肃东部地区尚存一些跟马家塬墓葬的年代、葬俗、随葬品等特征大致雷同的墓葬,如秦安县王洼墓地、漳县墩坪墓地等。[6] 如此类推,墓主或也是归附于秦的戎人君长。

虽然现在对秦国境内居住戎人的社会分层所知不多,但戎葬所需的巨量粮食,当

---

1 关于战国秦灭义渠过程较详细的梳理,参见高村武幸:《戦国秦の“帝国”化と周缘领域統治の変遷》,载高村武幸、广濑薰雄、渡边英幸编:《周缘領域からみた秦漢帝国 2》六一书房2019年版,第53—55页。

2 《史记》卷六《秦始皇本纪》;“陶”当“阴”之误,参见同卷《校勘记》。

3 曹旅宁即推测“戎葬按地域种族的不同,估计有悬棺葬、火葬、棺葬的不同”,可备一说。

4 参见郭物:《马家塬墓地所见秦霸西戎的文化表象及其内因》,载《四川文物》2019年第4期。

5 王辉:《张家川马家塬墓地相关问题初探》,载《文物》2009年第10期;曹肖肖:《甘肃东周时期戎墓研究》,西北师范大学硕士论文,2018年,第49—63页。

6 张寅曾把这些特点近似马家塬墓葬的非秦墓归类为“马家塬类型”,参氏著:《东周西戎文化马家塬类型来源初探》,载《考古与文物》2019年第2期。

非每个蛮夷君长所能负担。以往学界多从羁縻戎人、因其故俗的角度理解东周时代秦人势力范围内的戎人墓，[1]但简2621、2630显示，"戎葬"很可能只是少数能负担纳粟成本的戎人君长才能拥有的特权；经济能力较弱的君长以至平民，应只能放弃自身习俗，以秦人（和后来的汉人）方式下葬。进一步推论，这种规定其中一个主要目的，可能就在阻碍戎人采用自身习俗下葬，以更快地同化归附戎人。这种进取思维，与秦惠文王灭蜀后，选择先设蜀属邦安置原蜀王朝廷，以及后来汉武帝设立五属国，采取因其故俗的方式安置降附的匈奴浑邪王、休屠王部众，皆存在不少差距。[2]

对归附外族君长的限制，似也体现在简11所载条文。简11主要规定归附外族君长可任命的舍人、家吏数量，可能即《蛮夷士律》所属条文。舍人、家吏皆有权势者常见的扈从。岳麓书院藏秦简《秦律令（贰）》第一组简77载："☐从人家吏、舍人可（何）以□三族从人者？·议：令县治三族从人者，必"，[3]即见家吏、舍人并列。虽然关系密切，但简11条文显示，家吏、舍人的任用条件不尽相同：任命舍人的数量根据君长身份的高低，家吏数则跟蛮夷邑户数挂钩。这种差异或许表示舍人更偏向为君长个人服务，家吏则更多负责管理邑中事务，因此数量应因聚落大小而调整。惟此说纯属猜想，缺乏证据。

简11规定君、公、诸侯等级的归附外族君长，可任命两名舍人。前文既述，2587号简记蛮夷君相当于军功爵体系官大夫一级，公、诸侯当大夫。据岳麓书院藏秦简《为狱等状四种》案例7"识劫㛍案"，㛍的亡夫大夫沛曾有五名舍人（建、昌、積、喜、遗；见简123），[4]可见蛮夷君、公、诸侯相应的军功爵虽与大夫沛相等（蛮夷君甚至高一级），前者能任命的舍人却少于后者。虽然大夫沛未必同时拥有五名舍人，难以确定两者任命的舍人数量确有差别，但考虑到前述"蛮夷诸律"条文往往显示秦汉政府对归附外族的限制较一般编户民严厉，实不能排除简11也有打压归附外族首领，防止他们势力过大的意味。

最后，2603号简也记载了对"蜀蛮夷居关外者"入关的限制。据2603，这些聚居在扜关外的"蜀蛮夷"，即使获得关内郡太守的许可，也只能将日用器物（如农具）、缯布、禾粟带出关，武器如兵、弩、矢仍不在其列。虽然此条文没有述及，但马匹等战略物资可能也在禁运物品之列。凡此种种，皆显示秦汉政府对归附外族的限制措施。

---

1 参见曹肖肖：《甘肃东周时期戎墓研究》，第68页。

2 关于战国秦蜀属邦的设置和郡县化过程，参见黎明钊、唐俊峰：《秦至西汉属国的职官制度与安置模式》，载《中国史研究》2018年第3期。

3 本文所引岳麓书院藏秦简《秦律令（贰）》的释文，俱参陈松长主编：《岳麓书院藏秦简》（伍），上海辞书出版社2017年版，不赘。

4 陈松长主编：《岳麓书院藏秦简释文修订本》（壹—叁），上海辞书出版社2018年版，第153页。

(二)“蛮夷诸律”校释

> 繺(蛮)夷君当官大夫,公、诸侯当大夫,右大夫、左大夫、胄堵[1]、彻公子[2]当不更,藉[3](简3,编号2597)

[1] 胄,无原释。此字在本简和简11均有出现,字形分别作“”(本简)和“”(简11),《概述》隶定为“肎”,未加解释;也见于长沙马王堆3号汉墓遣册(如简17的“”),即“胄”字。[1] 堵,《李文》已释,《概述》漏释,检字形,《李文》所释可从。“胄堵”语义不明,据律文语境应指某类中下层贵族。“堵”,《说文》曰“惊皃,从立昔声”。战国金文有“单堵讨乍(作)用戈”铭文(《集成》,11267),其中“堵”应为人名。颇疑“胄”指后代,又或用为动词,表继承意,而“堵”通“爵”,“胄爵”即有爵的后代,又或指继承爵位的后代。惟观下文简10已出现“爵”字,上两说皆疑未安。此外,马叙伦引《集韵》“堵,竦也”的解释,认为“惊皃当作敬皃”,作恭敬意,亦即《论语·乡党》“踧踖如也”之“踖”。[2] 如采纳马先生的解释,“胄堵”或指戴头盔的军官对此称号持有人的恭敬貌,借此表示其尊贵身份。

[2] 彻,当表“通”“达”意,应与军功爵最高级彻侯之“彻”意同。“彻公子”当指君、公、诸侯较显贵之子。

> 繺(蛮)夷百户以上为大邑[1],不盈百户为中邑,卌户以下为小邑,令其长有车马者闲岁(?)[2](简4,编号2601)

[1] 邑,秦汉法律、行政文书中往往与城、里并列,指聚落。《二年律令·秩律》记陇西郡辖“戎邑”(简453),其长官秩六百石;《汉书·地理志》记戎邑最晚在成帝

1　此字图版见湖南省博物馆、复旦大学出土文献与古文字研究中心编纂,裘锡圭主编:《长沙马王堆汉墓简帛集成》卷一,中华书局2014年版,第259页。正如整理者在简17注释征引的李学勤说指出,秦简和马王堆简帛文字存在“由”“古”相混的现象,因此“肎”可径释为“胄”。见《长沙马王堆汉墓简帛集成》卷六,第230页。关于秦、汉初文字构件的“由”“古”相混,陈剑举证甚详,参同氏著:《读秦汉简札记三篇》,复旦大学出土文献与古文字研究中心编:《出土文献与古文字研究》第4辑,上海古籍出版社2011年版,第359—360页。

2　参见李圃主编:《古文字诂林》第8册,上海教育出版社2003年版,第918页。

时已改属天水郡,并被称作“戎邑道”。[1] 按秦汉政府常把户口较多的乡升级为县,道和蛮夷邑是否存在近似关系,值得注意。

[2] “令其长有车马者闲岁(?)”,《李文》未释,今补。“长”当即2621号简、简11提及的“蛮夷长”。

蜀蛮夷居关外[1]者,其欲买器[2]及缯布、禾粟,必有太守致[3],关乃出之,而毋出兵、弩、矢。(简5,编号2603)

[1] 关外,此处应指扞关之外。《秦律令(贰)》第一组令提到“●诸取有辠罨(迁)轮《输》及处蜀巴及取不当出关为葆庸,及私载出扞关、汉阳关及送道之出蜀巴畍(界)者”(简45-46),可见扞关是界定蜀巴郡界一重要标准。秦、汉初法律条文中扞关当在今重庆市奉节县东,[2] 是区隔巴蜀和其东楚地的界线,甚具战略价值。[3] 据秦汉人的地理概念,巴蜀、汉中地区皆属广义的关中。[4] 采纳此定义,“蜀蛮夷”本身居于关中。所谓“蜀蛮夷居关外者”当指文化习俗与蜀地外族相近,但聚居于扞关以东(如汉初的南郡、长沙国)的归附外族。考古资料显示,春秋战国以来,三峡地区因食盐贸易,与长江中游地区交流密切。此过程伴随两地族群的互相移民和流徙。如三峡地区战国时期墓葬,偶有楚式墓和带楚文化特征的随葬品,而有着巴蜀文化特征的物品也频见于湘西地区楚墓。[5] 因此巴蜀地区以外存在与所谓“蜀蛮夷”文化相近的族群,不足为奇。

[2] 器,日用器物。《汉书·两粤传》载吕后曾令“毋予蛮夷外粤金铁田器;马牛羊即予,予牡,毋与牝”。[6] 2603号简出现之“器”应包括这些青铜、铁制农具。根据本条文语境,器物、缯布、禾粟等本来似不能售予关外外族,只有已归附者经官方允许才可获豁免。

---

1 《汉书》卷二十八《地理志》。正如周振鹤指出,《汉书·地理志》所依据的县、侯国资料,乃依据成帝元延、绥和之间的记录,见氏著:《西汉政区地理》,人民出版社1987年版,第37页。

2 彭浩、陈伟、工藤元男主编:《二年律令与奏谳书》,上海古籍出版社2007年版,第307页,注2。

3 王子今、刘华祝:《说张家山汉简〈二年律令·津关令〉所见五关》,载《张家山汉简〈二年津令〉研究文集》,广西师范大学出版社2007年版,第366页;黎明钊:《〈津关令〉与江湖盗贼》,载黎明钊编:《汉帝国的制度与社会秩序》,牛津大学出版社2012年版,第372—375页。

4 王子今、刘华祝:《说张家山汉简〈二年律令·津关令〉所见五关》,第369页。

5 关于考古资料所示三峡地区的楚人移民,参Rowan K. Flad and Pochan Chen, *Ancient Central China: Centers and peripheries along the Yangzi River*. Cambridge: Cambridge University Press, 2013, p. 276;湘西地区墓葬随葬品中的巴蜀风格物品,参见胡平平:《楚文化南渐的考古学观察》,吉林大学博士论文,2019年,第104—109页。

6 《汉书》卷九十五《两粤传》。

[3] 太守致,指郡太守发出的致文书。《二年律令·津关令》第廿一条提到:“禁民毋得私马以出扜关、郧关、函谷〔关〕、武关,及诸河塞津关。其买骑、轻车马、吏乘、置传马者,县各以所买名匹数告买所内史、郡守,内史、郡守各以马所补名为久久马,为致告津关,津关谨以藉(籍)、久案阅,出。”(简506—507)正如陈伟指出,此令中的“县”当指“关外县”。[1] 令文规定这些关外县如想买马,须先把马匹数、所补马名报告内史或五关内的郡守,由他们替马打上烙印,并制作“致”文书将相关信息通知津关;关外县人经过津关时,津关人员再查核马匹的名籍和烙印是否符合致所记的资料,确认无误方能放行出关。2603所规定蜀蛮夷居关外者购买器物、缯布、禾粟的完整程序,应类似《津关令》第廿一条。《津关令》另一条令也载:“相国上南郡守书言,云梦附窦园一所朐忍界中,佐(?)、徒治园者出人(入)扜关,故巫为传,今不得,请以园印为传,扜关听。”(简518)可见即便是官吏徒,出入扜关也要官府发出的通行证。此或可套用至本简的情况。

道常以七月数䜌(蛮)夷户[1],以其故藉(籍)阅雠之[2]。有物故者,定其藉(籍)。异子、异食者,别以为户[3]。(简6,编号2615)

[1] 数,秦汉律令中可指户籍登记的资料,如《二年律令·户律》载:“恒以八月令乡部啬夫、吏、令史相杂案户,户籍副臧(藏)其廷。有移徙者,辄移户及年籍爵紬[2]徙所,并封。留弗移,移不并封,及实不徙数盈十日,皆罚金四两”(简328-329),其中“数”应涵盖前文提到的户籍资料,如姓名、年、爵等。此处“数䜌(蛮)夷户”的“数”应作动词用,指把这些资料登记到户籍的动作。

[2] 阅,核验;雠,校对。“以其故籍阅雠之”当指以现有户籍核验该户的情况,并据结果更新户籍上的登记资料。

[3] 异,分异。《晋书·刑法志》载曹魏“除异子之科,使父子无异财也”。[3] 本条文的“异子”当指已分异的子女。“异食者”即分开用餐的人,代表和户主关系较疏离。《论衡·祭意》:“好道学仙者,绝谷不食,与人异食,欲为清洁也。”[4] 里耶秦简户

---

1 参见陈伟:《张家山汉简〈津关令〉中涉马诸令研究》,《燕说集》,商务印书馆2010年版,第398页。

2 “紬”原释“细”,陈剑认为此字作“結”形,因“古”“由”往往相混,可释为“紬”,表示一个跟“籍”意义相类的词;所谓“爵紬”“田紬”及“年紬”,分别是跟登记爵、田及年有关的簿籍。参见陈剑:《读秦汉简札记三篇》,复旦大学出土文献与古文字研究中心编:《出土文献与古文字研究》第4辑,上海古籍出版社2011年版,第359—366页。

3 《晋书》卷三十《刑法志》。

4 杨宝忠:《论衡校笺》下卷二十五《祭意》,河北教育出版社1999年版,第816页。

籍简显示,秦代迁陵县一户除包含核心家庭,还存在扩大以至联合家庭,[1]条文中的“异食者”应针对这些户主子女之外的同户者,假如他们跟户主分开用餐,也需独立成户。

繇(蛮)夷长[1]死,欲入禾粟戎葬[2]者,许之∟。邑千户以上入四千石,不盈千户入二千石,不盈百户。(简7,编号2621)

入千五百石,不盈五十户及毋邑人者入千石。(简8,编号2630)

[1] 蛮夷长,参考简11,“长”当是2597所述蛮夷君、公、诸侯等统治阶层的统称。

[2] 戎葬,以戎人习俗安葬。

繇(蛮)夷邑人各以户数受田∟。平田户一顷半∟,山田户二顷半[1]。阪险[2]不可豤(垦)者,勿以为数[3]。(简9,编号2636)

[1] 平田,在平地的田;山田,在山地的田,较贫瘠,因此授田数较多。关于本简记载的授田数字,《二年律令·户律》载对关内侯以下至无爵者的授田数量,其中“簪褭三顷,上造二顷,公士一顷半顷”(简312)。两相对照,蛮夷邑人的授田数约等同最低级的公士爵,且不像普通编户般随爵位高低有所调整。

[2] 阪险,倾危也。《二年律令·田律》曰“九月大除道及阪险”(简246—247)。冨谷至等译作“倾斜地”,李安敦和叶山译为 dangerous sloping spots,添加了“危险”的定语。[2]

[3] 数,当指应授田之数,不是2615号简中户籍记录的资料。

繇(蛮)夷一岁繇(徭)员[1]:不更八日,簪褭十六∟,上造廿四,公士卅二,毋爵者卌八日。(简10,编号未知)

---

1 参见黎明钊:《里耶秦简:户籍档案的探讨》,载《中国史研究》2009年第2期;张荣强:《汉唐籍帐制度研究》,商务印书馆2010年版,第31页。

2 分别参见冨谷至编:《江陵张家山二四七號墓出土汉律令の研究 译注篇》,朋友书店2006年版,第161页;Anthony Barbieri-Low and Robin D.S. Yates, *Law, State, and Society in Early Imperial China*, vol.2, p. 699。

[1] 徭员,指徭役劳动的设定额。[1]

繎(蛮)夷长除舍人[1]:君、公、诸侯二人,胄靖以下一人。邑千户以上家吏[2]四人,不盈千户至五百户。(简11,编号未知)

[1] 舍人,指经济上依附赞助者(如贵族、官吏、有爵者等),但法律身份属自由民的人。[2]

[2] 家吏,一般指直属贵族和高爵者的吏,与任职于官府之吏不同。睡虎地秦简《封诊式·黥妾》有"某里五大夫乙家吏"(简42—43)。《汉书·武五子传》记卫太子少傅石德言"且上疾在甘泉,皇后及家吏请问皆不报",[3]同书《外戚传上》记张贺"本卫太子家吏"。[4] 虽然归附的外族贵族在军功爵体系的身份属低爵者(参上简2597条文),但他们原来应有类似家吏的家臣,所以秦汉政府特许他们拥有家吏。

结 语

本文讨论了出自荆州胡家草场12号汉墓的11枚简牍的法律条文,其中两枚属《外乐律》,九枚涉及归附外族的统治政策。已公布的《外乐律》条文规定了宗庙所奏武德、文始、五行三支雅舞的表演者人数和构成。两枚《外乐律》条文不但说明汉初外乐令肩负宗庙雅舞的表演事宜,较之传世文献的一条汉《太乐律》,还表示汉代太乐官确可能自外乐官改组而来。更重要的是,条文显示秦、汉初皇帝宗庙祭祀所用舞者数会随舞蹈调整,相当灵活,不尽符合儒家经传记载周天子祭祀用舞的人数。可以期待相关条文的全面公布,深化我们对当时礼制实践过程的理解。

至于九枚载有《蛮夷律》条文的简,更披露了当时道政府管理归附外族政策的许多细节。虽然这些律条抄写于汉初,但部分条文内容应源自战国秦律。根据这些条文,道管理归附外族政策的核心在于将他们编户,从而将其纳入国家机器的控制范围。道每年七月须对辖区内的少数民族登记造籍,并校雠旧有记录。此过程采用了

---

1 此处沿用了宫宅潔的翻译,参见氏著:《秦代徭役·兵役制度の再検討》,载《東方学報》94,2019年,第10页。

2 参见 Ulrich Lau and Michael Lüdke, *Exemplarische Rechtsfälle vom Beginn der Han-Dynastie: Eine kommentierte Übersetzung des Zouyanshu aus Zhangjiashan*, Tokyo: Tokyo University of Foreign Studies, 2012, p. 195n946.

3 《汉书》卷六十三《武五子传》。

4 《汉书》卷九十七《外戚传》。

商鞅以来分异家庭内部成年男子的原则(简2615),是否会冲击聚落的原生家庭结构,值得关注。一如帝国普通的编户齐民,户籍构成种种围绕归附道中蛮夷政策的依据:他们的聚落会根据户数多少划分为大、中、小邑(简2601);官方授予的田地也以户为单位分配(简2636)。

秦汉帝国构建的身份秩序,也被套用至归附外族的内部社会。外族原有的统治阶层获得承认,并与军功爵挂钩。已公布条文显示,即便是等级最高的蛮夷君,也不过相当爵制身份秩序里属中低层的官大夫(简2597)。另一则律文显示外族编户须承担徭役,其每年被设定的徭役劳动额度,视乎被编户外族拥有的军功爵位,而且设定的劳动日数似较一般编户长(简10)。

此外,部分条文也存在限制归附外族的措施。例如戎人希望以自身习俗下葬,须向政府支付巨额粮食(简2621、简2630)。外族统治阶级任命舍人和家吏,员额也似较一般编户少(简11)。居住在关外的归附外族,虽可在经同意后入关购买日用物资,但不能将兵器等带出关(简2603)。总而言之,秦、汉初对居于道一类地方行政区、控制度较高的归附外族更接近直接管治,这些外族编户虽仍非齐民,但所负义务、享有权利往往与一般编户民仅有程度上的差距,而无本质差异。

“汉侍廷里父老僤买田约束石券”及其文本之再研究（上）

李　力[*]　著

前　言

“汉侍廷里父老僤买田约束石券”的发掘简报，于1982年12月在《文物》杂志上发表。[1] 此后，该石券资料很快就引起海内外学者的关注。许多知名学者，例如宁可、邢义田、俞伟超、杜正胜、林甘泉、劳榦、张金光、王子今，以及日本学者籾山明、山田胜芳、东晋次等，都纷纷参与研讨，相继发表与该石券资料有关的研究成果。

此前，已有学者就该石券资料的整理与研究状况进行简要的概括与归纳，但是，或者因其发表的时间较早，或者因未能穷尽搜罗前期研究成果，故至今仍难以掌握近四十年来有关这个石券资料整理与研究的整体状况。

从总体上观察，以往相关学术史的梳理工作仍然存在着若干盲区，也难免有所缺失，对相关问题的研究尚留有一定的讨论空间。因而，继续推动该史料整理与研究能有所进展的首要工作，就是要穷尽式搜集相关的研究成果，重新整理其学术史的发展脉络，在此基础上明确需要进一步研究讨论的相关问题之所在。

在此，以相关学者所在的地区为标准，笔者将其研究成果大致分为三个区域，网罗收集相关论著，全面梳理该石券资料整理与研究的学术史，寻找其中遗留未决的问题点。

其一，大陆学者发表的相关研究成果相对略微多些，而且关注这个资料并持续进行研究的时间比较久（从1982年一直延续至今）。

目前所见，与此相关的论著主要有：宁可《关于〈汉侍廷里父老僤买田约束石

---

* 李力，中南财经政法大学法学院教授。

1　参见黄士斌：《河南偃师县发现汉代买田约束石券》，载《文物》1982年第12期。

券〉》[1],俞伟超《中国古代公社组织的考察——论先秦两汉时代的"单-僤-弹"》,林甘泉《"侍廷里父老僤"与古代公社组织残余问题》《秦汉帝国的民间社区和民间组织》[2],张金光《有关东汉侍廷里父老僤的几个问题》[3],王子今《汉代"客田"及相关问题》[4],林兴龙《东汉〈侍廷里父老僤买田约束石券〉相关问题研究》[5],吕志峰《东汉石刻砖陶等民俗性文字资料词汇研究》[6],王爱清《秦汉乡里控制研究》[7],彭作飙《汉〈侍廷里父老僤买田约束石券〉赏读》[8],王彦辉《秦简"识劫㛍案"发微》[9],南玉泉《东汉侍廷里僤约束石券的发现与研究》[10],曹大志《说"单"——商至汉代的城市居民治安防卫组织》[11],张信通《秦汉里治研究》[12],等等。

其二,台湾地区学者就该石券资料进行研究与讨论者虽屈指可数,发表论文的数量也比较有限,但其学术分量绝不可忽视,特别是邢义田的持续性的研究成果及其书评。

笔者目之所及,主要有:邢义田《汉代的父老、僤与聚族里居——"汉侍廷里父老

1 参见宁可:《关于〈汉侍廷里父老僤买田约束石券〉》,载《文物》1982 年第 12 期;宁可:《宁可史学论集》,中国社会科学出版社 1999 年版,第 470—483 页。

2 参见林甘泉:《"侍廷里父老僤"与古代公社组织残余问题》,载《文物》1991 年第 7 期;林甘泉:《秦汉帝国的民间社区和民间组织》,北京大学出版社 2000 年版,第 59—85 页,收入氏著:《中国古代政治文化论稿》,安徽教育出版社 2004 年版,第 177—208 页。

3 参见张金光:《有关东汉侍廷里父老僤的几个问题》,载《史学月刊》2003 年第 10 期;张金光:《秦制研究》,上海古籍出版社 2004 年版,第 417—433 页,后收入氏著:《战国秦社会经济形态新探》,商务印书馆 2013 年,第 413—425 页。

4 参见王子今:《汉代"客田"及相关问题》,载中国文物研究所编:《出土文献研究》第 7 辑,上海古籍出版社 2005 年;王子今:《秦汉社会史论考》,商务印书馆 2006 年版,第 261—269 页。

5 参见林兴龙:《东汉〈侍廷里父老僤买田约束石券〉相关问题研究》,载《云南师范大学学报(哲学社会科学版)》2007 年第 4 期。

6 参见吕志峰:《东汉石刻砖陶等民俗性文字资料词汇研究》,上海人民出版社 2009 年版,第 99—100 页。

7 参见王爱清:《秦汉乡里控制研究》,山东大学出版社 2010 年版,第 219—221 页。

8 参见彭作飙:《汉〈侍廷里父老僤买田约束石券〉赏读》,载《东方艺术》2011 年第 20 期。

9 参见王彦辉:《秦简"识劫㛍案"发微》,载《古代文明》2015 年第 1 期。

10 参见南玉泉:《东汉侍廷里僤约束石券的发现与研究》,载李雪梅主编:《法律文化研究》第 10 辑,社会科学文献出版社 2017 年版。

11 参见曹大志:《说"单"——商至汉代的城市居民治安防卫组织》,载《中国国家博物馆馆刊》2018 年第 7 期。

12 参见张信通:《秦汉里治研究》,中国社会科学出版社 2019 年版,第 18—31、169—172、186—193、366—409 页。

僤买田约束石券”读记》[1]、《〈汉侍廷里父老僤买田约束石券〉再议——兼与俞伟超先生商榷》[2],以及杜正胜《“单”是公社还是结社?——与俞伟超先生商榷》[3],劳榦《对于“侍廷里父老僤买田约束石券再议”的意见》[4]。

其三,日本学者很早就注意到这个资料,发表的研究成果种类也较丰富,提出了不少相当有说服力的解读意见。另据了解,韩国学者也偶有研究,但因故未能拜读。

以拙目所及,与此相关的论著主要有:籾山明系列论文《汉代结僤习俗考——石刻史料与乡里之秩序(1)》[5]、《汉代结僤习俗考》[6]、《汉代结僤习俗考》(2015)[7]、《汉代结僤习俗考》(2017)[8],山田胜芳《“父老僤约束石券”与秦汉时代的父老》[9],东晋次《关于父老僤石券的解释》[10],渡边义浩《书评:俞伟超著〈中国古代公社组织的考

---

1 参见邢义田:《汉代的父老、僤与聚族里居——“汉侍廷里父老僤买田约束石券”读记》,载《汉学研究》第1卷第2期,1983年12月。其后三次增补:a.以《汉代的父老、僤与聚族里居——“汉侍廷里父老僤买田约束石券”读记》为题,收入氏著《秦汉史论集》,东大图书股份有限公司1987年版,第215—246页;b.以《汉代的父老、僤与聚族里居——〈汉侍廷里父老僤买田约束石券〉读记》为题,收入梁庚尧、刘淑芬主编:《台湾学者中国史研究论丛·城市与乡村》,中国大百科全书出版社2005年版,第27—51页;c.以《汉代的父老、僤与聚族里居——汉侍廷里父老僤买田约束石券读记》为题,收入氏著:《天下一家:皇帝、官僚与社会》,中华书局2011年版,第436—466页。

2 参见邢义田:《〈汉侍廷里父老僤买田约束石券〉再议——兼与俞伟超先生商榷》,载《“中研院”历史语言研究所集刊》第61本第4分,1990年12月,第761—782页。经订补后,以《汉侍廷里父老僤买田约束石券再议》为题,收入氏著:《天下一家:皇帝、官僚与社会》,中华书局2011年版,第467—488页。

3 参见杜正胜:《“单”是公社还是结社?——与俞伟超先生商榷》,载《新史学》创刊号,1990年3月,第107—124页。后以《汉“单”结社说》为题,收入氏著:《古代社会与国家》,允晨文化公司1992年版,第953—970页。

4 参见劳榦:《对于“侍廷里父老僤买田约束石券再议”的意见》,载《“中研院”历史语言研究所集刊》第61本第4分,1990年12月,第783—788页。

5 参见籾山明:《漢代結僤習俗考——石刻史料と鄉里の秩序(1)》,载《島根大学法文学部紀要》文学科编第9号第1册,1986年。此文笔者未见。笔者曾就此发电子邮件请教籾山明先生,得到其回复是:那篇旧稿“是我年轻时的习作,包含着许多错误”。其“内容和2013年中文版有些不同的地方,但其核心部分已在中文版里编入了。我已在《秦汉出土文字史料研究》出版时,宣布废弃有关的旧作品(参看该书416页),您不必特意翻阅此篇”。但在涉及这个石券史料整理与研究的学术史上,此文仍有其价值,必须被提到。

6 参见籾山明:《汉代结僤习俗考》,载邢义田、刘增贵主编:《古代庶民社会》,“中研院”2013年12月,第149—170页。

7 参见籾山明:《秦漢出土文字史料の研究》,创文社2015年版,第227—259页。

8 参见籾山明撰、赵晶改译:《汉代结僤习俗考》,载李雪梅主编:《法律文化研究》第10辑,社会科学文献出版社2017年版。按:本文在引用此中文本时,在核对原文后,适当调整其译文,不再一一说明。

9 参见山田胜芳:《“父老僤約束石券”と秦漢時代の父老》,收入氏著:《秦漢財政收入の研究》,汲古书院1993年版,第391—405页。

10 参见东晋次:《父老僤石券の解釈に寄せて》(原载于《〈史記〉〈漢書〉の再検討と古代社会の地域的研究》,1994年),收入氏著:《後漢時代の政治と社会》,名古屋大学出版会1995年版,第76—90页。

察——论先秦两汉的"单-僤-弹"〉》[1]、《僤考》[2],大渊忍尔《初期的道教——道教史研究之一》[3]、渡边信一郎《中国古代社会论》[4]。

此外,根据日本学者的论文,可知韩国秦汉史学者金秉骏撰有《后汉时代里父老与国家权力——以〈汉侍廷里父老僤买田约束石券〉为中心》一文。[5]

几乎与此同时,该石券也被相继著录于相关的史料集之中。[6] 拙目所及,其主要有:高文《汉碑集释》,张传玺主编《中国历代契约会编考释》《中国历代契约粹编》,徐玉立主编《汉碑全集》,胡海帆、汤燕编《北京大学图书馆新藏金石拓本菁华(1996—2012)》,周剑曙、郭宏涛编著《偃师碑志精选》《偃师碑志选粹》[7],以及日本学者永田英正编《汉代石刻集成》[8]、日本金石拓本研究会编《汉碑集成》[9]。

值得关注的是,日本学者籾山明在2017年发表的中文版《汉代结僤习俗考》中,

---

1 参见渡边义浩:《書評 俞偉超著〈中国古代公社组织的考察——論先秦兩漢的"單-僤-彈"〉》,载《中国图書》第1卷第10册,1989年。按:笔者未见该书评,其学术信息来自渡边义浩:《後漢国家の支配と儒教》,雄山阁1995年版,第230—231页,注释(29)。

2 参见渡边义浩:《僤考》(原载于《東方學》第85辑,1993年),收入氏著:《後漢国家の支配と儒教》,雄山阁1995年版,第210—234页,第38页。

3 参见大渊忍尔:《初期の道教——道教史の研究 其の一》,创文社1991年版,第48、191—193、241页。按:此书承赵晶博士惠赐复印本,谨此致谢。

4 参见渡边信一郎:《中国古代社会論》,青木书店1986年版,第18—62页。

5 参见金秉骏:《后汉时代里父老与国家权力——以〈汉侍廷里父老僤买田约束石券〉为中心》,载《东洋史学研究》第35辑,1991年。按:该论文为韩文,未见。此题目据韩文翻译。其学术信息来自渡边义浩:《後漢国家の支配と儒教》,第230页,注释(27)。又,金秉骏中文论文《汉代乡里统治之变迁》(载《中华文化论坛》2004年第1期)第79页,"参考文献"〔7〕列有该文中文题目《东汉时代里父老与国家的关系》及相关期刊信息。

6 籾山明已指出,与此相关的有用的史料集是永田英正编(1994)、张传玺主编(1995)、高文著(1997)。参见籾山明:《秦漢出土文字史料の研究》,第256页,注释(3);籾山明撰、赵晶改译:《汉代结僤习俗考》。

7 参见高文:《汉碑集释》,河南大学出版社1985年(初版)/1997年(增订版),第11—14页;张传玺主编:《中国历代契约会编考释》上册,北京大学出版社1995年版,第72—74页;周剑曙、郭宏涛编著:《偃师碑志精选》,湖北美术出版社2004年版,第9页;徐玉立主编:《汉碑全集》第一册,河南美术出版社2006年版,第134—140页;毛远明校注:《汉魏六朝碑刻校注》第一册,线装书局2008年版,第50—51页;北京大学图书馆金石组,胡海帆、汤燕编:《1996—2012北京大学图书馆新藏金石拓本菁华》,北京大学出版社2012年版,第40页;张传玺主编:《中国历代契约粹编》上册,北京大学出版社2014年版,第84—85页;周剑曙、郭宏涛编著:《偃师碑志选粹》,中州古籍出版社2014年版,第3—4页。按:《偃师碑志精选》一书,承蒙张忠炜教授在微信中惠示其书影与拓片的照片,后来笔者顺此线索又找到《偃师碑志选粹》一书。谨此致谢。

8 参见永田英正编:《汉代石刻集成》,同朋舍1994年版,[图版・释文篇]册,第24—25页;[本文篇]册,第16页。按:据该书[图版・释文篇]册之卷末5页"图版一览",可知其石券图版来自黄士斌:《河南偃师县发现汉代买田约束石券》。

9 参见金石拓本研究会:《汉碑集成》,同朋舍1994年版,第76页"图版篇";第311页"解说篇"。按:这里没有明确说明图版的来源,只说明该石券所在地"河南省偃师县文物管理所"。推测其图版亦来自黄士斌:《河南偃师县发现汉代买田约束石券》。

归纳中国、日本学者以往的研究成果及其所关心的问题,其总结与分析颇为精准允当,具体如下:

> 自《约束石券》出土以来,学术界已发表了多篇关于僤(以下以此字来代表)的研究论文,积累了相当程度的研究成果。在此虽不能对这些研究成果一一详细介绍和讨论,但可将学者所关心的问题大致梳理为三个方面:①僤的起源与沿革,②僤与基层社会的关系,③僤与国家支配的关系。主张僤是"自古以来的公社组织的残留"之俞伟超的著作,即为①的研究代表。反驳俞伟超的论点并强调僤的"私人结社"性质之邢义田、杜正胜等人的论述,则是着力于②的分析。山田胜芳、渡边信一郎、渡边义浩、东晋次等日本学者的研究则着眼于③的方面,而林甘泉的论文则包括了①~③所有的论点。
>
> 将关于僤的先行研究作如此整理,网罗、阅读相关观点之后便会发现,问题的核心部分仍存在着空白点吧。亦即,对僤这一组织本身的分析并不充分。尽管已被指出,僤的成员具有"祭尊"或"尉"等称号,然而这种称号对组织而言具有何种意义,则完全没有涉及。又如,虽然已被指出,僤是可以处理各种问题的组织,但为何采用"僤"这种形式,迄今没有找到检讨这些最基本问题的论著。唯一的例外是俞伟超的著作,但如后文所述,其根本性的论证部分略显勉强,关于"僤"是"单"这种氏族共同体之遗存的结论也殊难赞同。汉代史料所呈现出来的僤,是因应各种需要而成立的结社,这是虚心阅读史料就能自明的事情。

籾山明在坚持其旧稿基本论点不变的基础上,对其中"考证不适当之处,论点的展开也稍嫌草率"的问题,"进行补订,聚焦于僤这一组织本身,再次尝试对僤的构成原理及其来源进行考察",以期"阐明存在于汉代社会底层中的'人际结合'之一端"。[1]

可以说,籾山氏这篇研究《约束石券》的论文,是该石券资料发现近四十年来最为重要的研究成果之一,唯其研究的重点,并不放在以往争论较多的券文之释文与句读,乃至文本的理解方面,因此仍有就此再做夯实的必要。而本文拟展开再研究的目的也正在于此。

如果全面概观有关该石券整理与研究的学术史,可见其明显地呈现出以下四个特点:

第一,相关研究的不平衡性。这主要体现在:一方面,对该石券本身一些问题的

---

1 参见籾山明:《秦漢出土文字史料の研究》,第227—228页;籾山明撰、赵晶改译:《汉代结僤习俗考》。

讨论基本上没有展开,包括该石券的来源与形制、其拓片的版本,以及该石券可靠性之所在。另一方面,有关该石券文本的一些问题,却相继成为学界关注的焦点,例如,其文本的释文与断读,其中关键字词、语句的解释与理解,其文本结构的把握与其内容的理解,其文本的性质、该石券名称的确定等问题,均颇有争议,众说纷纭。

第二,有关“僤”之性质与功能的热烈讨论,始终是学界关注的热点。[1] 其典型者,如俞伟超指出:该石券的发现,“说明了当时都城洛阳周围‘单’内的一些重要情况,故自1982年12月在《文物》发表后,已有多篇文章加以讨论。但写作者都没有对‘单’这种组织作过历史的考察,从而对这个《石券》的释文、句读及解释,都不免有不妥处”。[2] 但是,另一方面,正是由于“对这个《石券》的释文、句读及解释”有不妥之处,导致对于“僤”的性质与功能的研究难以深入拓展。

第三,学者之间的争论相当激烈,其突出的表现就是发表了不少相关的书评,且其焦点主要集中于俞伟超之大作。前引籾山明《汉代结僤习俗考》已指明此点。俞伟超《中国古代公社组织的考察——论先秦两汉时代的“单—僤—弹”》一书,作为有关该石券研究的唯一专著,1988年出版后即在海内外学界产生较大的学术影响。专门针对俞著的书评,除了前揭渡边义浩《书评　俞伟超著〈中国古代公社组织的考察——论先秦两汉的“单—僤—弹”〉》未有缘拜读之外,拙目所及的书评,还有前揭杜正胜1990年《“单”是公社还是结社?——与俞伟超先生商榷》、邢义田1992年《〈汉侍廷里父老僤买田约束石券〉再议——兼与俞伟超先生商榷》之文。而针对俞氏之书与杜氏之文评论者,则有前揭林甘泉1991年《“侍廷里父老僤”与古代公社组织残余问题》一文。此外,前揭劳榦1992年《对于“侍廷里父老僤买田约束石券再议”的意见》一文,则是针对前揭邢义田1992年与俞伟超商榷之文的书评。

第四,大陆以外的学者持续关注该石券资料的研究。例如,日本学者籾山明以及我国台湾地区学者邢义田,连续发表研究成果及其修正订补版,不断推动该石券资料研究的发展进程。

以上,第一个特点所涉及的,就是关于该石券及其文本的基本问题,实际上至今仍然存有不小的、必须再作进一步讨论的余地。这些问题是正确解读其文本内容的

1　例如,杨振红、徐歆毅:《改革开放以来的秦汉史研究》,载《文史哲》2010年第1期,第149页。又,详见籾山明:《秦漢出土文字史料の研究》,第227页;籾山明撰,赵晶改译:《汉代结僤习俗考》。

2　这里所提到的“已有多篇文章加以讨论”,即指1982年黄士斌《河南偃师县发现汉代买田约束石券》、宁可《关于〈汉侍廷里父老僤买田约束石券〉》,以及1983年邢义田《汉代的父老、僤与聚族里居——“汉侍廷里父老僤买田约束石券”读记》这三篇论文。其中,邢氏此文最早批评黄、宁二氏论文,并就此展开讨论。而2003年张金光论文,则又对前揭黄氏、宁氏、邢氏论文与俞氏大作,再作批评与辨析。参见俞伟超:《中国古代公社组织的考察——论先秦两汉的“单-僤-弹”》,第114页,第130页,注释22;张金光:《有关东汉侍廷里父老僤的几个问题》。

根本所在,更是准确理解汉代"僤"之性质与功能的基础,因此必须继续全面而扎实地做好这些基本问题的梳理与研究工作。

简言之,该石券资料公布近四十年来,海内外学者已发表不少相关的研究成果。以下拟基于上述这些论著,重新就该石券及其文本展开基础研究,考察关于该石券及其文本的基本问题,以明示其作为来自汉代民间社会的珍稀法律文献之史料价值。

一、关于该石券之基本问题的讨论

该石券之基本问题,主要包括石券之发现、石券拓片之版本、石券之可靠性。过去很少有专门讨论这些问题的。这里尝试着作一些探讨,以利于在整体上对该石券进行研究。

(一) 有关该石券之发现及其评析

这块"汉侍廷里父老僤买田约束石券"来自何处,如何评估其发现时的原始状况? 在利用该"约束石券"资料展开进一步研究之前,必须搞清楚这些前提问题。

就目前所知而言,关于该石券的发现及其相关情况的报道,仅有《文物》1982 年第 12 期所刊其发现者黄士斌所撰写的《河南偃师县发现汉代买田约束石券》一文,一般称此文为"发掘简报",只见有日本学者籾山明称之为"发掘报告"。称之为"发掘简报"更为合适。不知将来是否会发表更为详细的该石券正式发掘报告。

在此,根据此发掘简报(第 17—18 页),以时间顺序为线索,整理出其中与石券之发现有关的信息,重新排列为[1]~[5]段(不再特别注明出处),并转引已发表的图 1(《文物》1982 年 12 期,第 17 页)、图 2(俞伟超《中国古代公社组织的考察》,第 115 页)作为参考。

[1] 1973 年,偃师县缑氏公社郑瑶大队南村第六生产队的社员"平整土地时,在南村西北约 0.5 公里之处",发现了"埋在地表以下大约 70 厘米"的该石券,然后把它运到第六生产队的仓库院内保存起来。

[2] 1977 年 12 月,洛阳地区进行文物普查时,在该"南村第六生产队的仓库院内,清理出一块汉代侍廷里父老僤买田约束石券",经清洗摹拓之后,再运到偃师县文物管理委员会保存。

[3] "郑瑶村以南是南村。南村位于一块岗地上,浏涧河自村南绕村西往北注入伊河(图 1)。南村西北直至河岸,地面上散布着许多汉代砖瓦碎块。我们在文物

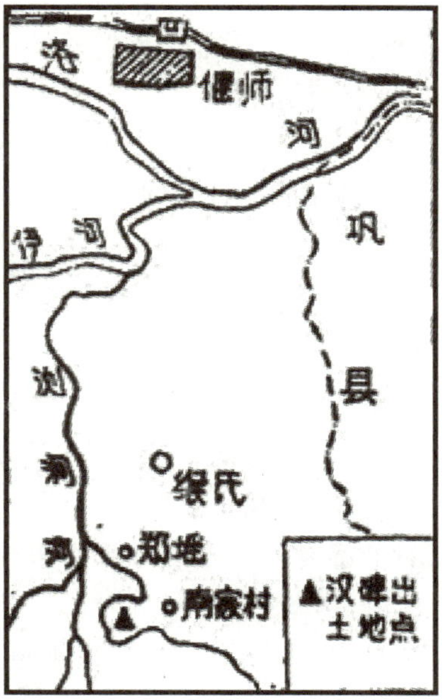

图 1　石券出土地点示意图

图 2

普查中曾采集到绳纹板瓦残块、空心砖碎片和砖块等。据村内群众反映:这一带曾挖出不少砖瓦碎块,还发现过墙基的痕迹,挖出过三脚铁刺钉。”

［4］该“石券略呈长方形,高 1.54 米,宽 0.8 米,厚 0.12 米。全石均未经打磨,字刻在不很平整的自然石面上。石券底部呈不甚规则的三角形,正面阴刻隶书 12 行 213 字。字大小不等,最大的约 6 厘米×8 厘米,最小的 5 厘米×2 厘米。排列不很整齐，最多的满行二十七字，最少的十四字。字迹基本清楚，整篇文字可以通读。除正文外，在第七行的底部刻一较小的‘于’字(图 2)”。

［5］“这方石券很笨重,又深埋在地下 70 厘米处。估计出土地点当是原来立石的地点或与其相去不远。汉代设置缑氏县,南村距今缑氏镇仅 4 公里,当在缑氏县境内。至于石券中的侍廷里,史书中未见记载,联系石券出土情况分析,南村可能就是汉代的缑氏县侍廷里。”

如何认识并评述以上该简报所披露的这些信息？经初步考虑后,这里至少可以提供以下几点粗浅的认识。

1. 该约束石券为“非科学发掘”品。即,不是专业考古工作人员以科学的考古发掘手段获得的文物。

起初存放在南村第六生产队仓库院内,后来被收藏于偃师县文物管理所,[1]今则收藏在偃师市偃师商城博物馆,列为河南现存重点碑刻之一。[2] 正如邢义田所说,"历史文物每于无意中毁灭,亦于无意中得之。'汉侍廷里父老僤买田约束石券'是得之于无意的一个例子"。[3]

黄士斌发掘简报明确写有三个时间节点,这一点值得关注。或可试着解读分析如下:

第一个时间节点是1973年。这是该石券出土的时间,亦即当时基层社会组织的非考古专业人员偶然发现石券的时间。

据报,南村第六生产队社员在平整土地时偶然获得该石券,并将其收于该第六生产队仓库院内。但当时恐怕未向其上级单位(郑瑶大队乃至缑氏公社)报告此事。故发现的具体时间在该年几月,不详。根据偃师此地"平整土地"这一信息,可以推测:或者是春天播种的季节(2—3月),或者是秋收后冬小麦播种前的季节(10—11月立冬前)。

第二个时间节点是1977年12月。这是洛阳地区考古专业工作者发现该石券的时间(具体是12月几日,不详)。

四年后,洛阳地区行署文物处来该地进行文物普查时,才知道该石券的出土与存在这一情况。前揭[1][4]的相关信息,就是此次文物普查所获得的。前揭[3]是此次文物普查时,测量该石券实物获知的结果。前揭[5]则是文物普查组所作出的两个推测:一个是出土地点的推测,另一个则是今"南村"与券文所载汉代"侍廷里"的对应关系。这两个专业性的推断具有重要的参考价值,是进一步展开相关研究不可或缺的基础。

第三个时间节点是1982年12月。这是该石券相关信息公之于世的时间,五年前文物普查时所收集的有关该石券的发掘简报才得以发表。

2. 前揭"图1",即简报17页"图一"所见之地点标识,似乎并不能与该发掘简报所报道的相关文字叙述完全对应起来。

将前揭"图1"所标识的四个地名、方位,与该发掘简报的叙述说明逐一对照,可知有两处标识与文字说明是吻合的,即:

a. "缑氏"=缑氏镇,缑氏公社所在地,位于偃师县城南约20公里之处。

b. "郑瑶"=郑瑶村,郑瑶大队所在地,位于缑氏镇西南约4公里之处。

但是,其中也有两处标识与文字说明有出入,在"图1"中可见:

1　参见金石拓本研究会:《汉碑集成》,第311页。

2　参见张世科:《河南碑刻类编》,大象出版社2013年版,第17、44页。

3　参见邢义田:《汉代的父老、僤与聚族里居——"汉侍廷里父老僤买田约束石券"读记》。

c.“南家村”,位于“郑瑶”东南方大约相隔3公里之处(按:按照“图1”的比例,参照郑瑶村与缑氏镇的距离,推定“南家村”与“郑瑶”村之间的距离)。

d.“▲汉碑出土地点”,位于“郑瑶”之南约3公里处、“南家村”之东北方约2公里处(按:按照“图1”的比例,参照郑瑶村与缑氏镇的距离,推定“郑瑶”村与“▲汉碑出土地点”以及“南家村”与“▲汉碑出土地点”之间的距离)。

而该发掘简报17页有关c、d两处的文字说明,却分别如此表述:

C.“郑瑶村以南是南村。南村位于一块岗地之上,浏涧河自村南绕村西往北注入伊河(图1)。”

D.这块石券是“在南村西北约0.5公里处发现的”。

仔细比对以上报道的文字说明所透露的这些信息,发现其中存有疑问之点,也许可以就此作进一步的推测或猜想。

①“图1”中的“南家村”是否为发掘简报文字表述中所谓的“南村”。或者说,发掘简报所谓“南村”是否为“图1”之“南家村”的简称。

②若“南村”是其简称,则据“图1”所示,汉碑出土地点▲在“南村”(“南家村”)的西南方,而不是发掘简报所说的在“南村西北约0.5公里处”。难道是其发掘简报上的文字表述有误,或者是该“图1”所标“南家村”的位置不够准确?

③如果“南村”不是“南家村”的简称,而且“图1”标出的“南家村”位置、发掘简报上的文字说明无误,那么在“南家村”之南边就当另有一个“南村”,应该在图中“▲”的东南角之处,而“图1”并未明确标示出来这个“南村”的方位。不知是否可能是因为0.5公里的距离太近,按照该“图1”的比例,不易标示出来,只标识“▲汉碑出土地点”。不过,参考与该发掘简报同期的《文物》杂志所发表宁可论文的说法,即该石券“1973年出土于河南偃师县缑氏公社郑瑶大队南村”,[1]则“图1”所标的“▲”处,似乎也可以视为“南村”所在的位置,只是在“图1”中没有标示出来“南村”之所在。

实际上,究竟应该是哪种情况比较可靠?若仅从其文字说明来看,拙见比较倾向于“▲汉碑出土地点”即“南村”。

3.该发掘简报存在的一个明显的缺失,就是没有发表该石券原物器形的照片,包括正面、背面、侧面照片。

该发掘简报上仅发表该石券拓片的照片。但是,该石券被考古专业人员发现之早年(1977年12月)的真实面目,今日恐怕已难以一睹,只能从俞伟超书(第115页,图50)中所刊布的该石券原物的照片来窥见(前揭“图2”)。以拙目所及,这应该是

1　参见宁可:《关于〈汉侍廷里父老僤买田约束石券〉》。

首次发表的该石券原物器形之正面的照片,恐怕也是唯一一张公开发表的该石券原物器形的照片。俞氏在其书中未说明该照片的来源,不过可以注意到的是,俞氏书中说过:"1983 年 4 月又得黄士斌同志之助,至偃师县文化馆核对原石的文字。"[1] 据此,这张照片(前揭"图 2")很有可能是俞氏本人得黄士斌之助,前去偃师实地查看时亲自拍摄的。但是,也不排除有获赠这张照片的可能性。

此外,虽无法以实测数据来印证相关的资料,但从该石券原物器形照片来判断,黄士斌发掘简报所发布的有关该石券外观的测量信息,应该是准确可靠的。特别是,其底部所呈的不甚规则的三角形状,在这张照片中可以得到确认。这样的三角形状正是为了便于立埋入地。这个细节是很有意义的,值得进一步关注。

4. 前揭[4]简报之石券"正面阴刻隶书 12 行 213 字"的统计结果,恐怕是其表述欠准。

根据黄士斌发掘简报所释读的石券本文的释文,可以统计其各行文字的字数如下:

(1) 17 字,(2) 19 字,(3) 19 字,(4) 16 字,(5) 16 字,(6) 14 字,(7) 14 字,(8) 14 字,(9) 14 字,(10) 20 字,(11) 22 字,(12) 27 字。

其结果,实际上是该石券约束文本有 12 行 212 字。此外,如再加上第 7 行底部那个较小的"于"字,那么整个石券正面一共刻有 213 个字。

因此,准确的表述应该是:石券本文有 12 行 212 字,本文之外另有一小字。合计该石券正面共有 213 字。

5. 今"南村"在汉代的缑氏县曾处于怎样的位置?

据前揭[5]可知,发掘简报作者推测:今"南村可能就是汉代的缑氏县侍廷里"。从所出土的该石券可以判断,这个推测是站得住脚的。但是,如何理解"侍廷里"这个地名,汉代时其处于什么样的位置?

在此,笔者想到,邢义田在读居延汉简时,就"侍廷里"这个地名作过推测。他在看到"修武县寺廷里王平"(EPT56.69)简文之后推测说:[2]

> 修武县的寺廷里使我想起河南偃师出土的侍廷里父老僤买田约束石券。这两个里名其实相同。"侍廷"即"寺廷",寺、侍通假(参高亨《古字通假会典》,齐鲁书社,1989,第 405 页)。修武县寺廷里之"寺"应是指县寺、县廷,也就是县衙门;寺廷里似指县寺所在之里。

---

1 参见俞伟超:《中国古代公社组织的考察——论先秦两汉的"单—僤—弹"》,第 114 页。

2 参见邢义田:《读居延汉简札记——物故、小家子、寺廷里、都试、治园条、功劳、休假》,氏著:《地不爱宝:汉代的简牍》,中华书局 2011 年,第 104—105 页。

如果邢氏此说可以成立的话,似乎就可以进一步推定:“侍廷里”,可能是因曾为汉代缑氏县之县廷即县衙门所在而得名的。也就是说,该石券所见的这个“侍廷里”,很可能曾经是汉代缑氏县衙门的所在地。

进而,据此可以判断:今“南村”,或即汉代“侍廷里”所在之地,汉代曾经是缑氏县县治所。[1]

(二) 有关该石券拓片之版本问题的讨论

接着,要讨论的一个问题,就是以往很少有人论及的有关该石券拓片之版本问题。这是开展该石券文本解读研究之前一定要明确的。

关于该石券拓片的版本问题,此前未见有相关的总括性概述,目前所披露的相关信息亦不甚清楚。公开发表的该石券拓片究竟有多少种?这些拓片是否为不同版本?其特点是什么?在此,只能根据现在所见已经公开发表或出版的资料,[2] 力所能及地进行判断。

最早谈及该石券拓片的版本问题的是邢义田。他在1992年发表的论文中提到,“从一九八二年十二期《文物》以及俞书中的石券拓本看(参见附图一)”,并评价说:这“两拓本清晰程度不一”。[3] 由此可见,该石券的拓片起初就有两个版本。

以下,将按照拓本照片发表的时间顺序,依次梳理汇总,并比较各版本及其特点。

(1) 黄士斌在发掘简报之中所公布的拓片照片(16开页面,全幅)。[4] 这既是最早发表的拓片,也是发现该石券的考古专业人员发表的唯一拓片。在此简称为“黄版”。

关于“黄版”,邢义田早在1983年就有评论说:“报导中说‘字迹基本清楚,整篇文字可以通读’。但从发表的两种释文看来,实有阙不能释和释读认定不同的地方。发表的拓片复印件更多模糊不清之处(参附图)。”[5]

因为是发掘简报所公布的,“黄版”在学界的影响较大,成为早期学者研读的基本图版,也被一些史料集收录。

---

1 《汉书》卷六《武帝纪》载,元鼎六年,“行东,将幸缑氏”,颜师古注:“河南县也。”据《汉书》此县秦始置,汉沿袭。缑氏县,当得名于境内缑氏山,其治所后来可能多有变化。乐史:《太平寰宇记》(一),文海出版社1980年,第51—53页。

2 该石券拓片在社会上流传应有不少,在互联网上即可窥见其交易情况之一斑。本文只使用公开发表的拓片。

3 参见邢义田:《〈汉侍廷里父老僤买田约束石券〉再议——兼与俞伟超先生商榷》。

4 参见黄士斌:《河南偃师县发现汉代买田约束石券》。

5 参见邢义田:《汉代的父老、僤与聚族里居——“汉侍廷里父老僤买田约束石券”读记》。

在此,还要顺便提到的是,与黄士斌简报同期发表的宁可《关于〈汉侍廷里父老僤买田约束石券〉》一文,既没有附录拓片复印件,也未说明其释文依据的拓片是来自何处。估计宁可所使用的拓片很可能是“黄版”,或许是由《文物》编辑部提供的,以便其研究撰写论文。

(2) 俞伟超在其书中所发表的拓片照片(32 开页面,全幅)。[1] 南玉泉论文所使用的拓片即引自于俞书。[2] 这是该石券拓片的第二个版本,在此简称为“俞版”。

关于“俞版”,俞伟超在其书中没有说明来源,只是明确表示:他曾“于 1980 年 4 月 19 日获睹黄士斌同志展示的拓片,1983 年 4 月又得黄士斌同志之助,至偃师县文化馆核对原石的文字”。[3]

不过,后来南玉泉却在其论文中说:“俞文所发拓片(俞书图 51)是黄士斌拓片中最清楚的一幅。”[4]

黄士斌在 1980 年 4 月展示给俞伟超的那张拓片,是后来发表在《文物》1982 年第 12 期的简报中公布的那张(即“黄版”)吗? 从 1980 年这个时间点来判断,这是在其发掘简报发表之前的事情,黄士斌此时展示给俞氏的那张拓片,不排除有 1982 年简报所发表“黄版”的可能性。

如根据南玉泉的说法,则俞氏在其书中所发表拓片(第 116 页,图 51)当来自黄氏。或许是其 1983 年 4 月去偃师县文化馆考察时黄氏将其手中所收藏的最清楚的一张拓片赠送给俞氏。俞氏 1988 年在其书中发表了这张拓片。

比较“俞版”与“黄版”,确实如邢义田所评说的“两拓本清晰程度不一”,相对而言,“俞版”在总体上显得更清晰些。由此可以肯定地说,这两个版本的拓片并不是同一张拓片。

(3) 徐玉立编《汉碑全集》第 1 册所收录(16 开页面,全幅),并注明是由河南省偃师市偃师商城博物馆提供的。[5]

这是该石券拓片的第三个版本,在此简称为“徐版”。其拓片在整体上呈泛白的

---

1 参见俞伟超:《中国古代公社组织的考察——论先秦两汉的“单—僤—弹”》,第 116 页,图 51。

2 参见南玉泉:《东汉侍廷里僤约束石券的发现与研究》。按:此点承南教授在微信上告知。比对俞书的拓片与南文的拓片,则可知这两个拓片确实是一个版本。

3 参见俞伟超:《中国古代公社组织的考察——论先秦两汉的“单—僤—弹”》,第 114 页。

4 参见南玉泉:《东汉侍廷里僤约束石券的发现与研究》。按:关于此问题,笔者曾在微信上请教当时帮助俞伟超先生搜集该书图片资料的南玉泉教授。承南教授告知,俞氏书中拓片为俞氏自拓。也许是南教授记忆有误。以下的推测,暂且以其文中所说的为准。南氏是俞伟超先生在北大考古专业指导的硕士研究生,俞氏在其大作“后记”(第 183 页)提道:该书图片资料的重新收集,“幸而得到南玉泉同志的帮助”。

5 参见徐玉立主编:《汉碑全集》第一册,第 134 页。其中,还刊有四个局部图版(第 137—140 页)。

效果。

(4) 彭作飙《汉〈汉侍廷里父老僤买田约束石券〉赏读》一文所刊载的拓片照片(16 开页面,全幅)。[1]

这是该石券拓片的第四个版本,在此简称为"彭版"。也是目前所见较为清晰的该石券拓片。但彭氏在其文中并没有说明其来源。经与前三个版本对比,可知是不同于前三者的一个拓本。

(5) 胡海帆、汤燕编《北京大学图书馆新藏金石拓本菁华》一书收录(16 开页面,全幅),系北京大学图书馆自购收藏。这是该石券拓片的第五个版本,在此简称为"北大版"。

承籾山明大作的提示,笔者得以找到胡海帆、汤燕编《北京大学图书馆新藏金石拓本菁华》一书。在其图版下可见有相关文字说明:"拓片,1 张,118×76cm。现代拓。2004 年购入。"[2]经细审,在该图版左下角,可见有一方印,其文为:北京大学图书馆金石组藏。

"北大版"最早为籾山明 2015 年出版的《秦汉出土文字史料研究》一书转录。[3]未见其他研究成果使用这个"北大版"。

(6) 周剑曙、郭宏涛编著《偃师碑志精选》收录(16 开页面,插图,非全幅),及其编著《偃师碑志选粹》收录(16 开页面,全幅)。

据张海为前者所写的"序"可知,这两本书都是"偃师商城博物馆碑志资料的汇编",周剑曙、郭宏涛代表博物馆方面出面整理编辑,只是两者的出版时间前后相距十年。[4]

在此,将《偃师碑志精选》所收录者作为第六个版本,简称为"精选版"。将《偃师碑志选粹》所收录者作为第七个版本,简称为"选粹版",这是目前所见较为清晰的图版。

可以判定这两个版本并不是同一个拓本的照片,理由有二:其一,比较"精选版"与"选粹版"可知,前者右边下部多呈黑色,后者则相当清晰。这说明"精选版"与"选粹版"是两张不同的照片。其二,这两本书各自都刊有一个拓片局部放大图,对比后

---

1 参见彭作飙:《汉〈侍廷里父老僤买田约束石券〉赏读》。其文中还附有该石券的若干局部放大图版,本文在比对时多有参考。

2 参见北京大学图书馆金石组,胡海帆、汤燕编:《1996—2012 北京大学图书馆新藏金石拓本菁华》,第 40 页。

3 参见籾山明:《秦漢出土文字史料の研究》,第 230 页。该书末所附"图版出典一览",第 41 页。又,籾山明撰、赵晶改译:《汉代结僤习俗考》。

4 参见周剑曙、郭宏涛编著:《偃师碑志精选》,第 4 页,张海"序";第 9 页。周剑曙、郭宏涛编著:《偃师碑志选粹》,第 3—4 页。

显见它们不是同一个拓片的局部放大。

此外,若将前揭“黄版”“徐版”,与“精选版”“选粹版”对比,则可以判定这四者也不是同一个拓片。

(7) 邢义田在《今尘集》上册所发表的拓片照片(第38页,图11。为插图,16开页面的四分之一)。[1]

这是发表的该石券第八个版本的拓片,在此简称为“邢版”。“邢版”虽晚出,但整体上拓得相当清晰,与前揭七个版本相比,其特点是可见该“邢版”拓片上还存有折叠的痕迹,应该是拓片较长时间折叠收起来的折痕,在拍照片时未及整平。这种折痕或许可以说明,该拓片是邢氏新到手的藏品。

审视拓片的照片,其中有相当明晰的三道竖折痕,其下半部的二道横折痕亦清楚可见。只是其上半部分的横折痕不太明显,难以看出来究竟有几道,推测可能有七至八道(?)横折痕。这种折痕今仅见于“邢版”。未见邢氏在书中说明其出处。猜测是邢氏通过某种渠道获得的。

(三) 关于该石券之可靠性问题的判定

这个问题几乎没有引起以往研究者的关注。其原因或许是在绝大多数的研究者看来,该石券文本是理所当然的可靠资料,无需讨论。因此,不足以把它作为一个问题来对待。但是,由于该石券为“非科学发掘”品,因而也不能说其可靠性不成问题。在此,根据目前所能掌握的资料,试作补充论证。

就目前所见资料而言,虽然并没有什么直接证据可以用来讨论这个问题,但是仍然可以通过黄士斌简报的报道以及相关的研究论文,寻找有关联的间接证据,尝试着确定该石券的真实性与可靠性。具体说来,可以列出如下五个与此问题讨论相关的间接证据:

(1) 据简报可知,该石券有一个细节,即“石券底部呈不甚规则的三角形”(第17页)。

籾山明曾在其论文中提到过这个细节。根据简报提供的信息,他推测说:“根据发掘报告,石券的底部呈现出不规则的三角形,所以它可能本来是竖在地面上的。”[2]

近日,邢义田在其最新的相关研究之中,举出一个与该石券同样的例子,即“宋

1　参见邢义田:《秦汉平民的读写能力——史料解读篇之一》,氏著《今尘集——秦汉时代的简牍、画像与文化流播》上册,中西书局2019年版,第38页。按:此文写于2012年,2016年修订。

2　参见籾山明:《秦漢出土文字史料の研究》,第229页;籾山明撰、赵晶改译:《汉代结僤习俗考》。

伯望刻石",并认为其"刻石底端有一段粗糙石面未刻字,这和河南偃师出土的侍廷里父老僤买田约束刻石一样,底端原应有一部分埋于土中而树立于地面"。[1] 在此以"宋伯望刻石"这个例子,来判断"汉侍廷里父老僤买田约束石券"的原本状态是"应有一部分埋于土中而树立于地面",有较强的说服力。

此外,如果再参以俞伟超书所提供的该石券器形照片(前揭"图 2"),以及黄士斌简报(第 17 页)提供的文物普查小组调查所得到的有关石券出土时的状态的信息,即 1973 年发现之际,"当时石券埋在地表以下约 70 厘米",那么无论籾山明的推测,还是邢义田的判断,都是可以成立的。

这一点也可以间接证实文物普查小组调查所获得的石券出土状态的信息是比较可靠的,可以信从。

(2) 据简报披露,在该石券"第七行底部刻一较小的'于'字"(第 17 页;第 18 页图 2)。

目前,仅见高文和邢义田先后在其各自论著中注意到此一细节。高文提到简报所公布的这一个细节:"惟第七行下之碑底部刻一较小之'于'字,然与券文无涉。"[2] 高文指明这一点是非常有必要的,这个"于"字确实"与券文无涉"。

2004 年 11 月,邢义田在其《汉代的父老、僤与聚族里居》一文的修改稿中,写有如下一段文字:[3]

> 此外,我发现从右侧算起第 7 行底部,在距右侧边缘四十厘米,自石顶算下一百一十二厘米处,另刻有一字迹较小的"于"字。这个字在《文物》1982 年第 12 期发表的拓影上无法看出,但在俞伟超先生《中国古代公社组织的考察》一书附图 51(第 116 页)却清晰可见。为何会出现一个与正文不相连的于字?还待解索。

邢氏新增这段文字所提出的问题相当有学术价值。然而,严格说来,其中的表达可能尚存有不够准确之处。在此,将四个版本拓片的截图列于下表(表格 1)中,以便于比较相关图版的效果,并略作辨析如下。

---

1 参见邢义田:《秦汉平民的读写能力——史料解读篇之一》,氏著:《今尘集——秦汉时代的简牍、画像与文化流播》第 30 页注释 4,第 31 页图 10.1。

2 参见高文:《汉碑集释》,第 11 页。

3 参见邢义田:《汉代的父老、僤与聚族里居——〈汉侍廷里父老僤买田约束石券〉读记》,第 29 页。邢义田:《汉代的父老、僤与聚族里居——汉侍廷里父老僤买田约束石券读记》,第 439 页。

第一,这个“于”字并非邢氏首先发现的。黄士斌在发掘简报(第 17 页)中已经指出:“除正文外,在第七行的底部刻一较小的‘于’字(图 2)。”其所说的“图 2”,即“黄版”——简报第 18 页刊载的该石券拓片。

第二,这个“于”字“在《文物》1982 年第 12 期发表的拓影上”可以辨识出来。若将“俞版”、“黄版”这两个拓片照片的相同部位截图进行比较,则这个小小的“于”字,在“俞版”拓片照片中确实清晰可见。

而在发掘简报的提示下,再仔细审视“黄版”拓片照片,也仍然可以看得出来确实有这个“于”字,只是没有“俞版”上的字迹明晰而已,并非“无法看出”。

在“俞版”与“黄版”上出现这种情况的原因,可能就是这两个拓片的底部,各自呈现出黑白两种不同的效果:俞书照片的底部呈黑色,黄氏照片的底部多泛白。阴刻的这个“于”字,在这两个拓本上显现出来的效果是不同的。这也许是不同的拓工在制作拓片时所用力道大小的不同造成的,加之该石面本身就不甚平整,作拓者也可能以为其底部不会有什么字迹而用力不足。

但是,从另外一个角度看,“黄版”与“俞版”有关这个“于”字的不同显示情况,也可以证明这是两个不同的拓片。

第三,根据其他版本的拓片,现在可以确定这个“于”字是存在的。选择“于”字可辨识出来的四个版本拓片,截图列入下表(表格 1)。

虽然其各自的清晰度不同,但是都可以找到这个“于”字。第二个“黄版”局部的截图相对而言更为模糊,黑白对比度不够,但是也并非完全无法看到这个“于”字。

表格 1 第 7 行底部“于”字之图版截图

俞版	黄版	选粹版	邢版
			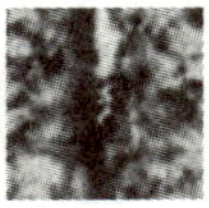

在“选粹版”上,可以见到这个更为清楚的“于”字。而在“邢版”的底部,亦可见到:在中间竖折痕与倒数第一个横折痕交叉的上方位置,“于”字清晰凸显,相当引人注目。[1]

比较而言,“邢版”的“于”字凸显及其周边泛白的效果,可能是作拓时注意到这个字而刻意着力不同的结果。这个“于”字的存在,是确定无疑的。

与此同时,再仔细审视其他版本拓片照片,可见在其拓片第 7 行底部同样的位置

1 参见邢义田:《秦汉平民的读写能力——史料解读篇之一》,第 38 页图 11。

上,或者过于泛白,或者拓墨过暗多呈黑色,因此这个"于"字确实难以被辨认。

邢义田在前揭其引文中提出一个新问题:"为何会出现一个与正文不相连的于字?"

放开思路,在刻石立僤的当时,这个小字"于"或许就是作为某种标记刻上去的,至少有以下三种可能。

其一,"于"姓之人为刻工,因此有意以此字记录于此处。[1]

其二,指"父老僤祭尊于季"。以此标记这个约束的文字乃至决定刻在石券上等工作,都是在该僤领袖"于季"的主导之下完成的。

其三,在石券约束文本末尾所列的这25人之中,"于"姓之人占较多(据本文最后的确定结果,"于"姓有10人),因而由"于"姓这个大家族负责提供该石券之石料。

在此,拙见更倾向于第一种可能,即该"于"字为刻工之姓。或许可以借用邢义田的推断:"其书丹、刻作较可能即由一般石工包办",其"最后刻制当然还是当地石工的事"。[2]

不管是什么原因,仅就这个细节而言,似乎就可以排除该石券是有人故意伪造的吧。

(3) 学者有关该石券文字的书写特点及其文字所体现的书法水平的相关认识。

就拙目所及,之前曾有六个学者谈到过该石券的文字特点与书法水平这个问题。简要归纳如下:

其一,高文的评价是,其"字体为未具点画波尾之汉隶,厚拙凝重,古朴可爱"。[3]

其二,日本学者清源实门认为:"是后汉时期的古隶,仍可见到篆书的痕迹。虽在刻于建初元年的'大吉买山地记'仅一年之后,但其'建'及'年'等字,却是同样的结构。而比较后虽让人感觉到粗糙,但这大概就是所谓字有大小之刻法的缘故吧?"[4]

1　据研究,"刻工题名也始于汉代,但不常见"。详见毛远明:《碑刻文献学通论》,中华书局2009年版,第83页。还可以作为参考的,是程章灿《石刻刻工研究》一书的相关论述(上海古籍出版社2008年,第4-5、47—49页)。不过,其中所论皆为官方刻工的情况。至于该约束石券这种民间社会的石刻,不知其刻工的具体情况如何,其题署格式体例,或许较为省略。另,据程氏此书,"现在可知的最早在刻石上署名的刻工,是东汉元初四年(公元117年)《祀三公山碑》的刻工宋高"(第7页)。

2　在此,邢义田举出的是"宋伯望刻石":"此石石材打制、刻字书法和行款都不讲究,和张景造土牛那样打磨平整、书法优美的刻石大不相同,而与侍廷里父老僤买田约束刻石较为相似,其书丹、刻作较可能即由一般石工包办。"参见邢义田:《秦汉平民的读写能力——史料解读篇之一》,氏著:《今尘集——秦汉时代的简牍、画像与文化流播》,第37—38页。

3　参见高文:《汉碑集释》,第11页。

4　参见金石拓本研究会:《汉碑集成》,第311页。

清源氏的意见是值得关注的。如其所指出的,纪年相差仅一年的“侍廷里父老僤买田约束石券”与“大吉买山地记”,二者之中确实存有同样结构的文字,可以进行对比。

在此,特地将清源氏所提到的这两个字的截图排列在下表(表格2)中比较。其中,A.“汉侍廷里父老僤买田约束石券”,源自“黄版”,《文物》1982年第12期,第18页。B.“大吉买山地记”,来自《汉碑全集》第一册,第131页。

表格2　“年”“建”二字之图版截图

	A	B
年		
建		

其三,徐玉立评论说:“其书古拙厚重,自然可爱。”[1]

其四,彭作飙则认为其“书法水平极高”,具体来说,“其书、刻风格与摩崖石刻更为接近,如《开通褒斜道》《西狭颂》等”。“就形式风格而言”,其“在章法上的特点是典型的‘有行无列’”,而“字形结构以方整宽博为主,或长或扁,笔划的组织疏密不均,字的长短不一,有笔划繁而压扁者,有笔划少却拉长者,看似纯任自然,却又构成整体章法上线条排列的疏密对比,是其匠心独造处”。这种形式构成特征,“与刻于东汉元初四年(公元110年)《祀三公山碑》非常相似”。而且与《祀三公山碑》具有相似的“金石气”,即“由于石面凸凹坑洼不平、刻手率意凿刻以及风化侵蚀造成的拓本墨色斑驳离奇”。[2]

其五,周剑曙、郭宏涛主张,该“石券书体为我国书法史上由篆书向隶书过渡的代表之作,其笔法质朴随意,是用尖锐的钎錾刻凿而成的,钎尖顺着笔划的中心运行,是书者用雕刻工具直接錾刻在石块上,有极高的书法艺术及学术研究价值”。[3]

其六,邢义田则认为,其“刻字书法和行款都不讲究”“整篇文字略可通读,但文

1　参见徐玉立主编:《汉碑全集》第一册,第134—140页。

2　参见彭作飙:《汉〈侍廷里父老僤买田约束石券〉赏读》。关于《祀三公山碑》及其书法风格的评价,亦可参见赵超:《石刻古文字》,文物出版社2006年版,第80—81页。

3　参见周剑曙、郭宏涛编著:《偃师碑志选粹》,中州古籍出版社2014年版,第2页,“前言”。

辞仅算粗通,书法也像很多汉代石刻题记,说不上优美”。[1] 这与日本学者清源实门所谓“粗糙”的看法有共同之处。这种情况类似邢义田评价汉晋简牍所见刀笔吏所抄写“这些文件的书法可以说仅属实用,谈不上美和个性”。[2]

从以上这六位学者的意见来看,如何评价该石券文字的书写特点与书法水平,书法学者与简牍研究者的视角不尽相同,可谓见仁见智。但无可争议的是,这些文字之书写者与作刻者,都是汉代人。尤其是这些文字所体现的时代特点及其书法的水平,是后人难以伪造的。

(4)“刻石立墠”(单=僤=墠)当是汉代社会的常见之举。该石券正是当时这一常见之举的具体例证。

1982年,宁可首先指出,“汉代有把一些规定券约刻石铭记以作凭证的习惯。如过去已著录的买地券、买山刻石,以及解放后四川郫县犀浦出土的东汉残碑等均属此类”。但“明言‘约束石券’,则此券为第一次发现”。尤其是,列举出《隶释》所载《都乡正街弹碑》《酸枣令刘熊碑》。[3]

1983年,邢义田随后补充传世文献所载汉代“士大夫之间的僤”的例子。即,《后汉书》卷六十七《党锢传序》记载,“张俭乡人朱并”,“上书告俭与同乡二十四人别相署号”,“刻石立墠”,“共为部党,图危社稷”。“这些刻石立僤的士大夫为了政治目的,聚合在一起,别相署号,共为党部,终于酿成党锢之祸。”此外,邢氏在其文中,又举出一例,即《汉书》卷八十九《循吏传》:“信臣为民作均水约束,刻石立于田畔,以防分争。”并认为:“这个约束和父老僤的约束最相像,都刻在石上,只不过一为官方所立,一为私人所作而已。”[4]

籾山明亦在其文中引用《后汉书·党锢传》这段记载,并指出“此一事件在《世说新语·品藻》刘孝标注引王粲《英雄记》中,则作如下叙述”,即“先是张俭等相与作衣冠纠弹”。“刻石立墠”与“纠弹”,“所指的是同一个内容,都意味着僤的结成。而‘刻石’一事,可证明在僤结成的同时,需将僤成员与其规约刻在像《约束石券》那样的石碑上”。其在文献记载的例子之外,举出一个出土石刻实物例证——“在山东省出土的被称为‘党锢残碑’的石碑断片”,推定“此石刻很可能就是记载党人‘刻石立

1　参见邢义田:《秦汉平民的读写能力——史料解读篇之一》,氏著:《今尘集——秦汉时代的简牍、画像与文化流播》上册,第37—38页。

2　参见邢义田:《秦汉平民的读写能力——史料解读篇之一》,氏著:《今尘集——秦汉时代的简牍、画像与文化流播》,第624页。

3　参见宁可:《关于〈汉侍廷里父老僤买田约束石券〉》。

4　参见邢义田:《汉代的父老、僤与聚族里居——“汉侍廷里父老僤买田约束石券”读记》。

墠’之际所定约束的史料”。[1]

由此可见,传世文献记载与出土石刻实物,二者交相印证了汉代社会确实存在过“刻石立墠”这一常见习俗。

(5) 曾亲自目验过此石券的学者,迄今未对该石券的可靠性提出过质疑。

拙目所及,在前揭相关的研究者中,除了黄士斌之外,至少还有三位学者见过其原石。即:俞伟超,1983 年 4 月曾亲自目验过该石券;[2] 邢义田,1992 年 10 月 14 日“到偃师商城博物馆有幸见到原石,作了若干笔记”;[3] 籾山明,2015 年 9 月“在访问河南省偃师商城博物馆时曾对校原石”。[4] 在其各自发表的研究成果中,他们虽然未讨论该石券的真伪问题,但是也没有就此问题有所质疑。这些专业研究者的意见是值得重视的。由此推定,学界未发现此石券有值得怀疑之处,因而一般默认它是可信的。

简言之,根据以上这五个间接性证据,在此下这样一个判断:该石券虽非科学发掘所得,但确为东汉章帝时代的遗留之物,是一个可靠的汉代石刻文字资料,可用于相关的专题研究。这是在展开文本讨论之前必须明确的一个基本前提。

在此,再附带提及两个问题。一是,确定该石券所属时代为汉代的具体根据是什么。该石券的发现者并未明言。推想可能有以下两个根据:一是,其券文中载有两个东汉的纪年。即,章帝“建初二年”(公元 77 年)与明帝“永平十五年”(公元 72 年)。根据该石券文可知:“永平十五年”,是建立该“僤”的时间;“建初二年”(正月十五日),则是 25 位僤之成员共同制定买田约束并立起该石券的时间。二是,据简报可知,其发现地南村西北一带曾散布着很多的汉代砖瓦碎块等,这里可能就是券文所见汉“侍廷里”所在地的废墟。该石券的所属时代当为东汉章帝之际,此正与其发现时所在地点周边的文物环境相吻合。因此,确定其为东汉章帝时代之遗物是合情合理的。收录该石券的史料集,也有直接将其视为东汉“建初二年”(公元 77 年)之物。[5]

二是该石券文本的内容是由谁主导写作的。邢义田曾谈到这个问题。在最近发表的《秦汉平民的读写能力——史料解读篇之一》一文中,他认为,这块“偃师出土的

1 参见籾山明:《秦漢出土文字史料の研究》,第 236—237 页;籾山明撰、赵晶改译:《汉代结僤习俗考》。
2 参见俞伟超:《中国古代公社组织的考察——论先秦两汉的“单—僤—弹”》,第 114 页。
3 参见邢义田:《汉代的父老、僤与聚族里居——〈汉侍廷里父老僤买田约束石券〉读记》,第 27 页。
4 参见籾山明:《秦漢出土文字史料の研究》,第 259 页;籾山明撰、赵晶改译:《汉代结僤习俗考》。
5 参见永田英正编:《汉代石刻集成》[图版 · 释文篇]册,第 24 页。金石拓本研究会:《汉碑集成》,第 311 页。

侍廷里父老僤买田约束刻石反而比较可以反映乡里中人的读写能力”，具体来说（其中的两个下划线，为引者所加）：[1]

> 这方刻石不涉僤父老以外的乡吏或县吏，父老僤本身既是职掌文书的“主疏”（按：即主书，主文书也），还是以“祭尊”为名衔的僤中领袖，不论刻石的内容或刻石的写作必由他们主导，因而这件刻石反而是东汉中期，里父老这一层人物识字和读写能力较可信的物证。最后刻制当然还是当地石工的事。

细读邢氏的这段话，其前四句的文意，似有不甚通顺之感，特别是三条下划线之处可能有一定的问题，不知是否笔误或者排版时的错讹。结合上下文，在此大胆猜测：第一处下划线的“僤父老”之“僤”或许为“里”字之讹误，因为“父老”的职衔不是“僤”这一组织的而是“里”的，所以第一处当为“里父老”。这正好可以与下文“里父老这一层人文”对应起来。此外，还有如下一段文字中的“里父老”（下划线部分）也可对照起来参考：[2]

> 稍作分析之后，发现决定和写作石刻文字的有些很可能是地方之吏（如宋伯望石刻），有些应是里父老一层的地方领袖（如父老僤买田约束刻石），石工或匠人不过上石照刻而已。

又，疑第二处下划线“父老僤”，应为“在父老僤中”。再疑第三处下划线“不论”排版有误，当放在“本身”之前。这样以来，才可以读通这几个句子。如此，邢义田在此段文字中想要表达的意思就很清楚了，或许其原文应该是这样的：

> 在父老僤中，不论本身既是职掌文书的“主疏”（按：即主书，主文书也），还是以“祭尊”为名衔的僤中领袖，刻石的内容或刻石的写作必由他们主导。

从该石券文内容来看，“祭尊”与“主疏”，是父老僤这一组织的两个职衔，分别由“于季”和“左巨”这两个人来担任。因此，才能说刻石的写作必由“他们”主导。这一意思表达，也正合乎后来邢义田论文对石券文本第一段的最终标点方案。[3]

---

1 参见邢义田：《今尘集——秦汉时代的简牍、画像与文化流播》，第 38 页。

2 参见邢义田：《今尘集——秦汉时代的简牍、画像与文化流播》，第 39 页。

3 参见邢义田：《〈汉侍廷里父老僤买田约束石券〉再议——兼与俞伟超先生商榷》。

该石券"刻石的内容或刻石的写作必由他们主导",是一个准确的判断。从该券"约束"本文来推想,署名的25位成员一起商议,最后再就相关条款表决,达成协议,主疏左巨负责以文字将该协议记录下来,并撰成文书。在这个商议和形成文书的过程中,僤之首长祭尊于季一直在起着牵头的主导作用。

以上,在目前所见资料的条件下,尝试性地讨论了该石券本身的基本问题。下面,再围绕该石券文本的基本问题,分别作一些更为细致的研究与讨论。

二、关于该石券文本释文存在问题的讨论

释字正确与否,是解读与研究该石券文本最为关键的第一步工作。近四十年来,关于其中的释字,仍存有不少的争议。在此拟集中各家的意见进行讨论,以确定最终的释字方案。

(一) 释文的版本与讨论所选择的底本

迄今所见,其释文有十几种版本,即:黄士斌[1]、宁可[2]、邢义田[3]、高文[4]、渡边信一郎[5]、山田胜芳[6]、俞伟超[7]、大渊忍尔[8]、渡边义浩[9]、永田英[10]、张传玺[11]、张金光[12]、

1 参见黄士斌:《河南偃师县发现汉代买田约束石券》。

2 参见宁可:《关于〈汉侍廷里父老僤买田约束石券〉》。

3 参见邢义田:《汉代的父老、僤与聚族里居——"汉侍廷里父老僤买田约束石券"读记》;邢义田:《天下一家:皇帝、官僚与社会》,中华书局2011年版,第438页。

4 参见高文:《汉碑集释》,第11—12页。

5 参见渡边信一郎:《中国古代社会論》,第31页注释28。

6 参见山田胜芳:《秦漢財政收入の研究》,汲古书院1993年版,第392页。

7 参见俞伟超:《中国古代公社组织的考察——论先秦两汉的"单—僤—弹"》,第114、117页。

8 参见大渊忍尔:《初期の道教——道教史の研究 其の一》,第241页注释145。

9 参见渡边义浩:《後漢国家の支配と儒教》,第210页。

10 参见永田英正编:《漢代石刻集成》[图版・释文篇]册,第24页。

11 参见张传玺主编:《中国历代契约会编考释》上册,第72—74页;张传玺主编:《中国历代契约粹编》上册,第84—85页。

12 参见张金光:《有关东汉侍廷里父老僤的几个问题》。按:据拓片图版,其中第12行"錡中卿"之"中"字,当为"初"字之误排。又,核查其《秦制研究》(上海古籍出版社2004年,第419页)正作"錡初卿"。

周剑曙、郭宏涛[1],王子今[2]、《汉碑全集》[3]、林兴龙[4]、彭作飙[5]、籾山明[6]、南玉泉[7]等释文。

其中,有四位学者曾亲眼目睹其原石,即:黄士斌、俞伟超、邢义田、籾山明。其最初所作释文及其修订释文之处,应格外予以关注。

1982年,黄士斌在简报中发布该石券文的释文,此即为最早释文之一(此外,还有发表在同期《文物》杂志上的宁可释文)。共12行,212字,未加标点断读。在此,加上行号(1)~(12),将黄士斌释文移录如下:

(1) 建初二年正月十五日侍廷里父老僤祭尊
(2) 于季主疏[8]左巨等廿五人共为约束石券里治中
(3) 迺以永平十五年六月中造起僤敛钱共有六万
(4) 一千五百买田八十二亩僤中其有訾次
(5) 当给为里父老者共以客田借与得收田
(6) 上毛物谷食自给即訾下不中还田
(7) 转与当为父老者传后子孙以为常
(8) 其有物故得传后代户者一人即僤
(9) 中皆訾下不中父老季巨等共假赁
(10) 田也如约束单侯单子阳尹伯通錡中都周平周兰

---

1 参见周剑曙、郭宏涛编著:《偃师碑志精选》,第168页;周剑曙、郭宏涛编著:《偃师碑志选粹》,第241页。

2 参见王子今:《汉代“客田”及相关问题》。

3 参见徐玉立主编:《汉碑全集》第一册,第136页。按:其释文没有断读。其中有三个错误:(1)误将第9、10行合并,排成一行。(2)第4行:“有”字下衍一“次”字。(3)据图版,第11行:“于孝卿”之“孝”字,误作“中”字。

4 参见林兴龙:《东汉〈侍廷里父老僤买田约束石券〉相关问题研究》。

5 参见彭作飙:《汉〈侍廷里父老僤买田约束石券〉赏读》。

6 参见籾山明:《汉代结僤习俗考》;籾山明:《秦漢出土文字史料の研究》,第229、231页;籾山明撰、赵晶改译:《汉代结僤习俗考》。按:其1986年版未见。2017年中文版释文未有修订,仍与其2015年版相同。

7 参见南玉泉:《东汉侍廷里僤约束石券的发现与研究》。

8 今见各种释文多作“疏”字。而其图版作,故当隶释为“踈”字。邢义田在1983年论文所附拓片右上外侧的摹本写作“踈”,但其释文作“疏”字。但邢氏1990年论文释文则径作“踈”。永田英正编《汉代石刻集成》释文隶作“踈”,其注释:“踈,同疏,与簿通用。”不过,为了排印方便,遵从大多数释文的作法,以下引文径写作“疏”字。参见邢义田:《汉代的父老、僤与聚族里居——“汉侍廷里父老僤买田约束石券”读记》;邢义田:《〈汉侍廷里父老僤买田约束石券〉再议——兼与俞伟超先生商榷》;永田英正编:《漢代石刻集成》[图版·释文篇]册,第24页;[本文篇]册,第16页注释2。

(11) 〔父〕〔老〕周伟于中山于中程于季于孝卿于程于伯先于孝

(12) 左巨单力于稚錡初卿左伯口口王思錡季卿尹太孙于伯和尹明功

毋庸置疑,最早发表的黄士斌释文与宁可释文,确实具有一定的开拓之功。“如何释读石券是基本关键”,[1]但这两种版本释文存在的问题,确如邢义田所指出的,“实有阙不能释和释读认定不同的地方”。[2] 当然,这两种问题也存在于其他版本的释文之中。

为了理清该石券释文之研究讨论的发展脉络,这里将以黄士斌释文作为底本,参以后来各家释文及其研读成果,进行集中讨论与校正,以隶定其券文存有疑问之文字的隶定。

(二)关于黄士斌释文之中六处释字的讨论

具体而言,在黄士斌释文的五行(即第5、6、10、11、12行)之中,共有六处释字仍存在着不小的争议,需要在此再作重点讨论。

1. 关于第5行所释“客”字的讨论

关于第5行第10字即“客”字的讨论,是该石券文字释读过程中出现的第一个研究热点。

俞伟超曾指出:“要真正读懂”该石券文本第三段“约束”这段文字,就“必须先搞清楚八十二亩共有土地的性质问题”。[3] 而究竟应该如何隶释第5行第10字,直接关系到如何确定该82亩土地之性质问题。由此可见,能否正确释读这个字,确实具有不同寻常的学术意义。

以是否知晓1988年俞伟超的“容”字之说为根据,其前后大致有两种情况。第一种情况:此前,学者们多释该字为“客”字,除黄士斌之外,还有宁可、邢义田、高文、渡边信一郎、山田胜芳、大渊忍尔等。[4] 第二种情况:此后,亦不乏坚持“客”字之说

---

1 参见邢义田:《〈汉侍廷里父老僤买田约束石券〉再议——兼与俞伟超先生商榷》。

2 参见邢义田:《汉代的父老、僤与聚族里居——“汉侍廷里父老僤买田约束石券”读记》。

3 参见俞伟超:《中国古代公社组织的考察——论先秦两汉的“单—僤—弹”》,第120页。

4 参见黄士斌:《河南偃师县发现汉代买田约束石券》;宁可:《关于〈汉侍廷里父老僤买田约束石券〉》;邢义田:《汉代的父老、僤与聚族里居——“汉侍廷里父老僤买田约束石券”读记》;邢义田:《汉代的父老、僤与聚族里居——“汉侍廷里父老僤买田约束石券”读记》,氏著:《秦汉史论集》,第217页;高文:《汉碑集释》,第12页;渡边信一郎:《中国古代社会論》,第31页注释28;山田胜芳:《秦漢財政收入の研究》,第391页;大渊忍尔:《初期の道教——道教史の研究　其の一》,第241页注释145。

者,例如:高文[1],渡边义浩[2],周剑曙、郭宏涛[3],王子今[4],徐玉立[5],以及南玉泉。[6]

以下,列举其中较为典型者,以考察“客”字说与“容”字说两者是如何讨论辨析的。

1982年,宁可最早尝试对券文所见的“客田”进行解读。作为对读的资料,举出汉代仅见的一例“客田”记载,即陈直《两汉经济史资料论丛》中所引用的居延汉简505.37A简文,并重新解读。

宁可不同意陈直关于“‘客田’为丘张购自乡啬夫客之田”的解释,[7]认为该“简中的客田不可能为乡啬夫客之田,而系指丘张在本乡以外所有的田或一种特殊性质的田”,进而指出:[8]

> 《石券》中所云的客田并无指侍廷里以外之田之意。但究竟系指与一般私有土地不同的一种特殊性质的田,还是指此田因非僤的成员所私有,只是借与当为里父老者暂时使用,与其私人所有的土地相对而被称为“客田”,还不清楚。也许,在汉代,“客田”并没有形成一个有确定含义的词,亦未可知。

据此可知宁可在解读“客田”时所面临的困惑。由此亦可窥见这块82亩土地性

1 参见高文:《汉碑集释》,第12页。

2 参见渡边义浩:《後漢国家の支配と儒教》,第211页。

3 参见周剑曙、郭宏涛编著:《偃师碑志精选》,第168页;周剑曙、郭宏涛编著:《偃师碑志选粹》,第241页。

4 参见王子今:《汉代“客田”及相关问题》。

5 参见徐玉立主编:《汉碑全集》第一册,第136页。

6 参见南玉泉:《东汉侍廷里僤约束石券的发现与研究》,第26页。按:南玉泉似认可俞伟超的“容”字之说。其文第33页可见:俞文所发“拓片右起第5行第9字看似‘容’字,原报告所发此字亦应是‘容’字”。这里应该是第5行第10字。据其第32页标题“建僤的费用与容(客)田的定名”,知其主张隶释为“容”字,但应读为“客”。故作“容(客)”。

7 按:陈氏的理解是:“简文大义,是丘张与家买乡啬客的田地,方位在作都亭部。居延田地的买卖,推测起来,不外乎两种情形:一是居延本牧地,及开屯垦,设县邑,其田有一部分逐渐归私有,俨如内地,可以买卖;二是或为屯田范围之外,自己开垦的新土地,可以自由买卖。两种情况,现尚未能确定。”又,其书中所引居延汉简505.37简释文,当时多有误释之处,今最新释文如下:“建平五年八月[戊]

□广明乡啬夫宏假佐玄敢言之善居里男子丘张自言与家属客田居延都亭部欲取[检谨]案张等更赋皆给当得取检谒移居延如律令敢言之(A)▨[丞印] 故行(B)。”原释文“乡啬夫客”之“客”字,误释。当释为“宏”字。因此,陈氏认为“客田”为所谓“啬夫客的田地”的理解,是错误的。若按陈氏的解释,“客田”似当属于其所推测的第二种情形:屯田范围之外新开垦的土地。参见陈直:《两汉经济史资料论丛》,陕西人民出版社1958年版,第59—60页;简牍整理小组编:《居延汉简(肆)》,“中研院”历史语言研究所2017年版,第152页。

8 宁可:《关于〈汉侍廷里父老僤买田约束石券〉》。

质的难以界定。

1988 年,俞伟超在仔细审视拓片与原石之后,首先提出改释该“客”字为“容”字,其论述具体如下:[1]

> 这片共有地,《石券》称之为“容田”。原报告及已发表的各篇文章都把“容”字释为“客”,其实在拓片及原石上都可以清楚看出应是“容”字(图五二)。过去许多人把它释为“客”字,我想,主要原因在于没有理解“容田”一词的意义。如果从这片土地所具有的共有性质来考虑,把它释为借贷性质的“客田”,也是讲不通的。

俞氏首倡的“容”字之说,自 1990 年起得到一些学者的充分肯定。例如,1990 年,杜正胜指出,俞先生“辨认‘容田’之‘容’字”之说,“可视为定论”。[2] 1990 年,邢义田评价说:“俞氏将过去释为‘客田’的两字改释为‘容田’,是一大贡献。”[3] 1991 年,林甘泉指出:“‘容田’的‘容’字,券文发表时原释为‘客’。俞伟超同志辨认为‘容’,纠正了原释的错误。”[4] 1994 年,永田英正释文虽然仍作“客”字,但是其注释说:“也有宁可氏与高文《集释》等主张此说,语义未详。俞伟超氏释为‘容田’,指用于公共礼仪之田。”[5] 张传玺释文起初作“客”字,后则直接改释为“容”字。[6] 籾山明 2013 年后释文作“容”字。[7] 2003 年,张金光在仔细审视黄士斌简报所附拓影之后,判定如下:“第 5 行‘容田’之‘容’字,原拓片甚清楚,以释‘容’为是。黄、宁二先生皆释为‘客’,误。俞先生释为‘容’,甚是。”[8] 2009 年,吕志峰也在细审其拓片后,表示“同意俞伟超、张金光的观点,应为‘容田’”。[9]

最典型的例子就是,宁可在 1999 年明确表示,放弃其旧说而接受“容”字之说。在其《宁可史学论集》所收《关于〈汉侍廷里父老僤买田约束石券〉》一文之文末,可

---

1 参见俞伟超:《中国古代公社组织的考察——论先秦两汉的“单—僤—弹”》,第 120—121 页。

2 参见杜正胜:《“单”是公社还是结社?——与俞伟超先生商榷》。

3 参见邢义田:《〈汉侍廷里父老僤买田约束石券〉再议——兼与俞伟超先生商榷》。

4 参见林甘泉:《“侍廷里父老僤”与古代公社组织残余问题》。

5 参见永田英正编:《汉代石刻集成》,[图版・释文篇]册,第 24 页;[本文篇]册,第 16 页注释 6。

6 参见张传玺主编:《中国历代契约会编考释》上册,第 73 页。张传玺主编:《中国历代契约粹编》上册,第 84 页。但是,其后者“容田”的注释未作改变,仍为“指买来的田地”,同于前者“客田”的注释。

7 参见籾山明:《汉代结僤习俗考》;籾山明:《秦漢出土文字史料の研究》,第 229 页;籾山明撰、赵晶改译:《汉代结僤习俗考》,第 5 页。按:籾山明 1986 释文释读作何字,不详。

8 参见张金光:《有关东汉侍廷里父老僤的几个问题》。

9 参见吕志峰:《东汉石刻砖陶等民俗性文字资料词汇研究》,第 99 页。

见有“附记”如下：[1]

> 此文发表后，读到俞伟超先生1988年出版的《中国古代公社组织的考察——论先秦两汉的单一僤一弹》一书。此书探源溯流，考索全面精详。其中批评我这类文章“没有对单这种组织作过历史的考察”，甚是。像将《石券》中的“容田”强释作“客田”，就是明显的一例。由于感到文中可能还提供了一点材料和一点可供讨论的东西，未加改动，仍收录于此。

但是，坚持“客”字说者，亦不乏其人。例如，日本学者山田胜芳与中国学者王子今。

山田胜芳已注意到俞氏的“容”字说，但仍然引居延汉简505.37A简。“虽然其中可见作为指原籍所在地以外之所有地的‘客田’一词，但是在该‘石券’的场合，因是侍廷里外的土地，或者因是非特定的个人所有，故称之为‘客田’的吧？又一个不明白的。”[2]

王子今虽然肯定“容”字之说：“俞伟超观点的独异之处，还在于将券文中的‘客田’释作‘容田’”，但是同时又强调要对“容田”之说保持谨慎态度：[3]

> 有关“容田”的论证是有说服力的，不过，我们在传世文献和出土文献中却看不到有关“容田”的资料。然而，“客田”则曾经出现。宁可指出一条“汉代有关客田的记载”，即出土于大湾的505.37简……
>
> “客田”，很可能确实“系指与一般私有土地不同的一种特殊性质的田”。从《侍廷里僤约束石券》的内容看，其性质与“借与”“假赁”的经济关系有某种联系。看来称作“客田”者，应是由外来的“客”从事耕作的田地。循这一思路理解《侍廷里僤约束石券》所谓“客田”而放弃“容田”之说，也是合乎逻辑的。

邢义田已经注意到这一点，因而特别指出：“近年王子今先生仍主张客田之说。”[4]

---

1 参见宁可：《宁可史学论集》，第482—483页。

2 参见山田胜芳：《秦漢財政收入の研究》，第393页，第401页注释6。按：山田氏已在该注释中指明：“关于该‘客田’，俞伟超氏在《中国古代公社组织的考察——论先秦两汉的“单—僤—弹”》指出读为‘容田’的可能性。”

3 参见王子今：《汉代“客田”及相关问题》。

4 参见邢义田：《天下一家：皇帝、官僚与社会》，中华书局2011年版，第468页注释3。

正如学者所说的,隶书“容”“客”二字,其字形近似,二者的确容易混淆,在传世文献中,可见有不少这样的文例。[1]

但是,若将该石券“黄版”“彭版”两种拓片中的相关部分截图,并与俞伟超之书第120页图五二,列于下表(表格3)之中进行比较,则清楚可见:在“彭版”中,黄士斌释文初释的该“客”字,确实可确定为“容”字。

表格3　“容”字之图版截图

黄版	俞书	彭版
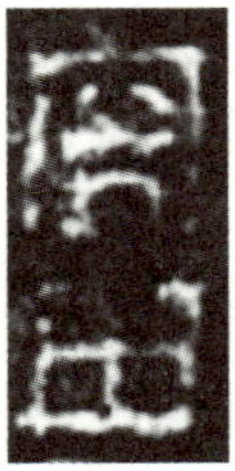	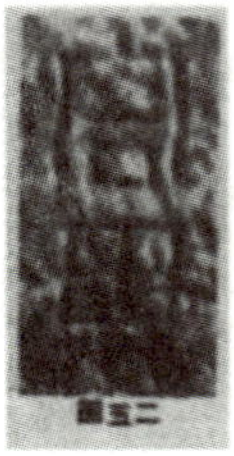	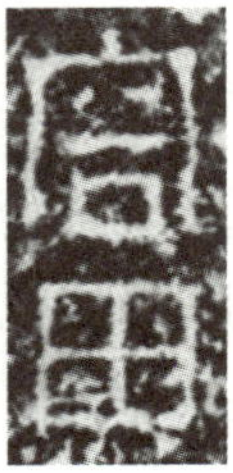

俞氏著作第120页的“图五二”,应该是原石上这两个字的局部照片。俞氏是在目验原石之后,确定其为“容”字的。邢义田在1992年看到原石之后,也修订其原本所持的“客”字之旧说,转而赞同“容”字之说:“从字形看,以作‘容’为是。”[2]

简言之,俞伟超1988年首倡的“容”字之说,即为不刊之论。该石券文“容田”一词,迄今为止是首次出现,也是目前所见的唯一的一例。

2. 关于第6行所释“食”字的讨论

关于第6行第5字即“食”字的讨论,是这五个字之中相关争议情况最为简单的,黄士斌释文似乎应该不是误释,很可能属于笔误或印刷有问题的情况。

1　参见陈直:《汉书新证》,天津人民出版社1979年版,第60页;邢义田:《汉代的父老、僤与聚族里居——汉侍廷里父老僤买田约束石券读记》,氏著:《天下一家:皇帝、官僚与社会》,中华书局2011年版,第438页。此外,东汉石刻文字中也不乏类似的混淆“蓉”“客”二字的例子。例如,耿朔在其嵩山考察记中,就清人黄易所撰《嵩洛访碑日记》写有如下的一段文字:“黄易观阙的重点在于核校以前的拓本,果然,看实物就是不一样,在少室阙,他意识到乾隆年间碑帖商人褚峻所作的拓本不够准确,辨识出‘李蓉’是‘李客’之误,还发现东西二阙上有若干前人未见的文字。”又查,黄易在日记中写道:“东阙题名,‘李客’之下,有直格,隐隐有字,皆前人所未见。四面多作人物鸟兽,褚峻所图弗确也。”耿朔:《嵩岳留胜迹　我辈复登临》,载耿朔、仇鹿鸣编:《问彼嵩洛——中原访古行记》,中华书局2019年版,第64页;黄易:《嵩洛访碑日记》(丛书集成初编本),商务印书馆1936年版,第3页。

2　参见邢义田:《汉代的父老、僤与聚族里居——〈汉侍廷里父老僤买田约束石券〉读记》,第28—29页。

1982年宁可释文释作"实"字,[1]后即为定说,各家释文均从之。1983年,邢义田也指出:"石券第六行'谷实'的'实'字",复印件很清楚,黄士斌释为"食"字是错误的。[2] 2003年,张金光评定说:"第6行'谷实'之'实'字,黄氏释为'食',误。邢、于二氏释为'实',甚是。"[3]其中,"于"字,当为"俞"字的笔误。2005年,王子今也强调:"'毛物谷实',黄士斌误释为'毛物谷食'。"[4]2007年,林兴龙释文误作"粮"字。[5]

核查黄士斌简报所发表该石券拓片照片,第5行第4字"谷"下一字相当清晰:。该字无疑确为"实"字。照常理来说,黄士斌不应该误释此字,其简报的释文出现如此明显的错误,恐怕并非未释出此"实"字,很可能是在打字或排版时,因同音字而误作"食"字。

3. 关于第10行"也如约束"之"也"字的讨论

关于第10行第2字即"也"字的讨论,学者意见分歧不大,相关的情况也比较简单明晰。

黄士斌释文作"也"字。1982年,宁可释文最早释作"它"字。[6] 后来,除俞伟超之外,各家皆从宁氏所释的"它"字。

1983年,邢义田指明:"第十行'它如约束'的'它'字",复印件很清楚。黄士斌释为"也"字是错误的。[7] 2003年,张金光辨析:"第20行第2字,黄氏释为'也'字,误。原拓片甚清晰,当释为'它'字。宁、邢二氏均释为'它'字,甚是。"[8]其中,"第20行",当是"第10行"之笔误。"它"字之说,后来也被学界所接受,遂成为定说。[9]

但是唯一的例外就是:1988年俞伟超释文却仍释为"也"字。[10] 2005年,王子今指出:"'它如约'之'它',黄士斌、俞伟超释作'也'。"[11]

---

1 参见宁可:《关于〈汉侍廷里父老倬买田约束石券〉》。

2 参见邢义田:《汉代的父老、倬与聚族里居——"汉侍廷里父老倬买田约束石券"读记》。

3 参见张金光:《有关东汉侍廷里父老倬的几个问题》。

4 参见王子今:《汉代"客田"及相关问题》。

5 参见林兴龙:《东汉〈侍廷里父老倬买田约束石券〉相关问题研究》。

6 参见宁可:《关于〈汉侍廷里父老倬买田约束石券〉》。

7 参见邢义田:《汉代的父老、倬与聚族里居——"汉侍廷里父老倬买田约束石券"读记》。

8 参见张金光:《有关东汉侍廷里父老倬的几个问题》。

9 参见高文:《汉碑集释》,第12页;永田英正编:《汉代石刻集成》,[图版・释文篇]册,第24页;周剑曙、郭宏涛编著:《偃师碑志精选》,第168页;周剑曙、郭宏涛编著:《偃师碑志选粹》,第241页;王子今:《汉代"客田"及相关问题》,第102页;徐玉立主编:《汉碑全集》第一册,第136页;籾山明:《汉代结倬习俗考》。

10 参见俞伟超:《中国古代公社组织的考察——论先秦两汉的"单—倬—弹"》,第114页。

11 参见王子今:《汉代"客田"及相关问题》。

核对其图版:,确实甚为清晰。正如1992年邢义田所辨析的:“从一九八二年十二期《文物》以及俞书中的石券拓本看(参见附图一),原字较像‘它’而不像‘也’字。两拓本清晰程度不一,据《文物》上所拓,‘它’字两部分‘宀’和‘匕’显而易辨,俞书拓本上它字的上半作‘宀’也很清楚。释为‘也’字,不妥。”[1]劳榦评价说,邢氏该文“把原释的‘也如约束’,更正为‘它如约束’”的意见是对的。[2]

简言之,黄、俞二氏所误释的“也”字,邢、张二位则改释为“它”字,甚是。

另外,不能回避的一个问题就是:在第10行“束”字之下,是否还另有一个字。目前就此作过讨论或推测的,仅见有王子今与林兴龙。

王子今提出的“符号”之说,是值得关注的。他先指出:“(10)‘约束’与‘单侯’间显然有间隔,似可见刻痕,俞伟超留一空格,其他释文均予忽略。”其释文、句读则作:“它如约束。□单侯、…。”然后,推测如下:[3]

> (10)“单侯”前之“□”,似是一标点符号。上文是约束正文,下文是“共为约束”之“廿五人”的人名,以此符号隔别。此符号可能与居延汉简中出现过的符号相似,有研究者称之为“横S号”:“此号形如英语字母S的横写。用于句末。”

而林兴龙在2007年提出“书”字之说:“第十行‘束’字后面,似有一字之空,结合以下列举的人名,释‘书’字比较妥当。”[4]

经此提示,再来核查俞伟超释文,正如王子今所指出的,确实可见:俞氏释文在“约束”与“单侯”之间,留有十分明显的空格,而且应该是不小于两个字的空格。[5]但是,过去学者大多没有注意到这一点。现在受此启发,又检视1982年宁可释文,则可见实际上在第10行的“它如约束”与“单侯”之间,也留了一个空格。[6] 不过,未见宁、俞二氏在其文中就此加以解释。可以肯定的是,宁氏释文、俞氏释文采用这样的处理方式,就是想如实客观地保留石券所见文字及其格式的信息。这是否可以说明,在他们看来,在“它如约束”与“单侯”之间是不存在任何的刻痕符号或者文字的。

又,细审其拓片照片,表格4之中图版的局部截图,可见到如下的情况:“束”

---

1 参见邢义田:《〈汉侍廷里父老僤买田约束石券〉再议——兼与俞伟超先生商榷》。

2 参见劳榦:《对于“侍廷里父老僤买田约束石券再议”的意见》。

3 参见王子今:《汉代“客田”及相关问题》。其中所引之文,出自袁晖、管锡华、岳方遂合著《汉语标点符号流变史》一书(湖北教育出版社2002年版,第74页)。

4 参见林兴龙:《东汉〈侍廷里父老僤买田约束石券〉相关问题研究》。

5 参见俞伟超:《中国古代公社组织的考察——论先秦两汉的“单—僤—弹”》,第114页。

6 参见宁可:《关于〈汉侍廷里父老僤买田约束石券〉》。

“单”二字之间的空间确实较大,可以确定“束”字中间的那一笔竖画下拖得比较长。在该笔画之下,既没有看到一个“横 S”符号,也没有见到一个“书”字甚至其残留笔画。特别是,在清晰的“邢版”截图上,看不出来在“束”和“单”之间有字或者任何符号的痕迹。因此,王子今的“符号”之说、林兴龙的“书”字之说,都是难以成立的。

表格 4　“束”字之图版截图

黄版	俞版	彭版	选粹版	邢版

再观察该石券券文文字的整体布局,则在第 10 行“束”与“单”二字之间,确实留有一小段的间隔。但是,根本不够再另刻一个字。

也许从文书格式上讲,这个间隔有其特别意义。即:该石券上所刻写的父老僤这一约束文书的正文,在此处终结完毕,可以告一段落了。其后,则是参加此次立约的该僤全体成员 25 人的署名。这个间隔的作用就是把约束文书的这两个部分区别开来。由这种迹象也可推测,该约束文书在被刻于石券上之前,另有一个写在竹简或木牍上的约束文书的正本。

因此,必须指明的是,宁可释文、俞伟超释文在此处留出一个空格的处理方式,是标准规范的专业作法。其他学者的释文中没有这个间隔,可能是都没有注意到这个细节吧。

在此,要提到的还有一点:黄士斌释文第 10 行“单侯”之“侯”字,邢义田、王子今改释为“矦(侯)”字。据图版,邢、王释文的改释是准确的。

4. 关于第 11 行起首二字“〔父〕〔老〕”的讨论

关于第 11 行起首“〔父〕〔老〕”这两个字释读的讨论,是该石券释文研读过程中的第二个热点,对于石券文本的理解具有相当重要的意义。

归纳起来,对这两个字的释读,学者们大致有以下三种意见。

(1) 疑为“父老”二字。例如,宁可释文作“〔父?〕〔老?〕”,[1]邢义田、高文释文、

1　参见宁可:《关于〈汉侍廷里父老僤买田约束石券〉》。

山田胜芳、张传玺释文也是如此。[1] 很明显,这是对此二字的释读有所怀疑,不能确定到底是否为“父老”二字。

(2) 释为“父老”二字。黄士斌释文作“〔父〕〔老〕”,其具体表述为:“券文末尾第二行人名上端似乎有父老二字。”[2] 大渊忍尔释文作“父老周伟”,[3] 渡边义浩释文则作“(父老)周伟”。[4] 籾山明起初作“父老”,[5] 后来直接释作“父老”。[6]

(3) 不可释,作“□□”。参见渡边信一郎、俞伟超、永田英正、张金光、王子今、徐玉立、林兴龙、彭作飙、南玉泉等释文。[7] 实际上,这是作为 25 个僤之成员的“人名”来处理的。

以上这三种意见,可以归为两说:(1)(2)是“父老”之说,(3)是“人名”之说。

邢义田、张金光、林兴龙以及渡边义浩等,曾专门就这两个字的释读进行讨论,并各自提出其推测意见。下面,特将这些释读意见以发表的时间为序列举出来,以窥见有关此二字隶释争议实况之一斑。

其一,早在 1983 年邢义田对于此二字的隶释,就有较为详细的讨论:“第十一行头两个字,黄、宁皆释作‘父老’。宁释在这两字旁加了问号。从复印件看来,这两字的确不易辨识。从第十行‘它如约束’以后到十二行券末是一连串的人名,为何中间插入‘父老’两字?不好解释。一个可能是误刻父老二字,又经削去。汉碑中误刻是不乏其例的。父老二字周边其他的字迹都很清楚,唯独此二字漫漶,我们怀疑是有意

1　参见邢义田:《汉代的父老、僤与聚族里居——“汉侍廷里父老僤买田约束石券”读记》;高文:《汉碑集释》,第 12 页。山田胜芳:《秦漢財政收入の研究》,第 391 页。张传玺主编:《中国历代契约会编考释》上册,第 73 页。张传玺主编:《中国历代契约粹编》上册,第 84 页。按:山田胜芳释文作:“□□(父老?)周伟”。

2　参见黄士斌:《河南偃师县发现汉代买田约束石券》。

3　参见大渊忍尔:《初期の道教——道教史の研究　其の一》,第 241 页注释 145。按:据其注释(144)可知,大渊忍尔读到的前期研究有黄士斌简报(1982)、宁可论文(1982)、籾山论文(1986),而邢义田论文(1983)则未见到。推测这个“父老”的释文,可能受到籾山论文(1986)的影响。

4　参见渡边义浩:《後漢国家の支配と儒教》,第 211 页。

5　参见籾山明:《汉代结僤习俗考》。按:原文作“父老老周伟”,其中第三个字即“老”字,当系衍字,应该删去。

6　参见籾山明:《秦漢出土文字史料の研究》,第 231 页。籾山明撰,赵晶改译:《汉代结僤习俗考》。

7　参见渡边信一郎:《中国古代社会論》,第 31 页注释 28;俞伟超:《中国古代公社组织的考察——论先秦两汉的“单—僤—弹”》,第 114 页;永田英正编:《漢代石刻集成》,[图版・释文篇]册第 24 页。张金光:《有关东汉侍廷里父老僤的几个问题》;王子今:《汉代“客田”及相关问题》;徐玉立主编:《汉碑全集》第一册,第 136 页。林兴龙:《东汉〈侍廷里父老僤买田约束石券〉相关问题研究》;彭作飙:《汉〈侍廷里父老僤买田约束石券〉赏读》。南玉泉:《东汉侍廷里僤约束石券的发现与研究》。

削去的结果。对这一可疑之处,黄士斌和宁可都没有解释,似应根据原券,再作勘考。”[1]

至2019年,他仍然坚持强调说,“刻石曾有错,挖去二字,再改刻。旧作已及,就不多说了”。[2]

其二,渡边义浩介绍了他所见到的日本学者籾山明、韩国学者金秉骏论文的意见:“(父老),注(26)所揭宁论文、黄论文释读为父老,但注(27)所揭邢论文与籾山论文认为是误刻。注(27)金论文不认为这是误刻,而是这样理解的:因曾为父老的周伟已辞去父老,故后来就被削去了。这是值得倾听的见解。”[3]

这里所谓的“注(27)金论文”,即韩国学者金秉骏1991年在韩国《东洋史学研究》第35辑发表的论文《后汉时代里父老与国家权力——以〈汉侍廷里父老僤买田约束石券〉为中心》。

籾山明这篇论文,今多见日本学者引用。而韩国学者金秉骏发表的这篇论文,目前仅见渡边义浩该书有引介。可以推定,邢义田和籾山明都没有看到金秉骏此篇论文。

就学术史而言,这两篇论文的相关信息相当重要。只是不知籾山明论文认为该“父老”二字是误刻的意见(今已放弃此说),是否是当时从邢义田论文之说的结果。而金秉骏实际上认可这两个字当释为“父老”之说,只是在周伟辞去“父老”一职之后才被削去了。显然金氏所作之“辞职”的解释,得到了渡边义浩的肯定,似乎较邢义田的“误刻”之说更为合理,亦不失为一家之言。但“父老”二字是否为削去?如何证实这一点?不能完全排除这一“辞职”之说存在的可能性:这25个成员在该约束文本上签名的时间即是立约之时,当在“建初二年正月十五日”“共为约束石券”之前的不久,可能在正将该“约束”刻在石券上之时,或者刻好之后不久,父老周伟就不担任父老了,于是再将该石券上“周伟”名字之前已经刻好的“父老”一职衔消除掉。当然,这只是一种臆测而已。但是,相对而言,比起邢义田的“误刻”后再“改刻”的推测,要稍微合理一些。

其三,2003年,张金光针对黄士斌、宁可、邢义田的意见辨析说:“又第11行开头二字,黄、宁二氏皆拟释为‘父老’二字。邢氏提出疑问,认为‘一连串的人名,为何中间插入‘父老’两字?不好解释。’当是‘误刻’,‘又经削去’(按,邢氏怀疑有理)。我以为可以肯定,此二字当为人名无疑,只是不可释而已。”又,第12行第10、11、12个

1 参见邢义田:《汉代的父老、僤与聚族里居——“汉侍廷里父老僤买田约束石券”读记》。

2 邢义田:《秦汉平民的读写能力——史料解读篇之一》,氏著:《今尘集——秦汉时代的简牍、画像与文化流播》上册,第38页。

3 渡边义浩:《後漢国家の支配と儒教》,第230页注释28。

字即“左□□”者为一左姓户人之名字,如此“并第11行开头‘□□’人等总计之,正好得25人之数。与券文所言‘廿五人’相较正相合。此亦反证第11行开头‘□□’二字不当释为‘父老’,而应为人名”。[1]

可见,张金光非常认同邢氏提出的这个疑问,并力倡第11行开头的二字为人名。

其三,2007年,林兴龙提出,“第十一行头两字,模糊不可辨。有学者认为此二字‘误刻’,‘又经削去’。余认为不妥。原因如下:其一,误刻两字的机率不大。其二,即为‘约束’,用词必须严谨、准确,前后文不能互相抵牾。如是误刻,造僤者只有二十四人,则前文的‘廿五’必要改为‘廿四’,但未见改动之迹象。所以,此二字必为人名,涂改之处可能后来更改户主之缘由。”[2]

很显然,林氏不同意邢氏“误刻”而“削去”“父老”二字之推测,主张“涂改之处”的这两个字,可能是因为“后来更改户主”,即持“人名”之说。

此外,王子今亦特意说明:第11行起首的“□□,从俞伟超说。非如此,不足‘廿五人’之数”。[3] 可见,其从“人名”说的理由,即在于此。

若依邢义田之说,则“父老”二字是误刻的,因此“削去”后“再改刻”。但此说的问题是,如果确实“再改刻”的话,那么“改刻”的究竟是什么字呢?邢义田在亲自去目验原石之后,也未作进一步的说明。邢氏此“误刻”之说,似乎难以讲得通畅。因此,有必要再根据券文中已知的信息进行推测。

关于第11—12行署名之排行问题,邢义田早在1983年就作过一些探讨,具体如下:[4]

> 从西汉开始,兄弟之间已有以共通字或共通偏旁字排行的情形。东汉更有在同族或同宗间以共通字排行的习惯。虽然这种习惯不是绝对的,但是父老僤的几家却显然有排行的情形。锜氏的初卿、季卿似为兄弟,以“卿”字为共通字,以初、季排行。于氏人多,看的更清楚。中山、中程应是兄弟。以“中”字为共通字,同样的情形有伯先、伯和兄弟。于孝卿和于孝的关系较不明确,不知是否有脱漏。不过程、季、稚三人则以“禾”之偏旁字显示他们的血缘关系。如果他们是于氏四对兄弟,他们之间的关系可以近在五服之内,属于同一家族,但也可能远在五服之外,不过是宗人罢了。不论如何,宗族聚居一里的情形,侍廷里的于氏作了十分有利的证明。

1　参见张金光:《有关东汉侍廷里父老僤的几个问题》。

2　参见林兴龙:《东汉〈侍廷里父老僤买田约束石券〉相关问题研究》。

3　参见王子今:《汉代“客田”及相关问题》。

4　参见邢义田:《汉代的父老、僤与聚族里居——“汉侍廷里父老僤买田约束石券”读记》。

邢氏所下的这一判断,即"父老僤的几家却显然有排行的情形",是相当有道理的。据此,暂且大胆臆测:在该约束之后署名的25人之排序原则,或许是根据行辈,辈长者在前,辈晚者在后。而同姓同辈者,则并列排在一起。当然,按照这个排序原则,并不能完全解释这25个人名的顺序。这是一个难以搞清楚的问题,学者只能臆测。但是,可以肯定这25人的署名不是按照其职务之有无或大小来考虑的,在某种意义上体现出平等的原则。[1]

此外,南玉泉可能依其上下文的文例,曾力主第11行开头二字即"风化漫漶一氏,从排列位置推测当属周氏"。[2] 若此,如果"改刻"的这两个字是人名的话,那么似乎也不排除有可能就是"周某"。

在第10行至第12行这25个人名中,"周"姓者仅见有三人。第11行起首二字,在"周平""周兰"与"周伟"之间。但是,现在从拓片上看不出来第一个字是"周"字。当然,也不知这里"改刻"的名字究竟是什么。

如果同意"人名"之说,那么从该石券文本上下文来看的话,判断这两个字为人名的意见,恐怕只是其中的一种可能性,不能排除还有其他的情况存在。这是因为,第12行的名字在文字释读上仍有难以确定之处。

而这种不确定性,恐怕是无法作为旁证的。如何才能与下面将要讨论的第12行"左□□□□思"那几个字的人名协调起来,以正好凑足这25个人的总人数呢?因此,讨论第11行起首的这两个字究竟是何字,恐怕要考虑如下两个方面的因素。

其一,要以图版作为根据。这是首要的、最为坚实的证据。如果不能最终辨识确定,就必须考虑下一个因素。

其二,要结合第12行"左伯口口王思"文字的释读,一并来考察判定。换句话说,第11行起首二字是否为人名,取决于第12行"左"与"思"间这几个文字的确定。从下面第12行这几个字的释读结果来看,无论第11行开头这二字是什么,都不影响这25个人名的确定,因此所谓"人名"之说是没有存在基础的。也就是说,"人名"之说是难以成立的。

前揭林兴龙的辨析有一定的道理。邢义田所提出的"误刻"而"又经削去""再改刻"的解释,恐怕也只是一种比较主观的猜测。虽然在"汉碑中误刻是不乏其例",但是针对个案而言,如果缺少有力的直接证据的支持,那么这种判断恐怕就具有很大的或然性。

1　俞伟超曾认为,在25个人名之中,"僤祭尊"于季排列在第十一位,正暗示出彼此地位是平等的。参见俞伟超:《中国古代公社组织的考察——论先秦两汉的"单—僤—弹"》,第126页。按:俞氏主张第11行起首二字为人名,故于季排在第11位。笔者赞同俞氏所揭示的这个"彼此地位是平等"的原则。

2　参见南玉泉:《东汉侍廷里僤约束石券的发现与研究》,第31页。

在此,选择“黄版”“俞版”“北大版”“彭版”“邢版”拓片,截取第 11 行的该二字(前五者),再截取彭版第 5 行清晰的“父老”二字(“彭版 A”)作为参照,将这些截图列表如下(表格 5),以便比对讨论。

比较表格 5 前三个截图上的这两个字,“黄版”“俞版”“北大版”的整体效果,的确是漫漶不清,其文字难以辨识。唯有第四个“彭版”、第五个“邢版”的截图,稍微显得清晰一些。将“邢版”“彭版”第 11 行的这两字(“彭版”)与其第 5 行字迹清晰的“父老”二字截图(“彭版 A”)比对,从其笔画的走势看,是“父老”二字的可能性比较大。

表格 5　第 11 行起首二字之图版截图

黄版	俞版	北大版	彭版	邢版	彭版 A

仔细审视“彭版”“邢版”的截图,实际上看不出有削去字迹的痕迹。[1] 据此,可以判定前揭林兴龙对于邢义田“误刻”削去“再改刻”之说的辨析是有道理的。不知是否因风化导致相关笔画的残蚀,加之制作拓片时的力道与手法不同,可能使得一些拓片不甚清楚,以至呈现削去字迹的效果。也许在亲眼看到原石后,会有助于判断究竟是否“父老”二字。特别值得关注的是,日本学者籾山明 2015 年去目验核对过原石之后,隶定此二字为“父老”。他的这个结论,必须引起重视,笔者也赞同。

而以下第 12 行有关名字之文字隶释的结果,与总人数 25 个人的最后确定,则可以作为籾山明这个意见的旁证。

5. 有关第 12 行“左伯□□王思”以及“尹明功”释读的讨论

第 12 行有两处文字隶释有争议。其一,第 10 字之 2 下的这几个字,即“左伯□□王思”。其二,倒数第二个字,即最后一个人名中的“明”字。其特点是,第一处众说纷纭,至今没有达成一致意见。第二处则一直未被人注意到,亦几乎无人讨论,直至最近才为籾山明论文更正。

“左伯□□王思”的释读,毋庸置疑,是石券文本释字工作最为关键之处,具有非

1　关于碑文误刻及其改正办法的一般论述,详见毛远明:《碑刻文献学通论》,第 71 页。不过,该石券似乎与毛氏所述的一般情况不合。

同寻常的学术意义。这几个字的释读讨论及其释读方案的最后确定,是该石券释文研究过程中的第三个热点。其重要意义就在于,既关系到该石券中25个人名的最终确定方案,也可旁证第11行起首的那两个字是否为人名之文字。这种确定将是决定性的证据。

首先,为了讨论方便,排列出各家的释文如下(以发表的时间为序。同一个学者发表二版释文,以第一版为准,第二版紧随其后,以便比较):

(1) 左伯□□王思(黄士斌释文,1982)。[1]

(2) 左中、〔文〕□、王思(宁可释文,1982)。[2]

(3) 左中文□王思(邢义田释文A,1983)。[3]

(4) 左中文? □于思(邢义田释文B,2005)。[4]

(5) 左中、文□、王思(高文释文,1985/1997)。[5]

(6) 左中、□□、王思(渡边信一郎释文,1986)。[6]

(7) 左伯(?)、□(文?)□、王思(山田胜芳释文,1986/1993)。[7]

(8) 左中文(?)、于思(俞伟超释文,1988)。[8]

(9) 左中、文□、王思(大渊忍尔释文,1991)。[9]

(10) 左中、文□、王思(永田英正释文,1994)。[10]

(11) 左中、〔文〕□、王思(渡边义浩释文1995)[11]

(12) 左伯、文□、王思(张传玺释文,1995/2014)。[12]

(13) 左□□、于思(张金光释文,2003)。[13]

(14) 左□□于思(王子今释文,2005)。[14]

---

1 参见黄士斌:《河南偃师县发现汉代买田约束石券》。

2 参见宁可:《关于〈汉侍廷里父老僤买田约束石券〉》。

3 参见邢义田:《汉代的父老、僤与聚族里居——“汉侍廷里父老僤买田约束石券”读记》。

4 参见邢义田:《汉代的父老、僤与聚族里居——〈汉侍廷里父老僤买田约束石券〉读记》,第29页。

5 参见高文:《汉碑集释》,第12页。

6 参见渡边信一郎:《中国古代社会論》,第31页注释28。

7 参见山田胜芳:《秦漢財政收入の研究》,第392页。

8 参见俞伟超:《中国古代公社组织的考察——论先秦两汉的“单—僤—弹”》,第114页。

9 参见大渊忍尔:《初期の道教——道教史の研究　其の一》,第241页注释145。

10 参见永田英正编:《漢代石刻集成》,[图版・释文篇]册,第24页。

11 参见渡边义浩:《後漢国家の支配と儒教》,第211页。

12 参见张传玺主编:《中国历代契约会编考释》上册,第73页;张传玺主编:《中国历代契约粹编》上册,第84页。

13 参见张金光:《有关东汉侍廷里父老僤的几个问题》。

14 参见王子今:《汉代“客田”及相关问题》。

(15) 左中文□王思(《汉碑全集》释文,2006)。[1]

(16) 左中孝、尹思(林兴龙释文,2007)。[2]

(17) 左中、□□、王思(彭作飙释文,2011)。[3]

(18) 左中、〔文?〕□、于思(籾山明释文 A,2013)。[4]

(19) 左中、文于、于思(籾山明释文 B,2015)。[5]

(20) 左中文、□王思(《偃师碑志选粹》释文,2014)。[6]

(21) 左中孝(?)、尹思(南玉泉释文,2017)。[7]

在以上 21 种释文之中,就“左”“思”二字的隶释而言,各家的释文一致,均无异议。核对图版可知,这两个字的释文确实无误。而存有争议之处有二:一是,“左”与“思”二字之间究竟有几个字?释作四个字的有 16 种释文,释为三个字的只有 5 种释文。二是,这几个字或释字不同,或有未释出者。

其次,最值得关注的、较为典型的讨论,就是邢义田以 1983 年发表的那篇论文为基础,在 1983 年至 2011 年间,针对该部分文字释读的反复研讨,一共进行了四次论述。在此,简要列举其讨论,以作进一步的辨析。

第一次是 1983 年,有如下详细考证与推测:[8]

又券文最后一行第十一至十三字,黄士斌释作“伯□□”,宁可释为“中文□”。这一差异亦应根据原券厘清。此外还有一处也有商榷的余地,即券文最末一行第十四、十五字疑应为“主疏”两字。黄、宁释文皆作“王思”。我们这样猜测的理由是这个石券是由父老僤的二十五人共同所立,券文末三行毫无疑问就是这二十五个人的名字。券文第二行提到“于季、主疏、左巨等廿五人”。券首领衔的实际是三个人:于季、主疏和左巨。于季、左巨出现于券末总名单,主疏也应在总名单中才对。按照宁可的句读,如果将券末“左中、〔文〕□”视为两人是对的,券尾人名刚好是二十五人。如此,“王思”非是“主疏”不可。如若不然,

---

1 参见徐玉立主编:《汉碑全集》第一册,第 136 页。

2 参见林兴龙:《东汉〈侍廷里父老僤买田约束石券〉相关问题研究》。

3 参见彭作飙:《汉〈侍廷里父老僤买田约束石券〉赏读》。

4 参见籾山明:《汉代结僤习俗考》。

5 参见籾山明:《秦漢出土文字史料の研究》,第 231 页;籾山明撰,赵晶改译:《汉代结僤习俗考》。

6 参见周剑曙、郭宏涛编著:《偃师碑志选粹》,第 241 页。

7 参见南玉泉:《东汉侍廷里僤约束石券的发现与研究》,第 26 页。

8 参见邢义田:《汉代的父老、僤与聚族里居——“汉侍廷里父老僤买田约束石券”读记》。

主疏为一人,王思为另一人,总共就会变成二十六人。再从拓片复印件上看,第二行“主疏”字迹很清楚,末行“王思”两字不完全清楚,但字形极接近“主疏”(参附图及笔者摹本)。黄士斌报导石券“全石均未经打磨,字刻在不很平整的自然石面上”。在这种情形下,“主”字上漏了一点,变成“王”;“疏”字看似“思”字都是可以理解的。当然,笔者无法勘对原券,所说仅是推断,一切应以勘验原券文为准。又“主”为姓氏不成问题。《通志》卷二十八,《氏族略》四有主氏:“嬴姓,即主父氏也,或单言主氏。《姓纂》云今同州有此姓。”岑仲勉《元和姓纂四校记》卷首补目也录有主氏。汉有主父偃,主疏为汉代人名是完全可能的。

此文1983年发表于台湾地区,至1987年之前,大陆学者大多未见其原刊原文。[1]而在此期间,大陆学者也没有发表与该石券研究相关的论文。在此文中,邢氏针对黄、宁二氏就第12行第11至13字释文的不同,并未提出自己的看法;对于第14、15字“王思”之说,提出疑为“主疏”二字的推测,并进行大篇幅的论证。

第二次是1987年,邢义田在1983年论文修改稿中,对以上论述修改如下:“此外还有一处也有商榷的余地,即券文最末一行第十四、十五字疑应为‘于思’两字,黄、宁释文皆作‘王思’。这是一位曾见原石券学者的意见。”并在此注释:“承杜正胜兄七十三年一月二十九日‘来信赐告’,谨谢。”即,该“曾见原石券学者的意见”,是杜正胜1984年1月29日“来信赐告”的。[2]

邢氏在这里提到的“曾见原石券学者”,当是指俞伟超。当然,1987年时俞氏之书尚未出版,杜正胜“来信赐告”邢义田所谓“曾见原石券学者的意见”,可能是杜正胜与俞伟超之间以其他途径进行交流的结果。[3]

由此可以确认的是,最早将“王思”改释为“于思”者是俞伟超,而首先向学界公

---

1 后来引用的见有,张金光:《有关东汉侍廷里父老僤的几个问题》。南玉泉:《东汉侍廷里僤约束石券的发现与研究》。

2 参见邢义田:《汉代的父老、僤与聚族里居——“汉侍廷里父老僤买田约束石券”读记》,氏著:《秦汉史论稿》,第218页,注释3。

3 在该书评论文的文末,杜正胜回忆说:“一九八三年秋至翌年春,我与俞伟超先生同在哈佛大学访问研究,有幸比邻卜居。回忆那段抵掌论学的日子,两位中国同道,在数万里外的异国谈论相同的专业与共同关切的国事,隆冬黑夜,大雪纷飞,每至凌晨,那真是一段回味无穷的时光啊。个人获诸俞先生的知识和陶冶,并不比受教过的师长少。当时我已聆听‘单’的高见,只觉甚有新意;而他随身携带的原稿我并未拜读,唯敦促能赶快出版以飨同好而已。今日得读新著,严冬论学的情景如在目前。他的意见既已问世,我有不同的看法,不敢自信必是,但很愿意写下来向俞先生请教,算是哈佛同学的再续吧。”据此推测,俞伟超在哈佛大学访学时,与杜正胜交流讨论过有关“单”的研究,并且提到过该石券文本的释读问题。因而邢义田在前揭其书第218页注释3所说杜氏“来信赐告”曾见的那位“原石券学者”,无疑是俞伟超先生。参见杜正胜:《“单”是公社还是结社?——与俞伟超先生商榷》。

布俞氏这个意见的,则是邢义田 1987 年在台湾地区出版的论文集《秦汉史论稿》。邢氏当是从俞氏“于思”之说。

又,经与前揭 1983 年的论述比较,可知在这里删去了其中第 3 行“我们这样猜测的理由是”之后的一段文字,显而易见,此时邢氏已彻底放弃了 1983 年的错误推测,即:将“券文最末一行第十四、十五字”释为“主疏”两字并作为人名的意见。

第三次是 2005 年,邢义田再次在其 1983 年论文修改稿中强调:“此外券文最末一行第十四、十五字疑应为‘于思’两字,黄、宁释文皆作‘王思’。俞伟超改释‘于思’,有同感。”又,“券文最后一行第十字‘左’以下,黄士斌释作‘伯□□王思’,宁可释为‘中〔文〕□王思’。俞伟超作‘中文(?)于思’。这一差异,参观时笔记有所忽略,应据原券再厘清。可以肯定的是‘于思’之前还有一无法辨识的字”。[1]

在此,邢义田明确表示,赞同“俞伟超改释‘于思’”之说。

第四次是 2011 年,邢义田在 1983 年论文最后一版修改稿中,就此重复表述:“此外券文最末一行第 14、15 字疑应为‘于思’两字,黄、宁释文皆作‘王思’。俞伟超改释‘于思’,有同感。”又,“券文最后一行第 10 字‘左’以下,黄士斌释作‘伯□□王思’,宁可释为‘中〔文〕□王思’。俞伟超作‘中文(?)于思’。这一差异,参观时没注意,应据原券再厘清。”[2]

在这里,邢氏删去了此前 2005 年那段表述文字的最末一句,即“可以肯定的是‘于思’之前还有一无法辨识的字”,具体原因不详。

除此之外,提出具有代表性意见的,还有张金光 2003 年论文与王子今 2005 年论文。

张金光提出这样的看法:[3]

> 又,末行第十三、十四字,黄、宁文皆释作“王思”,邢氏疑为“于思”,俞氏从之。我以为应作“于思”,今从邢氏说。又,末行于“錡初卿”与“于思”之间,有字,总数似不过三字,其姓为“左”,约略可辨,余二字不识。此为一左姓户人曰‘左□□’者。黄、宁二氏皆析为四字,作二户人对待。此释当误。如此‘左□□’,并第 11 行开头‘□□’人等总计之,正好得 25 人之数。与券文所言‘廿五人’相校正相合。此亦反证第 11 行开头‘□□’二字不当释为‘父老’,而应为

1　参见邢义田:《汉代的父老、僤与聚族里居——〈汉侍廷里父老僤买田约束石券〉读记》,中国大百科全书出版社 2005 年版,第 29 页。

2　参见邢义田:《汉代的父老、僤与聚族里居——汉侍廷里父老僤买田约束石券读记》,氏著:《天下一家:皇帝、官僚与社会》,第 438—439 页。

3　参见张金光:《有关东汉侍廷里父老僤的几个问题》。

人名。

大概是没有看到邢义田1987年在台北出版的《秦汉史论稿》,因此张金光在这里仍将邢义田作为“于思”之说的首倡者。又,因误判“左”与“思”之间只有三个字,故确定这五个字为两个人名,由此再导致其误推第11行首二字应为人名。

王子今主张末行第十三、十四字应释为“于思”二字,并评述说:“‘于思’,黄士斌、宁可释作‘王思’。邢义田、俞伟超释作‘于思’。邢义田说明据‘曾见原石券学者’杜正胜1984年1月29日‘来信赐告’,并有关于‘聚族里居’的讨论可为助证。而俞伟超则‘获睹黄士斌同志展示的拓片’,又曾经‘至偃师县文化馆核对原石的文字’。”[1]显然,王子今看到了邢义田1987年的《秦汉史论稿》。

在以上这些讨论之中,可见学者们已经达成的共识有两点:一是,赞同俞伟超改释“王思”为“于思”之说。二是,第11行开头未释出的二字,与券文所谓“廿五人”总人数的确定有关联。但是,至少有两个问题仍然存在争议:第一,“左”与“思”这两个字之间缺释的是四个字还是三个字?第二,其中缺释或者不能确定的那几个字,到底是什么字?这是必须进一步搞清楚的两个问题。

毫无疑问,解决这两个问题的唯一办法,就是根据其图版来辨析文字。

为此,选择六个版本的拓片照片,将“左”与“思”二字之间的图版截图,列表如下(表格6)。比较幸运的是,彭作飙论文刊有比较清晰的局部放大照片(彭版局部图),正好也可以截图进行比对。

表格6　第12行第10字下“左”与“思”二字间之图版截图

黄版	俞版	北大版	彭版	彭版局部图	选粹版	邢版

在这六个图版截图中,“黄版”“俞版”漫漶不清,“北大版”“彭版”“选粹版”“邢版”的清晰度则逐次见好。尤其是“邢版”,相当清晰。仔细审视“左”与“思”二字之间,确实可见仅有四个字。

因此,俞伟超主张其间存有三个字的说法,是不成立的。这是第一个问题的答

1　参见王子今:《汉代“客田”及相关问题》。

案。即,“左”与“思”二字之间实际上有四个字。

下面,再分别讨论一下“左”字之下这四个字,究竟都是什么字?其中,表格7以效果比较好的“邢版”为底本,将相关文字的图版截图,列表进行比较。

首先,讨论第一个字。在前揭21种释文中,计有三种情况:①释作“伯”字者,有3种释文:(1)、(7)、(12),其中(7)作“伯(?)”。②释作“中”字者,有16种释文:(2)、(3)、(4)、(5)、(6)、(8)、(9)、(10)、(11)、(15)、(16)、(17)、(18)、(19)、(20)、(21)。③未释出者,有2种释文:(13)、(14)。

宁可最早释出该字为“中”字。这个看法后来基本上得到了学者们的认可。在石券文本之中,“中”字多见。仅在该“约束”正文部分(第1~9行)就有5个,均相当清楚。

在“约束”署名部分(第10~12行),可以确定:①有三个名字带有“中”字,即“錡中都”(第10行)、“于中山”、“于中程”(第11行)。②有三个名字带有“伯”字,即“尹伯通”(第10行)、“于伯先”(第11行)、“于伯和”(第12行)。

以下,在“邢版”中选择名字带有“中”字、“伯”字的图版截图,与第一个字的图版截图列入下表(表格7),并附上“彭版局部”该字的放大截图。

表格7　第一个字与相关“中”字、“伯”字之图版截图

錡中都	于中山	于中程	第一个字	尹伯通	于伯先	于伯和	彭版局部“中”字

审视其中第一个字的图版截图,可见的情况是:①长方形的“口”,是四面封闭的,并非左右结构,特别是左边不是“亻”旁,右边也不是“白”旁。②在“彭版”“选粹版”截图上,中间一竖笔画“丨”,比较短(上下刚刚出头)、较细微(不易辨识),“丨”左边有外下斜的短白道干扰,不是笔画。与“伯”字的截图对比,显然将第一个字释为“伯”字,确实是误释。而与“中”字的截图比较,可以确认宁可释为“中”字是正确的。尤其是,据“彭版局部”放大截图,清楚可见这个字就是“中”字。

其次,讨论第二个字。在前揭21种释文中,计有三种情况:①未释出者,有6种释文:(1)、(6)、(7)、(13)、(14)、(17),其中(7)作“□(文?)”。②释为“文”字者,有13种释文:(2)、(3)、(4)、(5)、(8)、(9)、(10)、(11)、(12)、(15)、(18)、(19),其中(4)作“文?”、(8)作“文(?)”、(18)作“〔文?〕”。③释为“孝”字,有2种释文:(16)、(21),其中(21)作“孝(?)”。

如前所述,“左”与“思”之间有三个字之说是不成立的。但是,其中涉及第二个字与第三个字的释读问题,因此这里要稍微再讨论一下。

在前揭 21 种释文中,有 5 种释文主张该三字说,即:俞伟超释文"左中文(?)、于思",张金光释文"左□□、于思",王子今释文"左□□于思",林兴龙释文"左中孝、尹思",南玉泉释文"左中孝(?)、尹思"。其中,"左"字下第二个字,张、王二氏均未释出。王氏虽未标点,但推想其断读可能与张氏的相同。因而该三字说的共同点是:这五个字只能是两个人名。若依四字说,则这六个字就有三个人名和两个人名这样两个可能性。比较而言,在这个不成立的"三字说"之下,实际上缺了一个字,暂且作为"四字说"之下的第三个字来看待,因而在下面"左"字之下第三个字的讨论中不再涉及。

那么,林、南二氏的"孝"字之释是否可以成立呢?林兴龙认为,这是"孝"字的下半部分,即:与"中"字下的"文"字一起,上下构成所谓的"孝"字。南玉泉从"孝"字之说,但似乎不能确定,打上"?"号。

在第 11 行中,有两个人名包括"孝"字:于孝卿,于孝。以"选粹版"为底本,截取这两个"孝"字的图版,并按照林兴龙所谓"孝"字之说再截取相应的图版,将三者列表如下(表格 8)。由此,可以判定的是:第一个图版的上下结构,明显与第二三个图版的"孝"字不同,肯定不是"孝"字,因此林兴龙所主张的"孝"字之说是错误的。

表格 8　林兴龙所释与"孝"字之图版截图

林兴龙之说	于孝卿之"孝"	于孝之"孝"

持"文"字之说者,占大多数。宁可释文最先释为"文"字,高文释文、永田英正释文、张传玺释文、《汉碑全集》释文、《偃师碑志选粹》释文均直接释为"文"字。尽管后来也有学者不能确定,例如,籾山明 2013 年释文在该字旁边打上问号"?",但其目验原石之后,在 2017 年释文之中直接释作"文"字。根据清晰的三个图版截图(表格 9)核实,可以确定宁可释作"文"字是准确无误的。

表格 9　第二个字之图版截图

彭版	选粹版	邢版

再次,讨论第三个字。这里仅就“左”“思”二字间存有四字之说进行讨论。在前揭21种释文中,持该“四字说”者有16种。其中,有15种未释出该字为何字。在该四个字的释读中,未释出者如此之多,恐怕是唯一的一例,由此亦可见该字释读难度之大。

如前所述,宁可释文最先识别出来“左”字之下第二个字是“文”。而该“文”字下的一个字,即“左”字之下的第三个字,必定是一个单独的字,绝不是“孝”字之下部的偏旁“子”字。

邢义田1992年去看过原石券后,就在2005年其论文的增补版中,明确指出:“可以肯定的是‘于思’之前还有一无法辨识的字。”[1]这个“无法辨识的字”,就是这里要讨论的“左”字下的第三个字。邢氏的意见是值得关注的,这个“无法辨识的字”是切实存在的。

在此,必须指明的一点就是,该第三个字是由籾山明最先辨识出来的。这是他的一个学术贡献。籾山明未能在其2013年释文中释出该字,故标以“□”符。在2015年9月访问偃师商城博物馆时,才有机会对校原石,然后就“对此前的录文有所改订”,[2]确认前揭邢义田所指出的这一个“无法辨识的字”,就是“于”字。

“于”姓是该约束25位署名者中的大户。这是研究者都认可的。今已确定署名“于”姓之人名,有9人(第11~12行)。这9个“于”字,均清晰易辨。而第12行“左”字之下的第三个字,在大多数早期的图版上,的确显得漫漶不清,这是未能被识别出来的关键点。但是,在后来发表的比较清楚的图版(“北大版”“彭版”“选粹版”“邢版”)上,已经可以辨识出这个字确实是“于”(表格10)。籾山明主张“于”字之说,是可以信从的。

表格10 第三个字之清晰图版截图

北大版	彭版	选粹版	邢版

再来审视“俞版”,其实“左”字之下的第一、二个字,即“中”“文”二字,虽漫漶不清,但并非不可辨识。尤其是,俞氏曾有机会去亲自目验原石券的文字,因而其正确

1 参见邢义田:《汉代的父老、僤与聚族里居——〈汉侍廷里父老僤买田约束石券〉读记》,第29页。

2 参见籾山明:《汉代结僤习俗考》;籾山明:《秦漢出土文字史料の研究》,第231、259页;籾山明撰,赵晶改译:《汉代结僤习俗考》。

释出了这两个字，绝非偶然。当然，俞伟超没有最终确定该“文”字，因而在其释文中打了个问号。不过，奇怪的是，第三个字即“于”字，他却未能根据原石释出，甚至没有辨识出来这里还有一个字。

最后，讨论第四个字。在前揭21种释文中，大致依时间顺序，其释字有“王”“于”“尹”三个意见，计有：①“王思”，有13种释文：（1）、（2）、（3）、（5）、（6）、（7）、（9）、（10）、（11）、（12）、（15）、（17）、（20）。②“于思”，有6种释文：（4）、（8）、（13）、（14）、（18）、（19）。③“尹思”，有2种释文：（16）、（21）。

在25人之中，“尹”姓者有三人：尹伯通，尹太孙，尹中功（原释为“尹明功”，“明”字为误释，详后）。这里，将“邢版”中该第四个字与第10、12行所见这三位“尹”姓者之“尹”字之图版截图，列表如下（表格11）。

表格11 第四个字与“尹”字之图版截图

第四个字	尹伯通	尹太孙	尹中功
	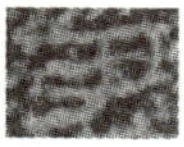		

审视该第四个字图版，其最底下的一“横”贯通得相当明显，其字形更像“王”字。因此，起初就被释为“王”字，后来也有不少学者从之，不足为怪。此外，该第四个字截图与“尹”字截图比对，则清楚可知：释该字为“尹”字之说，是难以成立的。

如前所述，俞伟超最早提出第四个字为“于”字之说。对此，邢义田在1987年曾经首次间接披露俞氏此说，并在1992年评价说：俞氏“将石券末行原释‘王思’二字，改释‘于思’也无可疑”。[1] 张金光、王子今、籾山明亦持“于”字之说。细看其图版，“于”字的“亅”在底部左拐的笔画依稀可见，而其右边的一“横”笔画，或许是某种原因造成的。俞伟超主张的“于”字之说，可以信从。

至此，第12行“左□口口□思”中这四个的释读辨析完毕。可以确定地说，这六个字应当改释为：左中文于于思。

那么，如果把“左中文于于思”这六个字视作两个人的人名，即：“左中文”“于于思”，“于于思”这个名字就显得比较怪异。因此，这六个字只能理解为三个人的名字：“左中”，“文于”，“于思”。这也是籾山明2017年释文最终版的结果，这样的处理是比较妥当的。

1 邢义田：《〈汉侍廷里父老僤买田约束石券〉再议——兼与俞伟超先生商榷》。

在该“约束”的25个署名中,“左”姓、“于”姓,均见有两字的人名,如“左巨”“于季”“于程”“于孝”“于稚”,因此,“左中”“于思”作为人名是没有问题的。这样一来,“文于”也一定是一个人名。而“文”姓,在两汉时期亦非罕见。例如,比较著名的人物,就有被载入《汉书·循吏传》的、西汉景帝时庐江舒县人、蜀郡守“文翁”。[1]

接着,再讨论一下第12行倒数第二个字,即最后一个人名“尹明功”之“明”字。

这个字的释读,以往并未引起学者的关注。2017年之前的各家释文,均将该券文的最后一个人名释为“尹明功”,包括籾山明2013年释文。甚至未见有人指出这个“尹明功”之“明”字是误释的,更不要说对该字的隶释有所讨论了。

目前,只见有籾山明在其2015年版释文中改释该“明”字为“中”字,[2]而且在其2017年中文版论文注释中有简单的说明:[3]

> 2015年9月笔者在访问河南省偃师市偃师商城博物馆时曾对校原石,对此前的录文有所改订,特此说明。

籾山氏在此没有明确其改释的根据,更没有讨论之前误释的原因。从其注释可以推知,改释的根据,就是在对校原石之时,辨识出此前误释的这个“明”字,当是“中”字。而同样曾亲自目验过原石的另外三位学者,即黄士斌、俞伟超、邢义田,却没有注意到这个此前被误释的“明”字。

那么,籾山明改释为“中”字正确吗?为什么之前没有注意到这个误释的“明”字呢?

在当前暂时没有机会去目验原石的情况下,恐怕只能再回过头来认真地逐一核对目前发表的该石券拓片的八个版本,认真检视一下籾山明改释的“中”字之说究竟是否正确。

令人惊喜的是,在八个版本中,第12行倒数第二个字,大都清晰可辨识为“中”字。即使在“黄版”上,也可以辨出就是“中”字。尤其是,“邢版”清晰可见,而“彭版”的局部放大图亦相当清楚。

可以确定的是:该字并非由“日”“月”偏旁构成的左右结构的“明”字,而是其中间一竖划上下出头的“中”字。籾山明的这一改释是相当正确的。将其截图列表如下(表格12),以便比对辨别。

---

1 班固:《汉书》第11册,中华书局1962年,第3625—3627页。

2 参见籾山明:《秦漢出土文字史料の研究》,第231页。

3 参见籾山明撰,赵晶改译:《汉代结僤习俗考》。按:这个注释,实际上是前揭其原书第259页的说明。

表格 12　第 12 行最末三个字“尹中功”之图版截图

黄版	俞版	徐版	彭版	彭版局部	北大版	精选版	选粹版	邢版

在这个券文中,如前所述,“中”字多见(参见前揭表格 7)。如“于中山”“于中程”那样,明显就是表示“中”字辈的标识。“尹中功”之“中”字,也当是表示行辈。

2015 年之前,学者们没有正确地释出这个“中”字,可能就是因为一开始就遵从黄士斌释文、宁可释文,将其误释为“明”字,加之图版不甚清楚,且这个人名排在最后,不大为人所关注。这种疏忽大意,恐怕也正是许多研究者释读时的真实状态,不足为怪。籾山明去查看原石时,一一核对释文,才发现这个字一直以来都误释为“明”字。因此以其亲眼所见,纠正为“中”字,其功不可没。

如此,在第 10—12 行中,在该约束末尾署名的 25 个人的名字,最终得以释读并确定下来,具体如下:

> 单𥎦(侯)、单子阳、尹伯通、錡中都、周平、周兰(10)、父老周伟、于中山、于中程、于季、于孝卿、于程、于伯先、于孝(11)、左巨、单力、于稚、錡初卿、左中、文于、于思、錡季卿、尹太孙、于伯和、尹中功(12)。

与以往释文不同的是,在此以籾山明 2015 年释文确定有争议或者有问题的两处释字为最终的结果:“父老周伟”,“尹中功”。

这一结果也可以反过来证实,此前难以确认且颇有争议的第 11 行起首那两个字就是“父老”。作为结论可以先提出来的是,在这 25 人之中,周伟是时任的里父老。这一点,对于理解该石券的“约束”文本,具有极其重要的突破性意义(详见下章第四段的讨论)。

(以上为本文上篇,下篇拟发表于本刊下一辑)

汉代长城防卫体制的变化*

[日]鹰取祐司** 著 郭聪敏*** 译

前 言

关于汉代的长城防卫,《汉书·昭帝纪》元凤四年(公元前77年)正月条所附如淳注中有具体记载:

> 天下人皆直戍边三日,亦名为更,律所谓繇戍也。虽丞相子亦在戍边之调。不可人人自行三日戍,又行者当自戍三日,不可往便还,因便住一岁一更。诸不行者,出钱三百入官,官以给戍者,是谓过更也。

这段话是说,天下之人原本皆有3天的长城防卫义务,但仅用3天又不现实,因此实际服役者一年更替一次,不服役者交300钱给官府,当作免役费付给实际服役者。如淳注中的"天下人"这个词反映出不仅边郡民众要承担长城防卫,内地民众也一样要服役,这些情况在边境出土的汉简中得到了证实。通过对汉简的分析,我们明确了长城防卫的实际情况,比如淳注更为详细。例如根据如淳注的记载,可以知晓防卫长城是汉帝国全体人民都要承担的义务,就居延、肩水地区的长城防卫而言,[1]通过汉简可以明显看出是集中由魏郡、东郡、淮阳郡、济阴郡等郡国承担。[2] 高村武幸先生指出居延地区的长城防卫工作并非整个西汉时期都由上述郡国籍人承担,比如

---

* 本文原题为《漢代長城警備体制の変容》,载宫宅潔编:《多民族社会の軍事統治出土史料が語る中国古代》,京都大学学术出版会2018年版,第139—187页。

** 鹰取祐司,日本立命馆大学文学部教授。

*** 郭聪敏,日本立命馆大学文学研究科东洋史专业2018级博士研究生。

1 本文将居延都尉府及肩水都尉府的管辖区域分别称为居延地区、肩水地区。

2 西村元佑:《漢代の徭役制度》,载《東洋史研究》第12卷第5号,1953年。另请参看本书(即《多民族社会の軍事統治出土史料が語る中国古代》一书——译者注)第5章注28、29所引既往研究成果。

到了成帝时期以后，就多由张掖郡籍的本地人承担。[1]

戍卒、田卒（以下总称“戍卒”）的户籍地于成帝时期以后发生了变化，这是因为在出土了张掖郡籍戍卒名籍简的探方里以成帝时期以后的纪年简居多，由此推断张掖郡籍戍卒名籍简也属于该时期。当时高村先生未能利用到肩水金关遗址（A32，EJ）出土的简牍，这些简现已全部出版，[2]故有必要以肩水金关遗址出土的简牍验证高村先生的观点。

肩水金关遗址出土的简牍中，如后举的简33—37，有很多发放给吏家属的“家属符”，以及内容相同的“燧长符”“亭长符”（以下总称“家属符”），这些吏在位于肩水金关以北的烽燧工作，正如表格1所示，属于公元前5年—前1年（哀帝时期）的事例在数量上特别多。[3] 而民用通行证“传”虽然相对集中在公元前55—前51年（宣帝时期），但在各个时期皆有，与此相比，家属符的集中程度则明显不同。

如下文所述，家属符事例比较集中的哀帝时期，就是防卫居延、肩水地区的戍卒大部分转换为本地张掖郡籍人的时期，由此可推测两者之间有某种联系。

表格1　肩水金关遗址出土家属符与传的时间分布

年代	公元前75—前71	公元前70—前66	公元前65—前61	公元前60—前56	公元前55—前51	公元前50—前46	公元前45—前41	公元前40—前36	公元前35—前31	公元前30—前26	公元前25—前21	公元前20—前16	公元前15—前11	公元前10—前6	公元前5—前1	公元1—5	公元6—10	公元11—15	公元16—20	公元21—25	公元26—30
家属符					2		3	3		1	1		1	2	14						
伝	1	4	4	5	8	5	2		1		1	1	2	3	4	3	2	2	1		1

本节利用新出版的肩水金关汉简来检验成帝时期以后居延、肩水地区戍卒的户籍地由关东转变为张掖郡这一论点，并就该变化的背景及其转变后长城防卫体制的

1　高村武幸：《前漢北西辺境と関東の戍卒——居延漢簡に見える兵士出身地の検討を通じて》，收入氏著：《漢代の地方官吏と地域社会》，汲古书院2008年版。以下提到的高村先生的观点均根据该文的论述。

2　甘肃简牍博物馆（前甘肃简牍保护研究中心）、甘肃省文物考古研究所、甘肃省博物馆、中国文化遗产研究院古文献研究室、中国社会科学院简帛研究中心编：《肩水金关汉简》（壹—伍），中西书局，2011—2016年版。

3　关于家属符等出土情况，参看拙文：《肩水金関遺址出土の通行証》，载笔者编：《古代中世東アジアの関所と交通制度》，立命馆大学2017年版。表格1摘录该文第284页的表4。

实际情况进行考察。[1] 另外,本节对以简牍资料进行理论探讨后,展开具体实践研究。

1. 戍卒户籍地的变化

(1) 记载戍卒户籍地并能确定年代的简之集成

如上所述,高村先生是根据与张掖郡籍戍卒名籍简同出的纪年简进行年代推定的,但也存在既有纪年又记载了戍卒户籍地的简。笔者将出土于额济纳河流域与疏勒河流域两地相关的简汇总制成本文末尾的附表1,可以确认从武帝征和三年(公元前90年)到王莽时期(公元9—23年)的有33例。其中,张掖郡籍戍卒仅有元帝初元五年(公元前44年)的2例与王莽时期的1例,剩下的30例全部属于张掖郡以外的户籍。张掖郡以外的内地籍戍卒的事例中,除王莽时期的1例外,其他都是成帝阳朔五年(鸿嘉元年,公元前20年)以前的,并且除了从初元五年(公元前44年)到建始二年(公元前31年)的12年间,以及从阳朔五年到王莽时期的30余年间的事例无从确认外,其他各事例的相互间隔均不超过10年,因此可以认为至少在阳朔五年以前,居延、敦煌的长城防卫工作始终都由张掖郡以外的内地籍戍卒承担。

(2) 自肩水金关遗址出土戍卒简的时间分布

在肩水金关遗址出土的,记载有戍卒户籍地的简(以下称为“戍卒简”)中,无纪年的达到357例(附表2)。在这所有357例中,有38例像下举的简1那样是张掖郡籍戍卒的事例,有319例则如简2那样,皆为张掖郡以外的郡国籍戍卒。

简1:
戍卒觻得万岁里爰忘得,年卅五丿 (73EJT10:102)
简2:
戍卒南阳郡博士亡度里公乘张舜,年卌 长七尺二寸丿 (7EJT10:103)

表格2综合显示了出土这些戍卒简的各个探方(参看图1、图2[2])的事例数目,以及该探方出土的纪年简(附表3是其一览表)每隔五年的分布情况。在表格2中,

---

1 本文所引简牍编号后的※符号,表示的是悬泉置汉简的出处及简牍缀合的出处,其相关文献可参看文末的一览表。另外,1930年出土的居延汉简中,简牍整理小组编《居延汉简》(壹—叁)(“中研院”历史语言研究所,2014—2016年)所载的内容依据该书的缀合。为免繁琐,因此附表3没有附记简牍缀合的出处。

2 图1摘自甘肃居延考古队《居延汉代遗址的发掘和新出土的简册文物》,载《文物》1978年第1期,第13页的图一二,图2摘自同文中的图一三。另外,T10位于南坞墙外侧的1930年西北科学考察团D、E发掘区(第5页)。T1-9的位置虽然也被认为是在D、E发掘区,但是没有明确的记载。

张掖郡籍的戍卒简(表中的“戍卒:张掖郡”)很多探方是自右向左依次排列,在不含此类的探方(表中的“戍卒:它郡国”),张掖郡以外郡国籍的戍卒简是按由多到少的顺序自左向右排列。而且如上所述,可以设想阳朔五年以前居延、敦煌的长城防卫工作一直由张掖郡以外的内地籍戍卒承担,所以表格 2 在包括阳朔五年在内的框架的下限,即公元前 16 年处划了道线。

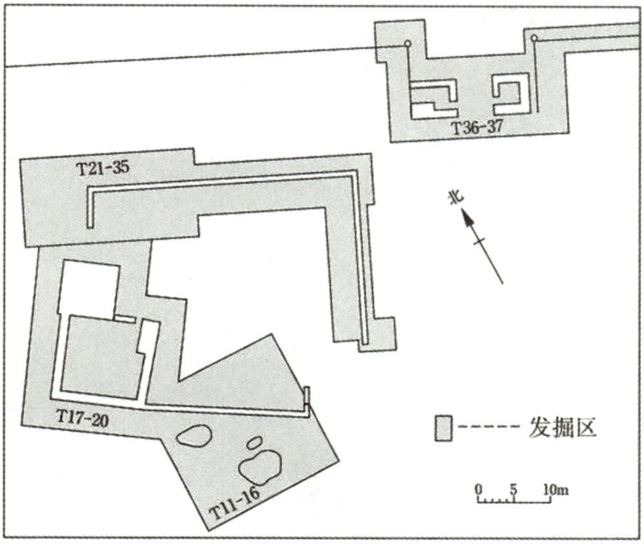

图 1　肩水金关遗址发掘区域分布图

※关卡遗址(T36-37)、北区(T21-35)、南区(T11-16,T17-20)

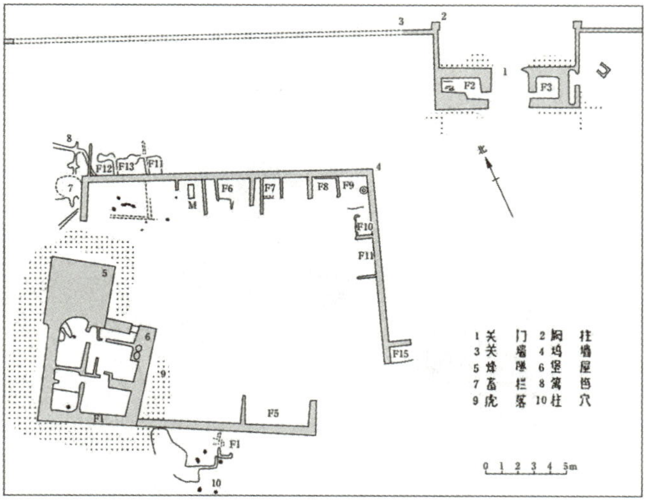

图 2　肩水金关遗址平面图

表格 2 各探方戍卒・骑士简与纪年简出土数(按年代所分的纪年简出土数量)

年代\探方	EPF 22	EJT 01	EJT 30	EJT 21	EJT 09	EJT 05	EJT 25	EJT 26	EJT 02	EJT 04	EJT 03	EJT 22	EJT 27	EJT 06	EJT 32	EJT 28	EJT 29	EJT 31	EJT 33	EJF 1	EJT 11	EJT 34	EJT 35	EJF 2	EJT 07	EJT 08	EJT 14	EJT 24	EJT 10	EJT 23	EJF 3	EJT 37	合计
~前 81				1						1																							
前 80~前 76				3				6				2								1									6				
前 75~前 71		2		4		1	1	3				1																4	3	1			
前 70~前 66		8	4	5	1		2	2	3	1	1		1			3		1						1			1	19		3		2	
前 65~前 61			9	6	1	1	1				1	1	1			2	3	4							2			1		5		15	
前 60~前 56				1	3	2		1	1	3	1	2				1	1									1		1	1	3		16	
前 55~前 51		1		1	8		1	1					3	3	1	7	6		1			2			2		1	1	7	1		16	
前 50~前 46			1	1	6	1	3	3		1			3		2			2	2		2	2			2	1		1	10	1		1	
前 45~前 41			2	1	1										1			1	3		1				2			1	1			3	
前 40~前 36				2				1			1	2		2				1	1		1					1	1		1	1		1	
前 35~前 31															1				1			2			1	2		1	2	1	1	1	
前 30~前 26	1		2	1						3		1	1			2		4							3			1	1			3	
前 25~前 21	1			3				2			1			3							1									1		3	
前 20~前 16				2	1						1	1		3	1	1		1							4					2		4	

（续表）

年代\探方	EPF 22	EJT 01	EJT 30	EJT 21	EJT 09	EJT 05	EJT 25	EJT 26	EJT 02	EJT 04	EJT 03	EJT 22	EJT 27	EJT 06	EJT 32	EJT 28	EJT 29	EJT 31	EJT 33	EJF 1	EJT 11	EJT 34	EJT 35	EJF 2	EJT 07	EJT 08	EJT 14	EJT 24	EJT 10	EJT 23	EJF 3	EJT 37	合计
前15~前11										1	2									1					1			2		10	1	20	
前10~前6											5			1				1													1	39	
前5~前1			1							1	2							1										1		1		37	
1~5				1						2			1							3			1					11		9		2	
6~10																							1		1	1		11		22	24	4	
11~15	1																								1			2		2	16		
16~20	3																														5		
21~25	16																							1									
26~30	47																																
31~35	10																																
36~	(1)																																
戍 卒：他郡国	1	25	17	16	13	11	10	9	8	8	7	7	6	5	5	4	4	3	3	2	1	1	1		9	11	3	37	14	19	3	56	319
戍 卒：张掖郡																									1	1	1	2	4	4	11	14	38
庸		1	5	2		2		1		1				1			1								1			4		1			20
营骑士	1										1						1							1							58		62
县骑士		7		1					1	2			2			1										1	1	1	2	4	1	3	27
骑士（种别不明）	7															1													1		3	1	13

从表格 2 可以看出,大体上有张掖郡籍戍卒简的探方相对的也有公元前 15 年以后的纪年简,而不含张掖郡籍戍卒简的探方多无公元前 15 年以后的纪年简。

其中,EJF3 尤其引人注目。EJF3 是肩水金关关门东侧的房间(参看图 2),出土于此的共计 48 例纪年简中,有 45 例集中于公元 8—19 年(参看表格 2、附表 2),由此看来,F3 保管着肩水金关即将废弃时使用的文书。[1] 而且 EJF3 出土的纪年简属于公元前 16 年以前的仅有 1 例,所以 EJF3 所出简牍基本上处于公元前 15 年之后。EJF3 出土的张掖郡籍戍卒简有 11 例,与之相对的是,其他郡国籍戍卒简仅有 3 例。

EJT10 与 EJF3 相比正好相反。EJT10 出土的 32 例纪年简全部作于公元前 26 年以前,因此将 EJT10 所出简牍大致定位在公元前 26 年以前。EJT10 出土的张掖郡籍戍卒简仅有 4 例,相对而言其他郡国籍戍卒简达到了 14 例。

另一方面,如将目光转向没有出土张掖郡籍戍卒简的探方,可以发现 22 个探方中有 14 个没有公元前 15 年以后的纪年简。在这 14 个探方中,关于其他郡国籍的戍卒简 EJT1 有 25 例,EJT9 有 13 例,EJT5 有 11 例,EJT25 有 10 例,EJT26 有 9 例,EJT2 有 8 例,EJT22 有 7 例。此外,相比之下其他郡国籍戍卒简较多的 EJT30(17 例)和 EJT21(16 例)中,其纪年简都是除了 1 例以外,其余全是公元前 16 年以前的简。因此,这 16 个探方出土的其他郡国籍戍卒简可以视为公元前 16 年以前之物。

综上,出土有其他郡国籍的戍卒简却没有出土张掖郡籍戍卒简的探方,其纪年简几乎都是在公元前 16 年之前,与此相对,出土有张掖郡籍戍卒简的探方则多包含公元前 15 年以后的纪年简。由此可见,居延、肩水地区的戍卒在公元前 16 年之前以其他郡国籍人居多,而在公元前 15 年之后则大部分由张掖郡籍戍卒取代,这说明高村先生的观点是妥当的。

另外,高村先生集成的张掖郡籍戍卒的名籍简全部出土于甲渠候官遗址(A8,EP),高村先生虽未明言有关肩水都尉府辖区内地籍戍卒转换成张掖郡籍戍卒的变化,但是张掖郡籍戍卒被分配到了肩水都尉府下辖烽燧的事例仍可通过肩水金关遗址的出土简牍得到确认。

简 3:

安竟隧卒觻得步利里士伍孔益寿☑

(73EJT37:622)

---

1 由于肩水金关遗址出土的纪年简中时代最晚的是下举 73EJF2:10 的地皇三年(公元 22 年)的简,所以推测肩水金关应是在此之后不久被放弃的。

●新始建国地皇上戊三年正月　二十六日显德伯□☑　(73EJF2:10)

简 4：

禁奸隧戍卒觻得悉意里公乘王凤，年五十，行书橐他界中，尽五年二月止

（73EJT37：628+658※1）

简 5：

破适隧卒觻得万年里公乘马□官，年廿三　见责府　同　十二月乙卯出入

（73EJT37：1082）

简 6：

勇士隧卒昭武长寿里大夫戾普，年二十八　普弟当，年二十ノ　大车一两

用牛一头　（73EJF3：130）

简 7：

肩水骍北亭卒觻得新成里公士李谭，年三▱　（73EJF3：467）

简 3—7 中，张掖郡内的觻得县、昭武县籍戍卒，其所属的安竟燧、禁奸燧、破适燧、勇士燧、骍北亭皆为肩水都尉府所属的燧。[1] 简 3—5 出土于 EJT37，年代很难确定，但简 6 的“二十”与简 7 的“三（十）”是王莽时期特有的记载方式。[2] 据此可知，二者是王莽时期的简。因此，肩水地区的戍卒同甲渠候官管辖区的一样，是在公元前 15 年以后，发生了由其他郡籍人转换成张掖郡籍人的变化。

公元前 15 年即是成帝永始二年，居延、肩水地区的长城防卫在成帝中期以后，由张掖郡籍戍卒承担，然而内地的戍卒输入并未完全断绝。

---

1 骍北亭在简 7 中为“肩水骍北亭”、从下举 73EJF3：78+623、73EJT37：850 分别可知，禁奸燧、勇士燧均为肩水都尉府所属。破适燧由 73EJT7：24 可知为肩水都尉府下辖的橐他候官所属。安竟燧在 562・7 中与望城燧一同出现，因为望城燧在 73EJD：211 是肩水候官所属，所以安竟燧也是肩水候官所属。

▱肩水禁奸燧长代王谭

▱二千四百七十六泉六分　（73EJF378+623）

肩水橐他候长勇士燧长□□孙宏　肩水▱　（73EJT37：850）

▱卒黄宗ノ　通望燧卒吕庇ノ▱

▱卒任奴ノ　破适燧卒董辅ノ□▱

▱卒樊抵ノ　右橐佗五人　次□▱　（73EJT7：24）

斥竟三人　济阳　鄣卒周千秋　当井陈弘　●周万印　陈时▱□

安竟三人　当井周捐　华杲　周道　陈□▱

望城二人　□成　●凡十二人先至　一石六斗　苏时　毕尊　▱

鄣卒田胜　望东　望城卒朱戒　黄锷　周常　▱

●直燧　▱（562・7〔A33〕）

肩水望城燧长觻得步利里暴□　未得地节四年十月尽十一月积二月奉用钱千二百

……钱千二百……　（73EJD：211）

2 门田明：《王莽簡の特徴》，载冨谷至编：《漢簡語彙考証》，岩波书店 2015 年版（该书中译本为冨谷至著：《汉简语汇考证》，张西艳译，中西书局 2018 年版。——译者注）。

简 8：

寒虏隧卒河东闻憙邑楼里乐欣，年三十三　(73EJF3:35)

简 9：

治沟卒庠丘中里上造靳陵，年三十丿　☐　(73EJF3:465+500)

简 10：

迺□□□申，第三燧戍卒新平郡苦县奇里上造朱疑，见第五燧戍卒同郡县始都里皇　☐

□袍所持铍，即以疑所持胡桐木丈，从后墨击意项三下，以辜一旬内立死。案疑贼杀人，甲辰病心腹□☐　(EPF22:326)

简 8 的“三十”与简 9 的“三十”是王莽时期特有的记载方式，[1]简 10 的“新平郡”是王莽时期将淮阳国改称后的郡名。[2] 由此可知，它们是王莽时期的简。根据简 8 的乐欣是河东郡籍、简 9 的靳陵是魏郡籍[3]、简 10 的朱疑与皇某是新平郡籍（淮阳国），能够确认王莽时期也从这些郡国征发了戍卒。简 8、9 所出的 EJF3 中还出土了 1 例其他郡国籍的戍卒简，EJF3 的出土简如前述属于公元前 15 年以后，另外，在没有出土过公元前 16 年以前纪年简的 EJT35 中，也发现有 1 例是其他郡国籍的戍卒简（参看表格 2、附表 2）。因此，内地所征发的戍卒在居延、肩水地区从事长城防卫这一状况，在成帝中期之后仍断断续续地延续着。

2. 成帝中期以后戍卒户籍地变化的背景

验证至此，可以确认高村先生指出的“成帝时期以后，居延、肩水地区戍卒的户籍地发生了从关东到张掖郡的变化”的观点是妥当的。究其原因，高村先生认为，西汉后期边境情势安定下来，不再需要那么多的内郡戍卒，一方面，汉元帝、成帝时期随着边郡开发的推进，所需戍卒的充足度得以确保。另一方面，当时也存在着关东频发天灾、叛乱防碍戍卒征发，以及边郡民征发增加等诸多因素。这一观点基本上是妥当的，但上述原因并非直接由简牍记载推导而来，因此，本节尝试从简牍的记载来探索戍卒户籍地变化的背景。

(1)“住一岁一更”制的动摇

1　门田明：《王莽簡の特徴》，载冨谷至编：《漢簡語彙考証》。

2　《汉书》卷二十八《地理志》：“淮阳国，高帝十一年置。莽曰新平。”

3　由于“庠”通“斥”，所以“庠”丘是魏郡所属的斥丘县。参见京都大学人文科学研究所简牍研究班：《漢簡語彙　中国古代木簡辞典》，岩波书店 2015 年版，第 318 页。又，《汉书》卷二十八《地理志》：“魏郡……县十八……斥丘。”

如开篇所引如淳注中的“住一岁一更”所述,内地籍戍卒的长城防卫工作是一年更替一次,其更替的时间原则上是四月初。[1]

简 11:

宪等,卒当以四月旦交代。故事候长将当罢卒诣官 (EPT65:37)

简 12:

令史音再拜言。令史厶写罢卒籍。三月庚辰□☒ (EPT52:219)

简 11 的“卒当以四月旦交代”中附有“当”字,由此可知“以四月旦交代”其是原则。简 12 中,长城役事服役期结束而归乡的戍卒即罢卒,他们的名籍“罢卒籍”制成于三月。因而罢卒的名籍应该是在戍卒更替以前的三月制成。

然而,戍卒四月初更替的原则并未被严格遵守。

简 13:

状。公乘氐池先定里,年卅六岁,姓乐氏,故北库啬夫。五凤元年八月甲辰,以功次迁为肩水士吏,以主塞吏卒为职。☒

戍卒赵国柏人希里马安汉等五百六十四人,戍诣张掖,署肩水部。至□□到酒泉沙头燧,阅具簿□☒ (正)

迺五月丙辰,戍卒赵国柏人希里马安汉戍诣张掖,署肩水部,行到沙头燧,阅具簿□□□□□□亡满三☒

甘露二年六月己未朔庚申,肩水士吏弘别迎三年戍卒……候。以律令从事□□□☒ (背)(73EJT28:63)

这是前去迎接新任戍卒、并把他们带到张掖来的肩水士吏弘的举劾文书。[2] 背面第一行写有“上个月即五月丙辰(二十八日),[3]来自赵国柏人县希里的戍卒马安汉被征发到张掖郡防卫长城,被分配到肩水候官管辖区,后来转移来到沙头燧,检阅具簿□□□□□□逃亡超过三(天)”,“亡满三”是关于逃亡的记载,[4]故而该简涉及肩

---

1 拙文:《漢代戍卒の徵発と就役地への移動》,载《古代文化》第 49 卷第 10 期,1997 年。

2 关于举劾文书,参看拙著:《秦漢官文書の基礎的研究》,汲古书院 2015 年版,第三部《断獄の文書》。

3 具体日期推算参见饶尚宽编著:《春秋战国秦汉朔闰表(公元前 722—公元 220 年)》,商务印书馆 2006 年版。以下同。

4 下举简中有“逃亡超过三日,但五天以上一直没有吏对此进行告发”。

☒十五日。令史宫移牛籍大守府,求乐,不得乐。吏毋告劾亡满三日五日以上 (36·2〔A33〕)

水士吏弘举劾其所带领到沙头燧的戍卒马安汉逃亡之事。由“五月丙辰……署肩水部”可知,他们到达肩水候官的时间是在五月二十八日。

与罢卒相关的记录,也存有能推测出戍卒更替时间的内容。

简 14:

三月十五日治罢卒簿府　三月十五日罢　(EPT2:2)

简 15:

☐永始三年五月甲寅,尉史诣府治罢卒☐　(EPT3:6)

简 16:

候长觻得定国里公乘负宗,年卅二　△　五月戊寅入　送罢卒府　六月庚戌☐　(73EJT37:1078)

简 17:

初元三年六月甲申朔癸巳,尉史常敢言之。遣守士吏泠临送罢卒大守府,与从者居延富里徐宜马

☐……毋苛留止。如律令。敢言之。　(EPT53:46)

简 14、简 15 是关于罢卒名籍制作的记录,简 14 制成于四月、简 15 制成于五月。由于简 12 是在三月制成,所以罢卒名籍原本可能是在戍卒更替以前制成的。这样一来,简 14、简 15 中戍卒的更替就推迟到了四月末至五月。如简 16“送罢卒府”所示,率领罢卒到达都尉府的候长,通关记录显示他于“五月戊寅”通过肩水金关,并向太守府所在的觻得县方向行进。[1] 由于居延县到肩水金关的行程 8 天以内能够走完,[2] 所以推测戍卒的更替发生在四月下旬到五月左右。简 17 是发给率领罢卒到太守府的吏的通行证,从发放日期六月癸巳(十日)来看,戍卒的更替大概是五月末到六月初的事情。

1　肩水金关通关记录的“入”表示从居延方向向觻得方向南行通过肩水金关。冨谷至:《文書行政の漢帝国　木簡・竹簡の時代》,名古屋大学出版会 2010 年版,第 310 页(译者注:该书中译本为冨谷至著:《文书行政的汉帝国》,刘恒武、孔李波译,江苏人民出版社 2019 年版)。

2　下面的简是居延县丞发给到太守府出差的吏的通行证,发放日期是在六月甲辰(十九日),于 8 天后的壬子(二十七日)通过肩水金关。如果从发放到出发需要花费时间,则要比从居延县到肩水金关的 8 天还要短。地节三年六月丙戌朔甲辰,尉史延年敢言之。遣佐广,斋三老赐名籍,对大守府会。轺车一乘・牛一。与从者平里纪市具。谒移过所县道河津关,毋苛留止。敢言之。六月甲辰,居延丞延年移过所县道河津关。毋苛留止。如律令。/掾延年・佐长世　(正)

章曰居延丞印

六月壬子以来　(背)(73EJT37:519)

上举事例的简中，虽然也有推迟到六月更替戍卒的情况，但以下事例中，罢卒通过肩水金关和罢卒名籍被送往太守府的时间又推迟到了八月。

简 18：
日勒守尉道人，将居延罢卒三百一十二人 ☐
屋阑右尉千秋，将居延罢卒三百一十人 ☐
觻得守丞忠，将居延罢卒三百一十二人，八月丁酉☐
昭武左尉广，将居延罢卒二百八十七人，八月☐
删丹右尉长安，将居延罢卒三百一十一人 ☐
删丹守尉贤，将居延罢卒三百六十九人，八月庚☐
昭武守丞安上，将居延罢卒三百一十人，八月庚□☐ （正）
——————————————————————五 ☐
———————————————————————十 ☐
（背） （73EJT22：111）

简 19：
元康二年八月丁卯朔甲申，昭武左尉广为郡将漕敢言。谨写
罢卒名籍移。敢言之。 （正）
佐安昌·亭长齐 （背） （73EJT30：21+87※2）

简 18 是日勒县守尉的道人，以及列于其下的张掖郡属县长吏率领"居延罢卒"通过金关的记录，从中可以看到"八月"这一月份。作为率领戍卒的一名长吏，"昭武左尉广"也见于简 19，二者若是同一人，则简 18 也应属于元康二年（公元前 64 年）前后。[1] 简 19 是移送罢卒名籍时的移文，尽管也有在戍卒更替期以后移送的可能性，但由于简 17 中有"遣守士吏泠临率领罢卒到太守府"即罢卒首先被带到张掖太守府，然后由所在户籍地的郡国长吏率领归乡，[2] 所以罢卒名籍应为交接之时确认所用。如果是这样的话，向太守府移送罢卒名籍的时间则应在罢卒到达太守府之前。

---

1 出土该简的 EJT22，在表格 2 中也只见有公元前 16 年以前的纪年简出土，这说明该简是元康二年（公元前 64 年）前后的记录。另外，由于丁卯（干支号码为 4）朔所在的月份中没有丁酉（干支号码为 34），所以简 18 不属于元康二年。

2 制曰下丞相御史。臣谨案，令曰发卒戍田，县侯国财令吏将，二千石官令长吏并将，至戍田所。罢卒还、诸将罢卒不与起居，免削爵☐ （EPT51：15）

这就不免使我们得出戍卒的更替时间也是在八月左右的结论。[1]

据此,戍卒更替的时间本来应该在四月初,实际上也有较之晚了四个月,即推迟到八月的现象。下列的简是发给迎接服役期满罢卒的济阴郡句阳县吏的通行证,其中的日期也是戍卒更替时间被推后的旁证。

简 20:

阳朔五年三月甲申朔己亥,句阳长立移过所县邑☐

为国迎四年罢戍卒。当舍传舍邮亭从者☐ (73EJT7:23)

被率领归乡的戍卒是"四年罢戍卒",即阳朔四年(公元前 21 年)的戍卒,按规定他们的服役期理应在阳朔五年三月末结束。然而,该通行证却于阳朔五年三月己亥(十六日)发放。虽然没有涉及从济阴郡到居延所需时间的史料,但是有住在比济阴郡近的南阳郡宛县的平民因私事来到居延时所需时间的确切事例。

简 21:

元康四年六月丁巳朔辛酉,都乡有秩贤佐安汉敢告尉史。宛□☐

自言,为家私使张掖界中。案毋官狱征事,当为传□□□□□□□☐

尉史众敢言之。谨写移音渠年爵如书。敢言之。☐

六月丁巳,宛守丞鲁阳右尉光谨移过所县邑侯国☐ (正)

印曰鲁阳右尉印

二月丙辰,盛音以来 (背) (73EJT31:34+20※3)

这是居住在南阳郡宛县的盛音等人的通行证,于元康四年(前 62 年)六月辛酉(五日)发放,他们于次年二月丙辰(四日)通过肩水金关,中间历时 8 个月。[2] 虽然无

1 简 19 中因为有"为郡将漕",所以该罢卒可能是从事漕运者。注 34 所举 303·15+513·17 中,由于戍卒被动员以开凿泾渠,所以认为上述漕运也由一部分戍卒承担比较合适。若如此,则该罢卒也与其他戍卒在同一时期被更替。

2 除了简 21 以外,下举的 73EJT9:92 中从长安到肩水金关花费不到 11 个月(五凤二年八月置闰),73EJT23:897 中从右扶风雍县到肩水金关需要不到 10 个月左右。不过,从 73EJT23:897 的"五月己巳以來南"的记载与 73EJT9:92 背面下划线是另一种笔记这两点来看,两简背面的日期都不是去往居延,而可能是返程路上通过肩水金关的日期。

五凤二年五月壬子朔乙亥,南乡啬夫武、佐宗敢言之。北阳曲里男子☐

谨案,弘年廿二,毋官狱征事,当得取传。里父老丁禹证。谒言廷,移过所□☐

六月庚寅,长安守右丞汤移过所县邑。如律令。掾充、令史宗☐ (正) (转下页注)

法确认平民与使用传舍、邮亭之吏是以相同的速度移动，但是携带简 20 来迎接罢卒的吏只用半个月的时间就从济阴郡到达居延等地是不太可能的。[1] 因为即便是简 21 所需时间的三分之二也要花 5 个月，所以句阳县吏到达居延的时间将大大超过戍卒更替的四月，即在八月左右到达。

若是延迟一个月左右，我们姑且可理解为是新任戍卒基于某些原因而晚到，但是竟然推迟了 4 个月，这说明四月初更替的原则或许根本就没有被严格执行，特别是简 20 从出发时间来看已无法于四月初准时到达，因此，一年服役期以四月初更替的戍卒运作模式本身可能已经动摇。

行文至此，我们一直是从抵达长城防卫服役地的时间和服役期满后的归还时间的角度来讨论，从内地戍卒的出发时间上也不难看出戍卒四月初更替模式的崩溃。接下来的简 22、简 23 同是魏郡黎阳县吏在率领戍卒前往居延时被发给的通行证，简 24 是河东郡皮氏县的县吏率领戍卒前往敦煌郡时被发给的通行证。

简 22：

阳朔五年正月乙酉朔庚戌，犂阳丞临移过所。遣厨佐

闾昌，为郡送遣戍卒张掖居延。当舍传舍从者。如律令。 （正）

（接上页注）三月壬辰，不弘以来

章曰长安右丞 三月壬辰 （背）（73EJT9：92）

元寿二年七月丁卯朔辛卯，广昌乡啬夫、假佐宏敢言之。阳里男子任良自言，欲取传，为家私使之武威、张掖郡中。谨案，良年五十八，更赋皆给，毋官狱征事，非亡人命者，当得取传。谒移过所河津关，毋 苛留。如律令。

七月辛卯，雍令、丞凤移过所。如律令。

马车一两，用马一匹，齿十二岁，牛车一两，用牛二头 /掾竝·守令史普 （正）

雍丞之印 啬夫赏

君门下

五月己巳以来南 （背）（73EJT23：897）

1 下面的简是利用乘传之吏的通行证，即使乘传，其从长安到悬泉置，在 II90DXT01154：34 中也要花费 23 天（六月辛丑是二十五日，七月癸亥是十八日），在 I90DXT01122：18 中也花费了 35 天（五月壬子是八日，六月丙戌是十三日）。

甘露四年六月辛丑

郎中马仓使护敦煌郡塞外漕作仓穿渠

为驾一乘传，载从者一人。有请诏 外卅一 （上段）

御史大夫万年下谓。以次为驾。当舍传舍从者。

如律令。 七月癸亥食时西 （下段）（II90DXT0115④：34※9）

建平四年五月壬子，御史中丞臣宪承

制，诏侍御史曰：敦煌玉门都尉忠之官。为驾一乘传，载从者。 （上段）

御史大夫延下长安。承书，以次为驾。

当舍传舍。如律令。六月丙戌西 （下段）（（I90DXT0112②：18※10）

犂阳丞印

/掾谭·令史赏　　（背）　（73EJT6:23）

简 23：

建始二年闰月己丑朔丙辰，犂阳守丞望移过所。遣都乡佐阳成武，为郡送戍卒张掖

=郡

居延。县邑侯国门亭河津，毋苛留。当舍传舍从者。如律令。

/守令史常　（73EJF3:181）

简 24：

河平四年二月甲申朔癸卯，河东太守舒谓过所邑。遣皮氏佐司马带送卒敦煌郡。

舍传舍从者。如律令。　（II 90DXT0215 2:40※4）

关于通行证的发放日，率领戍卒从魏郡黎阳县前往居延的简 22 是阳朔五年（应为鸿嘉元年，公元前 20 年）正月庚戌（二十六日），简 23 是建始二年（公元前 31 年）闰月（正月后置）丙辰（二十八日），率领戍卒从河东郡到敦煌的简 24，发放日期是河平四年（公元前 25 年）二月癸卯（二十日）。从戍卒的更替时间四月份开始倒推的话，依次是 3 个月前、3 个月前、2 个月前，出发时间与移动距离大致对应。

不过，与简 22、简 23 同属魏郡的武安县尉率领戍卒前往张掖的通行证，即下面的简 25，发放日期为五凤二年（公元前 52 年）五月辛巳（三十日）。

简 25：

五凤二年五月壬子朔辛巳，武安左尉德调为郡送戍田卒张掖郡。　（正）

□□□印　　（背）　（73EJT37:1099）

同样是率领戍卒从魏郡出发，简 25 的出发时间与简 22、简 23 却相差了 4 个月，发给通行证的五月三十日已然超过了戍卒更替的四月份。四月初更替但五月末才出发之事例的存在，使我们不得不认为，一年服役期于四月份进行更替的长城防卫体制，这一框架本身已经崩溃。[1]

1　简 25 的“五月”实际上也可能是被率领戍卒应服役的四月份之前一年的五月。下面的简是率领“神爵六年”（即五凤二年，公元前 56 年）的戍卒到敦煌、酒泉时发给丞相史的通行证。

神爵四年十一月癸未，丞相史李尊送获神爵六年戍卒河东、南阳、颍川、上党、东郡、济阴、魏郡、淮阳国，诣敦煌郡、酒泉郡。因迎罢卒，送致河东、南阳、颍川、东郡、魏郡、　（转下页注）

从罢卒归乡似乎是八月份的简19属于元康二年(公元前64年)、简20属于阳朔五年、戍卒由内地出发时间为五月份的简25属于五凤二年(公元前56年)来看,戍卒在四月初更替的模式自宣帝时期已经开始崩溃。这即是说,我们推测宣帝时期以后,新服役戍卒到达时,此前服役期已经超过1年的戍卒不得不继续承担长城防卫的状况仍时有发生。

(2)"庸"的扩大与所滋生的问题

在这种情况下,张掖郡籍的人代替内地籍人作为戍卒服役的直接契机看来是戍卒"庸"的规模的扩大。"庸"是雇人代替自己从事长城防卫的做法,集成的戍卒名籍中也频见"庸"的事例。[1] 举一例来说:

简26:

戍卒梁国睢阳秩里不更丁姓,年廿四　庸同县驼诏里不更廖亡生,年廿四☑

(73EJT1:81)

在这个例子里,作为戍卒征用对象的梁国睢阳县秩里的丁姓,以个人身份雇用同县驼诏里的廖亡生代替自己前往长城进行防卫。[2] 这里所说的"庸",是征发对象者

(接上页注)　淮阳国。并督死卒传槥。为驾一封轺传。御史大夫望之谓高陵。以次为驾。当舍传舍。如律令。

(I91DXT03093:237※10)

由于率领的是神爵六年的戍卒,所以预定在神爵六年四月预定到达敦煌,但是该通行证的颁发时间是神爵四年十一月二十三日,比预定到达时间早了一年零五个月。因此,简25的"五月"也可能是应服役的四月份之前一年的五月。不过,戍卒的率领者是丞相史,由于当地戍卒也涉及从河东郡到淮阳国的广阔范围,所以这1年5个月的时间也可能是从长安出发绕行到以上郡国再到达敦煌的全行程所需时间。

目前还没有确切的材料可以判断出简25的"五月"是应服役年的五月还是一年前的五月,但根据平民通行证的简21,从南阳郡到居延所需的时间是8个月,鉴于简20是在戍卒更替前仅半个月的阳朔五年三月十六日发放,这枚简是从济阴郡句阳到居延去迎接阳朔四年罢卒的吏的通行证,则很难认为简25的"五月"是更替期11个月前的五月。因此,姑且考虑简25的"五月"是戍卒应服役年的五月。

1　关于"庸",参见谢桂华:《汉简和汉代的取庸代戍制度》,收入氏著:《汉晋简牍论丛》,广西师范大学出版2014年版。

2　黎明钊、马增荣:《汉简簿籍再探:以"卒佣作名籍"为例》,载《中国文化研究所学报》第53期,2011年。其文认为名籍下一栏的人雇用上一栏的人(第54页)。但是,下举73EJT26:9中,有"取宁平驷里上造胡部年廿四为庸",上一栏的人雇用下一栏的人作为"庸"。73EJT26:9以及接下来的简73EJT29:100一道都属于田卒名籍中,雇用者与被雇用者的记载位置理应相同,所以与田卒名籍格式一样的戍卒名籍,也是下一栏的人被上一栏的人雇用而实际服役。

田卒淮阳郡新平景里上造高千秋,年廿六　取宁平驷里上造胡部年廿四为庸　丿　(73EJT26:9)

田卒贝丘庄里大夫成常幸,年廿七　庸同县厝期里大夫张收,年卅　长七尺　(73EJT29:100)

个人雇用的“庸”,这由下面的简27可以确认:

简27:
☐廿四　☐固里公士丁积年廿五,为庸自代　　(508·26+508·27〔A35〕)

我们认为“固里”之前尚未释读的字是“取”,[1]这样,后半部分就可以理解成“取固里公士丁积年廿五,为庸自代”,由此可知“庸”是个人雇用代理服役者的行为。

戍卒名籍等文书中,也有作为长城防卫征发对象的人雇用他人作为“庸”时记入价钱(庸钱)的事例。

简28:
张掖居延☐☐卒弘农郡陆浑河阳里大夫成更,年廿四　庸同县阳里大夫赵勋,年廿
(170·2〔A21〕)

简29:
中为同县不审里庆丑来庸,贾钱四千六百,戍诣居延。六月旦署乘甲渠第
(159·23〔A8〕)

尽管同样是长城防卫的代理服役活动,简28的价格是29000钱,简29却是4600钱。若代理服役者是由承担戍卒征发的郡县来安排,把地域差异也考虑在内的雇用价格应该比较接近,然而这两例中却有7倍的价差。由于戍卒是一年更替一次,所以很难认为这一差值是基于代理服役期长度的不同而产生的差异。差值如此之大,或许就是因为这些“庸”是成为征发对象的个人所雇用的。

附表2所举张掖郡以外郡国籍的戍卒简,有17例像简28那样有“庸”的记载,占全部319例的5.3%,[2]下列一简,十人当中有六人是“庸”。

1　与此简一样记为“为庸”的前注所举的73EJT26:9有“取宁平驷里上造胡部年廿四为庸”,被“庸”者的前面出现了“取”字。简27该字的字形也可以释为“取”,前举谢桂华《汉简和汉代的取庸代戍制度》中亦释为“取”。

2　由于附表2的戍卒一栏中附记了“(庸)”,故而表格2的“庸”是按探方出土的事例数排列。此外,张掖郡籍戍卒的“庸”事例只有73EJT24:147+765。

简 30：
四人身
●右第十车十人
六庸　　　　　　　　　　　　　　　　　　　　（73EJT26：51）

这枚简中所见的“第十车”，是戍卒从户籍所在郡国奔赴居延、敦煌时组织的车队的车辆编号，平均每 10 名戍卒配备 1 辆车。[1] 简 30 中，被记为“身”的 4 人是本人被征发到长城进行防卫，剩下 6 人则是作为“庸”而被雇用，成为代理本人的服役者。以下一简也有“六人庸”，可见简 30“庸”的数量比例不是非常特别。

简 31：
☑六人庸　☑
☑人身　　☑　　　　　　　　　　　　　　　　（73EJT37：584）

从简 30、简 31 来看，相对于附表 2 的 5.3%，很有可能存在更高比例的“庸”。由于附表 2“庸”的事例除 1 例以外，都是简 26 那样的内地籍戍卒，据此可以推测，在戍卒从内地前来服役的公元前 16 年以前的时期，[2] 作为征发对象的个人雇用他人代理服役情况大有增长。简 28 也是弘农郡籍戍卒，简 29 从“戍诣居延”来看也是内地籍戍卒。

综上，代理服役之所以广泛流行，毋庸赘言，是因为这一做法能够规避把从内地出发所需的时间包含在内、可能长达 3 年的长城防卫役事。而且，如上所述，宣帝时期以后戍卒四月初更替的框架崩坏，这一结果也导致服役超过 3 年仍不能归乡的戍卒，可能达到了相当的数量。照这种情况，简 30、简 31 中六成的人规避服役就不会是不可思议的了。针对于长城防卫的役事被规避到这种程度，即便可以收取报酬，希望作为“庸”代理服役的人也不会很多。先前虽然已指出简 28 和简 29 的庸钱达 7 倍的价差，但是也可认为简 28 的 29000 钱是代理服役者乘人之危抬高庸钱的结果。能将庸钱提高到这种程度，意味着已经找不到从事代理服役的人了。

属于内地的长城防卫征发对象，很难确保能找到代理服役者，结果就是为了赚钱而从事代理服役的奸人数量增加，给长城防卫造成了障碍，于是应支付给代理服役者

1　拙文：《漢代戍卒の徴発と就役地への移動》。

2　在表格 2 中，含有“庸”事例的探方出土了公元前 16 年以前的许多纪年简，这也支持了“庸”的相关事例属于公元前 16 年以前的观点。EJT24（“庸”的事例 4 例）与 EJT23（1 例）中虽然很多是公元前 15 年以后的纪年简，但同时也出土了相当数量的公元前 16 年以前的纪年简，并没有否定“庸”的事例是属于公元前 16 年以前的。

的庸钱先由承担戍卒征发的县保管,然后再移送交付给居延等长城防卫的服役地,在那里雇用当地人作为“庸”防卫长城,这一推测是依据下面的简:

简32:

钱入其县,边以见钱取庸。往者,奸黠民受钱为庸,去署亡,犯法不已。事寖不可长。诸庸卒不已,事 (73EJT37:1164)

由于“县边”的用例未见于汉简,所以开头部分应句读为“钱入其县,边以见钱取庸”。这样,对比“其县”和“边”,“其县”是戍卒被征用的内地县,“边”是指居延等长城防卫之地。因此,开头部分可解释为“内地县征收的钱输送给边境,以这笔钱在边境雇‘庸’”。如果是这样,那么“钱入其县,边以见钱取庸”当属于从内地征发戍卒的时期。

接简32的“钱入其县,边以见钱取庸”,后续有“过去,奸黠民受领钱成为庸,从工作的官署逃走,犯罪现象层出不穷。不得任其助长,如果不制止庸卒的话……”的内容,为了赚钱而成为“庸”的奸黠之民工作态度恶劣,加上还有犯罪行为,所以今后不可放纵,要讨论限制的措施。“往者”是相对于“钱入其县,边以见钱取庸”所说的,由此看来,这个“往者”是在“钱入其县,边以见钱取庸”以前,换句话说,是指内地成为征发对象的人雇用他人为“庸”代理服役的时期。如此一来,内地作为“庸”而被雇用从事长城防卫的多是奸黠之民,他们的工作态度恶劣并且还有犯罪行为,因此停止在内地雇用代理服役者,转而从成为征发对象的人那里征收庸钱,再在长城地区雇用“庸”。

基于上述的对长城防卫服役的规避心理,可以推测支付了庸钱就可以免除长城防卫服役的方式,从某种意义上说,在制度上成为可能,其结果是来自内地作为戍卒前往居延、敦煌地区从事长城防卫工作的人大规模减少。据此,确保必要人数的戍卒承担长城防卫,对内地而言就变得困难了,相应的结果便是出现了从内郡籍戍卒向张掖郡籍戍卒的转换。

3. 居延长城防卫体制的变化

如第1节所讨论,成帝中期以后,取代内地籍人的张掖郡籍人承担了居延、肩水地区的长城防卫。其结果是,至此为止一直由内地数个郡国所供给的相当数量的戍卒,必须且只能由张掖郡填补。正如本文开篇所述,哀帝时期家属符的集中出现即是以这种变化为背景。

(1) 居延地区的戍卒总数

在考察长城防卫体制变化的具体情况之前,先对从事居延地区长城防卫的戍卒总数予以确认。前举简18是张掖郡内的县长吏率领“居延罢卒”通过肩水金关时的记录,该简出土于肩水金关遗址,并能看到“八月丁酉”“八月”“八月庚”这样同一个月份的日期,因此这些罢卒是居延都尉府所属的戍卒,因服役期满而归乡,于同年八月通过肩水金关。如前所述,此简属于元康二年前后时期,由于公元前16年以前是从内地征发戍卒奔赴居延,所以这些罢卒也是内地籍人。简18中所记的罢卒合计为2211人,由于该简是残长10厘米左右的残简,所以断缺的下半部分同样记载有所率罢卒情况的可能性很高。基于这一点,暂且认为奔赴张掖郡服役的戍卒总数为2500人。[1]

成帝中期以后,来自内地的戍卒供应减少,张掖郡应提供2500人左右,但是张掖郡的人口根据《汉书·地理志》,户数是24352,口数是88731。[2] 按照一户提供一名戍卒以承担一年一次的更替,在各户都必须承担的情况下,可以计算出张掖郡民大约每十年提供一名戍卒。与此相对,根据高村先生的统计,送出大量戍卒的上一级5个郡(魏郡、东郡、淮阳郡、南阳郡、昌邑国)的户数共计1281853,[3]所以假设仅由这5个郡分别承担2500人的居延戍卒,按上述的办法轮替一次大约要500年。在此必须说

---

1 本文所举简13以及下面二简也是考虑在居延地区进行长城防卫的戍卒总数的线索。

马长吏。疑有吏卒民屯士亡者,具署郡县里名姓年长物色所衣服赍操初亡年月日人数,白报,与病已。●谨案,居延始元二年戍田卒千五百人,为骍马田官,穿泾渠。迺正月己酉,淮阳郡

(303·15+513·17〔A35〕)

梁国卒千九十五人戍张掖郡,会甘露三年六月朔日 四□ (73EJT25:86)

从303·15+513·17的“居延始元二年戍田卒千五百人”可知,昭帝始元二年(公元前85年)中居延地区有1500名戍卒。另外,73EJT25:86中甘露3年(公元前51年)有从梁国来的1095名戍卒到张掖郡服役。简13中虽然有甘露二年六月这一日期,但是由于有“迎三年戍卒”,所以可以认为赵国柏人县籍的564名戍卒可认为是甘露三年的戍卒,与73EJT25:86合计为1659人,这与先前的303·15+513·17的1500人的数字接近。

简18的合计人数比303·15+513·17的1500人、73EJT25:86与简13合计的1659人多了600—700人。303·15+513·17中由于有“为骍马田官穿泾渠”,所以这1500人也有可能是在到居延服役的戍卒中,被骍马田官动员去开凿水路的人数,而关于甘露三年的戍卒,可能也有从73EJT25:86的梁国与简13的赵国柏人县以外的郡国所征用的戍卒,因此负责居延都尉府辖区及肩水都尉府管辖内长城防卫的戍卒总数比以上任何一个数目都要多。

2 《汉书》卷二十八《地理志》:“张掖郡、故匈奴昆邪王地,武帝太初元年开。莽曰设屏。户二万四千三百五十二、口八万八千七百三十一。”

3 根据《汉书》卷二十八《地理志》,各郡户数如下:

魏郡,高帝置。莽曰魏城。属冀州。户二十一万二千八百四十九,口九十万九千六百五十五。

东郡,秦置。莽曰治亭。属兖州。户四十万一千二百九十七,口百六十五万九千二十八。

淮阳国,高帝十一年置。莽曰新平。属兖州。户十三万五千五百四十四,口九十八万一千四百二十三。

南阳郡,秦置。莽曰前队。属荆州。户三十五万九千三百一十六,口一百九十四万二千五十一。

山阳郡,故梁。景帝中六年别为山阳国。武帝建元五年别为郡。莽曰钜野。属兖州。户十七万二千八百四十七,口八十万一千二百八十八。有铁官。县二十三,昌邑,武帝天汉四年更山阳为昌邑国……

明的是,单靠张掖郡民供给居延地区戍卒的负担沉重程度,相对于内郡可以说是天壤之别。故按以往的方法,只由张掖郡民负担这一戍卒人数是相当困难的。那么,这2500人左右的人员是怎样供给的呢?

(2) 吏卒家属的烽燧同居

本文开篇论述了对在肩水金关以北烽燧工作的吏家属,所发放的家属符年代集中在哀帝时期(公元前6年—前1年),这些家属符是吏家属所用的通行证,他们在吏工作的烽燧与吏共同居住。[1] 因此可以推测,在大量家属符事例可被确认的哀帝时期,吏与家属在工作的烽燧共同居住的现象十分普遍。[2]

吏的家属符中也见有达到年龄且能够胜任戍卒任务的男子。

简33:

　　妻大女昭武万岁里张春,年卌二
永光四年正月己酉　子大男辅,年十九岁
橐他吞胡燧长张彭祖符　子小男广宗,年十二岁
　　子小女女足,年九岁
　　辅妻南来,年十五岁　皆黑色　(29·2〔A32〕)

简34:

　　子男临,年十六
建平二年家属符　子女召,年廿。子女青,年二岁
　　子女骄,年十三
　　子妇君阳,年廿三。
　　子女君乘,年八。子男钦,年三岁　(73EJT37:755)

简35:

　　母居延庰庭里徐都君,年五十
　　男弟觻得当富里张恽,年廿　车二两
橐他候史氏池千金里张彭　男弟临,年十八　用牛四头
建平四年正月家属符　女弟来侯,年廿五　马三匹
　　女弟骄,年十五

---

1 拙文:《肩水金関遺址出土の通行証》,第183—195页。

2 EPT68出土的举劾文书中,也可见于建武六年(公元30年)的举劾案件(EPT68:54-76),该案居延常安亭长和其子男与攻虏亭长及客民一起夺取燧的储备物品而逃亡,这里子男也与父常安亭长一同住在亭里。

彭妻大女阳，年廿五 （73EJT37：1058）

简36：

⌀妻大女昭武宜春里辛迁，年廿七 车二两
⌀子男诩，年九 牛二头
⌀子小男党，年七
⌀子小男……

建平四年正月家属出入尽十二月

葆弟昭武宜春里辛昌，年廿四岁

（73EJT37：177+687※5）

简37：

妻大女觻得富安里程昭，年廿八
子小女买，年八岁 小奴满
橐他中部候长程忠 子小女迁，年三岁 牛车一两，用牛二头
建平四年正月家属出入尽十二月符 子小女来卿，年二岁 轺车一，用马二匹
弟小男音，年十八
…… （73EJT37：1528+280+1457※6）

除了简33属于元帝时期的公元前40年，其他皆是哀帝时期的简，因此，家属符所记载的家属中，附有下划线的子、弟已经到了完全能够担负长城防卫工作的年龄。与此同时，还有同居的家属参与长城防卫相关工作的事例。

简38：

校邮书表火肩水界中出入尽十二月 轺车一乘，用马二匹●其一 匹驑牡齿七岁
南部候长薛凤 子男觻得安国里薛级，年十五 一马駹牝齿八岁
（73EJT37：779）

简39：

妻大女君仁信，年卅五
关啬夫居延金城里公乘李丰，卅八 子大女疌，年十五 ●送迎收责橐他界⌀
子小女倩，年□
（73EJT37：1105+1315※7）

简 40:

☐子小男良,年三 收责橐他界中 (73EJT37:166)

简 38 中南部候长与 15 岁的儿子一起,为检查邮书、表火而在肩水候官辖区内巡视。简 39 也是关啬夫为收回债权而携妻女一道在橐他候官辖区内活动,属于残简的简 40 与简 39 相同。

这些是家属出于吏的工作需要而同行的事例,也有似乎是吏的家属单独从事相关工作的例子。

简 41:

建平四年正月丁未朔癸丑,肩水候宪谓关啬夫吏。据书葆☐妻子收责橐他界中,名县爵

里官除年姓如牒。县书到,出入,尽十二月。如律令。

(73EJT37:1378+1134※8)

简 41 中鄣候的葆(身为鄣候的葆之人)和鄣候的妻子、子女为收回债权而被派遣到橐他候官的辖区。

综上所述,家属符集中出现的哀帝时期,在烽燧工作的吏与家属共同居住,其中也有吏家属参与长城防卫工作的情况。在烽燧与家属同居的现象也发生在戍卒身上。

从下面的简 42 等简来看,与戍卒同住在烽燧的家属也由官府发放谷物,这一点早已被学者指出。[1]

简 42:

☐戍卒家属在署廪名籍 月小☐ (191·10〔A8〕)

下面的简,含有"见署""居署""见在署",是涉及同居于烽燧的戍卒家属的谷物支给簿。

---

1 米田贤次郎:《漢代辺境兵士の給与について》,载《東方学報》第 25 册《创刊二十五周年纪年论文集》,1954 年版;森鹿三:《居延出土の卒家属廩名籍について》,收入氏著:《東洋学研究 居延漢簡篇》,同朋舍出版 1975 年版。此外,米田虽然并非将戍卒家属视为与戍卒同住,但是根据"在署""居署""见署"之语,应考虑家属在"署"即戍卒工作的烽燧同住。

简 43：

	弟大男辅，年十九		
第四燧卒张覇	弟使男勋，年七	见署用谷七石八斗大	
	妻大女至，年十九		（133·20〔A8〕）

简 44：

	●妻大女君宪，年廿四	皆居署廿九日	七月乙卯妻取	
止北燧卒王谊	●子未使女女足，年五岁	卩		
	●子小男益有，年一岁	用谷四石少		（EPT65：119）

简 45：

第卅一燧卒王敞	母大女□如，年六十二	见在署用谷二石九升少⧄
	子小男骏，年一	见在署用谷七斗六升少⧄
	妻大女如、年廿六	见在署用谷二石九升少⧄

（2000ES7SF1：11）

简 46：

		妻大女商弟，年廿八，用谷二石一斗六升大	
⧄惊虏燧卒徐	□	子未使男益有，年四，用谷一石六斗六升大	
		子□□，年一，用谷一斗	●凡用谷四石六⧄

（317·2〔A8〕）

简 46 中虽无“署”字，但是因为格式与简 45 类似，所以该简是针对在“署”家属的谷物支给簿。

对于在烽燧同住并领取谷物的家属，所从属戍卒的户籍虽因几处记载缺失而无从确认，但还有戍卒家属名籍，它的记载形式与向家属发放谷物的账簿非常相似。

简 47：

	父大男长，年五十 ⧄	
甲渠三堠燧卒当遂里左丰	母大女□，年卌八 ⧄	
	妻大女用，年廿二 ⧄	（EPT65：478）

简 48：

	父大男辅，年六十三	弟大男□，年十七-	
饼庭燧卒鸣沙里大夫范弘，年卅四			
	妻大女□，年十八△		（EPT65：145）

简 49:

妻大女临,年廿八
□□□□当遂里士伍王恽,年卅五　子小男崇,年七
子小男尊,年三　(EPT65:121)

简 47—49 虽未记载县名,但如下文所述,可以确认当遂里、鸣沙里是居延县所属的里。另外,像这样只记载里名而省略县名,对于文书制作者而言,只会发生在所属县不言自明的场合。[1] 简 47 中有“甲渠三堠燧卒”,由此可知是甲渠候官所属的戍卒,饼庭燧也是甲渠候官所属的燧。[2] 因为简 49 也是从甲渠候官遗址(EP)出土,所以王恽也一定是甲渠候官所属的某燧戍卒。如此一来,这些全部是甲渠候官所属的戍卒,因此所省略的县名应是当地的居延县。像这样,与简 43—46 记载形式类似的简 47—49,戍卒的户籍地被认为是张掖郡,由此也要考虑涉及戍卒家属所支给谷物的简 43—46,其中的戍卒也是张掖郡籍。[3]

一方面简 44—46 的家属中虽然出现了一岁的孩子,但是内地征发的戍卒历经数月来到居延、肩水地区,很难认为家属中会有 1 岁孩子。另一方面,家属中有一岁孩子的下列简 50—52,以及有两岁孩子的简 34、简 36、简 37,都是张掖郡籍吏的家属符。

简 50:

妻大女觻得当富里成虞,年廿六
子小女侯,年一岁　车二两
橐他通望燧长成褒　弟妇孟君,年十五　用牛二头
建平三年五月家属符　弟妇君始,年廿四　马一匹
小女护恽,年二岁
弟妇君给,年廿五　(73EJT3:89)

简 51:

隧长奉妻觻得常乐里大女叶中孙,年廿五岁
初元四年正月癸酉　子小女疌,年五岁

---

1 拙文:《漢代戍卒の徵発と就役地への移動》。

2 觻得廄啬夫栾子恩所贳买
■□
甲渠饼庭燧卒兖科毋尊布一匹　(EPT51:329)

3 拙文:《漢代戍卒の徵発と就役地への移動》。

橐佗殄虏隧长符　子小男忠，年一岁　●皆黑色
奉弟辅，年十七岁
奉弟妇婢，年十六岁　（73EJT30:62）

简52：

橐他置佐昭武便处里审长　妻大女至，年卅五　牛车一两
建平二年家属符　子小女侯，年四　用牛四头
子小男小奴，年一岁　（73EJT37:175）

如此，根据孩子的年龄也可以得出，家属有资格领取谷物的戍卒是张掖郡籍人。

这些戍卒在自己工作的烽燧与家属共同居住，并且家属也从官府领取谷物的戍卒属于张掖郡籍，由此可以推测，简43—46属于内地来的戍卒已经减少的成帝中期以后之物。对此，下面的简可作旁证：

简53：

●第十七部建平五年十二月戍卒家属当廪名籍　（122·1+122·19〔A8〕）

简54：

☐寿二年十一月卒家属　廪　名籍　（正）
☐□□□□三家　用谷小石七百八十九石九斗九升　（背）（276·4〔A8〕）

简55：

●第廿三部建平三年七月家属妻子居署省名籍　（EPT40:18）

简53、简54都是对戍卒家属发放谷物的名籍标题简。简55中虽没有“卒”字，但家属居署名籍类简都是涉及戍卒家属的内容，[1]由于无法确认哪些简与吏家属名籍相关，所以认为简55是关于戍卒家属的名籍会比较好。这些名籍记载的纪年有建平五年（元寿元年，公元前2年）、元寿二年（公元前1年）、建平三年（公元前4年），全都属于公元前15年以后。也就是说，内地的戍卒供给减少，张掖郡籍人代替他们作为戍卒从事长城防卫，在这个时期，张掖郡籍戍卒在奔赴烽燧之际带着家属并与之生活在一起。

有关在烽燧工作的人与家人相伴这一点，与先前所见吏的情况一样。那么，成帝

1　关于家属“居署”“在署”的名籍，除简53—55外，只可见于本文所举的简42及下举各简。
☐卒家属在署名籍　☐　（185·13〔A8〕）
●右卒家属见署名籍　用☐　（194·3+194·13〔A8〕）
☐年二月戍卒家属居署名☐　（EPT65:134）

中期以后,主要由张掖郡籍戍卒取代内地籍戍卒承担长城防卫工作,吏卒在执勤的烽燧与家属共同居住的原因何在?

(3) 戍卒的“庸”化与家属同居

上一节(2)中已述,内地成为长城防卫征发对象的个人很难确保能找到代理服役者,结果就是原来应支付给代理服役者的庸钱先由县保管,然后再将其移送交付到居延等长城防卫的服役地,并在此雇用当地人作为“庸”去从事长城防卫。成帝中期以后,虽然变成了由张掖郡籍人作为戍卒取代内地籍人从事长城防卫,但同一时期也实行“庸”的做法。这可由下列一简获知:

简 56:

万岁部居摄元年九月戍卒受庸钱名籍 (EPT59:573)

这是受领庸钱的戍卒名籍所附的楬,其中有居摄元年(公元 6 年)的纪年。进而可以根据“万岁部居摄元年九月”设想向戍卒支付庸钱是由候官组织并定期实行的。[1] 从有组织且定期这点来考虑,可以推测相当一部分张掖郡籍戍卒是通过雇用“庸”而来的,换言之,可以认为相当数量的戍卒已经“庸”化了。

“庸”化了的戍卒由官府募集:

简 57:

建平五年十二月丙寅朔乙亥,诚北候长候长充□言□。官下诏□☒

☒……募。谨募戍卒庸魏□等□□□□名□☒ (137·3+224·18〔A8〕)

虽然有很多未能释读的字,以致于无法读出正确的意思,但是可以窥见建平五年(公元前 2 年)是基于诏书的命令而“募”戍卒的。因此,这些应募的戍卒被称为“庸”。简 57 中所见的“戍卒庸魏□等”中,除去当是姓名的“魏□等”外,像“戍卒庸”这样的记载还可见于下述一简:

---

1 接下来所举 EPT3:2 是总结戍卒奔赴居延、肩水地区途中进行的贳卖(赊账)的账簿标题简,与简 56 同样采取“某部某年某名籍”这一记载形式。对戍卒的贳卖进行汇总并收回钱款的活动,由官府定期而有组织地进行。参看前举拙著:《秦漢官文書の基礎的研究》,第四部第一章“漢代辺境における債権回収手続き”。因此,与 EPT3:2 记载形式一样的标题简简 56 中,合在一起对戍卒支付庸钱也同样由官府定期而有组织地实行。

第十七部甘露四年卒行道贳卖名籍 (EPT3:2)

简 58：

戍卒庸昭武安汉☐ （146·31〔A33〕）

简 58 出土于肩水候官遗址（A33），简中的戍卒是肩水候官所属，简 57 那种基于诏书命令而募集的“庸”，是像简 56 所示，每月领取庸钱以从事长城防卫的被雇用者。

这种雇用“庸”作为戍卒的做法，暗示成帝中期以后，张掖郡必须提供在居延、肩水地区从事长城防卫的戍卒，征发徭役难以确保服役所需的必要人数，因而不得不以“庸”的形式保障戍卒人数的供应。以下一简可以从侧面证明这一点。

简 59：

吞北燧卒居延阳里士伍苏政，年廿八 □复为庸，数逋亡离署，不任候望

（EPT40:41）

出土这枚简的 EPT40 出有纪年简 10 枚，[1] 时间范围从成帝元延四年（公元前 9 年）到王莽地皇二年（公元 21 年），简 59 的苏政可能是以简 57 的形式被募集成为“庸”戍卒。如“与□复为庸”所述，苏政反复成为“庸”。本来“庸”是为了取代一年一更替的戍卒而被雇用的，然而，同一批“庸”连续多年承担着长城防卫。这就是说作为“庸”长期受到雇用，可以说实际上其雇用形态与傭兵没有区别。

这一点在下面一简中更为明确。

简 60：

☐戍卒居延昌里石恭，三年署居延代田亭，亖年署武成， 二月丁丑自取

☐隧五年因署受絮八斤 （EPT4:5）

把“四”写作“亖”是王莽时期特有的记载方式，[2] 由此可知简 60 属于王莽时期。此处所见居延县籍的石恭至少是在三年到五年之间，作为戍卒在代田亭、武成燧从事长城防卫。石恭的身份是戍卒，戍卒的服役期原本是一年，所以不能认为他是以徭役的形式连续服役了三年。这里值得注意的是“受絮八斤”这样的记载。此处石恭领取的“絮”，在下列简中作为吏的俸禄支付。

---

1 永田英正：《新居延漢簡の概観》，载《東方学》第 85 册，1993 年，第 41 页表 2。

2 参见前举门田明：《王莽簡の特徴》。

简 61:

第十八燧长田恽　九月禄县絮二斤十二两　☑　(EPT6:81)

因此,石恭受领的“絮八斤”也属于俸禄之类。据此,石恭既是戍卒又受领着报酬,这说明石恭是作为戍卒被雇用的。

从简 59 的苏政和简 60 的石恭的事例来看,可以认为这一时期居延地区的戍卒不是以徭役,而是以被雇用从事长城防卫的傭兵形式而存在。[1] 作为“庸”被雇用的戍卒,服役期不是一年而是要连续数年服役,并且与家属共同居住于工作的烽燧,所需的谷物也从官府发放,如果认为作为“庸”而被雇用的戍卒类似傭兵的话,这种理解毫无违和感。

(4) 骑士在烽燧的工作

成帝中期以后,来自内地的戍卒供给减少,长城防卫体制发生变化,对此,除了戍卒“庸”化以外,还可指出骑士在烽燧工作的转变。

配备于居延、肩水地区的骑士,是迎击匈奴入侵的部队。[2]

简 62:

本始元年九月庚子,虏可九十骑入甲渠止北燧,略得卒一人,盗取官三石弩一,稾

=矢十二,牛一,衣物去。城司马宜昌将骑百八十二人,从都尉追。

(57・29〔A8〕)

率领“骑”的城司马是都尉府的属官,依据“从都尉”的记载,此骑为都尉所属,驻扎在都尉府。简 62 出土于甲渠候官遗址(A8,EP),由此来看 182 名骑士应为居延都尉所属。肩水都尉府似乎也有骑士,肩水都尉府遗址(A35)就出土了骑士名籍。

简 63:

觻得骑士利处里田婴☑　(149・17+511・32〔A35〕)

---

1 作为显示戍卒“庸”化事例所举的简 56—61 中,除了简 58 出土于肩水候官遗址(A35)以外,其他全部出土于甲渠候官遗址(A8,EP),因此,这里所述的“庸”化是针对甲渠候官所属的居延都尉府之下的戍卒而言的,而对于肩水都尉府之下的戍卒现阶段还不能准确判断。

2 关于骑士,参看大庭脩:《地湾出土の騎士簡冊》,收入氏著:《汉简研究》,同朋舍 1992 年版(中译本参见大庭脩著:《汉简研究》,徐世虹译,广西师范大学出版社 2001 年版,第 70—90 页)。

简 64：

日勒骑士万岁里孙守 （491·4〔A35〕）

简 65：

番和骑士便里李都 （511·3〔A35〕）

简 66：

氐池骑士新师里马棖 （511·11〔A35〕）

由于这些骑士被冠以张掖郡内的县名，所以可能是以县为单位招集了骑士，再被配置于都尉之下。[1] 被冠以县名的这些骑士，以下称为“县骑士”。简 62 的骑士也是都尉所属，故而把他们视为县骑士大概会好一些。由于县骑士名籍也出土于肩水候官遗址（A33），[2] 因而可以认为县骑士在居延、肩水两都尉府以及肩水候官驻扎。[3]

具有特定年代并与县骑士相关的简比较少见。

简 67：

居延骑士广都里李宗，坐杀客子杨充，元凤四年正月丁酉亡 （88·5〔A10〕）

简 68：

元凤四年骑士死马爰书 （正）

元凤四年 爰书 （背） （491·11〔A35〕）

简 69：

骑士充□元平元年十月☑ （520·21〔A35〕）

简 67、简 68 的元凤四年是在昭帝时期即公元前 77 年，简 69 的元平元年同是在昭帝时期，即公元前 74 年。由于简 64 中有“居延骑士”，简 68、简 69 是从肩水都尉府遗址（A35）出土，所以这三简的骑士应该都是县骑士。同被认为是县骑士的简 62，其中的本始元年是在宣帝时期即公元前 73 年，据此，这些县骑士的事例当属于昭帝末年到宣帝初年，并且出土了王莽时期的县骑士名籍。

---

1 张掖郡内 10 县之中，除了本文所举的觻得、日勒、番和、氐池之外，还有下揭屋兰与昭武骑士的事例，不过删丹、骊靬、显美的骑士则无从确认。屋兰骑士灭胡里苏乙 ☑ （73EJT4:9）

昭武骑士宜春里高明 （564·3〔A33〕）

2 参见前举大庭脩：《地湾出土の騎士簡冊》对 A33 出土的骑士名籍的集成。

3 关于都尉府及候官中驻扎着骑士，前举大庭脩“地湾出土の騎士簡冊”中已经指出。参看大庭脩：《地湾出土の騎士簡冊》。

简 70：

张掖郡觻得骑士富安里黄立，年二十二，有方一

张掖郡觻得骑士定安里李戎，年三十五，六石具弩一

张掖郡……具弩一　(73EJF3:446)

从把“廿”“卅”记载为“二十”“三十”可知，[1]简 70 是王莽时期的记录。因此，认为县骑士是从昭帝末年一直沿用到王莽时期，这样的看法或许更全面。

骑士中除了此县骑士以外，还有冠以中营、左前、右前的骑士(以下称为“营骑士”)。

简 71：

右前骑士关都里任宪　卩　左前骑士阳里张严　卩　中营右骑士中宿里郑戎　卩　(73EJF3:3)

简 72：

右前骑士中宿里刑戎　卩　左前骑士诚　(73EJF3:96)

县骑士是从张掖郡内的各县招集而来，营骑士全体都是居延县籍人。像简 71、简 72 那样的营骑士名籍都没有县名的记载，不过其中所记的里名基本上可以确认是居延县的里名。营骑士名籍除表 6-2 所载的肩水金关遗址(EJ)出土的 61 例、甲渠候官遗址 EPF22 出土的 1 例以外，还出土有 8 例，[2]所有这些营骑士名籍中所见的 36 个里，其中有 34 个里能够确认是居延县的里名。[3] 因此，把营骑士看作是由拥有居延县本地户籍之人构成的会比较好。

这些营骑士属于何处？下面两简提供了思考的线索：

简 73：

右前骑士安国里史永丿　☑　(73EJF3:20)

简 74：

☑□年十一月癸亥朔壬辰，居延守宰城仓守宰诩·守丞习移肩水金关。

遣骑士史永等百百二十人，以诏书持兵马之西或。卒马十二匹、名如牒。书到，出入。如律令。　(正)

1　参见门田明：《王莽簡の特徴》。

2　EPT14:13、EPT27:19、EPT51:12、EPW:43 及后举简 76、简 77、简 78、简 80。

3　营骑士名籍可见的里名是：饼庭里、广都里、关都里、阳里、中宿里、通泽里、安东里、鸣沙里、当遂里、广郡里、富里、遮虏里、安国里、平明里、孤山里、累山里、万岁里、鸣沙里、三十井里、三泉里、昌里、诚

居延丞印

☐月三日入　兼掾永·守令史党　（背）　（73EJF3：184）

简73是营骑士史永的名籍，同样的名字也见于简74。简74是命令肩水金关给有马匹随行的骑士放行的通行证，[1]其中，从为编缀需要而预留的空格、背面文书记录者名字的笔迹与正面相同，背面的封印印文等记录与正面分属别书可知，这枚简是发往肩水金关的通行证实物。简73、简74同出土于EJF3，两者的笔迹也很相似，据此看来，简73是附于简74的一枚"牒"。简73是营骑士名籍，所以简74即为命令肩水金关允许营骑士通关的通行证。根据派遣营骑士以及命令肩水金关允许被派遣的骑士通关的是居延守宰（居延守令）来看，暂且认为营骑士是居延县所属。

然而，营骑士名籍也有从都尉府所属的甲渠候官、第四燧、第九燧、卅井次东燧遗址出土的。[2]

简75：

中营左骑士饼庭里苏海　第廿八　（EPF22：653）

简76：

右前骑士严☐　（EPS4C：43）

简77：

左前骑士肩水里盖写　☐　（2000ES9SF4：31）

简78：

中营右骑士安国里冯诩　（ESC：75）

既然这些出土地点全部位于都尉府统辖下的候官、烽燧之上，那么不能不考虑此处出现人名的这些营骑士是被配属于都尉府之下。此前，我们认为营骑士为居延县所属，这是因为命令骑士通过肩水金关的简74的发文者是居延令，但实际上，无法确认与简74格式相同的通行证存在都尉发文的事例。[3]包含"当舍传舍"文句的通行

1　关于肩水金关遗址出土的通行证，参看前举拙文：《肩水金関遺址出土の通行証》。此外，该文中如简74有"书到出入"这类文句的简，虽被称为"书到出入通行证"，但是这种简不是行路者携带的，而是发放机关直接送达关卡的一般性官文书。此处称"通行征"指许可某人通过关卡。

2　简75—78的简号EP表示甲渠候官遗址（A8），EPS4表示第四燧址（P1），ES9S表示第九燧址（T13），ESC表示卅井候官次东燧遗址（T130）。

3　参见拙文：《肩水金関遺址出土の通行証》，第268—273页，表3。

证中[1]有能够确认是都尉府发文的事例,上述现象的原因不明,也许都尉府发放的通行证格式原本就与简 74 不同。按照居延县是居延都尉直辖县的看法,[2]应当把简 74 作为居延令根据都尉府的指示而发文来理解。

如此,营骑士是由居延县籍人所构成的骑士,我们认为是居延都尉所属,由于前面所列举的简 67 的“居延骑士”也是居延县籍的县骑士,可以认为他们是与营骑士一样为居延都尉所属。这样的结果便是居延都尉所属的居延县籍骑士包括居延骑士(县骑士)和营骑士两种,那么,这两种骑士有怎样的关系呢?我们以两者的出现时间为线索来考察。

虽然命令营骑士通过肩水金关的简 74 上端右侧残缺,无法确认年号,但是从发文者的官名记载为王莽时期县令长的称呼“宰”[3]可知,这是王莽时期的简。王莽时期十一月以癸亥为朔日的是始建国二年(公元 10 年),据此推测这枚简应属于这一年。此外,还有可以推定营骑士年代的简。

简 79:

右前骑士三十井里赵诩　卩☐　(73EJF3:26)

简 80:

中营右骑士三十井里阎赏　☐　(EPT59:237)

两简中作为里名可以见到“三十”的形式,如上所述是王莽时期特有的记载方式,故而可以认为这些简是王莽时期的。除这些简外,不能确认还有其他时代的营骑士简,但是如表格 2 所示,几乎所有的营骑士名籍简都是从 EJF3 出土,该探方的纪年简集中在公元 8—19 年,由此可以认为营骑士名籍属于王莽时期。不仅是肩水金关遗址(A32、EJ),从甲渠候官遗址(A8、EP)中也出土了属于王莽时期营骑士名籍的简 80,所以王莽时期居延地区设置有营骑士是毫无疑问的。

实际上,能够推定营骑士时期的只有上举的事例,王莽时期以前是否存在营骑士无从考证。相反,从与营骑士一样是居延县籍的居延骑士名籍简 67 中,却可以看到元凤四年的纪年。如前所述,基于县骑士本身是从昭帝末年沿用到王莽时期这一点,我们认为由居延县籍人组成的骑士,当初是与其他县骑士一样,作为被居延县召集的居延骑士,配属在居延都尉下,在王莽时期以前的某个时期,县骑士被再编成了中营

1　元延四年九月己卯,居延都尉云谓过所县道津关。遣守属李尊,移簿
　　□□。当舍传舍从者。如律令。　(73EJT37:1500)

2　角谷常子:《漢代居延における軍政系統と県との関わりについて》,载《史林》第 76 卷第 1 号,1993 年。

3　《汉书》卷九十九《王莽传》“始建国元年条”:“改郡太守曰大尹,都尉曰太尉,县令长曰宰。”

左右、右前、左前。

这类骑士,可认为是像在简62负责追击匈奴、简74向西域移送马匹那样,原本承担的任务不同于担负长城防卫的戍卒。[1] 不过,下列简中的骑士却在烽燧工作。

简81:

甲渠鄣候 回〔封泥匣内有"即日壬申/餔后遣"〕 (上段)

五月壬寅,府告甲渠鄣候。遣乘隧骑士王晏·王阳·王敞·赵康·王望 (下段A)

等五人,借人乘隧长徐业等自乘隧。日时在检中。到课言。 (下段B)

(EPF22:473)

简82:

甲渠鄣候 回〔封泥匣内有"即日癸酉/餔后遣"〕 (上段)

四月壬戌,府告甲渠鄣候。遣乘隧第五隧骑士郭阳·第十八隧候骑士夏侯苍 (下段A)

之官。日时在检中。到课言。 (下段B)

(EPF22:474)

简83:

甲渠鄣候 回〔封泥匣内有"已未下餔遣"〕 (上段)

十一月己未,府告甲渠鄣候。遣新除第四隧长刑凤之官。符到,令凤乘第三,遣 (下段A)

骑士召戎诣殄北,乘凤隧。遣凤日时在检中。到课言。 (下段B)

(EPF22:475)

简84:

▨验问永,辞,今月十日壬寅,代骑士王敞乘隧 教教 (EPF22:526)

简85:

骑士徐戎,谷四石五斗,代戎乘第二隧候望。其九日壬申,受府遣,私留十一日

(EPF22:534)

---

1 除此之外,下举简中骑士负责乌孙昆弥使者、劳边使者的迎送工作。

出鞫鞦各二,左部骑士高谊里。建平五年二月,送昆弥使者□▨ (I90DXT01141:70※10)

黄龙元年12月戊申朔 县泉置丞禄移敦煌。敦煌骑士昌利里胡赏等十人,送劳边使者。廪马食粟小石六石,为大石三石六斗,茭七石二钧。今移名借。书到,出入,迎簿入正月□ (V92DXT13113:305※11)

简86:

甲渠言,隧长赵永代骑士王敞☐

●

乘隧。谷少,永留十三日乙巳到官☐ (EPF22:586)

这些简全部出土于甲渠候官遗址EPF22。如表格2所见,EPF22出土的80例纪年简,几乎全属于王莽时期到建武初年的公元16—35年。因此,简81—86也属于这一时期。基于此,这些简中所见的骑士不是县骑士而是营骑士。如此一来,王莽时期到建武初年的甲渠候官辖区内,也存在营骑士在烽燧工作的情况。[1]

简83的刑凤是新任的第四燧燧长,为了接替他在第三燧的工作,骑士召戎被调往刑凤之前任职的燧。由此可知,骑士召戎是在第三燧任燧长,同样,简86也是燧长赵永代替骑士王敞到任,因此骑士王敞此前一直担任燧长。据此,这些简所见的营骑士大概是作为吏在烽燧工作的。也就是说,营骑士代替了原本在烽燧工作的吏。[2]

根据以上事例,王莽时期到建武初年的居延都尉府辖区内,原本作为迎击部队等用途而部署的骑士,被作为在烽燧工作之吏的代替者而安排在了烽燧。这意味着难以确保防卫长城必备的吏员人数。[3] 如前所述,我们推测吏与家属在吏所工作的烽燧同住的现象,在哀帝时期广泛存在,根据张掖郡籍戍卒有家属相伴的事例可知,吏

---

1 肩水都尉府辖区内也有暗示相同情况的简。

□□长乐里□□ 左前骑士、今居平乐燧 (73EJT29:31)

由于左前骑士所在的平乐隧是肩水候官所属的燧(后举43·23),所以可以假定肩水都尉府的辖区内营骑士也是在都尉属下的烽燧工作。但是,被认为是左前骑士户籍所在地的长乐里除了觻得县和氐池县以外,也存在于居延县中(后举255·4、E.P.T52:403),所以无法确定这名左前骑士是否是隶属于肩水都尉的营骑士,而该简出土的EJT29中只出土公元前51年以前的纪年简,因此73EJT29:31也很有可能是公元前51年以前的简。暂且先于此举出事例。

肩水平乐燧长李骏 □ (43·23〔A32〕)

第六燧长氐池长乐里徐更申 (255·4〔A33〕)

觻得长乐里公士董得禄年卌 今除为甲渠候☐ (E.P.T52:403)

2 据王彦辉的观点,这些烽燧工作是边郡骑士的本职工作。参见王彦辉:《论秦汉时期的正卒与材官骑士》,载《历史研究》2015年第4期,第67页。

3 虽然吏的必要人数难以确保的原因无法明确,但是下举的185·29与EPT50:9的吏是因丧假回家而未返回工作地,99ES16ST1:5可窥见吏屡有擅自离开官署的现象。通过这些例子,可以认为民众不主动当吏也是其中的一个原因。

☐取宁□六十二日不到官。移居延。亟遣。 ●一事一封☐ (185·29〔A8〕)

重追,木中燧长徐忠,同产姊不幸死,宁日尽。移居延。一事一封 正月丙戌,尉史忠封 (EPT50:9)

●察数去署。吏·卒·候长三去署免之,候史·燧长五去免。辅广士卒数去,徙署三十井关外 (99ES16ST1:5)

家属的陪伴也是对吏待遇的改善,以此确保吏安心从事长城防卫的工作。

结 语

关于居延、肩水地区长城防卫的实际形态,笔者使用新公开的肩水金关汉简,在确认以往观点的同时,提出了几点新见解。

负责居延、肩水地区长城防卫的戍卒,虽然一开始是从魏郡、东郡、淮阳郡、南阳郡、昌邑国等内地郡国征发而来,但成帝中期以后,置换成了张掖郡当地籍的戍卒。张掖郡籍戍卒的工作以往只能在甲渠候官辖区内得以确认,现在根据肩水金关汉简,可以确认肩水都尉府辖区也是把内地籍戍卒置换成了张掖郡籍戍卒。

关于这一变化的背景,有两点需要指出:其一,戍卒一年一更替的框架开始崩溃,在下一批戍卒到达之前,有时会出现已经超过原定一年服役期的戍卒不得不继续承担长城防卫任务的情况。其二,针对长城防卫的役事,加上往返于居住郡县的时间,服役期可能有三年,造成了规避服役的情况,导致了最初作为征发对象的个人雇用代理服役者为替身的做法,产生了奸人为赚庸钱而代理服役的问题。因此征发戍卒的县先从征发对象那里收取要支付给代理服役者的钱,然后把这些钱输往边境,在边境雇"庸"从事长城防卫。

我们推测,在规避长城防卫服役事意愿很强的情况下,采取支付庸钱的办法来免除相关服役,这在某种意义上成为了一种可行的制度,最终导致内地作为戍卒奔赴居延、敦煌地区从事长城防卫的人显著减少。因而,内地要确保提供必要的戍卒人数就会变得很困难。

以这种情况为背景,成帝中期以后居延、肩水地区的长城防卫逐渐由张掖郡民承担,结果是一直由内地数个郡国征发的戍卒所担负的长城防卫工作,从此以后不得不仅由张掖郡民承担。为了确保戍卒数量,采取了所谓傭兵制的方法以代替徭役的征发。具体方法推测如下:连续数年雇用居延县民作为戍卒一起承担长城防卫工作,允许这些戍卒去烽燧工作时有家属陪伴,进而家属也从官府领取谷物,戍卒经过数年仍在防卫长城。

与戍卒以上变化相联动的是,吏的家属也开始被允许到吏工作的烽燧作伴。然而,即使这么做也无法确保吏的必要人数,从王莽时期到建武初年,也可见到代替吏的骑士被配置在烽燧中的现象。

骑士也由居延县民充当。由居延县籍人所构成的居延骑士虽然以往从属于都尉,作为迎击部队行使职能,但是某个时期以后,骑士被改编成中营左右、右前、左前四部分。考虑到在此之前一直作为一个整体运作的居延骑士被编成四个部,据此推测由居延县籍的人组成的骑士规模通过这种改编得到了相当程度的扩大。

如此,成帝中期以后,内地戍卒的供给变少,可以推测居延县民除了作为戍卒被雇用成为傭兵,连续数年承担长城防卫工作以外,作为骑士而被动员的人也有了相当程度的增加。为了填补内地籍戍卒的不足,可以说居延县民是被置于“全民皆兵”的体制里。

由于肩水金关遗址出土纪年简的下限是地皇三年(公元22年)、甲渠候官房屋遗址(EPF)出土纪年简的下限是建武八年(公元32年),[1]因此肩水金关及甲渠候官是在此之后不久被放弃的。然而,A27出土的永元兵釜磑簿(128・1)有永元七年(公元95年)的纪年,这比肩水金关、甲渠候官被认为放弃的时间又晚了60年以上。作为本文考察结果所设想的居延县全民皆兵的模式,或许是考虑年代差距这个问题的一条线索。

【悬泉置汉简的典籍出处及简牍缀合的典籍依据】

1 谢坤:《读肩水金关汉简札记(五)》(简帛网)

2 伊强:《〈肩水金关汉简(叁)〉缀合五则》(简帛网)

3 何有祖:《读〈肩水金关汉简(叁)〉札记(一)》(简帛网)

4 张俊民:《悬泉汉简所见汉代复姓资料辑考——敦煌悬泉置出土汉简所见人名综述(三)》(载《秦汉研究》第二辑,2007年)

5 姚磊:《〈肩水金关汉简(肆)〉缀合(三十二)》(简帛网)

6 颜世铉:《〈肩水金关汉简〉(肆)缀合第9组》、姚磊:《〈肩水金关汉简(肆)〉缀合(二十一)》(简帛网)

7 伊强:《〈肩水金关汉简(肆)〉缀合(四)》(简帛网)

8 姚磊:《〈肩水金关汉简(肆)〉缀合(三)》(简帛网)

9 郝树声、张德芳:《悬泉汉简研究》(甘肃人民出版社,2008年版)

10 胡平生、张德芳:《敦煌悬泉汉简释粹》(上海古籍出版社,2001年版)

11 张俊民:《悬泉汉简“置丞”简与汉代邮传管理制度演变》(载《中国古中世

1 注9所举73EJF2:10和下面的简。

建武八年十一月庚辰,守尉习以私印封叩头死罪敢言之。……定……望见 (A) (E.P.F16:57)

另外,下面EPF22:722所见的纪年虽将其释作“元和三年”,但是从图版看,“元和”文字右半部分欠缺,明显无法确认,所以表6-2及附表6-3中附括号表示。参见,甘肃省文物考古研究所、甘肃省博物馆、中国文物研究所、中国社会科学院历史研究所编:《居延新简 甲渠候官》,中华书局1994年版。

元和三年十一月壬申朔五日丙子,候官燧长褒☐

案孙圣蒙边狗食☐ (E.P.F22:722)

史研究》第20辑,2009年)

12 何有祖:《读肩水金关汉简札记(四则)》(简帛网)

13 田炳炳:《肩水金关汉简缀合两则》(简帛网)

14 姚磊:《〈肩水金关汉简(贰)〉缀合(四)》(简帛网)

15 姚磊:《〈肩水金关汉简(贰)〉缀合(五)》(简帛网)

16 姚磊:《〈肩水金关汉简(贰)〉缀合(六)》(简帛网)

17 姚磊:《〈肩水金关汉简(叁)〉缀合(二)》(简帛网)

18 伊强:《〈肩水金关汉简(叁)〉缀合一则》(简帛网)

19 姚磊:《〈肩水金关汉简(肆)〉缀合三则》(简帛网)

20 颜世铉:《〈肩水金关汉简〉(肆)缀合第3-4组》(简帛网)、姚磊:《〈肩水金关汉简(肆)〉73EJT37:554+559补缀》(简帛网)

21 谢坤:《读肩水金关汉简札记(五)》(简帛网)

22 姚磊:《〈肩水金关汉简(肆)〉缀合(八)》(简帛网)

23 姚磊:《〈肩水金关汉简(肆)〉缀合(四)》(简帛网)

24 何有祖:《读肩水金关汉简札记(四则)》(简帛网)

25 姚磊:《〈肩水金关汉简(肆)〉缀合(二十六)》(简帛网)

备注:"简帛网"是指武汉大学简帛研究中心主办的"简帛网(http://www.bsm.org.cn/)"。

附记

本文完稿后,得到了铃木直美的《漢代フロンティア形成者のプロフィール——居延漢簡・肩水金関漢簡にみる卒の年齢に着目して》(高村武幸编《周縁領域からみた秦漢帝国》,六一书房2017年版)一文。关于戍卒简的分析,我们的观点有许多相通之处,希望读者一并参考。

附表 1 记载戍卒户籍地且能够确定年代的简一览表

西历	年号	戍卒的户籍地	释文	简号	出土地
前 90	征和三年	琅琊郡	□□为琅琊郡尉庞舜　征和三年十一月壬寅,假二封传信,送迎戍田卒。盗传失亡。外□百二十。	I90DXT0112④:3 ※9	悬泉置
前 85	始元二年	淮阳郡	马长吏。疑有吏卒民屯士亡者,具署郡县里名姓年长物色所衣服赍操初亡年月日人数,白 报,与病已。●谨案,居延始元二年戍田卒千五百人,为骍马田官,穿泾渠。迺正月己酉,淮阳郡	303・15+513・17	A35
前 71	本始三年	淮阳郡	张掖郡肩水庾候官本始三年狱计　坐从军假工官☐ 田卒淮阳郡莱商里高奉亲　已移家在所☐	293・7	A35
前 69	本始五年	钜鹿郡	戍卒钜鹿郡广阿萤里吕碣　本始五年正月庚午疾死	118・29	A33
前 69	本始五年	平干国(广平国)	田卒平干国襄嚏成安里李睅,年卌七　本始五年二月丁未,疾心腹丈满死。右农前丞则主	293・5	A35
前 67	地节三年	东郡	坐迺四月中不审日行道到屋兰界中,与戍卒函何阳争言斗,以剑击 戍卒东郡畔戍里靳龟 伤右手指二所。●地节三年八月己酉械系	13・6	A33
前 67	地节三年	东郡	坐斗以剑击伤戍卒同郡县戈里靳龟右脾一所 戍卒东郡畔□里函何阳 地节三年八月辛卯械系	118・18	A33
前 64	元康二年	东郡	元康二年五月己巳朔辛卯,武威库令安世别缮治卒兵姑臧,敢言之。酒泉大守府移丞相府书曰,太守☐ 迎卒受兵,谨掖檠持,与将卒长吏相助,至署所,毋令卒得擅道用弩射禽兽斗。已前关书☐ 三,居延不遣长吏逢迎卒。今东郡遣利昌侯国相力,白马司空佐梁,将戍卒☐	EPT53:63	A8

（续表）

西历	年号	戍卒的户籍地	释文	简号	出土地
前 63	元康三年	上党郡	☑党郡元康三年戍卒襄 ☑贾氏里张□军县官衣 ☑橐	EPT53：79	A8
前 63	元康三年	东郡	三石具弩一　六石具弩一　兰兰冠各一 东郡白马平武里董德　弩𢄼一　弩𢄼一　元康三年三月 稾矢铜鍭五十　稾矢铜鍭五十　靳幡一	EPT57：47	A8
前 60	神爵二年	广汉郡	神爵二年十月廿六日，广汉县廿郑里男子节宽惪卖布袍一，陵胡隧长张仲孙所，贾钱千三百，约至正月□□，任者□□□□□□□　（正）（注 1） 正月责付□□十。时在旁候史长子仲、戍卒杜忠知券□。沽旁二斗　（背）	T.VI.b.i.191/D1708	敦煌
前 59	神爵三年	赵国	赵国易阳神爵三年戍 卒，皁布复袍一领，麻 重十二斤三□，杨□ 成少负造，邯郸守丞 贾掾□令史忠临	乙附 50	A35
前 57	神爵五年	上党郡	上党郡神爵五年戍卒名籍（正） 上党郡神爵五年戍卒名籍（背）	73EJT37：1448＋1197　※12	A32
前 56	神爵六年（五凤二年）	河东、南阳、颍川、上党、东郡、济阴、魏郡、淮阳国	神爵四年十一月癸未，丞相史李尊送获神爵六年戍卒河东、南阳、颍川、上党、东郡、济阴、魏郡、淮阳国，诣敦煌郡、酒泉郡。因迎罢卒，送致河东、南阳、颍川、东郡、魏郡、淮阳国。并督死卒传槥。为驾一封轺传。　御史大夫望之谓高陵。以次为驾。当舍传舍。如律令。	I90DXT0309③：237　※10	悬泉置

（续表）

西历	年号	戍卒的户籍地	释　文	简　号	出土地
前 56	五凤二年	南阳郡	五凤二年四月癸未朔丁未，平望士吏安世敢言之。爰书，戍卒南阳郡山都西平里庄彊友等四人，守候中部司马丞仁、史丞德，前得毋贳卖财物敦煌吏□。证财物不以实律辨告，乃爰书，彊友等皆对曰，不贳卖财物敦煌吏民所。皆相辜证任。它如爰书。敢言之。	II90DXT0314 ②：302 ※10	悬泉置
前 56	五凤二年	魏郡	戍卒魏郡内黄东郭里詹奴 出物故　三石具弩一完，稾矢铜鍭五十完　　五凤二年五月壬子朔丙子□☒ 䌠一，兰莞各一，负索一完。●凡小大五十五物	418・2	A1
前 56	五凤二年	魏郡	五凤二年五月壬子朔辛巳，武安左尉德调为郡送戍田卒张掖郡　（正） □□□印　（背）	73EJT37:1099	A32
前 56	五凤二年	魏郡	五凤二年六月壬午朔己丑，魏郡贝丘四望亭长宽调为郡迎　（正） 亭长宽　（背）	73EJT37:740	A32
前 52	甘露二年	东郡	转卒东郡武阳东里宫赋，甘露二年七月□□病死	87-89DXC:10　※10	悬泉置
前 51	甘露三年	赵国	状公乘氏池先定里，年卅六岁，姓乐氏，故北库啬夫。五凤元年八月甲辰，以功次迁为肩水士吏，以主塞吏卒为职。☒ 戍卒赵国柏人希里马安汉等五百六十四人，戍诣张掖，署肩水部。至□□，到酒泉沙头隧，阅具簿□☒　（正） 迺五年丙辰，戍卒赵国柏人希里马安汉，戍诣张掖，署肩水部。行到沙头隧，阅具簿□□□□□□□亡满三☒ 甘露二年六月己未朔庚申，肩水士吏弘别迎三年戍卒……候，以律令从事。□□□ （背）	73EJT28:63	A32
前 51	甘露三年	梁国	梁国卒千九十五人戍张掖郡，会甘露三年六月朔日　四□☒	73EJT25:86	A32
前 47	初元二年	淮阳国	初元二年　戍卒淮阳国陈莫㔾里许湛舒，年卌一 正月　戍卒淮阳国陈大宰里陈山，年卅一 驿北亭　戍卒淮阳国陈桐陵里夏寄，年廿四 戍卒符	73EJT27:48	A32

（续表）

西历	年号	戍卒的户籍地	释　文	简　号	出土地
前44	初元五年	张掖郡	髡钳城旦孙敞，坐贼伤人，初元五年七月庚寅论。初元五年八月戊申，以诏书施刑。故骑士，居延广郡里☐ 完城旦□万年，坐兰渡塞，初元四年十一月丙申论。初元五月八月戊申，以诏书施刑。故戍卒，居延广☐ 甲渠候官，初元五年谨延袤□隧簿 ☐延袤二百十里九十三步	227·8	A8
前44	初元五年	张掖郡	入戍卒觻得安国里毋封建国病死　官袭一领　官绔一两　絿一两　钱二百卅　初元五年九月辛未朔庚寅，令史宣受第廿四隧长福	287·24	A8
前31	建始二年	梁国	建始二年七月丙戌朔壬寅，觻得□佗里秦侠君，贳买沙头戍卒梁国下邑水阳里孙忠，布值□☐	73EJT24:28	A32
前31	建始二年	魏郡	建始二年闰月己丑朔丙辰，犁阳守丞望移过所。遣都乡佐阳成武，为郡送戍卒张掖郡居延。县邑侯国门亭河津毋苛。留当舍传舍从者。如律令 /守令史常	73EJF3:181	A32
前27	河平二年	魏郡	河平四年二月甲申朔丙午，仓啬夫望敢言之。故魏郡原城阳宜里王禁自言，二年戍，属居延，犯法论。会正月甲子赦 令，免为庶人。愿归故县。谨案，律曰，徒事已，毋粮，谨故官为封偃检，县次续食，给法所当得。谒移过所津关，毋 苛留止。原城收事。敢言之。 二月丙午，居令博移过所。如律令　掾宣、啬夫望、佐忠	73EJT3:55	A32
前25	河平四年	河东郡	河平四年二月甲申朔癸卯，河东太守舒谓过所邑。遣皮氏佐司马带送卒敦煌郡。舍传舍从者。如律令。	II90DXT0215②：40 ※4	悬泉置

(续表)

西历	年号	戍卒的户籍地	释文	简号	出土地
前 25	河平四年	南阳郡	戍卒南阳郡涅阳邑东城里公乘何镇,年廿四,河平四年七月甲戌,渡河☐	EPT52:44	A8
前 20	阳朔五年	魏郡	阳朔五年正月乙酉朔庚戌,犁阳丞临移过所。遣厨佐 间昌,为郡送遣戍卒张掖居延。当舍传舍从者。如律令 (正) 犁阳丞印 /掾谭令史赏 (背)	73EJT6:23	A32
前 20	阳朔五年	济阴郡	阳朔五年三月甲申朔己亥,句阳长立移过所县邑☐ 为国迎四年罢戍卒。当舍传舍邮亭从者☐	73EJT7:23	A32
王莽期(注 2)		张掖郡	☐ 戍卒居延昌里石恭,三年署居延代田亭,三年署武成 二月丁丑自取 ☐ 隧,五年因署受絮八斤	EPT4:5	A8
王莽期(注 3)		新平郡(旧淮阳郡)	迺□□□申,第三隧戍卒新平郡苦县奇里上造朱疑,见第五燧戍卒同郡县始都里皇□☐ 袍所持铍,即以疑所持胡桐木支,从后墨击意项三下,以辜一旬内立死。案疑贼杀人,甲 辰病心腹□☐	EPF22:326	A8

※注 1:根据"神爵二年十月廿六日,陵胡燧长张仲□买卒宽惠布袍一领贾钱☐"(T.VI.b.i.42A/D1601A)的"卒宽惠"可知,"广汉县廿郑里男子节宽惪"是戍卒。

※注 2:由"三"的记载方式可知是王莽期。

※注 3:从新平郡是淮阳郡在王莽时期改称过的郡名(《汉书》卷 28 下地理专下:"淮阳国,高帝十一年置。莽曰新平"可知是王莽时期。

附表 2 戍卒、骑士简的出土探方简号一览表

出土探方	类别	户籍地	简号(探方·房址号码)	事例数目
EPF22	戍卒	他郡国	326	1
	骑士		473(无),474(无),475(无),526(无),534(无),586(无),653,839(无)	8
EJT1	戍卒	他郡国	5,8,9,13,19,28,31,32,73,74,75,81(庸),100,118,130,134,135,136,137,154,157,161,167,309,311	25
	骑士		10(觻得),33(觻得),44(觻得),62(觻得),78(日勒),240(日勒),301(日勒)	7
EJT2	戍卒	他郡国	3,4,14,43,45,59,86,87	8
	骑士		13(日勒)	1
EJT3	戍卒	他郡国	49,50,51,95,96,97,104	7
	骑士		7	1
EJT4	戍卒	他郡国	15,24,26,59,71,153＊,155,194	8
	骑士		9(屋兰),45(觻得)	2
EJT5	戍卒	他郡国	11,14,15,18,19,34,36(庸),39(庸),51,53,54	11
EJT6	戍卒	他郡国	48,93(庸),100,106,150	5
EJT7	戍卒	他郡国	2,6＊,7,33,38,41,42( ),96,107	9
		张掖郡	151	1
EJT8	戍卒	他郡国	6,7,33,40,41,48,49,73,81,89,90	11
		张掖郡	95	1
	骑士		101(昭武)	1
EJT9	戍卒	他郡国	6,27,39,45,69,81,83,90,113,116,117,196,204	13
EJT10	戍卒	他郡国	14,103,108,112,122,132＊,183,196＊,227,294,298,302,333,402＊	14
		张掖郡	102,164,326,401	4
	骑士		109(无),352(觻得),437(觻得)	3
EJT11	戍卒	他郡国	3	1

(续表)

出土探方	类别	户籍地	简号(探方·房址号码)	事例数目
EJT14	戍卒	他郡国	6,8,17	3
		张掖郡	1	1
	骑士		39(屋兰)	1
EJT21	戍卒	他郡国	95,99,107,121,323+EJT23:174(庸)※13,202,248,255,260,269,329,373(庸),419,425,430,468	16
	骑士		21(觻得)	1
EJT22	戍卒	他郡国	16,24,80,93,98,104,135＊	7
EJT23	戍卒	他郡国	34,145,161,163,249,250,498＊,532＊,534,568+846()※14,608+673※15,657,768,790,920,921,922,939+1031※16,1058	19
		张掖郡	20,661,681,833	4
	骑士		373(觻得),384(觻得),735(昭武),778(昭武)	4
EJT24	戍卒	他郡国	21,41,117,256,261＊,279,392,541(庸),542,543,578,666,668,706,709,725,750,754,760,776,811,812,836,861,864,871+874※17,881,882,889,901,935,938,947,953,966,970(庸),990	37
		张掖郡	147+765(庸)※13,891	2
	骑士		554(觻得)	1
EJT25	戍卒	他郡国	20,83,86,89,91,133,137,146,162,164	10
EJT26	戍卒	他郡国	9(庸),34,59＊,129,187,217,231,276,282＊	9
EJT27	戍卒	他郡国	21,22,26,48＊,112,139	6
	骑士		83(觻得),102(觻得)	2
EJT28	戍卒	他郡国	6,30,31,63	4
	骑士		43(无),50(觻得)	2
EJT29	戍卒	他郡国	71＊,96,100(庸),128	4
	骑士		31	1
EJT30	戍卒	他郡国	3,8,12(庸),13(庸),14,15(庸),25,102＊,113,117,118,135,140+241※18,184,262,263(庸),267(庸)	17

(续表)

出土探方	类别	户籍地	简号(探方·房址号码)	事例数目
EJT31	戍卒	他郡国	26,70,93	3
EJT32	戍卒	他郡国	2,54,58,67,74	5
EJT33	戍卒	他郡国	52,83,84	3
EJT34	戍卒	他郡国	16	1
EJT35	戍卒	他郡国	40	1
EJT37	戍卒	他郡国	14,76,99,126,224,231,241,267+306※19,368,408,452,550,562,670,679,699,738,740,750,766,767∗,812,829,834,849,866,870∗,872+1206※23,888,900,945,970,982,987,1005,1011,1110,1111,1197+1448※24,1244,1246,1250,1251+1328,1258+1291,1317,1318,1319,1320,1335,1415,1431,1459,1492,1497	56
		张掖郡	113+631∗※22,118,309,554+559+611+904※20,622∗,628+658∗※21,889,912,1049,1082∗,1152,1153,1205,1512	14
	骑士		286(觻得),984(觻得),1331(觻得),1362(无)	4
EJF1	戍卒	他郡国	117,120+122※25	2
EJF2	骑士		42	1
EJF3	戍卒	他郡国	35∗,276,465+500	3
		张掖郡	128,130∗,215,272,346,371,393,423,462,467∗,538	11
	骑士		3,4+11,5,6,7+360,8,9,10+273,12,13,14,15,16,17,18+281,19,20,21+30,23,24,25+543,26,27,28,29,31(无),32(无),33+415,34,47,96,97,98,99,100,148,151,184,241,280,351,358,359,361,362,363,364+416,365,366,367,385,387,398,399,406,413,414,446(觻得),506,554,556,586	62

在戍卒栏中，∗表示记载了“某燧卒”“某亭卒”及“罢卒”，(庸)表示记载了“庸”。

在骑士栏中，(县名)表示记载了“某县骑士”，(无)则单指“骑士”，没有括号的表示“中营骑士”“右前骑士”“左前骑士”。

附表 3 戍卒简出土探方出土的纪年简一览表

西历	年号	简号(＊是缺年数的简,归入元年)
前 110	大初五年	73EJT4:107
前 82	始元五年	73EJT21:422
前 80	始元七年	73EJT21:112
前 79	元凤二年	73EJT21:160,73EJT22:84,73EJT26:16、17、220,73EJF1:31
前 77	元凤四年	73EJT10:311,73EJT26:13、239
前 76	元凤五年	73EJT10:150,73EJT10:200、203、295、341,73EJT21:129,73EJT22:67,73EJT26:183
前 75	元凤六年	73EJT10:65、209、328
前 74	元平元年	73EJT21:101
前 73	本始元年	73EJT1:222＊,73EJT5:108,73EJT22:31,73EJT23:797,73EJT24:244,73EJT26:213
前 72	本始二年	73EJT1:125,73EJT21:47、64、235,73EJT24:534、945,73EJT25:80,73EJT26:111
前 71	本始三年	73EJT24:97,73EJT26:259+155
前 70	本始四年	73EJT3:57,73EJT9:96,73EJT21:123、137、305,73EJT24:262
前 69	地节元年	73EJT1:224＊,73EJT2:56,73EJT4:207,73EJT23:385,73EJT24:252、818＊、895,73EJT25:32
前 68	地节二年	73EJT1:124、156、174、292,73EJT2:1,96,73EJT14:21,73EJT21:110,73EJT24:532、723、759、876,73EJT25:7,73EJT26:42,73EJT28:12
前 67	地节三年	73EJT1:4、126,73EJT24:101+116、251、267、269、828、872,73EJT27:52,73EJT28:53,73EJT30:43、68、108,73EJT37:519,73EJF2:2
前 66	地节四年	73EJT1:138,73EJT21:469,73EJT23:71、620,73EJT24:566、748、786、809、944,73EJT26:268+264+266,73EJT28:46,73EJT30:110,73EJT31:80,73EJT37:156
前 65	元康元年	73EJT7:132,73EJT21:1、42、271,73EJT24:705,73EJT25:15,73EJT27:28,73EJT29:92,73EJT30:33、240

（续表）

西历	年号	简号（＊是缺年数的简，归入元年）
前 64	元康二年	73EJT3:98，73EJT21:43，73EJT22:116，73EJT23:3、930，73EJT28:40，73EJT29:108，73EJT30:6、17、21、42+69、48、264，73EJT31:45，73EJT37:873、876、931
前 63	元康三年	73EJT5:3，73EJT9:266，73EJT21:127、138，73EJT23:380、389，73EJT30:41，73EJT31:60，73EJT37:28、70、180、369、666、773、1025 28，70，180，369，666，773，1025
前 62	元康四年	73EJT28:4，73EJT31:20、57，73EJT37:776、1504
前 61	神爵元年	73EJT7:70，73EJT23:952，73EJT29:103，73EJT37:719、739、1534
前 60	神爵二年	73EJT3:113，73EJT4:100，73EJT22:25，73EJT23:480、1018，73EJT37:871、1529
前 59	神爵三年	73EJT37:112、1379
前 58	神爵四年	73EJT5:22，73EJT29:11，73EJT37:520、728、910
前 57	五凤元年	73EJT2:44，73EJT4:144，73EJT5:49，73EJT8:8，73EJT9:311，73EJT10:312，73EJT26:224，73EJT37:521、522、1100、1380、1448 521，522，1100，1380，1448
前 56	五凤二年	73EJT4:103，73EJT9:92、108，73EJT21:281，73EJT22:34，73EJT23:941，73EJT24:35，73EJT28:86，73EJT37:49、523、740、1099 49，523，740，1099
前 55	五凤三年	73EJT6:17，73EJT14:12，73EJT26:88，73EJT29:107，73EJT32:43，73EJT34:6，73EJT37:524、732、1075、1149、1339、1535 524，732，1075，1149，1339，1535
前 54	五凤四年	73EJT9:87、104，73EJT21:348，73EJT23:772，73EJT37:202、272、782、1062、1076、1184、1376、1533
前 53	甘露元年	73EJT7:165＊，208，73EJT9:29，73EJT10:116、335、441，73EJT27:89＊，73EJT37:96、1063
前 52	甘露二年	73EJT1:1，73EJT6:169，73EJT9:11、19、357，73EJT10:61、232、313、355，73EJT27:71，79，73EJT28:34、63，73EJT29:14、62、63、97、115，73EJT34:1

(续表)

西历	年号	简号(＊是缺年数的简,归入元年)
前 51	甘露三年	73EJT6:38,73EJT9:34、384,73EJT24:92,73EJT25:6,73EJT28:13、16、18、22、55,73EJT33:54
前 50	甘露四年	73EJT5:68,73EJT9:36,62,299,322,341,73EJT10:120,121,230,237,254,315,375,377,378,73EJT25:163 73EJT5:68,73EJT9:36,62,299,322,341,73EJT10:120,121,230,237,254,315,375,377,378,73EJT25:163 73EJT5:68,73EJT9:36,62,299,322,341,73EJT10:120,121,230,237,254,315,375,377,378,73EJT25:163 73EJT5:68,73EJT9:36、62、299、322、341,73EJT10:120、121、230、237、254、315、375、377、378,73EJT25:163
前 49	黄龙元年	73EJT7: 67, 73EJT11: 1, 73EJT30: 73, 73EJT32: 50, 73EJT33: 41, 73EJT34:30
前 48	初元元年	73EJT4:179,73EJT9:333,73EJT10:376,73EJT23:841,73EJT24:284,73EJT26:221,73EJT27:32,73EJT31:131、153,73EJT32:45
前 47	初元二年	73EJT7:74,73EJT21:175,73EJT25:30,73EJT26:230、233,73EJT27:23、48,73EJT34:9
前 46	初元三年	73EJT8:75,73EJT11:31,73EJT25:121,73EJT33:58,73EJT37:581
前 45	初元四年	73EJT10:127,73EJT30:62,73EJT31:40,73EJT32:16,73EJT33:42、67,73EJT37:223、279
前 44	初元五年	73EJT9:9,73EJT24:78
前 43	永光元年	73EJT7:21,73EJT11:28,73EJT30:213
前 42	永光二年	73EJT7:128,73EJT33:40
前 41	永光三年	73EJT21:19,73EJT37:525
前 40	永光四年	73EJT6:40,73EJT8:36,73EJT22:8,73EJT31:63,73EJT37:526
前 39	永光五年	73EJT3:109,73EJT6:76,73EJT11:26,73EJT14:10
前 38	建昭元年	73EJT10:373,73EJT21:263,73EJT23:200①②
前 37	建昭二年	73EJT26:50

（续表）

西历	年号	简号（＊是缺年数的简，归入元年）
前 36	建昭三年	73EJT21:113,73EJT22:22,73EJT33:51
前 35	建昭四年	73EJT10:405,73EJT33:46
前 34	建昭五年	73EJT23:352,73EJT32:6,73EJT34:38、43
前 33	竟宁元年	73EJT7:31,73EJT8:9、53,73EJT10:204
前 32	建始元年	73EJT37:671
前 31	建始二年	73EJT24:28,73EJF3:181
前 30	建始三年	EPF22:703,73EJT22:70,73EJT37:47、448
前 29	建始四年	73EJT28:9,73EJT31:65、76
前 28	河平元年	73EJT4:60,73EJT21:96,73EJT31:158,73EJT37:164
前 27	河平二年	73EJT4:99,73EJT7:97、140,73EJT10:125,73EJT27:29,73EJT30:82,73EJT31:147
前 26	河平三年	73EJT4:113,73EJT7:27,73EJT24:34,73EJT28:56,73EJT30:34
前 25	河平四年	EPF22:705,73EJT3:55,73EJT37:527、1194
前 24	阳朔元年	73EJT6:27、127,73EJT11:6,73EJT21:98、102,73EJT26:87、92
前 22	阳朔三年	73EJT23:966,73EJT37:1007
前 21	阳朔四年	73EJT6:113,73EJT21:109
前 20	阳朔五年	73EJT6:23,73EJT7:23,73EJT22:11,73EJT37:1019
前 19	鸿嘉二年	73EJT6:39,73EJT7:92,73EJT21:181
前 18	鸿嘉三年	73EJT6:115,73EJT23:664,73EJT31:203,73EJT32:36,73EJT37:626
前 17	鸿嘉四年	73EJT7:126,202,73EJT9:177,73EJT28:33,73EJT37:259、645
前 16	永始元年	73EJT3:6,73EJT21:35,73EJT23:142
前 15	永始二年	73EJT7:98,73EJT23:678,73EJT24:23
前 14	永始三年	73EJT23:143,73EJT37:429、443,73EJF1:9,73EJF3:229+542
前 13	永始四年	73EJT23:94,73EJT24:133,73EJT37:38、1059
前 12	元延元年	73EJT3:66,73EJT4:62,73EJT23:1、144,73EJT37:273、275、528、594、698、770、893、1065、1396、1451

(续表)

西历	年号	简号(*是缺年数的简,归入元年)
前 11	元延二年	73EJT3:53,73EJT23:79、141、308、308、682,73EJT37:389、529、778、1070、1404、1450
前 10	元延三年	73EJT3:47、48,73EJT37:143、446、500、588、1400、1441、1517
前 9	元延四年	73EJT3:26、67,73EJT37:59、185、637、1452+1460、1500
前 7	绥和二年	73EJT3:118,73EJT31:62,73EJT37:148、495、783、1067、1454
前 6	建平元年	73EJT6:42,73EJT37:139、152、453、561、585、615、617、640+707、706、754、780、875、909、978、1045、1061、1124、1202、1229、1256、1408、1503,73EJF3:45
前 5	建平二年	73EJT37:160、175、217、290、616、639、651、755、756、803、962、1068
前 4	建平三年	73EJT3:89,73EJT37:22、97、161、303、579、591、749、788、1207、1462+1471、1531
前 3	建平四年	73EJT3:58,73EJT4:42,73EJT31:107,73EJT37:142、176、177、530、625、758、762、800、1058、1378、1457、1562
前 2	元寿元年	73EJT24:217,73EJT30:177,73EJT37:1301,1456
前 1	元寿二年	73EJT23:897
1	元始元年	73EJT21:108,73EJT23:787,73EJT24:506,73EJT27:51,73EJF1:85,73EJF1:97,73EJF1:101
2	元始二年	73EJT23:756,73EJT24:9、574,73EJT37:201
3	元始三年	73EJT24:31,73EJT35:2,73EJT37:1204 73EJT24:31,73EJT35:2,73EJT37:1204
4	元始四年	73EJT4:131,73EJT23:278、855,73EJT24:145、315
5	元始五年	73EJT4:120,73EJT23:335、416、701、786、991,73EJT24:144、336、378、587、616
6	居摄元年	73EJT23:201①②,73EJT23:317,372,561,573,667,762,893,1012,73EJT24:32,68,439,73EJT37:258 73EJT23:201①②,73EJT23:317,372,561,573,667,762,893,1012,73EJT24:32,68,439,73EJT37:258 73EJT23:201①②,73EJT23:317、372、561、573、667、762、893、1012,73EJT24:32、68、439,73EJT37:258

（续表）

西历	年号	简号（＊是缺年数的简，归入元年）
7	居摄二年	73EJT8:51,73EJT23:319、347、419、703、877、884,73EJT24:24,153
8	居摄三年	73EJT23:291、350、668、878,73EJT24:7、75、197、355、73EJF3:43、114+202+168、470+564+190+243
9	始建国元年	73EJT7: 56, 73EJT23: 172、290、915, 73EJT24: 22、214, 73EJT35: 8, 73EJF3:117、118、120、125、153、175+219+583+196+407、338+201
10	始建国二年	73EJT37:1537、1538、1546,73EJF3:2、101、106、107、111、123、192、388+206、249、334+299+492、327、405、459、463 463
11	始建国三年	73EJT24:36、228,73EJF3:76+448、79+509、104、155、461+476+454
12	始建国三年	73EJT7:50,73EJF3:115、154、228
13	始建国五年	73EJT23:2、189,73EJF3:340
14	天凤元年	EPF22:685,73EJF3:39、44、116、179、180、303、468+502
16	天凤三年	73EJF3:171
18	天凤五年	EPF22:674、675,73EJF3:328
19	天凤六年	73EJF3:113、119、195
20	地皇元年	EPF22:413
21	地皇二年	EPF22:468
22	地皇三年	73EJF2:10
23	地皇三年	EPF22:236、242、273、334、336、359、37、378、380、423、483、484
24	更始二年	EPF22:455
25	更始三年	EPF22:282、337
26	建世二年	EPF22:277、292、335、370、460
27	建武三年	EPF22:1、21、29、36、61、70、80、187、373、432、459
28	建武四年	EPF22:45、47、48、50、54、55、126、328、329、338、453、462、664、702

(续表)

西历	年号	简号(＊是缺年数的简,归入元年)
29	建武五年	EPF22:56、153、163、247-249、250-253、254-257、288、658、720
30	建武六年	EPF22:38、42+322、51+52、53、270、323、402、640
31	建武泰年	EPF22:166、169、398、430、533、651、662、700+689
32	建武八年	EPF22:391、698
86	元和三年	(EPF22:722)

汉魏时代的上奏文处理程序及皇帝裁可*

[日]野口优** 著译

前　言

中国的史学权威余英时指出，从汉代以来，对于国家大事，皇帝一直持有最终决定权。[1] 渡边信一郎也指出，像公元3世纪开始的贵族制社会那样的权力构造中，最终决定权集中在皇帝手上。[2] 皇帝的最终决定是通过一种叫制诏的命令文书体现的。

东汉后半期的两种史料：胡广《汉制度》和蔡邕《独断》指出，皇帝发布的命令文书有四种：策书、制书、诏书、戒书。命令文书一般用于表达皇帝本人的意愿。不过，在诏书的场合，也存有例外。皇帝一裁可臣下的上奏文，其上奏文的文本直接成为诏书。裁可上奏文和先行研究所说的皇帝最终决定权之间，确实有密切的关连。

因此笔者在这篇论文中先复原汉魏时代的上奏文处理程序；然后，讨论这一时代皇帝怎样裁可上奏文。至于为什么需要同时讨论上奏文处理程序，那是因为不明确皇帝的裁可在上奏文处理程序中的位置，就不能阐明皇帝裁可的真正意义。

关于汉代的上奏文处理程序，以大庭脩的制诏三形态之研究为嚆矢，[3] 汪桂海详细地进行了复原。[4] 然后，邢义田[5]、渡边将智[6]、代国玺[7]修改或补充了汪先生复原

---

* 本文原题为《漢魏时代における上奏文処理手続きと皇帝裁可》，载《史林》第101卷第6号，2018年，第1—36页。

** 野口优，中山大学历史学系（珠海）副教授。

1 参见余英时：《历史与思想》，联经出版公司2014年版，第52—53页。

2 参见渡边信一郎：《中国古代の王権と天下秩序：日中比較史の視点から》，校仓书房2003年版，第146—147页。

3 参见大庭脩：《秦汉法制史研究》，徐世虹等译，中西书局2017年版，第139—162页。

4 参见汪桂海：《汉代官文书制度》，广西教育出版社1999年版，第112—119，161—183页。

5 参见邢义田：《汉代简牍公文书的正本、副本、草稿和签署问题》，《"中研院"历史语言研究所集刊》82-2，2011年。

6 参见渡边将智：《後漢政治制度の研究》，早稻田大学出版部2014年版，第231—234页。

7 参见代国玺：《汉代公文形态新探》，载《中国史研究》2015年第2期。

的诏书上奏文处理程序。另外,关于三国魏的上奏文处理程序,只有祝总斌[1]、陈琳国[2]很简单地言及,似未见其他详细复原三国魏时期上奏文处理程序的研究。因此,有关这一问题,笔者本应自行展开研究,但史料不足,无法详细地复原所有的程序,因而只能讨论跟汉代有什么异同。此外,笔者先明确这篇论文中讨论的上奏文处理程序的定义。这是一个由一连串环节组成的上奏文处理过程:上奏文汇集到书记机构(汉代的尚书台、三国魏时期的中书省),得到皇帝的裁可,誊写,经过书记机构再一次的处理,离开书记机构。

另外,关于皇帝裁可制诏的形式,以顾炎武的研究为开端(《日知录》卷二十八《押字》)。顾炎武的研究中与本文的内容最相关的是三国魏时期已经有皇帝亲笔认可制诏的事例。然后,赵翼继承顾炎武的学说而发表了自己的见解。赵翼对皇帝亲笔裁可的认识与顾炎武相似,但又指出所谓亲笔裁可未必采取署名的方式,也会使用"可"或"依"字等用以表示裁可之意的文字(《陔余丛考》卷三十三《花押》)。不过,两位的研究不是专门讨论汉代、三国魏时期的。

米田健志[3]、邢义田[4]两位先生简略地考察了汉代皇帝裁可的问题。汪桂海研究了从汉代到三国魏期间皇帝裁可形式的变迁的问题。[5] 另外,刘永华、温海波的研究虽不是专门讨论汉代、三国魏时期,但也在参考的先行研究成果的基础上讨论了汉代、三国魏时期的皇帝裁可形式。[6]

每项研究成果所指出的裁可形式是不一样的。不过,除了邢先生以外,所有学者们都认为皇帝的亲笔是必要的。邢先生则认为,汉代的裁可程序需要皇帝或"获授权的代理人"的亲笔。不管邢先生指出的是否为事实,其论文中所说"代理人"的身份略显模糊,也遗留了一些问题。

---

1 参见祝总斌:《两汉魏晋南北朝宰相制度研究》,中国社会科学出版社 1990 年版,第 151—154 页。

2 参见陈琳国:《魏晋南北朝政治制度研究》,文津出版社 1994 年版,第 17—20 页。

3 参见米田健志:《前漢の御史大夫小考:〈史記〉三王世家と元康五年詔書冊の解釈に関して》,《奈良史学》二七,2009 年。

4 参见邢义田:《汉代简牍公文书的正本、副本、草稿和签署问题》。

5 参见汪桂海:《汉代官文书制度》,第 115—117 页。

6 参见刘永华、温海波:《签押为证:明清时期画押的源流、类型、文书形态与法律效力》,载《文史》2017 年第 1 期。

一、东汉时代的上奏文处理程序与皇帝裁可

(一) 东汉时代的上奏文处理程序

众所周知,汉代皇帝将臣下或相关机关呈送的上奏文裁可后,该上奏文直接变成诏书。皇帝的裁可,大部分写“制曰可”,这从典籍史料和出土史料两方面都能够确认。以此为前提,笔者从出土史料中举出奏上上奏文和皇帝裁可的例子。由于东汉时期的相关史料不足,故仅举西汉的简牍史料。

御史大夫吉,昧死言。丞相相上大常昌书言,大史丞定言,元康五年五月二日壬子,日夏至,宜寝兵。大官抒

井,更水火,进鸣鸡。谒以闻布当用者。●臣谨案比,原泉御者、水衡抒大官御井,中二千石、二千石令官各抒。别火 一〇·二七

官先夏至一日,以除隧取火。授中二千石、中二千石官在长安、云阳者,其民皆受,以日至易故火。庚戌,寝兵,不听事,尽

甲寅五日。臣请布臣昧死以闻。 五·一〇

制曰可。 三三二·二六

元康五年二月癸丑朔癸亥,御史大夫吉,下丞相。承书从事,下当

用者。如诏书。 一〇·三三

上述史料是在汉代西北边境军事基地出土的,大庭脩详细地复原了它。[1] 原本,上引简文之后还载有指向边境军事基地的转送文书,囿于篇幅,此处只列出上奏文经皇帝裁可并传达至丞相的过程。这件史料是西汉时期的,与下面讨论的东汉上奏文处理程序有所不同。所以笔者暂时不考虑该诏书的具体内容,只是借此史料确认皇帝裁可上奏文后,上奏文直接变成诏书这一点。

以下考察东汉时代的上奏文处理程序。

---

1 参见大庭脩:《秦汉法制史研究》,第139—162页。大庭脩发表如上研究之后也有许多学者研究这件诏书。比如说,鹰取祐司:《秦漢官文書の基礎的研究》,汲古书院2015年版,第203—242页;米田健志:《前漢の御史大夫小考:〈史記〉三王世家と元康五年詔書冊の解釈に関して》。

一般来说,上奏文汇集在尚书台。[1] 以六位尚书为主处理上奏文,最终尚书令统括各尚书曹的文书。[2]

1. 尚书六人,六百石。本注曰:成帝初置尚书四人,分为四曹:常侍曹尚书主公卿事;二千石曹尚书主郡国二千石事;民曹尚书主凡吏上书事;客曹尚书主外国夷狄事。世祖承遵,后分二千石曹,又分客曹为南主客曹、北主客曹,凡六曹。

(《续汉书》百官志三《少府》)

2. 尚书令一人,千石。本注曰:承秦所置,武帝用宦者,更为中书谒者令,成帝用士人,复故。掌凡选署及奏下尚书曹文书众事。

(《续汉书》百官志三《少府》)

另外,尚书台对于上奏文给出初步的处理意见。

3. 又尚书决事,多违故典,罪法无例,诋欺为先,文惨言丑,有乖章宪。

(《后汉书》列传第三十六《陈宠传》)

文中的"尚书决事",据汪桂海解释,指尚书官提出上奏文的初步处理意见。[3] 尚书令直接向皇帝报告上奏文,也有可能得到裁可。

4. 群臣有所奏请,尚书令奏之,下有制曰:天子答之曰"可"。

(《独断》上)

5. 尚书令主赞奏封下书。

(《北堂书钞》卷五十八所引《汉旧仪》)

---

1 当然有例外的事。比如,《独断》提到,"奏者、亦需头、其京师官但言稽首、下言稽首以闻、其中有所请若罪法劾案公府、送御史台。公卿校尉、送谒者台也"。这表明,上奏文寄到御史台或谒者台的例子也有。代国玺指出,由于"公府"与"公卿"重复,"公卿"当为衍文,亦即"公卿上奏文应交付御史台,校尉等官上奏则应交付谒者台"。参见代国玺:《汉代公文形态新探》。

2 经过东汉一代,六个尚书下辖的曹有所变化。《续汉书·百官志》所描写的东汉初光武帝时期的尚书机构与东汉末应劭所著《汉官》所指出的曹名(据《宋书》卷三十九《百官志》载)不同。陈启云指出,因为东汉一代曹名变化了,所以两本书的记载不一样。参见陈启云:《汉晋六朝文化·社会·制度——中华中古前期史研究》,新文丰出版社 1997 年版,第 220—222 页。

3 参见汪桂海:《汉代官文书制度》,第 115—117、168 页。

"赞奏"即由尚书令唱读上奏文,[1]"封下书"即将尚书处理、皇帝审批了的文书封印下达给上书者或有司。[2]

在汉代,不仅尚书令能提交上奏文,尚书郎向皇帝提交制诏草案的可能性也是存在的。[3]

6. 魏名臣奏驸马都尉甄毅奏曰,汉时公卿皆奏事选尚书郎,试,然后得为之。其在职,自赍所发书诣天子前发省便处当,事轻重口自决定。或天子难问,据案处正。

(《太平御览》卷二百十五《总叙尚书郎》)

此处的"案"应该是制诏的草案,因为尚未得到皇帝裁可。尚书侍郎主持起草制诏。

7. 侍郎三十六人,四百石。本注曰:一曹有六人,主作文书起草。

(《续汉书》百官志三《少府》)

从史料6中的"案"只是制诏草案的事例上看,如果皇帝裁可上奏文,那件上奏文便成诏书,所以也许"案"是上奏文本身。如上所述,尚书官作出对上奏文的处理意见。"事轻重口自决定"所指的内容有可能不是由皇帝意向主导的制诏案,而是尚书官对于上奏文给出的处理意见。以下将再次讨论"案"的语义。

尚书官不是把所有的上奏文进呈皇帝,因为尚书官是若无加官,就基本无法进入禁中的宫官。[4] 皇帝在禁中期间,黄门侍郎等禁中官向皇帝报告上奏文。

8. 旧,有左右曹,秩以二千石,上殿中,主受尚书奏事。平省之。世祖省,使小黄门郎受事,车驾出,给黄门郎兼。

(《续汉书》百官志二《光禄勋》)

---

1 参见祝总斌:《两汉魏晋南北朝宰相制度研究》,第127页。

2 参见汪桂海:《汉代官文书制度》,第170页。

3 关于上奏文之一种的"章",也有尚书左丞奏问的情况(《独断》上)。《独断》论述,"章"用于"谢恩陈事",如果"章"也需要皇帝裁可的话,那意味着尚书左丞也能向皇帝上奏文书。但代国玺指出,章是官民个人上呈皇帝的文书,不一定是公文书。参见代国玺:《汉代公文形态新探》。

4 参见杨鸿年:《汉魏制度丛考》,武汉大学出版社2005年版,第13—18页。

9. 尚书郎……奏事则与黄门侍郎对揖。黄门侍郎,称已闻,乃出。
(《通典》卷二十二《历代郎官》)

要注意的是,小黄门是由宦官担任的官,跟士人担任的黄门侍郎不一样。宦官也与传达上奏文有关。

10. 小黄门,六百石,宦者,无员,掌侍左右,受尚书事。上在内宫,关通中外,及中宫已下众事。 (《续汉书》百官志三《少府》)

据渡边将智所说,如上史料中写的内宫指皇太后居所长乐宫和皇后居所长秋宫。[1] 据史料8、10可以判断,宦官小黄门是向尚书台授受文书的主体。

另外,有些上奏文传达到皇帝后没有直接得到裁可,而是在别的机关里审议。史料中有"事下三府"(《后汉书》列传第二十六《陈元传》)、"事下四府"等的记载,这意味着向三公府或四府(三公府加将军府或太傅府)下达事案,[2] 让他们审议并提出供皇帝参考的意见。[3] 向皇帝提交下达案件的审议结果时,三公必须签署该案。

11. 及遭党事,当考实膺等。案经三府,太尉陈蕃却之。曰:"今所考案,皆海内人誉,忧国忠公之臣。此等犹将十世宥也。……"不肯平署。
(《后汉书》卷六十七《党锢李膺传》)

史料11提到,"案"送达东汉三公府时,作为三公最高官的太尉陈蕃拒绝"平署"该"案"。按照邢义田的看法,"平署"是说诏书案由三公齐头并排签署。[4] 那么,"案"指什么文书? 汪桂海解释"案"是诏书的正本。[5] 但邢义田通过探讨居延汉简等出土史料中出现的"案"的用例,将"案"视为存档底本。[6] 这两种解释的差异影响到对诏书作成顺序的理解。汪先生认为,皇帝裁可在先,三公签署在后;邢先生则持

1 参见渡边将智:《後漢政治制度の研究》,第222页。

2 史料中还有"五府"的记载。廖伯源认为,五府是太傅府、三公府、大将军或将军加仪同三司之幕府。参见廖伯源:《历史与制度——汉代政治制度试释》,商务印书馆1997年版,第259—262页。

3 关于汉代的会议,参见永田英正:《漢代の集議について》,载《東方学報》四三,1972年;渡边信一郎:《天空の玉座:中国古代帝国の朝政と儀礼》,柏书房1996年版,第20—34页;廖伯源:《秦汉史论丛》,五南图书2003年版,第157—200页。

4 参见邢义田:《汉代简牍公文书的正本、副本、草稿和签署问题》。

5 参见汪桂海:《汉代官文书制度》,第124页。

6 参见邢义田:《汉代简牍公文书的正本、副本、草稿和签署问题》。

相反的看法。那么,哪种理解更合适?考虑到有时候存在着皇帝裁可之前把案件下达给三公的情况,因此笔者认为,当三公签署在先,皇帝裁可在后。[1]

另外,所谓三公讨论并不仅发生在皇帝向他们下达事案的场合。有些上奏文寄到三公府,他们认为值得采用,也会直接上奏。下面引用桓帝元嘉三年(公元153年)的乙瑛碑。[2]

司徒臣雄、司空臣戒,稽首言,鲁前相瑛书言……

他如故事。臣雄、臣戒愚戆诚惶诚恐,顿首顿首,死罪死罪。臣稽首以闻。

制曰可。　　司徒公河南□□□□字季高

元嘉三年三月廿七日壬寅,奏雒阳宫。　　司空公蜀郡成都□戒字意伯

在该碑文中,三公中的司徒和司空联名上奏,请求皇帝裁可前鲁国相乙瑛提交的上奏文。于是,就见到了三公在上奏文中签署的情况。陈启云认为,所有的上奏文的副本都送至三公。[3] 可是,如此一来,就无法理解"事下三公"的意义了。也许不是所有案件的副本都传达到三公。汪桂海认为,至少很重要的案件会向三公府传达副本;[4]渡边认为,只限地方官府提交的上奏文副本传达到三公府。[5] 因为现在的史料有限,所以不能明确地讨论何种情况下副本会被传达到三公府。

另外,还需补充的是,并非所有传达到皇帝的上奏文都被裁可。

12. 而闲者章奏颇多浮词,自今若有过称虚誉,尚书皆宜抑而不省,示不为谄子蚩也。

(《后汉书》卷二《明帝纪》)

13. 初,援,在陇西上书,言宜如旧铸五铢钱。事下三府,三府奏以为未可许。事遂寝。　　(《后汉书》卷二十四《马援传》)

像史料12,如果上奏内容有问题,尚书官等就不会受理该上奏文。像史料13,事

---

1 笔者不是完全同意邢先生的意见。他认为,所有的诏书底本需要三公签署。如此,就不能理解"事下三府"的意思了。如果所有的诏书需要三公认可的话,"事下三府"便无意义。需要三公签署的有可能限于事案略为复杂所以皇帝不能立刻裁可,或者三公向皇帝上奏的情况。

2 关于乙瑛碑的图版以及释文、解释,参见永田英正编:《漢代石刻集成》([本文篇][図版、釈文篇]),同朋舍1994年版。

3 参见陈启云:《汉晋六朝文化·社会·制度——中华中古前期史研究》,第216页。

4 参见汪桂海:《汉代官文书制度》,第125—127页。

5 参见渡边将智:《後漢政治制度の研究》,第179—180页。

案传达到三公府后,三公府判断不受理该事案,并把他们的否定意见上奏皇帝,废弃事案。

虽然不是所有的事案都被受理,但诏书顺利地得到皇帝裁可之后,尚书官就会把该诏书传达到相关机关。

14. 凡制书有印使符,下远近皆玺封。尚书令印重封。（《独断》上）

15. 尚书仆射一人,六百石。本注曰。署尚书事,令不在则奏下众事。

（《续汉书》百官志三《少府》）

史料14记载,誊清制书后,皇帝用玉玺封印;然后,尚书官再次封印,并下达到州郡。用玺印封印的文件不限于制书。《资治通鉴》卷三十三"哀帝建平元年(公元前6年)"条"胡三省注"写的"诏书则下为之,以玺为信",无疑是说书记官作成制诏后用印玺封印。而且,汪桂海认为史料15所载尚书仆射"署尚书事"的意思是尚书仆射在诏书封检上题署。[1] 也许,经皇帝裁可的制诏的原本变成了底本,保存在尚书台。

(二) 东汉时代的皇帝上奏文裁可

汉代上奏文裁可的形式分为两种:一是皇帝亲自下笔裁可,二是皇帝口头向禁中官告诉裁可的内容。

16. 三月,大鸿胪奏遣诸王归国。帝特留苍。……有司复奏遣苍,乃许之。手诏赐苍曰:"……念王久劳,思得还休,欲署大鸿胪奏,不忍下笔,顾授小黄门……"

（《后汉书》卷四十二《东平宪王苍传》）

17. 时帝在濯龙池,管霸奏云等事。霸诡言曰:"李云野泽愚儒,杜众郡中小吏,出于狂戆,不足加罪。"帝谓霸曰:"帝欲不谛,是何等语,而常侍欲原之邪?"顾使小黄门可其奏。云、众皆死狱中。（《后汉书》卷五《李云传》）

史料16是章帝建初七年(公元82年)的事例。"署"是什么意思?邢义田指出,"署"疑泛指题署和签署等,[2]那么,该史料中写的"署"是不是"签署"的意思?如

---

1 参见汪桂海:《汉代官文书制度》,第117—118页。

2 参见邢义田:《汉代简牍公文书的正本、副本、草稿和签署问题》。

果是签署的意思的话,那就是皇帝亲自签署。可是,这种可能性极低。尚书令替皇帝裁可的时候,往往存在着如尚书令在上奏文上写“可”,则皇帝本人也写“可”的情况。[1] 皇帝怎样裁可制诏?《汉旧仪》上有很有意思的记载。

18. 诏书,以朱钩施行。 (《北堂书钞》卷一〇三诏条所引《汉旧仪》)

汪桂海指出,汉代的皇帝通过画朱钩来裁可诏书的原案,而且正常的制度下,皇帝在诏书下达之前必须审查一次。[2] 笔者同意汪先生的意见。史料16中的“署”,应为写“可”字或画朱钩的意思,“可”字或朱钩当在上奏文的最后部分。[3] 但皇帝也并非总是亲手裁可,如史料17就是让小黄门代笔。虽然许多先行研究指出,裁可上奏文之际需要皇帝亲笔,但上述探讨说明,在汉代,裁可未必需要皇帝亲笔。

那么,为何裁可上奏文之际,不一定需要皇帝亲笔?这个问题跟诏书的格式有关。蔡邕《独断》中有关于诏书等级的记载。

19. 诏书者,诏诰也。有三品。其文曰告某官官,如故事。是为诏书。群臣有所奏请,尚书令奏之,下有制曰。天子答之曰可。若下某官云云亦曰诏书。群臣有所奏请无尚书令奏制之字则答曰已奏如书,本官下所当至亦曰诏。

(《独断》上)

马怡指出,品表示等级,文件跟皇帝的关系越直接,诏书的等级越高。皇帝直接下达相关官吏的诏书(第一品诏书)比裁可臣下上奏的诏书(第二品诏书)等级高。用于一般行政事务的诏书(第三品诏书)的等级最低,不一定需要皇帝亲手公布或裁定。尚书官既向皇帝报告上奏文,又回复奏书。[4]

关于汉代皇帝裁可上奏文,目前可以确定的是,从臣下或相关官署上传的上奏文,有皇帝亲笔裁可的,也有皇帝口头上裁可后,书记官或宦官替皇帝写“可”字的。

---

1 米田健志参考唐代的公式令、制书式的“可御画”,同样认为,也许皇帝自署“可”字以示裁可。参见米田健志:《前漢の御史大夫小考:〈史記〉三王世家と元康五年詔書冊の解釈に関して》。但是,如本文详述,裁可上奏文之际,不一定需要皇帝的亲笔。关于唐代皇帝的裁可形式,参见中村裕一:《唐代制勅研究》,汲古书院1991年版,第359—397页。

2 参见汪桂海:《汉代官文书制度》,第115—117页。

3 李零整理简牍上的符号,认为L(勾印)和✓是用来给篇号分类的。篇号用于分篇,多置于篇末,所以篇号之后往往不书文字。参见李零:《简帛古书与学术源流》,生活·读书·新知三联书店2003年版,第121页。

4 参见马怡:《漢代詔書の分類》,《日本秦漢史学会会報》十,2010年。

等级最低的诏书,不一定需要皇帝的裁可。总之,根据诏书的等级,皇帝裁可形式的严格程度也有变。

二、三国魏时期的上奏文处理程序与皇帝裁可

(一)三国魏时期的上奏文处理程序

三国魏时期,新的诏书作成机关即中书省成立了。中书省的前身是曹操执政时期在魏王国设置的秘书省。[1]

20. 魏武帝,为魏王,置秘书令。典尚书奏事又其任也。文帝黄初初,改为中书令,又置监,以秘书左丞刘放为中书监,右丞孙资为中书令,并掌机密。中书监、令,始于此也。(《通典》卷二十一《职官三》)

祝总斌指出,东汉建安十八年(公元213年),曹操建立魏国。至迟在魏建国后的第二年(公元214年)便设立了秘书机构。[2] 设置秘书机构的目的是什么?尚书台原来是掌握机密的机关,但当时尚书台开始转化为行政机关,[3]而曹操又需要机密策划很多事,所以要设置直属自己的秘书官,让他们负责奏事、草制等机密事务。[4] 随着魏国逐步扩大,最终取代汉帝国,秘书台也变为中书省。

然后,三国魏时期,中书省开始正式发挥功能,中书监刘放、中书令孙资负责管理中书省。刘放、孙资执掌魏国诏书事宜三十余年之久。

21. (刘)放善为书檄,三祖(武帝、文帝、明帝)诏命有所招喻,多放所为。(《三国志》卷十四《刘放传》)

22. 乃赐诏曰:"君掌机密三十余年,经营庶事,勋著前朝。"(《三国志》卷十四《刘放传》裴松之注所引《资别传》)

1　在西汉时代已经有"中书"的名称,职务内容也类似三国魏的中书省。关于两时代中书之职务内容的类似点,参见杨鸿年:《汉魏中书》,载《文史》1963年第2期。不过,因为东汉时代已经没有中书官,所以三国魏中书省直接的前身是曹操时期的秘书官。

2　参见祝总斌:《两汉魏晋南北朝宰相制度研究》,第331页。

3　探讨汉代尚书台的许多先行研究,几乎都指出过这个问题。比如说,参见劳榦:《劳榦学术论文集甲篇》,艺文印书馆1976年版,第584—586页。

4　参见山本隆义:《中国政治制度の研究》,东洋史研究会1968年版,第55—56页。

由此,以刘放、孙资为中心成立了中书省。那么,哪些官组成中书省?答案是,除了上述中书省长官,监、令以外,史料中还出现中书侍郎、中书令史等。以下为笔者参考《通典》整理出的中书各官的职掌。

23. 魏晋以来,中书监、令掌赞诏命,记会时事,典作文书。

(《通典》卷二十一《职官三》)

24. 魏黄初初,中书既置监、令,又置通事郎魏志曰,掌诏草。即汉尚书郎之位次黄门郎。黄门郎已署事过,通事乃署名。已署奏以入,为帝省读书可。

(《通典》卷二十一《职官三》)

25. 魏晋以来,诏诰并中书令及侍郎掌之。[1]

(《通典》卷二十一《职官人》)

也许因为三国魏刚成立中书省,各官职务分掌并不明确。譬如说,从史料 25 来看,中书令、中书侍郎职掌诏书起草。从史料 21 来看,直到明帝时期,起草、作成诏令都由中书监刘放担任。总之,不能明确哪个官员负责起草诏命,只知道三国魏的中书官继承了汉代尚书官持有的作成制诏的权限。

另外,关于处理上奏文的过程,三国魏也跟汉代一样由尚书官负责汇集上奏文。这一点从以下两段明帝时期的史料中可以看得出来。

26. 车驾尝卒至尚书门,(陈)矫跪问帝曰:"陛下欲何之?"(明)帝曰:"欲案行文书耳。"矫曰:"此自臣职分,非陛下所宜临也。"

(《三国志》卷二十二《陈矫传》)

27. (明)帝遂以(徐)宣为左仆射。后加侍中光禄大夫。车驾幸许昌,总统留事。帝还,主者奏呈文书。诏曰:"吾省与仆射何异。"竟不视。

(《三国志》卷二十二《徐宣传》)

而且,三国魏也跟汉代一样,尚书官对上奏文书给出初步处理意见。

28. 尚书赵咨以宠策为长,诏遂报听。

(《三国志》卷二十六《满宠传》)

---

1 万绳楠指出,尽管《通典》写魏国设置中书舍人,但《晋书》《宋书》《初学记》写晋初设置其官,由此可以认为,中书舍人应该是在晋时设置的。参见万绳楠:《魏晋南北朝文化史》,黄山书社 1989 年版,第 11 页。

明帝青龙元年(公元 233 年),满宠献上对吴国的战略方针。尚书官赵咨认为满宠的献策最佳,然后,明帝予以裁可。也许,满宠上奏文书后,[1]赵咨在上奏文上写了初步意见以示采用满宠的献策。[2] 尚书官在上奏文上写初步意见后,上奏文被寄到散骑官、侍中、黄门官以接受审议。

29. 华峤谱叙曰,歆有三子。表字伟容,年二十余为散骑侍郎。时同僚诸郎共平尚书事。……尚书事至,或有不便,故遗漏不视,及传书者去,即入深文论驳。惟表不然,事来有不便,辄与尚书共论尽其意,主者固执,不得已,然后共奏议。

(《三国志》卷十三《华歆传注》)

30. 散骑侍郎四人,魏初,与散骑常侍同置。自魏至晋,散骑常侍、侍郎与侍中、黄门侍郎共平尚书奏事,江左乃罢。

(《晋书》卷二十四《职官志》)

审议结束后,据史料 24,黄门郎在尚书寄来的文书上签署,再传达到中书通事郎即中书侍郎。史料中的"事"指尚书的文书,"署事"指在尚书文书上签名。[3]

另外,关于黄门侍郎和侍中,在东汉末献帝时期发生了很重要的官制改革。

31. 献帝初即位,置侍中、给事黄门侍郎,员各六人,出入禁中,近侍帷幄,省尚书事。后改给事黄门侍郎为侍中侍郎,去给事黄门之号,旋复故。

(《通典》卷二十一《职官三》)

32. 献帝起居注曰,自诛黄门后,侍中、侍郎出入禁中,机事颇露。由是王允乃奏侍中、黄门不得出入。不通宾客,自此始也。

(《后汉书》卷九《献帝纪》)

1　《三国志》卷二十六《满宠传》曰:"宠重表曰,……。"可见,满宠的上奏明显采用了文书的形式,因为《独断》曰"凡群臣上书于天子者有四名。一曰章,二曰奏,三曰表,四曰驳议",而《满宠传》所说正是"表曰"云云。

2　祝总斌指出,魏代也跟汉代相同,尚书官也有可能对各种上奏文内容提出初步处理意见。参见祝总斌:《两汉魏晋南北朝宰相制度研究》,第 152—153 页。但是,祝先生没有举出具体的史料。

3　参见陈琳国:《魏晋南北朝政治制度研究》,第 19 页。

秦朝、汉朝时期已经设置侍中和黄门侍郎，[1]但都是没有定员的加官。献帝刚即位之后的中平六年（公元189年），初次设置了定员以审议尚书传达的上奏文。此后，因王允之上奏，此两官出入禁中之权被取消。不过，即使在魏晋时期，史料24中的中书侍郎也是在收到由黄门侍郎署名的上奏文之后“已署奏以人”的。这样看来，黄门侍郎对上奏文署名基本就是在禁中之外为之了。[2] 至于皇帝裁可之形式，将在下节详述。

通过皇帝审查裁可的上奏文，中书向尚书送达此上奏文亦即诏命。那么，中书官中，哪个官负责誊清、重新封印？哪个官负责在诏书封检上题署？因为史料上并无有关记载，所以无法明确回答这些问题。[3] 或许，中书官不负责这些事务，而是与汉代一样，只是在誊清后向尚书台送达诏书，由尚书官负责封印、题署。

33. 其以此诏藏之宗庙。副，在尚书、秘书、三府。

（《三国志》卷二《文帝纪》）

34. 有诏百官不得干豫郡县。及车驾到，而宛令不解诏旨，闭市门。（文）帝闻之，忿然曰：“吾是寇邪？”乃收宛令及太守杨俊。诏问尚书：“汉明帝杀几二千石？”

（《三国志》卷二十三《杨俊传》裴松之注引《魏略》）

从史料所载诏书副本由尚书台保管及皇帝向尚书询问故事来看，[4]在三国魏时期，诏书也是向尚书台下达，并由尚书台保管的。

而且，三国魏时期也存在上奏文传达到皇帝后，有些上奏文没有直接裁可，让三公府等机关审议的情形（《三国志》卷二十一《傅嘏传》）。但在三国魏时期，三公府的功能已经变化了。祝总斌认为，三国魏后半期，三公的名誉职务要素增长，何官负

1 关于给事黄门郎，严耕望有如下论述：给事黄门郎的“给事”，原指郎官被派遣担任官职。西汉时代黄门没有自置职，被派遣过来的郎官承担其职务，遂称“给事黄门”。东汉中叶以后，给事之制渐转变，黄门自置侍郎，不复由三署郎给事。像史料31，东汉中期以后依然有“给事黄门郎”，但其实已经没有郎官给事，不过虚存“给事”之号。参见严耕望：《严耕望史学论文选集》（下），中华书局2006年版，第300—301页。

2 当然，不是说黄门侍郎进不了禁中。三国魏有黄门侍郎进入禁中的事例：“文帝时，为黄门侍郎。每纳忠言，辄手书怀本，自在禁省，归书不封。”（《三国志》卷二十七《王昶传》）

3 王素指出，魏晋以后，“玺封”之权，渐专于门下。参见王素：《三省制略论》，齐鲁书社1986年版，第96页。但是，王先生引用的都是东晋以后的史料，能否适用于三国魏存疑。

4 邢义田提到了东汉的尚书典故事。故事非专指某一类的档案典册。大凡政府档案，不论诏书、章奏、判例、仪制、约束、各朝注记甚至侍讲注籍都以原有形式被保留起来以供参考。参见邢义田：《治国安邦：法制、行政与军事》，中华书局2011年版，第397页。

责何职已难以界定。加上从三国魏三少帝时期尚书权力逐渐开始扩大,尚书权力逐渐取代三公之权,进一步向宰相权力转化。[1] 因此,文帝即位(公元220年)至明帝逝世(公元239年)的三国魏前半期与齐王芳即位(公元239年)至魏灭亡(公元265年)的三国魏后半期,这两个时期审议上奏文的三公可能承担着不一样的角色。三国魏时期将案件下达三公府的事例很少,而且向三公府提交副本的记载也未见,这也许与三国魏时期三公府地位低下有关,但不能断言。

接下来要考察三国魏时期的中书官跟尚书官的关系。关于中书官跟尚书官的权势,史料上有两种见解。第一个见解是随着中书省的抬头,尚书的权势弱化了。《通典》卷二十二《职官四》曰"魏置中书省,有监、令,遂掌机衡之任,而尚书之权渐减矣"。第二个见解是尽管中书省成立,魏晋以后尚书也继续扩大权限。《三国志》卷二十二《卢毓传》评曰"魏世事统台阁,重内轻外,故八座尚书,即古六卿之任也"。但很多学者已经指出,三国魏以后尚书继续扩大权限,发展为实际上的宰相。[2]

三国魏时期的尚书,虽然将作成皇帝发案之诏书的职能让给了中书官,但如本节所指出的,尚书也管理上奏文,对上奏文提出处理意见。如果皇帝裁可其文书,尚书给出处理意见的文书也就变成了诏书,所以可以说,三国魏时期的尚书在上奏文裁可程序中依然有主体性。当然,尚书官给出处理意见后,散骑、黄门官审议其意见。但像阎步克所指出的,"平尚书事"不是固定且明确的职务,因时因人不同。[3] 因此可以说,在三国魏的上奏文裁可过程中,散骑官绝不是限制尚书官的存在。

(二)三国魏时期皇帝裁可上奏文

据史料24可知,为了取得皇帝的裁可,中书侍郎签署其文件,进入宫中向皇帝呈上文件。但是,上奏文书的官员不仅限于中书侍郎。史料23写道,中书监、令"掌赞诏命"。由此可知,有时中书监、令唱读诏书文面,取得裁可。三国魏时期上奏文也依然不一定需要皇帝亲笔裁可。

> 35.(明)帝常游宴在内,乃选女子知书可付信者六人,以为女尚书。使典省外奏事,处当画可。
>
> (《三国志》卷三《明帝纪》裴松之注引《魏略》)

---

1 参见祝总斌:《两汉魏晋南北朝宰相制度研究》,第159—167页。

2 参见祝总斌:《两汉魏晋南北朝宰相制度研究》等研究。另外,陈启云指出,明帝时期以后,中书渐渐弱化。参见陈启云:《汉晋六朝文化·社会·制度——中华中古前期史研究》,第238页。

3 参见阎步克:《察举制度变迁史稿》,中国人民大学出版社2009年版,第108页。

史料35是明帝青龙三年(公元235年)的事例。应当注意的是"画可"一词。"画可"原来是皇帝裁可上奏文的意思,而在这一史料中,画可乃女尚书替皇帝为之。[1]

不过,具体地说,汉代裁可上奏文的事例和三国魏文帝时期的事例是"书奏,帝亲览焉"(《三国志》卷十一《管宁传》裴松之注所引《傅子》),"帝手毁其表"(《三国志》卷十二《鲍勋传》)。据这些记述可知,皇帝裁可上奏文之际,有时不是由中书官唱读,而是皇帝亲自过目。因此,皇帝亲手裁可的情形确实存在。关于三国魏时期的皇帝裁可,有一则史料颇为有趣。

36. 世语及魏氏春秋并云:此秋,姜维寇陇右,时安东将军司马文王镇许昌,征还击维,至京师,帝于平乐观以临军过。中领军许允与左右小臣谋,因文王辞,杀之,勒其众以退大将军。已书诏于前。文王入,帝方食栗,优人云午等唱曰:"青头鸡,青头鸡。"青头鸡者,鸭也。帝惧不敢发。

(《三国志》卷四《三少帝纪》裴松之注)

由史料36可知,在当时朝廷里,司马师(大将军)、司马昭(文王)是最高掌权者。齐王芳很恐惧此二人,在以诛杀他们为目的的诏书上,齐王芳不敢盖章。结果齐王芳却被司马师、司马昭这对兄弟废位了。那么,文章中出现的"鸭"是什么意思?顾炎武明确地解释为"按鸭者,劝帝押诏书耳。是则以亲署为押。已见于三国时矣"(《日知录》卷二十八《押字》)。即"鸭"谐音"押","押"即"亲署",就是皇帝亲笔签名的意思。今人汪桂海也同意顾炎武的看法。[2] 但是,赵翼不完全同意顾炎武的看法。赵翼认为,史料36确实提到了皇帝亲笔裁可,但三国魏的"鸭"不是亲笔签名,而是皇帝亲手写"可"字或"依"字的意思(《陔余丛考》卷三十三《花押》)。以下参考赵翼引用的史料展开讨论。

37. 开府千余,仪同无数。领军一时二十,连判文书,各作依字,不具姓名,莫知谁也。

(《北齐书》卷八《幼主本纪》)

---

1 东汉时代的女尚书是侍奉皇太后的亲信女官(《后汉书》列传第五十六《陈蕃传》)。但从史料35可见,三国魏的女尚书也负责皇帝逗留内朝期间的上奏文处理。关于汉魏时代的女尚书官,参见谢翀:《汉魏六朝时期女史探析》,载《海南热带海洋学院学报》2016年第6期。

2 参见汪桂海:《汉代官文书制度》,第116页。另外,卢弼在《三国志集解》卷四《三少帝纪》中也引用了顾炎武的看法。

38. 乾宁二年,即伪位,国号大越罗平,建元曰天册,自称圣人。……其下制诏,皆自署名,或曰帝王无押诏,昌曰:"不亲署,何由知我为天子?"

(《新唐书》卷二百二十五《董昌传》)

以上都是三国魏以后的事例。应当指出,唐代也没有皇帝亲笔签名。据此,可以说,史料 36 中的"押"不是亲笔签名,很可能是指用"可"字、"依"字裁可。刘永华、温海波也支持赵翼的见解,认为汉魏以来皇帝裁可的时候写字,而不签自己的名字。[1]赵翼的看法(皇帝裁可不是皇帝亲笔签署,而是亲笔写"可"或"依"等的文字)很值得参考。不过,如上所述,对于三国魏的上奏文,不一定需要皇帝的亲笔裁可。史料 36 所载不一定是裁可上奏文之事,而且,该文书并非平时由书记官作成的制诏,更兼以诛杀司马氏为目的,极为特殊,不能引为常例。

另外,关于皇帝裁可,汉魏时代也有对上奏文部分修正而裁可的事案。[2]

39. 于是尚书令以下皆诣省阁谢,奏收侯汶考实。诏曰:"未忍致汶于理,可杖五十。"

(《后汉书》卷九《献帝纪》)

40. 尚书令桓阶等奏:"据三正周复之义,国家承汉氏人正之后,当受之以地正,牺牲宜用白,今从汉十三月正,则牺牲不得独改。今新建皇统,宜稽古典先代,以从天命,而告朔牺牲,一皆不改,非所以明革命之义也。"诏曰:"服色如所奏。其余宜如虞承唐,但腊日用丑耳,此亦圣人之制也。"

(《宋书》卷十四《礼志一》)

史料 39 是东汉献帝兴平元年(公元 194 年)的事例,史料 40 是三国魏文帝黄初元年(公元 220 年)的事例。在这两个事例中,均未见官员接到案件的召开会议并讨论该案的情形。那么,在此二事例中,是把案件下达给群臣让他们开展会议,皇帝收到会议的结果后把原来的上奏文稍加修改,还是皇帝独立把上奏文修正了?史料中没有把案件下达群臣的记载,目前只能认为存在皇帝自己对上奏文修正并裁可的可能性。

如上所述,若从制度史的角度来讨论汉代及三国魏时期的皇帝上奏文裁可,那么,可以说在两个时代皇帝亲笔裁可都不是必需的。但是,东汉及三国魏时期开始记

1　参见刘永华、温海波:《签押为证:明清时期画押的源流、类型、文书形态与法律效力》。

2　有关西汉时代皇帝修正上奏文的事例,代国玺介绍了几个例子。参见代国玺:《汉代公文形态新探》。

载制诏的书写材料有变化，而且渐渐出现笔迹区别。这一连串变化跟皇帝亲笔裁可有密切的关系，非常值得注意。下一章，笔者将考察这一连串变化和皇帝上奏文裁可的关系。

三、汉魏时期的皇帝裁可和笔迹、书写材料

（一）汉魏时期的皇帝裁可及笔迹

在汉代地方行政中，长官对于属吏提交的文书亲自给予裁可的事例也确实存在，但属官替长官裁可的事例也时有并行。

41. 后汝南太守宗资任功曹范滂，南阳太守成瑨亦委功曹岑晊，二郡又为谣曰："汝南太守范孟博，南阳宗资主画诺。南阳太守岑公孝，弘农成瑨但坐啸。"

（《后汉书》卷六十七《党锢传》）

42. 石城县吏，特难检御，盖乃署两掾，分主诸曹。教曰："令长不德，徒以武功为官，不以文吏为称。今贼寇未平，有军旅之务。一以文书委付两掾，当检摄诸曹，纠擿谬误。两掾所署，事入诺出。……久之，吏以盖不视文书，渐容人事。盖亦嫌外懈怠，时有所省，各得两掾不奉法数事。

（《三国志》卷五十五《黄盖传》）

仲山茂指出，"画诺"的"诺"字跟皇帝的"可"字一样，是地方长官给予认可的用语。[1] 史料 41 中汝南太守宗资一方面把政务让自己的功曹范滂承担，另一方面依然掌握着表示自己认可事案的"画诺"之权。可是，史料 42 提到，在东汉末期孙氏势力下的石城县里，县令黄盖让两个掾负责一切文书的处理。邢义田指出，文书传过来后，写"诺"字认可的人不是黄盖，而是两个掾。[2] 确实，黄盖为了诱导两个掾的不正当行为，故意自己不进行认可，而让他们代劳。虽然这是在很特殊的情况下发生的，但可推知地方长官不一定必须亲笔认可，也可以通过属吏认可来裁决案件。

近年整理出版的长沙五一广场出土东汉简也有表示认可的"诺"字。以下介绍

1 参见仲山茂：《漢代における長吏と属吏のあいだ：文書制度の観点から》，《日本秦漢史学会会報》三，2002 年。

2 参见邢义田：《今尘集——秦汉时代的简牍、画像与文化流播》（下），中西书局 2019 年版，第 319—320 页。

几个例子(原简号码、《长沙五一广场东汉简牍选释》的编号均列出)。

君教诺。

(CWJ 一①:一〇一/《选释》一三)

辞曹助史襄白:女子张罢自言、桑乡佐盱负布钱万九千三百五十。械盱。曹下诡盱、今以钱万九千三百五十●雇罢、毕。当处重君教诺。　罚、以钱毕、蒙阔略。丞优、兼掾畼议请解盱械、敕遣归乡。

延平元年八月四日己酉白

(CWJ 一③:三二五—二—九/《选释》四六)

君教诺。

即日遣守史胡喜召

(CWJ 一③:二六三一六八/《选释》一五六)

这三种“诺”字笔迹都不一样。[1] 当然其不一定是同一时期写的,但应当注意的是,每个笔迹有很显著的特征。陈松长、周海锋认为,简中写的“君”是县令或长吏的意思,所以,“诺”字不限于县令的亲笔。[2]

事实上,虽然原则上需要长官的亲笔,但部下长吏替长官认可的情形也时有发生。关于地方长官是否亲笔认可的问题,不得不认为,每个地方长官可自行决定。可以确定,至少东汉时期,皇帝裁可上奏文和地方长官认可时都不一定需要亲笔裁可。

现在简单地讲一讲裁可和签署的差别。在本文第一、二节中笔者已经证明了汉魏时期不存在皇帝的签署,但却有三公的签署。为什么没有皇帝的签署而有三公签署?其原因在于签署的意义。陈、周指出,表示裁可的“诺”字跟签署的功能一样。[3] 而邢义田认为,为了明确一连串文书程序(起草、确认等)及其内容的负责人,该人要在文书上签署。签署是为了明确负责人,不是表示裁可。[4] 三公签署的目的只是为了表示谁负责奏上、执行其诏书案或上奏文而已。皇帝裁可则只是许可执行上奏文而已,对执行等程序本身没有任何关联。结果,就出现了有三公签名而不存在皇帝签

1　比如说,李松儒把“诺”字分为三类。他认为,《选释》四六、四七、一三六、一三八都是同一个人写的,可为第一种;《选释》一五六是第二种;《选释》一三是第三种。参见李松儒:《长沙五一广场“君教”类木牍字迹研究》,载《中国书法》2016年第5期。

2　参见陈松长、周海锋:《“君教诺”考论》,收入湖南大学岳麓书院等编:《长沙五一广场东汉简牍选释》,中西书局2015年版,第328—330页。

3　同上书,第330页。

4　参见邢义田:《今尘集——秦汉时代的简牍、画像与文化流播》(下),第317页。

名的现象。[1]

关于五一广场出土的东汉时代简牍上写的“诺”字是否反映个人笔迹的问题,目前还没有定论。尽管如此,东汉时期无论如何,都可以被视为向后世文书中存在多样化的个人笔迹过渡的时期。[2] 在魏晋时代,“诺”字等表示认可的字会呈现出各种各样的笔迹,所以也许可据笔迹判断是皇帝、地方长官亲手作出的裁可,或是其他人作出的认可。可是,在汉代,即便由笔迹差别能判断实际上谁作出裁可,由皇帝、长官以外的人作出裁可也不是什么令人惊讶之事。因为在汉代史料中,少有关注文书、书信之笔迹的记载;据管见所及,人们关注笔迹差异是从东汉最末期开始的。[3]

43. 时有投书诽谤者。太祖疾之,欲必知其主。(国)渊请留其本书,而不宣露。……吏因请使作笺,比方其书,与投书人同手。收摄案问,具得情理。

(《三国志》卷十一《国渊传》)

如下引史料所示,魏晋时代以后出现了模仿笔迹以伪造书信或皇帝与自身笔迹相似,以至于中断书信往来的事例。可以说,魏晋时代以后,人们渐渐开始关注笔迹。

44. 世语曰:(钟)会善效人书,于剑阁要(邓)艾章表白事,皆易其言,令辞指悖傲,多自矜伐。又毁文王(司马昭)报书,手作以疑之也。

(《三国志》卷二十八《钟会传》裴松之注)

45. 于时天下扰乱,伐叛讨二。(刘)超自以职在近密,而书迹与(元)帝手笔相类,乃绝不与人交书。

(《晋书》卷七十《刘超传》)

---

1 邢义田也持同样的观点。参见邢义田:《汉代简牍公文书的正本、副本、草稿和签署问题》。

2 陈松长、周海锋、李松儒认为,五一广场出土东汉简牍上写的“诺”字,有个人笔迹的明确特征。参见陈松长、周海锋:《“君教诺”考论》,第326页;李松儒:《长沙五一广场“君教”类木牍字迹研究》。邢义田又指出,所画的“诺”字,在字形上差别甚大。参见邢义田:《今尘集——秦汉时代的简牍、画像与文化流播》(下),第324—326页。

3 笔迹的问题和亲笔、代书的问题有很深的关系。关于六朝时代的亲笔、代书,参见斯波六郎:《六朝文学への思索》,创文社2004年版,第422—428页。此外,金文京指出,随着书体的发展,从东汉末开始注意笔迹的差别。参见金文京:《三国志の世界——後漢三国時代》,讲谈社2005年版,第307—312页。

斯波六郎也指出,在魏晋时期重视笔迹的潮流与其时流行的伪作文书、书信有很深的关系。[1] 以下列出该时代的伪作文书、书信的事例。

46. 时郡右姓孙伉等数十人专为谋主,惊动吏民。(董)昭至郡,伪作(袁)绍檄告郡云。……昭案檄告令,皆即斩之。一郡惶恐,乃以次安慰,遂皆平集。

(《三国志》卷十四《董昭传》)

47. 青龙初,孙权与诸葛亮连和,欲俱出为寇。边候得权书,(刘)放乃改易其辞,往往换其本文而傅合之,与征东将军满宠,若欲归化,封以示亮。

(《三国志》卷十四《刘放传》)

此外,以下列出的是三国魏之后的事例,却有涉及笔迹特征的记载。比如说,"此字笔势翩翩,似鸟之欲飞"(《陈书》卷二十一《萧允传》);关于表示认可的"诺"字的"凤尾诺"(《南史》卷四十三《江夏王锋传》)。每个事例都证明了该时期的人们已经可识别个人笔迹特征。加上东汉时代已经确立了草书、隶书等书体,[2] 这对于笔迹个性化、注意笔迹的潮流有一定的加速作用。

虽然如此,在汉魏时期,特别是已经开始重视笔迹的三国魏时期,皇帝裁可上奏文的场合仍不一定需要皇帝亲笔。这跟上奏文处理程序可能有很密切的关系。第一、第二节中已经探讨,上奏文裁可的场合中,如果皇帝亲笔裁可,书记官会在皇帝裁可之后复制该文书,分发到负责人。也就是说皇帝亲自作出的裁可限于在书记官负责的上奏文处理程序之内。所以,裁可上奏文之际,皇帝只要同意即可,不一定需要亲笔。

如此可以确认,并非必须由皇帝的亲笔认可才能担保经裁可的上奏文即诏书的信用性。那么,到底什么担保皇帝制诏的信用性?

(二)汉魏时代的皇帝裁可和书写材料

一直以来笔者反复讨论裁可不一定需要皇帝亲笔。不需要皇帝亲笔裁可的话,怎么能保证该诏书的信用性?此前的学者们认为是文书的权威性有赖于书于文书上的长官亲笔签名。[3] 但近年邢义田提出了很精彩的观点。他认为,在汉代保证公文

---

1 参见斯波六郎:《六朝文学への思索》,第463—464页。

2 参见冨谷至:《文书行政的汉帝国》,刘恒武、孔李波译,江苏人民出版社2013年版,第127—129页。

3 参见大庭脩:《漢簡研究》,同朋舍1992年版,第252页;冨谷至:《文书行政的汉帝国》,第182页。

书的权威、信用性的是印玺，而非长官签署或代理人另笔签署。[1] 而且，他指出三国吴也跟汉代一样。[2] 那么，三国魏时期怎样？也跟汉代和三国吴一样，印玺有保证文书信用性的功能吗？

此前的研究说明，魏晋时期开始以纸为官方文书的书写材料。为了保证官方文书的信用性，签署的地位变高，同时印玺的重要性渐渐降低了。比如说，杉村勇造指出，东汉时期以来开始以纸为书写材料，随着在纸上写文书的现象的出现，印章的使用方法也有变化，即用印泥盖章，而很少使用封泥。加上汉末、三国魏、晋、南北朝，书体也有变化，很多人在书信、公文书上亲笔签署，所以印玺不但没有发展，反倒衰退了。[3]

但是，关于三国魏时期的文书和印玺，以下史料颇值玩味。

48.（桓）范又谓（曹）义曰："卿别营近在阙南，洛阳典农治在城外，呼召如意。今，诣许昌，不过中宿。许昌别库，足相被假；所忧当在谷食，而大司农印章在我身。"

（《三国志》卷九《曹爽传》裴松之注引《魏略》）

49. 大司农桓范出奔，谓曹爽曰："大司农印在吾手，所在得开仓而食。"

（《通典》卷二十六《职官八》）

由史料48、49明显可知，通过发文书来要求开仓库之际，使用印玺保证该文书的信用性。三国魏时期也跟汉代、三国吴一样，用印玺保证该文书的信用性。以下史料又提到了皇帝和印玺的关系。

50. 魏略曰：（明）帝既从刘放计，召司马宣王，自力为诏，既封。

（《三国志》卷三《明帝纪》裴松之注）

魏明帝封上了自己作成的诏。籾山明已通过对魏晋出土封检的考察，证明了魏晋时代的文书封检跟汉代一样存在封泥匣。[4] 魏明帝封印诏书之际无疑也有封泥

---

1 参见邢义田：《汉代简牍公文书的正本、副本、草稿和签署问题》。

2 参见邢义田：《汉至三国公文书中的签署》，载《文史》2012年第3期。

3 参见杉村勇造：《中国の印章》，收入《ミュージアム》一四九，1963年。此外，孙机也指出，汉代的官印原本是用于简牍缄封时押印封泥的。纸流行开来以后，印藉朱色盖在纸上。这样就摆脱了填泥之检槽的面积的限制，于是印愈来愈大。这么大的印已不便携带，逐渐失去了存在意义。参见孙机：《中国古舆服论丛》，文物出版社2001年版，第188页。

4 参见籾山明：《秦漢出土文字史料の研究：形態・制度・社会》，创文社2015年版，第93页。

匣,在其处押印。从汉代以至三国魏时期,皇帝印玺依然会给予制诏以信用性。[1]

据本论文考察,在上奏文处理过程中,不仅皇帝印玺,书记官的印玺也会赋予文书以信用性。因为上奏文裁可后变成制诏,该文书传达到各官署,在该官署里开封、转写然后盖印玺,依次传达到下级官署,所以把诏书分发到帝国各地之际,各地方官的印玺也会有担保信用性的功能。

然而,汉代的制诏跟三国魏的制诏之间可能有很大的差别。如上述先行研究所指出的,从汉代到三国魏,书写材料发生了巨大变化。众所周知,汉代的官文书、书籍很多场合载于简牍(竹简、木简)。第一节开头提及,汉代制诏的形式是册书,采取把两行书写的简牍连成一排的形状。[2] 东汉后半期以后,作为书写材料的纸已经普及了。[3] 籾山明指出,东汉后半期以后,根据使用目的之别以简牍为文书、簿籍、符版的材料,以纸为书信、书籍的材料。[4] 但是,只有制诏是例外,三国魏是历史上最早可确定在黄色的纸或丝绸上写制诏的时期。如先行研究指出,就书写材料的功能来说,纸和丝绸几乎都一样。黄色的纸上写的诏跟黄色的丝绸上写的诏之间,没有本质的差别。[5]

51. 其年,帝寝疾,欲以燕王宇为大将军,及领军将军夏侯献、武卫将军曹爽、屯骑校尉曹肇、骁骑将军秦朗共辅政。……(刘放、孙资)又深陈宜速召太尉司马宣王,以纲维皇室。帝纳其言,即以黄纸授放作诏。

(《三国志》卷十四《刘放传》)

52. 五月己丑,高贵乡公卒,年二十。皇太后令曰……事已觉露,(高贵乡公)直欲因际会举兵入西宫杀吾(皇太后),出取大将军(司马昭)。呼侍中王沈、散骑常侍王业、尚书王经,出怀中黄素诏示之,言今日便当施行。

(《三国志》卷四《三少帝纪》)

---

1 在皇帝印玺中,六玺很著名。卫宏《汉旧仪》是讨论六玺功能之际先要参考的史料之一。但是,学者们早就指出其有漏掉字句的可能。近年来有关皇帝六玺的研究,参见阿部幸信:《皇帝六璽の研究》,载《中国出土资料研究》八,2004 年。

2 角谷常子认为,文书正本的通常形状是写两行、编缀的册书形式。写两行、编缀形状是最正式、规格最高的。参见角谷常子:《簡牘の形状における意味》,收入冨谷至编:《边境出土木簡の研究》,朋友书店 2003 年版。所有文书中,制诏的规格最高,其形状就是两行、编缀(把简牍连成一排)。

3 近年来对纸和简牍并用的研究,参见冨谷至:《木简竹简述说的中国古代——书写材料的文化史》,刘恒武译,人民出版社 2007 年版等。

4 参见籾山明:《秦漢出土文字史料の研究:形態・制度・社会》,第 110 页。

5 籾山明指出,丝绸占有"高级纸"的地位,与纸共存。参见前引籾山明:《秦漢出土文字史料の研究:形態・制度・社会》,第 114 页。关于三国魏的黄纸诏书,此前学者们以冨谷的见解为定说,参见冨谷至:《木简竹简述说的中国古代——书写材料的文化史》,第 203—204 页。笔者重新检讨冨谷的见解,提出了不一样的论说。参见野口优:《黄纸诏书再考》,载《汲古》六九,2016 年。

三国魏时期还不明确上奏文本身是写在纸上,还是简牍上。而且,经由皇帝的裁可后,中书官是否重新在纸上写制诏,目前也不能断言。但是,王国维早就指出,至少用朱色印泥在纸面上盖印玺的事例是在南北朝时代的史料中初次出现的。[1] 即使三国魏时期在纸上写制诏,也应该不会在诏书文面上盖印玺。在三国魏,印玺的重要性尚未降低,主要在封印文书方面使用印玺,给予该文书以信用性。

综上所述,从东汉一直到三国魏,对笔迹的重视与制诏书写材料等方面发生了变化,这种变化有可能对一直以来的皇帝裁可制度造成了很大的影响。但是,汉魏时代贯彻到底、没有变化的是,裁可上奏文方面,皇帝不一定必须亲笔。此前的学者们认为,实施诏书之前,皇帝一定要自己确认其内容后亲笔裁可。现在看来,至少在汉魏时代的上奏文裁可方面,其看法无法成立。

结　语

如上三节,笔者考察了从汉代到三国魏上奏文处理程序方面的皇帝裁可。

首先,笔者确认了如先行研究所指出的,皇帝承担上奏文的最终裁可。在汉代和三国魏,裁可的形式也许是写"可"等表示裁可的文字或者红色的钩印,在三国魏时期也有可能在裁可之时没有签署。明确这些前提后,笔者阐明了汉魏时代都不一定必须由皇帝亲笔裁可这一关。

而且,从汉代到三国魏,对笔迹的认识发生了一大变化,且作为书写材料的纸普及了。

在东汉末注意笔迹的意识已经提高了,且有些研究已经指出,东汉中期出土史料中地方长官写的表示认可的"诺"字已呈现出个性差别。尽管如此,从汉代到三国魏,裁可上奏文之时一直不需要皇帝亲笔。因为皇帝裁可的意义只限在书记官负责的一连串上奏文处理程序中,没有皇帝亲笔裁可也不影响诏书的信用性。

那么怎么保证诏书的信用性?简单地说,在汉魏时代,保证诏书信用性的是印玺。

---

1 王国维所举史料是《魏书》卷七十六《卢同传》"若名级相应者,即于黄素楷书大字,具件阶级数,令本曹尚书以朱印印之"和《北齐书》卷二十三《陆法和传》"梁元帝以法和为都督,郢州刺史,封江乘县公。法和不称臣,其启文朱印名上,自称司徒"。参见王国维:《简牍检署校注》,胡平生、马月华校注,上海古籍出版社 2004 年版,第 104—105 页。王献唐也指出,从简牍到纸素的变化跟从封泥到色印的变化之间有相互关系。他还认为南北朝是纸上押印的滥觞。参见王献唐:《五镫精舍印话》,青岛出版社 2009 年版,第 194—195 页。

这样,从东汉时代到三国魏时期,以重视笔迹和书写材料的变化等为首,发生了对一直以来的皇帝裁可制度很可能造成极大影响的变化。但是,上奏文裁可方面,汉魏时期都没有变化,亦即皇帝不一定必须亲笔裁可。

【附记】

本文中的“上奏文”主要指《独断》中的“奏”,而且包含“章”和“表”。其实,“制曰可”只是对“奏”的批复。其他的皇帝批复还有两种:对“章”的批复是“闻”,对“表”的批复是“已奏如书”。对这两种批复,特别是“闻”,笔者在本文中应该涉及,但最终没有详论。对“奏”“章”“表”的批复,请参见刘后滨:《唐代中书门下体制研究——公文形态·政务运行与体制变迁》,齐鲁书社2004年版,第71页。

另外,关于东汉时代上奏文的处理意见,笔者在注释中不仅应该涉及尚书官,还应探讨廷尉、御史中丞对一部分上奏文书的处理。但是,最终也未论述。请参见汪桂海:《汉代官文书制度》,广西教育出版社1999年版,第177—180页。

魏晋南北朝隋唐五代“经义折狱”案例试析

桂齐逊* 著

前 言

中国法制发展史源远流长，姑不论古史传说中所谓“象以典刑，流宥五刑，鞭作官刑，朴作教刑，金作赎刑”，[1]或《左传·昭公六年》所载叔向之言“夏有乱政，而作《禹刑》；商有乱政，而作《汤刑》；周有乱政，而作《九刑》”；[2]即自李悝之制定《法经》，[3]商鞅传授，改法为律；汉相萧何，更加悝所造《户》《兴》《厩》三篇，谓之《九章》之律以来，[4]两千余年，[5]其间历代法典代代相传，从未中断，是为人类法制史上一大

* 桂齐逊，中国文化大学史学系教授。

1 孔安国传，孔颖达疏，李学勤主编：《十三经注疏·尚书正义》卷三《舜典》，北京大学出版社 1999 年版，第 65 页。

2 左丘明传，杜预注，孔颖达正义，李学勤主编：《十三经注疏·春秋左传正义》卷四十三《昭公六年·三月》，引叔向书，第 1228 页。

3 《晋书·刑法志》曰：“……秦汉旧律，其文起自魏文侯李悝。悝撰次诸国法，著《法经》。以为王者之政，莫急于盗贼，故其律始于《盗》《贼》。盗贼须劾捕，故著《网〔囚〕》《捕》二篇。其轻狡、越城、博戏、借假不廉、淫侈、踰制以为《杂律》一篇，又以《具律》具其加减。”参见房玄龄等撰：《晋书》卷三十《刑法志》，中华书局 1997 年版，第 922 页。

4 语见长孙无忌等撰，刘俊文点校：《唐律疏议》卷一《名例律》，中华书局 1993 年版，第 2 页。按，据钱穆《先秦诸子系年》所考，商鞅变法，应始于秦孝公七年（公元前 355 年），以迄孝公二十四年（公元前 338 年），故所谓“商鞅传授，改法为律”的时间，应在公元前 355—前 338 年之间，参见钱穆：《先秦诸子系年》，香港大学出版社 1956 年版。惟近来大陆学者祝总斌以为此说并不可信，祝氏主张“改法为律”一事当在公元前 260 年左右，稍早于公元前 252 年魏颁订的《户律》与《奔命律》，然应晚于商鞅变法之时将近一个世纪矣，参见氏著《关于我国古代的“改法为律”问题》，载《北京大学学报（哲学社会科学版）》1992 年第 2 期。然此说尚有待商榷，今暂仍《唐律疏议》之旧说。

5 李悝生卒年代约在公元前 455—前 395 年间，其相魏文侯在公元前 413 年以后，而著《法经》，当在斯时前后，故曰自李悝撰次《法经》以来，距今约二千四百年有余。关于李悝生卒及相关事迹，参见前引钱穆：《先秦诸子系年》，第 132—133、537、616 页。

奇迹。此所以无论就世界十六法系,[1]乃至五大法系立言,[2]中华法系均占有一席不可轻忽之地位。

然而,令人惋惜的是,自上古以迄隋代,历代所编纂之法典,并未流传下来;是以过往吾人对于中国古代法典,掌握得最早也最完整的只有《唐律》;幸而近三十年来,随着《睡虎地秦简》[3]及《张家山汉简·二年律令》[4]的出土,即使只是断简残篇,却也让我们可以确定秦、汉法典的存在。

自汉武帝罢黜百家,独尊儒术以后,汉代法司常见利用孔子所删削的《春秋经》或其他儒家经典来决狱,号曰"春秋决狱""春秋折狱"或"经义折狱";[5]影响所及,魏晋南北朝仍常见法司径以"经义折狱"之风,直到隋唐五代之际,此一风潮始趋缓和。

耐人寻味的是,既然秦汉以来,朝廷均编有国家法典,何以自汉以迄隋唐五代,法司执法之时,未能完全凭借国家法典作为决狱的标准,却偏好使用"经义折狱"呢?此一风气何以始自汉,魏晋南北朝又何以仍承其遗风?隋唐五代以后,"经义折狱"风气渐趋缓和的原因何在?这些都是值得我们探究的历史课题。

关于汉代"春秋折狱"之研究,前贤论述已甚夥,[6]故不多言;兹篇之作,仅将研究重心置于魏晋南北朝与隋唐五代"经义折狱"之风潮,并审视此种风潮流行于此一时期的历史背景,对"经义决狱"之正负面影响提出看法。

---

1 所谓世界十六法系,分别是:埃及、巴比伦、希腊、犹太、克勒特、寺院、罗马、日耳曼、海洋、中国、印度、日本、斯拉夫、穆哈默德、欧陆及英美法系等,转引自陈顾远:《中国法制史》,第52页。

2 世界五大法系则指印度、回回、罗马、英吉利及中国法系等五种,参见陈顾远:《中国法制史》,中国书店1988年版,第52页。

3 在出土的《睡虎地秦墓竹简》中,《秦律十八种》《效律》《秦律杂抄》《法律答问》及《封诊式》均属广义《秦律》的范畴,至于《语书》和《为吏之道》也有一些涉及法律文书的材料,可以参看。参见睡虎地秦墓竹简整理小组编:《睡虎地秦墓竹简》,文物出版社1978年版,第23—279、14—22、280—296页。

4 据《张家山汉墓竹简〔二四七号墓〕》的注解,此批律令应属吕后二年(公元前186年)制颁施行之律令,见张家山二四七号汉墓竹简整理小组编:《张家山汉墓竹简〔二四七号墓〕》,文物出版社2001年版,第133页。从《张家山汉墓竹简〔二四七号墓〕》可知,《二年律令》所收汉初律令,至少就有《贼律》等二十七种律文和《津关令》一种,合计二十八种,参见该书第131—210页。

5 所谓"春秋折狱",又称"春秋断狱""春秋决事""春秋决狱"及"春秋决事比",名虽异而实同,参见黄源盛:《汉代春秋折狱之研究》,台湾中兴大学法律学研究所1982年硕士学位论文。惟鄙意以为,董仲舒及其他汉儒在以"经义"折狱之时,实质上引经据典的对象,并不局限于《春秋经》一书,也包含了孔子所删削的其他诸经,甚至包含了《孟子》《荀子》诸书,故与其用"春秋折狱"一词,不如用"经义折狱"来得更恰当。

6 前引黄源盛《汉代春秋折狱之研究》《两汉春秋折狱探微》《董仲舒春秋折狱案例研究》,均属此中佳作,参见黄源盛:《两汉春秋折狱探微》,《政大法学评论》52,1994年;黄源盛:《董仲舒春秋折狱案例研究》,台湾大学《法学论丛》21-2,1992年。

一、“经义折狱”历史背景概说

（一）经义决狱思想兴起的背景

汉代以“经义”来决狱的历史背景，笔者以为当以“汉代法典过于繁琐”和“时人崇尚经学之风”最为关键。[1] 以下分别说明之。

按汉代的国家法典甚夥，据《汉书·刑法志》所载：

> 汉兴，高祖初入关，约法三章曰：“杀人者死，伤人及盗抵罪。”蠲削烦苛，兆民大说〔悦〕。其后四夷未附，兵革未息，三章之法不足以御奸，于是相国萧何攈摭秦法，取其宜于时者，作律《九章》……及至孝武即位……于是招进张汤、赵禹之属，条定法令，作见知故纵、监临部主之法，缓深故之罪，急纵出之诛。其后奸滑巧法，转相比况，禁罔浸密。律令凡三百五十九章，大辟四百九条，千八百八十二事，死罪决事比万三千四百七十二事。文书盈于几阁，典者不能遍睹。[2]

《晋书·刑法志》又曰：

> 汉承秦制，萧何定律，除三夷连坐之罪，增部主见知之条，益事律《兴》《厩》《户》三篇，合为九篇。叔孙通益律所不及，《傍章》十八篇，[3] 张汤《越官律》二十七篇，赵禹《朝律》六篇，合六十篇。[4]

---

1 黄源盛以为“两汉春秋决狱盛行之时代背景”有五：律令之繁琐、经学之风尚、利禄之外诱、礼教之传统、政治之型态，说详前引黄源盛：《汉代春秋折狱之研究》，第10—19页。惟鄙意以为其中“汉代法典过于繁琐”和“时人崇尚经学之风”最为关键。

2 班固撰：《汉书》卷二十三《刑法志》，中华书局1997年版，第1096—1101页。

3 沈家本《汉律摭遗》引《辑证》曰“《晋志》所谓叔孙通益律所不及，当即以所撰礼仪益之”，认为此说有据，亦即叔孙通所增补之《傍章》，应以礼仪为主；沈家本进一步指出：“《曹褒传》有叔孙通《礼仪》十二卷，《周礼》《仪礼》疏所引有叔孙通《汉礼器制度》，未知与《傍章》同异何如？”详参沈家本：《历代刑法考·汉律摭遗》，中华书局1985年版，第1376—1377页。程树德《九朝律考·汉律考一》亦引《汉书·礼乐志》云：“今叔孙通所撰礼仪与律令同录藏于理官，而后得其说，盖与律令同录，故谓之傍章”；程树德并据《汉书·叔孙通传》，认为叔孙通撰《傍章》，当在惠帝时，详见程树德：《九朝律考》，中华书局1988年版，《汉律考一·律名考》，第16页。

4 房玄龄等撰：《晋书》卷三十《刑法志》，中华书局1997年版，第922页。

据此可知,至汉武帝之时,汉代法典,至少就有经由萧何、叔孙通、张汤及赵禹等人所编纂的六十篇律令;此后又继续增加到律令三百五十九章,堪称丰富。

前贤沈家本氏,曾据史籍所载资料,考证出汉代律令四十四种;[1]而在今天传世的《张家山汉简·二年律令》中,我们可以看到的汉代律令名称至少就有:《贼律》《盗律》《具律》《告律》《捕律》《亡律》《收律》《襍律》《钱律》《置吏律》《均输律》《传食律》《田律》《□〔关〕市律》《行书律》《复律》《赐律》《户律》《效律》《傅律》《置后律》《爵律》《兴律》《徭律》《金布律》《秩律》《史律》及《津关令》等二十八种律令,[2]足证汉代律令之丰富性,值得肯定。

在实务上,汉代朝廷决事,主要参考《令甲》《比》及各家章句注解甚夥,如《晋书·刑法志》所载:

> 又汉时决事,集为《令甲》以下三百余篇,及司徒鲍公撰嫁娶辞讼为《法比都目》,凡九百六卷。世有增损,率皆集类为篇,结事为章。一章之中或事过数十,事类虽同,轻重乖异。而通条连句,上下相蒙,虽大体异篇,实相采入。《盗律》有贼伤之例,《贼律》有盗章之文,《兴律》有上狱之法,《厩律》有逮捕之事,若此之比,错揉无常。后人生意,各为章句。叔孙宣、郭令卿、马融、郑玄诸儒章句十有余家,家数十万言。凡断罪所当由用者,合二万六千二百七十二条,七百七十三万二千二百余言,言数益繁,览者益难。天子于是下诏,但用郑氏章句,不得杂用余家。[3]

综合前引《汉书·刑法志》可知,汉代律令多达三百五十九章,加上诸儒的章句注解,故断罪所当由用者,计有二万六千二百七十二条,七百七十三万二千二百余言;仅"死罪"一项,就有"大辟四百九条,千八百八十二事,死罪决事比万三千四百七十二事",不可不谓过于繁复。其流弊就形成了"奸滑巧法,转相比况,禁罔浸密",或是"言数益繁,览者益难""文书盈于几阁,典者不能遍睹"。因此,法典过于烦琐,应是"春秋决狱"风气形成的历史背景之一。

其次,汉代去古未远,故论事者多附会于经义;尤其自汉武帝罢黜百家,独尊儒术

---

1 在沈家本《汉律摭遗》中,曾考证出汉代律名计有:盗律、贼律、囚律、捕律、杂律、具律、兴律、厩律、户律、傍章、越宫律、朝律、金布律、尉律、田租税律、上计律、大乐律、田律、尚方律等二十种律;田令、箠令、挈令、廷尉挈令、光禄挈令、廷尉板令、公令、水令、功令、养老令、马复令、秩禄令、宫卫令、任子令、胎养令、祀令、祠令、斋令、品令、戍卒令、予告令、令甲等二十二种令;及宁告科、军法,合计四十四种法典,详见前引沈家本:《历代刑法考·汉律摭遗》,第1365—1782页。

2 参见张家山二四七号汉墓竹简整理小组编:《张家山汉墓竹简〔二四七号墓〕》,第131—210页。

3 房玄龄等撰:《晋书》卷三十《刑法志》,中华书局1997年版,第922—923页。

之后，儒家经典地位日益重要，于是以经义缘饰吏治，更蔚为风气。前贤有云：

汉时去古未远，论事者多傅以经义。《食货志》：“公孙弘以《春秋》之义，绳臣下，取汉相。”《五行志》：“武帝使仲舒弟子吕步舒持斧钺治淮南狱，以春秋谊专断。”《兒宽传》：“宽为奏谳掾，以古法义决疑狱，张汤甚重之。”盖汉人家法如是。考汉志有《公羊董仲舒治狱》十六篇；《七录》作《春秋断狱》五卷；《隋志》作《春秋决事》十卷，董仲舒撰；《唐志》作《春秋决狱》；《崇文总目》作《春秋决事比》并十卷。是书宋初尚存，不知佚于何时。《应劭传》：“胶东〔西〕相董仲舒老病致仕，朝廷每有政议，数遣廷尉张汤亲至陋巷，问其得失。于是作《春秋决狱》二百三十二事，动以经对。”王应麟《困学纪闻》云：“仲舒《春秋决狱》其书，今不传。《太平御览》载二事，《通典》载一事，所谓二百三十二事，今仅见三事而已。”朱彝尊《经义考》云：“《艺文类聚》有引决狱君猎得麑事，是尚存四事也。”（按《类聚》六十六所引系《韩非子》，朱盖误记。《玉函山房》辑本引作《白帖》卷二十六）今存者有王谟《汉魏遗书》、马氏《玉函山房》、黄氏《汉学堂丛书》诸辑本，然皆寥寥数则，不足以餍阅者之意。按汉时大臣最重经术，武帝且诏太子受《公羊春秋》。《盐铁论》谓：“《春秋》之治狱，论心定罪，志善而违于法者免，志恶而合于法者诛。”故其治狱，时有出于律之外者，古义纷纶迥异，俗吏固不独仲舒如是也。兹篇所辑于仲舒决狱佚文之外，又得若干条两汉春秋决狱之事，略具于斯。匪独仲舒一家之说，抑亦治汉律者所必不可缺也。作《春秋决狱考》。[1]

在此种风习影响之下，于是汉儒径引经义于政治事务之上，号曰“通经致用”，于是出现了“以《禹贡》治河，以《洪范》察变，以《春秋》决狱，以三百篇当谏书”等等现象。[2]

（二）经义决狱之主要原则

所谓“经义折狱”或“春秋折狱”，乃根据《春秋公羊传》之基本精神与原则，以为刑事裁判之依据；尤其是遇到有疑难之疑狱，则径以“春秋之道”或“春秋大义”远以取譬、近以比事，来比附援引或补充法律漏洞。观其本义，在于“论心定罪”“略迹诛心”——“迹”者，行为也；“心”者，犯意也。亦即追究犯罪行为人之主观不法犯意来决定其罪责，是谓“春秋诛心”。[3]

---

1 参见程树德：《九朝律考》，《汉律考一·律名考》，第197页。

2 参见黄源盛：《汉代春秋折狱之研究》，第14、22—23页“注三〇”。

3 黄源盛：《两汉春秋折狱案例探微》。

首开春秋决狱之风,且最负盛名者,即汉儒董仲舒。仲舒少时即研治《春秋经》,尤其对于《公羊传》造诣极深,号为西汉群儒之首。故《后汉书·应劭传》云:“故胶东〔西〕相董仲舒老病致仕,朝廷每有政议,数遣廷尉张汤亲至陋巷,问其得失。于是作《春秋决狱》二百三十二事,动以经对,言之详矣。”[1] 按,《春秋决狱》或作《春秋决事比》,原有二百三十二事,今已失传,仅于《通典》《白氏六帖》及《太平御览》中残存六案。

为何董仲舒好以《春秋经》来决狱?原因之一即《春秋经》本身微言大义,如《春秋左氏传》所载:

> 故君子曰:《春秋》之称微而显,志而晦,婉而成章,尽而不污,惩恶而劝善。非圣人谁能修之?[2]

这段话虽说是《左传》的义例,却也道尽了《春秋经》的主旨,亦即孔子所修《春秋》,虽然文字简练,实际上却记事细微,文寡而义繁;《春秋经》叙事有时是有所隐讳的,故婉转成文;有时候却又据事直书,贬天子,退诸侯,讨大夫,使乱臣贼子皆敬畏恐惧。故孔子曰:“知我者,其惟《春秋》乎!罪我者,其惟《春秋》乎!”[3]

受到董仲舒的影响,如公孙弘、吕步舒、兒宽与张汤亦好以《春秋》决狱,传世者有二十三案;又有汉廷论事援引《春秋》者二十九案。然而,董仲舒“春秋决狱”之主要原则,到底为何?董仲舒尝云:

> 《春秋》之听狱也,本其事而原其志,志邪者不待成。首恶者罪特重,本直者其论轻。[4]

而前引《盐铁论》亦云:

> 《春秋》之治狱,论心定罪,志善而违于法者免,志恶而合于法者诛。

据此,通说以为董仲舒“春秋决狱”之主要原则,大约有五:

一、本其事而原其志,志邪者不待成;

1　范晔撰:《后汉书》卷四十八《应劭传》,中华书局 1997 年版,第 1612 页。

2　左丘明传,杜预注,孔颖达正义,李学勤主编:《十三经注疏·春秋左传正义》卷二十七《成公十四年》,第 765 页。

3　赵岐注,孙奭疏,李学勤主编:《十三经注疏·孟子注疏》卷六下《滕文公下》,第 178 页。

4　董仲舒:《春秋繁露》,收入程荣纂辑:《汉魏丛书》卷三《精华第五》,吉林大学出版社 1992 年版,第 112 页。

二、志善而违于法者免,志恶而合于法者诛;

三、首恶者罪特重,本直者其论轻;

四、刑过无大,宥过无小;

五、故误加增,过误减损。

这五个原则其实不仅用于董仲舒“春秋决狱”,即后世以“经义决狱”者,亦多循之而不改。

二、曹魏时代“经义折狱”案例探微

(一) 曹魏时代法典编纂概说

三国时代的曹魏,颇致力于法典的编纂,据《晋书·刑法志》载:

> 天子(魏明帝)又下诏改定刑制,命司空陈群、散骑常侍刘邵、给事黄门侍郎韩逊、议郎庾嶷、中郎黄休、荀诜等删约旧科,傍采汉律,定为魏法,制《新律》十八篇,《州郡令》四十五篇,《尚书官令》《军中令》,合百八十余篇。[1]

至于《魏律》十八篇的内容,依《唐六典》所载曰:

> 魏武……乃命陈群等采集汉律,为《魏律》十八篇,增汉萧何律《劫掠》《诈伪》《毁亡》《告劾》《系讯》《断狱》《请赇》《惊事》《偿赃》等九篇也。[2]

唯今人以为,《魏律》十八篇中,新增者十篇,改定者六篇,一仍旧律者仅《捕律》《户律》两篇,[3]故十八篇之篇目应为:“刑名、偿赃、免坐、户、兴擅、惊事、盗、贼、囚、劫

---

1 房玄龄等撰:《晋书》卷三十《刑法志》,第923页。

2 李林甫等撰,陈仲夫点校:《唐六典》(本文以下简记作《唐六典》),卷六《刑部郎中员外郎》,中华书局1992年版,第181页。

3 程树德《九朝律考·魏律考》曰:“按沈氏《寄簃文存》云:‘《唐六典》言,魏增汉律《劫掠》《诈伪》《毁亡》《告劾》《系讯》《断狱》《请赇》《惊事》《偿赃》等九篇也。’以《晋志》核之,《诈伪》即《诈律》(疑《志》夺伪字),此外有《留律》(留上当有乏字)《免坐律》。《留律》,《志》言别为之,当不在正律之内;而《免坐律》,亦魏所增,合前九篇,共得十篇。《盗律》《贼律》《囚律》《杂律》,并有分出之事;《具律》改为《刑名》,《擅兴》当即《兴律》所改,是改定者凡六篇,仍其旧者止《捕律》《户律》二篇,除《厩律》一篇改为《邮驿令》不计外,合而计之,与十八篇之数相符。”参见程树德:《九朝律考·魏律考》,第197页。

略、请赇、告劾、诈、杂、捕、系讯、断狱、毁亡”。而《晋书・刑法志》所谓“定增十三篇，就故五篇”，以及《唐六典》所谓“魏增九篇”，均颇有疑义。[1]

此外，曹魏时代的单行律令，至少尚有《留律》等十四种；[2] 而吴、蜀两国，亦制订有科条。[3]

而《魏律》最具有建设意义的编纂方式，即将李悝《法经》中的《具法》，以及秦、汉律中的《具律》，改为《刑名律》，并移置于篇首。[4] 众所周知，无论《具法》《具律》或《刑名律》，均有类于今日刑法中的“总则篇”；李悝《法经》及《秦律》均置于篇末，《汉律》则居于九篇中的第六篇，既不在始，又不在终，体例至怪；故《魏律》将其移置篇首，与现行刑法理念相符，值得肯定。

（二）曹魏时代经义折狱案例探析

综上所述，三国时代的律令不可谓不发达，然曹魏一朝，仍屡见以经义来决狱，或引用经义来为自己申辩；就管见所及，比较具有代表性的案例应有六案。

【案例一】

事实：

> (魏太祖)常出军，行经麦中，令“士卒无败麦，犯者死”。骑士皆下马，付麦以相持。于是太祖马腾入麦中，敕主簿议罪。主簿对以《春秋》之义，罚不加于尊。太祖曰：“制法而自犯之，何以帅下？然孤为军帅，不可自杀，请自刑。”因援剑割发以置地。[5]

分析：

---

1 程树德《九朝律考・魏律考》曰：“《晋志》言所定增十三篇，就故五篇，合十八篇，核与前数不合。《六典》言魏增九篇，与十篇之数亦不合，未详其故。”参见程树德：《九朝律考・魏律考》，第 197 页。

2 《留律》及《邮驿令》见《晋书・刑法志》所引，参见房玄龄等撰：《晋书》卷三十《刑法志》，第 924—925 页；此外，程树德《九朝律考・魏律考》尚考证出《州郡令》《尚书官令》《军中令》《魏武军令》《魏武军策令》《魏武船战令》《魏武步战令》《变事令》《甲辰令》《魏武褒赏令》《魏武选举令》《魏武内诫令》等十二种，合计十四种单行律令，参见程树德：《九朝律考・魏律考》，第 214—220 页。

3 详参沈家本：《历代刑法考・律令三》，第 882—883 页。

4 《晋书》卷三十《刑法志》曰：“旧律因秦《法经》，就增三篇，而《具律》不移，因在第六。既不在始，又不在终，非篇章之义。故集罪例以为《刑名》，冠于律首。”参见房玄龄等撰：《晋书》卷三十《刑法志》，第 924 页。

5 陈寿撰：《三国志》卷一《魏书・武帝本纪》，中华书局 1997 年版，裴松之注引《曹瞒传》，第 55 页。

1.本条史料出自裴松之注《三国志》时所引《曹瞒传》，叙述魏太祖曹操曾于行军时，约束步卒不得毁损民间麦田，违者处死；不料曹操本人的马匹却侵入麦田中，故曹操敕令主簿议罪。主簿对以"《春秋》之义，罚不加于尊"，亦即毋需处分曹操；但曹操认为"制法而自犯之，何以帅下？然孤为军帅，不可自杀，请自刑"，因而拔剑割发以置于地，表示已予处分。

2.按，所谓"《春秋》之义，罚不加于尊"，似无明确典据，应是《礼记·曲礼上》"刑不上大夫"的转化用法。[1] 郑玄注此曰："不与贤者犯法，其犯法则在八议，轻重不在刑书。"[2] 当时的主簿，应是据此而建议不予曹操处分，也可以说在借此为曹操开脱。然曹操认为若"制法而自犯，何以帅下"，同时又认为"孤为军帅，不可自刑"，故割发置地，表示已予自己处分。曹操虽然不无自找台阶之嫌，但其所表现出来的是一种优秀的领导者之风格，足以率下。

【案例二】

事实：

> 魏讽反，（刘）廙弟伟为讽所引，当相坐诛。太祖令曰："叔向不坐弟虎，古之制也。"特原不问，徙署丞相仓曹属。廙上疏谢曰："臣罪应倾宗，祸应覆族。遭乾坤之灵，值时来之运；扬汤止沸，使不燋烂；起烟于寒灰之上，生华于已枯之木。物不答施于天地，子不谢生于父母；可以死效，难用笔陈。"[3]

分析：

1.汉献帝建安二十四年（公元219年），曹操执政期间，魏讽谋反，刘廙之弟刘伟涉案，故时任黄门侍郎的刘廙依法应坐族诛之刑，见其自述语："臣罪应倾宗，祸应覆族。"然曹操可能是出于爱才之心态，遂引经义曰："叔向不坐弟虎，古之制也。"特赦而不问，并且将刘廙转迁为丞相府仓曹僚属，于是刘廙上疏谢罪，表示道："物不答施于天地，子不谢生于父母；可以死效，难用笔陈。"

2.所谓"叔向不坐弟虎"，系指鲁襄公二十一年，晋大夫叔向之弟羊舌虎卷入栾盈

---

1 郑玄注，孔颖达疏，李学勤主编：《十三经注疏·礼记正义》卷三《曲礼上》，第78页。

2 郑玄注文，参同前注。又，《春秋公羊传注疏·宣公元年》亦引何休解诂曰："郑注云'不与贤者犯法，其犯法则在八议，轻重不在刑书'是也"，参见公羊寿传，何休解诂，徐彦疏，李学勤主编：《十三经注疏·春秋公羊传注疏》卷十五《宣公元年》，第320页。而《春秋穀梁传注疏·襄公二十九年》杨士勋疏云："'贵人不可刑'，谓刑不上大夫，故不可刑之"，参见穀梁赤传，范宁集解，杨士勋疏，李学勤主编：《十三经注疏·春秋穀梁传注疏》，卷十六《襄公二十九年》，第271页。

3 陈寿撰：《三国志》卷二十一《魏书·刘廙传》，第616页。

与范宣子之政争事件中,栾盈失败后出亡适楚,范宣子尽诛栾盈党羽晋大夫十人,包括羊舌虎,叔向亦坐狱待决,晋大夫祁奚说范宣子曰:“管、蔡为戮,周公右王。”范宣子卒释叔向而不问罪。[1]

3.汉律关于谋反大逆的处分,依《汉书·景帝纪》所载如淳注文:“律,大逆不道,父母妻子同产皆弃市。”[2] 而《汉书·高后纪》亦载颜师古注文:“罪之重者戮及三族。”[3] 于此可知《汉律》对于谋反大逆之罪罚及兄弟。《魏律》虽不能详,但曹魏对于谋反大逆之罪人,同样是处以夷三族之刑,如张当、曹爽等谋逆事件;[4] 曹操可能是出于爱才之心,故于本案中引用“叔向不坐弟虎”之典故,特赦刘廙不问,可谓法外开恩;然而,这却也体现出曹操不免流于“擅断主义”。

【案例三】

事实:

> 初,张当以所择才人张、何等与(曹)爽。疑其有奸,收当治罪。当陈爽与(何)晏等阴谋反逆,并先习兵,须三月中欲发。于是收晏等下狱,会公卿朝臣廷议,以为《春秋》之义,“君亲无将,将而必诛”。爽以支属,世蒙殊宠,亲受先帝握手遗诏,托以天下,而包藏祸心,蔑弃顾命,乃与(何)晏、(邓)飏、及(张)当等谋图神器,(桓)范党同罪人,皆为大逆不道。于是收(曹)爽、(曹)羲、(曹)训、(何)晏、(邓)飏、(丁)谧、(毕)轨、(李)胜、(桓)范、(张)当等,皆伏诛,夷三族。[5]

分析:

1.自魏明帝驾崩,大将军曹爽受遗诏辅佐少帝(齐王芳),日渐奢淫,车服器物皆

---

1 事见左丘明传,杜预注,孔颖达正义,李学勤主编:《十三经注疏·春秋左传正义》卷三十四《襄公二十一年》,第971—975页。又,杜预注“管、蔡为戮,周公右王”云:“言兄弟罪不相及”,参见同书第974页。

2 班固撰:《汉书》卷五《景帝本纪》如淳注文,第142页。

3 按《汉书》卷三《高后本纪》载:“元年春正月,诏曰:‘前日孝惠皇帝言欲除二族罪、妖言令,议未决而崩,今除之。’”师古曰:“罪之重者戮及三族,过误之语以为妖言,今谓重酷,皆除之。”参见班固撰:《汉书》卷三《高后本纪》,第96页。

4 《三国志·魏书·三少帝纪·齐王芳本纪》:“嘉平元年春正月……戊戌,有司奏收黄门张当付廷尉,考实其辞,(曹)爽与谋不轨。又尚书丁谧、邓飏、何晏、司隶校尉毕轨、荆州刺史李胜、大司农桓范皆与爽通奸谋,夷三族。”参见陈寿撰:《三国志》《魏书·三少帝纪·齐王芳本纪》,第123页。又,曹爽谋逆案,亦见本文以下【案例三】的讨论。

5 陈寿撰:《三国志》卷九《魏书·曹爽传》,第288页。

拟于乘舆，颇有异心；逮及齐王芳正始十年（公元 249 年）正月，齐王芳车驾朝高平陵，太傅司马懿乘隙屯兵洛水浮桥，夺曹爽兵柄。不料张当因事下狱，供出曹爽等有异谋，期以当年三月发兵，故司马懿收曹爽等十家皆斩，并夷其三族。

2.按，所谓《春秋》之义，“君亲无将，将而必诛”，指《春秋公羊传·庄公三十二年》及《春秋公羊传·昭公元年》纪事。[1] 在庄公三十二年的纪事中，由于叔牙谋弑庄公之迹甚明，故季友乃计杀叔牙，《春秋经》不言“季子杀其兄”，一方面是因为“君亲无将，将而必诛”的原因；[2] 另一方面也是基于《春秋》为贤者讳、为尊者讳的笔法，故为季子隐讳。

3.曹爽谋逆一案，虽然事涉曹爽与司马懿之间的政治斗争，但曹爽所作所为，确有“不臣”之心，遂予司马懿铲除异己的机会，可谓“咎由自取”。然而，换一个角度省思，曹爽即使预谋叛逆，却也只停留在“谋”的阶段，并未付诸实施；[3] 司马懿借机除去曹爽，不无利用“诛心之罪”之嫌。

4.从本案益可证明，曹魏时代对于谋反大逆之罪犯，是采取“诛三族”的严厉处分，此制殆沿袭自汉律。

【案例四】

事实：

（王凌）进封南乡侯，邑千三百五十户，迁车骑将军、仪同三司。是时，（王）凌外甥令狐愚以才能为兖州刺史，屯平阿。舅甥并典兵，专淮南之重。凌就迁为司空。司马宣王既诛曹爽，进凌为太尉，假节钺。凌、愚密协计，谓齐王不任天位，楚王彪长而才，欲迎立彪都许昌。嘉平元年（公元 249 年）九月，愚遣将张式

---

1 《春秋经》：“（昭公）元年，春，王正月，公即位。叔孙豹会晋赵武、楚公子围、齐国酌、宋向戌、卫石恶、陈公子招、蔡公孙归生、郑轩虎许人、曹人于漷。”《公羊传》：“此陈侯之弟招也，何以不称弟？贬。曷为贬？曰陈侯之弟招杀陈世子偃师。大夫相杀称人，此其称名氏以杀何？言将自是弑君也。今将尔，词曷为与亲弑者同？君亲无将，将而必诛焉”，参见公羊寿传，何休解诂，徐彦疏，李学勤主编：《十三经注疏·春秋公羊传注疏》卷二十二《昭公元年》，第 472—474 页。

2 此处的“将”字，颜师古释曰：“谓将为逆乱也”，参见班固撰：《汉书》卷九十三《佞幸列传·董贤传》师古注文，第 3736 页；章怀太子李贤释曰：“将为弑逆之事也。”事见范晔撰：《后汉书》卷三十二《樊儵传》注文，第 1123 页。故所谓“君亲无将，将而必诛”，亦即是说君主是至高无上，不可侵犯者；只要具备谋逆之心者，必诛无赦。

3 《唐律·名例律》第 55 条《称日年及众谋》第 5 项曰：“称‘谋’者，二人以上。谋状彰明，虽一人同二人之法。”参见长孙无忌等撰，刘俊文点校：《唐律疏议》卷一《名例律》，第 141 页。于此可知，依《唐律》的规定“谋状彰明，虽一人同二人之法”，通说以为，《唐律》此处的规范，可以说已经罚及“思想言论犯”或“预备犯”；惟《晋律》是否有同样的规范，不得而知，俟考。

至白马,与彪相问往来。凌又遣舍人劳精诣洛阳,语子广。广言:"废立大事,勿为祸先。"……凌阴谋滋甚,遣将军杨弘以废立事告兖州刺史黄华,华、弘连名以白太傅司马宣王。宣王将中军乘水道讨凌……凌至项,饮药死。宣王遂至寿春。张式等皆自首,乃穷治其事。彪赐死,诸相连者悉夷三族。朝议咸以为《春秋》之义,齐崔杼、郑归生皆加追戮,陈尸斫棺,载在方策。凌、愚罪宜如旧典。乃发凌、愚冢,剖棺,暴尸于所近市三日,烧其印绶、朝服,亲土埋之。[1]

分析:

1.本案发生在魏废帝齐王芳嘉平三年(公元 251 年)四月,南乡侯王凌与外甥令狐愚私谋废立,事泄,王凌饮药死,楚王彪赐自尽,其余相株连者皆伏诛,并夷三族。然朝议以为不足,故引春秋时代齐崔杼、郑归生弑君之例,乃发王凌、令狐愚之冢,[2]剖棺,暴尸于所近市三日,并烧其印绶、朝服,然后埋之。

2.所谓郑归生、齐崔杼弑君之例,分别出自《春秋左传正义·宣公四年》[3]及《襄公二十五年》[4]纪事。至襄公二十八年,齐人将崔杼暴尸于市,[5]故曰:"陈尸斫棺,载在方策"。[6]

【案例五】

事实:

---

1 陈寿撰:《三国志》卷二十八《魏书·王凌传》,第 758—759 页。

2 令狐愚已于嘉平元年(249 年)十一月病卒,见司马光撰,胡三省音注:《资治通鉴》卷七十五《魏纪七·魏废帝嘉平元年十一月》,中华书局 1995 年版,第 2385 页。

3 《春秋经》:"(宣公)四年……夏,六月,乙酉,郑公子归生弑其君夷。"参见左丘明传,杜预注,孔颖达正义,李学勤主编:《十三经注疏·春秋左传正义》卷二十一《宣公四年》,第 605 页。

4 《春秋经》:"(襄公)二十有五年……夏,五月,乙亥,齐崔杼弑其君光。"参见左丘明传,杜预注,孔颖达正义,李学勤主编:《十三经注疏·春秋左传正义》卷三十六《襄公二十五年》,第 1010 页。

5 《春秋经》:"(襄公)二十有八年……十有二月,甲寅,天王崩。"《左氏传》:"求崔杼之尸,将戮之,不得。叔孙穆子曰:'必得之。武王有乱臣十人,崔杼其有乎?不十人,不足以葬。'既,崔杼之臣曰:'与我其拱璧,吾献其柩。'于是得之。十二月,乙亥,朔,齐人迁庄公,殡于大寝,以其棺尸崔杼于市。国人犹知之,皆曰:'崔子也。'"参见左丘明传,杜预注,孔颖达正义,李学勤主编:《十三经注疏·春秋左传正义》卷三十八《襄公二十八年》,第 1069—1083 页。

6 据《春秋公羊传注疏》卷十五《宣公六年》,徐彦注疏引何休解诂曰:"据宋督、郑归生、齐崔杼弑其君,后不复见……然则《春秋》之内,书名弑君,后不复见者,唯此三人耳",参见公羊寿传,何休解诂,徐彦疏,李学勤主编:《十三经注疏·春秋公羊传注疏》卷十五《宣公六年》,第 329 页;实则,崔杼仍复见于《襄公二十八年》,故何休所云颇有疑义。惟郑归生确实在在见于《春秋经》及三传,故鄙意《三国志·王凌传》所引群臣议曰"《春秋》之义,齐崔杼、郑归生皆加追戮,陈尸斫棺,载在方策"这一段话中,所谓"郑归生"之例,并无实据,只因齐崔杼被暴尸于市之例证,而认为郑归生亦被"陈尸斫棺",否则无法解释。

(甘露五年)五月己丑,高贵乡公卒,年二十……庚寅,太傅(司马)孚、大将军(司马)文王、太尉(高)柔、司徒(郑)冲稽首言:“伏见中令,故高贵乡公悖逆不道,自陷大祸,依汉昌邑王罪废故事,以民礼葬。臣等备位,不能匡救祸乱,式遏奸逆,奉令震悚,肝心悼栗,春秋之义,王者无外,而书‘襄王出居于郑’,不能事母,故绝之于位也。今高贵乡公肆行不轨,几危社稷,自取倾覆,人神所绝,葬以民礼,诚当旧典。然臣等伏惟殿下仁慈过隆,虽存大义,犹垂哀矜,臣等之心实有不忍,以为可加恩以王礼葬之。”太后从之。[1]

分析:

1.魏废帝高贵乡公甘露五年(260年)五月,帝有感于威权日去,而司马昭之气焰日盛,不胜其忿,故曰“司马昭之心,路人所知也”;进而欲自讨司马昭,却为司马昭部属太子舍人成济所弑。太后降旨废帝为庶人,葬以民礼;后因群臣上奏,始更以王礼葬之。[2]

2.在本案中,群臣曾议及“不能事母”之典故,事出《春秋公羊传·僖公二十四年》纪事。[3] 该年冬季,周襄王为避同母弟王子带之难,出奔于郑,《春秋》记作:“天王出居于郑。”《左氏传》注曰:“天子以天下为家,故所在称居。天子无外而书出者,讥王蔽于匹夫之孝,不顾天子之重,因其辟母弟之难书出,言其自绝于周。”[4] 而《公羊传注疏》亦云:“王者无外,此其言出何?不能乎母也。鲁子曰:‘是王也,不能乎母者,其诸此之谓与?’”而高贵乡公不顾太后安危,贸然欲兴兵讨司马昭,卒遭杀身之祸,乃致朝议讥其“不能事母”(不孝)——于此看来,《春秋经》有时候也会沦为政治斗争胜利者手上的玩物。

【案例六】

事实:

(景元四年)冬十月,(邓)艾自阴平道行无人之地七百余里……刘禅遣使奉皇帝玺绶,为笺诣艾请降……十二月,诏曰:“艾曜威奋武,深入虏庭,斩将搴旗,

---

1 陈寿撰:《三国志》卷四《魏书·三少帝纪·高贵乡公髦本纪》,第143—145页。

2 事详司马光撰,胡三省音注:《资治通鉴》卷七十七《魏纪九·魏元帝景元元年》,第2453—2455页。

3 《春秋经》:“(二十有四年)冬,天王出居于郑。”《公羊传》:“王者无外,此其言出何?不能乎母也。鲁子曰:‘是王也,不能乎母者,其诸此之谓与?’”参见公羊寿传,何休解诂,徐彦疏,李学勤主编:《十三经注疏·春秋公羊传注疏》卷十二《僖公二十四年》,第248页。

4 见左丘明传,杜预注,孔颖达正义,李学勤主编:《十三经注疏·春秋左传正义》卷十五《僖公二十四年》,第414页。

枭其鲸鲵,使僭号之主,稽首系颈……其以艾为太尉,增邑二万户,封子二人亭侯,各食邑千户。”艾言司马文王曰:“兵有先声而后实者,今因平蜀之势以乘吴,吴人震恐,席卷之时也……”文王使监军卫瓘喻艾:“事当须报,不宜辄行。”艾重言曰:“衔命征行,奉指授之策,元恶既服;至于承制拜假,以安初附,谓合权宜。今蜀举众归命,地尽南海,东接吴会,宜早镇定。若待国命,往复道途,延引日月。春秋之义,大夫出疆,有可以安社稷,利国家,专之可也……艾虽无古人之节,终不自嫌以损于国也。”钟会、胡烈、师纂等皆白艾所作悖逆,变衅以结。诏书槛车征艾……(卫)瓘遣田续等讨艾,遇于緜竹西,斩之。子忠与艾俱死,余子在洛阳者悉诛,徙艾妻子及孙于西域。[1]

分析:

1.本案是说在魏元帝景元四年(公元263年)十月,邓艾灭蜀以后,对于蜀国的处置方式有专擅之意,有违司马昭意志,故钟会等人趁机联名奏议,[2]邓艾所作“悖逆”,终使邓艾及其洛阳诸子皆死,妻子、其余子女和孙辈则流徒西域。

2.邓艾在回复司马昭所遣监军使卫瓘之语中,提到“春秋之义,大夫出疆,有可以安社稷,利国家,专之可也”等语,典出《春秋公羊传·庄公十九年》纪事。[3] 只是此刻的邓艾,既已违逆了司马昭之意,徒引经义,又有何用处呢?换言之,邓艾的专擅行为并未实施,只是停留在与司马昭的书信往返上,故邓艾罪本不至于死,却仍遭杀身之祸,亦可谓“春秋诛心”。

3.直到晋武帝泰始九年(公元273年),晋廷始下诏:“艾有功勋,受罪不逃刑,而子孙为民隶,朕常愍之。其以嫡孙朗为郎中。”[4]可以说是部分恢复了邓艾的名誉。

(三)小结

曹魏时代的法制建设堪称完备,然在司法实务上,却仍盛行以经义决狱。纵观本文所举六件案例,魏武帝割发置地以自罚,虽然不无自找台阶之嫌(案例一),却也表

1　陈寿撰:《三国志》卷二十八《魏书·邓艾传》,第779—781页。

2　钟会颇有诬陷邓艾之意,见晋武帝泰始三年(267年),议郎段灼上疏为邓艾避申辩时所言:“钟会忌艾威名,搆成其事。”见陈寿撰:《三国志》卷二十八《魏书·邓艾传》,第782页。

3　《春秋经》曰:“(庄公十有九年)秋,公子结媵陈人之妇于鄄,遂及齐侯、宋公盟。”《公羊传》:“……媵不书,此何以书?为其有遂事书。大夫无遂事,此其言遂何?聘礼,大夫受命,不受辞,出竟有可以安社稷,利国家者,则专之可也。”参见公羊寿传,何休解诂,徐彦疏,李学勤主编:《十三经注疏·春秋公羊传注疏》卷八《庄公十九年》,第158—159页。

4　见陈寿撰:《三国志》卷二十八《魏书·邓艾传》,第783页。

现出一种优秀的领导者之风格，足以率下；高贵乡公因为无法忍受司马昭的专政，遂冒然起兵讨之（案例五），结果不但为自己招来杀身之祸，甚至背上“不孝”之名；邓艾在平蜀之后，对于蜀国的处分方式颇有己见（案例六），稍违司马昭之意，加以钟会等人趁机诬陷，终致杀身之祸；其余三案，均与谋反事件有关——刘廙因受乃弟谋反之牵连下狱，魏武帝引经义“叔向不坐弟虎”，径予释而不问（案例二），体现出曹操爱才之心，却也不无“擅断主义”之嫌；曹爽所作所为，确有不臣之心，遂予司马懿趁机铲除异己之机（案例三），曹爽到底是咎由自取；王凌与其外甥令狐愚私谋废立，以致身死之后，仍遭受剖棺暴尸之辱（案例四），王凌与令狐愚本应处死，但暴尸于市，似乎稍嫌处分太重，有违法治精神。

因而，曹魏时期以经义决狱的案例，吾人初步看来，最后处分是完全合于律文规范的，似乎只有曹爽一案，却又涉及政治斗争。曹操割发置地，不无自找台阶之虞；曹操赦免刘廙，有流于擅断主义之失；王凌、令狐愚虽然罪不容诛，但在死后仍被剖棺暴尸，无乃太过；高贵乡公以君讨臣，不但引来杀身之祸，甚至被迫背负不孝之名；邓艾虽有专擅之失，卒遭受诬陷之虞。综而言之，在曹魏时代，以经义决狱或引经义自辩的结果，总是政治地位居优势者取得最后胜利。于此观之，以经义决狱有沦为政治斗争工具之虞；易言之，“经义决狱”容易成为政治斗争胜利者的玩物而已。

三、两晋时代“经义折狱”案例探微

（一）晋代法典编纂概说

至于《晋律》，依《晋书·刑法志》所载：

> 文帝为晋王，患前代律令本注烦杂，陈群、刘邵虽经改革，而科网本密，又叔孙、郭、马、杜诸儒章句，但取郑氏，又为偏党，未可承用。于是令贾充定法律……就汉九章增十一篇，仍其族类，正其体号，改旧律为《刑名》《法例》，辨《囚律》为《告劾》《系讯》《断狱》，分《盗律》为《请赇》《诈伪》《水火》《毁亡》，因事类为《卫官》《违制》，撰《周官》为《诸侯律》，合二十篇。[1]

---

1 房玄龄等撰：《晋书》卷三十《刑法志》，第927页。

此部《晋律》,由于是在晋武帝泰始三年(267年),始告完成,故曰《泰始律》。而晋《泰始律》二十篇之篇目次第,依《唐六典》所载,应是:

> 晋室受命,议复肉刑,复寝之。命贾充等十四人增损汉、魏律,为二十篇:一、《刑名》,二、《法例》,三、《盗律》,四、《贼律》,五、《诈伪》,六、《请赇》,七、《告劾》,八、《捕律》,九、《系讯》,十、《断狱》,十一、《杂律》,十二、《户律》,十三、《擅兴》,十四、《毁亡》,十五、《卫宫》,十六、《水火》,十七、《厩律》,十八、《关市》,十九、《违制》,二十、《诸侯》。[1]

《泰始律》在体例上,与前此不同的是,将《魏律》中的《刑名律》,分为《刑名律》与《法例律》,分别置于第一和第二篇,仍具有总则性意义。

晋代除制定《晋律》之外,亦曾由贾充等制定《晋令》四十篇。[2] 令,是一种早在先秦时代即出现的法典形式,或谓周末秦初,有令或教,即所谓"教令书",乃临时制宜之刑罚补充法,盖其时律与令之性质尚未分化,皆属刑罚规定。自秦至曹魏,历代令典仍具先秦教令书之刑罚特性。逮及晋世,律、令开始分化,律仍保持其刑法特性,令则成为纯粹之教令法。[3] 论者此一说法,显然系综合杜预所谓:"凡令以教喻为宗,律以惩正为本"、[4]"律以正罪名,令以存事制",[5]以及《晋书·刑法志》"施行制度,以此设教。违令有罪,则入律"的理念而来。[6] 故《晋令》的编纂,可以说是一件划时代的大事。[7]

此外,晋尚编有《科》及《故事》,《科》如《咸康二年壬辰之科》,是用于律外科人

---

1 李林甫等撰,陈仲夫点校:《唐六典》卷六《刑部郎中员外郎》,第181页。

2 《唐六典》卷六《刑部郎中员外郎》条,载其篇目是:"户、学、贡士、官品、吏员、俸廪、服制、祠、户调、佃、复除、关市、捕亡、狱官、鞭杖、医药疾病、丧葬、杂上、杂中、杂下、门下散骑中书、尚书、三台祕书、王公侯、军吏员、选吏、选将、选杂士、宫卫、赎、军战、军水战、军法(六篇)、杂法(二篇)",参见李林甫等撰,陈仲夫点校:《唐六典》卷六《刑部郎中员外郎》,第184页。近人张鹏一辑有《晋令辑存》,可以参考,参见张鹏一:《晋令辑存》,三秦出版社1989年版。又,程树德《九朝律考·晋律考》辑有《晋假宁令》,不见于《唐六典》所列《晋令》四十篇之内,是否晋代的单行令,待考。参见程树德:《九朝律考·晋律考》,第307页。

3 参见戴炎辉:《中国法制史》,三民书局1991年版,第1—6页。

4 转引自戴炎辉:《中国法制史》,三民书局1991年版,第5—6页。

5 李昉等编:《太平御览》,卷六百三十八《刑法部·律令下》,大化书局1977年版,第7页。

6 房玄龄等撰:《晋书》卷三十《刑法志》,第927页。

7 高明士亦主张:"到晋泰始律令(268年)完成后,律和令才正式分家,而并行成为独立的法典",参见高明士:《光被四表——中国文化与东亚世界》,载刘岱总主编:《中国文化史新论·根源篇:永恒的巨流》,联经出版事业公司1981年版,第498页。

之罪者;[1]其常事品式章程,则各还其府为《故事》。[2]

值得一提的是,晋代律学至为发达,故河南尹杜预撰有《律本》二十一卷,明法掾张斐撰有《汉晋律序注》一卷和《杂律解》二十一卷。[3]

论者以为法典事业之由来,虽始于战国,盛于西汉,而其规模之发达则魏晋已足当之;魏晋以后,历世多艰,而其事业,终不能久辍,降及隋唐定律,少变魏晋以来之面目,而愈适于宜,可以想见其价值矣。泰始四年(268年),晋廷将该律颁行天下,在颁行前,武帝亲临听讼观主讲;颁行后,侍中卢珽、中侍张华奉诏抄新律诸死罪条目,悬之亭驿,以示百姓。史称新律颁行后,百姓便之,倡导亦有功焉。晋律不仅厘定悉当,且张斐所作《律解》二十一卷、杜预所作《律表》二十一卷,迄于南朝历二百余年,犹采用之,故徐道邻以为:"这样精密的法律文字,即是和同时的罗马几位大师相比,也可以说是毫无愧色已。"[4]

(二)两晋时代经义折狱案例探析

虽然晋代律令的发展已至为健全,但我们仍可见到晋代以经义来决狱或引用经义来为自己辩解之例证;以下即举四件案例来讨论。

【案例一】

事实:

> 初,诏书使濬下建平,受杜预节度;至秣陵,受王浑节度……及濬将至秣陵,王浑遣信要令暂过论事,濬举帆直指,报曰:"风利,不得泊也。"王浑久破(孙)皓中军,斩张悌等,顿兵不敢进。而濬乘胜纳降,浑耻而且忿,乃表濬违诏不受节度,诬罪状之。有司遂按濬槛车征,帝弗许,诏让濬曰:"伐国事重,宜令有一。前诏使将军受安东将军浑节度,浑思谋深重,案甲以待将军。云何径前,不从浑命,违制昧利,甚失大义。将军功勋,简在朕心,当率由诏书,崇成王法,而于事终恃功肆意,朕将何以令天下。"濬上书自理曰:"臣前被《庚戌诏书》曰:'军人乘胜,猛气益壮,便当顺流长骛,直造秣陵。'臣被诏之日,即便东下。又前被诏书

1 程树德:《九朝律考·晋律考》,第271页。

2 如《隋书·经籍志二》就有《晋故事》《晋建武故事》《晋咸和咸康故事》《晋修复山陵故事》等等,参见魏徵等撰:《隋书》卷三十三《经籍志二·晋故事》,第966页。

3 魏徵等撰:《隋书》卷三十三《经籍志二》,第972页。

4 徐道邻:《中国法制史论略》,正中书局1990年版,第25页。

云:'太尉贾充总统诸方,自镇东大将军伷及浑、濬、彬等皆受充节度',无令臣别受浑节度之文……中诏谓臣忽弃明制,专擅自由。伏读严诏,惊怖悚栗,不知躯命当所投厝……案《春秋》之义,大夫出疆,由有专辄。臣虽愚蠢,以为事君之道,当竭节尽忠,奋不顾身,量力受任,临事制宜,苟利社稷,死生以之……"濬至京都,有司奏,濬表既不列前后所被七诏月日,又赦后违诏不受浑节度,大不敬,付廷尉科罪。诏曰:"濬前受诏径造秣陵,后乃下受浑节度。诏书稽留,所下不至,便令与不受诏同责,未为经通。濬不即表上被浑宣诏,此可责也。濬有征伐之劳,不足以一眚掩之。"有司又奏,濬赦后烧贼船百三十五艘,辄敕付廷尉禁推。诏曰:"勿推。"拜濬辅国大将军,领步兵校尉。[1]

分析:

1.本案发生在西晋初期,大举伐孙吴之际,事在武帝咸宁五年(公元279年)十一月。次年三月平东吴,然安东将军王浑为与龙骧将军王濬争功,奏王濬不受节度之过,有司原拟以槛车征濬,晋武帝不许,只是下诏责之。王濬在为自己申辩时,又引前述《春秋》之典"大夫出疆,由有专辄",来为自己开脱。逮王濬进京,有司劾濬表既不列前后所被七诏月日,又赦后违诏不受浑节度,大不敬,建议交付廷尉科罪;晋武帝有诏勿推。有司又劾王濬赦后烧贼船百三十五艘,辄敕付廷尉禁推;武帝仍诏勿推,并封王濬为辅国大将军、领步兵校尉。

2.如同三国时代的邓艾一样,王濬也运用了《春秋经》中"大夫出境,由有专辄"的典故,来为自己的专擅辩解;且根据《晋令·军法令》的规定:"非授节钺,不得专征伐,斩节将。"[2]王濬在出征前,既已获得"节度"之权,[3]故其专征伐,于法、于理,都是可以被接受的。因而,他比邓艾幸运的是,引用同一个典故,邓艾被绳之以法,王濬却获得晋武帝的宽容,甚至为他解释,因为"诏书稽留",故未被问罪。虽然晋武帝也认为王濬未上表说明王浑前后七诏的事宜,显然有刻意隐瞒之失,是可以问罪的;但武帝仍然主张王濬建立之功勋至大,在瑕不掩瑜的情况下,又何足以一眚罪之。

3.有司又推劾王濬在赦后仍烧贼船一百三十五艘,要求径令廷尉科罪;虽然今不能见晋律关于此点的相关规范,但有司所劾,应是有所依据的。但晋武帝由于濬平吴功高,故仍然不问其罪;只是武帝大约也找不出什么好理由来为王濬开脱,故仅诏曰:"勿推!"于此可知,晋武帝的赦免王濬不问,似有流于"擅断主义"之嫌。

1　房玄龄等撰:《晋书》卷四十二《王濬传》,第1210—1215页。

2　见张鹏一:《晋令辑存》,三秦出版社1989年版,《军法令》,第304页。

3　按伐吴之前,武帝曾曰:"分命诸方节度。"意即各出征将领,可以节度一方军事。参见房玄龄等撰:《晋书》卷四十二《王濬传》,第1209页。

【案例二】

事实：

贾后凶悖，忌（杨太）后父（杨）骏执权，遂诬骏为乱，使楚王玮与东安王繇称诏诛骏。内外隔塞，后题帛为书，射之城外，曰“救太傅者有赏”，贾后因宣言太后同逆。骏既死……贾后讽群公有司奏曰：“皇太后阴渐奸谋，图危社稷，飞箭系书，要募将士，同恶相济，自绝于天。鲁侯绝文姜，《春秋》所许，盖以奉顺祖宗，任至公于天下。陛下虽怀无已之情，臣下不敢奉诏。可宜敕王公于朝堂会议。”诏曰：“此大事，更详之。”有司又奏：“骏藉外戚之资，居冢宰之任……皇太后内为唇齿，协同逆谋……昔文姜与乱，春秋所贬；吕宗叛戾，高后降配，宜废皇太后为峻阳庶人。”……乃可之。[1]

分析：

1.本案发生在晋惠帝元康元年（公元291年）三月，贾后诬陷太傅杨骏谋乱，密使楚王玮与东安王繇称诏诛骏。旋迁杨太后于永宁宫，贾后复唆使有司奏废皇太后为庶人，惠帝原本不许，因有司固请，终废杨太后为峻阳庶人。

2.在本案中，有司援引《春秋经》文姜乱齐之典故，[2]指的是文姜与其同父异母之兄长齐襄公有染，为文姜夫婿鲁桓公所知，桓公不悦，文姜告于齐襄公，襄公乃遣人杀鲁桓公。故鲁庄公即位时，《春秋》不书即位，因其出自文姜之故也；三月，文姜归齐，《春秋》不书其姓氏，《左传》释此曰“绝，不为亲，礼也”；《公羊传》与《穀梁传》均释为“贬之也”。

3.平实而论，杨太后之父太傅杨骏即使为政专愎，也并无谋逆之心，故贾后是诬陷杨骏在先，又使有司诬构杨太后在后。鄙意以为，将杨太后急欲救父之心，比喻为“文姜乱齐”，实有比拟不当之嫌；同样地，在本案中，《春秋经》仍有沦为政治斗争工具之嫌。

1　房玄龄等撰：《晋书》卷三十一《武悼杨皇后传》，第955页。

2　《春秋经》：“（庄公）元年，春，王正月。三月，夫人孙于齐。”《左氏传》曰：“‘元年，春’，不称即位，文姜出故也。‘三月，夫人孙于齐’。不称姜氏，绝，不为亲，礼也。”参见左丘明传，杜预注，孔颖达正义，李学勤主编：《十三经注疏·春秋左传正义》卷八《庄公元年》，第215—218页。《公羊传》云：“夫人何以不称姜氏？贬。曷为贬？与弑公也。”参见公羊寿传，何休解诂，徐彦疏，李学勤主编：《十三经注疏·春秋公羊传注疏》卷六《庄公元年》，第112页。《穀梁传》亦云：“不言氏姓，贬之也。”参见穀梁赤传，范宁集解，杨士勋疏，李学勤主编：《十三经注疏·春秋穀梁传注疏》卷六《庄公元年》，第60页。

【案例三】

事实:

(齐王)冏起义兵,赵王伦收(东莱王)蕤及弟北海王寔系廷尉,当诛。(赵王)伦太子中庶子祖纳上疏谏曰:"罪不相及,恶止其身,此先哲之弘谟,百王之达制也。是故鲧既诛死,禹乃嗣兴;二叔诛放,而邢卫无责……蕤、寔,献王之子,明德之胤,宜蒙特宥,以全穆亲之典。"会孙秀死,蕤等悉得免……蕤以是益怨,密表冏专权,与左卫将军王舆谋共废冏。事觉,免为庶人。寻诏曰:"大司马以经识明断,高谋远略,猥率同盟,安复社稷。自书契所载,周、召之美,未足比勋,故授公上宰。东莱王蕤潜怀忌妬,包藏祸心,与王舆密谋,图欲谮害……又前表冏所言深重,虽管蔡失道,牙庆乱宗,不复过也。《春秋》之典,大义灭亲,其徙蕤上庸。"后封微阳侯。永宁初,上庸内史陈钟承冏旨害蕤。冏死,诏诛钟,复蕤封,改葬以王礼。[1]

分析:

1.晋惠帝永康二年(公元301年)正月,赵王伦强迫惠帝禅位于己,改元建始。三月,齐王冏起兵讨赵王伦,赵王收冏弟东莱王蕤与北海王寔下狱,因赵王伦所倚重的孙秀被杀,二五始暂免于难。同年四月,赵王伦等伏诛,惠帝反正,改元永宁。六月,冏以大司马辅政,旋即招致东莱王的不满,密谋废冏。却因事机不密,同年八月,东莱王为齐王冏所废,徙居上庸,寻为上庸内史陈钟所杀。太安元年(公元302年)十二月,齐王冏又为长沙王乂所杀,始复东莱王封爵,葬以王礼。[2]

2.在祖纳上疏中,曾言"罪不相及,恶止其身",应指《春秋公羊传·昭公二十年》纪事。[3] 盖公孙会系公子喜时之后人,公子喜时有让国之美,在《春秋》为贤者讳的原则下,故仅书公孙会"自鄸出奔宋",而不书"以鄸奔宋"。惟《公羊传》此处的"恶恶止其身",常被后代引伸为"罪不相及,恶止其身",如祖纳之语;然而,在本案中,东莱

1 房玄龄等撰:《晋书》卷三十八《文六王·齐献王传》附见,第1135—1136页。

2 详见司马光撰,胡三省音注:《资治通鉴》卷八十四《晋纪六·惠帝永宁元年—太安元年》,第2650—2676页。

3 《春秋经》:"(昭公二十年)夏,曹公孙会自鄸出奔宋。"《公羊传》:"奔未有言自者,此其言自何?畔也。畔则曷为不言其畔?为公子喜时之后讳也。《春秋》为贤者讳。何贤乎公子喜时?让国也。其让国奈何?曹伯庐卒于师,则未知公子喜时从与?公子负刍从与?或为主于国?或为主于师?公子喜时见公子负刍之当主也,逡巡而退。贤公子喜时,则曷为为会讳?君子之善善也长,恶恶也短,恶恶止其身,善善及子孙。贤者子孙,故君子为之讳也。"参见公羊寿传,何休解诂,徐彦疏,李学勤主编:《十三经注疏·春秋公羊传注疏》卷二十三《昭公二十年》,第510—511页。

王蕤与北海王寔终未获罪,并不是经义发挥了作用,却是因为赵王伦败,其党孙秀伏诛,故蕤与寔始能暂免于难。

3.又,本案诏废东莱王蕤为庶人时,曾引"《春秋》之典,大义灭亲",事见《春秋左传正义·隐公四年》纪事。[1] 按石碏为卫国老臣,鲁隐公三年,卫公子州吁弑卫桓公,自立为卫君,石碏之子石厚与州吁友善,石碏禁之,不听。嗣后,卫君(州吁)虐用其民出征他国,未能以德和民,故石厚问政于其父。石碏建议石厚与州吁借由出使陈国的机会,以达朝觐周天子之目的,进而获得合法的统治地位。但石碏预先告知陈国,请趁机执之;迨州吁与石厚被执,陈人请卫人自来讨之,卫人乃使人杀州吁和石厚。[2] 石碏留下了"大义灭亲"的典故。在本案中,齐王冏与东莱王蕤是亲兄弟,故齐王将东莱王贬逐之时,不免冠冕堂皇地引用经义"大义灭亲"了。

4.本案涉及司马晋王室的内部斗争,亦即众所周知的"八王之乱",只是在斗争之时,无论为之申辩者或决狱之人,均不忘"引经据典",儒家思想影响之深远,于此可见一斑。

【案例四】

事实:

> 周处,字子隐,阳羡人。姑为中书省事时,女子李忽觉父北叛时,杀父。(周)处奏曰:"觉父以偷生,破家以邀福,子圉告归,怀嬴结舌,(李)忽无人子之道,证父攘羊,伤风污俗,宜在投畀,以彰凶逆,俾刑市朝,不足塞责。"奏可,杀(李)忽。[3]

分析:

1.本案是说周处任职于中书省时,有一女子名曰李忽,发现其父意欲谋叛,周处认为李忽"觉父以偷生,破家以邀福",以子弑父,无人子之道,罪同"证父攘羊",建议对李忽处以极刑,皇帝批可其奏,遂杀了李忽。

2.所谓"证父攘羊",典出《论语》,至《汉律》遂有"亲亲得相首匿"的规定,见东汉

---

1 《春秋左传正义·隐公四年》:"君子曰:'石碏,纯臣也,恶州吁而厚与焉。"大义灭亲",其是之谓乎。'"参见左丘明传,杜预注,孔颖达正义,李学勤主编:《十三经注疏·春秋左传正义》卷三《隐公四年》,第 88 页。

2 事见《春秋左传正义》隐公三年—四年纪事,参见左丘明传,杜预注,孔颖达正义,李学勤主编:《十三经注疏·春秋左传正义》卷三《隐公三—四年》,第 79—88 页。

3 李昉等编:《太平御览》,卷六百四十七《刑法部十三·杀》引王隐《晋书》,大化书局 1977 年版,第 3a—b 页。

人何休注《春秋公羊传》时所引《汉律》规范:

> 《春秋经》:“(闵公)元年,春,王正月。”
>
> 《公羊传》:“公何以不言即位?继弑君不言言位。孰继?继子般也。孰弑子般?庆父也。杀公子牙,今将尔,季子不免。庆父弑君,何以不诛?将而不免,遏恶也。既而不可及,因狱有所归,不探其情而诛焉,亲亲之道也。(何休)注曰:‘论季子当从议亲之辟,犹律亲亲得相首匿’……”[1]

此处所谓的“律”,当指《汉律》无疑;由此可知,东汉时代的《汉律》应有“亲亲得相首匿”的规定。

(三)小结

如前所述,晋《泰始律》《令》的修订,在我国法制史上,实足称道;而透过倡导之功,晋人对于《晋律》的了解,亦十分透彻。惟史料所见,晋代仍屡见以经义决狱或引申经义为自身辩解。以本文前举四件案例来看,王濬伐东吴之际,不受制于安东将军王浑节度,事后王浑忌其功高,故劾奏王濬(案例一);濬引《春秋经》“大夫出境,由有专辄”来为自己开脱,晋武帝乃释而不问;后来有司又劾奏王濬擅烧贼船之罪,晋武帝仍释不问,惟晋武帝似乎自知理亏,故仅诏曰:“勿推!”由此可知,王濬确应获罪,晋武帝的特赦不问,似有流于“擅断主义”之失。而晋武悼杨太后之父杨骏虽然为政刚愎,但并无谋反之心,贾皇后诬陷杨骏于先,又唆使百官构陷杨皇太后于后(案例二),此时的《春秋经》成为贾皇后从事政治斗争的工具。东莱王司马蕤的被贬逐,起因于他企图推翻齐王冏的专政(案例三),反而被齐王“大义灭亲”;雁门女子李忽杀父事件(案例四),周处以为李忽罪同“证父攘羊”,建议处以极刑,朝廷接受了周处之见,处死李忽。

整体看来,在两晋时代,《春秋经》仍不免沦为政治斗争之工具性地位,良可叹息。

---

1 公羊寿传,何休解诂,徐彦疏,李学勤主编:《十三经注疏·春秋公羊传注疏》卷九《闵公元年》,第190页。

四、南北朝时代"经义折狱"案例探微

（一）南朝时代法典编纂概说

南朝时代的刘宋并未制律，萧齐虽曾修律，事未施行，如《隋书·刑法志》所载：

> 时欲定律令，得齐时旧郎济阳蔡法度，家传律学，云齐武时，删定郎王植之，集注张杜旧律，合为一书，凡一千五百三十条，事未施行，其文殆灭。[1]

此外，永明九年（491年），廷尉卿孔稚珪与宋躬等曾据王植之集注本撰成新律，表诏上之，号为《永明律》，但仍未施行。[2] 故通说以为，宋、齐两代，殆依《晋律》，无所更改。

至若南朝梁，则于梁武帝天监元年（公元502年）八月，以尚书删定郎蔡法度等参议断定，撰成《梁律》二十卷：

> 一曰《刑名》，二曰《法例》，三曰《盗劫》，四曰《贼叛》，五曰《诈伪》，六曰《受赇》，七曰《告劾》，八曰《讨捕》，九曰《系讯》，十曰《断狱》，十一曰《杂》，十二曰《户》，十三曰《擅兴》，十四曰《毁亡》，十五曰《卫宫》，十六曰《水火》，十七曰《仓库》，十八曰《厩》，十九曰《关市》，二十曰《违制》。
>
> （《隋书》卷二十五《刑法志》）

约与此同时，蔡法度亦曾编撰《梁令》三十篇，[3] 又易《故事》为《梁科》三十卷。[4]

而陈朝则自陈武帝即位后，亟思整饬法治，故积极从事于修律工作：

---

1 魏徵等撰：《隋书》卷二十五《刑法志》，第697页。

2 《南齐书·孔稚珪传》曾载孔稚珪所上奏疏，参见萧子显撰：《南齐书》卷四十八《孔稚珪传》，中华书局1997年版，第838—840页。而《旧唐书·经籍志上》录有："齐《永明律》八卷，宋躬撰"，参见刘昫撰：《旧唐书》卷四十六《经籍志上》，第2009页。

3 《唐六典》卷六《刑部郎中员外郎》条载《梁令》三十篇之篇目有："户、学、贡士赠官、官品、吏员、服制、祠、户调、公田公用仪迎、医药疾病、复除、关市、劫贼水火、捕亡、狱官、鞭杖、丧葬、杂上、杂中、杂下、宫卫、门下散骑中书、尚书、三台祕书、王公侯、选吏、选将、选杂士、军吏、军赏。"参见李林甫等撰，陈仲夫点校：《唐六典》卷六《刑部郎中员外郎》，第184页。

4 《唐六典》卷六《刑部郎中员外郎》条载："梁易《故事》为《梁科》三十卷，蔡法度所删定。"参见李林甫等撰，陈仲夫点校：《唐六典》卷六《刑部郎中员外郎》，第185页。

> 稍求得梁时明法吏,令与尚书删定郎范泉,参定律令。又敕尚书仆射沈钦、吏部尚书徐陵、兼尚书左丞宗元饶、兼尚书左丞贺朗参知其事,制《律》三十卷,《令律》四〔三〕十卷。采酌前代,条流冗杂,纲目虽多,博而非要。[1]

故《陈律》《陈令》《陈科》各三十卷,均由范泉、徐陵等修成。[2]

虽然南朝律令的发展,似不及曹魏、两晋时代的成就,但在律令的编撰上,倒也堪称差强人意了。

(二)南朝时代经义折狱案例探析

关于南朝以经义决狱或引用经义来为自己辩解之例证,从下列两件案例可略见于一斑。

【案例一】

事实:

> 太祖诛(徐)羡之等及(谢)晦子新除秘书郎世休,收(谢)嚼、嚼子世平、兄子著作佐郎绍等。乐冏又遣使告晦:"徐、傅(亮)二公及嚼等并已诛。"晦先举羡之、亮哀,次发子弟凶问……乃奉表曰:"臣阶缘幸会,蒙武皇帝殊常之眷,外闻政事,内谋帷幄,经纶夷险,毗赞王业,预佐命之勋,膺河山之赏。及先帝不豫,导扬末命,臣与故司徒臣羡之、左光禄大夫臣亮、征北将军臣道济等,并升御床,跪受遗诏,载贻话言,托以后事……逮营阳失德,自绝宗庙,朝野岌岌,忧及祸难,忠谋协契,徇国忘己,援登圣朝,惟新皇祚……故庐陵王于营阳之世,屡被猜嫌,积怨犯上,自贻非命。天祚明德,属当昌运,不有所废,将何以兴?成人之美,春秋之高义,立帝清馆,臣节之所司。耿弇不以贼遗君父,臣亦何负于宋室邪……"晦死时,年三十七。[3]

---

1 魏徵等撰:《隋书》卷二十五《刑法志》,第702页。

2 《唐六典》,卷六《刑部郎中员外郎》条曰:"陈令范泉、徐陵等参定律、令,《律》三十卷,《令》三十卷,《科》三十卷。"参见李林甫等撰,陈仲夫点校:《唐六典》卷六《刑部郎中员外郎》,第182页。又,关于《陈令》的卷数,《隋书·经籍志》《旧唐书·经籍志上》及《新唐书·艺文志二》均作"三十卷",与《唐六典》相同,参见魏徵等撰:《隋书》第973页;刘昫撰:《旧唐书》,中华书局1997年版,第2010页;欧阳修、宋祁等撰:《新唐书》,中华书局1997年版,第1494页;仅《隋书·刑法志》作"四十卷",《隋书·刑法志》恐误,参见(唐)魏徵等撰:《隋书》,第702页。

3 沈约撰:《宋书》卷四十四《谢晦传》,第1350—1361页。

分析：

1.宋少帝刘义符景平二年(公元424年)六月,司空徐羡之、中书令傅亮、领军将军谢晦等人合谋弑帝,旋又杀庐陵王义真,迎宜都王义隆为帝,是为宋文帝。元嘉三年(公元426年)正月,文帝诏暴徐羡之等人罪状,命征北将军檀道济统军讨之。故谢晦上表自白。次月,谢晦等人兵败,伏诛。[1]

2.谢晦上表自辩的奏疏中,先说"营阳失德,自绝宗庙,朝野岌岌,忧及祸难",故谢晦等人不得不"忠谋协契,徇国忘己,援登圣朝,惟新皇祚",意思是说他们对于文帝的登基为帝有贡献。再叙庐陵王"积怨犯上,自贻非命",也不是他们的错。最后并引《春秋》成人之美的典故,[2]再次强调文帝的登基,谢晦等人实有翊赞之功,又何负于宋室呢?然而,着实言之,即使营阳王再为不道,为人臣而擅操废立,乃至于弑君,终是大逆不道,且我国历代王朝,对于谋反大逆之徒,断无宽恕之理,以维护政权之正当性与合法性,谢晦等人的伏诛,良有以也。

3.只是,身为废君、弑君之臣,谢晦却还自认为有着"成人之美"的功绩,实在堪称寡廉鲜耻之徒!

【案例二】

事实：

> 明年(永元二年),裴叔业以寿春降虏,改授(崔)慧景平西将军、假节、侍中、护军如故,率军水路征寿阳……慧景既得出,甚喜。子(崔)觉为直阁将军,慧景密与期,四月慧景至广陵,觉便出奔。慧景过广陵数十里,召会诸军主曰:"吾荷三帝厚恩,当顾托之重。幼主昏狂,朝廷坏乱,危而不扶,责在今日。欲与诸君共建大功,以安宗社,何如?"众皆响应……及走,众于道稍散,(慧景)单马至蟹浦,

---

1 事详司马光撰,胡三省音注:《资治通鉴》卷一百二十《宋纪二·文帝元嘉元年—三年》,第3767—3784页。

2 《春秋经》:"(隐公)元年,春,王正月。"《穀梁传》曰:"虽无事,必举正月,谨始也。公何以不言即位?成公志也。焉成之?言君之不取为公也。君之不取为公,何也?将以让桓也。让桓正乎?曰:不正。《春秋》成人之美,不成人之恶。隐不正而成之,何也?将以恶桓也。其恶桓何也?隐将让而桓弑之,则桓恶矣。桓弑而隐让,则隐善矣。善则其不正焉,何也?《春秋》贵义而不贵惠,信道而不信邪。孝子扬父之美,不扬父之恶。先君之欲与桓,非正也,邪也。虽然,既胜其邪心以与隐矣,已探先君之邪志而遂以与桓,则是成父之恶也。兄弟,天伦也。为子受之父,为诸侯受之君。已废天伦,而忘君父,以行小惠,曰小道也。若隐者,可谓轻千乘之国。蹈道则未也",参见穀梁赤传,范宁集解,杨士勋疏,李学勤主编:《十三经注疏·春秋穀梁传注疏》卷一《隐公元年》,第1—3页。又《论语·颜渊篇》亦载子曰:"君子成人之美,不成人之恶;小人反是。"参见何晏注,邢昺疏,李学勤主编:《十三经注疏·论语注疏》卷十二《颜渊》,第165页。后世所谓"《春秋》有成人之美",盖本于此也。

为源父所斩,以头内鲢鱼篮,檐送京师,时年六十三……(崔)觉亡命为道人,见执伏法……觉弟偃,为始安内史,藏窜得免。和帝西台立,以为宁朔将军。中兴元年,诣公交车门上书曰:"……臣所言毕矣,乞就汤镬。然臣虽万没,犹愿陛下必申先臣……臣频触宸严,而不彰露,所以每上封事者,非自为戆地,犹以春秋之义,有隐讳之意也。臣虽浅薄,然今日之事,斩足断头,残身灭形,何所不能,为陛下计耳。臣闻生人之死,肉人之骨,有识之士,未为多感。公听并观,申人之冤,秉德任公,理人之屈,则普天之人,争为之死。何则?理之所不可以已也。陛下若引臣冤,免臣兄之罪,收往失,发恻怆之诏,怀可报之意,则桀之犬实可吠尧,跖之客实可刺由,又何况由之犬,尧之客……"偃寻下狱死。[1]

分析:

1.南齐东昏侯即位后,为政荒诞,诛戮将相旧臣殆尽,裴叔业、崔慧景多不自安。永元二年(公元500年)二月,崔慧景奉诏征寿阳,乘隙举师叛变,同年四月兵败被杀。[2] 同年十一月,荆州府长史萧颖胄拥南康王宝融为王,举义师;次年三月,宝融王即皇帝位于江陵,赦天下,改元。于是,崔慧景之子崔偃上书,要求朝廷为其父兄申冤,寻赐死。

2.在崔偃的奏疏中,一再申明其父崔慧景之兴起义师,实由东昏侯为政荒诞之故;且宝融王称帝时,东昏侯尚存,故和帝(宝融王)既贵为天子,又为何不为其父昭雪呢?只可惜崔偃的奏疏,言及"《春秋》之义,有隐讳之意",[3] 颇有暗示和帝继位不正之意,故下狱而死。

3.本案例所涉及的问题是,如果天子不道,如崔慧景之言"幼主昏狂,朝廷坏乱",则臣下果真有正当理由说"危而不扶,责在今日"吗?在中国古代的政治伦理观念上,显然是不行的——亦即谋反之臣下,还是得背负"叛逆"的罪名。问题是,宝融王等人,也是在东昏侯仍在位之时,即行不臣之事,最后并获得胜利,毋怪乎会让崔偃衍申出为其父、兄平反之幻想。然而在成王败寇的思想模式之下,和帝又怎么可能同意为崔慧景父子平反呢?崔偃奏疏所言"尤以春秋之义,有隐讳之意",很可能是招致杀身之祸的主因。

---

1 萧子显撰:《南齐书》卷五十一《崔慧景传》,中华书局1997年版,第874—881页。

2 事详司马光撰,胡三省音注:《资治通鉴》卷一百四十三《齐纪九·东昏侯永元二年》,第4461—4466页。

3 《春秋》为尊者讳,为亲者讳,为贤者讳,故曰:"《春秋》之义,有隐讳之意。"见《春秋经》:"(闵公元年)冬,齐仲孙来。"《公羊传》:"齐仲孙者何?公子庆父也。公子庆父,则曷为谓之齐仲孙?系之齐也。曷为系之齐?外之也。曷为外之?春秋为尊者讳,为亲者讳,为贤者讳。子女子曰:'以《春秋》为《春秋》,齐无仲孙,其诸吾仲孙与?'"参见公羊寿传,何休解诂,徐彦疏,李学勤主编:《十三经注疏·春秋公羊传注疏》卷九《闵公元年》,第192—193页。

（三）北朝时代法典编纂概说

北魏在入主中原前，"决辞讼，以言语约束，刻契记事，无囹圄考讯之法，诸犯罪者，皆临时决遣"。太祖道武帝拓跋珪既定中原，始命三公郎王德定律令。世祖太武帝拓跋焘，又于神䴥四年（公元431年）命司徒崔浩，改定律令，是为《神䴥律》。太武帝末年，即正平元年（公元451年），太子少傅游雅、中侍胡方回及散骑常侍高允等改定律制，务求厥中，凡不便于民者，依例增损，盗律复旧，增故纵通情及他罪，凡三九一条，是为《正平律》。至孝文帝太和元年（公元477年），又命中书令高闾等定律令，历五年始成，凡十五篇，八百三十二章，是为《太和律》，[1]其特色在于死刑止于枭首，而轘、沉渊等惨刑，悉废除之。

北魏律目，据近人考证，应系下列诸篇"《刑名律》《法例律》《宫卫律》《违制律》《户律》《厩牧律》《擅兴律》《贼律》《盗律》《斗律》《系讯律》《诈伪律》《杂律》《捕亡律》《断狱律》"等，共十五篇。[2]

至于东魏则初袭北魏律令，并曾制定《麟趾格》。北齐文宣帝高洋受禅后，命群臣在《麟趾格》基础上创立新的北齐法律，以代前代之科。至武成帝河清三年（公元564年），尚书令赵郡王睿又奏上齐律十二卷，十二篇，是为《河清律》。其十二篇的篇目为：《名例》《禁卫》《婚户》《擅兴》《违制》《诈伪》《斗讼》《贼盗》《捕断》《毁损》《厩牧》《杂》，凡九百四十九条。[3] 北齐法律明审，科条简要，又敕仕门子弟常讲习之，故史称齐人多晓法律。嗣后，隋文受周禅，却不沿用周律，而多采北齐之制，良有已也。

北齐律值得注意者有三：

首先，是合并《刑名》与《法例》而为《名例律》，仍冠律首，后世皆从之。

其次，定"五刑"为：死、流、耐（徒）、杖、笞，嗣后各代虽轻重繁简不同，然皆不出此范围。

最后，北齐律首度将"重罪十条"纳入律文，此即后世所谓"十恶不赦"之"十恶"也。

此外，北齐尚编有《权令》及《别条权格》，与律并行。[4]

而西魏文帝大统元年（公元535年），宇文泰辅政，以戎役屡兴，吏民劳敝，乃命

---

1 参见魏收撰：《魏书》卷一百一十一《刑罚志》，中华书局1997年版，第2875—2877页。

2 程树德：《九朝律考·后魏律考》，第350—352页。

3 魏徵等撰：《隋书》卷二十五《刑法志》，第704—705页。

4 同上，第706—707页。

所司,斟酌古今,参考变通,可以益国利民,便时适治者,为《新制》二十四条,颁而行之。大统七年(公元541年),又恐百官不勉于事,遂颁《职制》十二条。至大统十年(公元544年),复将前后所颁之三十六律文,更损益为五卷,班于天下。[1] 其后,又陆续诏令廷尉卿赵肃、司宪大夫拓跋迪掌理修律工作,直到北周孝闵帝宇文觉既受禅,始于保定三年(公元563年)三月告成,谓之《大律》,凡二十五篇,其篇目是:《法例》《祀享》《朝会》《婚姻》《户禁》《水火》《兴缮》《卫宫》《市廛》《斗竞》《劫盗》《贼叛》《毁亡》《违制》《关津》《诸侯》《厩牧》《杂犯》《诈伪》《请求》《告言》《逃亡》《系讯》《断狱》,大凡定罪一千五百三十七条。[2]

惟北周武帝醉心于西周文物制度,而北周既承自西魏,又欲吞北齐,故其《大律》,既仿《周官》,又远绍汉魏,近采晋律及北魏律,今古杂糅,体制凌乱,实无足称道。故《隋书·刑法志》评北周律曰:"大略滋章,条流苛密,比于齐法,烦而不要。"[3] 论者多病之。

至北周建德六年(公元577年),平定北齐之后,周主又诏编《刑书要制》,以为特别刑法,对盗、诈等犯罪更严其刑,以制止此类犯罪。其后,宣帝一度废之;然嗣后荒淫日甚,行刑无度,于是更扩充前者为《刑经圣制》,其法较前益为严峻。而杨坚为周相时,曾删略旧律,作《刑书要制》奏上静帝而颁行之,诸有犯罪未科决者,并依制处断。[4]

北魏、北齐及北周,均编有令典,《北齐令》五十卷,取尚书二十八曹为篇名,与前引《权令》并行;而北魏与北周的《令》,史文均失其篇目。[5]

综上以观,北朝编订之法典不可谓不多,国家法制堪称完备,然自北魏以来,以经义决狱之风,仍未中止,故北魏太武帝太平真君六年(公元445年),曾诏:

> 诸有疑狱,皆付中书,以经义量决。[6]

1　魏徵等撰:《隋书》卷二十五《刑法志》,第707页;唯《唐六典》卷六《刑部郎中员外郎》条曰:"后周文帝初辅魏政,大统元年,令有司斟酌今古通变可以益时者,为二十四条之制;七年,又下十二条制;十年,命苏绰总三十六条,更损益为五卷,谓之《大统式》。"参见李林甫等撰,陈仲夫点校:《唐六典》,第185页。

2　魏徵等撰:《隋书》卷二十五《刑法志》,第707页。

3　同上书,第709页。

4　同上书,第709—710页。

5　《唐六典》卷六《刑部郎中员外郎》条曰:"后魏初命崔浩定令,后命游雅等成之,史失其篇目。北齐令赵郡王叡等撰《令》五十卷,刁尚书二十八曹为其篇名,又撰《权令》二卷,两《令》并行。后周命赵肃、拓跋廸定令,史失篇目。"参见李林甫等撰,陈仲夫点校:《唐六典》第184页。惟《隋书》卷二十五《刑法志》,记载北齐有《新令》四十卷,参见魏徵等撰:《隋书》卷二十五《刑法志》,第705页。

6　见魏收撰:《魏书》卷四《世祖本纪下》,中华书局1997年版,第98页。又,《魏书》卷一百一十一《刑罚志》亦载:"六年春,以有司断法不平,诏诸疑狱,皆付中书,依古经义论决之。"参见魏收撰:《魏书》卷一百一十一《刑罚志》,第2875页。

当时的中书监高允，即以经义决狱而负有盛名。[1]

（四）北朝时代经义折狱案例探析

至于北朝以经义决狱的案例颇多，本文仅举以下六例来探讨。

【案例一】

事实：

> 太和初，怀州人伊祁苟初三十余人谋反，文明皇太后欲尽诛一城人。（张）白泽谏，以为《周书》父子兄弟罪不相及，不诬十室，而况一州。后从之，乃止。[2]

分析：

1.本案发生在北魏孝文帝太和初年，怀州（治今河南省沁阳市）人伊祁苟初等三十余人谋反，文明皇太后原欲尽诛整座怀州城民，由于张白泽的谏言，太后乃止。

2.然张白泽奏疏中所言“父子兄弟罪不相及”，依本文前所述，应是出自《春秋公羊传·昭公二十三年》“恶恶止其身，善善及子孙”之典故，并非《周书》。

3.由于史文有阙，故本案案情并不能详；惟自文明皇太后的原判决，和张白泽的谏言看来，《春秋经》于此发挥的应是比较正面的影响。

【案例二】

事实：

> 时雁门人有害母者，八座奏轘之而潴其室，宥其二子。（邢）虬驳奏云：“君亲无将，将而必诛。今谋逆者戮及期亲，害亲者今不及子，既逆甚枭镜，禽兽之不若，而使禋祀不绝，遗育永传，非所以劝忠孝之道，存三纲之义。若圣教含容，不加孥戮，使父子罪不相及，罪止于其身；不则宜投之四裔，敕所在不听配匹。《盘庚》言‘无令易种于新邑’，汉法五月食枭羹，皆欲绝其类也。”奏入，世宗从之。[3]

---

1 《魏书》卷四十八《高允传》载：“初，（太平）真君中，以狱讼留滞，始令中书以经义断诸疑事。（高）允据律评刑，三十余载，内外称平。”参见魏收撰：《魏书》卷四十八《高允传》，第1089页。

2 李延寿撰：《北史》卷二十一《张衮传》附见，中华书局1997年版，第795页。

3 魏收撰：《魏书》卷六十五《邢峦传》附见，中华书局1997年版，第1450页。

分析:

1.本案发生在北魏世宗宣武帝(公元499—515年)年间,雁门(治于今山西省代县)地区有人害其母者,尚书八座会议建议将人犯本身处以轘刑,再将其室以水冲洗,以去其罪戾,然宥其二子不问。邢虬驳议,以为“君亲无将,将而必诛”,然依现行律令,如有谋逆之人,应戮及期亲;但现在对于害亲者的处置,却是罪止一身,并不连坐其子女,恐有不恰当之虞。由于害亲之人,其罪远超过枭镜,[1]连禽兽都不如,故应处以极刑。但朝廷若圣教含容,仅处分犯罪之人,不连坐其妻小,[2]使父子“罪不相及,恶止其身”。[3] 否则,就应将其子女放逐至边境地区,并下令所在禁止其婚配,以绝其种嗣。朝廷乃从邢虬建议,将其二子逐于边境。

2.邢虬奏疏中所谓的“无令易种于新邑”语出《尚书》,[4]是说若有人不善良、不和顺,或不服从命令,或诈伪奸邪犯法作乱,对于这些人就要诛杀其全家,连幼童也不放过,以避免让这坏种迁移到这座新城来。邢虬引用此语来增强上文所谓“投之四裔,敕所在不听配匹”的用意。邢虬并举汉法五月五日作“枭羹”以赐百官食之,[5]亦绝其种类之意也。

【案例三】

事实:

> 初,廷尉少卿袁翻,以犯罪之人,经恩竞诉,枉直难明,遂奏曾染风闻者,不问曲直,推为狱成,悉不断理。诏令门下、中书、廷尉议之。(辛)雄议曰:“《春秋》之义,不幸而失,宁僭不滥。僭则失罪人,滥乃害善人。今议者不忍罪奸吏,使出入纵情,令君子小人,薰莸不别,岂所谓赏善罚恶,殷勤隐恤者也……”诏从雄

---

1 “枭”,鸟名,通“鸮”,或曰“枭鸱”“鸱枭”“鸱鸮”,古代传说是食母之恶鸟,如《段注说文解字》:“枭,不孝鸟也。”参见许慎撰,段玉裁注:《说文解字注》,汉京文化事业公司1980年版,第273页。“镜”,应作“獍”,或曰“破獍”,猛兽名,似虎而小,古代传说为食父之兽。《汉书·郊祀志》注文引孟康曰:“枭,鸟名,食母。破镜,兽名,食父。黄帝欲绝其类,使百吏祠皆用之。破镜如貙而虎眼。”参见班固撰:《汉书》卷二十五《郊祀志上》,第1219页注文。故“枭镜”二字,古代用以比喻忘却父母恩德之人。

2 按“孥戳”,指罪及犯人之子的意思。见《尚书·夏书·甘誓》:“弗用命,戮于社,予则孥戮汝。”参见孔安国传,孔颖达疏,李学勤主编:《十三经注疏·尚书正义》,北京大学出版社1999年版,卷七《夏书·甘誓》,第173页;又见《尚书·商书·汤誓》:“尔不从誓言,予则孥戮汝,罔有攸赦。”同上,第191页。

3 邢虬奏疏中所谓的“君亲无将,将而必诛”和“父子罪不相及,罪止于其身”,均已见前解,不赘。

4 《尚书·商书·盘庚》:“乃有不吉不迪,颠越不恭,暂遇奸宄,我乃劓殄灭之,无遗育,无俾易种于兹新邑。”参见孔安国传,孔颖达疏,李学勤主编:《十三经注疏·尚书正义》卷九《商书·盘庚下》,第241页。

5 《汉书·郊祀志》注文引如淳曰:“汉使东郡送枭,五月五日作鲎羹以赐百官。以其恶鸟,故食之也。”参见班固撰:《汉书》卷二十五《郊祀志上》,第1219页注文。

议。自后每有疑议，雄与公卿驳难，事多见从，于是公能之名甚盛。[1]

分析：

1.北魏孝明帝（公元515—528年）时，廷尉少卿袁翻以为犯罪之人，经恩竞诉，枉直难明，遂奏曾染风闻者，不问曲直，推为狱成，悉不断理。诏令门下、中书、廷尉议之。故袁翻对曾染风闻而犯罪之人，殆采取“有罪认定”的态度。

2.时任三公郎的辛雄，却引《春秋》所谓“赏不僭而刑不滥；不幸而过，宁僭无滥”的原则来驳斥袁翻之见，[2]主张用刑应“宁僭无滥”，并提出六项原则，作为推鞫狱讼的原则，诏从雄议。此后，每有疑狱，辛雄每与公卿驳难，事多见从，于是辛雄之名声益盛。

3.按所谓“宁僭无滥”之思想，是儒家一贯之主张，不独见于《左传》，即荀子亦有类似之言“赏不欲僭，刑不欲滥。赏僭则利及小人；刑滥则害及君子。若不幸而过，宁僭勿滥。与其害善，不若利淫”。[3]

【案例四】

事实：

（孝闵帝元年二月）丁亥，楚国公赵贵谋反，伏诛。诏曰：“……法者天下之法，朕既为天下守法，安敢以私情废之。《书》曰：‘善善及后世，恶恶止其身’，其（楚国公）贵、（万俟）几通、（叱奴）兴、（王）龙仁，罪止一家，（长孙）僧衍止一房，余皆不问。”[4]

分析：

1.北周孝闵帝元年（公元557年），幼主在朝，晋国公宇文护专政，楚国公赵贵谋杀宇文护，为独孤信劝止；然此事为开府仪同三司宇文盛告发同年二月，赵贵等人遂

---

1 魏收撰：《魏书》卷七十七《辛雄传》，第1692页。

2 事见《春秋左传正义》载蔡公孙归生对楚国令尹子木之语：“归生闻之：‘善为国者，赏不僭而刑不滥。’赏僭，则惧及淫人；刑滥，则惧及善人。若不幸而过，宁僭无滥。与其失善，宁其利淫。无善人，则国从之。《诗》曰：‘人之云亡，邦国殄瘁。’无善人之谓也。故《夏书》曰：‘与其杀不辜，宁失不经。’惧失善也。《商颂》有之曰：‘不僭不滥，不敢怠皇。命于下国，封建厥福。’此汤所以获天福也。”参见左丘明传，杜预注，孔颖达正义，李学勤主编：《十三经注疏·春秋左传正义》卷三十七，第1043—1044页。

3 荀况撰，王先谦集解：《荀子集解》，中华书局1988年版，卷九《致士篇第十四》，第264页。

4 令狐德棻等撰：《周书》卷三《孝闵帝本纪》，中华书局1997年版，第47—48页。

为宇文护所杀。[1]

2.在《春秋公羊传》所谓的“恶恶止其身,善善及子孙”原则之下,本案罪犯赵贵、万俟几通、叱奴兴、王龙仁,罪止一家;长孙僧衍罪止一房,似乎罪有差等,唯史文有阙,故不能得其详。

3.赵贵谋反事件,事实上可能是宇文护为巩固其专政地位而设计的政治斗争事件。赵贵被诛不久,宇文护又强迫独孤信自尽。[2]

【案例五】

事实:

(琅邪王)俨徒本意唯在杀(和)士开,及是,因逼俨曰:“事既然,不可中止。”俨遂率京畿军士三千余人屯千秋门……帝拔俨带刀环乱筑,辫头,良久乃释之。收(厍狄)伏连及高舍洛、王子宜、刘辟疆、都督翟显贵于后园,帝亲射之而后斩,皆支解,暴之都街下。文武职吏尽欲杀之。(斛律)光以皆勋贵子弟,恐人心不安,赵彦深亦云《春秋》责帅,于是罪之各有差……陆令萱说帝曰:“人称琅邪王聪明雄勇,当今无敌,观其相表,殆非人臣。自专杀以来,常怀恐惧,宜早为计……”九月下旬,帝启太后曰:“明旦欲与仁威出猎,须早出早还。”是夜四更,帝召俨,俨疑之。陆令萱曰:“兄兄唤,儿何不去。”俨出至永巷,刘桃枝反接其手。俨呼曰:“乞见家家、尊兄!”桃枝以袂塞其口,反袍蒙头负出,至大明宫,鼻血满面,立杀之,时年十四。[3]

分析:

1.赵彦深所谓的“《春秋》责帅”,[4]通说以为有两种解释,一是主帅主动请罪,以示负责;再就是虽然共同有罪,但罪责各有差等,不宜一体处分,故本案最后对于一干嫌犯,是分别问罪的。惟真正的主犯(琅邪王俨),在武平二年(公元571年)七月的

---

1 参见司马光撰,胡三省音注:《资治通鉴》卷一百六十七《陈纪一·陈武帝永定元年》,第5160页。

2 《资治通鉴·陈纪一·陈武帝永定元年》记载:“(孝闵帝元年三月)周晋公护以赵景公独孤信名重,不欲显诛之,己酉,逼令自杀。”参见司马光撰,胡三省音注:《资治通鉴》卷一百六十七《陈纪一·陈武帝永定元年》,第5162页。

3 李百药撰:《北齐书》卷十二《琅邪王俨传》,第163页。

4 所谓“春秋责帅”,典出《春秋左氏传·宣公十二年》:“韩献子谓桓子曰:‘彘子以偏师陷,子罪大矣。子为元帅,师不用命,谁之罪也?失属亡师,为罪已重,不如进也。事之不捷,恶有所分。与其专罪,六人同之,不犹愈乎?’师遂济。”参见左丘明传,杜预注,孔颖达正义,李学勤主编:《十三经注疏·春秋左传正义》卷二十三《宣公十二年》,第642页。

处分中，并未遭受刑罚；直到后主受其乳母陆令萱的教唆，始于同年九月下旬，以计杀之，卒时方十四岁。

2.本案初始在引用经义"《春秋》责帅"的原则时，对于真正的主犯琅邪王高俨并无处分，推测其原因，不外有二：首先，高俨年方十四岁，可能是受到左右亲信的唆使，才犯下杀害佞臣和士开之罪；紧接着又为左右所胁迫，进而兴兵犯阙，故追根究底，高俨并非真正的首犯。其次，高俨是后主三弟，碍于皇太后之故，后主也不好径杀亲弟。迨陆令萱以"琅邪王聪明雄勇，当今无敌，观其相表，殆非人臣"，才说动后主采取"斩草除根"的手段。

【案例六】

事实：

(宇文)护性甚宽和，然暗于大体。自恃建立之功，久当权轴。凡所委任，皆非其人。兼诸子贪残，僚属纵逸，恃护威势，莫不蠹政害民……(天和)七年三月十八日，护自同州还。帝御文安殿，见护讫，引护入含仁殿朝皇太后。先是帝于禁中见护，常行家人之礼。护谒太后，太后必赐之坐，帝立侍焉。至是护将入，帝谓之曰："太后春秋既尊，颇好饮酒。不亲朝谒，或废引进。喜怒之间，时有乖爽。比虽犯颜屡谏，未蒙垂纳。兄今既朝拜，愿更启请。"因出怀中《酒诰》以授护曰："以此谏太后。"护既入，如帝所戒，读示太后。未讫，帝以玉珽自后击之，护踣于地。又令宦者何泉以御刀斫之，泉惶惧，斫不能伤。时卫王直先匿于户内，乃出斩之……十九日，诏曰："君亲无将，将而必诛，太师、大冢宰晋公护，地寔宗亲，义兼家国。爰初草创，同济艰难，遂任总朝权，寄深国命。不能竭其诚效，罄以心力，尽事君之节，申送往之情。朕兄故略阳公，英风秀远，神机颖悟，地居圣胤，礼归当璧。遗训在耳，忍害先加。永寻摧割，贯切骨髓。世宗明皇帝聪明神武，惟几藏智。护内怀凶悖，外托尊崇。凡厥臣民，谁亡怨愤……今肃正典刑，护已即罪，其余凶党，咸亦伏诛……可大赦天下，改天和七年为建德元年。"[1]

分析：

1.北周太祖宇文泰死后，北周实质由晋国公宇文护专政，先于孝闵帝元年(公元

1 令狐德棻等撰：《周书》卷十一《晋荡公护传》，中华书局1997年版，第175—177页。

557年)九月,废帝为略阳公,月余后弑之;[1]继而又于明帝武成二年(公元560年)四月,毒杀明帝。[2] 加以武帝即位之初,政事皆归宇文护掌理,护为政跋扈,用事刚愎,故为武帝所忌。天和七年(公元572年)三月,武帝同母弟卫国公宇文直说服武帝翦除宇文护,三月十八日,武帝用计斫杀宇文护于宫殿中,并尽诛其党羽。[3]

2.《春秋公羊传》曰:"君亲无将,亲而必诛。"宇文护一连杀二主,罪无可绾;然宇文护总领十二军,权力至大,故周武帝必须用计翦除宇文护,却未能"明正典刑",只是在宇文护死后,彰明其罪:"君亲无将,将而必诛。"

(五) 小结

南北朝虽属乱世,然而当时的法制建设仍有可观之处,尤其北齐律对于后世的影响十分深远。然南北朝时代,仍盛行春秋决狱或引经义以自辩之例。从本文所引南朝两件案例来看,谢晦等人背负废君弑君大罪,徐羡之、傅亮先死(南朝案例一),迨朝廷声讨谢晦时,谢晦居然说少帝被杀,才有文帝的即位,他可说建有"成人之美"的功勋,何负于宋室?如此之人,可谓寡廉鲜耻之至,死有余辜。而崔慧景同样兴师谋反,卒遭杀身之祸(南朝案例二),其长子崔觉,亦被执伏法;迨和帝即位,崔慧景次子崔偃,上疏要求恢复父兄名誉,甚至说自己屡次上书,均不忍明言和帝即位不正,实因本诸《春秋经》"隐讳之意";须知东昏侯无论如何昏庸,崔慧景起兵谋反,就是无人臣之心,理应问死,而崔偃敢于暗示和帝继位不正,也可以说是自取灭亡了。

至若北朝六件案例中,第一、四、五、六案,均涉及谋反事件。北魏孝文帝太和初年伊祁苟初等人的谋反事件,文明皇太后原欲尽诛怀州城内之人(北朝案例一),因张白泽举"父子兄弟,罪不相及"的典故,太后乃止,可以说经义于此,发挥了正面意义。北周初年,楚国公赵贵谋反事件(北朝案例四),或许是因为晋国公宇文护为了巩固其专政地位,因而上演的一桩政治迫害事件;只是宇文护为了表示"善善及后世,恶恶止其身",故仅诛除极少数的一干人犯。北齐后主同母弟琅邪王高俨,在其徒众鼓动之下,先杀了佞臣和士开,继而兴兵犯阙(北朝第五案),后主怒而欲尽诛琅邪王府文武官吏,由于司空赵彦深引"《春秋》责帅"之典,因而罪之各有差;惟高俨并未立即伏诛,直到同年稍晚,始在后主设计之下被杀。北周政局,自宇文泰卒后,即由宇文护专政,护连续杀掉孝闵帝、明帝两位君主,跋扈专擅,罪无可绾,惜乎武帝有鉴

1 详参司马光撰,胡三省音注:《资治通鉴》卷一百六十七《陈纪一·陈武帝永定元年》,第5165—5167页。
2 同上书,卷一百六十八《陈纪二·陈文帝天嘉元年》,第5204页。
3 同上书,卷一百七十一《陈纪五·陈宣帝太建四年》,第5302—5304页。

于宇文护势力太大，并不敢将他明正典刑，只好用计杀之；不过，宇文护卒后，武帝仍然彰明其罪，也算弥补吧。至于北魏世宗宣武帝时，雁门人有害母者，朝廷原欲将人犯处以轘首之刑，然宥其二子（北朝案例二）；邢虬建议，除了处死人犯之外，亦应将其二子流配边地，并下令所在有司永不许其匹配，以绝其种类，朝廷从之。而北魏肃宗孝明帝时，廷尉少卿袁翻决狱（北朝案例三），对于曾染风闻之嫌犯，主张不问曲直，迳推为狱成，接近“有罪认定”的思想；三公郎辛雄却以“赏不僭而刑不滥；不幸而过，宁僭无滥”反驳，最后辛雄的见解被朝廷接受。

综而观之，本文所举南北朝时代的八个案例，以经义决狱或引经义自辩的结果，大约只有伊祁苟初等人谋反、雁门人害母者及辛雄的建议，是真正含有正面意义的；其余诸案，仍不免流于政治权斗或徒引经义来强辩，并不具备太多意义。

五、隋唐五代“经义折狱”案例探微

（一）隋唐五代法典编纂概说

隋文帝开皇元年（公元 581 年），诏高颎、杨素、李德林、裴政等定律，是为《开皇元年律》，并采北齐之制，以十恶入律，其处分甚严，如谋反、谋大逆的惩处是“父子兄弟皆斩，家口没官”。至开皇三年（公元 583 年），文帝以用刑太严，诏苏威、牛弘更定新律，削死罪八十一条，流罪一百五十四条，徒刑千余条，定留唯五百条，凡十二卷，是为定本《开皇律》，其律篇目有：名例、卫禁、职制、户婚、厩库、擅兴、贼盗、斗讼、诈伪、杂、捕亡、断狱。[1] 此律刑纲简要，疏而不失，遂为日后的唐律所沿袭。

至炀帝大业元年（公元 605 年），以文帝禁网深刻，又敕牛弘修订新律，至大业三年（公元 607 年）颁行，凡十八篇，仍五百条，是为《大业律》，篇名多沿晋律，比较散漫，计有：名例、卫宫、违制、请求、户、婚、擅兴、告劾、贼、盗、斗、捕亡、仓库、厩牧、关市、杂、诈伪、断狱。[2]

此外，开皇、大业两朝，均曾制令，是为《开皇令》《大业令》，各为三十卷，[3] 与《开

---

1 魏徵等撰：《隋书》卷二十五《刑法志》，第 710—712 页。

2 同上书，第 716—717 页。

3 《唐六典》卷六《刑部郎中员外郎》条载《开皇令》之篇目为：“官品上、官品下、诸省台职员、诸寺职员、诸卫职员、东宫职员、行台诸监职员、诸州郡县镇戍职员、命妇品员、祠、户、学、选举、封爵俸廪、考课、宫卫军防、衣服、卤簿上、卤簿下、仪制、公式上、公式下、田、赋役、仓库厩牧、关市、假宁、狱官、丧葬、杂。”参见李林甫等撰，陈仲夫点校：《唐六典》卷六《刑部郎中员外郎》，第 184—185 页。

皇律》《大业律》并行。

至于唐代官修的刑书,殆以"律令格式"四者为主。所谓的"律令格式",依据《唐六典·尚书刑部》所载:

> 凡文法之名有四:一曰律,二曰令,三曰格,四曰式……凡律以正刑定罪,令以设范立制,格以禁违正邪,式以轨物程事。[1]

而《新唐书·刑法志》亦云:

> 唐之刑书有四,曰:律、令、格、式。令者,尊卑贵贱之等数,国家之制度也;格者,百官有司之所常行之事也;式者,其所常守之法也。凡邦国之政,必从事于此三者。其有所违及人之为恶而入于罪戾者,一断以律。[2]

唐代法定的刑书有律、令、格、式等四大类。唐代修律次数频繁,至少有二十四次之多,[3]此所以论者主张唐代堪称我国古代依"律令格式"以为治的时代。[4]

至于五代诸国,多亦编修过律典。其中比较重要的,有如后梁太祖于开平三年(公元909年)十一月,诏太常卿李燕等删订律令格式,于次年十二月成《大梁新定格式律令》,凡律并目录十三卷,律疏三十卷,令三十卷,式二十卷,格十卷。后唐庄宗同光二年(公元924年),诏刑部尚书卢价(或作卢质)修成《同光刑律统类》十三卷。至后周世宗显德五年(公元958年)七月,中书门下奏上新修《大周刑统》二十一卷。[5]这部《大周刑统》,后人多称之为《显德刑统》,其编纂体例是:

> 其所编集者,用律为主。辞旨之有难解者,释以疏意;义理之有易了者,略其疏义。式令之有附近者次之,格敕之有废置者又次之。事有不便于今,与该说未

---

1 《唐六典》卷六《刑部郎中员外郎》,第180、185页。

2 欧阳修、宋祁等撰:《新唐书》卷五十六《刑法志》,第1407页。

3 关于唐代二十四次修律的简要经过与其成果,参见拙作:《唐代"判"的研究——以唐律与皇权的互动关系为中心》,中国文化大学史研所1996年博士学位论文未刊本,第48—54页。

4 日本学者池田温氏认为唐代是中国"律令制支配体制"的成熟期,依律令以为治,参见氏著:《中国古代籍帐研究——概观·录文》,东京大学东洋文化研究所1979年版,第5页;此外,关于唐代律令格式之性质,参见拙作:《唐代律令格式之性质与位阶》,收入成功大学中国文学系主编:《第四届唐代文化学术研讨会论文集》,成功大学出版部1999年版,第687—709页;及拙作《唐代律令格式性质再探》,收入中国唐代学会、中正大学中文系暨历史系主编:《第五届唐代文化学术研讨会论文集》,丽文文化事业公司2001年版,第575—591页。

5 薛居正撰:《旧五代史》,中华书局1997年版,卷一百四十七《刑法志》,第1961—1964页。

尽者,别立新条于本条之下。其有文理深古,虑人疑惑者,别以朱字训释。至于朝廷之禁令,州县之常科,各以类分,悉令编附。[1]

此一体例,可说是我国古代法典编纂之善本,惜原书今已不传,但吾人可以想见,即使在五代乱世,当时法典编纂还具有这样的水平,值得肯定。

虽然隋唐五代时期的法制建设,十分完备,颇足称道,但朝廷仍不排斥以经义决狱,例如:

(后唐长兴二年八月)其月十一日,大理寺卿李延范奏:“……格文内太和四年十二月三日,刑部员外郎张讽奏,大理寺官结讼断狱,准旧例自卿至司直诉事,皆许各申所见陈论。伏以所见者,是消息律文,附会经义,以谳正其法;非为率胸臆之见,逞章句之说,以定罪名。近者法司断狱,例皆辑缀词句,略漏律文,且一罪抵法结断之词,或生或死,遂使刑名不定,人徇其私。臣请今后各令寻究律文,具载其实,以定刑辟。如能引据经义,辨析情理,并任所见详断。若非礼律所载,不得妄为判章出外所犯之罪……”右奉敕……余依李延范所奏。[2]

按大理寺卿李延范奏疏的主因之一,是当时法司断罪,多“辑缀词句,略漏律文”,故李延范主张“今后各令寻究律文,具载其实,以定刑辟。如能引据经义,辨析情理,并任所见详断。若非礼律所载,不得妄为判章出外所犯之罪”,于此可见,直到后唐明宗时期,仍是允许以经义断狱的。

(二)隋唐五代经义折狱案例探析

随着律令制的抬头,唐代法司依律断案的状况较为常见;[3]因而隋唐时代以经义决狱的例证似已不多见,以下仅举三例探讨之。

【案例一】

事实:

---

1 薛居正撰:《旧五代史》卷一百四十七《刑法志》,中华书局1997年版,第1964—1965页。

2 王溥撰:《五代会要》卷十六《大理寺》,世界书局1979年版,第208—209页。

3 关于唐代法司依律断案之事例,意者可参见拙作:《唐律落实程度检验之一例:以徐有功断案为例》,收入本书编辑委员会编:《王吉林教授80嵩寿纪念论文集》,中国文化大学华冈出版部2018年版,第62—87页。

(秦孝王俊)妃崔氏以毒王之故,下诏废绝,赐死于其家。子浩,崔氏所生也。庶子曰湛。群臣议曰:"春秋之义,母以子贵,子以母贵。贵既如此,罪则可知。故汉时栗姬有罪,其子便废;郭后被废,其子斯黜。大既然矣,小亦宜同。今秦王二子,母皆罪废,不合承嗣。"于是以秦国官为丧主。[1]

分析:

1.开皇二十年(公元600年)六月秦王俊薨,由于其妃崔氏曾进毒毒害秦王,故于开皇十七年(公元597年)七月赐死,[2]至是,群臣议崔氏因罪被废,故秦王二子,皆不合承嗣,诏令秦王府官员为丧主。

2.在本案中,群臣所引《春秋》典故,出自《春秋公羊传·隐公元年》,[3]后代所谓"母以子贵,子以母贵"盖始于此。而汉时"栗姬有罪,其子便废",指的是汉景帝原宠幸栗姬,故立其子为太子;迨栗姬失宠,遂废太子为临江王。[4] 而"郭后被废,其子斯黜"指的是东汉光武帝原立郭氏为皇后,立郭皇后之子彊为太子;迨郭皇后被废,彊亦改封为东海王。[5] 唯这件史事,胡三省以为:"斯二事者,二帝之失也,可以为法乎?"[6]此所以司马温公纪为群臣"希旨",[7]可谓已深寓褒贬之意矣。

【案例二】

事实:

上患吏多受赇,密使左右试赂之。有司门令史受绢一匹,上欲杀之,民部尚

---

1 魏徵等撰:《隋书》卷四十五《文四子·秦王俊传》,第1240—1241页。

2 秦王俊妃崔氏赐死一事,《通鉴》系于开皇十七年(597年)七月纪事,见司马光撰,胡三省音注:《资治通鉴》卷一百七十八《隋纪二·隋文帝开皇十七年》,第5557页。

3 《春秋经》:"(隐公)元年,春,王正月。"《公羊传》:"元年者何?君之始年也。春者何?岁之始也。王者孰谓?谓文王也。曷为先言王而后言正月?王正月也。何言乎王正月?大一统也。公何以不言即位?成公意也。何成乎公之意?公将平国而反之桓。曷为反之桓?桓幼而贵,隐长而卑。其为尊卑也微,国人莫知。隐长又贤,诸大夫扳隐而立之。隐于是焉而辞立,则未知桓之将必得立也。且如桓立,则恐诸大夫之不能相幼君也。故凡隐之立,为桓立也。隐长又贤,何以不宜立?立适以长不以贤,立子以贵不以长。桓何以贵?母贵也。母贵则子何以贵?子以母贵,母以子贵。"参见公羊寿传,何休解诂,徐彦疏,李学勤主编:《十三经注疏·春秋公羊传注疏》卷一《隐公元年》,第5—13页。

4 见班固撰:《汉书》卷九十七上《外戚列传·孝景王皇后传》,第3946页。

5 见范晔撰:《后汉书》卷十上《皇后纪上·光武郭皇后》,第402—403页,及同书卷四十二《光武十王列传·东海恭王彊传》,第1423页。

6 司马光撰,胡三省音注:《资治通鉴》卷一百七十九《隋纪三·隋文帝开皇二十年六月丁丑》胡三省注文,第5572页。

7 同上书,卷一百七十九《隋纪三·隋文帝开皇二十年六月丁丑》纪事,第5572页。

书裴矩谏曰:"为吏受赂,罪诚当死;但陛下使人遗之而受,乃陷人于法也,恐非所谓'道之以德,齐之以礼'。"上悦,召文武五品已上告之曰:"裴矩能当官力争,不为面从,傥每事皆然,何忧不治。"[1]

分析:

《资治通鉴》将此案系于武德九年十二月,《通典》则系于太宗贞观初;[2]事实上,唐太宗是于武德九年八月八日即皇帝位,故本案确实是发生在太宗即位初期。本案案情是说,太宗深恐官吏接受贿赂,故密令左右行贿,然后欲处死收受赃贿的司门令史。着实而言,依唐律之规范,无论受财枉法或受财不枉法,[3]收受贿赂一匹绢,都罪不至死;[4]故太宗欲判以死罪,实在判决太重。因此,并不掌管司法的民部尚书裴矩,就认为太宗这样做,有"陷人于法"之嫌,不符合孔圣人"道之以德,齐之以礼"的精神,[5]这是引经义决狱之例。太宗对于裴矩的谏言至为满意,故召五品以上大臣,对裴矩大加赞赏。虽然史未明言这位司门史最后的处分,但从《通典》所载"上纳其言"一语,[6]可知司门史至少应该是免除了死罪。

【案例三】

事实:

长庆二年(公元822年)四月,刑部员外郎孙革奏:"京兆府云阳县人张莅,欠羽林官骑康宪钱米。宪征之,莅承醉拉宪,气息将绝。宪男买得,年十四,将救其父。以莅角抵力人,不敢扐解,遂持木锸击莅之首,见血,后三日致死者。准律,父为人所殴,子往救,击其人折伤,减凡斗三等;至死者,依常律。即买得救父之难是性孝,非暴;击张莅是心切,非凶。以髫丱之岁,正父子之亲,若非圣化所加,童子安能及此?《王制》称五刑之理,必原父子之亲以权之,慎测浅深之量以

1 司马光撰,胡三省音注:《资治通鉴》卷一百九十二《唐纪八·武德九年》,第6029页。

2 《通典·刑法七·守正》亦载此案,惟其纪年曰:"大唐贞观初。"参见杜佑撰,王文锦等点校:《通典》卷一百六十九《刑法七·守正》,第4371页。

3 见《唐律疏议》卷十一《职制律》,第48条"监当主食有犯"(总第138条)之规定:"诸监临主司受而财枉法者,一尺杖一百,一疋加一等,十五疋绞;不枉法者,一尺杖九十,二疋加一等,三十疋加役流。无禄者,各减一等:枉法者二十疋绞,不枉法者四十疋加役流。"参见长孙无忌等撰,刘俊文点校:《唐律疏议》卷十一《职制律》,第220—221页。

4 依前注之规定,若受绢一匹而枉法者,应判处徒刑一年;若不枉法者,应判处杖九十,皆不至于死罪。

5 何晏注,邢昺疏,李学勤主编:《十三经注疏·论语注疏》卷二《为政第二》,第15页。

6 杜佑撰,王文锦等点校:《通典》卷一百六十九《刑法七·守正》,第4371页。

别之。《春秋》之义，原心定罪。《周书》所训，诸罚有权。今买得生被皇风，幼符至孝，哀矜之宥，伏在圣慈，臣识当谳刑，合分善恶。"敕："康买得尚在童年，能知子道，虽杀人当死，而为父可哀。若从沉命之科，恐失原情之义；宜付法司，减死罪一等。"[1]

分析：

1.在本案中，罪人康买得因父见殴，乃持木锸将行凶之现行犯张莅击伤，张莅三日后死亡，依律是在"保辜"限内死亡，[2]故康买得遂为杀人嫌犯。惟当张莅殴打康宪，而康买得为救父而还击张莅时，康宪可以说正受到不法侵害，故康买得还击之时机，符合唐律"祖父母为人殴击"之规定，[3]亦与现代刑法"正当防卫"观念相合。[4] 然张莅虽然当场未死，却于三日内毙命，则康买得似有"防卫过当"之虞，而依照唐律"祖父母为人殴击"第三项之规定："至死者，依常律"。换言之，康买得依律应处以斩刑，嗣后的赦书中也明言，买得"杀人当死"，可见唐廷初始是依法来断罪的。

2.刑部员外郎孙革以为，康买得以十四岁的稚龄儿童，却能挺身救父，可谓深被圣教，体现了中国传统文化的孝道精神。孙革并建议，应本于《礼记·王制篇》所谓"五刑之理，必原父子之亲以权之，慎测浅深之量以别之"的规范，[5]运用"春秋原心论罪"之精神，再参酌《周书》"诸罚有权"之原则，[6]宽减其刑。最后，唐穆宗念其"尚在童年，能知子道"，故特予减死罪一等的处分，应该是判处流刑来结案。笔者以为，在

---

1 刘昫撰：《旧唐书》卷五十《刑法志》，第2155页。

2 《唐律疏议》卷二十三《斗讼律》第6条"保辜"(总第307条)之规定："诸保辜者，手足殴伤人限十日，以他物殴伤者二十日，以刃及汤火伤人者三十日，折跌支体及破骨者五十日。殴、伤不相须。余条殴伤及杀伤，各准此。限内死者，各依杀人论。"参见长孙无忌等撰，刘俊文点校：《唐律疏议》卷二十三《斗讼律》，第388—389页。如今张莅于受伤后三日内死亡，故依律康买得为杀人犯。又，关于唐代的"保辜"制度，可参见拙作：《唐代人权思想试析——以唐律对被害人的保护为核心》，载《通识研究集刊》，2006年第10期。

3 《唐律疏议》卷23《斗讼律》第34条"祖父母为人殴击"(总第335条)曰："诸祖父母、父母为人所殴击，子孙即殴击之，非折伤者，勿论；折伤者，减凡斗折伤三等；至死者，依常律。谓子孙元非随从者。"参见长孙无忌等撰，刘俊文点校：《唐律疏议》卷二十三《斗讼律》，第422页。

4 参见拙作：《唐律与现行法关于"正当防卫"之比较研究》，载《法制史研究》4，2004年，第47—94页。

5 按《礼记》原文是："凡听五刑之讼，必原父子之亲、立君臣之义，以权之。意论轻重之序，慎测浅深之量，以别之。悉其聪明、致其忠爱，以尽之。疑狱，泛与众共之。众疑，赦之。必察小大之比以成之。"参见郑玄注，孔颖达疏，李学勤主编：《十三经注疏·礼记正义》卷十三《王制》，第412页。

6 《尚书·周书·吕刑》曰："上刑适轻，下服。下刑适重，上服。轻重诸罚有权。刑罚世轻世重，惟齐非齐，有伦有要。"参见孔安国传，孔颖达疏，李学勤主编：《十三经注疏·尚书正义》卷十九《吕刑》，第550页。

我国古代，当"礼""法"发生冲突时，历代朝廷多半是缘情屈法而从礼的，[1]故穆宗此一裁断，并未完全依据唐律规范来定罪，仍有流于"擅断主义"之迹象。

3.关于本案的记载，并未交代康买得是否原本就跟随在其父康宪的身边，若是，则其出手殴击张莅，依照唐律"祖父母为人殴击"第三项之规定，就必须依凡斗首从论罪了，可惜史文于此有阙，故难下定论。

（三）小结

唐代堪称我国古代依律令格式以为治的代表时期，故隋唐五代的法制建设，十分成功，毋庸多言。而隋唐时期法治的走上轨道，证据之一即以经义决狱的案件相对减少许多。以本文所举三件个案来看，隋代秦孝王妃崔氏因罪被废，并赐死于家后，其二子被认为不合承嗣（案例一），虽说群臣引《春秋经》"母以子贵，子以母贵"为言，但司马温公与胡三省均已谓群吏"希旨"而为，已寓褒贬之意在焉。而唐穆宗长庆年间，年十四岁的康买得因救父情急，不慎殴人致死一案（案例三），唐廷本处买得死罪，终因其以髫丱之岁，能正父子之道，故特予减死从流，此一处分虽说尚称允当，仍不无流于"擅断主义"之虞。只有民部尚书裴矩引《论语·为政篇》"道之以德，齐之以礼"的典故，让穆宗改变了原有的判决，比较带有正面意义（案例二）。

结　语

在中国古代法制史发展的过程上，自先秦以迄于秦汉时代，是一个主要的奠基时期，洎乎两汉，国家法典的建设成果，已十足可观。然而，由董仲舒开创的以儒家经义决狱之风，亦始于汉武帝时代；虽然，此或与汉代律令过于繁琐，以及汉武帝的罢黜百家、独尊儒术有关，惟自是以降，中国古代法司在推鞫狱讼时，常引经义决狱，成为吾国法制史上殊堪注目之事。

就本文所探讨的"历史时期"（魏晋南北朝隋唐五代）而言，各个王朝亦均有其国家法典，且无论是曹魏、两晋或南北朝时代，其治国法典均焕然成章，颇足称道；逮及

1　参见拙作：《我国固有律对于"礼""法"冲突的因应之道——以魏晋南北朝时期的"复雠"案件为例》，1997 年 12 月 29 日在中国文化大学文学院主办、国家图书馆汉学中心协办之"魏晋南北朝学术国际会议"上宣读；及《我国固有律对于"礼""法"冲突的因应之策——以唐代的"复仇"案件为例》，收入韩金科主编：《'98 法门寺唐文化国际学术讨论会论文集》，陕西人民出版社 2000 年版，第 629—640 页等二文。

有唐立世的一部《唐律》,更被视为我国古代法制史上承先启后的重要法典,影响及于日本、朝鲜及越南等地,是为方家之所共识。然而,即使如此,在整个魏晋南北朝隋唐五代时期,以"经义决狱"之风气,仍然是不绝如缕;究竟是国家法典出现法律漏洞,必须借由经义补苴罅漏,或是引申经义,来补充律文之不足?

经由本文对于魏晋南北朝隋唐五代时期,以经义决狱或引申经义为己身辩解的二十一个案例看来,以上两项理由,恐怕都不能成立。

虽然自魏晋以迄于隋代的法典,大部分均已失传,仅剩余些许断简残篇,但我们可以肯定,本文所举二十个案例,绝大部分在当时的法典中,均应有着肯定的规范来加以处分(例如谋反大逆者处死,甚至夷其三族;杀害父母者,处以极刑等等),似乎并没有任何个案是当时法律所没有规范到的,于此,我们不得不深思:在此一历史时期,以经义决狱的真正原因何在?

换一个角度省思,我们可以看到:曹操触犯自己规定的军法之后,其主簿引《春秋》为曹操开脱;刘廙受谋反之弟牵连下狱后,曹操出于爱才之心,引《春秋》特赦刘廙不问,不免流于"擅断主义"之失;曹爽等人阴谋叛变,实际上并未发动,只是给予其政敌司马懿借由《春秋》"诛心之罪"来整肃异己之契机;王凌谋反伏诛后,还要被朝议引用经义,再予发冢剖棺、暴尸于市,未免处分过于严苛;曹髦以君讨臣,反为臣下所弑,却要背负《春秋》"不能事母"的罪名;邓艾建有灭蜀大功,只因抵触司马昭之意,虽引《春秋》为自己辩驳,仍遭杀身之祸;王濬不服从军令,强引《春秋》为自己的专擅辩解,与邓艾一案完全相反的是,晋武帝却想方设法为王濬开脱,同样流于"擅断主义"之失;杨皇太后之父杨骏被诬陷谋反在先,杨皇太后又因救父心切,被迫背负《春秋》"文姜乱国"的罪名,卒遭废黜;齐王冏借机整肃同母弟东莱王蕤,却还要打着《春秋》所谓"大义灭亲"的招牌;所谓赵贵谋反事件,亦属子虚乌有,只是宇文护整肃异己的借口而已;隋室秦孝王妃被废,连带使群臣希旨举《春秋》"母以子贵,子以母贵"为借口,废黜其子承嗣的地位;康买得救父杀人事件,穆宗虽在法司引用《尚书》经义为其上请后,给予减死罪一等的处分,实质上亦有流于"擅断主义"之失——如此看来,此一历史时期引经义决狱或为己身申辩的结果,《春秋》常被用来为自己开脱或为自己所钟爱之部属开脱,更常被用来作为整肃异己的政治工具。

当然,在此一历史时期,"经义决狱"也并不是完全没有正面的意义,如周处引《论语》"证父攘羊"之典故,主张将李忽处死;谢晦犯有废君弑君大罪,还寡廉鲜耻地引用经义"成人之美",最后仍被处死,真是大快人心;崔慧景确有谋逆之行为,其子崔偃徒引经义,强求为之恢复名誉,己身反被处死,亦可说是咎由自取;高俨谋逆事件,对于犯罪之人以"《春秋》责帅"的原则,罪之各有差,应是正确的裁断;宇文护弑君大罪,虽是在他死后才被公之于世,仍不失亡羊补牢的效果;裴矩引《论语》的典故,使唐太宗改变了原有的判决,司门史得以免除了死罪——只是,这些引用经义的裁决,真的很有意义吗?真的很有必要吗?换言之,若无周处的引用《论语》,难道李忽就不会被处死吗?“杀人者死”古有明训,还需要周处的引经据典吗?谢晦、崔偃引不引用经义,终归难逃一死,引用经义为己身辩解,真的有用吗?宇文护弑君大罪,北周武帝却必须先用计将他杀掉,才能将他的罪状公之于世,显示出“政治实权”是真正最现实的,“春秋经义”只有工具性作用。

本文认为,在魏晋南北朝隋唐五代时期,以经义决狱或引经义为己身申辩的二十一个案例看来,只有怀州人伊祁苟初等三十余人谋反案、雁门人害母案、辛雄主张“宁僭无滥”之建言,与司门史得以免除死罪等四案,比较真正具有正面意义。其余十八案中,有十二案的最后裁判,都带有负面意义;另外五案(周处引经决狱案、谢晦谋反案、崔慧景谋反案、高俨谋逆案、宇文护伏诛案)则徒引经义,只是文过饰非而已,并无多少实质意义或作用。

值得注意者是,本文认为引经义决狱真正具有正面意义的四案中,有三案发生在北朝时期,故北朝法制建设的完善,实足肯定。而以经义决狱之风,逮及唐代,事实上已绝少发生,这亦象征着我国古代王朝的法制建设,至唐代已渐趋完善,是以经义决狱之风潮亦趋缓和,故唐代被誉为“依律令格式以为治”,诚非虚言。

再就“经义折狱”而言,戴东原尝云:

> 酷吏以法杀人,后儒以理杀人……人死于法,犹有怜之者;死于理,其谁怜之?[1]

余英时亦认为:

> 中国历史上有些帝王杀人,不但要毁灭人的身体,更要紧的是毁灭人的精神……汉代的“经义断狱”比戴东原所说的还要可怕,人不但死于法,而且同时又死于理……两千年来,中国知识分子所遭到的无数“文字狱”不正是根据“诛心”“腹诽”之类的内在罪状罗织而成的吗?追源溯始,这个“以理杀人”的独特传统是和汉儒的“春秋断狱”分不开的。换句话说,它是儒学法家化的一种必然结果……汉以后虽不再用“春秋断狱”,但汉儒已打开了“诛心”之路,程、朱的理学便同样可资帝王的利用。[2]

---

1 转引自余英时:《历史与思想》,联经出版事业公司 1976 年版,第 35 页。

2 同上书,第 35—37 页。

而从本文的讨论中,吾人可知,汉以后的历代王朝,并没有不再使用经义断狱,只是可能不如汉代那样地频繁罢了。且本文认为,即使董仲舒当年创设“经义折狱”的用心并不算太差,但嗣后历代主政者对于“经义折狱”的运用,却有失衡平,甚至用来整肃异己,或云转为一种“诛心之罪”的政治工具,毋怪乎“经义折狱”会受到后世强烈批判,并为后世所不取。

“义”与非血缘人伦秩序
——以唐律所见义合与义绝为例*

高明士** 著

前言：从唐律“十恶”之“不义”条说起

传统社会的家庭结构，除基于血缘的亲属（含姻亲）外，尚有非依血缘而依“义”结合的所谓“义合”社群，包括君臣、官吏、夫妻、朋友、师生、僧道等。传统所谓五伦：父子、君臣、夫妇、长幼、朋友，[1]其实是将血缘与非血缘族群要而言之。与“义合”相反的观念是“义绝”，班固曰：“臣之事君以义合也。”[2]又曰：“（夫）悖逆人伦，杀妻父母，废绝纲纪，乱之大者也，义绝，乃得去也。”[3]这是“义合”“义绝”一词首次出现，前一例为君臣义合关系，后一例本在说明夫妻齐体，即使“夫有恶行，妻不得去者，地无去天之义也”。但因夫杀妻父母，已是废绝纲纪，罪大恶极，所以妻已与夫义绝，可以离去。在程序上，仍有待官府判决，属于强制离婚，此在唐律《户婚律》中已有明文规定。

论“义合”“义绝”观念的起源，恐在先秦既已存在，到汉代，如《白虎通》所示，已是社会的共识。至于隋唐律令制度基于亲属关系所规定的立法原理，尤其是依身份定罪的立法原理，学界论述已多，此处不赘。

拙稿拟先就唐律“十恶”第九恶“不义”条及《疏》议（总6条），所出现的“义”与“不义”，以及“义合”等基本法制问题，进行讨论。

唐律“十恶”第九恶“不义”条（总6条）及《疏》议，包括下列几项：

---

* 此文扼要论述，见于“义合与义绝——兼论唐朝律令的非血缘法制秩序”，载曾一民主编：《林天蔚教授纪念论文集》，台北文史哲出版社2009年版，第156—166页；亦收入高明士：《中国中古礼律综论——法文化的定型》，台北元照出版公司2014年版，第163—177页。此次作大幅增补，引用请据本文。

** 高明士，台湾大学历史系名誉教授。

1 《孟子·滕文公上》。

2 《白虎通》卷八“瑞贽·论子无贽臣有贽”。

3 《白虎通》卷十“嫁娶·论妻不得去夫”。

a.九曰不义。注曰:谓杀本属府主、刺史、县令、见受业师;吏、卒杀本部五品以上官长;及闻夫丧匿不举哀,若作乐,释服从吉及改嫁。

b.《疏》议曰:礼之所尊,尊其义也。此条元非血属,本止以义相从,背义乖仁,故曰"不义"。

c.注:谓杀本属府主、刺史、县令、见受业师;

《疏》议曰:府主者,依令"职事官五品以上,带勋官三品以上,得亲事、帐内",于所事之主,名为"府主"。国官、邑官于其所属之主,亦与府主同。其都督、刺史,皆据制书出日;六品以下,皆据画讫始是。"见受业师",谓伏膺儒业,而非私学者。若杀讫,入"不义";谋而未杀,自从杂犯。

d.注:吏、卒杀本部五品以上官长;

《疏》议曰:"吏",谓流外官以下。"卒",谓庶士、卫士之类。此等色人,类例不少,有杀本部五品以上官长,并入"不义"。官长者,依令:"诸司尚书,同长官之例。"

e.注:及闻夫丧匿不举哀,若作乐,释服从吉及改嫁。

《疏》议曰:夫者,妻之天也。移父之服而服,为夫斩衰,恩义既崇,闻丧即须号恸。而有匿哀不举,居丧作乐,释服从吉,改嫁忘忧,皆是背礼违义,故俱为十恶。其改嫁为妾者,非。

兹就以上规定,分别进行解说。

一、何谓"义"与"不义"?

关于a条,规定"十恶"第九恶名曰"不义",其注指出"不义"有三种情况。何谓"义"?兹先讨论b条,《疏》议曰:

礼之所尊,尊其义也。此条元非血属,本止以义相从,背义乖仁,故曰"不义"。

"礼之所尊,尊其义也",语出《礼记·郊特牲》,曰:礼之所尊,尊其义也。失其义,陈其数,祝史之事也。故其数可陈也,其义难知也。知其义而敬守之,天子之所以治天下也。郑玄注曰:"言礼所以尊,尊其有义也。"孔颖达疏曰:

> 言礼之所以可尊重者，尊其有义理也……圣人能知其义理而恭敬守之，是天子所以治天下也。

此处所以先强调“礼”，是因为“论者谓唐律一准乎礼，以为出入得古今之平”[1]，接着说明礼之所尊，在于尊其有义。

所以“义”者，当指礼的义理。[2] 因为先秦所谓礼，包含三个内涵：礼之仪、礼之制、礼之义。礼所要尊崇的，正是礼内涵当中“礼之义”的“义”，也就是“义理”。所以简单说，“义”就是义理。《礼记·中庸》曰：“义者，宜也。”汉代刘熙《释名》曰：“义，宜也。裁制事物，使各宜也。”[3] 韩愈《原道》亦曰：“行而宜之之谓义。”[4] 由此可知“义”是指行为的正当性，也就是义理。

另外，孔子曰：“君子义以为质，礼以行之，孙以出之，信以成之，君子哉。”[5] 孟子亦曰：“夫义，路也；礼，门也。惟君子能由是路，出入是门也。”[6]《礼记·礼运》曰：“礼也者，义之实也。”《礼记·乐记》亦曰：“礼也者，理之不可易者也。”所说的不外是以义为本，礼为表。《管子·心术上》又曰：

> 义者，谓各处其宜也。礼者，因人之情，缘义之理，而为之节文者也。故礼者谓有理也，理也者，明分以谕义之意也。故礼出乎义，义出乎理，理因乎宜者也。

所谓宜，也是指行为的正当性，而礼是缘于人情义理所作的节制。但礼的实质是义，是义的表现；义的实质是理，理的实质是宜，均在于追求正当性的秩序。所以礼就是义，也是理。[7]

从整个“不义”这一条的《疏》议看来，“义”本与仁、礼相关，所谓“不义”，指“背义乖仁”“背礼违义”。《疏》议为何将“不义”与“乖仁”“背礼”一起立论，并无进一步说明。如要探讨这个问题，即仁义、礼义，乃至仁礼义关系，势必要追溯到先秦儒家学

1　《四库提要》对《唐律疏议》的说明。

2　钱大群将“礼之所尊，尊其义也”，解为：“礼所尊崇的，是其形式所包含的意义。”在注解中，对“义”解为“相对于礼的形式的意义”而言。参看钱大群《唐律疏义新注》（南京师范大学出版社，2007年版，第39页），这种以“形式所包含的意义”来解此处的“义”字，似欠中肯。

3　刘熙：《释名汇校》，任继昉纂，齐鲁书社2006年版，第173页。

4　韩愈著：马其昶校注，《韩昌黎文集校注》，台北世界书局1967年版，第7页。

5　《论语·卫灵公》。

6　《孟子·万章下》。

7　梁治平亦有此说，参看梁治平：《寻求自然秩序中的和谐》，商务印书馆2013年版，第224—225页。

说所给予的理论指导,但因篇幅关系,此处从略。[1] 无论如何,从“不义”之《疏》议看来,礼、义(理)、仁三者实为当时社会秩序的最高价值所在,当可确定。

二、义合及其类型:非血缘关系人伦秩序的法制化

何谓“义合”? b条《疏》议曰:“此条元非血属,本止以义相从。”这个说法,可视为“义合”的定义。何谓血属? 指“父子兄弟至亲同出于一气者”,[2] 也就是指具有血缘关系的亲属。此条所规范的对象,指不具有血缘关系的人,特指“以义相从”的人,也就是”义合”者。

汉代陆贾《新语》卷上《道基》篇指出下列几种是属于“以义相从”者:

> 夫妇以义合,朋友以义信,君臣以义序,百官以义承。

此处所举的“义合”,包括夫妇、朋友、君臣、百官四种类型,这种说法与所谓五伦说是有所不同的。[3] 但汉代刘安释礼、义,曰:

> 夫礼者,所以别尊卑,异贵贱;义者,所以合君臣、父子、兄弟、夫妻、朋友之际也。[4]

此即以礼作为人间尊卑、贵贱的差序依据,而以义作为衡量各种人伦秩序依据。其

---

1 关于义与仁、礼关系,孔子均有个别讨论,如孔子曰:“仁者,天下之表也;义者,天下之制也;报者天下之利也。”郑玄注曰:“报,谓礼也,礼尚往来。”(《礼记注疏·表记》)孟子亦曰:“居仁由义,大人之事备矣。”(《孟子·尽心上》)将三者并论,恐要推《中庸》与《荀子》。《中庸》第二十章曰:“仁者,人也,亲亲为大;义者,宜也,尊贤为大。亲亲之杀,尊贤之等,礼所生也。”《荀子·大略》曰:“亲亲、故故、庸庸、劳劳,仁之杀也。贵贵、尊尊、贤贤、老老、长长,义之伦也。行之得其节,礼之序也。仁,爱也,故亲;义,理也,故行;礼,节也,故成。仁有里,义有门……君子处仁以义,然后仁也;行义以礼,然后义也;制礼反本成末,然后礼也。三者皆通,然后道也。”此等说法,可供参考。

2 《资治通鉴》卷二百四十七“唐武宗会昌四年正月乙酉朔”条曰:“今刘慎不诣尚书面缚,又不遣血属祈哀。”胡注:“血属,谓父子兄弟至亲同出于一气者。”

3 所谓五伦,如《礼记·中庸》曰:“君臣也、父子也、夫妇也、昆弟也、朋友之交也,五者天下之达道也。”《孟子·滕文公上》曰:“圣人有忧之,使契为司徒,教以人伦,父子有亲,君臣有义,夫妇有别,长幼有序,朋友有信。”另外,《礼记·冠义》曰:“凡人之所以为人者,礼义也。礼义之始,在于正容体、齐颜色、顺辞令。容体正,颜色齐,辞令顺,而后礼义备,以正君臣、亲父子、和长幼。君臣正,父子亲,长幼和,而后礼义立。”君臣、父子、长幼的人伦秩序,更宜视为国家社会最基本的人伦结构,而以礼、义作为展开秩序的最基本要素。

4 《淮南子·齐俗训》。

“义合”者，包括：君臣、父子、兄弟、夫妻、朋友，正是所谓的五伦。若就唐律“不义”条对“义”之定义为“非血属，本止以义相从”而言，就不应包含具有血亲的父子、兄弟关系。所以五伦可涵盖“义合”者，但“义合”者不等于五伦。易言之，若由唐律的义合规定来检讨刘安的义合说，可知其说并不正确。

就唐律“不义”此条所举之示例而言，所谓“义合”，包括：官吏、师生、夫妻三者。此即a第九恶曰：“不义”，注曰：

> 谓杀本属府主、刺史、县令、见受业师；吏、卒杀本部五品以上官长；及闻夫丧匿不举哀，若作乐，释服从吉及改嫁。

《疏》议对此段注文，分成如下三部分说明：

c.其注曰：“谓杀本属府主、刺史、县令、见受业师。”《疏》议曰：

> 府主者，依令“职事官五品以上，带勋官三品以上，得亲事、帐内”，[1] 于所事之主，名为“府主”。国官、邑官于其所属之主，亦与府主同。其都督、刺史，皆据制书出日；六品以下，皆据画讫始是。“见受业师”，谓伏膺儒业，而非私学者。若杀讫，入“不义”；谋而未杀，自从杂犯。

---

1 刘俊文点校《唐律疏议》（中华书局1983年版）曰：“‘依令职事官五品以上带勋官三品以上得亲事帐内’，按，此引令文恐误。通典三五引令作‘凡王公以下及文武职事三品以上带勋官者，则给之’，唐六典兵部郎中员外郎条、新唐书食货志所载令文亦同。”刘氏在《唐律疏议笺解》（中华书局，1996年版）除重申前述意见外，再引敦煌所出永徽《东宫诸府职员令》残卷，指出：“上柱国以下带职事府，给亲事、帐内者亦仅限于职事三品以上带勋官者，四品以下带勋官者均不给亲事、帐内，与《通典》、《唐六典》合。因知此令文误也。”对于此事，仁井田陞在前引《唐令拾遗》《军防令》二九条（开二五）末，也已指出《通典》《唐六典》以及敦煌发现的《唐职员令》均无记载相当于注文中的一段文字。开元初，停废诸府之府官，但到《开元二十五年令》，如此律条所示，仍设置亲事、帐内，只是不明属于令典之何篇，仁井田氏乃依日本《养老令》，暂设定于《军防令》，其处理方式谨慎。李锦绣也认为《唐律疏议》之解释并不完全准确，其据上述诸资料所提出的看法，基本上与刘俊文无二致。但是李氏认为“开元以前，上柱国以下护军以上勋官带职事官五品以上者皆有府佐，带三品以上职事官者有亲事、帐内，亦可简略称之为职事官五品以上带三品以上勋官皆有府佐、亲事、帐内。开元二十五年删改《唐律疏议》时，三师三公、嗣王以下府佐已在开元十年废除，因而径删了‘府佐’一词，而对永徽律疏文字未做其它改动，留下了这条不准确的记载。”（参看李锦绣：《永徽东宫诸府职员令残卷考释——兼论唐前期东宫王府官设置变化》，载氏著：《唐代制度史略论稿》，中国政法大学出版社1998年版，第69页。）此意即开元二十五年删改《唐律疏议》时，在此条律文之《疏》议删除“府佐”时，无将“职事官五品以上”改为“职事官三品以上”，以致与诸文献记载不对应。这样的说明，较仁井田陞、刘俊文清楚，应可接受。惟若以开元以前之制而言，所谓“府主”，除亲事、帐内外，尚应包含府佐对所事之主（即职事官五品以上带三品以上勋官者）。

d.其注曰："吏、卒杀本部五品以上官长。"《疏》议曰：

> "吏"，谓流外官以下。"卒"，谓庶士、卫士之类。此等色人，类例不少，有杀本部五品以上官长，并入"不义"。官长者，依令："诸司尚书，同长官之例。"

e.其注曰："及闻夫丧匿不举哀，若作乐，释服从吉及改嫁。"《疏》议曰：

> 夫者，妻之天也。移父之服而服，为夫斩衰，恩义既崇，闻丧即须号恸。而有匿哀不举，居丧作乐，释服从吉，改嫁忘忧，皆是背礼违义，故俱为十恶。其改嫁为妾者，非。

据此，可知本条所规范的对象，分为三类：第一个注文，指部属官人"杀"直属长官、师长；第二个注文，指吏、卒"杀"官长；第三个注文，指妻居夫丧"背礼违义"。共同特点为"背义乖仁""背礼违义"，总称为"不义"。笔者对于上述三种情况，另归类为三，此即：官吏关系、师生关系、夫妻关系。

但就"十恶"条文而言，前二恶（谋反、谋大逆）为君臣关系，而君臣为义合，自应包含在唐律规范以内。另外，朋友、僧道师弟亦是义合，其有相犯，虽不在"十恶"之内，就义合关系而言，自可一并讨论。所以非血缘关系的人伦秩序，其实可包含六种：官吏、师生、夫妻、君臣、朋友、僧道师弟等关系，兹再分别说明于下。

（一）官吏关系

官吏关系，指官司之长官与部属关系。官员杀本属府主、刺史、县令，或者吏、卒杀本部五品以上官长，即犯"不义"的严重罪行。这样的立法原理，恐受汉末以来"二重君臣"观念的影响。也就是具有广义的君臣关系。盖汉以来，郡吏由太守自辟，郡吏对太守，其名分亦自为君臣。[1] 赵翼《廿二史札记》卷三"长官丧服"条曰：

> 两汉父母之丧无定制，而魏晋以后，长官之丧，转有定制。盖自汉制三公得自置吏，刺史得置从事，二千石得辟功曹，掾吏不由尚书选授，为所辟置者，即同家臣，故有君臣之谊。其后相沿，凡属吏之于长官皆如之……既有君臣之礼，遂有持服之制。

1　钱穆：《国史大纲》，商务印书馆 1985 年版，第 142、163—165 页。

在这种“二重君臣”观念风尚影响下，保障长官与部属之官僚政治伦理，乃列入隋唐律“十恶”要项之一“不义”的规范。所以如此，这是因为诸长官皆为皇帝的股肱，代表皇权的行使，乃至县令仍被称为父母官，《贼盗律》“谋杀制使府主”条（总252条）规定：

诸谋杀制使，若本属府主、刺史、县令及吏卒谋杀本部五品以上官长者，流二千里；工、乐及公廨户、奴婢与吏卒同。余条准此。已伤者，绞；已杀者，皆斩。

此即谋杀代表皇帝身份的制使，或者部属谋杀本属长官，或者吏、卒谋杀本部五品以上长官者流二千里；造成伤害的处以刊；杀害长官司的处斩。

《资治通鉴》卷二一九《唐纪》“肃宗至德二载（757）六月”条，记载富平县将军以私怨杀县令案例，如下：

将军王去荣以私怨杀本县令，当死。（胡三省注：王去荣，富平人。）上以其善用炮，壬辰（十六日），敕免死，以白衣于陕郡效力。（胡三省注：时陕郡新复，介居两京之间，贼所必攻也。上欲免去荣之死而收其力用，而不计其隳国法也。考异曰：实录云：“于河东承天军效力。”据《贾至集》，陕郡也。今从之。）中书舍人贾至不即行下，上表，以为：“去荣无状，杀本县之君。易曰：‘臣弑其君，子弑其父，非一朝一夕之故，其所由来者渐矣。’（胡三省注：《易·坤卦·文言》之辞。）若纵去荣，可谓生渐矣。议者谓陕郡初复，非其人不可守。然则他无去荣者，何以亦能坚守乎？陛下若以炮石一能即免殊死，今诸军技艺绝伦者，其徒寔繁。必恃其能，所在犯上，复何以止之！若止舍去荣而诛其余者，则是法令不一而诱人触罪也。今惜一去荣之材而不杀，必杀十如去荣之材者，不亦其伤益多乎！夫去荣，逆乱之人也，焉有逆于此而顺于彼，乱于富平而治于陕郡，悖于县君而不悖于大君欤！（胡三省注：去荣，县民也。县令，则其君也。大君，谓天子。）伏惟明主全其远者、大者，则祸乱不日而定矣。”上下其事，令百官议之。太子太师韦见素等议，以为：“法者天地大典，帝王犹不敢擅杀，是臣下之权过于人主也。去荣既杀人不死，则军中凡有技能者，亦自谓无忧，所在暴横。为郡县者，不亦难乎！陛下为天下主，爱无亲疏，得一去荣而失万姓，何利之有！于律，杀本县令，列于十恶。而陛下宽之，王法不行，人伦道屈，臣等奉诏，不知所从。夫国以法理，军以法胜；有恩无威，慈母不能使其子。陛下厚养战士而每战少利，岂非无法邪！今陕郡虽要，不急于法也。有法则海内无忧不克，况陕郡乎！无法则陕郡亦不可守，得之何益！而去荣末技，陕郡不以之存亡；王法有无，国家乃为之轻重。此臣等所以区区愿陛下守贞观之法。”上竟舍之。

至德二年(757)六月,安史叛军势盛,两京陷落,唐廷甚为危急,武人不免专擅。富平县将军王去荣以私怨杀其县令杜徽,[1]依律当斩。诚如胡三省注曰:“去荣,县民也。县令,则其君也。”所以依唐律,“杀本县令,列于十恶”,也就是如上所说的“不义”,应处斩刑。

肃宗考虑陕郡(治所在陕县,今河南省三门峡市)刚收复,且介于两京间的战略地位,王去荣又有“善用炮”之特长,因形势而惜才,所以在六月十六日下令赦免。但中书舍人贾至不肯奉诏,上表力争,以为“今惜一去荣之材而不杀,必杀十如去荣之材者,不亦其伤益多乎!”肃宗交由百官议之。太子太师韦见素等议,以为:“得一去荣而失万姓,何利之有!”奏请肃宗“守贞观之法”。最后肃宗改变原意,诏令斩之。(《新唐书》卷一一九《贾至传》曰:“诏可”)。

(二) 师生关系

唐律所规范的师生关系,只指官学,不含私学,但同时期的日本《养老律》,则规定“私学亦同”。在丧服礼中师生关系无服,《通典》卷一〇一《礼典·沿革·凶礼》“师弟子相为服议”条曰:

> 晋贺循谓:“如朋友之礼。异者,虽出行,犹绖,所以尊师也。按《礼记·檀弓》):夫子之丧,门人疑所服。子贡曰:‘昔夫子丧颜回,若丧子而无服。请丧夫子,若丧父而无服。’[2]于是门人庐于墓所,心丧三年。盖师徒之恩重也。无服者,谓无正丧之服也。孔子之丧,二三子皆绖而出。注曰‘为师也’。然则凡吊服加麻者,出则变服矣。”

同条引三国魏王肃亦曰:“礼,师弟子无服,以吊服加麻临之,哭之于寝。”师弟子虽无服,但因孔子之丧颜渊有如丧子,而门人对孔子之丧亦有如丧父,所以师弟子之义合关系,其礼之重者有如父子,礼之轻者有如朋友。师生之礼所以如此不固定,是因为

---

1 据《新唐书》卷一百二十二《韦陟传》曰:“富平人将军王去荣杀其县令”。又据《新唐书》卷一百一十九《贾至传》可知当时富平令为杜徽。从《新唐书·地理志》可知富平为京兆府京兆郡(本雍州)二十个属县之一,今陕西富平县。

2 《礼记·檀弓上》原文曰:“孔子之丧,门人疑所服。子贡曰:‘昔者夫子之丧颜渊,若丧子而无服;丧子路亦然。请丧夫子,若丧父而无服。’”

"人无常师"。[1]

师生关系的规定,在唐律只见于《名例律》的"十恶"条(总6条)之第九恶"不义",与《斗讼律》的"殴妻前夫子"条(总333条)两处。兹以《斗讼律》"殴妻前夫子"条作说明,其曰:

> 即殴伤见受业师,加凡人二等。死者,各斩。谓伏膺儒业,而非私学者。

《疏》议曰:

> 问曰:殴见受业师,加凡人二等,其博士若有高品,累加以否?
>
> 答曰:殴见受业师,加凡人二等,先有官品,亦从品上累加。若斗殴无品博士,加凡人二等,合杖六十;九品以上,合杖八十;若殴五品博士,亦于本品上累加之。

此即律文将官学师生视同凡人,也就是礼制上的朋友关系,只是师生仍有名分上的尊卑,所以生徒殴"见受业师"(学官),"加凡人二等"处刑,即加重刑责,已杀者处斩。

"殴伤见受业师,加凡人二等",就法而言,是代表何种意义?《斗讼律》"斗殴以手足他物伤"条(总302条)曰:"诸斗殴人者,笞四十;伤及以他物殴人者,杖六十。"《斗讼律》"两相殴伤论如律"条(总310条),《疏》议举例说:假使有甲乙二人,甲是良人,乙是贱隶,"乙殴甲不伤,加凡人二等,合杖六十之类"。此即斗殴的情况,通常凡人对凡人,是笞四十;但贱隶殴良人而自己不伤时,加凡人二等,成为杖六十。如果是伤,依序累加。依此而言,"殴伤见受业师,加凡人二等",就生徒殴打老师而言,在刑责上即相当于贱民殴打良民,所以师生关系在法方面的适用,等同良贱关系。"部曲奴婢过失杀伤主"条(总323条)《疏》议曰"奴婢犯良人加二等",亦可作旁证。[2]

唐代宗大历年间,国子司业归崇敬曾有改革国子监(简称国学)教学制度之议,其中提到:"自艰难已来,取人颇易,考试不求其文义,及第先取于帖经,遂使专门业废,请益无从,师资礼亏,传受义绝。"[3]所谓"传受义绝",是因为安史之乱以来,贡举

---

1 高明士:《中国教育制度史论》,台北联经出版事业公司1999年版,第92—93页。

2 有关师生关系在法方面的规范,详细参看高明士:《再论礼律——以"失礼入刑"为例》,载中国政法大学法律古籍整理研究所编:《中国古代法律文献研究》(第12辑),社会科学文献出版社2018年版,第24—39、34页。

3 《旧唐书·归崇敬传》。

取人轻易,影响官学正常教学,师资缺乏,导致师生“传受义绝”,也就是不见师生义合的授业情形。虽非为法制所规定的“义绝”(唐律特指夫妻关系)的例子,但也可作参考。

(三) 夫妻关系

夫妻为义合,汉代陆贾曰:“夫妇以义合。”[1]刘向《列女传》记载黎庄公之傅母对其夫人曰:“夫妇之道,有义则合,无义则去。今不得意,胡不去乎?”夫人仍“守一”,没离去。[2] 汉宣帝时,尚书孔光同样以“夫妇之道,有义则合,无义则离。(定陵侯淳于)长未自知当坐大逆之法,而弃去(长妻)乃始等,或更嫁,义已绝,而欲以为长妻论杀之,名不正,不当坐”的理由,阻止当时要将已离去或更嫁之妻妾同坐大逆诛,宣帝终于采纳孔光之议。[3] 足见夫妻义合观念在汉代或以前既已存在。[4] 至唐太宗贞观初,王绩亦曰:“夫妻之道,诚为义合,而家道之睦,斯为首焉。”[5]

从唐律看夫妻关系,可知妻对夫相当于卑幼。《唐律疏议·职制律》“匿父母及夫等丧”条规(总120条)《疏》议曰:“其妻既非尊长,又殊卑幼,在礼及诗,比为兄弟,即是妻同于幼。”在理念上,有将夫妻比为诸兄弟,服制则类同于父子;但唐律的规定,则依期亲长幼之法而论。《唐律疏议·斗讼律》“殴伤妻妾”条(总325条)《疏》议曰:“妻之言齐,与夫齐体,义同于幼。”同《斗讼律》“告缌麻卑幼”条(总347条)《疏》议曰:“其妻虽非卑幼,义与期亲卑幼同。”此即妻对夫虽非血亲卑幼,但以义相合,律文比期亲卑幼。[6]

夫虽为妻之天,但夫妻“齐体”;前者语出《仪礼》,其义着重于内部关系,指夫是妻绝对归依的对象;后者语出《白虎通》,其义是从第三者看来,妻与夫同受尊敬,此与“父子同财”“夫妻同财”的用语雷同。所以两者之义看似有别,其实并无矛盾之处。[7] 另一方

1　陆贾《新语》卷上《道基》篇曰:“夫妇以义合。”

2　刘向《列女传》卷四《贞顺传·黎庄夫人》。

3　《汉书》卷八十一《孔光传》。

4　参看刘燕俪:《唐律中的夫妻关系》,台北五南图书出版公司2007年版,第27—28页;郭成伟、崔兰琴:《兼顾与衡平:中国古代离婚制度的体系特质》,载《中国政法大学学报》2010年第4期、总第18期,第94—95页。

5　参看王绩撰,康金声、夏连保校注:《王绩集编年校注》中《重答杜使君书》部分,山西人民出版社1992年版,第181页。又据此书末附《王绩年谱》(第281—283页),推定《重答杜使君书》撰于贞观五年(公元631年),王绩时年43岁。

6　参看戴炎辉:《唐律通论》,台北元照出版公司2010年版,第61—62页。

7　滋贺秀三:《中国家族法の原理》,东京创文社1967年版,第134—135、146页。

面，妾为良民，在某些法律场合可与妻同样处理，但妾的身份仍卑于妻。[1]

前引唐律"十恶"之"不义"条，注释文曰："及闻夫丧匿不举哀，若作乐，释服从吉及改嫁。"《疏》议曰：

> 夫者，妻之天也。移父之服而服，为夫斩衰，恩义既崇，闻丧即须号恸。而有匿哀不举，居丧作乐，释服从吉，改嫁忘忧，皆是背礼违义，故俱为十恶。其改嫁为妾者，非。

此注文规定之处罚，见于《职制律》"匿父母及夫等丧"条（总120条）曰：

> 诸闻父母若夫之丧，匿不举哀者，流二千里；丧制未终，释服从吉，若忘哀作乐（注曰：自作、遣人等），徒三年；杂戏，徒一年；即遇乐而听及参预吉席者，各杖一百。

诸罪行之处罚轻重不等，但也都是"背礼违义"，所以列入"不义"，只有改嫁为他人妾者，不列入"不义"。

《唐律疏议·斗讼律》"妻殴夫詈"条（总326条）曰："诸妻殴夫，徒一年；若殴伤重者，加凡斗伤三等；须夫告，乃坐。死者，斩。"即以妻殴夫而言，徒一年，即殴罪加重了七等。妻杀夫，列入"十恶"之第四恶曰"恶逆"罪，处斩，这是妻以夫为天之故。但"诸（夫）殴伤妻者，减凡人二等；死者，以凡人论"。（同上"殴伤妻妾"条，总325条）《疏》议曰："死者，以凡人论，合绞。"

以上是就唐律"十恶"第九恶"不义"（总6条）条注文所举官吏关系、师生关系、夫妻关系三类，具有"义合"关系的人物，从法制规范作说明。这三类非血缘关系的"义合"，若卑杀尊，即属于"十恶"之"不义"罪。

（四）君臣关系

君臣义合，理论上是基于行道，道不行则去。就臣而言，道不行则退隐不仕，

---

1 《仪礼·丧服二》《齐衰不杖期》"妾为女君"条："传曰：'何以期也？妾之事女君，与妇之事舅姑等。'郑玄注曰：'女君，君适妻也。'"妾称妻为"女君"。在唐律可见于《职制律》"匿父母及夫等丧"条（总120条）、《斗讼律》"妻殴詈夫"条（总326条）、《斗讼律》"殴兄妻夫姊弟"条（总332条）、"告缌麻以上卑幼"条（总347条）等。参看前引戴炎辉《唐律通论》，第65—66页。

“去”之意在此,并非造反。例如唐代孔颖达《毛诗正义》:“君臣义合,道不行则去。”[1]朱子对《孟子集注·万章章句下》注曰:“君臣义合,不合则去。”[2]足见君臣为义合,自古有共识。

再者,朱子注《论语·八佾》记载孔子曰:“君使臣以礼,臣事君以忠。”引尹氏(焞)曰:“君臣以义合者也。故君使臣以礼,则臣事君以忠。”说明孔子的君臣观,是以义合立论。其以“礼”“忠”释君臣关系,实具有相对意义,并非如后世所说的绝对意义。法家将君主视为超人,所以秦汉以后的天子成为具有天命的君父,在诸人伦义合关系中,君臣关系乃最为义重。元代张养浩曰:

> 窃谓君臣以义合者也,其所以合者,非华其爵也,非利其禄也,不过欲行其道而已矣。道行则从而留,道不行则从而去,不使久而至于厌鄙诛窜之地,乃所以厚君臣之分也,奚薄焉![3]

此即就臣而言,道行则留,道不行则去,其入仕并非在于求取爵禄。

但君臣关系情同父子,隋文帝开皇二年(公元582年)于宴会上曾对群臣说:“朕之于公,义则君臣,恩犹父子。”据此可知君臣虽为义合,但其关系拟于父子,依据《仪礼·丧服》属于斩衰,服丧三年。但丧服原基于亲属(内亲、外亲)而定,自西晋泰始律令开始,“峻礼教之防,准五服以制罪也”。[4] 这是具体以礼入律令的开始,时代越后,关系越紧密,成为传统法史一大特色。今日所见的唐律,在对应丧服五服制度定罪,是极为显然。但对应现实,也有若干修改,例如丧服斩衰三年制,包括臣对君,但君臣为义合,并非亲属关系,所以唐律舍去斩衰之名不用,而直呼其对象名称,如祖父母、父母、臣对君。这样的修改,解决血属亲属与非血属义合关系的问题。

另一方面,父为子之天,君当然亦是臣之天。《春秋穀梁传注疏》中唐代杨士勋曰:“君者臣之天,天无二日,土无二王。”[5]《仪礼注疏·丧服》中贾公彦曰:“郑注《曲礼》:‘臣无君,犹无天。’则君者臣之天。”[6]君既然为臣之天,而君得有天命,所以君臣恩义情重,臣犯君乃成最恶。

臣犯君,就“十恶”而言,可分为二,即造反与不敬,非属“不义”条规范。前者造

---

1 《毛诗正义》卷二《邶风·北门》“出自”以下至“何哉”一段,唐代孔颖达《疏》。

2 朱熹《四书集注·孟子·万章下》曰:“君有过则谏,反复之而不听,则去。”

3 张养浩《为政忠告·(三事忠告之一)庙堂忠告》,载徐元瑞著:《吏学指南(外三种)》,杨讷点校,浙江古籍出版社1988年版,第336页。

4 《晋书·刑法志》。

5 《春秋谷梁传注疏》卷十九“定公四年”条,唐代杨士勋《疏》。

6 《仪礼注疏》卷二十九《丧服第十一》“君”条,贾公彦《疏》。

反之惩处,见于"十恶"条之前三恶,曰:谋反、谋大逆、谋叛,罪行最重,前二者是侵犯君主及代表君权之象征物,共犯者皆斩,父子年十六以上皆缘坐,处绞。后者是叛国,谋叛者,绞,已上道者皆斩。此等三恶,也就是所谓造反,并皆有缘坐法规定,诛连较广,时代越后,越见严酷。(《唐律疏议・贼盗律》"谋反大逆"条、"谋叛"条,总248、251条)

犯"大不敬"罪行者,列为"十恶"之第六恶。《名例律》"十恶"条(总6条):

> 六曰大不敬。(注曰:谓盗大祀神御之物、乘舆服御物;盗及伪造御宝;合和御药,误不如本方及封题误;若造御膳,误犯食禁;御幸舟船,误不牢固;指斥乘舆,情理切害及对捍制使,而无人臣之礼。)

《疏》议曰:

> 礼者,敬之本;敬者,礼之舆。故礼运云:"礼者君之柄,所以别嫌明微,考制度,别仁义。"责其所犯既大,皆无肃敬之心,故曰"大不敬"。

由于礼主敬,不敬就是无礼。此条是以盗、误、指斥行为及拒捍制使,侵犯君主及神御物。其刑责,从流二千五百里到绞、斩不等,以指斥乘舆、伪造皇帝宝罪为最重,处斩。但本条罪止犯罪者本人,并无缘坐之刑。[1]

本条与前三恶,广义而言,都属于对君主及君权代表物之无礼行为,如第一恶"谋反",《疏》议曰:"规反天常,悖逆人理,故曰谋反。"此处之"理",即礼,所以属于无礼行为,于律最为严重。

(五) 朋友关系

朋友关系为义合,殆无疑义,惟若有相犯,并同凡人,不列入"十恶"。唐代李贤(章怀太子)曰:"盖朋友之道,有义则合,无义则离。"[2]此即朋友无义时,就得离去。

---

1 根据本条注文,可知盗神御物、服御物是流二千五百里。(《贼盗律》23、24条,总270、271条)盗御宝处绞。(《贼盗律》24条,总)伪造皇帝宝处斩,伪造其他宝处流三千里。(《诈伪律》1条,总362条)误用御药、御膳、御舟之技术者处绞。(《职制律》12、13、14条,总102、103、104条)指斥乘舆处斩,对捍制使处绞。(《职制律》32条,总122条)。参见高明士:《再论礼律——以"失礼入刑"为例》,第43—44页;律令研究会编:《譯註日本律令　五(唐律疏議譯註篇一)》,东京堂1979年版,第47页。

2 范晔《后汉书》卷四十三列传末论曰:"蔡邕……作《正交》而广其致焉。"李贤等注曰。

唐代李德裕亦曰:“朋友之际,本以义合。”[1]至宋代石介曰:

> 夫父子兄弟以亲爱,君师朋友以义合也。入则事父兄,出则事君师朋友,君臣之际,犹有爵禄之恩焉。师友之分,非道义不合。夫所谓道者,亲而不可离者也,夫所谓义者,合而不可解者也。[2]

此即以君、师、朋友为义合。朱子于《论语·里仁》“事君数,斯辱矣;朋友数,斯疏矣”句下引范氏(祖禹)曰:“君臣、朋友,皆以义合,故其事同也。”这是就君臣、朋友以义相从而论。

另外,朱子注《论语·乡党》曰:“朋友以义合,死无所归,不得不殡。”又曰:“此一节,记孔子交朋友之义。”[3]这是对朋友以义合最简单的说明,但是在丧服礼,朋友为无服。《仪礼·丧服》规定:“朋友,麻。”郑玄注曰:“朋友虽无亲,有同道之恩,相为服缌之绖带。”贾公彦疏曰:

> 案礼记礼运云:“人其父生而师教之,朋友成之。”又学记云:“独学而无友,则孤陋而寡闻。”论语云:“以文会友,以友辅仁。”以此而言,人须朋友而成也。故云朋友虽无亲,有同道之恩,故为之服知缌之绖带者,以其缌是五服之轻,为朋友之绖带,约与之等,故云缌之绖带也。

汉代戴德也以为:“以朋友有同道之恩,加麻三月。”[4]即朋友之丧,以其有同道之恩,为其服缌麻之绖带,通常吊唁完毕即脱下,但朋友情义有深浅,恩情重者,服缌麻三月。

《旧唐书》卷一七六《杨嗣复传》曰:“嗣复与牛僧孺、李宗闵皆权德舆贡举门生,情义相得,进退取舍,多与之同。”按,杨嗣复于贞元十八年(公元802年)登进士第,贞元二十一年(公元805年)再登博学宏词科,是年牛僧孺、李宗闵同登进士第,而贞元十八年、二十一年知贡举者均是礼部侍郎权德舆,[5]于是座主门生“情义相得”,成为师生义合融洽之佳例。

---

1 傅璇琮、周建国校笺:《李德裕文集校笺》中《臣友论》,河北教育出版社2000年版,第663页。按,李德裕撰此文时已是晚年,彼时被贬至潮州,再贬至崖州。

2 参看石介:《石守道先生集》,广陵书社2016年版,第2—46页。

3 《论语·乡党》曰:“朋友死,无所归。曰:‘于我殡。’”朱子注。

4 《通典》卷一百零一《礼典·凶礼·朋友相为服议》。

5 参看徐松撰:《登科记考补正》,孟二冬补正,北京燕山出版社2003年版,第637—638、661—664页。

另外，唐律并无专为朋友设定的刑责。

（六）僧道师弟关系

僧道关系，也就是师主与僧尼、道士、女官弟子，仍属义合关系，若有相犯，不列入“十恶”，其量刑比照期亲卑幼处理。后秦沙门僧肇序鸠摩罗什译《梵网经》[1]曰：

> 唯梵网经，一百二十卷六十一品。其中菩萨心地品第十，专明菩萨行地。是时，道融、道影三百人等，即受菩萨戒，人各诵此品，以为心首。师徒义合，敬写一品八十一部，流通于世。

此即龟兹国高僧鸠摩罗什来到后秦（时为姚兴主政），于弘始年间与诸沙门共译佛经，《梵网经》是其一，僧肇为此经作序，自道“师徒义合”。道观门内的师徒关系，当亦如是。

僧、道自相侵犯时，唐律规定比附俗界伦理科断，有以下几种情况：

（1）师主与弟子相犯，比附俗界伯叔父母与兄弟子相犯科刑，也就是以期亲长幼伦理处罚，但限于“观、寺之内，亲承经教”者。其师主限于该寺、观传教者，非泛指一般观寺内居于师辈者。《唐律疏议 · 名例律》“称道士女官”条（总 57 条）规定：“诸称‘道’士、‘女官’者，僧、尼同。若于其师，与伯叔父母同。”《疏》议曰：

> 师，谓于观、寺之内，亲承经教，合为师主者。若有所犯，同伯叔父母之罪。依斗讼律：“詈伯叔父母者，徒一年。”若詈师主，亦徒一年。余条犯师主，悉同伯叔父母。

又规定：“其于弟子，与兄弟之子同。”《疏》议曰：

> 谓上文所解师主，于其弟子有犯，同俗人兄弟之子法。依斗讼律：“殴杀兄弟之子，徒三年。”贼盗律云：“有所规求而故杀期以下卑幼者，绞。”兄弟之子是期亲卑幼，若师主因嗔竟殴杀弟子，徒三年；如有规求故杀者，合当绞坐。

---

1 收入《大正新修大藏经》第二十四册《律部类 · 律部》，亦见《全上古三代秦汉三国六朝文》卷一百六十五“释氏九”。

根据此条规定及《疏》议说明，道士、女官（亦称女冠）、僧、尼于其师主的关系是视同俗人侄子与伯叔父母，若殴其师，等同殴伯叔父母，加犯兄姊一等，即由徒二年半加一等，等于徒三年；伤其师，流二千里（参看前引《斗讼律》“殴兄姊等”条〔总328条〕）；而师主对其弟子的关系，是情同俗人对其兄弟之子的关系，《疏》议引《斗讼律》（即前引总328条），“殴杀兄弟之子，徒三年。”盖伯叔父母、兄弟之子均属于服制的期亲。

《（宋）庆元条法事类》卷第五十《道释门一·总法敕令·名例敕》补充规定曰：

> 诸童行与师相犯，论如师弟子，律不入十恶，即违法为童行注：已度为僧道者同以凡论，其师罪致死者，奏裁。注：犯时于法无违者，依本法。[1]

所谓“童行”，指“对尚未披度或剃度受牒的道童、行者等僧道徒众的混称”。[2] 如果童行与师相犯，论如师弟子，也就是比附俗界伯叔父母与兄弟之子相犯科刑，但不在律的“十恶”规定，其违法的童行以凡论，其师罪致死者，奏裁。

（2）观寺部曲、奴婢与三纲相犯，依俗界部曲、奴婢与主之期亲相犯科刑；观寺部曲、奴婢与其余僧道相犯，依俗界部曲、奴婢与主之缌麻亲相犯科刑。均限于同一寺、观者，非泛指不同观寺。前引《名例律》“称道士女官”条（总57条）接着规定：“观寺部曲、奴婢于三纲，与主之期亲同。”《疏》议曰：

> 观有上座、观主、监斋，寺有上座、寺主、都维那，是为“三纲”。其当观寺部曲、奴婢，于三纲有犯，与俗人期亲部曲、奴婢同。依斗讼律：“主殴杀部曲，徒一年。”又条：“奴婢有犯，其主不请官司而杀者，杖一百。”注云：“期亲杀者，与主同。下条部曲准此。”又条：“部曲、奴婢殴主之期亲者，绞；詈者，徒二年。”若三纲殴杀观寺部曲，合徒一年；奴婢有罪，不请官司而杀者，杖一百。其部曲、奴婢殴三纲者，绞；詈者，徒二年。

又规定：“余道士，与主之缌麻同。（注曰：犯奸、盗者，同凡人。）”

（3）如所犯为奸、盗两类罪，在法律的规定最为严重，所以不论犯者为师主或弟子，为观寺部曲、奴婢或三纲及其他僧道，一律依凡人奸、盗科断。前项规定注曰：“犯奸、盗者，同凡人。”《疏》议曰：

1　谢深甫等纂修：《庆元条法事类》，台北新文丰出版公司1976年版，第467页。

2　“童行”解释，参看宋慈撰：《洗冤集录校译》，杨奉琨校译，群众出版社1980年版，第5页。

> 道士、女官、僧、尼犯奸、盗，于法最重，故虽犯当观寺部曲、奴婢，奸、盗即同凡人。谓三纲以下犯奸、盗，得罪无别。其奴婢奸、盗，一准凡人得罪。弟子若盗师主物及师主盗弟子物等，亦同凡盗之法。其有同财，弟子私取用者，即同"同居卑幼私辄用财"者，十匹笞十，十匹加一等，罪止杖一百。若不满十匹者，不坐。

这是因为道士、女官、僧、尼犯奸盗，于法最重。在《道僧格》（可能为太宗贞观十一年颁行律令格式的格之一），对于僧道犯奸、盗两类罪，不但规定依凡人法科断，且需要先还俗；虽会赦，犹还俗。[1]

《名例律》此条行用至明律，大致同于唐律，其"称道士女冠"条曰：

> 凡称道士、女冠者，僧尼同。若于其受业师，与伯叔父母同。注曰："受业师，谓于寺观之内，亲承经教，合为师主者。"其于弟子，与兄弟之子同。[2]

清律对寺观师弟关系又作更详细的注释。其《名例律》"称道士女冠"条曰：

> 凡注曰："律"称道士、女冠者，僧尼同。注曰："如道士、女冠犯奸，加凡人罪二等。僧尼亦然。"若于其受业师，与伯叔父母同。注曰："如俗人骂伯叔父母，杖六十、徒一年，道冠、僧尼骂师，罪同。受业师，谓于寺观之内，亲承经教，合为师主者。"其于弟子，与兄弟之子同。注曰：如俗人殴杀兄弟之子，杖一百、徒三年，道冠、僧尼殴杀弟子，同罪。

沈之奇《律后注》曰：

> 道士、女冠与僧尼虽不同，而皆系出家之人，故犯罪者同论。幼蒙养育，受业为师，则不特名分，兼有恩义，故有犯于师者，与伯叔父母同；有犯于弟子者，与兄弟之子同也。称子者，男女同，与尼与女冠该之矣。

其《律上注》曰：

1　参看二叶宪香《古代佛教思想史研究》（京都永田文昌堂 1962 年版，第 196 页）论及《僧尼令》与《道僧格》异同之第一条。諸戶立雄：《中国仏教制度史の研究》，平河出版社 1990 年版，第 16—20、49 页，"第 1 章《道僧格の研究》"。郑显文：《唐代律令制度研究》，北京大学出版社 2004 年版，第 305 页，"第六章第四节《唐代〈道僧格〉及其复原之研究》"。

2　参看前引黄彰健编著：《明代律例汇编》，"中研院"历史语言研究所 1983 年版，第 357 页。

按,常人殴受业师,止加凡人二等。道冠、尼僧,直同期亲尊长,盖教而兼养,终身不离,衣钵相承,恩义并重也。然必审其师非挟私,徒真负义,乃可坐也。或云同师之子弟相犯,当依堂兄弟。非也,虽同受业于师,实凡人也。本无天亲,岂得分长幼为兄弟?律止言师与弟子,既无正文,岂可附会?以凡论为是。

据此可知到清律的规定又更严厉,其詈骂、殴杀之判刑,除徒刑外,又加杖。沈氏的《律上注》且指出同师之子弟相犯,是以凡论,这也是律文一直没规定清楚的。

虽是如此,寺观师弟相犯,仍没如官学师生相犯列入"十恶"之"不义"内,这是基于何种考虑?除律已对寺观犯禁科以重刑外,终究为个人信仰与养育关系,而官学生系准官人,得免徭役,同时服膺儒业、励行国家统治原理者,两者性质完全不同,所以不能同提并论。

以上所论义合关系,包括君臣、官吏(长官与部属)、夫妻、朋友、师生、僧道师弟等,除师生外,就唐律的律文看来,君臣、官吏(长官与部属)、夫妻义同父子,但夫妻在律文实际以期亲长幼来处理;师生亦义同父子,但在律文实际以朋友关系"加凡人二等"来处理;僧道师弟则以期亲长幼伦理处罚。也就是此等非血缘的义合关系,仍比照血亲服制来建立伦理秩序。

三、唐律对义绝的规范

汉代已有"义绝"的规范,前引《汉书·孔光传》提到定陵侯淳于长夫妻"义已绝",所以其妻不坐诛,足见此时已有"义绝" 概念。前引《白虎通》卷十"嫁娶·论妻不得去夫"曰:"(夫)悖逆人伦,杀妻父母,废绝纲纪,乱之大者也,义绝,乃得去也。"夫杀妻父母,是"废绝纲纪"最大罪刑,已构成"义绝",妻得离夫而去。此处具体提到"义绝"一词。所以"义绝"的概念,在汉代社会可说已是通行的礼俗。汉代以前,婚姻主要是由礼制来调整的,而且汉代允许以经补律,引经决狱,所以不难理解为何"义绝"没有在律文中出现过。[1]

"义绝"具体入律,则在唐律。但唐代法制所规范的"义绝",是特就夫妻关系而定的。《唐律疏议·户婚律》"义绝离之"条(总190条)规定:

诸犯义绝者离之,违者,徒一年。若夫妻不相安谐而和离者,不坐。

---

1 参看郭雨笛:《唐代"义绝"制度刍议》,载《财经政法信息》2016年2期,第16页。

《疏》议曰：

> 夫妻义合，义绝则离。违而不离，合得一年徒罪。……皆谓官司判为义绝者，方得此坐，若未经官司处断，不合此科。

"义绝"为官司强制离婚的民事判决。若不离婚，即属犯罪行为，应受刑罚的惩罚（徒一年）。所以义绝系强制离妻，非离不可，当事人不主动离婚，官司亦会强制判离。[1]至明律，规定："犯义绝，应离而不离者，亦杖八十。"相较于唐律，是减二等，清律亦同。[2]

唐律所定义的"义绝"，指何种罪行？《唐律疏议·户婚律》"妻无七出而出之"条（总189条）《疏》议引《户令》，列举如下罪行，皆为"义绝"：

> （夫）殴妻之祖父母、父母及杀妻外祖父母、伯叔父母、兄弟、姑、姊妹，若夫妻祖父母、父母、外祖父母、伯叔父母、兄弟、姑、姊妹自相杀，及妻殴詈夫之祖父母、父母，杀伤夫外祖父母、伯叔父母、兄弟、姑、姊妹及与夫之缌麻以上亲，若妻母奸及欲害夫者，虽会赦，皆为义绝。妻虽未入门，亦从此令。

这些罪行，包括夫犯妻族、妻犯夫族、夫族妻族相犯、妻犯夫四种情况，每一罪行都是独立犯罪，负有刑责之外，又成为义绝，足见夫妻关系"义绝则离"规定，属于刑罚并附带民事后果。同时上列诸罪行，除夫妻之间外，也详列夫族、妻族罪行，而且包含两族间的自相残杀行为，属于"侵身犯"，除通奸外，有詈、殴、伤、杀及害身。[3]

这种情况，说明宗法关系重于夫妻关系，[4]而夫妻之间又以夫为重，尤其包括妻"欲害夫"的动机（犯意）以及尚未入门之妻在内，从今日看来非常不公平，但充分展现"妇人以夫为天"[5]、"妇人从夫，无自专之道"。[6] 同时实现《礼记·昏义》所说的："昏礼者，将合二姓之好，上以事宗庙，而下以继后世也。"此意即婚姻为结合两个家

---

1 参看前引郭成伟、崔兰琴：《兼顾与衡平：中国古代离婚制度的体系特质》，第94页。任亚爱、张晓飞：《论"义绝"之"义"》，载《新疆社会科学》2008年第2期。

2 明律参看黄彰健编著：《明代律例汇编》，"中研院"历史语言研究所1983年版，第510页；田涛、郑秦点校：《大清律例》，法律出版社1999年版，第213页。

3 参看戴炎辉：《中国固有法上之离婚法》，载戴炎辉文教基金会发行《传统中华社会的民刑法制：戴炎辉博士论文集》，1998年版，第130页。

4 参看钱大群：《唐律研究》，法律出版社2000年版，第309页。

5 《唐律疏议·职制律》"匿父母及夫等丧"条，总120条《疏》议。

6 《唐律疏议·户婚律》"义绝离之"条，总190条《疏》议。

族,对死去的夫家祖宗按时祭祀,以及生育而延续夫家血脉,负起传宗接代的重任,并非只是当事两个人的私事而已。[1] 法律的规范,不只在承认婚姻的合法性,同时也在保障二族(二姓)的合好,以作为建立良好社会秩序的起点。也就是说社会秩序的起点,在于婚姻所建立的家、家族,而非个体。[2] 敦煌文书中的放妻书,有一件提到"六亲"、"九族"、"两家父母、六亲眷属"(S6537~1、S5578),一件提到"两家六亲眷属"(P3212卷),一件提到"二亲"(S6537~2卷),一件提到"诸亲"(S0343卷);[3] 俄藏敦煌文书有一件亦提到"六亲"、"两家"(Дx11038-3)。[4] 所谓"六亲",汉以来有不同说法,但在唐代,当以"父子、兄弟、夫妇"为通说。[5] 足见婚姻为家族关系,而非仅止个人结缘而已。

另外,夫求枉法,而将妻妾嫁与监临官;[6] 夫卖妻妾,[7] 亦各为义绝。[8]

结语:非血缘关系人伦秩序法制化的意义

中国传统社会以"家"为基本骨干构成。唐朝的律令制度,可说是儒教主义法制化的典型代表,尤其是"法典的伦理化"。所谓法典的伦理化,指基于礼的原理而建立

---

1 参看刘玉堂:《论唐代的"义绝"制度及其在法律后果》,载《中南民族大学学报·人文社会科学版》2005年第6期,第114页;前引任亚爱、张晓飞《论"义绝"之"义"》,第76页。

2 参看前引刘俊文《唐律疏议笺解》,第1058页。

3 参看谭蝉雪:《敦煌婚姻文化》,甘肃人民出版社1993年版,第72—76页,"提供五件放妻书文书,实际当有八件";参看乜小红:《对俄藏敦煌放妻书的研究》,载《敦煌研究》2008年第3期,第73页。

4 参看前引乜小红《对俄藏敦煌放妻书的研究》,第68—74页。

5 关于所谓"六亲",汉以来说法不一,例如《史记》卷六十二《管仲传》,于"上服度则六亲固"一句,"正义"曰:"六亲谓外祖父母一,父母二,姊妹三,妻兄弟之子四,从母之子五,女之子六也。"其引曹魏时期王弼曰:"父、母、兄、弟、妻、子也"。贾谊:《新书》卷《六术》曰:"人有六亲,六亲始曰父,父有二子,昆弟又有子,子从父而昆弟,故为从父昆弟,从父昆弟又有子,子从祖而昆弟,故为从祖昆弟,从祖昆弟又有子,子从曾祖而昆弟,故为从曾祖昆弟,曾祖昆弟又有子,子为族兄弟。备于六,此之谓六亲。"《汉书》卷二十二《礼乐志·礼》于"六亲和睦"一句,引如淳曰:"六亲,贾谊书以为父也,子也,从父昆弟也,从祖昆弟也,曾祖昆弟也,族昆弟也。"这是对前引《新书》的简写。但《左传》"昭公二十五年"条,唐代孔颖达对"六亲至曰亚"一段《疏》曰:"六亲,谓父子兄弟夫妇也。"《汉书》卷四十八《贾谊传》"以奉六亲,至孝也"一句,应劭曰:"六亲,父母兄弟妻子也。"《后汉书》卷二十八下《冯衍传》于"悲六亲之日远"一句。唐代李贤注曰:"六亲,夫妇、父子、兄弟也。"《后汉书》卷七十六《循吏·秦彭传》亦同。《资治通鉴》卷十四《汉纪·文帝》"前六年冬十月"条贾谊上疏"六亲各得其宜"一句,胡三省引唐·李贤注曰;"六亲,谓父子、兄弟、夫妇也。"所以就唐代社会的用法而言,所谓六亲,当指父子、兄弟、夫妇,敦煌地区自不例外。

6 《户婚律》"监临娶所监临女"条,总186条。

7 《户婚律》"和娶人妻"条,总187条。

8 参看戴炎辉:《唐律各论》,成文出版社1988年版,第244—245页。

等差的人间秩序。这个礼的原理，则基于亲疏、尊卑、贵贱、长幼等差秩序。因此，儒家的服纪（丧服礼制）是非常重要的指导理论。其目标在于将整个国家社会建立在大家庭的结构上，皇帝成为最高的家长，可称为君父，而进行家长式的统治。

传统法对于人间秩序的规范，都是以伦理化作为准则，大凡区别为亲属关系与义合关系。亲属关系可分为内亲与外亲，义合关系即亲属关系以外的人间关系，依据尊卑、贵贱原理，有君臣、官吏、师生、朋友、夫妻、僧道等义合关系。

义合关系的秩序原理，比附丧服礼之五服制来规范，尤其斩衰、期亲，乃至于服制外的朋友关系。以义相从，是为义合；背义而离，是为义绝；“背礼违义”“背义乖仁”是为“义”。不论义合或义绝，皆属于个体或族群双方关系，但唐律进一步规范“不义”，而列入“十恶”，是因为不只犯义，而且违背礼、仁之德目，背离儒教社会价值体系，自是纲纪所不容的罪行，可说是传统法在道德律方面的典型代表。

在“不义”条，特列三种情况：第一，部属官人“杀”直属长官、生徒“杀”师长；第二，吏、卒“杀”官长；第三，妻居夫丧“背礼违义”。共同特点为“背义乖仁”“背礼违义”，总称为“不义”。笔者对于上述三种情况，另归类为三，即：官吏关系、师生关系、夫妻关系。官吏关系形同君臣，下犯上，“杀”者皆斩。师生关系在法方面的适用，等同良贱关系，下犯上，“杀”者亦斩。夫妻关系，由于夫为妻之天，妻虽非卑幼，而义与期亲卑幼同。所以妻杀夫，列入“十恶”之第四恶即“恶逆”罪，处斩；妻犯有“七出”，已是义绝，由官府判定强制离婚。但夫杀妻，同凡人，处绞。以上是“不义”最重刑的规范。

至于君臣关系，义同父子，臣有犯君，非由“不义”规范，而是列在“十恶”当中之前三恶（谋反、谋大逆、谋叛）及第六恶大不敬，总而言之，指“无人臣之礼”，也就是无礼，其重者皆斩及连坐，刑罚严酷。朋友义合方面，律无明文规范，其有犯，当同凡人。僧道方面，师弟关系视同俗人侄子与伯叔父母，若殴其师，等同殴伯叔父母，加犯兄姊一等。

总之，“义”是非血缘人伦秩序的总体价值表现。由义扩及仁、礼的德目，而以家族秩序作为起点，进而涵盖整体国家社会的秩序；再配合血亲的亲属（含外亲）关系所呈现的亲亲秩序，依据礼的原理，建置国家的律令制度。于是整个国家社会在法律的规范下，具体完成大家庭结构的秩序。这样的立法原理，就是以家族为单位而具有宗法性、伦理性，并非以独立的自然人作为法律关系主体；也就是依身份所建立的等差秩序，除血亲及男女不能改变其身份外，实具有等差性的平等。这种平等，是身份阶层角色的平等，随着时间或努力，将来可改变身份，如子将来也可成为父，臣僚将来也可成为君长（官长），生徒、弟子也可成为师长（师主）等。这样依据人间伦理，尤其服制所建立的法制，可说是唐朝律令制度，乃至传统法的最大特色。探讨传统法制，不能只看表面的罪与刑，其背后的亲亲与义理，才是传统法的精髓。

“义”在法制上指义理。“义”，既是理，也是礼。笔者近几年来，措意于传统法文化的核心价值探讨，初步提出“情理平恕”四元素说，其“理”也者，就是礼，也是义，或义理，所以拙稿也可视为探讨“情理平恕”传统法文化核心价值的一环。

唐律中流刑的本质
——以与恩赦的关系为中心*

[日]辻正博** 著 周东平 陈牧君*** 译

前言

关于唐律中的流刑制度，笔者曾对律令中规定的刑罚内容、裁判程序、刑罚的执行，与隋制比较，对配流的距离和起点，以及在配所（配流地）对流人的管理等诸多方面加以考察，虽然不充分，但也进行了总结。[1]其中，关于配流的距离和起点等几个论点，虽然提出与通说意见不同的见解，但作为研究基础的部分，大多是依照滋贺秀三等先生所取得的成就，此点自不待言。

关于在此提起的唐律条文——《名例律》第24条，一直以来笔者都是按照一般的理解进行解释。但近年来，由于《天圣令》残卷的发表等，围绕唐代律令的研究环境处于剧烈变化中，导致对本条的解释发生疑义并予重新检讨（如后所述），加上笔者自己对于通说理解得不充分，感觉通说的解释也未必是正确的。在拙文中，笔者以对唐律条文的解释作为探讨的开端，尝试考察流刑与恩赦的关系，在谈及唐律的刑罚原理的同时，也想说一下唐律中流刑的本质。尽管其中不成熟的部分尚多，而敢略申拙见，诚望各位贤达批评赐教。

---

* 本文原题为《唐律における流刑の本質——恩赦との関係を中心に》，载《東洋史研究》第七十七卷第二号，2019年，第1—26页。

** 辻正博，日本京都大学人间科学学部教授。

*** 周东平，厦门大学法学院教授；陈牧君，厦门大学法学院2018级法律硕士。

1 拙著：《唐宋時代刑罰制度の研究》，京都大学学术出版会2010年版，第二章“唐律の流刑制度”。

一、问题之所在——先行学说的检讨

(一) 对滋贺秀三的探讨

唐律对到达配所的流人的居所有如下规定:[1]

> 诸犯流应配者,三流俱役一年。〈本条称加役流者,流三千里,役三年。役满及会赦免役者,即于配处从户口例〉。妻妾从之。父祖子孙欲随者,听之。移乡人家口,亦准此。若流移人身丧,家口虽经附籍,三年内愿还者,放还;即造畜蛊毒家口,不在听还之例。〈下条准此〉。
>
> (唐《名例律》第 24 条)

如果根据本条规定,居作年限已满以及在服役中遇到恩赦的情况下,流人"即于配处从户口例"。对此,滋贺秀三氏作了如下解说:

> 所谓流,是指强制移居至很远的地方,并与在移居地即配所执行徒一年(加役流则为徒三年)的服役相结合的刑罚。……在配所,本人及家人都成为被登记在当地户籍中的居民。本人服完役后,田地授与、课役负担等与普通居民均无差别。只是,应受六年之后(特殊情形下为三年)才能入仕的限制。[2]

此外,滋贺秀三氏还对流刑这一刑罚成立的背景作了如下叙述:

> 像这种强制移居的刑罚制度得以实施的背景,存在于唐朝制度中,人民通常有义务居住于按照户籍登记的土地上,禁止无正当理由和官府批准的移居、流浪

---

1 唐律的原文,原则上依据《律附音义》,上海古籍出版社 1979 年影印本。〈 〉号内的文言为律文原注(以下引用史料时亦相同)。

2 律令研究会编、滋贺秀三译注:《譯註日本律令五 唐律疏議譯註篇一》,东京堂 1979 年版,第 146 页(以下简称为《譯註五》)。

等情况。[1] 流人永远不能返回原籍，是基于户籍已经转移这一事实的一般性约束，而不是因为对罪的继续责罚。因此，召回原籍或者首都就意味着被赦免的观念，与唐朝的流刑原本无关。根据本条第一款的规定，如果在配流地会赦，免于服役，则“于配处从户口例”，而不是被召回。就像已经被执行死刑的人，即使遇到恩赦也不会复活。[2]

还有，关于流人本人死亡时对其家人的处理，滋贺氏说明如下：

家人从到达配所之日起三年——即与偶然相逢无关，必须是到配所登记在户籍上的期间——由此确定成为当地居民。在此之前，如果本人死亡，家人的去留就由其自由意志决定。[3]

滋贺氏把条文中“三年内”的措辞理解为“从家口到达后开始的三年内”，是与理解为“从流人死亡时开始的三年内”的通说颇为不同的见解。[4] 滋贺氏对此解释如下：

“经附籍三年（引用者注：日本律为“六年”）内”的内涵，其一，如果流人死亡则仍未附籍的家口允许返回，这是基本的立法旨意。只是，如此直接立法的话，与离造籍年较远的人相比，离造籍年较近的人则处于不利地位，从而将引起不公平。于是有了作为修正的其二，即无论命运好坏（译者注：指相对造籍年而言，流人的家属到达配所的时机），必须经过任何人都（在理论上）完成附籍的三年或六年期间，才能转换为现实的附籍。这一规定的制定是如此而来的。在以

1 唐《捕亡律》第 11 条：“诸丁夫、杂匠在役，及工、乐、杂户亡者〈太常音声人亦同〉，一日笞三十，十日加一等，罪止徒三年。主司不觉亡者，一人笞二十，五人加一等，罪止杖一百；故纵者，各与同罪。即人有课役，全户亡者，亦如之；若有军名而亡者，加一等。其人无课役及非全户亡者，减二等；即女户亡者，又减三等。其里正及监临主司故纵户口亡者，各与同罪；不知情者，不坐。”唐《捕亡律》第 12 条：“诸非亡而浮浪他所者，十日笞十，二十日加一等，罪止杖一百。即有官事在佗所，事了留住不还者，亦如之。若营求资财及学宦者，各勿论。阙赋役者，各依亡法。”参照《唐令拾遗》第 237 页，《唐令拾遗》复旧户令第 18 条：“诸居狭乡者，听其从宽，居远者，听其从近，居轻役之地者，听其从重〈畿内诸州，不得乐住畿外，京兆河南府，不得乐住余州，其京城县，不得住余县，有军府州，不得住无军府州〉。”

2 前引《譯註五》，第 146 页。

3 同上。

4 滋贺氏列举戴炎辉的《唐律通论》（“国立”编译馆 1964 年版）第 283 页，以及井上光贞等校注的《律令》（日本思想大系，岩波书店 1976 年版）第 34 页眉注、第 493 页补注 24b 作为“现在的通说”的代表。参见前引《譯註五》，第 144 页。

上范围内,任何论者都不会有异议。但问题在于如下见解的分歧:立法者意中的"附籍",是初次记载于配所户籍的意思呢,还是意味着流人死亡后,家口中的某一位作为(新的)户主主动申告附籍的最初机会?这样看来,所谓的附籍的一般观念,我不得不认为是前者。根据附籍这一简单的词语,立法者所认为的不可能是像后者那样的特殊内容吧。更何况疏文中也有"流人若到配所,三年必经造籍"这句话。[1]

那么,流刑中的"强制移居在何时完成其执行,且产生了赦免已不可溯及的既成事实呢"?[2] 滋贺氏在《名例律》第25条中找到了答案:

诸流配人,在道会赦,计行程过限者,不得以赦原〈谓从上道日总计行程有违者〉。有故者,不用此律。若程内至配所者,亦从赦原。逃亡者,虽在程内,亦不在免限。即逃者身死,所随家口,仍准上法听还。

本条是关于流人在护送至配所途中遇到赦免的情况下所采取的措施的规定。其内容可以概括如下:

(1)即使流人在被护送往配所的途中遇到赦免,如果超过原本应该到达配所的日期,就不能被赦免。但如果有特殊理由,则不适用该规定。

(2)如果在规定日期内到达配所,根据恩赦而赦免其罪。

(3)对于中途逃亡的流人,即使在赦免的"程限",也就是说,即使在本来应该到达配所的日期内,也不会被赦免。但是,逃亡者死亡的,随从的家口可以基于(2)的规定准予返还。

因此,滋贺氏表示,关于流刑和恩赦的关系,"流人到达配所之前遇到赦免的话,此时刑罚(强制移居)就被免除"这一原则在本条中可以找到,如下所示:

作为流刑构成要素的强制移居,……虽然简单来说,到达配所就是执行完成,但如果直接承认这一点的话,那么就会对在途中懒惰不前进的人有益,从而产生不公平,因此,按照法定速度计算,……把预计应到达配所的日期替换成实际到达的日期,就是本条文的宗旨。[3]

---

1 前引《譯註五》,第144页。

2 同上书,第146页。

3 同上书,第148页。

但是,关于滋贺氏对这些条文的解释,我有一些不明白的地方。特别是《名例律》第 24 条注中的“于配处从户口例”这一句,滋贺氏对此的解释是“在配所,本人及家人被登记在当地的户籍就变成当地居民”。

户籍的制作是三年只进行一次(参照后揭复旧《户令》第 22 乙条)。在《名例律》第 25 条的疏中可见“流人若到配处三年,必经造籍”的说法,滋贺氏发现“自家人到达配所之日起,以三年时间的经过为准——即与(到达配所时间相对造籍年的)时机无关,(在理论上)必然达到能够被登载于配所户籍的期间——最终得以确定成为当地的居民”的依据,但同时,这句话也暗示流人到达配所之后不会立即被附籍。另一方面,从《名例律》第 25 条的规定可以看出,流人即使从到达配所开始到被附籍为止的期间遇到恩赦,也不允许其返还家乡。这样的话,要说明“流人永久不能回到原来的家乡,是基于户籍已经被迁移的事实而予以一般约束之故”,这不太牵强了吗?

(二) 对冨谷至说的探讨

冨谷至氏在近著《汉唐法制史研究》中特辟一章,详论流刑成立的历史进程和刑罚的意义。其论点涉及多个方面,这里针对“关于流刑的执行”一项中所讨论的问题,[1] 予以检讨。

冨谷氏对在前节所论有关流刑执行终了的滋贺氏的看法,提出以下疑问:

> 流刑是将犯罪的人强制迁移到某个规定的地点的一种刑罚,其执行以流人到达配所而完成。滋贺秀三氏如上解说,过氏也同意此说法。……认为流刑执行完成以到达配所为标志的观点,暗含着一旦被送到配所就不能因赦令而被赦免的法理,《名例律》第 25 条规定,如果是在前往配所的途中,可以适用赦免。现在,如果赦免是中断刑罚执行的一种方式,那么中断的对象是在发配的途中而不及于到达后,既然赦免不及于执行后的刑罚,那么流刑执行的完成是以到达配所为基础的,这可能就是理解流刑的执行以到达配所即为完成的原因吧。但不觉得这种逻辑很奇怪吗?[2]

对于通说,冨谷氏的问题提出的理论可整理如下:[3]

(1)所谓的“到达配所即刑罚执行完毕”,意指流刑的“实际处罚终结”。

---

1 参见冨谷至:《漢唐法制史研究》,创文社 2016 年版,第 284—287 页。

2 同上书,第 284—285 页。

3 同上书,第 285—287 页。

(2)如果是这样的话,“流刑的目的是为了迁移,换言之,迁移到配所不是流刑的手段,而是流刑的目的”。因此,“迁移如果完成刑罚就执行完毕,迁移之后的强制居住不是惩罚”。滋贺氏指出唐制的特征(人民一般有义务居住在所登记户籍的土地上,原则上禁止移居和流浪)和在配所存在课役义务(和普通百姓一样),也证实了这一点。

(3)但是,“如果以强制迁移到配所来完成刑罚的执行的话,其效果就是迁移到那个目的地,这到底会给受刑者带来多大的伤害呢”?

(4)此外,流刑还“并科一年的强迫劳动刑。律、疏议中所见的服役或者居役的刑罚都不是正刑,只能说是流刑的附加刑。现在,如果流刑是以到达配所而刑罚执行完毕的话,那么附加于此的正刑不存在,从而必须将居役本身视为正刑,从而陷入自相矛盾”。

(5)据上所述,“流刑是指到达配所即刑罚执行完毕”的看法是说不通的。

故而冨谷氏对流刑的看法如下所示:

> 我认为流刑就是让受刑人从首都流放出来并强制其居住在某地。户籍登记是禁止迁徙的具体措施;而流刑是迁移至他处,保持一定的距离并要求受刑人定居于该地的措施。而且,若是在远方的话,我想会发生伴随某种强制性的障碍。
>
> 如果那样思考的话,与其说迁移是刑罚执行的准备阶段,不如说到达配所才是刑罚执行的开始。[1]

下面将对冨谷氏的学说进行探讨。

首先,是针对关于流刑的刑罚执行的通说,冨谷氏对于“流人到达配所即执行完毕”这一点的理解。滋贺氏认为,唐律的流刑可理解为“强制迁移到很远的隔离地,与在迁移地亦即配所执行徒一年(加役流则徒三年)的服役相组合的刑罚”,即使前引《名例律》第25条“解说”中,也将问题限定在“流刑的构成要素的强制迁移”中讨论执行完毕的时点。然而,笔者无法做出滋贺氏这样周详的讨论,只会简单地理解为“流刑的执行是以到达配所即告完成”。[2] 承蒙冨谷氏的批评后,笔者想在这里修正错误,并声明笔者将遵循滋贺氏的宗旨。

冨谷氏的批评是关于笔者对流刑的理解,但对滋贺说又是怎样的呢?

如果根据滋贺氏的理解,流刑是指“强制迁移到很远的隔离地,并与在移居地也

---

1 参见冨谷至:《漢唐法制史研究》,第286—287页。

2 参见拙著:《唐宋時代刑罰制度の研究》,京都大学学术出版会2010年版,第三章“流刑の理念と現實”,第三节以及第四节。

就是配所执行徒一年(加役流则为徒三年)的服役相组合的刑罚”,“强制移居”只是流刑的一个组成部分,其执行完毕并不直接意味着“流刑”全部执行完毕。到达配所之后的居作惩罚也是流刑的组成部分,完全可以认为是“正刑”,没必要认为是“附加刑”。

此外,根据冨谷氏的理论,流刑是指“从首都流放出来并强制其居住在某地”的刑罚,是“迁移到其他地方,并保持一定的距离,将受刑者固着在该地的措施”,“与其说迁移是刑罚执行的准备阶段,不如说到达配所才是刑罚执行的开始”。冨谷氏这种理解的背景,是考虑到汉代的“徙边刑”是“终身刑”。据冨谷氏的意见,汉文帝废止肉刑之后,通过赦免而减死一等时,采用宫刑作为替代刑,但到了东汉,宫刑不再适用于替代刑(主因是自宫宦官的增加),而被西汉后半期开始出现的徙边刑所取代。徙边刑不同于汉代正刑之一的髡钳城旦刑(五岁刑),而是“作为死刑的替代刑,是为死刑减一等而特别设置的刑罚”,“不是律中规定的刑罚”,是“目前为止正刑体系中所没有”的刑罚,以“被强制移居到边境,在那里终身服役”为内容的新刑种,是“终身刑,被登记在徙边场所的户籍上,不允许迁移,如果不是根据皇帝的诏书,就不能回归本郡”。[1]

笔者以前在讨论流刑的渊源时,也提及汉代的“迁徙刑”。[2] 因此笔者研究了很多包括“迁徙刑”(强制迁移到边境)的事例。除了受到大庭脩氏先前研究的影响之外,[3]笔者试图在汉律中的正刑即髡钳城旦刑的框架内掌握这种刑罚。另外,笔者还试图强调迁徙刑与后世的流刑没有直接的关系。

现在,承接冨谷氏提出的问题,笔者想重新考虑一下汉代的“迁徙刑”。冨谷氏认为,作为减死一等之刑的迁徙有两种:“作为正刑的强制劳役刑=向髡钳城旦的劳役场所的迁移,以及作为死刑替代刑而新设立的迁徙刑,史料中都用‘徙’表示,但两者混用”。[4] 前者(髡钳城旦)是五年的劳役刑,罪人的迁移是向劳动场所的迁移,所以迁移的目的地不必是边境。相对于此,后者(新设立的迁徙刑,即“徙边刑”)的话,是“劳役(所谓的戍边军役)中必然附随的迁移”,[5]因为罪人在边境服“无期(不定期)劳役刑”。[6] 并且以东汉前期为界,它取代宫刑成为替代死刑之刑。最后,这一徙边刑直至北魏才作为“正刑”被规定在律文中,并且以“流刑”为名称被记载于律、令

1 冨谷至:《漢唐法制史研究》,第293—299页。
2 参见拙著:《唐宋時代刑罰制度の研究》,京都大学学术出版会2010年版,第14—21页。
3 大庭脩:《漢の徙遷刑》,收入氏著《秦漢法制史の研究》,创文社1982年版。
4 冨谷至:《漢唐法制史研究》,第298页。
5 同上书,第304页。
6 同上书,第303页。冨谷氏也将其描述为“无期徒刑”,或者“终身刑”,同上,第307、299页。

中,这才有了唐律中的流刑。

冨谷的观点中值得注意的是指出了汉代的“迁徙”中,五岁刑即髡钳城旦刑与无期军役刑(终身刑)的徙边刑这两种混在一起。冨谷氏着眼于对徙边者允许归还本郡的诏敕,由此可见存在长时间(五年以上)在边境从事军务和服军役的人。而且,徙边刑是终身刑,被登记于徙边场所的户籍者不允许迁移,没有皇帝的诏令的话则不允许归还本郡,在配所须负担边境防卫、军役。[1] 另外,迁徙刑缺乏从京师流放、被永久驱逐的想法,而是具有迁移到边境从事军役的目的,这从侧面强调了其是具有功利主义的目的刑。[2]

此外,冨谷氏还讨论了终身刑即迁徙刑直到北魏才成为法定正刑的过程。首先,根据文成帝和平末年(约公元456年)时源贺的上书,作为减死一等之刑的迁徙刑开始实施。其次,在孝文帝太和十六年(公元492年)的律中,流刑成为正刑之一。笔者也曾指出流刑的内涵是终身戍边,但将其定位为“徙边刑的常规化”,则是冨谷说的妙处。

冨谷氏对流刑执行完毕的通说性理解提出的质疑,源于其将流刑理解为“徙边刑的常规化”的想法,这是不言而喻的。只是,从北魏的流刑到隋唐的流刑,必须考察得更远,而冨谷氏对此的研究则略嫌单薄。北周的流刑,一方面与配流的距离相对应设置了五个等级,另一方面,在配所没有相应的劳役。然而,隋朝《开皇律》中的流刑,除了根据配流的距离分为三个等级外,在配所也科以有期限的居作,这一点也被唐律所继承。总之,唐律的流刑是只需把罪人强制迁移到规定的距离处,在配所只需服规定年限的劳役的一种刑罚。不得不说,这与将罪人迁移到边境终身从事军役的北魏流刑有很大的差异。当然,冨谷氏也注意到了这一点。

> 北魏时,这(引用者注:即流刑)已成为常刑,并被称为流而记载在律、令中。但是,在那个阶段还不具备唐朝强制迁移的流刑的性质,另外,配流也并不是将从京师开始的距离分成几个等级,仍残留着终身军役刑的性质。到北周时,配流的距离根据差别而分为五个等级的流刑,作为笞杖徒流死五刑之一而被制度化,沿用至后来的隋唐。[3]

话虽如此,唐律的流刑是强制迁移与居作的两个阶段所组成的刑罚这一点,似乎并没有被重视。

---

1 冨谷至:《漢唐法制史研究》,第299页。

2 同上书,第301页。

3 同上书,第312页。

再次，冨谷氏认为流刑是"从首都放逐出去并强制居住"的刑罚，是"迁移到其他地方，保持一定距离，并将受刑者固着在此处的措施"，主张"与其说迁移是刑罚执行的准备阶段，不如说到达配所才是刑罚执行的开始"。但是，唐律的流刑如果是强制迁移刑与配所服有期劳役刑相结合的刑罚的话，不就没有把迁移看成是"刑罚执行的准备阶段"吗？

以上是围绕流刑的刑罚执行完毕，对滋贺氏和冨谷氏的说法进行的探讨。其中，基于冨谷氏的说法，我愿意接受其对拙论的批评，但其对滋贺氏的评判恐有不当。关于滋贺氏对《名例律》第24条注"于配处从户口例"的理解，笔者想在下面进一步讨论。

二、"从户口例"的意思——用例探讨

《名例律》第24条注中所说的"于配处从户口例"，具体是什么意思呢？我想从其他史料中的用例中予以说明。

(一)"从户口例"的用例

在唐宋时期的法典资料中，除上述的唐《名例律》第24条之外，"从户口例"的用例，在管见范围内只能找出下面一个例子。

> 诸缘坐编管、羁管人，永不放还者，编管羁管处及陆年，给公凭，从户口例附籍。〈原注省略〉愿于他州附籍者，许牒送。仍责厢耆邻人常知所在，官司不得追扰呈集。
>
> （《庆元条法事类》卷七十五《刑狱门·编配流役·户令》）

这是针对特殊的编管、羁管人的规定，即使过了六年仍不允许归还故乡（通常的编管是指六年有期徒刑）。[1] 换句话说，这一条文应根据被规定于《户令》中的"户口例"来确定这类特殊的编管、羁管人的附籍。特意标记"从户口例附籍"，这表明"从户口例"并不意味着立即"附籍"。那么"户口例"具体指什么呢？接下来，笔者想通过探讨唐律中的用例来探寻其中的线索。

---

1 拙著:《唐宋時代刑罰制度の研究》，京都大学学术出版会2010年版，第299—303页。

(二) 唐律中的用例研究

关于唐律条文,查找"从……例"的用例,可找到以下两个例子。

(1)《名例律》第10条

诸七品以上之官员及官爵得请者之祖父母、父母、兄弟、姊妹、妻、子孙,犯流罪已下,各从减一等之例。

这里所说的"减一等之例",是指《名例律》第9条中下划线部分的规定:

诸皇太子妃大功以上亲,应议者期以上亲及孙,若官爵五品以上,犯死罪者,上请〈原注省略〉,流罪以下,减一等。

(2)《名例律》第22条

诸以官当徒者,罪轻不尽其官,留官收赎,官少不尽其罪,余罪收赎。其犯除免者,罪虽轻,从例除免,罪若重,仍依当赎法。其除爵者,虽有余罪,不赎。

这种情况之中的"例"是指《名例律》第18、19、20、21条中的规定。

【《名例律》第18条】

诸犯十恶、故杀人、反逆缘坐〈本应缘坐,老、疾免者,亦同〉,狱成者,虽会赦,犹除名。〈狱成,谓赃状露验及尚书省断讫未奏者。〉即监临主守,于所监守内犯奸、盗、略人,若受财而枉法者,亦除名〈奸,谓犯良人。盗及枉法,谓赃一匹者),狱成会赦者,免所居官。〈会降者,同免官法。〉其杂犯死罪,即在禁身死,若免死别配,及背死逃亡者,并除名。

【《名例律》第19条】

诸犯奸、盗、略人及受财而不枉法〈并谓断徒以上〉,若犯流徒狱成逃走,祖父母、父母犯死罪被囚禁,而作乐及婚娶者,免官〈谓二官并免。爵及降所不至者,听留〉。

【《名例律》第 20 条】

诸府号、官称犯父祖名，而冒荣居之；祖父母、父母老疾无侍，委亲之官；在父母丧，生子及娶妾；兄弟别籍异财，冒哀就仕，若奸监临内杂户、官户、部曲妻及婢者，免所居官〈谓免所居之一官。若兼带勋官者，免其职事。即因冒荣迁任者，并追所冒告身〉。

【《名例律》第 21 条】

诸除名者，官爵悉除，课役从本色。六载之后听叙，依出身法。若本犯不至免官而特除名者，叙法同免官例〈妇人因夫、子得邑号，犯除名者，年满之后，夫、子见在有官爵者，听依式叙〉。免官者，三载之后，降先品二等叙。免所居官及官当者，期年之后，降先品一等叙。

从这些研究中可以了解的是，唐律中“从……例”中的“例”是指一些具体的法律规定。

（三）律疏中“户口”的用例和含意

其次，笔者想对律疏中见到的“户口”的用例及其含义加以探讨（律文中没有“户口”的措辞）。另外，“律疏”的版本原则上根据《重详定刑统》（即《宋刑统》，下文简称《刑统》）。[1] 那么，关于律疏中“户口”的用例如下所示：

《名例律》第 36 条，《户婚律》第 2 条、4 条：“脱漏户口。”

《卫禁律》第 33 条，《职制律》第 33 条：“以故陷败户口、军人、城戍。”

《捕亡律》第 11 条：“故从户口亡。”

在这些用例中“户口”都是“户”（一家）和“口”（户的组成人员）的意思。《户婚律》第 1 条中：

诸脱户者，家长徒三年，无课役者，减二等，女户，又减三等〈谓一户俱不附贯。若不由家长，罪其所由。即见在役任者，虽脱户，及计口多者，各从漏口

1　据天一阁旧藏明钞本（日本国立国会图书馆藏缩微胶卷），但《刑统》缺失的部分只能依据《故唐律疏议》。

法〉。脱口及增减年状〈谓疾、老、中、小之类〉,以免课役者,一口徒一年,二口加一等,罪止徒三年。其增减非免课役,及漏无课役口者,四口为一口,罪止徒一年半。即不满四口,杖六十〈部曲、奴婢亦同〉。

以及其疏:

率土黔庶,皆有籍书。若一户之内,书〈当做"尽"〉脱漏不附籍者,所由家长合徒三年。身及户内并无课役者,减二等,徒二年。若户内并无男夫,直以女人为户而脱者,又减三等,合杖一百。

(《刑统》卷十二《户婚律·脱漏增减户口》)

由此可以看出,国家严格管控户口,主要是为了征收"课役",即租、调、役(庸)。以此为基础的话,"从户口例"应该是指"按照国家管控(一般的)人民的相同规定处理"。

(四)"于配处从户口例"的解释

那么,《名例律》第24条注中的"役满及会赦免役者,即于配处从户口例",如何解释才妥当呢?《名例律》第24条注的疏记载:

役满一年及三年,或未满会赦,即于配所从户口例,课役同百姓。应选者,须满六年。故令云"流人至配所,六载以后听仕。反逆缘坐流及因反逆免死配流,不在此列。即本犯不应流而特配流者,三载以后亦听仕"。

(《刑统》卷三《名例律·犯流徒罪》)

把意为"课役与百姓(一般人民)一样"的措辞附加在"从户口例"后面。因为律的注文中有"役满及会赦免役者,即于配处从户口例",所以"即于配处从户口例"意为"居作满了以及遇到赦令而被免役的人"的解释是能够理解的。

如此一来,"户口例"具体指的是什么呢?坦率地说,应该可视为对一般人民的课役负担的规定。关于此点,稍后再谈。

三、流人的课役负担和附籍

如果"从户口例"并不是直接指"在配所,本人及家人被登记在当地的户籍后成为当地居民”的话，那么流人应该什么时候在配所附籍呢？还有，流人从何时开始承担课役呢？

（一）流人的课役负担

根据天圣《赋役令》不行唐令第15条的记载，显然在居作服役期间，徒刑囚犯被免除课役。

> 诸正、义及常平仓督，县博士，州县助教，视流外九品以上，州县市令，品子任杂掌、亲事、帐内，国子、太学、四门、律、书、算等学生，俊士，无品直司人，卫士，庶士，虞候，牧长，内给使，散使，天文、医、卜、按摩、咒禁、药园等生，诸州医博士、助教，两京坊正，县录事，里正，州县佐、史、仓史、市史，外监录事、府、史，牧尉、史，杂职，驿长，烽帅，烽副，防阁，邑士，庶仆，传送马驴主，采药师，猎师，宰手，太常寺音声人，陵户，防人在防，及将防年非本州防者，徒人在役，流人充侍〈谓在配所充侍者，三年依常式〉使[疑衍]，并免课役。其贡举人诚得第，并诸色人年劳已满，应合人流，有事故未叙者，皆准此。其流外长上三品以上及品子任杂掌并亲事、帐内，以理解者，亦依此列。应叙不赴者，即依无资法。[1]

另外，复旧《狱官令》第18条中：

> 【开三、开七、开二五】诸流徒罪居作者，皆著钳。若无钳者，著盘枷。病及有保者听脱。不得著巾带。每旬给假一日。腊、寒食各给二日。不得出所役之院。患假者陪日。役满递送本属。[2]

由此可知，对居作服刑期间的徒刑犯和流刑犯的待遇是相同的。[3] 居作服役中的流人被附加课役的事，在前引《名例律》第24条疏文的记述中也很明显，在天圣

---

1 天一阁博物馆、中国社会科学院历史研究所天圣令整理课题组：《天一阁藏明钞本天圣令校证 附唐令复原研究》，中华书局2006年版，第392页（以下简称《天圣令校证》）。[ ]号内文字是依据渡边信一郎：“北宋天聖令による唐開元二十五年賦役令の復原竝びに譯注（未定稿）”，《京都府立大學學術報告（人文・社會）》57，2005年，第106页的注释。

2 《唐令拾遺》，第774页，根据《唐令拾遺補》第821页补订。

3 《刑统》卷三《名例律》“犯流徒罪条”引唐《狱官令》中：“诸犯徒应配居作者，在京送将作监，妇人送少府监缝作。在外者，共当处官役。当处无官作者，听留当州修理城隍、仓库及公廨杂使。配流应住居作者，亦准此。妇人亦留当州□□□配舂。”亦可作为旁证。

《赋役令》不行唐令第15条中,也认为“徒人在役”之中包含了流人中的居作服役者。因此,从流人被配送到配所到开始承担课役的过程,如下所示:

①到达配所;

②服役;

③居作满了(到达后经过一年)或者依据恩赦免除居作;

④负担课役。

(二) 记帐和户籍的制作

(a)计帐

为了让人民承担课役,国家必须制作籍帐。据池田温氏所述,其顺序如下:[1]

①由户主制作手实(户口、田宅的申请书);

②由里正制作手实计帐;

③县誊写由里正提出的手实计帐(乡帐)。

根据复旧《户令》第21条的记述,可知每年的计帐制作日程表:

【武、开七】诸造计帐,每年三月三十日以前,里正责所部手实,具注家口、年纪。若全户不在乡者,即依旧籍转写,并显不在所由。收讫,依式造帐,连署,五月三十日以前,申送尚书省。[2]

(b)户籍

复旧《户令》第22条:

【开七】诸户籍三年一造。起正月上旬,县司责手实计帐,赴州依式勘造。乡别为卷,总写三通。其缝皆注某州某县某乡某年籍。州名用州印,县名用县印。三月三十日纳[当做“内”]讫。并装潢一通,送尚书省。州县各留一通。所须纸笔、装潢,并皆出当户内,口别一钱。[3]

以及复《户令》第23条:

1 参见池田温:《中國古代籍帳研究》,东京大学出版会1979年版,第61—62页。

2 《唐令拾遺》,第239页,根据《唐令拾遺補》第532页、第1023页补订。

3 《唐令拾遺》,第533页。

【开七、开二十五】诸天下户，量其资产，定为九等。每三年县司注定，州司覆之，然后注籍而申之于省。每定户以中年〈子、卯、午、酉〉。造籍以季年〈丑、辰 未、戌)。[1]

据记载，户籍每三年制作一次，里正基于每年申告一次的“手实计帐”，依据上一年所确定的户的等级，县的负责人前往各州制作，接受各州的检查。纸缝中盖上州印和县印。户籍一共制作三通，一通送往尚书省，剩下的两通分别由州和县各保管一通。

（三）流人的课役负担

根据流人在这一年中何时居作满期或者何时遇到赦令而免除居作，来考虑来年应负担课役的差别。[2] 天圣《赋役令》不行唐令第9条[3]：

诸春季附者，课役并理。夏季附者，免课从役。秋季以后附者，课役俱免。其诈冒隐避以免课役，不限附之早晚，皆理当发年课役。逃亡者附亦同。

这是规定课役的对象，以及根据一年中时间的不同而负担不同的课、役的条文，而从《名例律》第24条注中“役满及会赦免役者，即于配处从户口例”的语句，可见已涉及这一规定。另外，根据天圣《赋役令》不行唐令10条的规定，已经免除课役的侍丁，其所服侍的老、疾之人去世时，必须在十天内向政府申报手续，有关其课役的免除或负担的手续，则依据“常式”[4]：

诸户口中男以上及给侍老疾人死者，限十日内，里正与死家注死时日月，连署，经县申[当作“印”]记。应附除课役者，即依常式。

（四）流人何时在配所附籍

那么，流人什么时候在配所附籍呢？那就整理一下到目前为止的考察吧。

---

1 《唐令拾遺》，第242页。据《唐令拾遺補》第534页补订。

2 关于唐律令制下的财政系统，参见大津透：《日唐律令制の财政構造》，岩波书店2006年版，第70—74页。

3 前引《天圣令校证》，第392页。条文中的“理”字是为了避宋仁宗赵祯的名讳，将“征”改为“理”。参照戴建国：《天一阁藏明抄本〈官品令〉考》，载《历史研究》1999年第3期。训读改为“征”。

4 即天圣《赋役令》不行唐令10条。——译者注

1.户主制作的手实、里正制作的手实计帐是作为国家征收课役的基础。

2.流人在居作服役中不负担课役。里正所制作的手实计帐中不应该登记居作服役中的流人的名字。

3.居作期满后或因大赦而被免除居作之后,流人始与一般的人民一样负担课役。第二年的课役负担,根据居作何时完成而有所差异。但户主申告手实只能在年初。

4.户籍根据里正的手实计帐由县每三年制作一次。

综合考虑这四点的话,流人被登记在配所的户籍中,是由居作期满之后或者大赦而免除后开始的三年以内。

结　语

从以上考察中得出的结论,部分否定此前讨论过的滋贺氏的主张。即:

(1)居作期满或者因恩赦而免除居作时,流人及其家属并没有登记在配所的户籍上。因此,即使流人被恩赦也不允许返乡,并不是如滋贺说的那样"全部基于户籍迁移的事实"。

(2)对在配所服役中流人恩赦的效力只涉及居作,是因为作为流刑的构成要素之一的强制迁移到配所,是以"流人到达配所(实际是应到达配所的期间)"为执行完成。这一点的确如滋贺氏的解说所示。但问题是,如何看待强制迁移到配所与居作的关系。居作服役中的流人即使遇到大赦,也不允许返回乡里。这就表明,流人继续留在配所并不表示是"对罪行的责罚"。但是,流人尚未附籍。那么,为什么不能允许回到乡里呢?或许是因为已经完成到配所的强制迁移。恩赦的效力不及于已经全部执行完毕的刑罚。流刑是向配所强制迁移和在配所居作这两个要素构成的刑罚,构成流刑的要素各自完成时,恩赦的效力则不及于此。在唐律的法定刑中,因为只有流刑是由多个要素构成的刑罚,因此,其与恩赦的关系变得有点复杂。

另外,关于流人的管理,与配所官吏的监视有别,查看刑部管理的帐簿资料,有一个相关的例子:

> 往时读书,自以不至抵滞,今皆顽然无复省录。每读古人一传,数纸以后,则再三伸卷,复观姓氏,旋又废失。假令万一除刑部囚籍,复为士列,亦不堪当世用矣。
>
> (《柳宗元集》卷三十《书·寄许京兆孟容书》)

这是柳宗元与王叔文等人连坐，被贬为永州司马的元和四年（公元 809 年）时，写给许孟容的书信中的一节。值得注意的是，“刑部囚籍（囚犯名册）”这一表达，暗示刑部是根据“囚籍”对流囚进行管理。所谓“除刑部囚籍”，是指柳宗元作为“左降官”在永州，将自己的境遇比喻为流囚，[1] 而从那里解放出来，即所谓“复为士列”，是指重返官场——官员如果被处以流刑的实刑，将受到除名的处分，但是六年之后允许再叙任。[2] 考虑到刑部决定流人的具体配所，[3] 刑部根据“囚籍”来管理流人，这是自然的程序吧。据上述资料可以推测，被配流的官员直到再叙任为止都是根据“刑部囚籍”进行管理，但笔者认为，这与对百姓的管理是一样的。

---

1 柳宗元在任永州司马时期所写的诗中，随处可见用囚人来比喻贬官的句子。参照下定雅弘编译：《柳宗元詩選》，岩波文库 2011 年版，第 41—42 页。

2 天圣《狱官令》不行唐令 6 条：“诸流移人〈移人，谓本犯除名者〉至配所，六载以后听仕〈其犯反逆缘坐流，及因反逆免死配流，不在此例〉。即本犯不应流而特配流者，三载以后听仕。有资荫者，各依本犯收叙法。其解见任及非除名移乡者，年限、叙法准考解列。”

3 参见拙著：《唐宋時代刑罰制度の研究》，第 62—64 页。

举重明轻、举轻明重与比附*(上)

[日] 川村康** 著 周东平 徐 敬*** 译

前 言

虽然“举重明轻、举轻明重与比附”都被认为是中国唐朝补充法欠缺的解释技巧,但相对于“举重明轻、举轻明重”有明确的法律条文,[1]“比附”仅能确认停留在律

* 本文原题为《举重明軽·举軽明重と比附》,载《法と政治》第70卷第1号,2019年,第1—90页。原文较长,译者将其分为上、下两部分。本辑刊登本文的上半部分;下半部分,拟在下一辑刊登。

** 川村康,日本关西学院大学法学部教授。

*** 周东平,厦门大学法学院教授;徐敬,厦门大学法学院2018级法律硕士研究生。

[凡例]

引文中的[ ]内以及( )内表示原注,〈 〉内表示笔者的补注。唐律的律条及律疏以《譯註日本律令二》《譯註日本律令三》(均为东京堂1975年版)为底本。

1 用“轻重相举”和“轻重相明”作为举重明轻、举轻明重的简称。(例如周东平:《“举重以明輕、举輕以明重”之法理補論——兼論隋律立法技術的重要性》,《東方学報》京都第87册,2012年,第392页。)“轻重相举”见于《贼盗律》第16条问答“律条简要,止为凡人生文。其有尊卑、贵贱,例从轻重相举。若犯尊长及贵者,各依谋杀已杀法;如其施于卑贱,亦准谋杀已杀论。如其药而不死者,并同谋杀已伤之法。”中村茂夫认为:“所谓‘例从轻重相举’,是指《贼盗律》第5-8条中未载的存在身份关系的毒药药人,与《斗讼律》各处的规定相比后,依据《名例律》第50条的举重以明轻、举轻以明重的操作而得出刑罚之意。”参见律令研究会编:《譯註日本律令七 唐律疏議譯註篇三》,东京堂1987年版,第129页,注4。但这意味着与加害者、被害者之间身份关系的轻重情形相对应而适用《贼盗律》第5-8条所设定的谋杀的加重规定。“轻重相明”意味着《名例律》第6条“不睦”疏(【事例12】)以及《杂律》第62条疏(第一节所揭)中所见的,正是举重明轻、举轻明重。但是《斗讼律》第21条问答(【事例30】)中所见的,则意味着根据加害者、被害者之间的身份关系的轻重适用设定的减轻规定。从而,不能说律疏中不论是“轻重相举”还是“轻重相明”都只作为举重明轻、举轻明重的简称在使用,所以除引文外,本文不这样使用。

疏之中。虽然前人已孜孜不倦地展开两者的特质和相互关系的研究,[1]但在律疏中的实例分析方面仍留有研究的余地。笔者虽然初步分析了律疏中的实例,[2]但并未涉及相互关系方面的考察。本文重新检讨律疏中的“举重明轻、举轻明重”事例和“比附”事例,期望通过释明两者的相互关系后再进行定义。

一、举重明轻、举轻明重与比附的关系

《明律·名例律·断罪无正条》规定,应处断某行为时,如果没有可适用该行为的成文法条,可以根据既有的律条比附处断。即

> 凡律令该载不尽事理,若断罪而无正条者,引律比附。应加应减,定拟罪名,转达刑部,议定奏闻。若辄断决,致罪有出入者,以故失论。

与此条相当的唐律条文为《名例律》第五十条的规定:

> 诸断罪而无正条,其应出罪者,则举重以明轻;其应入罪者,则举轻以明重。

---

1 将比附作为主题的研究有中村茂夫:《中国旧律における比附の機能》,《法政理論》第1卷第1号,1968年(后以《比附の機能》为题,收入氏著:《清代刑法研究》,东京大学出版会1973年版,本文据此);陶安:《“比附”与“类推”——超越沈家本的时代约束》,“沈家本与中国法律文化国际学术研讨会”组委会编:《沈家本与中国法律文化国际学术研讨会论文集(下册)》,中国法制出版社2005年版;滋贺秀三:《比附和類推》,《东洋法制史研究会通信》第15号,2006年;陈新宇:《帝制中国的法源与适用——以比附问题为中心的展开》,上海人民出版社2015年版等。主要见解的总结见中村茂夫:《清代刑法研究》,东京大学出版会1973年版,第152页,注1;周东平:《“举重以明輕、举輕以明重”之法理補論——兼論隋律立法技術的重要性》,第385—383页;陈新宇:《帝制中国的法源与适用——以比附问题为中心的展开》,第4—10页。以举重明轻、举轻明重为主题的研究有黄源盛:《唐律轻重相举条的法理及其运用》,载林文雄教授祝寿论文集编辑委员会编:《当代基础法学理论——林文雄教授祝寿论文集》,学林文化事业有限公司2001年版(后收入氏著:《汉唐法制与儒家传统》,元照出版有限公司2009年版,本文据此);周东平:《“举重以明輕、举輕以明重”之法理補論——兼論隋律立法技術的重要性》等。主要见解的总结见黄源盛:《唐律轻重相举条的法理及其运用》,第320—326页;周东平:《“举重以明輕、举輕以明重”之法理補論——兼論隋律立法技術的重要性》,第388—389页,注11。

2 参见川村康:《律疏比附劄記——断獄律第20条の比附は特殊か》,中村正人研究代表:《唐代を中心とする中国裁判制度の基礎的研究》,2010年度~2013年度科学研究费补助金(基础研究(C)一般)研究成果报告书,2014年;川村康:《律疏举重明輕·举輕明重劄記》,《法史学研究会会報》第21号,2018年版。

规定应处断某行为时,如果没有可适用该行为的成文法条,可以依照举重明轻、举轻明重予以处断,没有规定比附处断。"两者恰好是唐律与明清律之间调换的关系,前者〈举重明轻,举轻明重〉在明清律中没有出现,后者〈比附〉在唐律中没有出现。"[1]

关于举重明轻、举轻明重与比附的关系的认识,目前有三大学说:一是认为两者是一样的;二是认为两者大致的区别在于比附包摄举重明轻、举轻明重;三是认为两者有明确的区别。

认为两者是一样的学说中,小野清一郎主张《名例律》第五十条是明文"允许所谓的比附援引";仁井田陞主张同样的《名例律》第五十条是作为"类推解释的基本规定",刘俊文主张"轻重相举之法,就性质而论,应属比附断罪"。[2]

认为两者大致的区别在于比附包摄举重明轻、举轻明重的学说中,戴炎辉主张:"举重明轻及举轻明重(轻重相举),系论理解释,非类推解释。按所谓比附者,屡见于疏议,其间亦有几乎是类推解释,即其所比附两事之相类似性,比'轻重相举'者较远。或可谓为:广义之比附,包括狭义之'比附'及'轻重相举'。不过,律既许'比附',即'轻重相举'及'论理解释',自不必与'比附'强分。"[3]

认为两者有明确的区别的学说中,蔡墩铭将举重明轻、举轻明重视为论理解释,主张:"此种论理解释,绝非无理之扩张,即使将其明定于法律之内,亦不能谓为法律允许无理之比附援引。"滋贺秀三认为:"说到举重明轻、举轻明重,其既有定性的操作,又有应用范围的限定。相对于此,比附是定量的操作,应用范围颇为广泛。"黄源盛认为律疏上的事例"在逻辑上均属当然之事,与'比附援引'显不相同"。周东平主

1 律令研究会编:《譯註日本律令五 唐律疏議譯註篇一》,东京堂 1979 年版,第 304 页。

2 参见小野清一郎:《唐律における刑法總則的規定》,《国家学会雜誌》第 52 卷第 4 期,1938 年(后收入氏著:《刑罰の本質について・その他》,有斐阁 1955 年版,第 327 页,本文据此);仁井田陞:《宋代以後における刑法上の基本問題——法の類推解釈と遡及処罰》,收入仁井田陞:《中国法制史研究 刑法》,东京大学出版会 1980 年版,第 266 页;刘俊文:《唐律疏议笺解》上册,中华书局 1996 年版,第 488 页。

3 戴炎辉:《唐律通论》,"国立"编译馆、正中书局 1964 年版,第 12 页。俞荣根指出在唐律中容许比附和类推,认为"比附、类推为罪刑非法定的明确证据。唐律中无疑存在非法定主义的一面",同时认为《名例律》第 50 条疏的举例"这种类推是并没有超越唐律条文的含义,……'轻重相举'为行为者和其他有行为能力者能预测事项。以此为原因进行扩张解释更加适当,扩张解释并没有违背罪刑法定主义"。持同样的观点。参见俞荣根:《罪刑法定与非法定的和合——中华法系的一个特点》,载倪正茂主编:《批判与重建——中国法律史研究反拨》,法律出版社 2002 年版,第 139—140 页。

张“轻重相举属于论理解释自当无疑”，是与类推的比附相区别。[1]

为了判断这些认识恰当与否，首先，有必要试着从唐律现行法中存在的唐宋时期的立法史料去验证。唐律中没有记载举重明轻、举轻明重与比附的关系的条文，《名例律》第五十条中也没有关于表示比附的“比”“类”等字句的记载。另一方面，在律疏的《杂律》第六十二条疏中，一并记载了举重明轻、举轻明重和比附。

杂犯轻罪，触类弘多，金科玉条，包罗难尽。其有在律在令无有正条，若不轻重相明，无文可以比附。临时处断，量情为罪，庶补遗阙，故立此条。

在律令对于恶行没有直接处罚的正文规定时，在既没有举重明轻、举轻明重根据的条款也没有比附根据的条款的情况下，应适用《杂律》第六十二条规定：“诸不应得为而为之者，笞四十；[谓律令无条，理不可为者。]事理重者，杖八十。”由此可知，在律疏成立时，已经意识到举重明轻、举轻明重与比附的区别。[2]

《开成格》(开成四年，公元839年。《宋刑统》卷三十《断狱律》“断罪引律令格式[应言上待报]”，《断狱律》第十八条附载)是唐代以降首次明确表示比附作为断罪的技法而被使用的法律。

大理寺断狱及刑部详覆，其有疑似比附不能决者，即须于程限内并具事理，牒送都省。大理寺本断习官，刑部本覆郎官，各将法直，就都省十日内辩定断结。其有引证分明，堪为典则者，便录奏闻，编为常式。

后唐长兴二年(公元931年)八月十一日敕节文(《宋刑统》卷三十《断狱律》“断罪引律格式[应言上待报]”，《断狱律》第十八条附载)，也是对在律、格、格后敕中无既存正文的行为，明记比附作为拟定罪名的技法。

---

1 参见蔡墩铭:《唐律与近世刑事立法之比较研究》，中国学术著作奖助委员会1968年版，第21页；律令研究会编:《譯註日本律令五 唐律疏議譯註篇一》，第304页；黄源盛:《唐律轻重相举条的法理及其运用》，第329页；周东平:《“举重以明輕、举輕以明重”之法理補論——兼論隋律立法技術的重要性》，第380页。

2 但是，关于《杂律》第62条疏，周东平认为“明言轻重相明即为比附”，陈新宇认为“比附是与古典法制的特殊条项‘不应为’结缘。……在无正条的轻罪情况下，‘不应得为’律以轻重两种标准，成为比附的依据。此处可见，比附的对象既可以是重罪，亦可以如‘不应为’般的杂犯轻罪”。参见周东平:《“举重以明輕、举輕以明重”之法理補論——兼論隋律立法技術的重要性》，第386页；陈新宇:《帝制中国的法源与适用——以比附问题为中心的展开》，第35页。

今后凡有刑狱,宜据所犯罪名,须具引律、令、格、式,逐色有无正文,然后检详后敕,须是名目条件同,即以后敕定罪。后敕内无正条,即以格文定罪。格外又无正条,即以律文定罪。律、格及后敕内并无正条,即比附定刑,亦先自后敕为比。事实无疑,方得定罪。虑恐不中,录奏取裁。

这些法律条文中没有记载举重明轻、举轻明重,也可以理解为对于欠缺处罚依据的法条的处置方法仅仅是比附。但若将《名例律》第五十条作为当然存在,也可以理解为举重明轻、举轻明重与"比附"是一并使用的。

在北宋,至熙宁编敕(熙宁六年,公元1073年)为止,制定明确记载比附的敕条,可从朋九万《东坡乌台诗案》御史台根勘结按状中得以确认。[1]

准敕,比附定刑,虑恐不中者,奏裁。

进而在南宋的庆元断狱敕(庆元四年,公元1198年。《庆元条法事类》卷七三《刑狱门三・检断》)确认了比附的明确记载。[2]

诸断罪无正条者,比附定刑。虑不中者奏裁。

毫无疑问,这些宋代的敕条起源于后唐长兴二年敕,照引该文句。庆元名例敕(《庆元条法事类》卷七三《刑狱门三・检断》)是有关敕条与律条关系的规定。

诸敕令无例者,从律。[谓如见血为伤,强者加贰等,加者不加入死之类。]律无例,及例不同者,从敕令。

对于敕条没有规定的事项则适用律条的规定,而律条没有规定的事项则适用敕条,律条的规定与敕条的规定相抵触时则适用敕条的规定,确定了敕条对律条的优先适用。这样,断罪无正条时规定以比附定刑的《断狱敕》,也可以理解为优于规定举

1　参见川村康:《〈東坡烏台詩案〉中の律、敕、刑統遺文》,《東洋法制史研究会通信》第9号,1995年,第8—9页。

2　参见仁井田陞:《宋代以後における刑法上の基本問題——法の類推解釈と遡及処罰》,收入仁井田陞:《中国法制史研究 刑法》,东京大学出版会1980年版,第269、283页,注25。《庆元条法事类》卷73《刑狱门三・检断》将本条作为《断狱令》五个条目中的一个条目,仁井田陞也将本条作为《断狱令》,但包含本条的五个条目是《断狱敕》。参见戴建国点校:《庆元条法事类》,载杨一凡、田涛主编:《中国珍稀法律典籍续编 第1册》,黑龙江人民出版社2002年版,第762页,校勘记(一)。

重明轻、举轻明重来定刑的《名例律》第五十条。若此，与确定格后敕对格条、格条对律条优先适用的后唐长兴二年敕相互结合，至迟在熙宁编敕颁行时为止，《名例律》第五十条失去效力，举重明轻、举轻明重也结束其功用。但是绍兴六年（公元1136年）八月十八日，刑部员外郎周三畏之言（《宋会要辑稿》一六四册《刑法一之三七》），作为裁断法律上没有规定的行为的一个步骤，同时记载了律条的举重明轻、举轻明重的规定与敕条的比附规定。

> 刑部员外郎周三畏言：国家昨以承平日久，因事增创，遂有一司、一路、一州、一县、海行敕令格式，与律法、《刑统》兼行，已是详尽。又或法所不载，则律有举明议罪之文，而敕有比附定刑之制，可谓纤悉备具。乞自今除朝廷因事修立一时指挥外，自余一切，悉遵见行成宪。从之。[1]

在这些史料中，关于举重明轻、举轻明重与比附的关系，不能做出明确的判断。有必要改由通过律疏中的举重明轻、举轻明重的事例与比附的事例的比较研究，来把握两者的关系。

二、举重明轻、举轻明重的理解

举重明轻、举轻明重属于什么样的解释技法的类别的主张，根据周东平的说法，

---

1 周东平揭示“宋人也将轻重相举略等同于比附”的两段史料（参见周东平：《“举重以明輕、举輕以明重”之法理補論——兼論隋律立法技術的重要性》，第386页）：

第一为傅霖《刑统赋解》下卷《五韵 条不必正也，举类而可明》：“解曰，按《名例》云，若断罪而无正条，其应出罪者，则举重以明轻。假有父亡母却适人，身死合葬后家。其前子盗母尸灵，事发到官，例无正条，可比附《贼盗律》诸盗佛像天尊，崇敬者，徒三年。佛像天尊，然同僧道父母，见于别个寺观，不合盗而崇奉。然是亲母，既已改嫁与人，与前夫义绝，不合盗于伊坟埋葬，与盗佛像天尊，情由颇同。合比附量情，减之科罪。其应入罪者，则举轻以明重。假有奴婢放火烧主，罪无正条，可比附《斗讼律》若奴婢詈主者，绞。其有放火烧主者，重于詈也，亦合处死。”又歌曰：“十二章内，千条罪例，如斯详细，未能尽理。若无正条，搜穷律义，举类相明，比附定罪。”确实是把举重明轻、举轻明重与比附等同。但《刑统赋解》“非宋律而是引金律”，已由仁井田陞、牧野巽两人论证过。参见仁井田陞、牧野巽：《故唐律疏議製作年代考（下）》，《東方学報》东京第2册，1931年（后收入律令研究会编：《譯註日本律令一首卷》，东京堂1978年版，第468—494页，本文据此）。

第二为南宋吕祖谦《增修东莱书说》卷三十四《周书・吕刑》，在关于《尚书・周书・吕刑》“上下比罪”时注解说：“刑者律也，比者例也。罪无正律，举轻以明重，举重以明轻，所谓上下比罪也。”但从文中的“比”字之后文“三千之刑可谓众矣，犹不能尽天下之罪，不免于上下以求其比。以是知天下之情无穷，而法不可独任也”来看，有解释为“前例”的可能。根据这些史料，不能立即断定宋人将举重明轻、举轻明重与比附看成是一样的。

有类推、法官造法、当然解释、扩张解释四种学说。[1] 其要点在于怎样解释举重明轻、举轻明重是否为类推或者非类推。

类推说以仁井田陞主张将《名例律》第五十条作为“类推解释的基本规定”为起点。刘俊文认为:“轻重相举之法,就性质而论,属于比附断罪。比附断罪,即当罪人所犯律无正条时,得比类似之律条或附以往之判例而决之。”俞荣根针对《名例律》第五十条疏的举例,主张“这样的类推,并未超出唐律条文含义”。这些主张也属此类。[2]

非类推说以戴炎辉的“举重明轻及举轻明重(轻重相举),系论理解释,非类推解释”的观点为起点。关于举重明轻、举轻明重,蔡墩铭主张的“此种论理解释,绝非无理之扩张,即使将其明定于法律之内,亦不能谓为法律允许无理之比附援引”,亦属于此。滋贺秀三认为:“严格来说其确实属于法的扩张解释,但如果连根据什么视为‘属于同一类型’的犯罪行为的判断都不偏离常轨的话,就有毫无裁量余地地推导出最当然结论的性质,并且客观性高——相应地还限制了应用的范围——这是一项法运用上的技术。”在强调将其作为扩张解释的同时,也强调当然解释的侧面。黄源盛就律疏的事例,从认为“大致都有明确的律文以为轻重比拟的根据”,到“观其过程,应本诸逻辑推理、条理论证,而此比拟的过程显系于犯罪行为与律文之间,依据司法解释作用而产生的‘当然’结果。简单地说,当然解释是对于某项事实,某法条虽未规定在内,但依照事物的本然道理,认为应包括于该条条文中的疏释”。主张是当然解释。[3]

另一方面,小野清一郎将《名例律》第五十条疏的举重明轻的举例作为“当然解释”“依类推准用”,认为举轻明重的举例“绝不是不合理的扩张,毋宁是没有明文也作为法律内部理论的当然解释论而展开”,并没有明确区分类别。此外,周东平认为:“轻重相举作为传统的法运用上的一个技术,作为发现、论证罚则的手段,其与当代法理论、法解释学的术语之间,并不存在天然的一一对应的关系。”还主张“轻重相举属于论理解释的范畴,主要但不单纯具有当然解释属性,有时也兼具

---

1 参见周东平:《“举重以明軽、举軽以明重”之法理補論——兼論隋律立法技術的重要性》,第 384—383 页。

2 参见仁井田陞:《宋代以後における刑法上の基本問題——法の類推解釈と遡及処罰》,第 266 页;刘俊文:《唐律疏议笺解》,上册第 488 页;俞荣根:《罪刑法定与非法定的和合——中华法系的一个特点》,第 139 页。俞荣根还认为“作扩张解释更为适当”。参见俞荣根:《罪刑法定与非法定的和合——中华法系的一个特点》,第 140 页。

3 参见戴炎辉:《唐律通论》,第 12 页;蔡墩铭:《唐律与近世刑事立法之比较研究》,中国学术著作奖助委员会 1968 年版,第 21 页;律令研究会编:《譯註日本律令五 唐律疏議譯註篇一》,第 302 页;黄源盛:《唐律轻重相举条的法理及其运用》,第 329 页。

扩张解释的属性”。[1] 正如周东平所说,将举重明轻、举轻明重适用于近代西欧的解释技法的种类是不合理的,应当将其作为技法和目的并结合史料来理解。

关于举重明轻、举轻明重的技法和目的,小野清一郎将举重明轻、举轻明重总结为:“从道义意识以及法律精神来看,不拘泥于必要处罚,在不存在相应明文的情况下……比照其他存在明文的情况后,处罚比其重者,不处罚比其轻者。”仁井田陞认为举重明轻是“比法律规定不为罪的行为更轻的行为不为罪”;举轻明重是“比法律规定为犯罪的行为更重的行为则应确定为犯罪”。戴炎辉认为举重明轻是“凡对被告人有利者,文虽只言重的情形而不言及轻,仍依论理解释,应出罪之(不罚或从轻罚)”;举轻明重是“凡对被告不利者,文虽只言轻而不言及重,亦依论理解释,应入罪之(罚之或从重罚)”。蔡墩铭认为举轻明重是“即比照其他设有明文之情形,处罚较其为轻者,则更须处罚较其为重者”。举重明轻是“如法律对其重者尚可予以减免,遑论对其轻者”。滋贺秀三认为举重明轻的原理是“如果对较重的犯罪(在某个条件下)有减免刑罚的规定,那么,对于同一类型的较轻的犯罪,即使没有明文,(在相同条件下)也适用相同的减免规定”;举轻明重的原理是“如果对较轻的犯罪规定处罚的话,那么,对于相同类型的较重的犯罪,即使没有明文,也适用相同的处罚规定”。刘俊文认为举重明轻“谓罪人所犯律无正条时,如应不罚或轻处罚,即可援引类似之重罪律条比较处断”;举轻明重是“如应处罚或重罚,即可援引类似之轻罪条比较处断”。黄源盛认为举重明轻是“对审理中的案情,如律无明文,而欲作‘出罪’判决,要求以比较重的罪刑来相明,即以律文中规定的较重的情况尚且未入罪,来证明把情节较轻的行为作出罪处断是正确的”。举轻明重是“就处理中的案情,如法无明文而拟‘入罪’判处,则要求以同类性质中较轻的罪刑相明,即以律文中规定的轻的情节都已入罪,来论证把情形较重的行为入罪处断是应该的”。[2]

这些理解几乎一致,详细说明了《名例律》第五十条的“诸断罪而无正条,其应出罪者,则举重以明轻;其应入罪者,则举轻以明重”。总而言之,可将这些内容总结为:举重明轻、举轻明重就是“在应处断现有法条未规定刑名的甲行为时,为了补充

---

1 参见小野清一郎:《唐律における刑法総則的規定》,收入小野清一郎:《刑罰の本質について・その他》,有斐阁 1955 年版,第 327—328 页;周东平:《“举重以明輕、举輕以明重”之法理補論——兼論隋律立法技術的重要性》,第 380 页。

2 参见小野清一郎:《唐律における刑法総則的規定》,第 327 页;仁井田陞:《宋代以後における刑法上の基本問題——法の類推解釈と遡及処罰》,第 266 页;戴炎辉:《唐律通论》,第 452—453 页;蔡墩铭:《唐律与近世刑事立法之比较研究》,中国学术著作奖助委员会 1968 年版,第 21 页;律令研究会编:《譯註日本律令五 唐律疏議譯註篇一》,第 302 页;刘俊文:《唐律疏议笺解》第 487 页;黄源盛:《唐律轻重相举条的法理及其运用》,第 310—311 页。

法的欠缺,把与甲行为之间存在近似性的乙行为与甲行为进行轻重比较之后,将处断乙行为法条的刑名援用于甲行为的技法”。

三、举重明轻、举轻明重的事例

有必要结合历史资料来验证对于举重明轻、举轻明重理解的妥当性。在本文中,除了《名例律》第五十条的疏中列示的事例之外,还有律疏的字句是表示举重明轻、举轻明重的事例,以及根据先学认定为举重明轻、举轻明重的事例。[1]

(A)举重明轻的事例

1　作为《名例律》第50条疏以外的表示举重明轻、举轻明重的律疏,仁井田陞举《名例律》第6条“不孝”的问答(本文【事例11】)作为举轻明重。参见仁井田陞:《宋代以後における刑法上の基本問題——法の類推解釈と遡及処罰》,第267页。戴炎辉作为举重明轻而举出《斗讼律》第46条疏(本文【事例3】)、《户婚律》第16条疏(本文【事例6】)、《断狱律》第19条问答(本文【事例7】);作为举轻明重举出《擅兴律》第20条问答(本文【事例18】)、《斗讼律》第28条疏(本文【事例17】)、《诈伪律》第24条问答(本文【事例16】)、《名例律》第6条“不孝”的问答(本文【事例11】)、《名例律》第6条“不睦”疏(本文【事例12】)、《贼盗律》第17条疏(本文【事例13】)、《杂律》第37条疏(本文【事例15】)、《杂律》第47条疏(本文【事例10】)。参见戴炎辉:《唐律通论》,第452—455页。滋贺秀三作为举重明轻举出《名例律》第30条问答第三(本文【事例4】)、《断狱律》第19条问答(本文【事例7】);作为举轻明重举出《斗讼律》第28条疏(本文【事例17】)、《名例律》第6条“不孝”的问答(本文【事例11】)、《名例律》第6条“不睦”疏(本文【事例12】)、《名例律》第18条问答第二(本文【事例14】)、《贼盗律》第17条疏(本文【事例13】)、《贼盗律》第19条疏(本文【事例36】)、《擅兴律》第20条问答(本文【事例18】)。参见律令研究会编:《譯註日本律令五 唐律疏議譯註篇一》,第303—304页。黄源盛作为举重明轻讨论了《名例律》第30条问答第三(本文【事例4】)、《斗讼律》第46条疏(本文【事例3】);作为举轻明重讨论了《名例律》第6条“不孝”的问答(本文【事例11】)、《名例律》第6条“不睦”疏(本文【事例12】)、《名例律》第18条问答第二(本文【事例14】)、《诈伪律》第24条问答(本文【事例16】)、《擅兴律》第20条问答(本文【事例18】)、《斗讼律》第28条疏(本文【事例17】)。参见黄源盛:《唐律轻重相举条的法理及其运用》,第311—317页。周东平列举了戴炎辉、滋贺秀三、黄源盛三位所举的事例。参见周东平:《“舉重以明輕、舉輕以明重”之法理補論——兼論隋律立法技術的重要性》,第389—387页、389页注10。川村康除在本文吸收处理的内容外,作为举重明轻举出《名例律》第15条疏、《户婚律》第11条问答第一、《厩库律》第8条疏、《厩库律》第10条问答、《贼盗律》第39条问答第一、《斗讼律》第36条问答第二;作为举轻明重举出《斗讼律》第27条疏、《斗讼律》第7条问答第一、《斗讼律》第19条疏、《斗讼律》第53条问答。参见川村康:《律疏舉重明輕・舉輕明重箚記》,《法史学研究会会报》第21号,2018年版。在唐代的出土资料中,作为举重明轻的事例,刘俊文、黄源盛两人指出了敦煌出土“判集残卷”第16道(参见 Tatsuro Yamamoto, On Ikeda, Makoto Okano (eds.), *Tun-huang and Turfan Documents concerning Social and Economic History I: Legal Texts (A) Introduction & Texts.*, The Toyo Bunko, 1980. p.54,载刘俊文:《敦煌吐鲁番唐代法制文书考释》,中华书局1989年版,第447—448页)。参见刘俊文:《唐律疏议笺解》第490—491页;黄源盛:《唐律轻重相举条的法理及其运用》,第317—319页。

【事例 1】《名例律》第五十条疏:《贼盗律》第二十二条

断罪无正条者,一部律内,犯无罪名。“其应出罪者”,依《贼盗律》:“夜,无故入人家,主人,登时杀者,勿论。”假有折伤,灼然不坐。

《名例律》第五十条疏中说明举重明轻的事例有两个。第一个事例是《贼盗律》第二十二条:“诸夜,无故入人家者,笞四十。主人,登时杀者,勿论。”《贼盗律》第二十二条规定对于没有正当理由夜间侵入住宅的人,该住宅的居住者进行即时反击造成杀害的不为罪,但对于即时反击造成折伤的没有规定。[1]《斗讼律》第五条:“诸斗殴杀人者,绞。以刃及故杀人者,斩。……不因斗,故殴伤人者,加斗殴伤罪一等。”就是无杀伤故意的斗殴而杀人者应处以绞刑,若凶器是刀具的话应处以斩刑。斗杀造成伤害的由《斗讼律》第二条规定:“诸斗殴人,折齿,毁缺耳鼻,眇一目及折手足指,[眇,谓亏损其明而犹见物。]若破骨及汤火伤人者,徒一年;折二齿、二指以上,及髡发者,徒一年半。”据此规定应处徒刑一年。斗杀和斗殴伤害之间在斗殴结果上存在近似性。从结果和刑名来看,杀害是重行为,折伤是轻行为。以夜间对入侵者的即时反击为理由,《贼盗律》第二十二条不将杀害这一重行为处断为罪,折伤这一轻行为即使没有规定也不应为罪。[2]

【事例 2】《名例律》第五十条疏:《盗贼律》第四十条

又条:“盗缌麻以上财物,节级减凡盗之罪。”若犯诈欺及坐赃之类,在律虽无减文,盗罪尚得减科,余犯明从减法。此并“举重明轻”之类。

《名例律》第五十条疏所示举重明轻的第二个事例,与《盗贼律》第四十条规定的“诸盗缌麻、小功亲财物者,减凡人一等;大功减二等;期亲减三等。杀伤者,依各本杀伤论[此谓因盗而误杀者。若有所规求故杀期以下卑幼者,绞。余条准此。]”相

---

1 折伤,正如《斗讼律》第 11 条注“折伤,谓折齿以上”,意味着比《斗讼律》第 2 条(【事例 1】所揭)所规定的法定刑为徒一年更重的伤害。

2 参见小野清一郎:《唐律における刑法総則的規定》,第 327 页;仁井田陞:《宋代以後における刑法上の基本問題——法の類推解釈と遡及処罰》,第 266 页;戴炎辉:《唐律通论》,第 453 页;小林宏:《因准ノ文ヲ以テ折中ノ理ヲ案ズベシ——明法家の法解釈理論》,《國學院法学》第 28 卷第 4 号,1991 年(后收入氏著:《日本における立法と法解釈の史的研究 第 1 卷 古代・中世》,汲古书院 2009 年版,第 102 页,本文据此);刘俊文:《唐律疏议笺解》,第 488 页;黄源盛:《唐律轻重相举条的法理及其运用》,第 310 页;俞荣根:《罪刑法定与非法定的和合——中华法系的一个特点》,第 140 页;周东平:《“举重以明軽、举軽以明重”之法理補論——兼論隋律立法技術的重要性》,第 392—391 页。

关。《贼盗律》第四十条规定,盗窃缌麻亲、小功亲的财物,即无杀伤的强盗和盗窃,比无亲属关系的凡人之间的盗窃财物减一等,盗窃大功亲的财物减二等,盗窃期亲的财物减三等,但对于这些亲属间的欺诈、坐赃的减等方面没有规定。《贼盗律》第三十四条规定:“诸强盗,不得财徒二年,一尺徒三年,二疋加一等。十疋,及伤人者绞。杀人者斩。[杀伤奴婢亦同。虽非财主,但因盗杀伤,皆是。]”凡人之间没有杀伤的强盗,处罚从徒二年到绞刑;《贼盗律》第三十五条规定:“诸盗窃,不得财笞五十,一尺杖六十,一疋加一等。五疋徒一年,五疋加一等。五十疋加役流。”凡人间的盗窃从笞五十起到加役流。《诈伪律》第一十二条规定:“诸诈欺官私,以取财物者,准盗论。”诈欺从笞五十到流三千里;[1]《杂律》第一条:“诸坐赃致罪者,一尺笞二十,一疋加一等。十疋徒一年,十疋加一等。罪止徒三年。与者,减五等。”规定坐赃由笞二十至徒三年。盗窃和诈欺、坐赃之间因为是赃罪而存在近似性。[2] 从刑罚的上限来看,盗取是重行为,诈欺、坐赃是轻行为。因为取得的是亲属的财物,所以《贼盗律》第四十条对盗取这一重行为进行减等,诈欺、坐赃这类轻行为即使没有规定,也应减等。[3]

【事例3】《斗讼律》第四十六条疏

> 诬告子孙、外孙、子孙之妇、妾者,曾、玄妇、妾亦同。及己之妾者,各勿论。其有告得实者,亦不坐。

这是戴炎辉、黄源盛两人所举的说明举重明轻的事例。《斗讼律》第四十一条规定:“诸诬告人者,各反坐。”即凡是诬告人的,以所诬告之罪罪之,凡是告发属实(实告)的不为罪。有关告发卑幼之罪的《斗讼律》第四十六条规定:“诸告缌麻、小功卑幼,虽得实,杖八十;大功以上,递减一等。诬告重者,期亲,减所诬罪二等;大功,减一

---

1 把关于盗窃的规定以“准盗论”准用时,刑罚的上限为流三千里。“准论”和“以论”同是“引用特定的其他罪名时所用术语”,但“以论”是“科刑上完全视同真犯的意思,在附加刑等其他法效果上都等同于本罪”。与之相对,“准论”“意味着只取准据的本罪所定的主刑来对待该犯罪而予以处刑”,以及“没有将该罪视同本罪的意思”,并且“主刑最高至流三千里”。参见律令研究会编:《譯註日本律令五 唐律疏議譯註篇一》,第317—318页。

2 作为赃罪的类型,根据《名例律》第32条疏:“受财枉法、不枉法及受所监临财物,并坐赃,依法:与财者亦各得罪。此名‘彼此俱罪之赃’。……‘取与不和’,谓恐喝、诈欺、强市有剩利、强率敛之类。”诈欺为取与不和之赃,坐赃属于彼此俱罪之赃。

3 参见小野清一郎:《唐律における刑法総則的規定》,第327—328页;仁井田陞:《宋代以後における刑法上の基本問題——法の類推解釈と遡及処罰》,第266页;戴炎辉:《唐律通论》,第453页;刘俊文:《唐律疏议笺解》,第488页;黄源盛:《唐律轻重相举条的法理及其运用》,第310页;周东平:《“举重以明軽、举軽以明重”之法理補論——兼論隋律立法技術的重要性》,第391页。

等;小功以下,以凡人论。即诬告子孙、外孙、子孙之妇、妾及己之妾者,各勿论。”都不以诬告子孙、外孙、子孙的妻、妾,以及自己的妾为罪,但对这些人告发属实的不作规定。诬告曾孙、玄孙的妻、妾的,据《名例律》第五十二条“称‘孙’者,曾、玄同”,不为罪。诬告与告发属实之间,因告发而存在近似性。从《斗讼律》第四十一条凡人间的诬告为罪、告发属实不为罪来看,诬告是重行为,告发属实是轻行为。对子孙、外孙、子孙的妻、妾、自己的妾,以及曾孙、玄孙的妻、妾,从《斗讼律》第四十六条和《名例律》第五十二条不以诬告这种重行为为罪来看,告发属实这一轻行为即使没有规定,也不为罪。[1]

【事例4】《名例律》第三十条问答第三

> 又问:既称伤人收赎,即似不伤者无罪。若有殴杀他人部曲、奴婢及殴己父母不伤,若为科断?
>
> 答曰:奴婢贱隶,唯于被盗之家称人,自外诸条杀伤,不同良人之限。若老、小、笃疾,律许哀矜,杂犯死刑,并不科罪;伤人及盗,俱入赎刑。《例》云:“杀一家三人为不道。”注云:“杀部曲、奴婢者非。”即验奴婢不同良人之限。唯因盗伤杀,亦与良人同。“其应出罪者,举重以明轻”,杂犯死刑,尚不论罪;杀伤部曲、奴婢,明亦不论。

引用《名例律》第五十条以示举重明轻。《名例律》第六条“不道”:“五曰不道。[谓杀一家非死罪三人,支解人,造畜蛊毒、厌魅。]”是指杀害一家中不属于死罪的三人以上,这样杀害一家三人的应入十恶的第五项“不道”。《盗贼律》第十二条“诸杀一家非死罪三人,[同籍及期亲为一家……奴婢、部曲非。]及肢解人者,皆斩”,是指为了明确杀一家三人的“三人”不包括部曲、奴婢,律中的‘人’在原则上不包括部曲、奴婢。《盗贼律》第三十四条(【事例2】所揭)强盗在被害人家里杀伤的人中包含奴婢,即“杀伤奴婢亦同”是例外。《斗讼律》第五条(【事例1】所揭)应处绞或斩的斗杀的客体“人”也不包括部曲、奴婢。《名例律》第三十条规定:“八十以上、十岁以下及笃疾,犯反、逆、杀人应死者,上请;盗及伤人者,亦收赎;余皆勿论。”即八十岁以上、十岁以下以及有严重残疾的老小笃疾者若犯有谋反、谋大逆、杀人的死罪的,应上请,除盗及伤害为赎罪外,其余不为罪。其中所谓杀人、伤害的客体“人”,也不包含部曲、奴婢。《名例律》第三十条规定由老小笃疾者实

---

1 参见戴炎辉:《唐律通论》,第453页;戴炎辉:《唐律各论》,“国立”台湾大学法学院事务组、三民书店1965年版,第213页上段;黄源盛:《唐律轻重相举条的法理及其运用》,第312页;周东平:《“举重以明輕、举輕以明重”之法理補論——兼論隋律立法技術的重要性》,第388页。

施的除谋反、谋大逆、杀人以外的杂犯死罪不为罪,但因为应上请的杀人行为的客体中不包括部曲、奴婢,所以,由老小笃疾者实施的对他人的部曲、奴婢的殴打致死的情形就变成没有规定。对部曲、奴婢殴打致死的规定在《斗讼律》第十九条:"诸部曲殴伤良人者,[官户与部曲同。]加凡人一等,[加者,加入于死。]奴婢,又加一等。若奴婢殴良人折跌支体及瞎其一目者,绞;死者,各斩。其良人殴伤杀他人部曲者,减凡人一等;奴婢,又减一等。若故杀部曲者,绞;奴婢,流三千里。即部曲、奴婢相殴伤杀者,各依部曲与良人相殴伤杀法。[余条良人、部曲、奴婢私相犯,本条无正文者,并准此。]相侵财物者,不用此律。"据此处断,殴杀部曲比斗杀普通人减一等流三千里,殴杀奴婢减二等徒三年。老小笃疾者实施的杂犯死罪与老小笃疾者斗杀部曲、奴婢之间,在老小笃疾者的行为上存在近似性。从刑名来看,杂犯死罪是死刑类的重行为,殴杀部曲、奴婢是流刑、徒刑类的轻行为。因为以老小笃疾者的行为为由,《名例律》第三十条规定杂犯死罪这种重行为不为罪,所以,殴杀部曲、奴婢这种轻行为即使不规定,也应不为罪。[1]

【事例5】《名例律》第四十七条疏

> 奴婢贱人,律比畜产,相杀虽合偿死,主求免者,听减。若部曲故杀同主贱人,亦至死罪,主求免死,亦得同减法。但奴杀奴是重,主求免者尚听;部曲杀奴既轻,主求免者,亦得免。既称同主,即是私家。若是官奴自犯,不依此律。

"是重""既轻"等字句表示举重明轻。《名例律》第四十七条规定:"即同主奴婢自相杀,主求免者,听减死一等。"认可同主的私奴婢之间的杀害构成死刑的,主人请求减免的,可以减一等,但对于同主的部曲杀害私奴婢的,并未规定。奴婢间的杀害,见《名例律》第四十七条:"诸官户、部曲、官私奴婢有犯,本条无正文者,各准良人。"可知因为与凡人之间的杀害一样,据《斗讼律》第五条(【事例1】所揭)斗杀处绞或斩,故杀处斩。部曲杀害奴婢的,据《斗讼律》第十九条(【事例4】所揭),斗杀处流三千里,故杀处绞。奴婢间的杀害与部曲杀害奴婢之间,因为是贱人之间的杀害而存在近似性。从刑名来看,奴婢间的杀害是重行为,部曲杀害奴婢是轻行为。因为主人请求之故,在《名例律》第四十七条同主人的私奴婢间的杀害这样的重行为都减等,所

1　参见戴炎辉:《唐律通论》,第309—310页,注2;律令研究会编:《譯註日本律令五 唐律疏議譯註篇一》,东京堂1979年版,第176、303页;黄源盛:《唐律轻重相举条的法理及其运用》,第311—312页;周东平:《"举重以明輕、举輕以明重"之法理補論——兼論隋律立法技術的重要性》,第388页。黄源盛认为:"事实上,此处之'举重明轻',已稍微偏离本来的法意。"参见黄源盛:《唐律轻重相举条的法理及其运用》,注15。

以，同主人的部曲杀害奴婢此等轻行为即使不规定，也应减等。[1]

【事例6】《户婚律》第十六条疏

若亲属相侵得罪，各依服纪，准亲属盗财物法，应减者节级减科。

戴炎辉视为举重明轻。《盗贼律》第四十条（【事例2】所揭）规定亲属间的盗取财物应减等，但秘密地耕作、播种他人田地的盗耕种，以及使用威力强制耕作、播种他人田地的强耕种，若是发生在亲属之间的，并未规定。《贼盗律》第三十四条（【事例2】所揭）规定，无杀伤的强盗行为处以徒两年到绞刑，《贼盗律》第三十五条（【事例2】所揭）规定，凡人间的盗窃行为，处以笞五十到加役流刑。《户婚律》第十六条规定："诸盗耕种公私田者，一亩以下笞三十，五亩加一等；过杖一百，十亩加一等，罪止徒一年半。荒田，减一等。强者，各加一等。"盗耕种处以从笞二十到徒一年，强耕种处以从笞三十到徒一年半。因盗取与盗耕种、强耕种之间，是依据窃、强区分的侵夺财产行为而存在近似性。从刑罚的上限来看，盗取是重行为，盗耕种、强耕种是轻行为。因为以发生于亲属间为由，《贼盗律》第四十条将盗取此等重行为减等，所以，盗耕种、强耕种此等轻行为即使没有规定，也应减等。[2]

【事例7】断狱律十九条问答

问曰：有人本犯加役流，出为一年徒坐，放而还获减一等，合得何罪？

答曰：全出加役流，官司合得全罪；放而还获减一等，合徒三年[3]。今从加役流出为一年徒坐，计有五年剩罪；放而还获减一等，若依徒法减一等，仍合四年半徒。既是剩罪，不可重于全出之坐，举重明轻，止合三年徒罪。

引用《名例律》第五十条以示举重明轻。《断狱律》第十九条规定："诸官司入人罪者，若入全罪，以全罪论；从轻入重，以所剩论；刑名易者：从笞入杖、从徒入流亦以

1　参见戴炎辉：《唐律通论》，第444页；律令研究会编：《譯註日本律令五 唐律疏議譯註篇一》，第294页。

2　参见戴炎辉：《唐律通论》，第453页；戴炎辉：《唐律各论》，第76页下段；周东平：《"举重以明輕、举輕以明重"之法理補論——兼論隋律立法技術的重要性》，第388页。滋贺秀三认为："并非论理必然的内容，是疏的创造性立言。"参见律令研究会编：《譯註日本律令六 唐律疏議譯註篇二》，第246页，注5。

3　律令研究会编：《譯註日本律令三 律本文篇下卷》，第860页将"徒三年"作"徒五年"。但根据戴炎辉：《唐律通论》，第453页；戴炎辉：《唐律各论》，第315页下段，注4；律令研究会编：《譯註日本律令八 唐律疏議譯註篇四》，第310、312页，注19修改。

所剩论,从笞杖入徒流、从徒流入死罪亦以全罪论。其出罪者,各如之。即断罪失于入者,各减三等;失于出者,各减五等。若未决放及放而还获,若囚自死,各听减一等。"即将无辜者处刑的全入、将应处轻刑的人处以重刑的入罪、将应处刑的人作为无罪的全出、将应处重刑的人处以轻刑的出罪,构成关于出入人罪的规定。故意全出的故全出,应处以全罪之刑,故意出罪的故出,应处以应当处罚的刑罚与处以刑罚的差额部分即剩余罪刑。被故意全出或者出罪的人释放后再逮捕的,应减一等。因为对应科以加役流的人故全出的,应处以全罪的加役流,所以,释放那个人后再次逮捕的,减一等为徒三年。对应科加役流的人故出为徒一年的,处以剩罪的徒五年,[1]所以该囚徒释放后再被逮捕的减一等,比照徒刑的等差为半年,[2]应处徒四年半。这样,加役流的故全出比释放后再被逮捕的减轻为徒三年要重。为了改正这个不合理之处,适用举重明轻。加役流的故全出与从加役流到徒一年的故出之间,因为是罪的故出而存在近似性。从刑名来看,加役流的故全出是重行为,从加役流到徒一年的故出是轻行为。以释放后再被逮捕为理由,《断狱律》第十九条将加役流的故全出此等重行为减轻为徒三年,所以,从加役流到徒一年的故出此等轻行为,应当减轻为徒三年。[3]

(B)举轻明重的事例

【事例8】《名例律》第五十条疏:《贼盗律》第六条

> 按《贼盗律》:"谋杀期亲尊长,皆斩。"无已杀、已伤之文。如有杀、伤者,举始谋是轻,尚得死罪;杀及谋而已伤是重,明从皆斩之坐。

《名例律》第五十条疏有两个表示举轻明重的事例。第一个事例是有关《贼盗律》第六条的规定:"诸谋杀期亲尊长、外祖父母、夫、夫之祖父母、父母者,皆斩。"《贼盗律》第六条规定预谋杀害期亲尊长等近亲尊长的处以斩刑,但没有着手实施预谋而造成伤害的谋杀已伤,以及着手实施而造成杀讫(既遂)的谋杀已杀的相关规定。有预谋的杀人即谋杀的一般规定,见于《贼盗律》第九条:"诸谋杀人者,徒三年;已伤

1　根据《断狱律》第19条注"从徒入流者,三流同比徒一年为剩。……若入加役流者,各计加役年为剩",可知在剩罪计算上,加役流视同徒六年。

2　《断狱律》第19条注:"即从近流而入远流者,同比徒半年为剩。"

3　参见戴炎辉:《唐律通论》,第453页;戴炎辉:《唐律各论》,第315页上一下段;周东平:《"举重以明輕、举轻以明重"之法理補論——兼論隋律立法技術的重要性》,第388页;律令研究会编:《譯註日本律令八 唐律疏議譯註篇四》,第310、312—313页,注22。滋贺秀三认为:"稍微偏离本来的意思,可谓非常技术性的刑罚计算法上的举重明轻的例子。"参见律令研究会编:《譯註日本律令五 唐律疏議譯註篇一》,第303页。

者，绞；已杀者，斩。”即未着手实施预谋的或已着手实行但未致伤害的谋杀未伤，处以徒三年；谋杀致伤害的处以绞刑；谋杀致死的处以斩刑。在谋杀未伤与谋杀已伤、谋杀已杀之间，因预谋杀害的结果而存在近似性。从结果和刑名来看，谋杀未伤是轻行为，谋杀已伤、谋杀已杀是重行为。以客体是期亲尊长为由，《盗贼律》第六条将谋杀未伤此等轻行为皆处以斩刑，[1] 因此，谋杀已伤、谋杀已杀此等重行为即使没有规定，也应处以斩刑。[2]

【事例 9】《名例律》第五十条疏：《名例律》第十五条

又《例》云：“殴告大功尊长、小功尊属，不得以荫论。”若有殴告期亲尊长，举大功是轻，期亲是重，亦不得用荫。是“举轻明重”之类。

《名例律》第五十条疏表示举轻明重的第二个事例，是有关《名例律》第十五条的规定：“若藉尊长荫而犯所荫尊长，及藉所亲荫而犯所亲祖父母、父母者，并不得为荫。即殴告大功尊长、小功尊属者，亦不得以荫论。”《名例律》第十五条规定，官员等拥有减免刑罚特权的人的亲属可以得到减免刑罚的荫，不适用于殴打、告发大功尊长以及小功尊属，但对于殴打、告发期亲尊长的没有规定。《斗讼律》第二十六条规定：“诸殴缌麻兄姊，杖一百。小功、大功，各递加一等。尊属者，又各加一等。伤重者，各递加凡斗伤一等；死者，斩。即殴从父兄姊，准凡斗应流三千里者，绞。若尊长殴卑幼折伤者，缌麻减凡人一等，小功、大功递减一等；死者，绞。即殴杀从父弟妹及从父兄弟之子孙者，流三千里；若以刃及故杀者，绞。”殴打小功尊属、大功长属徒一年半，殴打大功尊属徒二年。《斗讼律》第二十七条规定：“诸殴兄姊者，徒二年半；伤者，徒三年；折伤者，流三千里；刃伤及折支，若瞎其一目者，绞；死者，皆斩；詈者，杖一百。

1 对于普通共犯，根据《名例律》第 42 条“诸共犯罪者，以造意为首，随从者减一等”，从犯应从法定刑减一等，但法定刑的规定中被冠以“皆”的情形，根据《名例律》第 43 条“若本条言‘皆’者，罪无首从”，从犯不得减一等。法定刑规定为“斩”时，从犯减一等后为流三千里，但“皆斩”的话，不得减等而处以斩刑。从从犯的刑罚来看，“皆斩”为重行为，“斩”为轻行为。

2 参见小野清一郎：《唐律における刑法総則的規定》，第 328 页；仁井田陞：《宋代以後における刑法上の基本問題——法の類推解釈と遡及処罰》，第 266 页；戴炎辉：《唐律通论》，第 453 页；律令研究会编：《譯註日本律令七 唐律疏議譯註篇三》，第 86 页；小林宏：《因准ノ文ヲ以テ折中ノ理ヲ案ズベシ——明法家の法解釈理論》，第 102 页；刘俊文：《唐律疏议笺解》，第 488 页；黄源盛：《唐律轻重相举条的法理及其运用》，第 311 页；俞荣根：《罪刑法定与非法定的和合——中华法系的一个特点》，第 140 页；周东平：《“举重以明輕、举輕以明重”之法理補論——兼論隋律立法技術的重要性》，第 391 页。滋贺秀三认为“轻的犯罪行为全部达到极刑时，律文不规定关于该行为以上的重犯罪行为，适用举轻明重”，将《斗讼律》第 28 条疏（本文【事例 17】）作为同类型。参见律令研究会编：《譯註日本律令五 唐律疏議譯註篇一》，第 303 页。

伯叔父母、姑、外祖父母，各加一等。即过失杀伤者，各减本杀伤罪二等。”殴打期亲长属的兄姊徒二年半，殴打期亲尊属的伯叔父母徒三年。《斗讼律》第四十五条规定：“诸告期亲尊长、外祖父母、夫、夫之祖父母，虽得实，徒二年；其告事重者，减所告罪一等；即诬告重者，加所诬罪三等。告大功尊长，各减一等；小功、缌麻，减二等；诬告重者，各加所诬罪一等。”告发大功尊长的徒一年半，告发小功尊长的徒一年，告发期亲尊长的徒二年。殴打、告发大功尊长、小功尊属与殴打、告发期亲尊长之间，因为是对尊长的殴打、告发而存在近似性。从服纪和刑名来看，殴打、告发大功尊长、小功尊属是轻行为，对期亲尊长的殴打、告发是重行为。因为《名例律》第十五条对于殴打、告发大功尊长、小功尊属此等轻行为不适用荫，所以，殴打、告发期亲尊长此等重行为即使不规定，也不应适用荫。[1]

【事例10】《杂律》第四十七条疏

> 称“以盗论”者，与真盗同，入十恶。非服而御之物等，不入十恶。据《贼盗律》：“其拟供神御及供而废阙，若飨荐之具已馔呈者，徒二年；未馔呈者，徒一年半。”又，盗御宝条：“拟供服御等，亦并徒二年。”今此条上言“弃毁大祀”，下称“非服而御以盗论”；准“非服而御徒一年半”，举下明上，即弃毁拟供服御，准罪徒一年半以上，亦各以盗论。

“举下明上”此类字句表示举轻明重。《杂律》第四十七条规定：“诸弃毁大祀神御之物，若御宝、乘舆服御物及非服而御者，各以盗论。”弃毁作为皇帝祭器的大祀神御之物、皇帝印章的御宝、皇帝衣着的服御之物，以及皇帝身边的非衣着类的御用物品的，以盗论，但对拟将供奉服御之物即半成品并未作规定。《贼盗律》第二十三条规定：“诸盗大祀神御之物者，流二千五百里。其拟供神御，及供而废阕，若飨荐之具已馔呈者，徒二年；未馔呈者，徒一年半。已阕者，杖一百。”弃毁大祀神御之物的处以流二千五百里。据《贼盗律》第二十四条规定：“诸盗御宝者，绞；乘舆服御物者，流二千五百里；［谓供奉乘舆之物。服通衾、茵之属，真、副等。皆须监当之官，部分拟

1　参见小野清一郎：《唐律における刑法総則的規定》，第328页；戴炎辉：《唐律通论》，第453页；律令研究会编：《譯註日本律令五 唐律疏議譯註篇一》，第90—91页，注9；刘俊文：《唐律疏议笺解》，第488—489页；黄源盛：《唐律轻重相举条的法理及其运用》，第311页；周东平：《“举重以明輕、举輕以明重”之法理補論——兼論隋律立法技術的重要性》，第391页。滋贺秀三认为“不是围绕着主刑，而是围绕着某种行为是否作为特别恶劣的犯罪来处理”，将《名例律》第6条“不孝”的问答（本文【事例11】）、《名例律》第6条“不睦”疏（本文【事例12】）、《名例律》第18条问答第二（本文【事例14】）、《贼盗律》第17条疏（本文【事例13】）、《贼盗律》第19条疏（本文【事例36】）视为同类。参见律令研究会编：《譯註日本律令五 唐律疏議譯註篇一》，第303—304页。

进，乃为御物。]其拟供服御及供而废阕，若食将御者，徒二年；[将御，谓已呈监当之官。]拟供食御及非服而御者，徒一年半。"弃毁御宝的处以绞，弃毁服御之物的处以流二千五百里，弃毁非服而御之物的处以徒一年半。《贼盗律》第二十四条规定盗取拟供服御之物的处以徒二年。弃毁非服而御之物与弃毁拟供服御物之间，在弃毁属于皇帝御用之物上存在相似性。从盗取的刑名来看，非服而御之物是轻行为，拟供服御之物是重行为。《杂律》第四十七条对弃毁非服而御之物的此等轻行为以盗论，所以，对弃毁拟供服御之物的此等重行为即使没有规定，也应以盗论处以徒二年。[1]

【事例 11】《名例律》第六条"不孝"问答

> 问曰：依《贼盗律》："子孙于祖父母父母求爱媚而厌、咒者，流二千里。"然厌魅、咒诅，罪无轻重。今诅为"不孝"，未知厌入何条？
>
> 答曰：厌、咒虽复同文，理乃诅轻厌重。但厌魅凡人，则入"不道"；若咒诅者，不入十恶。《名例》云："其应入罪者，则举轻以明重。"然咒诅是轻，尚入"不孝"；明知厌魅是重，理入此条。

这是引用《名例律》第五十条以示举轻明重。《名例律》第六条"不孝"规定："七曰不孝。[谓告言、诅詈祖父母、父母……]"是把对祖父母、父母的诅即咒诅入十恶第七的"不孝"，但对祖父母、父母的厌魅则没有相关的规定。[2]《贼盗律》第十七条规定："诸有所憎恶，而造厌魅及造符书咒诅，欲以杀人者，各以谋杀论减二等；[于期亲尊长及外祖父母、夫、夫之祖父母、父母，各不减。]以故致死者，各依本杀法。欲以疾苦人者，又减二等。[子孙于祖父母、父母，部曲、奴婢于主者，各不减。]即于祖父母、父母及主，直求爱媚而厌咒者，流二千里。若涉乘舆者，皆斩。"为得到祖父母、父母的宠爱而厌魅、咒诅的，应流二千里。因为厌咒是厌魅和咒诅的合称，厌魅与咒诅之罪的严重程度相当。但是《名例律》第六条"不道"(【事例 4】所揭)规定对凡人的厌魅入十恶第五的"不道"，并不包括咒诅。厌魅和咒诅之间，因为厌咒这一合称而存在近似性。从是否入十恶之"不道"这一点来看，咒诅是轻行为，厌魅是重行为。《名例律》第六条"不孝"将为得到祖父母、父母的宠爱而咒诅此等轻行为入十恶中的

---

1 参见戴炎辉：《唐律通论》，第 455 页；戴炎辉：《唐律各论》，第 274 页下段；周东平：《"举重以明軽、举軽以明重"之法理補論——兼論隋律立法技術的重要性》，第 387 页。

2 所谓厌魅，"比如绘画形像或刻作人身——可能是有所憎恶的对方，采用针刺心脏，或用钉子钉眼睛，或系手缚足等方法，此外，还有实施为了让别人顺从自己的意思的邪道"；所谓咒诅，是"写下咒语的神符，画上对方的名字，或者埋入所写的东西，祈求邪僻作祟，或者焚烧所写的东西，祈求鬼魂作祟，或者写下希望杀死的人的出生年月日来诅咒之类"。参见律令研究会编：《譯註日本律令七 唐律疏議譯註篇三》，第 133 页。

“不孝”,所以,对祖父母、父母的厌魅此等重行为即使未作规定,也应入十恶中的“不孝”。[1]

【事例 12】《名例律》第六条“不睦”疏

> 但有谋杀及卖缌麻以上亲,无问尊卑长幼,总入此条。若谋杀期亲尊长等,杀讫即入“恶逆”。今直言谋杀,不言故、斗,若故、斗杀讫,亦入“不睦”。举谋杀未伤是轻,明故、斗已杀是重,轻重相明,理同十恶。

“举谋杀未伤是轻”“明故、斗已杀是重”这些字句是表示举轻明重。《名例律》第六条“不睦”规定:“八曰不睦。[谓谋杀及卖缌麻以上亲,殴告夫及大功以上尊长、小功尊属。]”谋杀未伤缌麻以上尊长的,应入十恶第八的“不睦”,但关于斗杀、故杀缌麻以上尊长的未作规定。《贼盗律》第六条规定:“谋杀缌麻以上尊长者,流二千里;已伤者,绞;已杀者,皆斩。”谋杀未伤缌麻、小功、大功尊长的,当流二千里。《斗讼律》第二十六条(【事例 9】所揭)规定,斗杀、故杀缌麻、小功、大功尊长的,应处以流三千里到斩刑。谋杀未伤缌麻以上尊长与斗杀、故杀缌麻以上尊长之间,因对缌麻以上尊长的加害而存在近似性。从结果和刑名来看,谋杀未伤缌麻以上尊长是轻行为,斗杀、故杀缌麻以上尊长是重行为。《名例律》第六条“不睦”将谋杀未伤缌麻以上尊长此等轻行为入十恶中的“不睦”,所以,斗杀、故杀缌麻以上尊长此等重行为即使未作规定,也应入十恶中的“不睦”。[2]

【事例 13】《贼盗律》第十七条疏

> 若涉乘舆者,罪无首从,皆合处斩。直求爱媚,便得极刑,重于“盗服御之物”,准《例》亦入十恶。

“重于‘盗服御之物’,准例亦入十恶”这类字句是表示举轻明重。《名例律》第六条“大不敬”规定:“六曰大不敬。[谓盗大祀神御之物、乘舆服御物;盗及伪造御

---

1 参见仁井田陞:《宋代以後における刑法上の基本問題——法の類推解釈と遡及処罰》,第 267 页;戴炎辉:《唐律通论》,第 204—205、454 页;戴炎辉:《唐律各论》,第 147 页上段;律令研究会编:《譯註日本律令五 唐律疏議譯註篇一》,第 48、303 页;律令研究会编:《譯註日本律令七 唐律疏議譯註篇三》,第 134 页;黄源盛:《唐律轻重相举条的法理及其运用》,第 313 页;周东平:《“举重以明軽、举軽以明重”之法理補論——兼論隋律立法技術的重要性》,第 388 页。

2 参见戴炎辉:《唐律通论》,第 206、454 页;律令研究会编:《譯註日本律令五 唐律疏議譯註篇一》,第 51、303 页;黄源盛:《唐律轻重相举条的法理及其运用》,第 313—314 页;周东平:《“举重以明軽、举軽以明重”之法理補論——兼論隋律立法技術的重要性》,第 388 页。

宝……]”盗取服御之物应入十恶第六的“大不敬”，但为得到宠爱而对皇帝行厌魅、咒诅的，并没有相关规定。《贼盗律》第二十四条(【事例 10】所揭)规定，盗取服御之物应流二千五百里。《贼盗律》第十七条(【事例 11】所揭)规定，为得到宠爱而对皇帝厌魅、咒诅的，都应处以斩刑。盗取服御之物和为得到宠爱而对皇帝厌魅、咒诅之间，因对皇帝的加害而存在近似性。从刑名来看，盗取服御之物是轻行为，为得到宠爱而对皇帝厌魅、咒诅是重行为。《名例律》第六条“大不敬”将盗取服御之物此等轻行为入十恶的“大不敬”，所以，为得到宠爱而对皇帝厌魅、咒诅此等重行为即使没有规定，也应入十恶的“大不敬”。[1]

【事例 14】《名例律》第十八条问答第二

> 问曰：监守内略人，罪当除名之色。奴婢例非良人之限；若监守内略部曲，亦合除名以否？
>
> 答曰：据杀一家非死罪三人乃入“不道”，奴婢、部曲不同良人之例；强盗，若伤财主部曲，即同良人。各于当条见义，亦无一定之理。今略良人及奴婢，并合除名。举略奴婢是轻，计赃入除名之法；略部曲是重，明知亦合除名。

“举略奴婢是轻”“略部曲是重”等字句是表示举轻明重。《贼盗律》第四十五条规定：“诸略人、略卖人[不和为略。十岁以下，虽和，亦同略法。]为奴婢者，绞；为部曲者，流三千里；为妻妾子孙者，徒三年。[因而杀伤人者，同强盗法。]和诱者，各减一等。若和同相卖为奴婢者，皆流二千里；卖未售者，减一等。[下条准此。]即略、和诱及和同相卖他人部曲者，各减良人一等。”实施略人行为的监临主守官员则依据《名例律》第十八条“即监临主守，于所监守内犯奸、盗、略人，若受财而枉法者，亦除名”予以除名。此时，《名例律》第十八条疏规定：“律文但称‘略人’，即不限将为良贱。”不问被略之人的良贱。《名例律》第六条“不道”(【事例 4】所揭)规定入十恶第五“不道”的杀一家非死罪三人中的“人”不包括部曲、奴婢，但《贼盗律》第三十四条(【事例 2】所揭)中强盗杀伤的客体的“人”包括奴婢。《贼盗律》第四十六条规定：“诸略奴婢者，以强盗论；和诱者，以窃盗论。各罪止流三千里。[虽监临主守，亦同。]”略奴婢以强盗罪论，《名例律》第十八条规定监临主守犯强盗应除名，所以，监临主守略奴婢也应除名。但对于监临主守略部曲是否应除名并未作规定。《贼盗

---

1 参见戴炎辉：《唐律通论》，第 454—455 页；戴炎辉：《唐律各论》，第 147 页上段；律令研究会编：《譯註日本律令五 唐律疏議譯註篇一》，第 303—304 页；律令研究会编：《譯註日本律令七 唐律疏議譯註篇三》，第 132 页；周东平：《“举重以明輕、举輕以明重”之法理補論——兼論隋律立法技術的重要性》，第 388 页。戴炎辉也解作比附。参见戴炎辉：《唐律通论》，第 15 页。

律》第四十六条规定略奴婢处以徒二年到流三千里。《贼盗律》第四十五条规定略部曲处以徒二年半到流三千里。略奴婢与略部曲之间,因对贱人的略取而存在近似性。从贱人的等级和刑罚的下限来看,略奴婢是轻行为,略部曲是重行为。《名例律》第十八条将略奴婢此等轻行为处以除名,所以,对略部曲此等重行为即使没有规定,也应处以除名。[1]

【事例15】《杂律》第三十七条疏

> 以决堤防之故而杀伤人者,"以故杀伤论",谓杀人者合斩,折人一支流二千里之类。上条:"杀伤人,减斗杀伤罪一等。有杀伤畜产,偿减价。余条准此。"今以故杀伤论,其杀伤畜产,明偿减价。

戴炎辉视为举轻明重。《杂律》第三十七条规定:"诸盗决堤防者,杖一百。若毁害人家及漂失财物,赃重者,坐赃论;以故杀伤人者,减斗杀伤罪一等。……其故决堤防者,徒三年;漂失赃重者,准盗论;以故杀伤人者,以故杀伤论。"因为盗用河水而损坏堤防的盗决原因行为的结果而致杀伤人的,处以斗杀伤罪减一等,因为故意决坏堤防的故决原因行为的结果而致杀伤人的,以故杀伤论。《斗讼律》第五条(【事例1】所揭)规定故杀的当斩,故殴伤的处以斗殴伤加一等。《杂律》第四条规定:"诸于城内街巷及人众中,无故走车马者,笞五十;以故杀伤人者,减斗杀伤一等。[杀伤畜产者,偿所减价。余条称减斗杀伤一等者,有杀伤畜产,并准此。]"因在街道和人群中驰行车马等行为而致杀伤人的,按斗杀伤减一等处理的情况下,同样的行为而致杀伤畜产的,附加减价后的赔偿。由此,作为盗决这一原因行为的结果而致杀伤畜产的应附加减价后的赔偿,但对作为故决这一原因行为而致杀伤畜产是否附加减价后的赔偿,没有规定。堤防的损坏在盗决和故决之间存在近似性。从刑名来看,盗决是杖一百的轻行为,故决是徒三年的重行为。由于盗决这一轻行为而致杀伤畜产的,《杂律》第四条附加减价后的赔偿,因此,作为故决这一重行为的结果而致杀伤畜产的,即使没有规定,也附加减价后的赔偿。[2]

【事例16】《诈伪律》第二十四条问答

---

1 参见戴炎辉:《唐律通论》,第276页,注19;律令研究会编:《譯註日本律令五 唐律疏議譯註篇一》,第303页;黄源盛:《唐律轻重相举条的法理及其运用》,第314—315页;周东平:《"举重以明輕、举輕以明重"之法理補論——兼論隋律立法技術的重要性》,第388页。戴炎辉也解作比附。参见戴炎辉:《唐律通论》,第256页。

2 参见戴炎辉:《唐律通论》,第455页;戴炎辉:《唐律各论》,第270页上段;周东平:《"举重以明輕、举輕以明重"之法理補論——兼論隋律立法技術的重要性》,第388页。

问曰：诈陷人渡朽败桥梁，溺之甚困，不伤不死，律条无文，合得何罪？又，人虽免难，溺陷畜产，又若为科？

答曰：律云“诈陷人至死及伤”，但论重法，略其轻坐，不可备言，别有“举重明轻”及“不应为”罪。若诳陷令溺，虽不伤、死，犹同“殴人不伤”论。陷杀伤畜产者，准“作坑阱”例，偿其减价。

引用《名例律》第五十条以示举重明轻、举轻明重。此处答曰的“举重明轻”包摄了举重明轻和举轻明重。[1]

《诈伪律》第二十四条规定：“诸诈陷人至死及伤者，以斗杀伤论。[谓知津河深泞，桥船朽败，诳人令渡之类。]”因欺骗人陷入危险的诈陷行为的结果而致杀伤人的，不是谋杀已杀、谋杀已伤，以斗杀伤论处。但是，对于诈陷这一原因行为的结果，没有关于未杀伤人的未伤规定。诈陷造成的已杀、已伤与诈陷造成的未伤之间，根据诈陷这一原因行为的结果而存在近似性。从结果来看，已杀、已伤是重行为，未伤是轻行为。以诈陷这一原因行为的结果为理由，《诈伪律》第二十四条不是以谋杀已杀、谋杀已伤而是以斗杀伤来论已杀、已伤这一重行为，所以，未伤这一轻行为即使没有规定，也不应以谋杀未伤而应以斗殴未伤来论，根据《斗讼律》第一条：“诸斗殴人者，笞四十；[谓以手足击人者。]伤及以他物殴人者，杖六十；[见血为伤。非手足者，其余皆为他物，即兵不用刃亦是。]伤及拔发方寸以上，杖八十。若血从耳目出及内损吐血者，各加二等。”当笞四十。这就是举重明轻的事例。

《杂律》第四条(【事例15】所揭)规定在街道和人群中驰行车马等原因行为的结果而致杀伤人的，按斗杀伤减一等处理的情况下，作为同样的原因行为的结果而致杀伤畜产的，附加减价后的赔偿。据此，《杂律》第六条规定：“诸施机枪、作坑阱者，杖一百；以故杀伤人者，减斗杀伤一等；若有标识者，又减一等。”设置网和陷阱这样的原因行为的结果而致杀伤畜产的，应附加减价后的赔偿。但是，对于《诈伪律》第二十四条规定的诈陷这一原因行为的结果而致杀伤畜产是否应附加减价后的赔偿，没有规定。由于在《杂律》第六条规定的原因行为的结果而致杀伤人的，按斗杀伤减一

1　关于《诈伪律》第24条问答，戴炎辉叙述为“似以举重明轻条为据，但此系合理解释”，也作“先用理法(轻重相举亦为其一种)”解释。参见戴炎辉：《唐律通论》，第454页；戴炎辉：《唐律各论》，第245页上段。黄源盛主张：“诈骗人和殴人，虽在造成的行为后果及所处的刑罚上，有其相似之处，但法律上，性质并不相同。本例若论以‘不应得为’或尚称得宜，唯若如《疏》议言其为‘举重明轻’，而以‘殴打人不伤罪’处断，于法理言，并不妥适，盖此为‘入罪’而非‘出罪’也。”周东平认为“存疑”。参见黄源盛：《唐律轻重相举条的法理及其运用》，第315—316页；周东平：《“举重以明輕、举輕以明重”之法理補論——兼論隋律立法技術的重要性》，第387页。之所以如此，是因为“举重明轻”的文字只意味着举重明轻。

等处罚,作为诈陷这一原因行为的结果而致杀伤人的,以斗杀伤论。《杂律》第六条规定的原因行为的结果而致杀伤畜产与《诈伪律》第二十四条规定的诈陷这一原因行为的结果而致杀伤畜产之间,由于是结果加重的原因行为而致杀伤畜产,所以存在近似性。从结果造成杀伤人的刑名来看,《杂律》第六条规定的原因行为是轻行为,诈陷这一原因行为是重行为。对《杂律》第六条规定的原因行为这一轻行为的结果而致杀伤畜产的,《杂律》第四条附加减价后的赔偿,所以,诈陷的原因行为这一重行为造成杀伤畜产的,即使没有规定也应附加减价后的赔偿。这是举轻明重的事例。[1]

【事例 17】《斗讼律》第二十八条疏

> 子孙于祖父母、父母,情有不顺而辄詈者,合绞;殴者,斩。律无“皆”字,案文可知:子孙虽共殴击,原情俱是自殴,虽无“皆”字,各合斩刑。下条“妻妾殴夫之祖父母、父母伤者,皆斩”,举轻明重,皎然不惑。

引用《名例律》第五十条以示举轻明重。《斗讼律》第二十九条规定:“诸妻妾詈夫之祖父母、父母者,徒三年;殴者,绞;伤者,皆斩。”妻妾殴伤夫之祖父母、父母的,都应当处以斩刑。因为有“皆”这个字眼而不得减轻共同殴伤的从犯。《斗讼律》第二十八条规定:“诸詈祖父母、父母者,绞;殴者,斩;过失杀者,流三千里;伤者,徒三年。”子孙殴打祖父母、父母的,当斩。根据举轻明重原理,殴伤也当斩。因为没有“皆”的字眼,共同殴打的从犯减轻为流三千里。[2] 这比妻妾共同殴伤丈夫的祖父母、父母之从犯为斩刑要轻。为了改正这个不合理之处而采用举轻明重。对于妻妾来说,丈夫的父母是期亲,丈夫的祖父母是大功亲,对于子孙来说,父亲是斩衰亲,母亲是齐衰三年亲,祖父母是期亲。妻妾殴打丈夫的祖父母、父母,与子孙殴打、殴伤祖父母、父母之间,因为殴打、殴伤尊属而存在近似性。从服纪来看,妻妾殴打、殴伤丈夫的祖父母、父母是轻行为,子孙殴打、殴伤祖父母、父母是重行为。既然《斗讼律》第二十九条把妻妾殴打丈夫的祖父母、父母此等轻行为皆处以斩刑,那么,子孙殴打祖父母、父母此等重行为就应当皆处以斩刑。[3]

【事例 18】《擅兴律》第二十条问答

---

1 参见戴炎辉:《唐律各论》,第 245 页上段;律令研究会编:《譯註日本律令八 唐律疏議譯註篇四》,第 83—84 页,注 7;周东平:《“举重以明軽、举軽以明重”之法理補論——兼論隋律立法技術的重要性》,第 387 页。

2 参见本文注 31。

3 参见戴炎辉:《唐律通论》,第 454 页;戴炎辉:《唐律各论》,第 198 页下段;律令研究会编:《譯註日本律令五 唐律疏議譯註篇一》,第 303 页;黄源盛:《唐律轻重相举条的法理及其运用》,第 316—317 页;周东平:《“举重以明軽、举軽以明重”之法理補論——兼論隋律立法技術的重要性》,第 388 页。

问曰：私有甲三领及弩五张，准依律文，各合处绞。有人私有甲二领并弩四张，欲处何罪？

答曰：畜甲、畜弩，各立罪名，既非一事，不合并满。依《名例律》："其应入罪者，举轻以明重。"有甲罪重，有弩坐轻；既有弩四张已合流罪，加一满五，即至死刑，况加甲二领，明合处绞。私有弩四张，加甲一领者，亦合死刑。

引用《名例律》第五十条以示举轻明重。关于私有禁兵器的《擅兴律》第二十条规定："诸私有禁兵器者，徒一年半；弩一张，加二等；甲一领及弩三张，流二千里；甲三领及弩五张，绞。"私有一张弩处以徒二年半，私有一领甲和三张弩处以流二千里，私有三领甲和五张弩的当绞。对于同一个人同时私有甲和弩时，私有甲和私有弩这两个罪成立并合罪。[1] 根据《擅兴律》第二十条流二千里时私有甲和弩的对应数量，甲一领相当于弩三张，但如果将应处以绞时的私有甲和弩的数量合起来看的话，就没有那样的对应关系，所以私有甲和弩的数量无法合计。同一个人私有二领甲和四张弩的，不能看作私有三领半甲，或者私有十张弩。《名例律》第四十五条规定："诸二罪以上俱发，以重者论；等者，从一。……其一事分为二罪，罪法若等，则累论；罪法不等者，则以重法并满轻法。"确定了"一事分为二罪"的处断方法，也就是说，以绢的疋数这一共同单位可以合计赃额的两个以上的赃罪作为并合罪，通过累科、并满、倍折这样的计算法来决定刑名的处断方法不适用于此。根据《名例律》第四十五条的原则，将私有甲与私有弩分别作为不同罪，比较两者刑罚的轻重来决定刑名。《擅兴律》第二十条是私有二领甲与私有四张弩同样处以流二千里，所以按照其中之一处以流二千里。这样的话就比私有三领甲的绞刑要轻。为了改正这个不合理之处而采用举轻明重。私有弩与私有甲之间因为私有禁兵器而存在近似性。私有一张弩是徒二年半的轻行为，私有一领甲是流二千里的重行为。私有四张弩是流二千里，私有五张弩是绞刑。对于私有四张弩加上私有一张弩这样的轻行为，据《擅兴律》第二十条处以绞刑，所以，对私有四张弩加上私有一领甲乃至二领甲这样的重行为，应当处以绞刑。[2]

---

1 有关唐律并合罪的处断方法，参见律令研究会编：《譯註日本律令五 唐律疏議譯註篇一》，第284—289页。

2 参见戴炎辉：《唐律通论》，第454页；戴炎辉：《唐律各论》，第127页下段；律令研究会编：《譯註日本律令七 唐律疏議譯註篇三》，第49页；黄源盛：《唐律轻重相举条的法理及其运用》，第316页；周东平：《"举重以明軽、举軽以明重"之法理補論——兼論隋律立法技術的重要性》，第388页。滋贺秀三认为作为一个"异样的例子"，"其论据不是一事分为二罪(名)，而是举轻明重。作为前提，还是因为把私有禁兵器作为一件事来把握才成立的解释，论理的实质与一事分为二罪不同"。参见律令研究会编：《譯註日本律令五 唐律疏議譯註篇一》，第304页。

举重明轻的【事例 1】【事例 3】【事例 4】将刑名未定的行为作为无罪,【事例 16】前半部分决定刑名,【事例 2】【事例 5】【事例 6】允许减等。这些是确定刑名未定行为的刑名(包括无罪)。与此相对,【事例 7】是对从现有的律条中得到的不合理的刑名,以举重明轻之名义进行修改。

举轻明重的【事例 8】【事例 10】是确定刑名未定行为的刑名。【事例 9】是排除荫适用于该行为的刑之减免,【事例 11】至【事例 13】是该行为应入十恶,【事例 14】是对该行为附加除名,【事例 15】和【事例 16】后半部分是对因该行为而致杀伤畜产的附加减价后的赔偿。【事例 9】和【事例 11】至【事例 15】及【事例 16】后半部分,是对刑名既定的行为确定适用附加性措施是否妥当。相对于此,【事例 17】【事例 18】是对从既存律条得出的不合理的刑名,以举轻明重之名义进行修改。

因此,举重明轻、举轻明重是"应处断现有法条未规定刑名和附加措施的甲行为时,为补充法的欠缺,在比较与甲行为之间存在近似性的乙行为和甲行为的轻重的基础上,将处断乙行为的法条和附加措施援用于甲行为的技法",并且,"现有法条对甲行为规定的刑名存在不合理时,为了修改这种不合理,在比较与甲行为之间存在近似性的乙行为和甲行为的轻重的基础之上,将处断乙行为的法条的刑名援用于甲行为的技法"。这是在举重明轻、举轻明重被适用的情形下,以《名例律》第五十条"断罪无正条"这类字句作为前提,例如小野清一郎理解的"不拘泥于必要的处罚,不存在与此相当的条文的情形"等,[1] 但几乎没有人指出来。

---

1 小野清一郎:《唐律における刑法総則的規定》,第 327 页。

再论旧中国诉讼顾问之“讼师”的合法性*

[日]佐立治人** 著 魏 敏*** 译

一、“讼师”在法律上的地位

笔者在论文《论旧中国法律公开的方法》中进行了如下阐述：[1]在旧中国，所有关于百姓的法律都是公开的，百姓为了保护自己不受官员的侵害、为了保护自己的权利，可以向审判官请求适用公开的法律。不过，虽然说法律向百姓公开，但对于大多没有接受过科举考试学习的普通百姓而言，很少有机会阅读法律条文，即使有机会阅读，要理解其意思也很难。于是，普通百姓为了保护自己权利向审判官提出适用法律——诉讼（或者反诉）时，就需要有人能帮助其判断自己的主张是否符合法律，需要有人代写能准确向审判官传达自己有该权利的诉讼文书。而支付金钱就能雇到这种为自己的诉讼提供咨询意见的诉讼顾问，这些顾问在旧中国被称为“讼师”。明律《刑律》下“诉讼”之“教唆词讼”条有如下规定：

> 凡教唆词讼及为人作词状，增减情罪，诬告人者，与犯人同罪。若受雇诬告人者，与自诬告同。受财者，计赃以枉法从重论。其见人愚而不能伸冤，教令得实，及为人书写词状，而罪无增减者，勿论。

该条文文末所说的“其见人愚而不能伸冤，教令得实”和“为人书写词状，而罪无增减”这两点正是讼师的业务内容。“伸冤”的“冤”即“屈”的意思，表示权利被委屈的状态。对于这两点，法律条文规定“勿论”，可见开展该两方面的业务内容在明律下并没有被禁止。然而，旧中国讼师的执业是违法的这一误解在学界中根深蒂固，这是

---

* 本文原题为《旧中国の訴訟アドイザー——訟師の合法性について》，载《關西大學法學論集》第67卷第5号，2019年，第1—20页。

** 佐立治人，日本关西大学教授。

*** 魏敏，华东政法大学法律学院讲师。

1 佐立治人：《旧中国の法律公開の方法について》，载《關西大學法學論集》第66卷第5、6号。

怎么一回事呢?

二、讼师违法说之再探讨

(一) 南宋的讼师

在中国,帮助他人诉讼的诉讼顾问早在春秋时代就已经出现了,如郑国大夫邓析(《吕氏春秋》"审应览"之"离谓")。但是,诉讼顾问被称为"讼师"的历史则没有那么久远,仅管见而言,这是南宋以后的事。收集了南宋地方官的裁判文书的《名公书判清明集》卷八中刘后村(名克庄,1187—1269年)在"继绝子孙止得财产四分之一"这一判词中有"为囚牙讼师之所鼓扇"的记载[1],同书卷十二及卷十三收录的蔡久轩(名杭,绍定二年[即1229年]进士)在"讼师官鬼""哗鬼讼师"的判词中也有"讼师"一词出现。[2] 另外,文天祥《文山集》卷十六"知潮州寺丞东严先生洪公行状"中写有"此囚牙讼师,去则吾民妥矣"。

而《名公书判清明集》卷十二收录的方秋崖(名岳,1199—1262年,绍定五年[即1232年]进士,秋崖为其号)在"惩教讼"的判词中虽然没有使用"讼师"一词,将帮助老百姓诉讼的人称为"教讼之人",并对其科以刑法,其言道:[3]

> 袁自韩文公时,称为民安吏循,守理者多,则其风俗淳厚,盖已久矣。不知何时有此一等教讼之辈,不事生业,专为嚣嚣,遂使脑后插笔之谣,例受其谤。为长吏者,要当为尔袁一洗之。太守入境之初,犹未交印,纷然遮道,谕遣复前。已厌其为喜讼矣。有一髽者,试呼而问曰:"年几何?"曰:"十二。""能书乎?"曰:"不能。""则状谁所书也?"曰:"易百四郎。"心已知其为教讼之人。不可不追。问所以,则又有甚焉。盖易从□铺也。岂不知年尚幼,法不当为状首,而教之讼,其罪一。陈念三,后夫也,法不当干预前夫物业,而教之讼,其罪二。新知县方到,未给朱记,法不当为人写状,而教之讼,其罪三。初开杖封政,当断以奸猾,以厚风俗。从轻杖一百,枷项本州,其四县各令众五日,镂榜晓谕。后有教讼,非杖一百所能断也。勉自改业,毋犯有司。

---

1 中国社会科学院历史研究所宋辽金元史研究室点校:《名公书判清明集》,中华书局1987年版,第251—257页。

2 同上书,第441、481—483页。

3 同上书,第479—480页。

关于判词，大泽正昭在其著作《表达主张的"愚民"们：传统中国的纷争及其解决方法》中提出了"易百四郎为何会被处以重刑"这一疑问，[1]在列举了方秋崖所言三个罪状后，他论述道："无论怎样，这种表述方法说明了易百四郎这些恶劣事迹不是方秋崖最重视的。那么，他到底认为什么重要呢？即易百四郎是无视法律规定教唆诉讼的'教讼之人'"。书中接着论述，虽然"无视法律"，易百四郎被罚的理由在于其是"教讼之人"这一点。但是，笔者认为以"其罪一""其罪二""其罪三"将易百四郎违反法律的情形逐个列举的判词正说明了审判官员对其违反法律行为的重视，并不能由此得出结论认为"易百四郎这些恶劣事迹"——违反法律的情形不是审判官员"最重视的"。易百四郎被惩罚的，不在于他是"教讼之人"，而在于他"无视法律"。而"无视法律"的行为被惩罚是理所当然的。

大泽在该著作中，接着又引用了《论语》颜渊之"子曰：'听讼吾犹人也。必也使无讼乎'"，他论述道："地方官的理想并不是'名审判'，而是要实现'狱空'，也就是说使关押犯人的地方空置才是其理想……从这个观点来看，给原本纯朴的普通百姓灌输多余的智慧、搅乱当地的风俗，结果给官府增添麻烦的人，是无论如何都要惩戒、彻底根除的存在。因此，也就能理解方秋崖为何不仅对其处以严厉刑罚，而且还在判词的末尾强调惩戒不足的训诫。"但是，笔者认为，虽然说无讼是地方官的理想，却不能仅仅以其给委托人提供意见为由而处罚"教讼之人"。因为并不存在这样的法律规定。如果仅就方秋崖所言"后有教讼，非杖一百所能断也"来看，"教讼"本身似乎是一种罪行。但是，这句话的解读不应该只停留在字面，其指为"后有（违法）教讼"。给委托人提供意见过程中违反法律、或者给委托人提供意见的结果导致委托人违反法律，才是"教讼之人"的罪行。

（二）明清的讼师

上文列举明律"教唆词讼"条为清律"刑律""诉讼"之"教唆词讼"条所沿袭。由此可见，"其见人愚而不能伸冤，教令得实"和"为人书写词状，而罪无增减"这两部分讼师的业务在明清时代应该都没有被禁止。张伟仁在其"清代司法组织概述之一"中指出："讼师只要不教唆诬告，应该是不被禁止的""清代并没有禁绝讼师的存在，只是管制得很严格"。[2]

---

1 大泽正昭：《主張する〈愚民〉たち——伝統中国の紛争と解決法》，角川书店 1996 年版，第 32—33 页。

2 张伟仁辑著：《清代法制研究》，载《"中研院"历史语言研究所辑刊》，"中研院"历史语言研究所 1983 年版，第 157 页。

不过,夫马进在《明清时代的讼师和诉讼制度》中提出[1]“在中国,……探讨律师制度时,……通常认为:不同于律师是国家公认的存在,讼师是被国家所禁止的……”,[2]“讼师被作为非法的存在而被禁止……”,[3]“讼师……被国家一贯地视为非法的存在”(同页),[4]“讼师代作状纸被禁止”,[5]“讼师是国家无论如何也不认可的”,[6]“不得不彻底地禁止和打压帮助老百姓诉讼的讼师”。[7] 此外,夫马进在“讼师秘本的世界”中,[8]也主张“作为职业人的讼师在国家法的层面上是被禁止的”,在《中国诉讼社会史概论》[9]中,也表述了“(讼师)被官府……一直禁止打压”。

不过,夫马进在《明清时代的讼师和诉讼制度》注1中所举的尤英夫著书和周奔的作品,笔者并未得见,不知道两书以何种依据来判断讼师为国家所禁止,但无论如何,并没有史料表明有相关法律禁止讼师的执业。关于清代禁止讼师执业的史料,夫马进论文中所举的只有一则,即《刑案汇览》卷四十九“刑律”下“诉讼”之“教唆词讼”中的“为人代作呈词五六次”。关于这则史料本文将在下文说明。

三、“教唆词讼”一词

明清时代禁止讼师执业这一误解由来已久,或许是缘于明清律的刑律之“诉讼”的“教唆词讼”条中“教唆词讼”一词被误解。教唆词讼条中“教唆词讼,及为人作词状,增减情罪,诬告人者,与犯人同罪”这一条文并不是说“教唆词讼”者和“为人作词状,增减情罪,诬告人”者这两者“与犯人同罪”。正如第一节所述,其正确的含义是“教唆词讼,增减情罪,诬告人”者和“为人作词状,增减情罪,诬告人”者这两者“与犯人同罪”。如果我们认定“教唆词讼”就“与犯人同罪”,那逻辑上就会出现问题。首先,这里的犯人是指文中所言被“教唆词讼”而提起诉讼的人,而仅仅是被教唆提起

1　夫马进:《明清時代の訟師と訴訟制度》,载梅原郁编《中国近世の法制と社会》,京都大学人文科学研究所1993年版。

2　周奔编著:《律师业务知识》,广西人民出版社1985年版,第437页。

3　同上。

4　同上。

5　同上书,第455页。

6　同上书,第473页。

7　同上书,第474页。

8　夫马进:《訟師秘本の世界》,载小野和子编《明末清初の社会と文化》,京都大学人文科学研究所1996年版,第231页。

9　夫马进:《中国訴訟社會史概論》,载夫马进编《中国訴訟社會史の研究》,京都大学学术出版会2011年版,第60页。

诉讼这个行为本身并不会构成任何罪行,犯人无罪,"教唆词讼"也就无法"与犯人同罪"。由是,明清律的教唆词讼条中的"教唆词讼"一词并不能孤立地解读,必须和下文的"增减情罪,诬告人"这一表述结合起来理解。

如是,明清时代各种史料中即使是单独出现的"教唆词讼",也有必要将其理解为"教唆词讼,增减情罪,诬告人"这一含义。以明清时代的史料中出现的"必惩教唆词讼者"为由,即认为明清时代禁止建议尽早提起诉讼,这一结论的得出未免失之仓促,必惩的实际上是教唆词讼来诬告他人的行为。

夫马进在《明清时代的讼师和诉讼制度》中论述道:"'教唆词讼'是教唆其提起不必要的诉讼……《湖南省例成案》中主要和代作呈词的事件关联起来叙述。类似这种"教唆词讼"和代作呈词关联出现的史料极多"。[1] 但是,如同上文所述,"教唆词讼"一词的含义是教唆其诬告,并非"教唆其提起不必要的诉讼"。夫马进论文中所举《湖南省例成案》"刑律"下"诉讼"卷十"教唆诉讼"之"严禁棍徒唆讼包讼"中记载如下:

> 若无唆讼之人,为之设谋画策,舞弄刀笔,以小作大,驾轻为重,则健悍之性,亦苦於无施。乃有讼师,遇小民一时气愤,辄挑唆告状,诱人犯法。而见有健讼之辈,尤喜其奸得售。海市蜃楼,任其驾捏,只图告准,不顾审虚。

这段史料并没有将"教唆词讼(唆讼)""主要和代作呈词的事件关联来叙述",其所言"以小作大""驾轻为重""诱人犯法""海市蜃楼""任其驾捏""不顾审虚"是结合诬告而言,这一点一目了然。而放眼其他史料,也都是将"教唆词讼"和诬告相结合而言。

夫马进在其论文中接着论述道:"'教唆词讼'是明律和大清律例规定的禁止条款的标题,其规定了'凡教唆词讼,及为人作词状,增减情罪,诬告人者,与犯人同罪'。但要在实际的案件中去证明欲起诉的当事人和教唆当事人起诉的人如何具体地接触则极为困难。较容易证明的是呈词是否是由他人代作。或许这是'教唆词讼'一词和呈词代作关联出现在各种史料中的原因吧。"但是,关于呈词的代作,正如夫马进在论文中所论述的,[2] 因为在明清时代没有被禁止,呈词是否由他人代作在审判中没有必要进行证明。而在此必须证明的是:在判明起诉一方当事人是诬告的时候,是否有人教唆其诬告或者代写呈词使得罪情增减。

---

1 夫马进:《明清時代の訟師と訴訟制度》,第 453 页。

2 同上书,第 445 页。

夫马进在论文中接着又论述道:"清代对'教唆词讼'的处罚极其严厉。如《刑案汇览》中有如下案件,一位70岁以上的老讼师'代人作词五纸,皆系寻常案件,并无串通吏胥、播弄乡愚、恐吓诈财情弊',即便如此,还是被作为'积惯讼棍'被问以充军之罪,判决减一等执行满徒之刑罚。也就是说,在这个案子中,他……仅仅是代作了五枚呈词即构成了罪状。"[1]但是,代作呈词本身应该不会被问罪。夫马进论文中在此引用的《刑案汇览》卷四十九"刑律"下"诉讼"之"教唆词讼"中"为人代作呈词五六次"记载如下:

> 安抚(安徽省巡抚)咨(刑部)。外结(应在外省确定刑罚)徒犯(罪当徒刑的犯人)徐学传代人作词五纸。皆系寻常(与人命无关)案件。并无串通吏胥、播弄乡愚、恐吓诈财情弊。应于积惯讼棍军罪上量减一等满徒。年逾七十,系讼师为害闾阎,不准收赎。嘉庆二十五年(1820年)案(刑部的判决文)。

虽然该案件标题"为人代作呈词五六次"容易被误解为代作呈词这个行为本身为其罪状,但需要注意的是该案件本身被置于"教唆词讼"这一项之下。也就是说,徐学传代作的五纸呈词都为诬告对方之呈词。邱澎生在"十八世纪清政府修订'教唆词讼'律例下的查拿讼师事件"中,[2]将此表述为"老讼师徐学传代人诬告'寻常案件'",正确地解析了本案的内容。

所谓"积惯讼棍军罪"指的是清律中教唆词讼条所附条例规定的罪行。该条例条文如下:"审理词讼,究出主唆之人,除情重赃多实犯死罪及偶为代作词状,情节不实者,俱各照本律(教唆词讼条)查办外,若系积惯讼棍,串通胥吏,播弄乡愚,恐吓诈财,一经审实,即依棍徒生事扰害例("刑律"下"盗贼"之"恐吓取财条所附条例"),问发云贵两广极边烟瘴充军"。本案中的"串通吏胥、播弄乡愚、恐吓诈财"等表述正是该条例所用之表述。该条例适用于教唆诬告者为"积惯讼棍"的情形,由此可以知道,本案适用该条例说明了徐学传是教唆诬告者。

夫马进在上述"讼师秘本的世界"中[3]提出"以金钱为报酬代作诉讼文书被称为'教唆词讼',虽然在国法上被严格禁止",但"教唆词讼"并不是"以金钱为报酬代作诉讼文书",而禁止"以金钱为报酬代作诉讼文书"的"国法"就管见而言并不存在。

---

1 夫马进:《明清時代の訟師と訴訟制度》,第454页。

2 邱澎生:《十八世纪清政府修订"教唆词讼"律例下的查拿讼师事件》,载《"中研院"历史语言研究所集刊》第七十九本第四分,2008年版,第669页。

3 夫马进:《訟師秘本の世界》,第195页。

四、讼师代作呈词业务的合法性

清代并没有禁止讼师为委托人代写诉讼文书的相关内容（以下称为“呈词”）。清律教唆词讼条所附条例中，有规定如下：[1]

> 内外刑名衙门，务择里民中之诚实识字者，考取代书。凡有呈状，皆令其照本人情词，据实誊写。呈后，登记代书姓名。该衙门验明，方许收受。如无代书姓名，即严行查究。其有教唆增减者，照律治罪。

关于本条例，吴坛在《大清律例通考》中对此说明如下：“此条系雍正七年（1729 年）定例。查原例专指直省府州县而言。至雍正十三年（1735 年），又有在京刑名衙门设立代书之例。乾隆五年（1740 年）馆修，并为一条，以便内外画一遵行”。[2]

这个条例粗看或许会被认为是规定了只能由官司选定的代书才可以代作呈词，但却并非如此。这一条例只是规定了只能由官选的代书可以将欲起诉一方带来的预先作成的呈词、或根据其要求由官选的代书作成的呈词誊写在正式诉讼文书的纸张之上。由此，这个条例并没有禁止向官府提出诉讼文书的当事人预先委托讼师代作呈词。

《光绪会典事例》（《清会典事例》中华书局）卷八百十九，刑部九十七，“刑律”下“诉讼”中的“教唆词讼”中记载了如下事例（则例）：

> 乾隆十二年议准。一应词状，必须代书据实填写。不得假手讼师。定例已属周详。惟是各该衙门，或奉行不实，致使讼师代书串通作弊。一应呈状，虽登代书之名，实出讼师之手。狼狈为奸，势所难免。应通行直省督抚，转饬各属，遵照定例，严禁代书，不许将他人写就呈状，擅登姓名。

这个事例（则例）粗看似乎容易被认为是全面禁止官选的代书将讼师代作的呈词誊写到正式诉讼文书的纸张上，但实不然也。该事例禁止的是官选的代书和讼师勾结，将呈词交由讼师来作。“严禁代书，不许将他人写就呈状擅登姓名”中的“他人写就

1 该条例参见律令研究会编：《（熊本藩訓訳本）清律例彙纂（4）》，汲古书院 1982 年版。

2 马建石等编：《大清律例通考校注》，中国政法大学出版社 1992 年版，第 899 页。

呈状”指的是向官府提起诉讼一方带来的事先作成的呈词、以及接受其委托官选的代书代作的呈词以外的由第三人假冒官选代书之名作成的呈词。[1] 这个事例并没有禁止官选的代书誊写向官府提起诉讼一方预先请讼师代作的呈词。

《光绪会典事例》卷八百十九同项中,还记载了嘉庆二十二年(1817 年)制定的如下条例:

> 凡有控告事件者,其呈词,俱责令自作。不能自作者,准其口诉。令书吏及官代书,据其口诉之词,从质书写。

此处的“责令自作”若是“必须自作”,那确实可以认定为禁止讼师为委托人代作呈词。但这里规定的是“责令”,责成其自作呈词,即规定其尽量自作呈词,并没有进一步禁止提起诉讼一方委托讼师代作呈词。按照同书同一项下记载的嘉庆二十二年谕,该条例是针对刑部的提议——即提出若今后呈状末尾未明记代作者姓名则不受理,皇帝提出反对意见——即使如此制定法律,代作者可能会用假名(来规避这一规定),由此提出了这一替代方案。因此,这个条例成立的前提就是讼师代作呈词的存在。

综上所述,清代并不存在禁止讼师为委托人代作呈词的法律。也就是说,讼师代作呈词的业务并不违法。夫马进在论文《明清时代的讼师和诉讼制度》中,[2] 以清末的一位知县所写批示为据,指出“批示是针对提出状纸的当事人给出的,其中部分的内容确实如此,但后来知县话锋一转,变成了对讼师的斥责。当然,讼师代作状词是被禁止的,但是知县却是以讼师代作为前提的”“虽然讼师是被禁止的,但知州、知县和幕友还是想定告状一方当事人有讼师”。如上所述,清代并没有禁止讼师代作呈词,所以知县将状纸“以讼师代作为前提”也就不足为奇了。

五、“严禁讼师”一语

史料中出现的“严禁讼师”的“禁”和上文所举乾隆十二年的事例中出现的“严禁代书”的“禁”一样,是制止的意思,而不是禁绝的意思。例如,《光绪会典事例》卷一百一十二“吏部”下“处分例“中的“严禁讼师”这一标题下记载了雍正三年(1725 年)

1　“不许擅登姓名”即指不可以直接在此“他人写就呈状”写下官代书的名字作成新的呈词。——译者注

2　夫马进:《明清時代の訟師と訴訟制度》,第 455 页。

奏准的则例:“凡写呈词之人,令写录实状控告。若教唆词讼、增减情罪、诬告并驾词越告,以致伤财害俗者,令地方官严拏,照律例从重治罪……若明知讼师诱惑愚民教唆诬捏登事,仍复徇畏不报,经上司访拏,将该地方官照奸棍不行查拏例,降一级调用。”从这个内容来看,显而易见,“严禁讼师”这一标题的含义就是“严行制止讼师(教唆诬告)”。

另外,清代于成龙《于清端政书》(《影印四库全书》收录)卷七“兴利除弊条约”中记载了如下禁约:“一、严禁讼师。两江(江南和江西)地方俗尚健讼,小忿辄装大案,远事捏称新冤。载鬼张弧(《易经》睽。疑神疑鬼之意),问官,无从诘审。揆厥所由,皆缘奸恶讼师,不照本人据事直书,采捏株连,希图耸听。及准理之后,两造(原告和被告)茫然。更且从中主唆,恐吓诈骗。未及对簿而原被之身家几倾于讼师之手。言之,殊堪发指。示后,代书止许直书情事,不得别有增减。仍填代书名。如审有虚诬者,提(传唤)代书,从重严究。其有过恶昭著讼师,地方官并访拿解辕门(衙门的外门)。处死不贷”。从这个禁约的内容来看,禁约开头所列“严禁讼师”一语的意思毫无疑问就是“严行制止讼师(代作呈词增减事情)”。

结　语

夫马进在其论述明清时代讼师的相关论文中阐述了讼师的执业违法,本论文对此进行了反驳。但是,除了这一点误解以外,夫马进对旧中国讼师的本质提出了准确的理解:即旧中国的讼师对权利被侵害的普通百姓给予法律方面的建议,代作发挥作用的呈词,普通百姓在讼师这一诉讼顾问的帮助下保护了自己的权利。例如,其在论文中论述“讼师必要性的产生源于诉讼制度本身”,[1]“不具备法律知识的老百姓雇来讼师对抗官僚、胥吏和差役”、[2]介绍讼师职业道德相关的史料,[3]等等。如果读者在脑海中对讼师业务本身并不违法有一个正确认识,同时再阅读夫马进的相关论文的话,那应该会对旧中国的讼师有更全面的理解。

---

1 夫马进:《明清時代の訟師と訴訟制度》,第465页。

2 同上书,第468页。

3 夫马进:《訟師秘本の世界》,“第一节”。

明钞本《皇明条法事类纂》调研纪实*

[日]猪俣贵幸　丰嶋顺挥** 著　魏　敏*** 译

前　言

平成30年(2018年)7月9日,明律研究会在东京大学综合图书馆(东京都文京区本乡7-3-1)对该馆收藏的明钞本《皇明条法事类纂》(下文统称为《事类纂》)进行了调查,[1]借此机会也阅览了东京大学综合图书馆和史料编纂所收藏的明代史料。此次调查的参与者如下:井上充幸(本校文学院教授)、猪俣贵幸(本校博士生)、祁苏曼、丰嶋顺挥、堤美咲(后三位是本校硕士生),共计五名。

本调查纪实总结了相关史料的解题和研究状况,并在此基础上补充了此次调研的结果。

---

* 本文原题为《明鈔本〈皇明條法事類纂〉原本調查記》,载《立命館史學》第39期,2018年,第129—162页。

** 猪俣贵幸,日本立命馆大学文学研究所东洋史学博士研究生;丰嶋顺挥,日本立命馆大学文学研究所东洋史学博士研究生。

*** 魏敏,华东政法大学法律学院讲师。

1　本研究会为立命馆大学文学研究科和法学研究科协办的共同研究会。筹备之初目的是研究明人如何理解作为明代法典的《大明律》,以及该法典又是如何被日本所继受,由此,当初以"日中比较法制史研究会"之名设立,平成28年(2016年)下半年获得立命馆大学研究生院研究会活动资助,推进了相关资料的收集和解读。平成29年(2017年)改名为"明律研究会",为了通过解读明代的判牍(裁判文书)来解析地方司法的实际情形,着手解读《四川地方司法档案》。不过,这些判牍的解读需要对明代司法和文书行政方面有高度的专业知识,研究会成员们因此没能取得显著的成果。为了打破这一困境,研究会邀请专门研究明代司法的专修大学法学院副教授加藤雄三氏,开展了史料讲读的工作坊,在解读明代档案方面获益良多。当时选用的教材就是《皇明条法事类纂》。今年本研究会在本校文学院教授井上充幸先生的指导下,以"明代司法文书的实际情形:从中央和地方的观点出发"为主题,精读该书卷四十七刑部类。

一、关于明抄本《皇明条法事类纂》

首先是明抄本《事类纂》的基本相关信息。该史料现存于东京大学综合图书馆的贵重书库中(索书号为 A00-6290)。

原书有黄色封面,笺书写有“皇明条法事类纂”,其下方记载了卷数。书册的大小为竖 291 毫米×横 190 毫米。察其行款,每半页 13 行,纵高 215 毫米,横长 153 毫米,蓝格,格宽 12 毫米。[1] 文字一行约书写 21 字(抬头部分 26 字),抬头时则在其后空出几个字的位置后再行书写。字体多样,表明是由多人分配抄写而成。

该书是明治 34 年(1901 年)5 月,市村瓒次郎氏出差去北京时得到的,并托付给陆军带回日本,所以赠给东京帝国大学附属图书馆的名义人是竹中陆军大佐。[2] 其后,在关东大地震之际因正好被文学院研究室借出而幸免于难。昭和年间,该书被混杂在普通书籍之中,经长泽规矩也提议,被作为珍贵书籍收藏。[3]

该书原本为 64 册的线装本,现在每 5—6 册合订,共装订合订本 13 卷,按照西方风格用皮革作为封面。这 13 册通常被记作 50 册 10 卷、不分卷 3 卷,这是因为改订之时仅将与封面题笺中有卷数标记的线装本 50 册作为主要部分,剩下的 14 册归总为不分卷。原本是两册为 1 卷,结果后半卷被混入不分卷的部分,参照时非常不方便。不过,关于这个问题,大泽氏标示了经过整理的前 22 卷的目录,[4] 德永洋介氏制

---

1 关于明代的抄本,《书林清话》卷十“明以来抄本“条中介绍了当时贵重的抄本的种类和体裁。一般而言,明抄本的罫线颜色分为黑格、红格、蓝格、绿格和无格。黑格、红格和其他相比年代较远,现存明抄本中蓝格本和无格本最多。

2 根据东京帝国大学附属图书馆的藏书印,捐赠的日期为明治 34 年(1901 年)10 月 1 日,第 1 册封底有“陆军步兵大佐竹中安太郎氏捐赠”。根据“市村博士年谱略”,市村瓒次郎氏在明治 34 年以前到访中国两次,分别为:“同廿五年廿九岁。七月,任学习院教援,叙从七位。同月,因史迹查访出差去中国(原文为支那)。南访长江流域上庐山,至武昌、汉江;北经芝罘、天津赴北京,过长城至张家口,九月归北京卧病月余,十一月归朝。”“同卅四年卅八岁五月,出差去中国(原文为支那)北京,调查团匪之乱后的紫禁城以及文渊阁四库全书、内阁东大库等的典籍。”市村氏被任命为东京帝国大学文科大学副教授是在明治 31 年,和该书被捐赠给东京帝国大学的事实相对照来看,应该是他在出差中得到的。关于在北京如何获得本书,现阶段根据市村氏相关的著作和记录无法确认。不过,长泽规矩也 1996 年写到“我多次听该博士以此书为傲”,此处以此为据。

3 这一过程作为长泽氏的回忆,在其 1996 年的著述中可见。

4 大泽显浩:《皇明條法事類纂》载《大手前女子大学論集》三二,“目錄(1):五刑、名例、吏部、户部、礼部”,1998 年。

作了完整的目录，[1]二者对于《事类纂》的使用者都不可或缺。而且，在现今的数字化存档公开后也可以基于后者进行检索。

率先论及《事类纂》的学者是浅井虎夫氏，在其《中国法典编纂沿革史》中对该书进行了概要性的介绍。[2] 后，仁井田陞对其解题，长泽规矩也、中岛敏、王毓铨、杨一凡、德永洋介等诸多学者也展开了相关解说。下文就根据先前学者们的研究进行总结论述。

（一）御制序、题目及编纂原委

仁井田陞早就指出：《事类纂》卷首所附“御制皇明条法事类纂序”之前半部分附会了“万历重修会典序”（神宗题序），后半部分附会了“正德会典序”（武宗题序）。下文附有将三者进行比较的图表（“御制序对照表”）。另外，仁井田陞对该序文也进行过严密的考证[3]。

长泽氏在其著述中以序为据，[4]认为《事类纂》“在弘治年间奉敕命编修，嘉靖年间又奉敕命续修，其从永乐大典中抄写编修”。但是，仁井田氏反对该说，[5]他认为：会典序文中没有出现对《永乐大典》的相关记述，这也为解读本书总目所附题目——“大明文渊阁抄写永乐大典条法事类纂”提供了线索。其结论论述道：《事类纂》所记载的从天顺末年至成化、弘治年间的内容，不可能出现在永乐年间编纂的《永乐大典》之中，“或许也有可能是后人为了让世人以为该书是永乐大典之抄本而作”。

那么，所作题目、序和总目录皆不可凭信的该书的编纂者——戴金又如何呢？袁炜《兵部尚书龙山戴公金行状》(《国朝献征录》卷三十九)中有详细记载曰：[6]字纯夫，号龙山，一号三难。湖广汉阳人。[7] 正德九年(1514 年)进士，自初任苏州府推官以判士闻名，嘉靖二年（1523 年）被提拔为广西道监察御史。《事类纂》各卷首中有

---

1 德永洋介：《皇明條法事類纂条名目録》，日本学术振兴会科学研究费助成事业基盘研究(C)“元明時代の法制に関する基礎的研究——《皇明條法事類纂》の分析を中心として”（课题号：15K02890）成果报告书，2018 年。

2 浅井虎夫：《中国法典编纂沿革史》，陈重民译，中国政法大学出版社 2007 年版，第 233—234 页。

3 仁井田陞：《舊鈔本〈皇明條法事類纂〉私見》，载《東洋学報》二七（四），1952 年。

4 长泽规矩也：《本書の傳来》，载古典研究会编：《皇明條法事類纂(下册)》，1996 年。

5 仁井田陞：“舊鈔本《皇明條法事類纂》私見”，载《東洋学報》二七（四），1952 年。

6 《国朝献征录》卷三十九，兵部二，袁炜“兵部尚书龙山戴公金行状”而关于其评价，《明世宗实录》卷三百三十六嘉靖二十七年五月辛巳条：“致仕兵部尚书戴金卒。金字纯夫，湖广汉阳人。正德甲戌进士。历官中外三十年，有治才，以巡盐采木，称旨得进用。然执己负气，在本兵不久，为言者劾去。至是卒，赐祭葬如例。”

7 《四库全书总目提要》子部六，儒家类存目二，“三难轩质正”条中为“濮阳人”。

附表御制序对照表

御制皇明条法事类纂序	大明会典神宗题序
朕惟，自古帝王之兴，必创制立法，以贻万世。而继体守文之主，骏惠先业，润色太平，时或变通以适于治。故前主所是著为律。后主所是疏为令。虽各因时制宜，而与治同道、则较若画一焉。朕践阼以来，夙兴夜寐，思绍圣绪。惟祖宗成宪是鉴是式。盖我孝宗皇帝。尝命儒臣戴金，敕编纂述皇明条法事类纂。辑累朝之法令。定一代之章程。鸿纲纤目，灿然具备。逮我世宗皇帝入承。时历四纪，而因革损益，代有异同。乃复下诏重修。续自成化弘治壬戌，迄己酉。载在秘府，未及颁行。	朕惟，自古帝王之兴，必创制立法，以贻万世。而继体守文之主，骏惠先业，润色太平，时或变通以适于治。故前主所是著为律。后主所是疏为令。虽各因时制宜，而与治同道、则较若画一焉。朕践阼以来，夙兴夜寐，思绍休圣绪。惟祖宗成宪是鉴是式。盖我孝宗皇帝。尝命儒臣纂述大明会典。辑累朝之法令。定一代之章程。鸿纲纤目，灿然具备。逮我世宗皇帝入承天序，时历四纪。而因革损益。代有异同。乃复下诏重修。续自弘治壬戌，迄嘉靖己酉。载在秘府，未及颁行。
	大明会典武宗题序
命内阁儒臣，纂辑条格，以续职掌之后，未底于成。继志述事，命官开局，重写永乐大典二万二千二百十一卷，后纂辑成编，条法为五十卷。其义一以职掌为主，类以颁降群书，附以历年事例。使官领其事，事归于职，以备一代之制。仍会府部院寺、大小诸司、面相质订，登进于廷，将欲布之天下。未几而龙驭上宾矣。朕嗣位数载，检阅前帙，不能无鲁鱼亥豕之误。复命内阁，重加参校，补正遗阙。又数月而成。仰惟圣祖，鸿猷盛烈，不能尽述。其大而可见者，例在此书。国是所存，治化所著，皆于此乎云尔。	命内阁儒臣，纂辑条格，以续职掌之后，未底于成。皇考孝宗敬皇帝，继志述事。命官开局，纂辑成编，厘为百八十卷。其义一以职掌为主。类以颁降群书。附以历年事例。使官领其事，事归于职，以备一代之制。仍会府部院寺、大小诸司，面相质订。登进于廷。将欲布之天下。未几而龙驭上宾矣。朕嗣位之四年，为正德己巳。检阅前帙，不能无鲁鱼亥豕之误。复命内阁，重加参校，补正遗阙。又数月而成。仰惟圣祖神宗，鸿猷盛烈，不能尽述。其大而可见者，略在此书。国是所存，治化所著，皆于此乎系。比方励精新政。乙览之余，特敕司礼监，命工刻梓。俾内而诸司，外而群服，考古者有所依据。建事者有所师法。由是而纲举目张，政成化洽，保斯世于无疆。夫岂曰小补之哉。爰序始末，标之简端，以列于皇考御制之次。亦庶以成先志云尔。

“监察御史戴金编次”,因此可以推测编纂时期应该是嘉靖二年后的数年间。[1] 其后戴金在嘉靖十年(1531 年)历任太仆少卿,右佥都御史、右副都御史、右都御史后于嘉靖二十三年(1544 年)任兵部尚书,翌年致仕,嘉靖二十七年(1548 年)卒。

(二)题跋及藏书印

该书第 1 卷的卷首按顺序书有以下人士的题。后文所列之图出自“皇明条法事类纂数字化档案”。[2]

首先,第 1 页正面引用《直斋书录解题》,[3] 如图 1,接着自第 2 页正面至其背面书

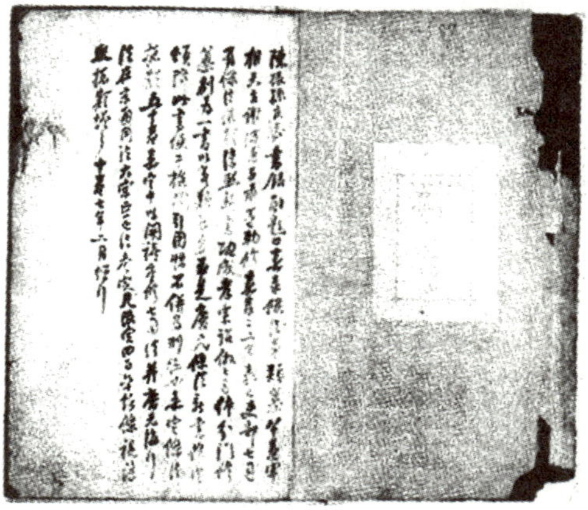

图 1　第一叶正面

1　仁井田陞仅对这一点持赞同意见。吴启琳考察了《事类纂》的成书年代及作者,结论为该书是作为弘治《问刑条例》的准备工作而由多人协同编撰而成,嘉靖的监察御史戴金充其首(吴启琳:《〈皇明条法事类纂〉成书年代及作者考》,载《历史档案》2010 年第 3 期,第 52—58 页)。不过,吴氏以所谓的“不分卷”的存在为由,认为是因编撰之首去世而导致的未完成稿,从而将成书年代定为戴金去世的嘉靖二十七年,这一重大误解其实是由上述书册改订引起的。

2　https://iiif.dl.itc.u-tokyo.ac.jp/repo/s/koumin/page/home.

3　释文如下:“陈振孙直斋书录解题曰,嘉泰条法事类八十卷。宰相天台谢深甫子肃等,嘉泰二年表上。吏部七司有条法总类,淳熙新书既成,孝宗诏仿七司体分门修纂,别为一书,以事类为名,至是庆元条法新书修定颁降。此书便于检阅引用。惜乎,不并及刑统也。嘉定条法总类五十卷。嘉定中,以开禧重修七司法并庆元海行法,在京通用法,大宗正司法参定,凡改定四百六十余条。视淳熙总类增多十卷,七年二月颁行。”虽然不尽相同,但这部分应该是引用了《直斋书录解题》卷七,法令类的如下部分:“嘉泰条法事类八十卷宰相天台谢深甫子肃等,嘉泰二年表上。初,吏部七司有条法总类,淳熙新书既成,孝宗诏仿七司体分门修纂别为一书,以事类为名,至是以庆元新书修订颁降。此书便于检阅引用,惜乎,不并及刑统也。”又,“嘉定吏部条法总类五十卷嘉定中,以开禧重修七司法并庆元海行法,在京通用法,大宗正司法参定,凡改正四百六十余条。视淳熙总类增多十卷,七年二月颁行。”

有“洪氏读书丛录题一则”，[1]如图2。接着自第2页的背面至第3页正面书有“钱竹汀条法事类纂跋”[2]、孙星衍（1753—1818年）所书识文[3]、陈文述（1771—1843年）于道光八年（1818年）所书识文（图3）[4]，其背面先后书有朱彝尊（1629—1709年）康熙四十四年（1705年）的识语[5]、钱大昕（1728—1804年）乾隆六十年（1795年）的释文（图4）[6]。

---

1 释文如下：“洪氏读书丛录题一则　明条法事类纂五十卷，监察御史戴金编次。着录名例、五刑、吏、户、礼、兵、刑、工，分六部之条法之事。当时颁行，此定为格式。首有英宗御制序。据，其成书奉诏开局抄写永乐大典后，藏文渊阁一册，以修明代一朝参考。惟各家书目未着录。此本尚是永乐大典明朝旧抄传本所未载者，亦足为考证之资也。朱竹垞曰，所载条律诏旨，做庆元条法至条例之格式，公移引用明史之文，以是流传者罕。然一代之例法故存焉。钱竹汀云，明条法事类纂五十卷，御史戴金编次。前列五刑名例诏旨，后依六部之律编次。据卷首序，载成化弘治颁行以至所定格例，编集成书，圣旨条法及朝廷已格例，置簿写录。盖是书始事于天顺，成于成弘。而书中所载条例，则自孝宗嗣位。书中称世宗皇帝，即英宗也。例载疑狱事实甚详。其书流传颇少，当时敕修者少传。是书乃永乐大典时经进本也。”该“洪氏读书丛录”被认为是洪颐煊《读书丛录》，但仁井田陞也论说了道光二年广东省城西湖街富文斋刊本《读书丛录》中并没有该文。关于洪颐煊，《清史稿》卷四百八十六，文苑三之本传中有简单的记述：“洪颐煊，字旌贤，临海人。少时自力于学，与兄坤煊、弟震煊读书僧寮，夜就佛灯讲诵不辍。学使阮元招颐煊、震煊就学行省，名曰起。嘉庆六年，充选拔贡生。入赀为州判，权知新兴县事。适阮元督粤，知颐煊学优非吏才，延至幕府，相与咨諏经史。后卒于家。性喜聚书，广购岭南旧本至三万余卷，碑版彝器多世所罕觏。着礼经宫室答问，孔子三朝记，管子义证，汉志水道疏证，读书丛录，台州札记，筠轩诗文集。”

2 释文如下：“右英宗即位以来颂降条画，讫于成化四年。而数载之事，亦备其中首列国典之诏书也。次朝纲则中书省御史台与公规也。次五刑，次名例，次吏部，曰官制，曰职制，曰选格，曰吏制。次户部，曰禄廪，曰钱法，曰仓库，曰课程，曰赋役，曰劝课，曰田宅，曰婚姻，曰钱债。次礼部，曰礼制，曰儒教，曰释道。次兵部，曰军制，曰驿站。次刑部，曰刑制，曰刑狱，曰诸盗，曰巡捕，曰作伪，曰诸作伪，曰诸杀，曰诸殴，曰诸奸，曰诉讼，曰赃贿，曰杂犯，曰人口，曰头疋，曰刑禁。次工部，曰造作，曰递铺。明初盛之律令格式耳。但明戴金奉敕编纂意必当时壹部之法令。吾友渊如孙君，尝欲取明史补遗，嫌其语句多质俚不可入史志，皆出自圣旨。盖据当日颂降原文，未经儒臣润色者。然一代之制，可因此以得其梗概矣。”

3 释文如下：“延陵孙星衍阅于冶城山馆。”

4 释文如下：“颐道居士文述读于青柯馆道光八年小春渔沚拜诵。”

5 释文如下：“小长芦金风亭长七十七翁彝尊，阅于海上之红药山房。时乙酉正立春后二日。”“小长芦（钓鱼师）”和“金风亭长”都是朱彝尊的号，“七十七翁”表示其当时77岁，“阅于海上之红药山房”中的红药山房指的是与陈鳣齐名的浙江海宁藏书家马思赞的藏书楼。关于马思赞和红药山房，《清稗类钞》鉴赏类二：“马寒中藏书于红药山房”条中有如下记述：“马寒中，名思赞，号南楼，海宁人。本姓朱，明宗室之后也。好购书，其插架者多人间未见本。储书之所曰红药山房。尝以购书过龙山查氏，见案头有宋椠陆状元《通鉴》，百计购之，不可得。后查氏谋葬其亲，所卜吉坏，则马氏田也。寒中觇知之，大喜曰：‘书可得矣’。即诣查氏自陈，愿效祊田之易，凡十亩，书券尽付焉。抱书疾归，若惟恐其中悔也。”与陈鳣的藏书印都表明康熙年间该书在海宁一带。从文末的“时乙酉正立春后二日”来看，该识文作于康熙四十四年正月。不过《曝书亭集》中并未寻得与此相关的记载。

6 释文如下：“乾隆乙酉嘉平月春皋携此册赏鉴　竹汀居士钱大昕题。”

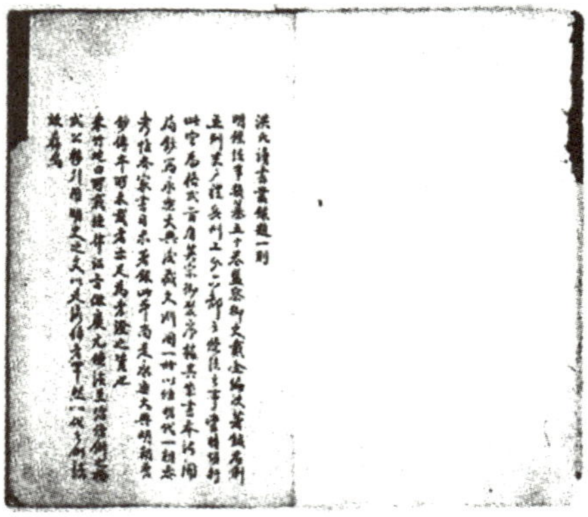

图 2　第二叶正面

图 3　第二叶背面·第三叶正面

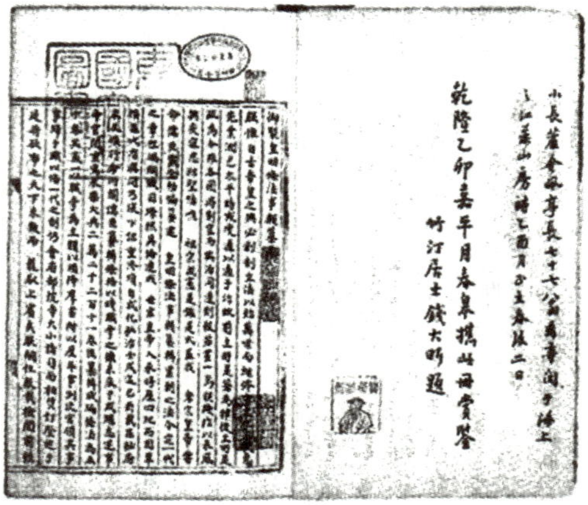

图 4　第三叶背面·第四叶正面

显而易见,这些题跋并非是自第 1 页按照先后顺序排列。从落款来看,第 3 页背面的朱彝尊、钱大昕的识文最早,其次是孙星衍、陈文述的释文。

“《直斋书录解题》引用”“洪氏读书丛录题一则”“钱竹汀条法事类纂跋”三者虽未注明日期,《读书丛录》的自序乃道光元年十一月所作,考虑到接下来的“钱竹汀条法事类纂跋”跨页而书,可以推测其先后顺序如下:“洪氏读书丛录题一则”、“钱竹汀条法事类纂跋”、孙星衍的题、陈文述的题。并且,该页是将原本包背装订的纸张切开后书写。余下的“《直斋书录解题》引用”现在还未能断定其所作时期,其墨色青,与其他题跋体裁相异,因此,应该不是同年代所作。不过具体的时代断定还有待于对纸质的调查结果。

总的说来,无法确定年代的是第 1 页的“《直斋书录解题》引用”,其他的顺序可以总结如下:首先是朱彝尊、钱大昕的题,接下来是切开包背装订的书页书写的“洪氏读书丛录题一则"、"钱竹汀条法事类纂跋"、孙星衍和陈文述的题。

接下来是对藏书印的考察。自第 3 页背面到第 4 页正面，有 6 颗印可以识别。首先，在钱大昕的识文后印有"仲鱼图象"的朱文长方印（图 5），第 4 页蓝格右上方印有"简庄艺文"的朱文长方印（图 6），御制序的"序"字上印有"海宁陈鳣観"的朱文长方印（图 7），蓝格的右下印有"得此书费/辛苦后之/人其鉴我"的白文长方印（图 8）。其中两颗与《清稗类钞》"鉴赏类二"中所述一致："海宁陈仲鱼，名鳣。生平无他好，独于古名人书画，不惜重价购之。所心赏者，钤以二章，一肖己像，上题'仲鱼图象'四字。一缀以十二字，曰'得此书，费辛苦，后之人，其鉴我'。盖仲鱼之藏书亦富也。"[1]"简庄艺文"和"海宁陈鳣観"表明为陈鳣旧藏。

图 5

图 6

图 7

图 8

陈鳣生于乾隆十五年（1750 年），浙江海宁人。字仲鱼，号简庄。作为藏书家而闻名，与以拜经楼闻名的同乡吴骞得善本后相互抄藏，并与钱大昕也有交往。[2] 不过，从钱大昕所题"春皋，携此册赏鉴"可以看出，钱大昕并非从陈鳣手中看到此书，而是蒋春皋示之与他。陈鳣的向山阁藏书在其殁后流向市场，而乾隆六十年（1795

1 《清稗类钞》鉴赏类二。

2 《清史稿》卷四百八十四："陈鳣，字仲鱼。强于记诵，喜聚书。州人吴骞拜经楼书亦富，得善本互相抄藏。嘉庆改元，举孝廉方正。又明年，中式举人。计偕入都，从钱大昕、翁方纲、段玉裁游。后客吴门，与黄丕烈定交。精校勘之学。尝以朱梁无道，李氏既系赐姓，复奉天祐年号，至十年立庙太原，合高祖、太宗、懿宗、昭宗为七庙，唐亡而实存焉。南唐为宪宗五代孙建王之玄孙，祀唐配天，不失旧物，尤宜大书年号，以临诸国，于是撰续唐书七十卷。又有论语古训、石经说、经籍跋文，恒言广证诸书。卒，年六十五。"又，其与钱大昕的交往在钱大昕《十驾斋养新录》卷十四，"文选注"中有："潘岳'闲居赋'注引安革猛诗，'祁祁我徒'。予向疑安革猛不知何人，询之海宁陈仲鱼鳣，乃知'革猛'为'韦猛'之讹，'安'乃衍字也。检《汉书》韦贤传，果如仲鱼言。"关于陈鳣，可参考陈鸿森《清儒陈鳣年谱》（《"中研院"历史语言研究所集刊》第六十二本一分，1993 年，第 149—224 页）、《陈鳣事迹辨正》（上海社会科学院《传统中国研究集刊》编辑委员会编：《传统中国研究集刊（第一辑）》，上海人民出版社 2006 年版，第 324—333 页）。

年)时陈鳣尚健在,此中原委还有待探讨。[1]

余下的两颗印为明治时期东京帝国大学所有,其一为“东京帝国大学附属图书馆明治卅四年十月一日 82023”的黑字椭圆印(图 9),标识了在东大图书馆登记的日期。另一颗为“东京帝国大学图书印”的朱文方印(图 10),盖印在全卷第 1 页。

还有一颗先前研究没有关注到的藏书印,在第 5 页正面的蓝格右下印有“香圃收匯书画”的朱文长方印(图 11),不过现阶段无法断定其归属。

图 9

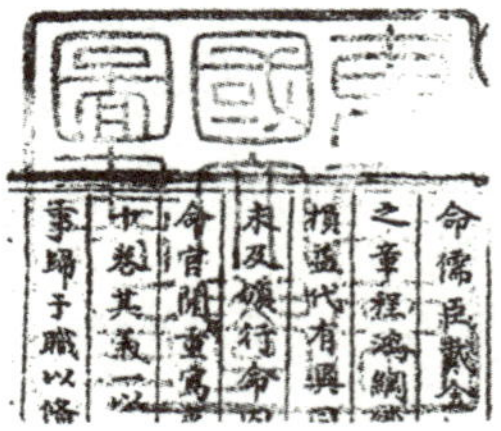
图 10

图 11

(三)构成和研究情况

《事类纂》在卷首“御制皇明条法事类纂序”“大明文渊阁抄写永乐大典条法事类纂总目”之后进入卷一的内容。共计 50 卷的内容分为 8 个类别(五刑类、名例类、吏部类、户部类、礼部类、兵部类、刑部类、工部类),在这些大类别下再细分小目。各卷开头都有目录,各小目下有一条至数十条的事例不等。事例集中在天顺末年至成化、弘治年间。也就是说,该书将成化帝即位后至弘治年间的刑事法律关系的事例大体上按照明律的分类进行了编纂。

各个事例囊括了其处理的整个过程,包括事件刚发生时的上奏文、文书传送、各衙门的论议,皇帝的裁可等。

明代的问刑案件中,《大明律》作为基本法典发挥其效力,定罪时必须按照律条中规定的罪名来拟定。但是,《大明律》所载条文仅 460 条,无法完全对应每个案件。而且,《大明律》在其成立当初,在死、流、徒、杖、笞的五刑体系之外,还规定了充军制度和赎铜制度,因此,在实际的刑罚执行中,五刑流于形式。不过,由于《大明律》是太祖洪武帝御制,不得妄自改订。结果,在不改订律文前提下为了应对各个具体的事

1 将此处的“春皋”定为吴门的蒋春皋的依据如下:钱大昕《潜研堂文集》卷三十二题跋六“跋宋拓钟鼎款识”中有“乾隆乙卯嘉平月,吴门蒋春皋携此册相示。古色古香,允为希世之宝。竹垞前辈考之悉矣”。不过,该史料只能表明钱大昕和蒋春皋的联系,陈鳣和蒋春皋的关系并不明确。另外,由于“跋宋拓钟鼎款识”过于有名,该题文本身也可能是附会钱大昕的赝作,这一点也需要考虑。

件,最有效的方法就是运用比附等从律中派生出例,并从例中再生出例。而在此过程中产生的众多事例经过皇帝的裁可通行而获得作为正统法律的地位,并不断地累积增多。

但是,无穷无尽的"例"的出现会导致审判现场混乱,甚至即使是同样的案件根据援用的例的不同,其判决可能完全相反。因此,从明代中期的成化年间开始,将这些例进行整理,选取可以再次适用的例进行编纂,以发挥其作为规范的作用,并于弘治十三年(1500年)编纂了《问刑条例》,与《大明律》一并作为法典被运用。到正德年间,又编纂了广义上的事例集《大明会典》。由此,明代中期以降的法律体系基本成形。[1]

正如先前研究所指出,《事类纂》中收录了大量上文所述之成化、弘治年间的事例(吴,2016年),通过这一史料,可以详细知道一系列个别具体法典被完善的过程、法律制度统一运用基准的成立过程等。并且,正如杨一凡所述,[2]比嘉靖年间编纂的《事类纂》更早编纂的《皇明成化二十三年条例》和《皇明弘治六年条例》(皆收录于《中国珍稀法律典籍集成(乙编)》第二册)的内容基本上都收录于《事类纂》中,而这也表明:弘治年间以后,律和例的整理和收集常规化,将这些被整理后的内容作为整体的法规适用的过程中又不断产生新的事例,这种编纂整理如此这般不断重复。[3]

虽然《事类纂》具有极高的史料价值,但其相关的日本研究成果却并不多见。[4]现阶段可见的,如,加藤雄三运用《事类纂》明确了"例"的意义和其被《问刑条例》所采用的过程。[5] 又谷井阳子[6]基于《事类纂》论述了明代中期国家如何完善审判机构的统一管理和运用制度以及该过程中明律如何被统一运用。但此后全面运用《事类纂》的研究并不多见,除了近年中国的吴启琳对此有不少研究外,其他大多数都只是对该书某一事例进行了介绍。

---

1 加藤雄三:《明代成化・弘治の律と例(1)——依律照例発落攷》,载《法学論叢》第142号,1997年。

2 杨一凡:《中国珍稀法律典籍集成乙编(第四册)》,科学出版社1992年版,"点校说明"。

3 德永洋介:《皇明條法事類纂条名目録》,日本学术振兴会科学研究费助成事业基盘研究(C)"元明時代の法制に関する基礎的研究——《皇明條法事類纂》の分析を中心として"(课题号:15K02890)成果报告书,2018年。

4 在中国,吴启琳氏等陆续发表了相关研究,如:吴启琳:《〈皇明条法事类纂〉》所见明成化、弘治时期社会经济》,南昌大学硕士论文,2008年;吴启琳、吴自锋:《明成弘时期外来进贡使臣与中国社会:以〈皇明条法事类纂〉为中心的考察》,载《西南科技大学学报(哲学社会科学版)》2008年第4期;吴启琳:《〈皇明条法事类纂〉成书年代及作者考》,载《历史档案》2010年第3期;吴启琳:《〈皇明条法事类纂〉所见明成弘间"讲读律令"教育实践》,载《江西科技师范大学学报》2014年第5期;吴启琳:《成弘时期人口流动与工商业发展:以戴金〈皇明条法事类纂〉为中心》,载《關东學刊》2016年第5期;等等。

5 加藤雄三:《明代成化・弘治の律と例(1)——依律照例発落攷》。

6 谷井阳子:《明代裁判機構の内部統制》,载梅原郁编:《前近代中国の刑罰》,同朋社1996年版。

产生这种状况的原因在于《事类纂》存在两种现行刊本的问题。现刊的两种《事类纂》分别是古典研究会的影印本和《中国珍稀法律典籍集成(乙编)》收录的标点本。[1] 影印本将《事类纂》的对页图片(前页的背面和后页的正面)一分为二,规整为原稿整页的形式,将原本对页A3大小的一页整理为B5大小,在一页上印刷两页(对页4页)。这样排版的不明确和文字的细小模糊使得阅读者很难进行史料解读。而另一方面,标点本虽然可以为解读提供参考,但没有解释理由的修改颇多,整体的可信度不高。

本次调查最大的收获在于可以清晰地阅读原文文字,就疑虑被修改了的部分也进行了确认,并且判明了影印本中印刷暗黑的部分是源自纸张的褶皱等,其他各种细小的发现也不胜枚举。

另外,本次调查还解读了第一册卷头所附朱彝尊等人的序、跋、释文等,并发现了将纸张切割开后写题跋等,这些都得益于对实物的阅览。

二、东京大学所收藏的明代相关史料

在此次《事类纂》调查过程中有幸见到东京大学综合图书馆及东京大学史料编纂所收藏的明代史料,下文是相关解题及调查所见。

(一) 明天启帝制诰零文(史料编纂所收藏)

关于诰命,翻开《大明会典》可见:"诰敕等级,洪武二十六年定。一品至五品,皆授以诰命。六品至九品,皆授以敕命。妇人从夫品级。诰用'制诰之宝',敕用'敕命之宝'。仍以文簿与诰敕,各编字号。复用宝识之,文簿藏于内府。"[2] 也就是说,诰命授与的是五品以上的官员,史料编纂所收藏的"明天启帝制诰零文天启二年"(请求号:贵16-2)属于诰命。该史料为卷轴,收纳于桐盒内。盒盖正面上写有"明天启帝制诰零文一帧",背面贴有纸片,书有"寄赠/昭和叁年十二月拾八日/辻善之助氏""五万四千円""闲云清玩"。卷册上末尾的背面有"大阪富田仙助氏惠寄/转赠给史料编纂挂辻善之助(印章)/昭和三年十一月二十六日"。

诰命释文如下(由笔者断句):

---

1 古典研究会编:《皇明條法事類纂(影印本)》,汲古书院1996年版。

2 万历《重修大明会典》卷六,吏部五,诰敕条。

……友。敦伦于家政,时号白眉。㣲殇弟之孤一如己子,视耆兄之疾郄其归金。逾介节于澹台,足迹不入城市。同表正于陈寔,里俗化其嚣争。盖树德者有年,而承前者裕俊。玉芽珠颗接踵而上青云,北斗中枢昂藏而趋玉陛。士师用眷……彼隐伦幽闲以相孤高成。其笃行奉尊,谨滫瀡之节孝,展乌私拊孤,均顾复之慈恩。征鸠爱佐解推,而无吝嫁侄娣,以倾奁。当椿帏之丧明,恭承汤药,恪炷香以祈,复诚格神明。惟内仪兄翼乎燕,诒故再世,而家声广大。斯上台洊徽乎凤,綍历百年,而国宠维新,是用覃恩,加赠尔为一品夫人。礼严祖庙共歆垂裕之荣泽,庇孙枝弥懋缵戎之烈沐。兹湛渥贲尔懿灵。天启二年　月　日。

首先可以明确的是该文并不完整,缺失包含诰命题目等信息在内的前半部分。其次,原文第 11 行和第 12 行中有间断,* 其前后之文亦不相连,或许是其间内容欠缺,或许接续了其他不同的内容。从现存部分来看,其内容是天启二年对笃行之女性,称其德,加赠“一品夫人”之称号,但被加赠者的姓名等信息却完全缺失。

而且,第 23 行 ** 的“历(歷)”字被写作“厯”,这一点引人注意。后者是避清朝第六代皇帝的讳,以替代“曆”或“歷”,张之洞的《輶轩语》敬避字中也有“高宗纯皇帝庙讳,下一字,书天之□数载尔躬,用‘厯’字恭代。‘歷’字从厂、从秝、从止。今从厂、从林、从心”。当然,“厯”字在碑文中出现,自明代以前就有,但此处为何特意使用该字,还有待考证。

(二) 明孝宗弘治敕命(综合图书馆收藏)

如上所述,授予五品以上官员的是诰命,而六品以下的官员被授予的则是敕命。关于森鸥外旧藏的该资料,小岛浩之氏有详细的阐述可以参考。[1]

(三) 明国札付(史料编纂所收藏)

史料编纂所有史料名为“明国札付(万历二十三年二月四日　前田玄以宛)”(请求号:8 贵大-3),关于这一史料,其登记资料中有些信息有待修改,下文首先介绍其内容。释文如下:

---

* 即“而趋玉陛士师用眷”与“彼隐伦幽闲的相孤”之间。——译者注

** 即“乎凤綍历百年而国”一句。——译者注

1 小岛浩之:《東京大学総合図書館所蔵鴎外文庫“明代勅命”管見》,载《漢字文献情報処理研究》十,2009 年。

兵部为钦奉圣谕事。照得倾因关白具表乞封,皇上嘉其恭顺,□特准封为日本国王,已足以远慰内附之诚,永坚外藩之愿矣。但关白既受皇上锡封,则行长诸人即天朝臣子,以应酌议量授官职,令彼共戴天恩,永为臣属,恭候命下将丰臣玄以,授都督佥事官职,以示奖劝。拟合给札,为此合札。本官,遵照札内事理,永坚恭顺,辅导国王,恪遵天朝约束,不得别有他求,不得再犯朝鲜,不得扰掠沿海,各保富贵,共享太平,一有背违,王章不宥。须至札付者。右札付都督佥事丰臣玄以,准此。万历贰拾叁年贰月初四日给。(札付)可。(由笔者断句。空格以□表示)

《明实录》万历二十二年(1594年)正月七日的条中,就给与前田玄以该札付的背景有如下记载:"礼部范谦,请给丰臣平秀吉皮弁、冠服、纻丝等项,及诰命诏敕印章。先是,小西飞称日本已无国王,以秀吉上请,本部拟封为顺化王。奉旨,平秀吉准封日本国王。故事外夷袭封,例赐皮弁、冠服及诰敕等项。惟始封例,有印章。日本自永乐初锡封,赐有龟钮金印。时小西飞供称,旧印已无,似宜另行铸给,故兼有是请。诏从之。"[1]

在封丰臣秀吉为日本国王时,礼部尚书范谦向万历帝上奏请求赐给诰命和各种物品。接着于正月十二,"乙酉,兵部石星题,关白具表乞封,上特准封为日本国王。查隆庆年间初封顺义王旧例,其头目效顺者,授以龙虎将军等职。朵颜三卫头目见各授都督等官。今平秀吉既受皇上锡封,则行长诸人等即为天朝臣子。恭候旨下,将丰臣行长、丰臣秀家、丰臣长盛、丰臣三成、丰臣吉继、丰臣家康、丰臣辉元、丰臣秀保各授都督佥事,小西飞间关万里纳欵,仍应加赏赉,以旌其劳。其日本禅师僧玄苏、应给衣帽等项。本部俱于京营犒赏银内酌给。奉旨,如议行。"[2]

该史料为兵部尚书石星上奏请照隆庆初年的旧例授予秀吉家臣(对明朝而言为陪臣)以都督佥事等官职,万历帝对此表示许可。"明国札付"在当时是由兵部发给陪臣的辞令,日本现存有三种兵部札(史料编纂所收藏的前田玄以宛、上杉神社收藏的上杉景胜宛和毛利辉元宛)。

《明实录》中虽然没有记载前田玄以的姓名,关于这点须田牧子氏运用《江云随笔》中的目录等进行了非常周密的考证。[3] 另外,关于这些札付,作为"东京大学史料编纂所藏东亚相关古文书资料的调查、研究"其中的一个环节,举行了"秀吉的'册封'和札付"的公开研究会,大野晃嗣等就此进行了考察。

---

1 《明神宗实录》卷二百八十一,万历23年正月庚辰条。

2 《明神宗实录》卷二百八十一,万历23年正月乙酉条。

3 须田牧子:《原本調查から見る豊臣秀吉の冊封と陪臣への授職》,载黑岛敏、屋良健一郎编《琉球史料学の船出》,勉诚出版2017年版。

（四）倭寇图卷（史料编纂所收藏）

“倭寇图卷”作为绘画史料描绘了倭寇的样子，成为倭寇形象的代表。关于该“倭寇图卷”，根据高精度红外线摄影有了新发现，以此为契机，东京大学史料编纂所等大力地推进了对它的研究。而且，由于中国国家博物馆收藏的“抗倭图卷”的出现，还举办了关于“倭寇图卷”的中日共同研究。[1] 另外，“倭寇图卷”的高清图也公开在史料编纂所的数据库中。[2]

阅览实物，可以看见图卷越靠近卷轴的地方，青色越深，尤其比起战斗场面的部分，后面的部分更是如此，这也说明了后半部分很少示人。

（五）蒋洲咨文（史料编纂所所藏）

“蒋洲咨文”是明代以后为了禁制倭寇官方送交给日本的文书之一。所谓“咨文”是送交给对等的或者下属机关的一种公文书的形式。该咨文由当时浙江总督胡宗宪派遣麾下的蒋洲送交给对马岛。关于该“蒋洲咨文”及蒋洲本人，须田牧子氏已经有相关的介绍（须田 2016 年），而且，历史学研究会编《日本史史料》中也载有村井章介氏的释文和解说。东京大学史料编纂所的数据库中也公开了该史料的高清图，可以很方便地阅览到接近实物的图象。

虽说如此，关于“蒋洲咨文”仍然有进一步研究的必要。比如，文中有“如昔年安南国陈氏之俗可鉴矣”，实物中此处“俗”的部分无法辨认，须田牧子氏根据《江云随笔》（建仁寺大中院藏，东京大学史料编纂所收藏誊写本）中的收录而补，而且，这在《朝鲜王朝实录》中亦可确认。[3] 具体而言，指的是 14 世纪末到 15 世纪初安南国从

1　须田牧子编：《“倭寇図卷”“抗倭図卷”をよむ》，勉诚出版 2016 年版。

2　东京大学史料编纂所 SHIPSImageViewer http://clioimg.hi.u-tokyo.ac.jp/viewer/list/idata/000/0080/2/?m=limit（阅览日为 2018/8/15）

3　《朝鲜王朝实录》卷二十二明宗十二年三月庚午条。礼曹启曰：“对马岛岁遣第一船，今始出来。其书契内辞缘，有所谓大明副使蒋姓者咨文，（蒋姓，龙溪其名。移咨马岛，其略曰‘为因近年以来，日本各岛小民，假以买卖为名，屡犯中国边境，劫掠居民。奉旨议行浙江等处承宣布政使司，转行本职。亲诣贵国面议等因奉此带同义士海胡、节忠、李御、陈柱，自旧年十一月十一日，来至五岛，由松浦、博德，已往丰后大友氏会议，即蒙遍行禁制贼徒，备有回文，遣僧德阳首座等，追表贡物。尔岛禁贼当体贵国之政务，慎部民之横行，分投遣人，严加禁制，不许小民，私出海洋，侵扰中国。俾边境宁静，衅隙不生，共享和平之福。史册书美，光传百世，否则奸商岛民，扇构不已，党类益繁，盘踞海岛，窥视窃发，恐非贵国之利。如昔年安南国王陈氏之俗可鉴矣。今特移文并知，非特为中国也。惟深体而速行之。’）多有难解之语，故招汉吏学官示之，则蒋副使奉圣旨，请禁断贼徒，移文于日本国，日本国王， （转下页注）

陈氏更替为黎氏王朝,明朝对此兴师问罪,一时占领了该国的事件。这其实是一种警告:对当时的日本而言,如果作为陪臣的大名对日本国王足利将军发动政变的话,也可能会发生同样的事。

与"蒋洲咨文"相同的描述在《筹海图编》中引用的给日本国王的檄文中也可以看到,其书写的为"安南国王陈氏之祸"。[1] 或许,檄文作成时为"祸"字,而在作成送交给日本国内各地当权者(此处为对马宗氏)时,蒋洲将其改为更为柔和的"俗"字。无论怎样,陈氏事件的表述在此处暗示一种威胁,这是当时东亚世界的共识吧。如是,可以通过对比中国方面的史料,将"蒋洲咨文"放在明朝外交政策这一大背景下做进一步深化的研究。并且,正如须田氏所指出:作为史料,其对明代文书研究也极其有益,可以展开与其他文书的比较研究。

通过亲眼观摩上述五种明代史料原稿,笔者深切体会到"实物"的重要性。这些史料在之前的研究中都被介绍过,而且,其中好几种史料在东京大学的数据库中也公开了其高清图,可以看到接近实物的图片。即便如此,"实物"所具有的质感和带来的气氛还是很难通过液晶画面呈现。从这点来说,体会到这种感受,这也是本次调查的一大成果。

三、今后的课题

本文对上述六种史料进行了不免有仓促之嫌的解题和研究状况的总结。

(接上页注)令大友殿等官会议,而已议定,自今以后,禁抑贼倭,遣僧德阳首座,进贡于大明。蒋副使又移咨对马岛,亦令禁制贼倭。其咨文内辞缘,不过于此。当于本曹馈饷时,面问岛主使送平康次,然后详悉启达。"传曰"后日馈饷时,详细问启"。史臣曰"岛夷变诈难测,而其曰'大明遣蒋副使者'。安知不摽掠唐人,托为移咨,以恐动我国哉。若信然,则堂堂天朝,侵辱于海岛之小丑,创通天地未开之路,以求和解之不暇,岂不痛哉"。

1 郑若曾《筹海图编》卷二上,"王官使倭事略","今上皇帝嘉靖三十四年契约遣使谕日本"条:先是,……御史胡宗宪,按浙廉知其情,奏乞遣使宣谕日本国王,令其禁戢岛夷以弭边患。实欲行间谍,以钩致王直而绝祸源也。疏入,上命廷臣议之,咸称曰便。乃令布政司为檄致之,宣布朝廷德意。募能使者,宁波生员蒋洲、陈可愿请行。于是假以市舶提举服色,充正副使以往。檄曰:"王国自我太祖高皇帝御极以来,世秉恭顺,贡献天朝。天朝待王,恩亦不薄。上下安和,恪承天道,各保生民。今尔倭劫掠居民,念惟王国法令严明,部民盗一鸡一犬者,必杀无赦。岂有纵民侵劫之理。必是欺蔽国王,私出为非。故特遣正使蒋洲、副使陈可愿移檄,报知。王若能守祖宗之大法,思圣明之厚恩,慎部民之横行,分投遣人严加约束,不许私出没海洋,侵扰中国,使边境宁静,衅隙不生,共享和平之福。如此,本司即为王奏闻天子,必又大旌劳之典,史册书美,光传百世,岂不快哉。否则,奸商岛民扇祸不已,党类益繁,盘踞海岛,窥伺窃发,恐非王国之利。如昔年安南国王陈氏之祸可鉴矣。今日移文报知,亦非为中国也。王深其体而速行之。"洲等捧檄以行。

正如上文所述,《事类纂》不仅仅在内容上具有重要性,而且收录了事例制定过程——起草的文书被逐次递交到中央政府的上级部门,在经皇帝裁可后,内外各衙门再行实施——的大量详细史料。

当然,由于《事类纂》是再次编纂的二手史料,很多情况下只抄录了与文章内容直接相关的部分,即便如此,其在很大程度上保留了原文书的格式和内容。因此,可以通过其具体了解明代中央政府文书处理的过程。文书传递的顺序本身在《诸司职掌》《大明会典》等政书中有所记载,不过,由于与明代中央政府相关的文书史料本身并不像清代那样有大量留存,所以要从原书中直接研究该事例出乎意料地困难。而且,《明实录》中的记载和诏令、奏议、条例等中的文书几乎都只收录了题本提出者、上奏内容、皇帝圣旨等必要事项。作为较为详细地保留了原文格式的史料,有选录了为编纂万历、泰昌两朝实录而收集的奏疏的《神庙留中奏疏汇要》。但这些都是明朝后期的史料,因此,收录了大量关于明代中期事例的奏疏的《事类纂》的重要意义也就不言而喻了。

并且,此次还得以阅览到经过这种文书处理程序由中央发出的诰、敕、札付等现存的贵重史料。虽然这些内容本身在文集和族谱中也多有收录,关于格式的规定在很多政书中也可寻见,但基于实物进行研究的机会还是非常少见。有机会将这些贵重史料与同时代编纂、钞写的明钞本《事类纂》互相参照阅览,对今后研究的展开大有裨益。

敝会对已经研读过的《事类纂》卷四十七、四十八的刑部类有相关的译注成果,计划配合高清图的公开陆续发表。[1] 希望这种研究条件的改善能成为重新认识该史料价值的一个契机,从而为研究的进一步深化奠定基础。[2]

附记

本调研纪实获得立命馆大学研究生院研究会活动支持制度资助。在调查中,得到东京大学史料编纂所副教授伴瀬明美氏、东京大学经济学研究科专任讲师小岛浩之氏的帮助和建议,并且本稿的执笔也蒙文学院教授井上充幸先生的指导,在此深表谢意。

---

1 井上充幸、猪俣贵幸、丰嶋顺挥著:《〈皇明條法事類纂〉卷四八·刑部類·斷罪引律令譯註稿(上)》,载《立命館文學》第 662 号,2019 年。井上充幸,猪俣贵幸:《〈皇明條法事類纂〉卷四八·刑部類·斷罪引律令譯註稿(中)》,载《立命館文學》第 663 号,2019 年。

2 丰嶋顺挥:《明朝成化·弘治年間の海上密貿易をめぐる法整備》,载《立命館東洋史學》第 41 号,2019 年;猪俣贵幸:《"中研院"傅斯年圖書馆藏明鈔本〈條例全文〉について》,载《立命館東洋史學》第 43 号,2020 年。

另外,在本稿审查期间,自 2018 年 8 月 15 日始,东京大学综合图书馆收藏明钞本《皇明条法事类纂》的高清图开始在网上公开:

http://iiif.dl.itc.u-tokyo.ac.jp/repo/s/koumin/page/home。

从督抚人事任命看清王朝统治的一个侧面*

[日]山本一** 著 孟烨*** 译

前 言

宋代以后的前近代中国官僚制度中,科举及第者置于中央政府的官僚人事担当部署(明清时期为吏部)的管辖之下。[1] 从明代后期到清代,他们的人事,无论中央与地方,完全归于皇帝的决定或者吏部的抽签。但是,先行研究指出,[2]清代的总督、巡抚(总督管辖一省或数省,巡抚主要管辖一省。以下简称为督抚)涉入所管辖的省内的地方官人事。此外,笔者在前稿[3]中,关于在十八世纪前半创造的,督抚可以申请下级地方官的人事的规定,先行研究中已补充了新见解,勾勒了整体情况,以及阐明了其运用实态。前稿中,[4]只论及了遵循规定的地方官人事规定及其运用,而关于重叠化的规定以及督抚违反规定进行申请的地方官人事,并未深入讨论。本文中,希望明确前稿未涉及的地方官人事的样态,并考察由此可见的清朝统治构造的特征。而

---

* 本文原题为《清代、督撫による地方官人事からみる王朝統治の一側面》,发表于《史林》第一〇二卷第四号,2019年,第39—68页。

** 山本一,日本立命馆大学文学部讲师。

*** 孟烨,复旦大学法学院讲师。

1 本文的考察对象限定于直省十八省的汉人文官。此外,在本文中,"就任"是指候补官就任实职,"调补"是指现职地方官向同级员缺平级配置转换,"升任"是指向上级官晋升,包括就任、调补、升任在内以"人事"表记。

2 织田万等编:《清国行政法》(增补改订版),临时台湾旧惯调查会1914年版,第236—242页;近藤秀树:《清代の銓選——外補制の成立》,载《東洋史研究》第十七期第二号,1958年;刘铮云:《"冲、繁、疲、难":清代道、府、厅、州、县等级初探》,载《"中研院"历史语言研究所集刊》第六十四本第一分,1993年,第175—204页;刘凤云:《清代督抚与地方官的选用》,载《清史研究》1996年第3期;张振国:《清代前期文官选任制度之演变》,载《史学集刊》2009年第2期;伍跃:《中国の捐納制度と社会》,京都大学学术出版会2011年版,第187—264页。各详细内容参照山本一:《清代,督撫による地方官人事規定の形成と運用》,载《東洋学報》第九十五期第三号,2013年。

3 山本一:《清代,督撫による地方官人事規定の形成と運用》,载《東洋学報》第九十五期第三号,2013年。

4 同上。

关键之处则是奏折制度以及皇帝与官员关系。

如后文所述,督抚违反规定进行申请的地方官人事之际,他们多用奏折而非题本。众所周知,清代的行政文书大致可分为题本和奏折。题本继承于明代,是盖有官印的"正式"文书形式,经中央诸部门送至皇帝。奏折从雍正时期开始较多地被使用,是官员"私下"向皇帝提出的文书形式。一般认为,题本中所涉的是日常工作,而奏折中则是重要事项。

本文中所涉的地方官人事大部分使用奏折,由此认为地方官人事制度的运用与奏折制度密切相关。宫崎市定认为,雍正皇帝开启奏折政治的理由在于(1)确立独裁制;(2)禁止朋党;(3)把握地方实情,并特别强调了(1)。[1] 内田直文关于奏折制度则认为康熙皇帝为了改革当时的文书行政与朝廷决议的弊端,从以皇帝和满族官员为中心的文书行政的必要性出发开始了奏折政治,将满族官员派遣至地方展开使用奏折的网络,与地方乡绅阶层进行秩序再建。[2] 督抚的地方官人事申请中多使用奏折,其给清朝的统治构造带来了何种影响将成为本文的讨论话题。

关于清代的中央集权统治的研究有很多,以下研究是考察皇帝与官员的关系的代表。足立启二认为,[3]明清时代的官员,裁决能力和自立性偏低,没有独立的机能,权限向皇帝集中。孔飞力认为,[4]官员们希望以皇帝为"官僚制的独裁君主",将皇帝固定于常规范围内。与之相对比,皇帝则希望通过人事评定、引见和奏折,实现与官员直接沟通,强化自身的独裁权。在这样的平衡之上,形成了清代的官僚制度。对于以上的指摘,本文将讨论对象限定在督抚的地方官人事,希望考察清代统治构造特征的新一面。

关于清代地方官人事,张振国进行了地方官人事权相关的统计性考察,[5]明确了在清代前期督抚可以设定人事员缺的比例,认为人事制度趋于复杂化,督抚权力得到增强。刘铮云则指出,[6]督抚违反规定申请地方官人事的事例,在乾隆、嘉庆年间比较多见,同时指出即便是违反了规定,若例外地获得皇帝的承诺,督抚自然会善加利

---

1 宫崎市定:《雍正硃批諭旨解題 その史料的価値》,载《東洋史研究》第十五期第四号,1957年。

2 内田直文:《清朝康熙時代の朝廷決議と奏摺政治の創始について》,载川胜博士纪念论集刊行会编《川勝守、賢亮博士古希紀念東方學論集》,汲古书院2013年版。

3 足立启二:《専制国家史論》,柏书房1998年版,第78、166页。

4 キコーン、フィリップ:《中国近世の霊魂泥棒》,谷井俊仁、谷井阳子译,平凡社1996年版(原著:Philip A.Kuhn. *Soulstealers*, *The Chinese Sorcery Scare of* 1768, Harvard University Press, 1990)。其中言及了督抚的人事,但并未深入考察。

5 张振国:《清代前期文官选任制度之演变》。

6 刘铮云:《"冲、繁、疲、难":清代道、府、厅、州、县等级初探》;刘铮云:《皇权为中心的权力竞逐——以清雍正十二年官缺更定为例》,载刘铮云《档案中的历史——清代政治与社会》,北京师范大学出版社2017年版,第144—150页。

用,以扩大自己对地方人事的掌控。两者都指出督抚人事权的伸长,如此理解并非不可。但本文中通过将地方官人事的其他事项(引见、规定的变更、在京候补官员派遣申请)也纳入讨论范围,希望描述其他的侧面。

一、督抚的地方官人事规定——“超越规定的《规定》”与引见

首先从山本氏文中整理与本文相关的地方官人事规定。[1] 清代的地方官人事规定大致分为职位(缺)的种类,进行人事的主体,地方官的条件以及有无引见四种。

雍正、乾隆年间,各地方官的员缺,从行政区划名与员缺名,管辖地域的特征(冲、繁、疲、难),员缺的重要性(最要缺、要缺、中缺、简缺。符合于冲、繁、疲、难中几个数字的多少来决定)、管理人事的主体,这样四个方面来决定各个员缺的特征。而督抚可以以题本申请人事的员缺,主要为道台、知府、同知、通判、直隶州知州、知州、知县之中,沿海、沿河、苗疆、烟瘴地域的全部员缺,分类为最要缺、要缺的同知、通判、知州、知县。另一方面,属最要缺、要缺的道台、知府的员缺为“请旨缺”(吏部挑选数名后由皇帝决定),中缺、简缺的道台-知县的全部员缺为吏部的人事。

其次,关于人事对象的地方官的规定也形成了。督抚申请某地方官的升任的情况下,该地方官的“历俸”(现缺的任期)必须已满五年,调补的情况下则必须已满三年。

再次,在乾隆初期至中期(18 世纪前半至中叶),“参罚(官员被弹劾后所负处分)”相关规定业已形成。在乾隆初期,地方官只要负一件参罚,则督抚的升任、调补申请就禁止,但在乾隆二十九年、三十四年,若参罚在十件以内,都允许督抚就该地方官的人事进行申请。[2]

本文中十分主要的地方官人事规定是“引见”。所谓引见,是指吏部等官员带官员谒见皇帝的仪式,又指皇帝对预定任用者的最终人物的亲自评价。按照规定,督抚以题本推荐升任的知县以上的官员,送往吏部进行引见,待皇帝的裁定。而督抚以题本调补的官员不必引见。[3] 而根据王文[4],远方省的“命往试用举人”(以上谕作为试用人员被派遣的举人),就任之际没有必要引见。因为在派遣之

---

1 山本一:《清代,督撫による地方官人事規定の形成と運用》。

2 根据“品级考”从现缺可以升任的员缺也规定(伍跃:《中国の捐納制度と社会》,第 250—264 页)。

3 但在同规定中又规定,即便调补,但在不堪现职的繁重工作,调往闲职,即实质上是“降格”的情况下,必须进行引见。

4 王志明:《雍正官僚制度研究》,上海古籍出版社 2007 年版,第 21—22 页。

际,已经进行了引见,所以免除。原本制定“外补制”(将官僚任用候补者从中央政府派遣至地方政府),以及督抚的地方官人事规定的目的是让熟悉地方实际情况的督抚来进行人地相宜的人事,而消除因官员交替导致的行政空白。[1] 若升任之际,引见必定需要的话,则不能满足后者(消除行政空白)的目的。督抚对引见的应对将在后文中考察。

另外,拙文[2]中还提到了例外的规定,即无法进行人地相宜的人事的情况下,督抚可以申请与规定相抵触的地方官的升任、调补、就任。本文中表述为“超越规定的《规定》”(以下简称为《规定》),将在下文中加以讨论。

(一) 向调缺的题升(乾隆《钦定大清会典则例》(以下简称为乾隆《则例》)卷八,调缺准酌量题升。乾隆四年制定)。[3]

所谓调缺,是仅“督抚以题本申请调补”承认的员缺。若没有可调补至空的调缺的官员,但督抚管辖之下有优秀且政绩卓著的其他官员,可以在题本中记明“无可调补,必须题升”的意思并申请升任。吏部调查该官员是否存在违反其他规定,没有问题的话就将该官员送至吏部进行引见,等待皇帝的判断。也就是说,为了人地相宜的人事,可以申请升任调缺。

(二) 候补官等的就任(乾隆《则例》卷八,补用试用人员题升。乾隆四年制定)。[4]

其中记载了两项内容:

1. “奉旨命往(以皇帝之命被派遣至地方的头衔)”,以及督抚上奏题本的话可以就任的试用[5],候补的道台、知府人员,无论“应题(督抚以题本升任、调补的员缺)”,“应调(督抚以题本调补的员缺)”、“应选(吏部的人事)”,允许督抚以题本申请就任。

2. 此外,关于“奉旨命往”及以督抚题本留于该省的同知、通判、知州、知县的候补人员,无论“应题”“应调”“应选”,允许督抚以题本申请人事。

---

1 近藤秀树:《清代の銓選——外補制の成立》,载《東洋史研究》第十七期第二号,1958 年,第 41、45 页;伍跃:《中国の捐納制度と社会》,第 196—198 页。

2 山本一:《清代,督撫による地方官人事規定の形成と運用》。

3 “若该省实无可调补之人,而属官内,果有才守兼优,政绩卓著者,于疏内将无可调补、必须题升之处声明,由部察明与例相符,令其送部引见,应否准其升用,恭候钦定。”

4 “1.凡各省奉旨命往及督抚题准以道府补用、试用人员,遇有员缺,无论应题、应调、应选之缺,令该督抚酌量才具,择其人地相宜者,悉准题请补受、署理。2.其同知、通判、州县,如奉旨命往补用及督抚题明留於该省候补者,无论应题、应调、应选之缺,均准该督抚酌量具题。”

5 规定试用人员先为署理。乾隆《则例》卷八,补用试用人员题缺“试用人员内有能胜任者,准其一例遴选题署”。

（三）历俸不足（乾隆《则例》卷八，知府州县等官阅俸升调。乾隆十三年制定）。[1]

某员缺确为重要，非有能力人员不能胜任，而在该人员的历俸并未达规定（升任五年，调补三年）的情况下，允许督抚以"人地相需"为根据，以奏折向皇帝上奏，申请升任、调补。

（四）有无参罚与越"衔（官员所具有的品阶）"推荐（1.乾隆《则例》卷八，官员题升。乾隆四年制定。[2] 2.光绪《大清会典事例》卷五十九，官员题升。乾隆三十四年制定[3]）。

这里也记载了两项内容。1."应升官员"[4]中没有符合规定者的情况下，无论负多少项参罚，且至该官员所具"衔"以上的员缺，使用题本推荐，可申请皇帝判断。2.关于督抚以题本升任的官员，该空缺是重要的，该官员属"人地相需"的话，即便在任期内有特别的降俸处分，但参罚在十件以内的话，督抚可以使用奏折进行推荐。

整理以上内容，关于候补官员等，非依员缺的种类，允许督抚以题本进行人事。关于历俸，即便没有达到规定，该人事为人地相需的话，督抚可使用奏折申请人事。乾隆中期以后，关于参罚，虽然存在题本还是奏折的差别，但若上奏则可以申请就本来不符合规定的地方官人事。如此的《规定》，是为方便知晓地方状况的督抚灵活地处理地方官人事的措施，其人事的选项变得更广。

此外，上述《规定》中，乾隆四年制定的《规定》指示督抚使用题本，而此后的《规定》则指示使用奏折。而翻阅奏折可知，督抚申请与规定或《规定》相抵触的地方官人事（如督抚申请对于请旨缺升任的事例。本文中将此称为"破例"）。可以说，奏折制度深刻影响了督抚的地方官人事。关于奏折制度与地方官人事的关系以及由此可见的王朝统治的特征将在后文讨论，下一章中将考察遵循《规定》的人事与破例的人事的整体情况和运用实态。

---

1 "至员缺果系紧要，非干练之员，不能胜任，而年例未符，实有不得不为变通者，准令该督抚将其人其地实在相需之处，或应调补，或应升署，详悉声明专折奏闻。"

2 "若应升官员内，无合例之人，不论何项参罚，并越衔保题，悉准一例遴选请旨。"

3 "凡题升人员、遇员缺紧要、人地实在相需，而所议升补之员，任内有督催民借籽种口粮降俸处分，未逾十案以外，准其专折声明保奏。"

4 这里所谓"应升官员"，是指根据本章注释1的品级考，某职位空缺，可能升任的现就职官员中，有五年任期经历者。

二、督抚上奏的地方官人事的数量分析

本章中,从《宫中档乾隆奏折》(台北“故宫博物院”编,台北“故宫博物院”,1982—1995 年)。以下简称《乾隆奏折》)以及《明清档案》[1]中,整理出在乾隆十六年七月-十七年十月,[2]督抚以上奏所进行的《规定》人事、破例人事的事例,对于督抚提出何种申请进行数量上研究。表格 1“乾隆十六年至十七年各省督抚的人事申请”,为该时期人事的汇总。

表格 1　乾隆十六年至十七年各省督抚的人事申请

就任、调补、升任至的员缺　( )内表示升任																合计(升任)	
知府		同知		直隶知州		知州		通判		知县		州判		其他			
19	(4)	10	(6)	4	(3)	11	(6)	2	(0)	57	(7)	0	(0)	2	(0)	105	(26)

员缺的字数						员缺的重要性				
四	三	二	一	零	其他	最	要	中	简	其他
11	36	27	15	6	10	10	42	23	25	5

进行人事的主体、方法					人事的理由					
请旨	部选	在外调补	在外题补	其他	请旨	部选	任期5年	任期3年	弹劾处分	其他
14	42	32	13	4	14	42	17	28	36	15

上奏的硃批			吏部题本			题本的硃批			
督抚支持	吏部议奏	其他	许可	反对	其他	督吏一致	督抚支持	吏部支持	其他
38	62	5	24	8	1	18	4	4	7

典据

源自《宫中档乾隆朝奏折》1-4,《明清档案》176-184(乾隆十六年七月至十七年十月(但《宫中档乾隆朝奏折》中,十六年十月、十七年一月、二月、六月,缺损)。吏部题本抽出自第一历史档案馆所藏内阁汉文题本(原馆藏吏科),对应于督抚上奏的吏部题本。

说明

由于字数、重要性、进行人事的主体、方法中有不明之处,一件人事符合数个条件,吏部题本的有无,上奏文的破损等理由,合计的数值未必一致。

关于员缺的数字,员缺的重要性,进行人事的主体、方法,根据上奏文中尚无法明确的情况,则根据《清代缙绅录集成》以及[山本2013]补足。

1　张伟仁主编:《明清档案》,“中研院”历史语言研究所 1986 年版,第 1986—1995 页。

2　《乾隆奏折》中,乾隆十六年十月,十七年一月,二月,六月缺损。

以这一时期为讨论对象是基于以下理由。首先,虽然督抚申请人事的事例在此之前亦可见,[1]但从乾隆十六至十七年开始可获得比较大量的史料。其次,如前所述,18世纪中叶督抚的地方官人事的规定的基础得以确立,但在乾隆二十九、三十四年,参罚相关的缓和(参罚十件以内则允许督抚申请人事)开始了。此缓和之前,《规定》人事、破例人事更为多见。再次,表一中的"吏部题本"是从第一历史档案馆所藏的内阁汉文题本(原馆藏吏科)中抽出的对应于督抚上奏的吏部题本。[2]笔者在档案馆所收集的题本仅限于这一年。但因在督抚的上奏超过一百件,所以可以把握趋向。

在该时期中,督抚的《规定》人事、破例人事的申请合计一〇五件。其中升任为二十六件,多数为就任和调补。关于"就任、调动、升任的员缺",知县最多为五十七件,接下来是知府(十九件),知州(十一件)。关于知县占据多数,可以从该员缺的绝对多数来理解。而知府次之,可能是督抚对于比较高位且重要的员缺,申请得更多。

"员缺的字数"(表示管辖地域特征的冲、繁、疲、难)以及"员缺的重要性"分别以三字(三十六件)和要缺(四十二件)为最多。"进行人事的主体、方法"是指规定上决定由谁来进行人事。"部选(吏部的铨选)"(四十二件)为最多,接下来是"在外调补(督抚申请调补)"(三十二件),"请旨缺"(十四件)。在外调补是允许督抚调补的员缺,而对于部选和请旨缺则是在规定上不允许督抚申请人事。

"人事的理由"是指背离本来规定的内容。因为对于一件人事存在数个理由(如历俸未满者调往部选的员缺等),所以该项目的总数为一百五十二件,超过人事的总数(一百零五件)。对部选员缺的人事为最多(四十二件),接下来是对负参罚官员的人事为三十六件,任期未满三年(调补的历俸未满)为二十八件,任期未满五年(升任的历俸未满)为十七件,对请旨缺的人事为十四件。负参罚官员相关的人事数量较多,是因为在当时的官僚之中众多的官员遭受参罚。[3]

在第一章所列举的《规定》中,相当于表一时期的规定为(1)向调缺的题升;(2)候补官等的就任;(3)历俸的不足;(4)参罚的有无及越"衔"推荐中的(1)。下面

---

1 管见范围内,在《明清档案》中可以看到从顺治年间的题本,至于最早的奏折则是康熙四十五年的奏折(台北"故宫博物院"编:《宫中档康熙朝奏折(第一辑)》,第346—350页)。

2 以下史料名简称为《内阁题本吏科》(中国第一历史档案馆编:《雍正朝内阁6科史书·吏科(影印本)》,广西师范大学出版社2002年版)。

3 根据伍跃:《中国の捐納制度と社会》,第302—315页。随着清代考课制度的整备,官员频繁遭受弹劾。

来看一例遵照《规定》的奏折。[1]

> 云南省【前】腾越州知州葛庆曾已患病去世,【关于其去世】已经以其他的题本【向中央政府】报告。空缺的【腾越州知州的】职位,按规定为"在外拣选调补(督抚选人申请调补)"。……臣(云贵总督)查定例,"员缺系重要,非干练之人不能胜任,但与"年例(升任五年,调补三年)不符,不得不必须【越过规定】随机应变予以应对,允许以该官员人地相需而调补,或者升任署理(代理),以奏折上奏详述。"腾越州为重要的员缺,非有能力的官员不能胜任,但现在云南省内并无可调补的合适的官员)……惟昆明县知县陈秋元既有才能又坚守信念,人品端正谨慎地。历任平彝、昆明【县】,称之为循吏之声日增,并且在云南日久,熟知边地的状况。将他升任署理腾越州知州,实属【他的】才能与该地相宜,达到获得适合于地方的人才这样的效果。但该官员历俸未满五年,与"题升"的规定不符,所以遵循《规定》以奏折上奏恳皇帝陛下的天恩,因重要的员缺中符合规定的可调补官员一时间难得,请批准昆明县知县陈秋元升任署理腾越州知州。……关于陈秋元,因申请其由知县升任署理知州,应等待吏部复议,【到达后】送往吏部引见。
>
> (硃批)按【总督的】申请处理。朕命吏部了解一下。

腾越州知州,因前官员病逝而成为空缺。该职位,按规定属于"在外拣选调补",但因没有适合调补的官员而申请升任。这与《规定》(1)相符。[2] 但因云贵总督所选拔的昆明县知县历俸未满五年,引用《规定》(3)"历俸不足"的条文,通过奏折上奏希望获得批准。选拔现任昆明县知县的理由是,为人品优秀且长期在云南省任职熟

---

1 云贵总督硕色"奏报边地要缺需员请旨升补折"乾隆十七年三月二十四日(台北"故宫博物院"编:《宫中档乾隆朝奏折(第二辑)》,第503—505页)。史料的日语译文中的【】表示笔者的补足,()表示说明。此外,上奏者仅记《乾隆奏折》目录所列举者。

窃照云南腾越州知州葛庆曾患病身故,业经另疏题报在案。所遗员缺例应在外拣选补调。臣伏查定例"员缺果系紧要,非干练之员,不能胜任,而年例不符,实有不得不为变通者,准将其人其地实在相需,或应调补,或应升署,详晰声明专折奏闻。"惟昆明县知县陈秋元才守兼优,人品端谨。历任平彝、昆明,循声素著,且在滇日久,熟谙边地情形。以之升署腾越州知州,实才称其地,边方可能获得人之效。惟该员历俸未满伍年,与题升之例不符,相应循例专折奏恳皇上天恩,俯念要缺一时不得合例可调之员,准将昆明县知县陈秋元升署腾越州知州,(中略)至陈秋元系由知县请升署知州,应俟部复至日,送部引见。

(硃批)著照所请行。该部知道。

2 符合《规定》(1)的事例在这一期间有七件,但除该是了之外,督抚并没写到作为奏折的理由而列举条文。所以表一"人事的理由"中并未设此项目。

悉情况，属人地相需。对此乾隆皇帝的硃批为同意督抚的申请，命令吏部知悉后予以应对。

而根据表一“上奏的硃批”，乾隆皇帝的硃批，支持督抚的事例有三十八件，令吏部审议后上奏的事例有六十二件。[1] 对于皇帝的硃批，吏部以题本上奏。在第一历史档案馆所藏的吏部题本以及《明清档案》所收的题本中，可以发现针对督抚的《规定》人事、破例人事的申请所提出的题本总计三十三件（表格1“吏部题本”的总数）。其中批准督抚申请的有二十四件，反对的有八件。[2] 而对该吏部题本的乾隆皇帝的硃批（表格1“题本的硃批”），督抚及吏部的意见一致，乾隆皇帝也予以支持的事例为十八件。若督抚的申请与吏部的意见对立，乾隆皇帝支持督抚的事例有四件，支持吏部的事例也是四件。[3] 下一章将对包括督抚的上奏，吏部的上奏及皇帝的硃批的行政文书进行详细讨论。

三、《规定》人事、破例人事的运用实态以及引见的有无

表格2“各人事理由的文书行政”记述了每个《规定》人事、破例人事的理由，及其背后的文书行政的过程。因这些文书行政可以归纳为几个类型，所以本章中首先与表格2一起分别加以讨论。之后讨论地方官人事中引见的有无，观察地方官人事的运用实态。

表格2　各人事理由的文书行政

序号	人事的理由			上奏的硃批			吏部题本			题本的硃批			
				督抚支持	吏部议奏	其他	许可	反对	其他	督·吏一致	督抚支持	吏部支持	其他
①	对请旨缺的人事	升任	破例		1	1		1				1	
②		调补	破例	4									
③		就任	破例	1	1		1			1			

1　表一“上奏的硃批”项目中的“其他”的五件中，三件为“有旨该部”“览”“已有旨了”，皇帝的意思不明了。剩余的两件因奏折破损而硃批不可见，为了方便起见归入“其他”中。

2　另外一件是“引见后决定”。

3　表一“题本的硃批”项目中的“其他”的七件中，四件为乾隆皇帝下达“该部议奏”硃批。可能是吏部的题本中有不完整之处，乾隆皇帝命令吏部再度上奏。剩余三件因题本破损而硃批不可见，为了方便起见归入“其他”中。

(续表)

序号	人事的理由		上奏的硃批			吏部题本			题本的硃批			
			督抚支持	吏部议奏	其他	许可	反对	其他	督·吏一致	督抚支持	吏部支持	其他
④	对部选缺的人事	升任 破例	5	3			2			1	1	
⑤		调补 破例	2	1		1			1			
⑥		就任 《规定》	5	18		12	1		9		1	2
⑦	任期未满 5 年	升任 《规定》	3	5			1	1			1	1
⑧	任期未满 3 年	调补 《规定》	2	10		8			5			4
⑨	有弹劾处分	升任 《规定》	2	2								
⑩		调补 破例	3		1							
⑪		就任 破例		2								
(1)	①+⑦	破例+《规定》	1									
(2)	①+⑦+⑨	破例+《规定》+《规定》		1								
(3)	②+⑧	破例+《规定》	1									
(4)	②+⑧+⑩	破例+《规定》+破例	1		1							
(5)	②+⑩	破例+破例	1									
(6)	④+⑦	破例+《规定》			1							
(7)	④+⑦+⑨	破例+《规定》+《规定》	2									
(8)	⑤+⑧	破例+《规定》	2	2			2			2		
(9)	⑤+⑩	破例+破例		1			1			1		
(10)	⑥+⑪	《规定》+破例	1	5		1			1			
(11)	⑦+⑨	《规定》+《规定》		3								
(12)	⑧+⑩	《规定》+破例	2	7	1	1			1			
	合计		38	62	5	24	8	1	18	4	4	7

1. 督抚的上奏→皇帝直接以硃批同意督抚的申请

首先,讨论督抚申请地方官人事,皇帝对该申请表示同意的事例。具体来讲,如前章所引史料,对于督抚的上奏,乾隆皇帝作硃批"著照所请行。该部知道"。根据表二"上奏的硃批"中的"督抚支持"可知,该类型共三十八件。其中仅依据《规定》的有十二件(⑥—⑨),破例的有十六件(②—⑤,⑩,(5)。以斜体字表示),破例与

《规定》混在一起的有十件，分别为(1)、(3)、(4)、(7)、(8)、(10)、(12)，[1]并未见特别的倾向。

但是值得注意的是，督抚的地方官人事的申请中，相当一部分并未经过吏部的复议，而皇帝直接同意。可以看出吏部的人事的机会在减少，导致了地方官人事程序的合理化。至于皇帝直接同意的根据，从档案中无法窥知，但不经吏部的复议，可能缩减地方官人事行政的时间。例如下一节的命令吏部复议的事例来看，督抚于乾隆十六年八月二十一日上奏，同年九月二十二日皇帝下硃批，吏部的上奏则在十月十三日。如果没有吏部的复议的话，则可能缩减三周左右的时间，可以缩短地方行政的空白期。

2. 督抚的上奏→皇帝"吏部议奏"→吏部批准→皇帝同意

对于督抚的上奏，乾隆皇帝批"吏部议奏"，即命令吏部讨论后上奏的事例共六十二件(表二"对上奏的硃批"中的"吏部议奏")，其中依《规定》的为三十八件，"破例"的为九件，破例与《规定》混在一起的有十五件。

来看其中的乾隆十六年八月二十一日广东巡抚的上奏及其相关的文书。广东巡抚苏昌在奏折中如下陈述，[2]曾就阳江县知县伍斯琳因病休致一事以题本上奏。该空缺的人事主体、方法属于"应在外拣选调补"，即督抚选出后调补。但是阳江县知县工作繁重，非优秀的人才无法胜任，现任开建县知县的张耀璧属人地相宜。但是因张耀璧成为开建县知县未满三年，不符合调补的规定，所以遵循《规定》(3)以奏折上奏。张耀璧调任后，申请将发粤试用知县的王楚士代理开建县知县。对于该奏折，乾隆皇帝在同年九月二十二日作"该部议奏"的硃批。

收到硃批后，吏部在十月十三日以题本上奏了以下内容。[3] 吏部首先说到，阳江

---

1 所谓破例与《规定》混在一起的是指，关于某一件地方官人事，破例的要素与符合《规定》的要素同时存在的事例。例如，表格2的(1)就是这样的申请的事例，即将⑦任期未满五年的人员(《规定》)升任①请旨缺(破例)的人事申请。

2 广东巡抚苏昌"奏请调补海疆县令折"乾隆十六年八月二十一日(台北"故宫博物院"编:《宫中档乾隆朝奏折》(第一辑)，第471页)。

窃查粤东肇庆府阳江县知县伍斯琳患病，经臣题准部复休致。所遗阳江县系沿海繁难之缺，例应在外拣选调补。臣查阳江一邑，外接重洋，民俗刁悍，且地剧事繁，办理不易，必得明敏强干之员，方克胜任。惟查肇庆府开建县知县张耀璧调补阳江，实属人地相宜。但该员在开建本任未满三年，与调补之例未符。理合循例详悉声明恭折奏闻。所遗查有发粤试用知县王楚士堪以署理开建县印务。

3 吏部尚书傅恒等"为吁请调补海疆县令以裨地方事"乾隆十六年十月十三日(中国第一历史档案馆编:《雍正朝内阁六科史书·吏科(影印本)》，广西师范大学出版社2002年版，第2110—2122页)。

今阳江县系沿海繁难中缺，例应在外拣选调补。开建县知县系简缺，应归部选。查开建县知县张耀璧历俸未满叁年，任内并别项不合例事故。该抚既经遵例专折奏闻。臣部照例请旨可否，准其调补阳江县知县之处，恭候钦定。如蒙俞允，其将试用知县王楚士署理试看。

(硃批)张耀璧准其调补。余依议。

县属由督抚可以申请调补的员缺,开建县知县属吏部的人事的员缺。而将历俸未满三年的张耀璧调补到阳江县知县本来不符合规定,但因广东巡抚遵循《规定》(3)以奏折上奏,吏部批准并寻求皇帝的判断。同时,吏部同意了由试用知县王楚士代理开建县知县。虽并未言及特定的规定,但可能是与《规定》(2)②相符。该事例并不符合本来的规定,但因督抚遵循《规定》以奏折申请人事,吏部批准了该申请,皇帝也以"同意该调补。其他的也依复议"表示同意。

表格2"吏部题本"中的三十三件中,吏部批准的事例有十五件。尽管表二⑤的事例是破例,吏部还是予以批准,皇帝也表示同意。其为山东省知县的事例,[1]恩县知县是符合冲、繁、疲、难四项的工作繁重的员缺,相比之下博平县知县则行政比较容易,因此申请将优秀的现任博平知县调补到恩县知县,平庸的恩县知县调补到博平县知县,即以"繁简互调"(相互更换)实现人地相宜。虽因现在博平县知县历俸未满三年,以奏折申请调补,遵循了《规定》,但因博平县知县的员缺为部选,所以向该地的调补为破例(表格2⑤)。对于由遵循《规定》的人事所引起的人事,所见范围内并不存在规定,可能是吏部不认为破例的事例。表格2(10)、(12)是《规定》与破例混在一起的事例,但吏部批准了。如此情况来也可以推出。

在督抚与吏部的意见一致的情况下,至少相当于四分之三的十八件为皇帝所同意(表格2"题本的硃批"中"督、吏一致"[2])。督抚遵循《规定》上奏,吏部也批准的情况下,皇帝对其予以追认。

3. 督抚的上奏→皇帝"吏部议奏"→吏部反对→皇帝支持督抚

接下来以福建省福安县知县的事例[3]来讨论吏部反对,但皇帝支持督抚申请的类型。

乾隆十六年八月的奏折中福建巡抚如下陈述。现在福安县正遭受水灾,前福安县知县玩忽职守,福建巡抚将其弹劾,该员缺成为空缺。福安县知县属中缺为吏部的人事,但现在水灾后的恢复为紧要政务,必须有能力的人才担任该职。宁化县县丞夏

---

1 山东巡抚鄂容安"奏请调补知县折"(台北"故宫博物院"编:《宫中档乾隆朝奏折(第二辑)》,第275页)。

又查东昌府属恩县,路当孔道兼司河务,系冲繁疲难四项相兼要缺,非精明干练之员,不克胜任。臣前过该邑留心察看,现任知县杨永仁才具中平,办理颇为竭蹶。查有博平县知县张德履,人颇勤干,有志向上,以之调补恩县知县,实属人地相宜。(中略)其所遗博平县知县事简易治,请即以杨永仁调补责其后效。

2 剩余七件全部都符合"其他"。"其他"的内容与表一"题本的硃批"相同,所以请参照第二章注释9。

3 福建巡抚潘思榘"奏请调补灾区县令以裨地方折",乾隆十六年八月十八日,台北"故宫博物院"编:《宫中档乾隆朝奏折(第一辑)》,第448—449页。吏部尚书傅恒等"为请补灾区县令以裨地方事",乾隆十六年十月十日(中国第一历史档案馆编:《雍正朝内阁6科史书·吏科(影印本)》,第1876—1885页)。

瑚,非常优秀并且曾为宁化、连江、福清、同安的代理知县,做事诚实。所以希望以皇帝陛下的"格外天恩"同意升任夏瑚为福安县代理知县。以上为福建巡抚奏折的内容,对此乾隆皇帝于同年九月十四日作硃批"该部议奏"。以下为吏部的陈述。[1]

经查规定,各省的冲、繁、疲、难的州县【的员缺中】符合四项、三项的【员缺】,由管辖地域的督抚进行选拔调补。符合二项、一项,及并非冲、疲、难【员缺】的,全部由吏部每月铨选。该员缺确为【吏部负责的】月选员缺,所以【督抚】不能以题本申请升任。该【福建】巡抚上奏以宁化县县丞夏瑚作为代理升任一事,与规定不符,并不批准【福建巡抚】申请。福安县知县的员缺,臣吏部按规定以各月的铨选【决定官员】。

(硃批)关于夏瑚,按【福建】巡抚的申请处理。

福建巡抚以奏折申请升任夏瑚为福安县代理知县,吏部以不符合规定为由不予批准,按规定应由吏部负责人事。但是乾隆皇帝在硃批中批准了福建巡抚的申请,同意夏瑚以代理升任。吏部反对督抚申请的事例有八件(表格2"吏部题本"中的"反对"),其中皇帝将吏部的意见置于一旁,支持督抚的事例有四件(表格2"题本中的硃批"中的"督抚支持")。属本节的类型的其他事例中,吏部反对的理由如福安县知县的事例一样,属吏部人事的员缺的情况在同一题本中有二件,[2]吏部反对督抚调补负参罚官员的事例有一件。[3]

皇帝推翻吏部判断而支持督抚的人事,应理解为皇帝倾向于了解地方实情的督抚,而且存在使之成为的构造。

4. 督抚的上奏→皇帝"吏部议奏"→吏部反对→皇帝支持吏部

最后是与前一节相反的类型,即吏部反对督抚的申请,而皇帝支持吏部的类型。关于该类型,以乾隆十七年五月初二日贵州巡抚上奏的普安州知州及玉屏县知县的

---

1 前注释"内阁题本吏科",第1880—1881页。

查定例,各省冲繁疲难州县四项三项相兼者,令该督抚拣选调补。二项一项及并非冲繁疲难、悉归月分铨选等语。是应归月选之缺,并无题请升用之例。今福安县知县系中缺,应归月选。该抚遽将宁化县县丞夏瑚奏请升署,与例不符。应将所请之处,毋庸议。其福安县知县员缺,臣部照例归於月分铨选。

(硃批)夏瑚著照该抚所请行。

2 吏部尚书傅恒等"为县缺废弛已久仰恳切圣恩酌调贤员以裨地方事"乾隆十六年十一月十三日(中国第一历史档案馆编:《雍正朝内阁六科史书·吏科(影印本)》,第2280—2289页)。

今安仁县知县系冲简缺,万载县知县系繁难中缺,俱应归月选之缺。该抚将东乡县梅长遇调补安仁县知县,泸西县知县朱崧调补万载县知县,与例不符。

3 礼部尚书傅恒等"为恭恳圣恩调补县令以裨吏治事"乾隆十七年五月六日(中国第一历史档案馆编:《雍正朝内阁六科史书·吏科(影印本)》,第1571—1580页)。

查刘瓒任内有盐引未完降职一级载罪督销之案,与调补之例不符,应将该督等所奏来安县知县刘瓒调补芜湖县知县之处,毋庸议。

事例来讨论。[1]

前普安州知州遭弹劾致该职位空缺。该员缺是符合于冲、繁、难三项的要缺,按规定由督抚申请人事。所以,贵州巡抚申请将玉屏县知县龚士模作为代理升任。龚士模历俸未满五年,但根据《规定》(3),以奏折申请升任。巡抚还强调龚士模经验丰富,到目前为止他曾代理过各地的知州、知县,任职的总时长达到十六年十一个月。

因前述的升任导致空缺的玉屏县知县的员缺属中缺,为吏部的人事,但其依据《规定》(2)②,申请将具有"委用知县"头衔的王宏业就任。最后说到,龚士模的人事是升任,所以批准后,送往吏部引见。对于该奏折,乾隆皇帝于同年五月二十七日作硃批"该部议奏",案件转至吏部。吏部如下陈述。[2]

经查规定,关于各省的冲、繁、疲、难,苗族居住区的州县【的地方官员缺】,符合四项、三项的【员缺】,由管辖地域的督抚选拔人员调补。符合两项、一项,以及并非冲、繁、疲、难的【员缺】,全部由吏部每月铨选。并且在【其他的】规定中,关于被派遣至地方,作为试用以代理履行职务的各官员,"衔大缺小(该官员可能任命的员缺的品阶,比就任员缺的品阶大的情况)",或者"衔缺相当(官员与员缺的品阶一致的情况),经过一年的试用,若称职的话,【督抚】可以题本申请"实授(并非代理而是成为正规的官员)"。【但是】以代理身份工作的任期,无法合计入【正规的任期】。(中略)现在【审议】的龚士模是以【督抚的】题本代理玉屏县知县,但尚未"实授",并非是斟酌历俸可升任的官员。该【贵州】巡抚以奏折申请升任代理知州,不符合规定。并不批准【贵州】巡抚作为代理升任普安州知州的申请。关于【前述的】玉屏县知县代理龚士模,该知州代理的升任未批准,所以同样也并不批准将"委用知县"的王宏业就任玉屏县知县的申请。关于普安州知州的员缺,该【贵州】巡抚应该根据规定,再度选择符合规定的人员,以题本来进行人事。

(硃批)依议。

吏部在列举相关规定中,严格区分代理与正规的任期,代理的任期不应合计(划

---

1 贵州巡抚开泰"奏请调补知州折"乾隆十七年五月初二日(台北故宫博物院编:《宫中档乾隆朝奏折(第二辑)》,第 872—873 页)。吏部尚书傅恒等"为请旨事"乾隆十七年六月二十二日(中国第一历史档案馆编:《雍正朝内阁六科史书·吏科(影印本)》,第 1084—1094 页)。

2 前注"内阁题本吏科",第 1089—1091 页。

查定例,各省冲繁疲难苗疆州县四项三项相兼者,令该督抚拣选调补。二项一项及并非冲繁疲难之缺,悉归月分铨选。又定例,在外命往试用署职各官,衔大缺小,衔缺相当者,试用一年,果能称职,保题实授。署职之俸,不准通算等语……。今龚士模系题署玉屏县知县,尚未实授,不准较俸升转之员。该抚遽行奏请升署知州,与例不符。应将该抚等奏请升署普安州知州之处,毋庸议。署玉屏县知县龚士模既不准其升署知州,其委用知县王宏业补授玉屏县知县之处,亦毋庸议。至普安州知州员缺,应令该抚等照例,另选合例之员,具题补授。

(硃批)依议。

线处）。即龚士模到目前为止的任期全部为代理期间，现在也仍未“实授”，所以驳回了督抚的申请。即认为《规定》(3)所适用的，必须是作为正规官僚的任期。

对于该吏部的回答，乾隆皇帝支持吏部，并批驳了巡抚的申请。此后巡抚再次以奏折申请其他官员的人事，获得了吏部和皇帝的同意。[1]

如本节的事例，吏部的反对意见得到皇帝支持的事例有四件（表格2“题本的硃批”中的“吏部支持”）。综合前节来考虑，吏部反对督抚申请的情况下，皇帝支持督抚还是吏部，数量虽少，但并未偏向任何一方。

5. 破例的申请

下面来讨论关于“破例”。破例的事例是在表二中以斜体表示数字的①-⑤、⑩、⑪以及(5)和(9)，总数为二十七件。其中十六件为皇帝支持，较为容易获得皇帝同意。另一方面，转至吏部的事例为九件，其中留下相关吏部题本的事例有四件，当然全部是反对的。（①、④（二件），(9)中的事例）。皇帝对吏部题本的硃批，支持督抚的为两件，支持吏部的为两件。即在破例的全部二十七件中，皇帝对于至少十八件的申请给予批准。

综上，讨论全部文书行政后可以看到，乾隆皇帝未直接驳回督抚申请，以及督抚的申请被批准的事例比较多。表一的全部一百零五件中，属本章(1)的事例有三十八件，属(2)的有八件，属(3)的有四件，属(5)的有十八件，至少有半数以上的六十八件被批准，督抚申请被批准的比例较高。

6. 引见的有无

如第一章所述，督抚上奏进行升任之时，送地方官至北京谒见皇帝，即“引见”这样礼仪是必要的。该规定的内容在第二章所引用的史料以及第三章（四）中划

---

1 巡抚申请从现任知州调补，但该官员也属未满三年任期者（但是并非代理，有半年左右的正规任期），是符合《规定》(3)的人事申请。吏部以并未违反规定，巡抚以奏折上奏寻求皇帝的赞成与否，批准了该申请，皇帝也表示同意。

贵州巡抚开泰“奏请以牛思凝调补普安州知州折”乾隆十七年八月二十六日（台北“故宫博物院”编：《宫中档乾隆朝奏折（第三辑）》，第686—687页）。

兹据藩臬二司於通省属员内详慎拣选，有正安州知州牛思凝堪以调补。……但该员系於乾隆拾陆年肆月内升授正安州知州，拾柒年弍月内到任，未满叁年，与准调之例不符。伏查定例，员缺果属紧要而年例未符，有不得不为变通者，准将其人其地实在相需之处，或应调补或应升署，详细声明专折奏闻等语。理合遵例声明请旨。

（硃批）该部议奏。

吏部尚书傅恒等“为请旨事”乾隆十七年十月十四日（中国第一历史档案馆编：《雍正朝内阁六科史书·吏科（影印本）》，第839—851页）。

臣部查，正安州知州牛思凝任内并无不合例事故，既经该抚等专折奏闻相应请旨可否，准其调补普安州知州之处，恭候钦定。

（硃批）牛思凝等准其调补。余依议。

二重线部分,明确记载在上奏文中。另一方面,以督抚题本调补的情况下,远方省的“命往试用举人”就任之际无须引见。制定外补制及督抚的地方官人事的目的之一,就是消除因官员交替而产生的行政空白。引见却对此成为障碍。所见范围内,没有看过记载督抚为了避免引见,故意选择调补或就任。但在表一全部一百零五件事例中,升任的止于二十六件(24.8%),可以推断督抚避免因引见而导致行政空白。

在二十六件升任的申请中,①按照规定引见的事例有十三件,②没有引见相关记载的事例有十一件,③申请推迟引见的事例二件。②的十一件之中,五件为督抚以一次上奏申请数个人事,符合第二次以后的升任。例如,两江总督申请将江防同知调补江苏省邳睢同知,并申请将清河县知县代理空缺的江防同知。[1] 如这样,在与前者的申请批准与否的情况下,关于后者的升任未论及引见。剩余的六件中未言及引见的理由并不清楚,可能因为升任之际的引见是当然应遵守的规定,所以并未言及。

下面来讨论表二③中两件有意思的事例。首先是闽浙总督和浙江巡抚的奏折。[2]

经查,【申请以候补运副的资格就任浦江县知县的】施绳武,【申请以仁和场大使捐升通判的资格就任遂昌县知县的】石山,【申请由东阳县县丞升任为嵊县知县的】戴椿属应送至吏部引见的人员,若【该人事申请】批准,按规定则必须送至吏部引见。但因他们都在灾区以【作为】代理委任负责应对灾害的工作,难以【从该任务中】离开。请求先使之作为代理就任各县【知县】,待救灾事务结束后,再送咨文到吏部【引见】。

施绳武、石山、戴椿三人的人事,引见为必要,但他们在各自的任地都有应对灾害的紧要任务,申请赈灾结束后再引见。另一件事例是甘肃巡抚的奏折,[3] 其中申请升

---

1 两江总督高斌“奏请升调所酌选之员任河工要缺折”乾隆十六年八月二日(台北故宫博物院编:《宫中档乾隆朝奏折(第一辑)》,第334—335页)。

合无仰恳圣恩,准以江防同知张弘运调补邳睢县同知,庶人地相宜,实为驾轻就熟。……将清河县知县孔传僵,署理江防同知。

2 闽浙总督喀尔吉善“奏请破格补用县官折”乾隆十六年八月二十二日(台北故宫博物院编:《宫中档乾隆朝奏折(第一辑)》,第482—483页)。

查施绳武、石山、戴椿系应行送部引见之员,如蒙圣恩俞允,例应送部引见。但各员现皆委署灾区承办灾务,势难脱身。可否先令署理各县事务,俟灾赈事竣,再行给咨送部。

3 甘肃巡抚杨应琚“奏请升署边要之厅员以资治理折”乾隆十七年五月二十三日(台北“故宫博物院”编:《宫中档乾隆朝奏折(第三辑)》,第147—149页)。

窃照甘省安西同知王筠推升。遗缺例应在外拣选调补。……臣复详加拣选有宁州知州傅柟,历俸已逾五载,人地相宜。……如蒙俞允,俟夷使交易事毕回巢之后,照例给咨赴部引见。

任现任宁州知州为安西同知，等待现所办理的与少数民族的交易事务结束后再为引见。如此，在现担负的紧要政务结束之前，为了避免地方行政的空白，督抚申请推迟引见。皇帝对于两者都作了“著照所请行。该部知道”的硃批，同意了督抚的申请。综上，督抚就《规定》人事、破例人事的申请中，不需要引见的调补、就任较多，另外也有在作为人事对象的地方官正在担负紧要任务之时，申请推迟引见。可见督抚与皇帝皆以地方行政的效率为优先考量。

四、督抚就地方人事规定变更的申请以及在京候补官派遣申请

如“序言”中所述，督抚的人事申请想起督抚夺取本应属于吏部的地方官人事的权限。虽不能否定如此一面，但也应从其他的事例尝试探知督抚的意图。

首先，关于督抚申请变更地方人事规定，来讨论雍正十二年一月十七日湖南巡抚的奏折。[1]

经查，湖南省各府州县中【有三种员缺】，A 苗族居住地域之缺，属【督抚】以题本调补，任满五年则可升任的员缺，B 以前符合冲、繁、疲、难中四字或三字的【地域】之缺，属【督抚】以题补[2]决定人事的员缺，C 以前符合【冲、繁、疲、难】中两字或一字的员缺，属于吏部人事的员缺。①但应因地制宜而定【人事的方法】，某些员缺【由督抚】以题本处理人事还是【由吏部处理】人事，应酌情变更。谨为皇帝陛下上陈人事方法的变更。（中略。泸溪、辰谿、麻阳三县，周围地域因改土归流等趋于平稳。而通道、会同二县与桂东、桂阳二县，是苗族居住地域但为较易统治地方。）②以上七县

1　湖南巡抚钟保“奏报泸溪辰谿麻阳三县由部选该为题保之缺折”雍正十二年一月十七日（台北故宫博物院：《宫中档雍正朝奏折（第二十二辑）》，第 528—529 页）。

查湖南各府州县 A 有系苗疆之缺题明拣调五年俸满升转者，B 有向定冲、繁、疲、难四字三字相兼之缺应请题补者，C 有向定二字相兼并专於一字之缺应归部选者。①但因地制宜，随时通变其员缺之应题、应选，有尚须酌更之处。谨为我皇上陈之。……②以上七缺，实不应仍行保题，俾得滥叨五年升转之恩典，应请归部选者也。……③以上三县，虽向系部选之缺，其实地方难治，应请改为题缺者也。臣为地方员缺起见，或请改归部选，或请改为题缺。

此外，雍正十、十一年直隶总督李卫，存在管辖地域的特征（冲、繁、疲、难）以及员缺的重要性（最要缺、要缺、中缺、简缺）与地方的实情不一致的员缺，两度上奏申请变更。虽吏部反对，但雍正皇帝同意了总督的意见。以此为契机，雍正皇帝在雍正十二年九月初八日下上谕，命令全国的规定变更（刘铮云：《皇权为中心的权力竞逐——以清雍正十二年官缺更定为例》，载刘铮云《档案中的历史——清代政治与社会》，北京师范大学出版社 2017 年版，第 131—144 页）。本章中的事例不属于全国的规定变更时期，是督抚间断地申请变更规定。

2　所谓题补，是指督抚以题本处理人事，以及适用于其的员缺，但该在史料的时期督抚可申请的只是调补（山本一：《清代，督撫による地方官人事規定の形成と運用》。）

【的知县的员缺】,不应该目前为止所实行的"保题(由督抚的题本推荐)",工作满五年则可升任,这样的优待措施,应归于吏部人事。(中略。浏阳县知县、平江县知县、桃源县知县,是符合两字地域的员缺,由吏部决定人事,但因皆属难治地域,非有能力的官员不能胜任。)③以上三县【的知县的员缺】,以前是属于吏部人事的员缺,但各地方实在统治困难,申请改为以【督抚的】题本进行调补的员缺。臣以地方员缺【中获得人地相宜的人才】的观点,申请一方面改定为吏部人事的员缺,另一方面改为【由督抚】以题本调补的员缺。

关于雍正末年湖南省内的知县的员缺,有以下三种类型,A 属苗族居住地域,是由督抚以题本处理人事的员缺,B 属符合冲、繁、疲、难中的四字或三字的地域,是由督抚以题本处理人事的员缺,C 属符合冲、繁、疲、难中的两字或一字的地域,是属吏部人事决定的员缺。也就是说,A 与 B 为督抚的人事,而 C 为吏部的人事。但关于人事的主体,应该酌情变更(划线部分①)。

而属于 A 的员缺中的七个员缺,因该管辖地域的统治以不再困难,申请变为 C 的由吏部处理人事的员缺(划线部分②)。反过来,属于 C 的员缺中的三个员缺,以管辖地域统治困难为理由,申请变更为 B 的由督抚处理人事的员缺(划线部分③)。乾隆十三年,前者七个员缺定为从零至一字的简缺,后者的浏阳县定为繁、难两字的要缺,平江县定为繁、疲、难三字的要缺,桃源县定为冲、繁、难三字的要缺,该申请很可能得到承认。[1]

如此的人事方法的变更申请,从其他例子中也可以看到。雍正十二年九月初二日,四川总督上奏了如下奏折[2]。关于四川省州县的员缺,因为曾经进行土地测量农地增长,布政使[3]上奏,希望三十五州县为督抚人事的员缺,但中央再次让督抚调查是非。督抚认为,三十五州县中的三十一州县依然为吏部的人事,仅四县变更为督抚

1　"缙绅全书"(乾隆十三年春)(清华大学图书馆、科技史暨古籍文献研究所编:《清代缙绅录集成(第一册)》,大象出版社 2008 年版,第 196—201 页)。

2　四川总督黄廷桂,巡抚鄂昌"奏陈调整川省部选及题补州县员缺事折"雍正十二年九月初二日(台北故宫博物院编:《宫中档雍正朝奏折(第二十三辑)》,第 462—464 页)。

刘应鼎奏称川省州县,雍正陆年分别冲繁疲难,除成都等六州县拣选题补外,其余均归部选。第自丈量后,田地日辟,民事日增。如简州等三十五州县,现在地方情形有与成都等六州县相同者,有更为难治者,恳敕部定例。……应将刘应鼎所奏,一并敕令该督抚再加妥酌定议具奏。……以上三十一缺无庸拣调,照例统归部选。惟有原拟冲繁要缺之灌县……又原拟繁难要缺之南充县……又原拟冲繁要缺之万县……又原拟专冲中缺之宜宾县……此四县者,必资强干能员,方足稽察整顿,均请改为冲繁难最要之缺拣调题补,以收实效。

3　进行上奏的四川布政使刘应鼎,于雍正十二年十月遭四川总督黄廷桂的弹劾。其理由之一,就该上奏是为求声明之计。(刘铮云:《皇权为中心的权力竞逐——以清雍正十二年官缺更定为例》,载刘铮云《档案中的历史——清代政治与社会》,第 141—144 页)

的人事。此外,乾隆十八年(一七五三)云南巡抚的奏折[1]中,关于云南省内府知事[2]的七个员缺,都属"在外拣选调补"。但其中永北、顺宁、鹤庆三府仅符合两字,应将府知事变更为吏部的人事。

综上,督抚仅申请起码的变更,因此难以认为督抚企图夺取权限。也就是说,督抚申请以重要员缺改为督抚的人事,而以重要性较低的员缺改为吏部的人事,中央政府在研究该申请不致使督抚权限过大后才予以同意。

同样的倾向亦可从乾隆十七年,对于空出的知县之缺,江西巡抚申请从中央政府派遣候补官的事例中看出。[3] 江西巡抚认为,上饶县是最要缺,南丰县是要缺,都是难以统治的,必须要能干的官员。然后如下写道:

【但是】现在【江西】全省的中缺、简缺的知县中,无可调补的官员。按照规定以奏折上奏恳请皇帝陛下恩泽,命令由【吏】部在京候补的官员中选拔引见,就任上饶、南丰二县的员缺,如此则重要的地方可获得有能力的人才,并且对吏治大有裨益。

江西巡抚说到现在江西省内,无官员可调补为难治的上饶县、南丰县的知县。江西巡抚所据布政使、按察使的详文内写道,"江西省全省的中缺、简缺中,【可调补的】满三年任期者仅有数人,有些人能力【不足】仅可堪现在的【中缺、简缺的】职务,有些人不能人地相宜,所以无可调补的官员"。[4] 所以江西巡抚依规定,申请由吏部从在北京的候补官中选拔,赴上饶、南丰二县就任。

这里所说规定是指,乾隆四年制定的"在该省没有符合规定可调补的官员,也没有【督抚】以题本申请升任的官员的情况下,该督抚上奏,【吏】部从候补官中选拔数

1　云南巡抚爱必达"奏请改知事拣调之缺酌归部选以符体制折"乾隆十八年十月十八日(台北"故宫博物院"编:《宫中档乾隆朝奏折(第六辑)》,第 452 页)。

惟各府知事例准拣选各缺,尚有轻重失宜,体制未协者。臣查滇省共设府知事七员,均归在外拣选调补。……至永北、顺宁、鹤庆三府,俱系二项相兼。……臣将滇省知事七缺,除昭通、镇沅、元江、丽江四府知事,仍循旧例,本省拣调外,其永北、顺宁、鹤庆三府知事员缺,俱归内部铨选。

2　府知事,是府的佐贰官。光绪《大清会典事例》卷六七,苗疆题补中规定,雍正至乾隆初年云南的府知事为"拣选咨部调补"。

3　江西巡抚兼提督衔鄂昌"奏请简补知县折"乾隆十七年十月十五日(台北"故宫博物院"编:《宫中档乾隆朝奏折(第四辑)》,第 129—130 页)。

今通省中简县内,既无可以调补之员。理合遵例声明恭折奏恳圣恩,敕部于在京候补人员内遴选引见,补授上饶、南丰二县员缺,庶要地得人与吏治大有裨益。

同样的事例(织田万等编:《清国行政法》(增补改订版),临时台湾旧惯调查会 1914 年版,第 241—242 页)中也曾列举,但并未深入考察。

4　同前注释史料。

在于通省中、简县内细加衡量,任满三年者,仅有数员,或才具止称本任,或人地不甚相宜,实无可以调补之员。

人引见,等待【来自皇帝陛下的】就任的决定。”[1]如此督抚申请从中央政府派遣官员的事例,在表格1的十二个月中就可以看到数件。即督抚并非想要将全部的地方官人事权限握在手中,在地方人才不足时也有委托于中央政府的人事的情况,归根结底是要进行与地方实情相适合的人事。

结语:从地方官人事所见王朝统治的一个侧面

因为清朝的统治支柱之一就是以皇帝为顶点的官僚制度,所以进行人地相宜的人事,不能是草率的工作。为此,了解地方实情的督抚进行地方官人事的规定创设。但是为了更加有效的人事,越过规定的《规定》制定,督抚又使用奏折直接向皇帝申请破例人事。督抚的《规定》人事、破例人事的多数获得了皇帝的支持,或者获得吏部的批准。即便吏部反对督抚申请,也有皇帝支持督抚的情况。当然,并非没有贿赂的可能性,[2]而督抚的地方官人事未被废止,在清末仍实行,[3]所以可以说在清代有效地运用。

如第一章所述,从乾隆四年开始之后制定的《规定》中指示使用奏折,而破例的人事之际督抚以奏折申请。从督抚的地方官人事来考量奏折的意义的话,可以指出的是“人事行政的效率化”以及“中央集权体制与地方统治的确立”。如果是奏折的话,则督抚的上奏递到吏部之前就得到皇帝的同意,而且依据《规定》,吏部对于督抚的申请很少驳回。也就是说,地方官人事中吏部可涉及的部分在变少,督抚和皇帝两者间决定的地方官人事的比例在增高。督抚的申请为皇帝同意的情况下,没有必要经过吏部的复议,地方官人事所用的时间变短而更具效率。并且相较于升任,督抚多

---

1 光绪《大清会典事例》卷六十,调缺准酌量题升。

乾隆四年奏准……如该省既无合例应调之员,亦无可以题升之人,即令该督抚奏闻,由部於候补人员内,遴选数人引见,恭候简用。

2 乾隆四十五年,因云贵总督李侍尧“题升”之际从数名官员收受贿赂,李侍尧及行贿官员们被弹劾革职。《高宗实录》卷一一〇三,乾隆四十五年三月十八日之条。

据供,收受题升迤南道庄肇奎银二千两,素而方阿银三千两,汪圻银五千两,临安府知府德起银二千两,东川府知府张珑银四千两,交与佐杂孙允恭赴苏带往。……又据张永受供,发交珠子二颗。一卖给昆明县知县杨奮勒要银三千两。一卖给同知方洛银二千两。……李侍尧著革职拏问。按察使汪圻、迤南道庄肇奎、原署东川府知府张珑、降调通判素而方阿、丁忧同知方洛、昆明县知县杨奮,俱著革职。

3 例如,光绪三十年,湖广总督张之洞以“请准以李天柱补授知县折”的奏折申请,因江陵县知县病逝,由奏留补用知县就任该员缺(赵德馨主编:《张之洞全集(第四册)》,武汉出版社2008年版,第218—219页)。

申请没有必要引见的调补、就任,以及对于担负紧要工作的地方官,申请推迟引见。可以看出,督抚的地方人事防止了地方官人事的运行中的行政空白,带来了官员交替的时间上的高效化。

从皇帝的角度,根据督抚的申请,可以直接听到地方官的意见,可以说皇帝与督抚的关系得以强化。但将其认为只是皇帝独裁的强化是否合适?在多数情况下,督抚首先了解到地方官职位的空缺,对于该空缺的人事首先着手的是督抚。遵循规定与《规定》的人事、破例的人事,在京候补官员派遣申请中的任何一个,都是在督抚进行上奏之后,开始启动地方官人事。皇帝、中央政府的吏部,以应对督抚上奏才涉及地方官人事。

但是,以题本、奏折方式所作的人事也好,吏部的复议也好,最终决定都是由皇帝作出,中央集权体制得以维持。从该意味上如足立氏所言,清代官员的裁决能力低。但是从督抚的地方官人事角度,可以看出大量采用地方官意见,地方官人事工作的高效化,督抚的"超法规的"申请成为可能灵活的运用实态。雍正皇帝发展地继承了康熙时期逐渐使用的奏折制度,与地方官直接进行文书的对话,志在中央集权化。其结果——虽说是反论的——创造出了以督抚的地方官人事灵活且有效率地运用的构造。正是如此,从督抚的地方官人事,可以观察到具有灵活构造的中央集权体制。但至于其是否适合于清朝统治体制整体,必须从财政、军事等方面综合地讨论。

将官僚体制整体纳入思路的话,还有其他可讨论的对象。例如,官员的服丧,并不只是产生行政的空白,亦是儒教伦理与王朝统治相关的问题。[1] 关于官僚制度的其他内容,之后再讨论。

附记

本文获得大阪大学文学研究科"面向多语言多文化研究的复合型派遣项目"(日本学术振兴会"组织的年轻研究者等海外派遣项目")的支持。

1　织田万等编:《清国行政法》(增补改订版),第270—275页;艾永明:《清朝文官制度》,商务印书馆2003年版,第366—372页;两文中言及了官员仍在任而服"在任守制",但其运用实态等未讨论。

政策与对策：清代的孝道国策与虚假诉讼*

杜　乐** 著　张田田*** 译

前言：孝道国策语境中的不实指控

1750年，贵州一位30岁的苗女阿骂被杀，[1]下手的是她弟弟，主使者是她母亲。阿骂之母想要利用天生残疾而未婚的女儿阿骂的死亡，诬告前不久刚收回她家租种土地的前地主，这一诡计被很多族人反对。乡约（community leaders）在数次调解失败后，决定将这起命案送官。根据清律规定，阿骂之母依"杀子孙图赖人"罪名，原本应被判发附近充军；但因1750年9月4日的大赦，她在1751年的覆审中被释放了。阿骂的弟弟，听从母亲命令杀死了姐姐，犯下逆伦（violating fundamental human ethics）重罪，被判处斩立决。[2]

笔者从中国国家档案馆和地方档案馆所收集的数十个案例，均涉及《大清律例》中的"杀子孙图赖人"罪名，[3]时间跨度超过一个半世纪。阿骂案来自刑科题本，此类文献对清朝绝大多数命案有系统回顾，但杀子孙图赖人类型案件的记载为数不多。此类案件多见于地方档案，而清代中央档案中少有记载的原因在于，法律基于对父母权威的普遍维护和对子女孝顺服从的要求，对杀子孙图赖人的科刑较轻。阿骂案展

---

* 本文原题为"Policies and Counterstrategies：State-Sponsored Filiality and False Accusation in Qing China"，载*International Journal of Asian Studies* 16，pp. 79-97。

文中的false accusation，对应着清律语境中的"诬告""图赖"等，也可直译为不实指控、错误指控，题目中选用"虚假诉讼"，是受了中国现行法律术语的影响，即刑法规定"为谋取不正当利益，以捏造的事实提起民事诉讼，妨害司法秩序或者严重侵害他人合法权益"为"虚假诉讼罪"。——译者注

** 杜乐，康奈尔大学历史学系助理教授。

*** 张田田，沈阳师范大学法学院副教授。

1　按照中国官方的定义，苗族主要生活在贵州等西南省份。关于清代苗族司法管理，参见张中奎：《改土归流与苗疆再造》，中国社会科学出版社2012年版；Weinstein Jodi L.，*Empire and Identity in Guizhou：Local Resistance to Qing Expansion*，University of Washington Press，2014。

2　参见中国第一历史档案馆藏：《刑科题本》，档案号：02-01-07-05047-005。

3　律例规定详见《大清律例·刑律·人命》中的"杀子孙及奴婢图赖人"条。——译者注

示出清代国家机器是如何构建规范社会秩序的权威形象,并通过案件审理将其传达至民间社会,以强化父母子女之间悬殊的法律地位。档案中将阿骂案归入“逆伦”类,其依据不是阿骂的母亲要杀女儿,而是阿骂的弟弟杀死姐姐。依照清律,父母杀子女无足轻重,但弟妹杀兄姊则系十恶中的“恶逆”。[1] 阿骂的母亲是杀人案的主犯,但被赦免;她弟弟作为从犯,却被排除在赦免范围之外,被处以斩立决。

孝道作为国策,在中国古代国家制度,尤其是清朝立国中发挥的作用,学界已有深入的研究。研究表明:由于孝道之于政权合法性的价值根深蒂固,天子对在世父母尽孝,具有重大政治意义。[2] 入主中原的满族统治者亲身践行那些费时费力的丧礼以弘扬儒家精神,并对丧礼中失职者与官僚机构进行清算。[3] 对孝道的政治利用,在祭天祭祖仪式中达到了顶峰。大清帝国在这一过程中,成功地将礼仪文字和身体表演的力量相结合,以彰显现任皇帝与孝道的终极中心,即他的祖宗和上天一体。[4]

从上述以政治和礼仪为重点的对孝道作为帝制中国国策的研究中,产生一个重要的问题,即在具体治理中国家是如何强化孝道以巩固自身统治的。雍正帝(1723—1735 年)曾宣称,其父康熙帝(1661—1722 年)治国方略的精意,“无非孝治天下之意”。[5]治国所需不仅是仪式典礼,“精意”也超出了文字本身。譬如陆康(Luca Gabbiani)揭示,在因疯杀父母案件中,清朝在居于中国传统律学的基本原则之首的犯罪意图方面有所妥协,法律对犯人处以极刑,反映出对作为“伦纪”基石的神圣亲子关系的极力维护。[6] 陆康的研究揭示,无论是否出于故意,冒犯父母者均须严惩,这正是清朝法律支持父母子女尊卑名分的一环。父母的权威主导、子女的孝敬服从,是孝道等级秩序的两个基点。

本文从大量中国国家及地方档案中,选取案例探讨清朝百姓在诉讼中操纵孝道国策而广泛使用“杀子孙图赖人”与“诬告不孝”以谋取利益的两类诉讼策略。如后

---

1 薛允升:《读例存疑》,台北商务印书馆 1970 年版,第 17 页。

2 Ebrey Patricia, “Imperial Filial Piety as a Political Problem,” Alan Chan and Sor-Hoon Tan (eds.), In *Filial Piety in Chinese Thought and History*, Routledge, 2004, pp. 122-140.

3 Kutcher Norman, *Mourning in Late Imperial China: Filial Piety and the State*. Cambridge, Cambridge University Press, 1999.

4 Zito Angela, *Of Body and Brush: Grand Sacrifice as Text/Performance in 18th-Century China*, University of Chicago Press, 1997.

5 William Milne (Translated), *Shengyu guanp xun*, London: Black, Kingsbury, Parbury, and Allen, 1817, p. 29(《圣谕文巡》)。关于康熙皇帝圣旨及其注释、白话与插图版本在清代的广泛影响,参见 Mair Victor H., “Language and Ideology in the Written Popularizations of the Sacred Edict”, David Johnson, Andrew Nathan, and Evelyn S. Rawski (eds.), In *Popular Culture in Late Imperial China*, University of California Press, 1985, pp. 325-359。

6 Gabbiani Luca, “Insanity and Parricide in Late Imperial China (Eighteenth-Twentieth Centuries)”, In *International Journal of Asian Studies*, 2013, Vol. 10(2), pp. 115-141.

文所示,清律总体上保护父母对子女的控制,对杀害子女的惩罚,较一般杀人罪要轻得多;这意味着父母为了谋利,可能进行这种低风险的杀戮:计谋多端的诉讼当事人,利用父母子女法律地位的不对等,不惜杀害自己子女来提起诬告。另一方面,清朝法律非常重视处罚子女对父母的轻微冒犯,这使得对那些想给乡邻找麻烦,或想为钱债纠纷吸引官府干预的人来说,"诬告不孝"也是有效工具。本文没有运用统计学的方法,而是仔细研究了12个来自中央和地方档案馆的案例,并将清代官员、学者和法律专家的相关著述置于社会文化背景中分析。本研究通过观察孝道国策在当地的法律实践中的情况而揭示,法律轻责杀子孙图赖人者,重惩不孝者,共同构成了一种于法有据的孝道尊崇。

本研究旨在回答的第二个问题是,国家层面将政权与孝道联系起来的政治信号是如何传达的,又是如何被民间人士,尤其是当地非精英阶层的百姓所接受的?尽管孝道国策极度重要,但无论是皇帝的政治举措与礼仪活动,还是轰动一时的公开行刑,对大多数普通民众的日常生活仅有零星的影响。而在国家支持孝道背景下的地方诬告实况,提供了一个更精准的角度,从中可以透视民众日常对法律的接触状况,以研究清朝国家法律机制通过道德的渗透。

现有研究表明,清代主流道德体系可以被地方弱势群体所利用,迫使强者履行其社会责任,为其雇工人和亲属提供保护和救济。麦柯丽(Melissa Macauley)和贾空(Quinn Javers)已经论证,在州县衙门这一有着巨大社会调整潜力的解纷场所,提起诬告往往是一种弱者的武器(weapon of the weak),用以帮助原告强行将国家权力卷入本来很少能得到官府干预的债务纠纷中。[1] 张泰苏观察到,清朝法律对儒家尊卑名分的维护,使得民间社会中贫穷的尊长在纠纷中往往占据与他们的社会经济地位不相称的优势,即因清代财产制度中的"平均主义"倾向而获益。[2] 但笔者接下来的重点,不是麦柯丽、贾空所研究的国家是否抑强扶弱以达到道德平衡或法律是否在其所干预之处巩固了当地既存的权力结构。[3] 笔者更关注的是,法律制度具体如何运作,即政权如何吸引当地人服从统治、并加强意识形态的灌输。

---

1 Macauley Melissa, *Social Power and Legal Culture*: *Litigation Masters in Late Imperial China*, Stanford University Press, 1998; Javers Quinn, "The Logic of Lies: False Accusation and Legal Culture in Late Qing Sichuan," *Late Imperial China*, Johns Hopkins University Press, 2014, Vol. 35(2), pp. 37-55。

2 Zhang Taisu, "Social Hierarchies and the Formation of Customary Property Law in Pre-Industrial China and England," *The American Journal of Comparative Law*, 2014, Vol. 62(1), pp. 171-220; Zhang Taisu, *The Laws and Economics of Confucianism*: *Kinship and Property in Preindustrial China and England*, Cambridge University Press, 2017, pp. 35-63.

3 Macauley Melissa. *Social Power and Legal Culture*: *Litigation Masters in Late Imperial China*; Javers Quinn, "The Logic of Lies: False Accusation and Legal Culture in Late Qing Sichuan."

文中所讨论的案例，在清代都上不了头条。它们很少受到中央的重视，甚至很少受到地方上级官员的例行审查。然而，这些案例表现出当地百姓为了一己私利，往往利用法律和政策设计，有时甚至以不正当的方式造成了立法者意想不到的后果；国家容忍这种不道德的社会风气，甚至不惜牺牲其他既定原则和价值观念，就是要强化政权与父母权威、子女顺从等级秩序间的关联，并鼓励人们让国家干预家庭和社区。在这一过程中，诬告被诉讼当事人用作谈判的工具，这同时也成为统治者进行社会政治控制的手段。虚实之间，界限不明，因为国家容忍"虚假"，是为了维护更大的"真实"——即亲子尊卑等级。通过这种具体的法律机制，清朝的"以孝治天下"顺利入侵日常生活。[1]

一、诉讼策略之一：杀子孙图赖人

对清代法律文化的研究表明，州县衙门处理的大量案件，都可看作是现代中西法律术语中的"民事"纠纷。县令依律审判，以避免上级的行政处分。[2] 当地民众，从文化人到文盲，均敏于利用法律、诉诸公堂以谋求利益。普通百姓普遍知法，至少买得到法律服务。[3] 有学者提出，人们会利用死亡，尤其是亲属的死亡，发意外横财，诬告便是获得县官注意的有用工具。[4] 然而，"借尸图赖"案件中死者未必死于意外。有人会故意杀人，好用尸体来陷害别人。

众所周知，帝制中国晚期的法律对不同社会、家庭和性别的人区别对待。亲属相犯案件中，如果罪犯身份系尊长，如父母、丈夫、伯父/叔父/婶母/姑母、兄姊/堂表兄姊等，而受害者是卑幼，如儿女、妻子、侄子/侄女、弟弟妹妹/堂表弟妹等，可相比对无血缘的凡人犯罪而减轻处罚。减刑的幅度取决于尊卑差异与身份亲疏。[5] 清朝制度与文化中

---

1 关于孝道与《孝经》在清朝意识形态的中心地位，参见吕妙芬：《孝治天下》，台北联经出版公司 2011 年版。

2 Huang Philip C. C., *Civil Justice in China: Representation and Practice in the Qing*, Stanford: Stanford University Press, 1996; Liang Linxia, *Delivering Justice in Qing China: Civil Trial in the Magistrate's Courts*, Oxford University Press, 2007.

3 关于商业出版对清代法律知识的传播，参见 Zhang Ting（张泰苏 forthcoming），*Printing, Law, and the Making of Chinese Legal Culture, 1644–1911*. Seattle: University of Washington Press。

4 清代民众获取法律知识的一般途径，以及如何在诉讼中利用尸体施加影响，参见 Macauley Melissa. *Social Power and Legal Culture: Litigation Masters in Late Imperial China*, pp. 197－206; Javers Quinn, "The Logic of Lies: False Accusation and Legal Culture in Late Qing Sichuan," pp. 31–48。

5 关于"准五服以治罪"原则，参见瞿同祖：《中国法律与中国社会》，商务印书馆 2010 年版，第 7—13 页。

对家庭关系的国家调节作用,已经引起了大量学者的关注,但主要集中在男女、夫妻关系。[1] 根据学者已有论述,夫妻纲常与政策制定、道德教化紧密结合,也就是说,礼法将妻视作夫的“敌体”“俪体”,[2]这种等级地位使夫妻关系不同于身份差异更大的亲子关系。因此,相比夫妻等级,政权对亲子尊卑等级的维护要更严格而坚决。

清代法律规定,如果丈夫在没有正当理由的情况下谋杀或故杀妻子,将被判处绞监候。[3] 如果父母谋杀或故杀亲生子女,而孩子无违反教令,父母仅被判徒一年、杖六十。如果嫡、继、慈、养母杀子女,她受到的惩罚一般比亲生父母增加一等。[4] 由于清朝法律对杀子孙的处罚不重,加上父母与未成年子女之在身体和社会权利方面不平衡,幼童,尤其是幼女,特别容易被父母以图赖为目的而杀害。

笔者首先从19世纪四川的一件案件讲起,讨论清律规定的“杀子孙图赖人”罪。该案尽管最终按无过错的意外死亡定案,但有充分证据表明,两岁女孩是其父为了“图赖”谋求经济利益而故意杀害的。[5]但在县令的支持下,这个大胆的策略成功了,被诬陷者掏了钱,图赖者的唯一代价就是笞刑薄责。接着我会简要介绍其他几个清代地方案例,从当地实践和司法干预两方面对“杀子孙图赖人”的诬告方式进行探讨说明。

1867年3月4日,余步高告状称,本应由自己继承的六十八两白银被他的过继的兄长夺走,兄长还侵占了亡母留给他们二人的一百两银子。余步高强调,这使得他无钱买一副体面的棺材来装殓母亲;更有甚者,三天前他们兄弟冲突时,自己的小女儿被兄长重伤。到3月6日,余步高报案,称女儿死于伤势过重。但3月12日的验尸报告显示,女孩的死因并非她脸上的轻伤,而是溺水身亡。余步高马上改口,承认女儿确系溺水呛死,撤销了对兄长杀人的指控,也不再控。而被诬告者与其他亲属均证实,余步高一贯游手好闲,经常向兄长要钱,上一次勒索兄长失败后便将两岁女儿牵扯进来,但女孩因何而死,都不清楚。

1　Elliot Mark, “Manchu Widows and Ethnicity in Qing China,” *Comparative Studies in Society and History* 41: 1, 1999, Vol.41(1), pp. 33-71; Theiss Janet, *Disgraceful Matters: The Politics of Chastity in Eighteenth-Century China*, University of California Press, 2005; Sommer Matthew H.(苏成捷 forthcoming), “Some Problems with Corpses: Standards of Validity in Qing Homicide Cases,” Martin Hoffman et al. (eds.), In *Powerful Arguments: Standards of Validity in Late Imperial China*, 2012, pp. 1-51.

2　杜预注《左传》庄公四年:“内女唯诸侯夫人卒乃书,恩成于敌体”,参见阮元编:《十三经注疏·左传正义》,中华书局1980年版,第1763页。关于中国传统法律中“夫妻一体”的礼法原则,参见滋贺秀三:《中国家族法の原理》,创文社2000年版,第551—568页。

3　《大清律例·刑律·斗殴》“妻妾殴夫”条:“夫殴妻……至死者绞(监候)(故杀亦绞)。”——译者注

4　薛允升:《读例存疑》,第780、829、949、950页。值得注意的是,清律在杀人罪方面,对杀死成年和未成年子女不作区别。父母故意杀害无论年龄多大的子女,都受到同样的惩罚:徒一年、杖六十。

5　在清朝,一个新生儿被认为是一岁,过完第一个春节后就成了两岁。由于1867年的案件刚好发生在新年之后,两岁的受害者实际可能活了一个月,也可能是一年,这取决于她的出生日期。

新一轮审讯中,3月15日余步高承认,那天是自己把女儿扔到地上,与兄长无关,却又坚称自己是被兄长拒不给钱气昏了头。他是在告状之后,3月5日发现女儿不小心落进水坑溺死了,这才临时起意借这一意外死亡而提起诬告。也就在3月15日,余步高具结,承认女儿死于意外,不应捏词妄控。这份新文书中,余步高还提到他因诬告被笞责,县令命其兄给他二十两银子。余步高之兄也随即签署新文件,认可余步高对事故描述的新版本,并愿意付给余步高二十两银子。卷宗的最后是幕友的汇报,指出尽管报案之初是命案,但已查明实为意外,各方已经具结,毋庸详报。[1]

清承明律规定杀子孙图赖人,杖七十、徒一年半,[2]另一则继承自明代的条例中,补充了发附近充军的刑罚。[3] 值得注意的是,这远不及杀凡人图赖之刑罚严重,[4]更不及杀父母图赖之罪。[5] 因为即使用已故父母的尸体图赖,也要被判杖一百、徒三年,[6]重于杀子孙图赖之刑。然而,在前面的1867年案中,余步高根本未因图赖而受到清律所规定的较轻刑罚,此案中女孩最终被归为无过错意外死亡。

对清代刑案的研究表明,地方官和幕友在处理文书时都尽可能谨慎。案卷经过

---

1 参见四川档案馆藏:《巴县档案》,档案号:006-015-17728。幕友在清代法制日常运作中的重要作用,参见 Chen Li, "Legal Specialists and Judicial Administration in Late Imperial China, 1651-1911", Martin Hoffman et al. (eds.), in *Late Imperial China*, 2012, Vol.33(1), pp. 1-54。清代命案定案,需要供词和尸检相匹配,参见 Asen Daniel, "Vital Spots, Mortal Wounds, and Forensic Practice: Finding Cause of Death in Nineteenth-Century China", *East Asian Science, Technology and Society*, 2009, Vol.3(4), pp. 453-474; Sommer Matthew H., "Some Problems with Corpses: Standards of Validity in Qing Homicide Cases", pp. 1-51。

2 薛允升:《读例存疑》,第865页。关于明律中杀子孙图赖人,见《大明律》第371条。(《读例存疑》,第174—175页)

3 薛允升:《读例存疑》,第865页。徒刑(一至三年)在省内执服劳役,附加杖六十至一百。被判充军则终身发往边疆,除非大赦或其他特殊缘故,不能返乡。关于明例,见怀效锋点校:《大明律(点校本)》,辽沈书社1990年版,第412页。值得注意的是,唐律未规定杀害他人(尤其是子孙、奴婢)诬告他人的"图赖"的处罚,明律中首创此类规定,参见段文艳:《死尸的威逼:清代自杀图赖现象中的法与"刁民"》,载《学术研究》2011年第5期。

4 薛允升:《读例存疑》,第775页。

5 薛允升:《读例存疑》,第780页。判处凌迟,乃是笞杖徒流死(斩、绞)五刑之外的极刑。凌迟用极端的羞辱与折磨来惩罚谋反与弑尊长、杀一家三人等罪。尽管一般认为凌迟主要针对谋反者,但学者指出,被凌迟者中杀尊长者最多。对清代法律背景中的凌迟,参见 Brook, Blue, and Bourgon, *Death by a Thousand Cuts*, Cambridge, MA: Harvard University Press, 2008。清朝凌迟刑针对的不同罪名,参见 Bourgon Jérôme and Julie Erismann, "Figures of Deference in Late Imperial China: Frequency, Spatial Repartition, and Types of Crimes Targeted by Dismemberment in the Qing Dynasty", *Crime, History and Society*, 2014, Vol.18(2), pp. 49-84。值得注意的是,巩涛(Bourgon)和 Erismann 在他们的研究中对"弑尊长"的定义很宽泛,包括那些被判谋杀任何年长家庭成员,如父母、祖父母和外祖父母、丈夫或兄姐的人。他们没有对该类别再细分并给出百分比,如杀害父母或杀害丈夫的案例及比例。

6 薛允升:《读例存疑》,第867页。

清政府法律程序规定的逐级覆审,如有疑点将驳回重审。[1] 叙供务必简洁连贯,不留疑点(loose ends)。少有疑点则少被质疑,案件不易被驳回。但在 1867 年案件中,案卷中仍有以下细节悬而未决:第一,因三天前重伤而在 3 月 4 日濒死(按余步高初控所言)的两岁女孩,岂能在 3 月 5 日自行掉进水坑淹死(如余步高验尸后所供)?第二,如果余步高仅仅是因 3 月 5 日女儿意外死亡而起意图赖,为何要在 3 月 4 日作出女儿在三天前被余步高兄长重伤的指控?这显然对不上。从余步高在家中与兄长对峙之时(据说他女儿在此次事件中受伤),到女孩溺亡这段时间中,究竟发生过什么,现有证据已难以确定。但一个出生可能不满一年的幼女,在父亲图赖后,便意外溺毙,其间很难排除故意杀人的可能性,对此县令本应开展调查。然而,官府迅速构建起法律真相,女孩因意外死亡,其父借此诬告图财而仅受笞责。而从被诬告者身上,余步高确实榨取到了经济补偿。

县令基于多重动机而决定依照意外死亡定案,不进一步调查他杀可能。首先,亲子等级,天经地义,即便按照清律处罚较轻,清代官员也不愿惩处父母对子女的犯罪,特别是当受害者是亲生子女,而非养子与继子女时。清前期任官的孔延禧,在其教谕中很好地总结了这种逻辑:

> 父母即如天,天生一茎草,春来生发也由得天,秋来霜杀也由得天,父母生出来的身,生也由得父母,死也由得父母,说得甚么长短。所以古人云:天下无不是的父母。[2]

其次,地方官不愿冒危及仕途的风险而使案件进入逐级复审的环节。正如本案中幕友所言,定案为意外身亡更为妥当,因为意外身亡,无人上诉便无需覆核。[3] 若无人上诉(本案就不大可能上诉),父母杀死子女便不必受到重惩。经死者父母确认

---

1 Karasawa Yasuhiko, "From Oral Testimony to Written Records in Qing Legal Cases," Charlotte Furth, Judith T. Zeitlin, and Ping-chen Hsiung (eds.), In *Thinking with Cases: Specialist Knowledge in Chinese Cultural History*, University of Hawai'i Press, 2007, pp.101-122.

2 孔延禧:《乡约书》,载王堂梅、黄建明、陆裕民编:《清代武定彝族那氏土司档案史料校编》,中央民族学院出版社 1993 年版,第 267 页。

3 清代官员将重罪称为"命盗重",此外为"户婚田土细事"。清代的逐级复审制,实际是用刑罚为标准,决定案件是否要经皇帝批准、刑部核准或督抚审核。死刑案件由皇帝批准,流刑由刑部,杖徒案件由督抚、臬司。笞杖刑由州县自理,因此,图赖案件因处刑轻,很少得到如其他命案的司法关注。有关清代逐级复审,参见黄源盛:《中国法史导论》,广西师范大学出版社 2014 年版,第 317—318 页。苏成捷(Matthew Sommer)指出,地方官有动机将命案报告记录为自然死亡或意外死亡,学者难以确知多少意外身故实际是凶杀案。参见 Sommer Matthew H., "Some Problems with Corpses: Standards of Validity in Qing Homicide Cases"。

的意外死亡,无需司法审查,这便解释了为何案卷中留有那么多在其他类型案件中可能被穷究不舍的漏洞。

余步高案,只是杀子孙图赖人以谋求利益的众多例子之一。存在惩罚杀子孙图赖人的具体律例,表明清代中央法律机构对父母不当操纵亲子之间法律不对等有所警觉。但因为杀子女仅判徒刑,除非被明确认定为"杀子孙图赖人",否则根本不会惊动刑部,更不用说皇帝了。我收集的案例中,只有少数图赖者依例发附近充军,或依律科杖七十、徒一年半。大部分图赖者,或完全逍遥法外,或因被判故杀子孙(但非图赖目的)而获刑杖六十、徒一年。[1] 下面一例是少量被定为图赖而判发附近充军案件的代表:

1898 年 3 月,东北的宋汶刚,从傅立中那里借钱 30 吊,[2] 过期还不上,傅立中一再索要,宋汶刚激忿下抓起自家八岁的疯女儿将她割喉,将尸体扔到傅家窗下。但宋汶刚在告状图赖前,就被邻保应傅立中的请求而逮捕了。宋汶刚的妻子也作证说丈夫不顾自己反对,图赖杀死了他们"无用的"女儿。宋汶刚承认,女儿养大也没用处,反而要受她的累。依据清律,宋汶刚被判发附近充军。[3]

在受害者年龄、性别方面,此案非常典型。以上介绍的两起图赖案件,死者都是不到十岁的女孩。1898 年东北案件中,受害者八岁,年龄大些,但她精神异常,她可能因此在被父亲袭击时未能有效抵抗。但邻保还是被女孩的哭声惊醒,导致杀人者宋汶刚被早早逮捕。宋汶刚供称,他们夫妻还生了两个男孩。事实上,若杀子孙图赖人的受害者是男孩,他们通常是"多余的"儿子,如年纪较小、身患疾病,且有兄长为父亲承嗣。正如 1827 年案,为了陷害地主,陈二麻将两岁次子的喉咙割断。[4]

但 1898 年宋汶刚案的罕见之处,在于严格依律处罚。我见到的因杀子孙图赖被判充军的,除此之外只有一案。1812 年刘子朝为了诬告邻居卢泽红,杀死了两岁女儿,起因是刘子朝从卢泽红的林子中偷木头被抓获,卢泽红索赔。但被控者拒不认罪,尸检则表明孩子死于刀伤,而非刘子朝最初控告中的摔伤,刘子朝因此被依律判处军流。判决已下,刘子朝年迈的父亲还在请求释放刘子朝,因为这是家里唯一的能奉养父亲的成年儿子。但案牍到此为止,刘的最终命运不详。[5] 如

---

1 薛允升:《读例存疑》,第 949 页。

2 清代 1 吊钱相当于 1000 枚铜钱,1000 枚铜钱可兑换 1 至 2 两白银,视银价波动而定。

3 参见双城县档案馆藏:《抚民府档案》,档案号:74-2037。

4 参见四川档案馆藏:《巴县档案》,档案号:006-007-01411。

5 参见四川档案馆藏:《巴县档案》,档案号:006-003-00999、006-003-01006。

果确如其父所说,有证据能证明刘子朝是年迈父母的唯一子嗣,他可能成功获得减刑。[1]

在大多数涉嫌图赖的案件中,只要父母撤回他们的错误指控,并为其子女的死亡提供合理的解释,比如意外溺毙或跌毙,那么当他们的不实指控不成立,官员允许父母翻供,将案件定为无过错的意外死亡。例如,1829 年一起四川案件中,黄兴仁初审被控故意将三岁女儿摔在地上来陷害、勒索他舅舅。再审中,案情多次被重构。先是据说女孩不小心被摔落在地,在场者害怕担责,几小时都不管她,女孩伤重而死。而后的调查又确认这是一次意外跌落,双方都积极求医抢救,但无济于事。在官员的默许(如果不是有意纵容的话),官方叙述构建的法律真相,从故意杀人,到过失杀人,终到无过失的意外死亡。

在供词的构建中,性别起着突出的作用。原始报告和初次调查取证中,黄兴仁是摔落幼儿的责任人。第二次(也是最后一次)调查取证则确定是黄兴仁的妻子失手摔了幼儿。责任的转移,可能是因为在这种情况下,男性犯人可能会被实科刑罚,而女性可以收赎。[2] 此外,在被诬告者的供词中总是清晰地表述死者为女孩,但黄兴仁却故意用了模糊的表述"幼孩/幼子孩",这很可能是为了避免招致图赖的怀疑。很明显,在后一阶段的调查中黄兴仁认识到可以利用清律对女犯的宽贷来使自己卸责;但他一早就心知肚明,指明死者为女孩,对自己没什么好处,因为图赖案件中女儿更可能被杀害利用。本案最终无人受罚。死者的父母被允许领回遗体下葬,正如其他意外死亡案件一样。[3]

图赖者的另一策略则是在被强制认罪前,先投案自首、坦白交代,以防被判军流。对清代法律程序中招供与刑讯研究的揭示,口供被认为是官员办案构建法律真相所必须的中心证据。犯罪未发而自首者,于人无损伤,于物可备偿,则其罪可原,[4] 这一

---

1 关于清代的犯罪存留养亲制度,参见中村正人:《清律"犯罪存留養親"条考(一)》,载《金沢法学》第四十二卷第二册,2000 年,第 187—207 页;同氏:《清律"犯罪存留養親"条考(二)》,载《金沢法学》第四十三卷第三册,2001 年,第 137—164 页。吴建璠:《清代的犯罪存留养亲》,载《法学研究》2001 年第 5 期;Buoye Thomas, "Filial Felons: Leniency and Legal Reasoning in Qing China", Robert C. Hegel and Katherine Carlitz (eds.), In *Writing and Law in Late Imperial China*, Seattle: University of Washington Press, 2007, pp. 109-124。尽管刘的父亲声称刘是年迈父母的唯一成年儿子,但如果上级司法机关经进一步的调查和审查发现他的声明是虚假的,可能会驳回其申请。

2 薛允升:《读例存疑》,第 14 页。

3 参见四川档案馆藏:《巴县档案》,档案号:006-007-01487。

4 《大清律例·名例律》"犯罪自首"条:"凡犯罪未发而自首者免其罪……其损伤于人、于物不可赔偿……并不在自首之律。"——译者注

制度的目的是鼓励犯人坦白、投案。[1] 但由于图赖案件中的死亡结果不可挽回,自首者将受到更轻的刑罚,而非完全免责。例如 1833 年 10 月 22 日秦长兴杀死五岁女儿后自首。秦长兴原意是要陷害张正垠,因其偷后者鞋子被后者发现。但此举遭秦妻激烈反对,秦长兴决定自首,并因此获得减刑,依故意杀女,而非图赖人的罪名,被判杖六十、徒一年,而非发附近充军。[2] 另一案中,张怀遗杀死病弱的六岁孙女来陷害地主,原因是张怀遗还不上借贷的利息,要被地主驱逐。张怀遗酒后打死了孙女,在 1843 年 12 月 23 日晚,将尸体扔到地主的田地里。第二天早晨,清醒之后的张怀遗,决定在邻保报官说他孙女非正常死亡前,先去自首。张怀遗因此获益,即被判较轻的杖六十、徒一年。[3]

正如上述案例所显示的,清代百姓无论是否识字,都广泛了解法律体系的运作与利用官府获益的策略。然而,当地人即使熟知法律是旨在维持父母特权以及鼓励自首的,却未必精通律例的全部。因此一些当地人的策略并不能完全如愿。在后面的 1845 年案件中,投案自首的杀人者,所期待的是比清律规定更轻的惩罚。

邓稀蔚到堂兄(paternal cousin)邓修蔚家讨四十五两银子的债,邓修蔚乞求宽限几天。失望之下,邓稀蔚将同行的小女儿勒死,向邓修蔚施加压力。但邓稀蔚很快便决定,为免受重罚,自首为上,他"原想"让官员帮他索债,但县官却坚持调查他女儿的被杀情况。邓稀蔚不甘心自己既拿不到钱又要受罚,"招解府辕,心里不甘,才翻供的",于是坚称女儿就是被堂兄所杀的。尽管邓稀蔚在第二轮审讯中最终放弃了翻供,承认自己杀了人,但坚持要求堂兄还债。[4]

邓稀蔚选择自首,显然是为了减轻杀女的刑罚,并借机让国家干预他与堂兄间的债务纠纷。但他并未想到,对恶意犯罪导致非自然死亡的结果,依法必须采取报复性惩处,尽管杀害卑幼者不必抵命。当官员行事未能令邓稀蔚如愿时,他心里不甘,不愿接受杖六十、徒一年的处罚,因而翻供,导致新一轮的调查。他的供述中有一个细节值得注意:尽管在初审时诬告了堂兄,但他的原计划是杀掉女儿而将尸体作为要挟堂兄还债的筹码。他打算,如果堂兄惧怕走耗时费力的司法程序而当即同意还债,作为父亲的他可以声称女儿死于意外,这样不但不会被国家注意,连地方官都不会

---

1 Conner Alison, "True Confessions? Chinese Confessions Then and Now," In *The Limits of the Rule of Law in China*, Karen G. Turner, James V. Feinerman, and R. Kent Guy (eds.), University of Washington Press, 2000, pp. 132-162.

2 参见四川档案馆藏:《巴县档案》,档案号:006-007-01624。

3 参见四川档案馆藏:《巴县档案》,档案号:006-017-21070。

4 参见四川档案馆藏:《巴县档案》,档案号:006-008-02285。翻供则须重审,如果初审时嫌犯翻供,如邓稀蔚案,案件会交由其他县审理,而不是发回原审。参见 Ocko Jonathan K., "I'll Take It All the Way to Beijing: Capital Appeals in the Qing", *Journal of Asian Studies*, 1988, Vol. 47(2), p. 293。

关心。

大多数为钱财杀害子女的父母,都利用这种法律风险低而道德上存疑的手段来缓解严重的经济压力。在他们的供词中,“贫苦难度”等字样频繁出现。苏成捷(Matthew Sommer)的研究表明,农村穷人在面临人口过剩、性别比例恶化和土地规模缩小带来的日益增长的压力时,为确保自己和家人有出路,不会拒绝一妻多夫等“不道德”的生存策略。[1] 杀子孙图赖人者,以此谋利,也是为了自保和家族生存。毕竟,孩子生存源于父母之“天”,生活都由父母支配。这一逻辑不仅得到父母本人认同,也得到了乡里认同,他们经常与父母合作来虚构意外死亡的故事。正是在这种社会文化背景下,官员将本为图赖的案件按意外死亡归档。即便明清律学家反对这种行径,“恨其图赖而残骨肉”,[2]在条例中的体现是将杀子孙图赖者发附近充军,但惩处这种对待子女的残忍行径的法规很少落到实处。

清代国法对杀子女的轻罚,无疑助长了在亲子尊卑等级关系下漠视孩童生命的普遍社会风气,但以邓稀蔚为代表,某些百姓对子女生命的轻视,较国法更甚。这说明清廷出于自身目的,利用和强化了根深蒂固的父母权威与子女孝顺观念,但这种父母子女间的不对等地位并非自清开始。地方对亲子等级制度的信奉,与国家这方面的支持,互相促进。而法律贯穿社会各层面,渗透到全国各角落,促进中央与地方合作,将人们日常信仰与活动纳入国家治理体系中。

二、诉讼策略之二:以不孝诬告他人

上章对杀子孙图赖人的论述,分析了清廷如何通过对杀子孙图赖人规定较轻刑罚,及纵许地方官对此类案件从轻发落的倾向,从而强化亲子等级秩序。民众利用这种情况为自身谋取经济利益,如讹钱、赖账、犯盗窃而逃避处罚等。与此同时,对清律所强调的子女对父母的绝对服从,民众也会利用。清代地方官张五玮的教谕,概述了法律是如何要求子女服从父母的:

> 即些小过失,如要汤要水,嫌凉嫌热之类,偶有不能如父母心意,虽非忤逆重情可比,而父母一时动怒,加以违反教令之名,欲送官求处,官亦不能不与之杖

---

1 Sommer Matthew H., *Polyandry and Wife-Selling in Qing Dynasty China: Survival Strategies and Judicial Interventions*, University of California Press, 2015.

2 薛允升:《读例存疑》,第 866 页。

枷。盖“天下无不是之父母”,为子者稍有剖辩,即属不孝也。[1]

清代法制文化中这种强有力的态度,使得诉讼当事人不放过法律赋予的从孝道中获益的机会,即以不孝诬告人。

上文对1867年余步高杀子孙图赖人案的分析中,笔者聚焦余步高在验尸报告揭露他的指控不实后的改口,以及尽管有证据表明可能是他杀,但官员仍将案件定为无过失意外死亡。现在笔者来分析此案的另一个细节。余步高在最初的指控中提到,他渴望从哥哥那里要到钱,不是为了自己消费,而是要买口好棺埋葬亡母。[2] 为了突出己方的孝顺,他想方设法描绘哥哥的负面形象:不仅不给母亲买棺材,还不给弟弟钱,使弟弟也买不了。很明显,余步高这人能胆大到杀女儿图赖,就一定能在公堂上利用孝道来自饰。

笔者起初访问地方档案馆时,惊讶于诬告不孝案件的数量之多。对不孝行为的描述,从言语侵犯到身体虐待,到违反教令与供养有阙。但在仔细查看案卷后,许多案件实际体现出父母(尤其是寡母),利用国家对父母权威的支持来保证自己对家庭财产的控制。[3] 以下文所分析的案例为代表,相关案例说明清代诉讼参与人利用孝道话语,甚至利用诬告不孝来博得县官注意。正如下一则案例所示,因为官员担忧对涉嫌“逆伦”重案不能妥善处理,于是会立刻关注关于不孝的控诉,所以当地人广泛运用孝道话语来迫使官员受理案件。

1897年10月8日,四十七岁的赵陈氏到县衙状告她的长子(由她已故丈夫的前妻所生,但由她抚养长大)霸占丈夫留下的一千两银子,却不能好好养活她自己和她年幼的儿子。十天后,三十七岁的赵世华作为被告被强行传唤到庭,并提交反诉,坚称自己不但不是被赵陈氏养大,而且他是在二十多年前亲生父母均离世后才从附近搬到巴县行医,赵陈氏是他前学徒的母亲,前学徒及其母因偷了自己的鸦片而被他开除。在赵陈氏起诉的前三天,他偶遇前学徒,他带着前学徒到邻保那里,要前学徒赔偿所盗窃的财物。赵世华断定,赵陈氏假扮成他的继母,正是为了逃避追究。赵世华还质疑道:如果赵陈氏真是他继母,本应说出他父亲的名字。

---

1 张五玮:《讲求共济录》,载《明清法制史料辑刊(第一辑)》第16册,国家图书馆出版社2008年版,第303—304页。清政府允许父母将违反教令的子女,尤其是成年儿子,送到县衙接受处罚,或被流放边疆,或被责打,或被枷号。参见孙家红:《关于“子孙违反教令”的历史考察:一个微观法史学的尝试》,社会科学文献出版社2013年版,第109—233页;Du Yue,“Parenthood and the State in China, 1644-1949: Law, Ritual, and State-Building”, Ph. D. dissertation, New York University, 2017, pp. 83-91。

2 参见四川档案馆藏:《巴县档案》,档案号:006-015-17728。

3 妇女利用衙门,主张从成年儿子财产收入中获得抚养费,而清廷也予以支持,参见Du Yue,“Parenthood and the State in China, 1644-1949: Law, Ritual, and State-Building”, pp.121-131。

赵世华的反诉,有邻保联署的请愿书为证,其中包括两位文举人(civil degree-holders)和一位武举人(military degree-holder)。他们作证说,赵世华在附近住了二十多年,而他前学徒之母是当地一位名角的遗孀,不可能是赵世华的继母。他们也证明赵世华确实损失了鸦片。县官在 11 月 12 日开庭,审讯中又查出,"继母"赵陈氏与被告"继子",因赵世华"妻子病故,家内无人,常在家中来往",他们曾经关系密切,后来却决裂。赵陈氏和儿子离开赵世华家前带走了大量鸦片。鉴于赵陈氏"女流无知",县令决定放过她的诬告之罪,至于从赵世华那里偷走的鸦片,也不用她赔偿。[1]

赵陈氏的大胆策略奏效了。呈告不孝的一个月后,针对钱债细故,举行了正式庭审。地方官不认可赵世华的赔偿主张,大概是因为他丢的是鸦片,[2]以及赵陈氏跟赵世华有旧。更关键的是,赵陈氏成功设法立案并获得有利判决,而且没有因虚报身份与诬告他人而受罚。赵陈氏因"女流无知"被免罪,考虑到她有效利用了官府,这"无知"几乎说不过去。反观赵世华被诬告,被传讯,就为了免走正式法律程序,不得不调动社会网络。

此案原告为了逃避赔偿,竟敢冒充失主的继母,看起来有点走极端。其特殊之处还在于,两性关系中的女方,竟假扮男方的继母,好借助代际关系中的母子尊卑等级,逆转男尊女卑等级。其实冒充被告父母进行诬告的,并不少见。例如,1891 年巴县衙门受理一案,叫周白鹤的人控告养子不孝。调查发现,实际上是周家父子的仇人提起诬告,就为了给周家找麻烦。[3] 毕竟,对于远离县城的居民而言,到衙门去洗脱罪名,耗时费力,更不用说被官府发传票会给被诬告者带来怎样的羞辱了。1895 年东北发生的一起案件中,郭杨氏抛弃丈夫而与裴换章之父同居,裴换章之父死后,她谎称是裴换章的亲生母亲,控告裴换章不孝。即便地方官不认可郭杨氏的母亲身份,尤其是裴换章之父生前已与她断绝来往,但官员还是判令裴换章付给郭杨氏十吊钱来安抚她。[4] 很多同类案件中,厚颜无耻的谎言,换来的都是奖励,而不是惩罚。

在启动正式司法程序方面,相比其他策略,诬告不孝可能更为有效,因为当地出现不孝案件,往往被视为地方官疏于教民、治理不善的表征,因此指控不孝最不易受

1　参见四川档案馆藏:《巴县档案》,档案号:006-042-23049。

2　鸦片的买卖和持有,在 1860—1906 年间是合法的,但在清朝最后几十年被视为严重社会和政治问题,关于清朝鸦片政策,参见 Lu Hong, Terance D. Miethe, and Bin Liang. *China's Drug Practices and Policies: Regulating Controlled Substances in a Global Context*, Routledge, 2009, pp. 17-56。

3　参见四川档案馆藏:《巴县档案》,档案号:006-042-22905。

4　参见双城县档案馆藏:《抚民府档案》,档案号:147-1665。

到长期困扰清代地方政府的案件积压延误的影响。[1] 利用不孝话语来确保国家干涉那些本被视为细故而忽略的钱债纠纷,人们倒不必都去冒充被诬告者的父母。指责儿媳不孝,并归咎于她娘家的不当干涉,也很容易使官府涉入姻亲间的经济纠纷。一旦介入,即便诬告无效,当地官府也要继续处理财务纠纷,这是官府对涉及诬告与钱债纠纷案件的一般处理。[2] 例如 1895 年,四川省南部县的寡妇董罗氏控告儿媳董谢氏违反教令。案卷中关于不孝的指责很快淡出,而董、谢两家的经济纠纷仍然继续,县衙持续介入。[3] 妇女的娘家人也可同样以不孝的名义,强行将其夫家拖入正式诉讼程序。但这种策略只有当被告是该妇女所出时才能见效,1907 年的一个案件就证明了这一点。张银洲与他姑母的儿子有仇,在 80 岁的姑母最终患病不省人事时,借机控告他的表弟不孝。[4] 为了吸引官方干预家事,指控不孝只是个诱饵,原告不关心被控的儿子或儿媳孝顺与否,只要当地官府迅速反应——这是处理“逆伦”案件的必需——诬告的目的就能达到。

尽管官员将命案定为意外身故有一定好处,有助于规避制度化的复审,但他们应对控告不孝的案件,不可掉以轻心。倘若原告上控,乃至京控,也有损地方官的前程。[5] 官员若无力防范诸如子女忤逆不孝等逆伦事件的发生,便有“不能化导地方”之嫌。如果被上级发现“有心趋避”瞒报逆伦案件,官员前程将不妙。

1806 年 2 月 5 日,兼有司法审查与行政监督职能的都察院,接到了一份关于安阳县令处理逆伦案件不力的上告。案情是张怀勤与妻子对母亲田氏不孝。张怀勤曾试图瞒着母亲,将地亩抵当。[6] 对峙中,田氏自尽。县令吴昭拒绝将此案定为逆子逼迫母亲自杀,甚至下令责打不撤诉的田家人,田氏娘家人不服判而京控。

左都御史立刻向皇帝递交奏折,兵部侍郎率司员等组成专门小组,赴河南现场调

---

1 清朝司法系统中的严重积案,及积压不决案件中的清代百姓想法设法京控以吸引国家关注等,参见 Ocko Jonathan K.,“I'll Take It All theWay to Beijing: Capital Appeals in the Qing”。

2 Javers Quinn,“The Logic of Lies: False Accusation and Legal Culture in Late Qing Sichuan,” p. 28.

3 参见四川档案馆藏:《巴县档案》,档案号:12-00811、12-00812、12-00813。

4 参见四川档案馆藏:《巴县档案》,档案号:006-042-23042。

5 关于清代上控制度,参见 Fang Qiang,“A Silent ‘Revolution’: The Late Qing Reform on the Jumping Appeal System, 1899-1911”, *Journal of Asian History*, 2012, Vol. 46(1), pp. 97-115。

6 关于寡妇对儿子继承财产的监护,参见 Bernhardt Kathryn, *Women and Property in China, 960-1949*, Stanford University Press, 1999, pp. 47-72; Du Yue,“Concubinage and Motherhood in Qing China (1644-1911): Ritual, Law, and Custodial Rights of Property”, *Journal of Family History*, 2017, Vol. 42(2), pp. 162-183。简言之,清朝的抵当制度,允许卖方在首次出售土地后,某些情况下主张赎回。参见 Pomeranz Kenneth,“Land Markets in Late Imperial and Republican China”, *Continuity and Change*, 2008, Vol. 23(1), pp. 101-150; Zhang Taisu, *The Laws and Economics of Confucianism: Kinship and Property in Preindustrial China and England*, pp. 35-63。

查。结果查明,张怀勤夫妇从来不敢与母亲争吵,但张怀勤确实尝试过典卖从父亲那里继承来的土地以偿还债务,但没有成功。“不孝子”张怀勤最终被判绞立决,因为他在母亲自尽后企图掩盖事实。尽管没有证据证明吴县令曾收受贿赂,但因为未能化导地方,将逆伦案件错误定为意外死亡,因此受到处罚。调查组建议将他免职,发新疆效力赎罪。[1]

1806年的这则案件中,有三个要点。首先,清政府非常重视子女不孝的案件,从皇帝关注与京控迅速激发的资源投入就可以看出。“弑亲”案件和“杀子孙”案件处理方式的差异,揭示了父母子女间法律等级的鸿沟。其次,吴县令试图把一起子犯母的案件当作意外事故,有影响仕途的风险;但即便将此案按逆伦上报,也同样会对他的治理产生负面影响。与处罚杀子女要求犯罪故意不同,“致父母自尽”,即使子女无恶意,也是不孝,[2]因此法律严厉打击。官员对这类案件判罚过轻,便不能在帝国官僚机构中继续任职。再次,当地人很清楚国家对父母子女尊卑名分的支持,也知道如何绕过常规复审而去京控,从而直接引起皇帝的注意。为了避免损害职业生涯,因百姓上控而蒙受撤职甚至流放的处罚,官员不得不迅速、慎重地处理每一个不孝指控,这也就进一步解释了为何“诬告不孝”成为当地民众为了将争议提交法庭而广泛采用的诉讼策略。

结语:以孝治国

清代诉讼参与人广泛采用上述杀子孙图赖人与诬告不孝两种策略来操纵官方的孝道原则服务于自己的利益,这证明了地方民众在利用清律规定与立国根基上的老练、智谋。但地方官所代表的朝廷,何以无视那些当地人时而采取的非法甚至恶意的手段?如果没有官方宽纵,犯下杀子孙图赖人罪行的父母将会遭受严惩,而诬告他人犯不孝罪者也不会得到有利判决,甚至根本不会立案。

清朝法制中,从皇帝到精通法律的官吏及其幕友,对父母和子女之间法律地位悬殊的负面后果,以及当地人对孝道国策的操纵加重了这些后果,都了然于胸。在上面讨论的1806年的案件中,都察院同时收到了另一份告状是关于吴县令办案有误的:儿媳忤逆婆婆,却被判定为对婆婆的自杀无过错。事不关己的“刁生劣监”王立仿借

---

1 参见中国第一历史档案馆藏:《录副奏折》,档案号:03-2193-016、03-2193-017、03-2283-001;参见中国第一历史档案馆藏:《朱批奏折》,档案号:04-01-01-0499-009、04-01-01-0499-010。

2 薛允升:《读例存疑》,第876页。

此京控,诬陷与自己有私仇的吴县令。[1] 尽管当地人利用不孝来诬告对手,甚至利用孝道的重要价值挑战官长权威,但清朝逆伦案件,从皇帝到都察院都还是必须迅速、严肃地应对,反过来这又鼓励了当地人利用孝道原则逞其私欲。

民众利用对孝道国策来诬告对手,并不是操纵法制化孝道崇拜以谋取私利的唯一方式,司法系统付出的代价还包括,必须承担额外负担,将不实的控诉和证据确凿的案件加以区分,或处理那些原本可以不立案的"钱债细事"。中村正人的文章探讨了"犯罪存留养亲"中"法外之仁"的泛滥,其本意是推广孝道,却通过伪造文件而让不具备此资格的罪犯逃避惩罚。清政府自 18 世纪初巩固统治以来,一直试图管控留养,限制其使用。[2] 笔者在其他的研究中表明,鉴于对留养过滥及其对固有的报复刑正义的削弱,雍正帝早在 1733 年就作势要废除这一制度,但未能成功。原因在于,此制与意识形态和政治意义中的孝道牵扯过深。于是在整个 18 世纪和 19 世纪,清朝不得不掀起一波又一波的防伪活动,投入大量司法资源来打击留养方面的弄虚作假行为。这些努力,只能反映清朝民众对法律体系的狡猾操纵,对解决留养存在的问题却收效甚微。[3]

国家轻纵那些利用"孝道"成功逃脱惩罚的罪犯也牺牲了清律认可的其他原则——如报复性正义。但这些不利后果,都没有清律容许臣民操纵法律对付亲邻却牺牲自己子孙性命的危害大。[4] 韩格理(Gary Hamilton)在他对古罗马和古中国父权制度的比较研究中,把帝制中国晚期对"孝道"的制度化崇拜日益的增强,归因于国家致力于通过让子女履行孝道和遵守明确的社会角色来促进家庭和谐。[5] 诚然,容

---

1 参见中国第一历史档案馆藏:《录副奏折》,档案号:03-2193-016、03-2193-017、03-2283-001;参见中国第一历史档案馆藏:《朱批奏折》,档案号:04-01-01-0499-009。

2 中村正人:《清律"犯罪存留養親"条補考(一)》,载《金沢法学》第四十五卷第二册,2003 年,第 337—363 页;同氏:《清律"犯罪存留養親"条補考(二)》,载《金沢法学》第四十六卷第二册,2004 年,第 135—156 页。

3 Du Yue, "Parenthood and the State in China, 1644-1949: Law, Ritual, and State-Building," pp. 160-168.

4 国家致力于对杀子女从轻发落,严防子女不孝,导致虚假诉讼泛滥。这并不是通过法律推广孝道的唯一举措,且这种做法有违法律体系,产生不良后果。如果清朝法律对孝道价值管的坚持不从根本上改变,不良后果也就得不到彻底解决。例如,步德茂(Thomas Buoye)和艾梅兰(Maram Epstein)讨论了杀人案如何利用和滥用所谓的维护孝道动机来逃避其罪行的后果(Buoye Thomas, "Filial Felons: Leniency and Legal Reasoning in Qing China", Robert C. Hegel and Katherine Carlitz (eds.), pp. 109-124; Epstein Maram, "Making a Case: Characterizing the Filial Son", Robert C. Hegel and Katherine Carlitz (eds.), In *Writing and Law in Late Imperial China*, University of Washington Press, 2007, pp. 27-43),而关于申请犯罪存留养亲中的文牍作伪,参见 Du Yue, "Parenthood and the State in China, 1644-1949: Law, Ritual, and State-Building", pp. 151-160。

5 Hamilton Gary, "Patriarchy, Patrimonialism and Filial Piety," *British Journal of Sociology no.*41, 1990, pp. 96-97.

忍诉讼当事人的诬告行为以促进案件的处理,可以被视为清朝法律强加于子女社会角色的一个意外后果。但国家在促进子女尽孝方面所做的努力,显然不能解释法律不管被谋杀的子女是否有任何过错,均对杀子孙案件作淡化处理。清律不仅提倡子女服从,而且提倡近乎绝对的父母权威。孝道国策(至少在法律上是这样)有两个同等重要的基石:父母的支配和子女的孝顺。

一些清代官员,如大诗人袁枚(1716—1798)之父、律学家袁滨,表达了对杀子孙处刑畸轻的焦虑。他认为不应容许父母对子孙"非理而杀",因为受害者不仅是卑幼,[1]在国家皆为百姓,在天地皆为苍生。[2] 但对于宣称要"以孝治天下"的帝国而言,坚持父母的权威比让每一个百姓平等而直接地服从于国家更重要。面对整体法律机制,袁滨孤掌难鸣。对杀子孙的轻刑及司法中倾向于维护父母,使得杀子孙图赖谋利一直是一种低风险的诬告策略,直到清末系统修律时才有所改变。[3]

有清一代始终提倡包括父母权威与子女孝顺在内的亲子等级制度,从理念到实践都鼓励百姓服从父母官、忠于父母般仁慈的统治者。皇帝表达了他对本人、官员与民众间关系与角色的认识:天子是"代天子民……为民父母",地方官是"代朕子民"。[4] 将皇帝比作臣民父母,地方官比作当地人的父母,清帝国利用地方对孝道的奉献来建设国家。通过复制普遍适用的亲子尊卑等级,国家通过层级化的官僚与家族来统治,并移孝作忠(without compromising its own command over its subjects' ultimate loyalty)。在这种情况下,帝国急于通过立法与司法实践,在臣民的日常生活中,促进对尊长的顺从,那么下面这种逻辑也就顺理成章了:天下无不是的父母。皇权如亲权,要求臣民尽孝般地尽忠。

常言说得好:"上有政策,下有对策。"即便如此,存在自下而上的对策,也有自上而下的应对方法。清廷以孝治国目标的达成,不是通过强力,而是通过官府的积极应对与精心设计的法律体系来调动百姓的主动性,为了政权合法性与国家治理而支持亲子尊卑等级制度。通过清代国法与法律体系有效运作,清廷吸引臣民来为其政治

1　袁滨《律例条辨》:"尊长杀卑幼,律无明文,尊名分故也。考史册亦颇不然……窃以为父母之于子女,家长之于奴婢,俱不应非理而杀。其尤甚者,姑杀妇,妻杀妾也……在民家为妇、为妾,在国家皆为百姓,在天地皆为苍生,皇上不忍杀一无辜之百姓,而恶姑悍妻乃能杀无罪之苍生,其得罪于卑幼者小,其得罪于天地、皇上者大。"——译者注

2　方浚师:《蕉轩随录续录》,中华书局1995年版,第258—259页。

3　相应地,清朝最后十年的改革目标是争取每一个臣民的服从,因为国家正在抛弃"以孝治国"的思路,为宪政统治做准备。法律改革者利用新采用的国家主义原则,质疑清律在父母子女相犯规定的的悬殊刑罚。例如杨度在1910年议会上发表的关于家族主义与国家主义区别的著名演讲:父杀子,应惩罚其不慈;子杀父,应惩罚其不孝。法律不可歧视儿子,也不应偏袒父亲。立法应双向平衡以达到公平。参见高汉成编:《大清新刑律立法资料汇编》,社会科学文献出版社2013年版,第599页。

4　曹振镛等修:《高宗纯皇帝实录》,中华书局1986年版,第293页。

控制与社会渗透计划作出贡献。官民之间形成妥协,民众愿意接受孝道规范,而诬告也同时成为底层社会获取权利的工具与统治者治国的手段。这种合作体现了法律塑造社会的方式:法律影响社会不是通过压制民众的主观能动性,而是通过限制他们在利用体系谋求利益时所能调用的选项。上述在孝道作为国策的背景下对诬告的考察,让我们对庞大的法制化孝道崇拜有了管窥,为研究中国帝制晚期的法律、国家与家庭开辟了新途径。

生死同堂：坟墓在清代法律中的意义*

［美］张仲思(Tristan G. Brown)** 著 陈 煜*** 译

前 言

在明清中国,坟墓除可作为死者的安息之所外,还可作为一种求得土地的有力的机制、获得和隐瞒财富乃至表达社会地位的有力机制。若干因素导致了用坟墓来说事儿,往往可奏奇效。明太祖于1370年发布火葬禁止令,强制民间进行土葬,在之后的几个世纪里,随着宗法制度的在全国范围内的重建,土葬这一与新儒家礼法实践密切相关的做法,亦风行于世。[1] 国家通过法典和行政规章确认了坟墓和长眠于其中的死者的地位,对发冢这一行为施以严厉的刑罚。[2] 对于不幸去世未能入土为安者,各县每年还要举行三次"厉坛"仪式,来超度亡魂。[3]

坟墓是我们了解明清法律和公堂运作的重要切入点。本文的主要理论来源有两

---

* 本文原题为"The Deeds of the Dead in the Courts of the Living: Graves in Qing Law",载 *Late Imperial China*, Vol. 39, No. 2, 2018, pp. 109-155。感谢授权中译。文章的撰写得到诸多师长的启发和帮助:刘永华和巫能昌阅读了英文初稿并提供了宝贵意见,吴佩林、王华艳、杨朝华、黄彦杰、周越、Gavin Healy的反馈意见也极具参考价值,在此一并致谢。蔡丹妮总是耐心回答我的问题并给予鼓励。最后,特别感谢译者陈煜所付出的辛勤劳动。

** 张仲思(Tristan G. Brown),麻省理工学院历史系助理教授。

*** 陈煜,中国政法大学法律史学研究院副教授。

1 关于火葬在中国的历史,参阅 Ebrey Patricia, *Women and the Family in Chinese History*, London: Routledge, 2003, p. 247,伊沛霞(Ebrey Patricia)还注意到"考古学证据表明火葬在明初迅速衰落",参图氏著第162页。

2 The Great Qing Code, 276.01,276.02,276.06,及263.01。
即《大清律例》第276条"发冢"条例1,条例2,条例6及263条"盗园陵树木"条例1。作者所据的版本为薛允升《读例存疑》的版本。——译者注

3 Vincent Goossaert, "Managing Chinese Religious Pluralism in the Nineteenth-Century City Gods Temples", In *Globalization and the Making of Religious Modernity in China: Transnational Religious, Local Agents, and the Study of Religion, 1800-Present*, edited by Thomas Jansen, Thoralf Klein, and Christian Meyer. Leiden: Brill, 2014, pp. 129-150。"厉坛"仪式指每年在清明、七月十五、十月初一,于城池外郭设坛致祭,祈求城隍保佑这些无祀的孤魂野鬼。

个,其一是姜永琳在其著作中所探讨的明清法典中的宗教构架,其二是康豹的“司法连续体”概念,即“相信此岸世界和彼岸世界可以相互作用甚至重叠的司法机制”。[1] 对于清朝晚期墓葬的管理和维护,这种“司法连续体”,不仅仅停留于文化框架的体认上,还通过道教仪式和风水实践付诸实施。[2] 明清法制并没有正式规定这些内容,但本文表明清朝州县司法中认可乃至援引冥界司法仪式和风水中关于地籍的解释,来解决现实中的纠纷。清朝的衙门认定死者有意志也有能力帮助到或者妨害到其活着的亲属,这一认识进而产生了社会影响。就像在涉及财产处分的场合(如商业契约)中承认民间“中人”的地位一样,朝廷同样承认能沟通阴阳的中介(如风水师)在处理死者财产方面的权威。[3]

四川州县档案表明在清朝关于墓葬的争讼是常见且复杂的。省级官员常常发现当地州县百姓“惑于风水”,并提到了墓葬争讼在 19 世纪中的高发生率。[4] 魏顺光梳理了 1821—1838 年巴县的土地财产纠纷,发现其中 26%都涉及坟墓和风水。[5] 南部县档案显示的比例与此类似,下面将要分析的发生在 1890 年数月间的诉讼表明了此类案件的频发。在南部县,工书于墓葬争讼期间经常需要就所争议的吉壤绘图,此类地图至少占据了巴县司法档案中存图的 70%。[6]

风水诉讼自明代(1368—1644 年)以来大有增长,尽管中国人对于风水的实践可以追溯到远古时代。明代之所以有此变化,可能与国家禁止火葬以及由此产生的修建坟墓的需要有关,这一做法提高了风水在中国法律中的重要性。[7] 到 19 世纪为

---

1 Jiang Yonglin, *The Mandate of Heaven and the Great Ming Code*, Seattle: The University of Washington Press, 2011; Paul R. Katz, *Divine Justice: Religion and the Development of Chinese Legal Culture*, London: Routledge, 2008.

2 王斯福的《中国风水的人类学分析》(Feuchtwang Stephen, *An Anthropological Analysis of Chinese Geomancy*. Bangkok: White Lotus Press, 2002)一书,对中国风水的理论和实践给予了一个很好的介绍。

3 Duara Prasenjit(杜赞奇), *Culture, Power, and the State: Rural North China*, 1900－1942. Stanford: Stanford University Press, 1991, pp. 217－244。Daniel Asen 最近的研究表明,在北京,政府在当地行政治理中对专业风水师的依赖一直持续到 20 世纪,而直到 30 年代末,死亡认证工作都是阴阳师负责的。参见 Daniel Asen, *In Beijing Murder and Forensic Science in Republican China*, Cambridge: Cambridge University Press, 2016, pp. 39－44。

4 四川省档案馆、四川大学历史系编:《清朝乾嘉道巴县档案汇编》(下),四川大学出版社 1996 年版,第 390 页。

5 魏顺光:《清朝中期的“藉坟滋讼”现象研究——基于巴县档案为中心的考察》,载《求索》2014 年第 4 期。

6 关于南部县司法档案中所含之图的完整统计,参见 Tristan G. Brown, “The Veins of the Earth: Property, Environment, and Cosmology in Nanbu County”, Ph. D. diss., Columbia University, 2017, p. 195。

7 特别是与“地脉”相关的诉讼,成为明清时期风水诉讼的一大特色,而关于吉壤的纠纷则可以追溯到更久远的年代。明代这一转变很可能是为回应普及土葬的国家相关政策之需。关于这一转变的更多论述,参见 Ian M. Miller, “Roots and Branches: Woodland Institutions in South China, 800－1600”, Ph. D. diss., Harvard University, 2015。

止,全国各地都出现了与风水相关的诉求,从东北到东南亚边境皆是如此。[1] 想要精确地了解这类案件在清朝的增长率是困难的,因为南部县档案中的此类案件绝大多数是清朝后半期的,后期较之前期的档案数量要大得多。尽管如此,此一时期四川人口激增洵为事实,伴随着土地方面的争讼增加,意味着关于墓葬的争讼成家常便饭,至少在案件的绝对数值上,如郭威廷(Guo Weiting)关于19世纪中国台湾坟地纠纷的研究中所表明的那样,[2] 呈现出上升的态势。总之,放眼全国,从台湾新竹县到四川南部县,墓葬争讼属全年皆得受理之非人命"本土"案件类型,这种类型为数不多,而按照清律规定,在务限期内,除了人命官司等之外,一般的"本土"案件是暂停受理的。[3]

本文在南部县档案馆丰富的馆藏档案基础上,又参考了清朝(1644—1912年)和民国时期(1912—1949年)四川的两部手写祭祀文稿。在第一部分中,我们将会看到冥府的死者将某人的祖先诉至土地公那里,须遵守一套固定的法律程序,此种诉讼即为"冢讼";同时,在安葬死者之前,生者得和土神达成允许死者使用其土地的协议,此种协议即为"买地券"。我们在这部分将会围绕着"冢讼"和"买地券"的文献而展开。[4] 这些文献确立了一个处理死者灵魂——"魄"的司法框架,并能帮助我们把它与后面将要讨论的生者公堂的部分结合起来。[5] 接下来的部分:首先我们要讨论坟墓的属地性和地方官在审理坟墓纠纷时所作的裁决;其次,我们要讨论坟墓,特别是"古"坟和"假"坟,在表达和影响社会地位上的功能;再次,我们还要讨论在南部县档

---

1 有一个例子说的是,人们为建一纪念馆,将位于边疆的蒙古白旗的一马厩迁走,而这样做仅仅是出于风水的考虑。参见"中研院"馆藏内阁大库档案:22.6161.001.

2 Guo Weiting, "Social Practice and Judicial Politics in 'Grave Destruction' Cases in Qing Taiwan, 1683-1895," In *Chinese Law: Knowledge Practice and Transformation*, 1530*s to* 1950*s*, edited by Madeleine Zelin and Chen Li, Leiden: Brill, 2015, pp. 84-123.

3 即便衙门被认为只是在非农忙时节方理民讼,坟地诉讼仍被《大清会典事例》作为全年都得听讼的案件主要类型:"凡地方官于农忙停讼期内,遇有坟山地土等项及自理案件,事关紧要,或证佐人等现非务农,俱仍勘断。"《大清会典事例》(清朝官方编纂的内含系列法律制度及先例的法典)之"刑部"类"刑律诉讼"篇,卷八百十七。

4 买地券常常被作为"冢契"而提出,这一译法很好。笔者倾向于将之命名为"冥契",以便和现实世界中人们之间为了购买坟地而签订契约的行为。读者应当明白,冥契除了土神之外,还包括很多作为在场见证者的其他神灵。

5 在中国的宗教中,人有两种灵魂:一种叫"阳魂",人死后就没有了,一种叫"阴魄",它能停留在死者尸体中。这两种灵魂每一种都得安抚好:魄安抚好了,就不会转变为有害的"恶灵"或"厉鬼",而魂安抚好了,则可变成有益的"帝"或"神"。孔迈隆(Cohen Myron)指出这种魂魄的二元划分乃是一种简单的做法,事实上还存在着为时人所承认的其他精灵。参见 Myron L. Cohen, "Souls and Salvation: Conflicting Themes in Chinese Popular Religion", In *Death Ritual in Late Imperial and Modern China*, edited by James Watson and Evelyn Rawski, Berkeley: University of California Press, 1988, pp. 180-202。

案中随处可见的丧葬仪式中介如风水师们的多重角色。地方官在作出法律裁决时,一直在关注着阴曹地府的仪式程序。这表明坟墓在明清法律中已经作为一股强大的力量并且当事人可以向两套公认的机构提起诉求,而非一套。最后,我们需要注意,尽管中国近现代的国家政策发生了深刻的变化,但至少在内地农村地区,与古代有关的仪式和法律惯例在 20 世纪中叶仍然具有十分突出的影响。[1]

一、冥府中的死者:冢讼与冥契

柏夷(Stephen Bokenkamp)提出了一个假说,即中国中古早期,生者对死者的看法发生了转变,产生了祖先复仇和"祖先焦虑"的新观念。[2]韩森(Valerie Hansen)在论述宋时期的相关转变时指出,在与神界进行商业交易时,契约的使用越来越普遍化。[3] 柏夷提到的焦虑和韩森所指的转变,源于秦汉时期(公元前 221—220 年)新形成的法律秩序和新的宗教观念。由此,阴曹地府发展出来了,沟通其间的仪式媒介也出现了,典型的表现就是冢讼(坟墓诉讼)和冥契(土神契约)。在接下来的几个世纪中,与冥府沟通的仪式被广泛传播,乃至风行全国。

由于明清时期原始材料的匮乏,阻碍了对冢讼和冥契进一步认识,这使得中古时期的文本乍一看比清朝时期的文本更加丰富。[4]资料呈现这样的分布状态,有一个很明显的原因:那就是在中国中古时期,这方面的仪式专家将签名盖章的冢讼文书和冥契都镌刻在石头上了。相关的文件被汇编进了道教经典当中。其实在明清,这类文件的制作并没有停止,只是在官方档案中消失了,因为政策和市场的需求使得它们在

---

1 Vincent Goossaert and David A. Palmer, *The Religious Question in Modern China*, Chicago: University of Chicago Press, 2011.

2 Stephen R. Bokenkamp Ancestors *and Anxiety*: *Daoism and The Birth of Rebirth in China*, Berkeley: The University of California Press, 2007.

3 Valerie Hansen, *Negotiating Daily Life in Traditional China*, New York: Berghahn Books, 1995.

4 Peter Nickerson 通过具体文本如成书于六世纪前的《大冢讼章》,给我们提供了一个超现实诉讼兴起的详细背景,参见 Peter Nickerson, "The Great Petition for Sepulchral Plaints", In *Early Medieval China*, Berkeley: The University of California Press; Peter Nickerson, *Taoism*, *Bureaucracy*, *and Popular Religion in Early Medieval China*. Cambridge: Harvard University Press, 2007。同样,据 Valerie Hansen、Ina Asim 及 Mihwa Choi 的考察,冥契大多出现在宋代(公元 960—1279 年)及其之前。Ina Asim, "Status Symbol and Insurance Policy: Song Land Deeds for the Afterlife", In *Burial in Song China*, edited by Dieter Kuhn, Heidelberg: Edition Forum, 1994, pp. 307-370; Choi Mihwa, *Death Rituals and Politics in Northern Song China*, Oxford: Oxford University Press, 2017。鲁西奇在其关于买地券两千年历史的考察中,发现买地券绝大多数都是明清之前的(鲁西奇:《中国古代买地券研究》,厦门大学出版社 2014 年版,第 578—634 页)。

更广的人群中得到传播。道士和风水师遵循流传下来的仪式,将冢讼文书和冥契收拾好并点燃。随着这些做法的普及,越来越多的仪式专家参与到冢讼中,燃烧此类文件的行为证明了仪式专家的技能,遂于不经意间就被用作评估其水平的一种机制。尽管我们不应认定仪式专家主要就是为自矜其能而选择燃烧文件,但下文所述案例之一表明他们的确是这样做的。显然,能留存至今的清朝时期的冥契及相关文书,不是幸运即属偶然。

手写文书极有价值,是为解释地方上冢讼和冥契仪式提供的窗口,它们还有助于我们验证同一省份内各不同县中此类仪式的一致性。以下笔者要讨论的两份手写文书都有作者的署名和日期——这实属罕见。第一份手写文书《川北道门表词集》,是同治年间(1862—1874 年)由南部县或附近地区的天师编的,内含大量冤死者向阴曹地府提出的伸冤状。解决诉求是伸冤状的焦点,伸冤状内容如下(附手写文书的每一列的编号):

20.1(手稿右半页)
第 2 列　伏魔词。洞渊殿前投进。
第 3 列　以今中分行道,谨具心词,皈命上奏
第 4 列　[签]洞渊三昧,太乙伏魔,天尊金阙下。恭望
第 5 列　圣慈,曲垂(作者注:插入称谓)洞鉴,请颁
第 6 列　旨命,告下三曹,特为(作者注:插入人名)人,前生今世,三代先灵
第 7 列　咒咀冤血家;一切过咎,并希原赦,咸与自
第 8 列　新。闻知伏连咒咀,仗天恩以永消;冢讼徵[1]

20.2(手稿左半页)
第 9 列　呼,望慈光而解释,庶使移凶化吉,人鬼分(离)。
"维皇清同治……大清国四川分巡川北兵备道保宁府(插入县名)……"

以上词状是为司法仪式(程序)而作。法律上的人格并没有随着死亡而结束,死者仍保留着与生者同样的起诉能力。借助道士之手为死者的诉求提供法律救济,这一做法自中古初期一直沿用到晚清。即使是 19 世纪南部县道士所作祈请文书的文法结构,也与中古早期的《大冢讼章》颇为相似,最明显的是对灾厄无常的

1　此处的伏连,即瘟疫、传染病之义,该词在中世文本中常见。读者可以在下述网页中看到文本全文,见 https://tenthousandrooms. yale. edu/project/chuanbei-daomen-biaociji-chuan-bei-dao-men-biao-ci-ji-northen-sichuan-collection-0。

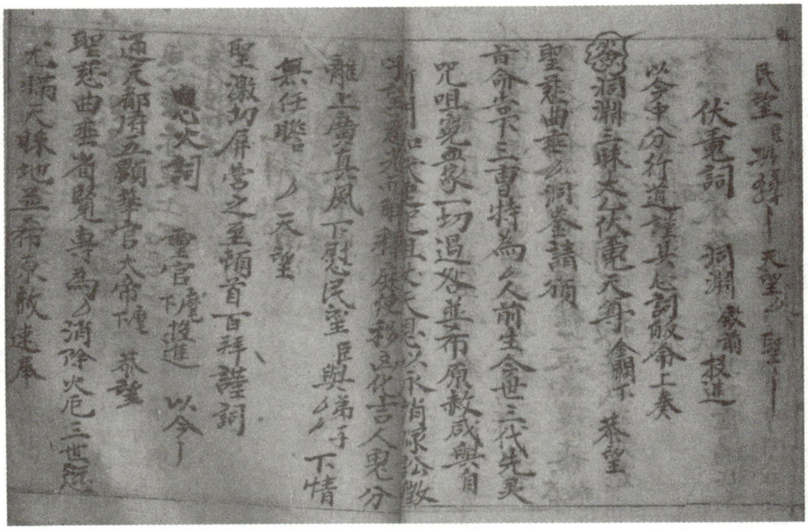

图 1　所引伸冤状手稿书影

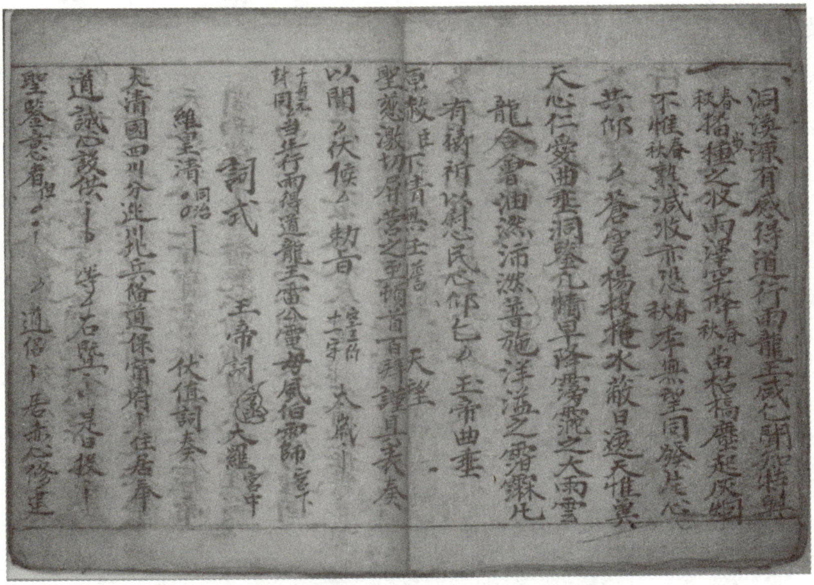

图 2　含有地点和日期的手写文书图

论断上,几乎如出一辙。中古时期的《大冢讼章》列出了冢讼的可能来源,但无法确定是哪位祖先或鬼魂将它提交给了冥府。在 19 世纪的文书中,祈请人同样不能确定灾厄是否由与“伏连”相关的冢讼引起的,因此祈求将伏连、冢讼一并解决。换言之,在一个直接继承自中古传统的中国,19 世纪的道士祈请书明白承认生者对阴曹地府运行方式的了解存在很大的局限性,这反过来就需要向诸神发出更多的祈请,请求他们的干预,来解决冢讼。同样,制作冥契是在建坟之前所为的一种法律仪式。就像冢讼时向诸神提交的祈请书那样,清朝时期,这些冥契通常写在纸上,然后随尸骨一同下葬或者在坟前烧掉。这些冥契可以证明该坟墓既不是非法建造的(“盗葬”),也不是未埋葬尸骨的假坟。我们这里要讨论的第二份手写文书中,就广泛地涉及此类冥契。

1938年重庆地区巴县编纂的《召山会启》一书,详细说明了建立坟墓所需的仪式,包括与土神订立旨在使用土地冥契的各种细节。当道士或风水师在死者亲属的带领下来到坟前时,这样的仪式就开始了。土神,也被称之为地府之主,是冥契需要提交到的五位大神之一。这些神分别对应于“五行”,在中国风水和道教中经常提到,土神自然对应“五行”中的“土”。仪式专家为了履行仪式,还得召唤五位大神中的其他四位前来见证,他们分别为朱雀(位南,属火)、玄武(位北,属水)、青龙(位东,属木)、白虎(位西,属金)。在仪式结束之后,他们仍得留下来镇守坟墓四方风水,而土神则负责坟墓中央方位及五行中的“土”之元素。仪式专家将诸神的神像安置在坟墓及四周之后,五体投地并口中念念有词如下:

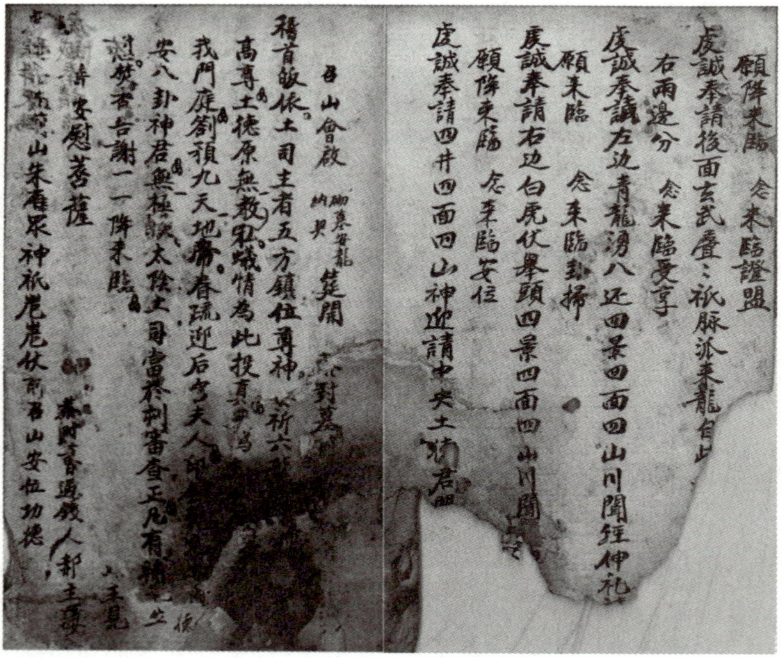

图3 《巴县召山会启》

1.2（巴县召山会启序言）

第1列 召山会启 砌墓安龙，纳契，筵开，恭对墓前。

第2列 稽首皈依，土司主者五方镇位尊神。

2.1（手稿右半页）

第1列 愿降来临，[念：]“来临证盟！”

第2列 虔诚奉请后面玄武叠叠祇脉流，来龙自此。

第3列 [左]右两边分[念：]“来临受享！”

第4列 虔诚奉请左边青龙涌八还、四景、四面、四山川，闻经伸礼[此]。

第5列 愿来临，[念：]“来临挂扫！”

第6列 虔诚奉请右边白虎伏举头四景、四面、四山川，闻经伸礼此。

第7列 愿降来临，[念]“来临安位！”

第8列 虔诚奉请四井[景]、四面、四山神，迎请中央土德君明。

在以上段落中，在建坟茔制冥契时，仪式专家会召唤这些掌管一方风水的神祇。这份冥契来自于四川的一部民国时期的汇编，其中收录冥契上迄隋唐时期（公元581—907年），下至20世纪中期。现存为数不多的明清纸质冥契，其内容与上述墓葬仪式的详细程序非常吻合，契约上以风水学术语记载着从土神那里得到的财产规模。风水学是在中国发展出来的学问，该学问主要考虑地形、位置、时间和方向之间的密切联系，以便人们选择正确的地点来做事，特别是在建坟墓和造房屋上。[1] 风水师根据所要安葬死者的“八字”来规划坟墓的位置和修造时间。下面的例子是一个来自四川的契约范本，是由某县阴阳院印制的，其制作的时间几乎与上述手写文本相同（20世纪30年代），印制这些范本的目的在供大众使用：[2]

阴阳院出给地券所。本院今据四川省江津　里　都　甲　地名，告山纳契迎祥。　信　等出备金帛珍财九万九千九百九十文买到龙冈吉地一穴，坐取　山　向，其年大利。东至甲乙青龙，西至丙丁朱雀，西至庚辛白虎，北至壬癸玄武。上至青天盖，下至地府尊。乾坤并艮选，八卦胜分明。生居其屋，死则葬其坟。凭青衣童子交钱去后，永远作坟茔。九宫佑基，八卦镇山冈。伏尸不敢占，古墓不敢欺。倘有妖魔业士前来侵占，许令受地亡人执契赴告青天律问罪施行，

1 Feuchtwang, *An Anthropological Analysis of Chinese Geomancy.*

2 阴阳院在全国各县得以设立，旨在促进“阴阳研究”（阴阳学）的发展，并聘请有执照的风水师。在南部县，富人更愿意请有国家颁发执照的风水师来为其亲人举行丧葬仪式。

以此理合。契钱一 纸,给与受人。

立卖地人:岁月主。天上见人:张坚固。地下见人:李定度。[1] 说合人:西王母。牙保人:石功曹。过钱人:郝主簿。踩地人:白鹤仙。代书人:敕火令。[2]

这份20世纪初期的冥契,其内容与1938年成书的手写本《巴县召山会启》有大量相似之处,这说明了该仪式的普遍流行性和在全省范围内实施的相对一致性。[3] 通过在丧葬仪式中召唤青龙、朱雀、白虎、玄武,建立起精确的风水位,再在冥契中加以确认。契约中所列的神灵,与崔美花(Mihwa Choi)所研究的宋代冥契中所列几乎相同,仅有一处细小的区别,那就是此处神的署名为"郝主簿",而宋代的署名为"金主簿"。[4] 到了清朝时期,像上面这样的冥契,不仅在形式上和普通商业契约非常相似,而且在某些方面与取得、让与墓地的商业契约没有什么区别,在19世纪末高度活跃的四川土地市场上,这类墓地交易占据了很大的比例。商业契约同样列有风水或宗教性质的条款,到了19世纪,四川甚至正式规定,如果发现所购墓地并非吉壤,可退还原主:

地吉起迁复葬,地不吉弃冢,迹归赖姓。开挖耕种,上不得骑龙,下不截穴。[5]

也就是说,虽然冥契和商业契约是两种截然不同的契约,但到了明清时期,商业契约将冥契中的风水价值货币化——这一趋势表明,在明清时期,风水对房地产市场的影响越来越大。当然,影响是双向的:从公元前68年冥契第一次出现开始,它就受到商业契约的严重影响,正如人间诉讼程序影响了人们对冥府的想象一样。[6] 19世纪的冥契和出售墓地的商业契约的区别主要表现在三个方面:其一,冥契中的价格是

---

1 黄景春:《地下神仙张坚固、李定度考述》,载《世界宗教研究》2003年第1期。张坚固和李定度被而那位宋代的坟墓保护神,关于对他们的讨论,见 Bin Bai, "Daoism in Graves", In *Modern Chinese Religion, Volume One*, edited by Pierre Marsone and John Lagerwey, Leiden: Brill, 2014, p. 576。

2 鲁西奇:《中国古代买地券研究》,第628—629页。

3 鲁西奇考察了清朝以来大量的冥契,与本处所引的部分都存在着很大的相似性。我们并没有忽视从清王朝到民国这一国家层面上的变化,之所以选择从20世纪30年代的文本中引用此契约,是因为它是保存完好的四川标本,这在贯穿本文始终的四川地方文献之上,又增加了资料的完备性(鲁西奇:《中国古代买地券研究》,第623—634页)。

4 Mihwa Choi, *Death Rituals and Politics in Northern Song China*, p. 191.

5 胡开全、苏东来编:《成都龙泉驿百年契约文书》,巴蜀书社2012年版,第248页。

6 Davis, *Entombed Epigraphy and Commemorative Culture in Early Medieval China: A Brief History of Early Muzhiming*, Leiden: Brill, 2015, pp. 127-132.

象征性的,而商业契约中的价格则是真金白银;其二,冥契引神灵作证人,而商业契约引普通人作证人;其三,冥契纠纷由土神负责处理,而商业契约诉讼则由地方官员负责审理。

上述冥契的内容揭示了这一司法仪式和冢讼召唤之间的密切联系,以及国家和负责执行这些仪式的专家之间的联系。我们要特别注意这样的句子:"倘有妖魔业士前来侵占,许令受地亡人执契赴告青天律问罪施行。"韩森对此解释得颇为明确,她观察到"死者在冥府肯定需过堂,人们相信人间所用的文书,冥府同样能接受,这促使冥契被埋入墓中"。[1] 冥契特别详细地交代了被埋葬死者向冥府寻求法律救济的具体条件。这并不意味着所有的冢讼皆源于坟墓受到侵犯,正如倪克森(Peter Nickerson)所表明的那样,冢讼可能是由受屈的灵魂提出的,除了严重的侵权之外,还有各种各样的原因。[2] 但冥契的制定,和中国其他普通契约一样,是为了减少立约者之间发生纠纷或者诉讼的可能性,本案中这诉讼即意味着冢讼。通过以上两份来自四川的手写仪式文书和一份冥契,我们可以看到,举行下葬仪式(图 3)和展示冥契是为了阻止冢讼传唤,而这反过来又需要用道教仪式(图 1 和图 2)来抵制诉讼。

尽管当地的仪式专家制作了上述契约格式和手写文书供大众使用,但并不意味着它们与国家的治理无关。如我们在上文中提到,县里成立了阴阳院,印制了冥契的模板供民众使用,还聘请了风水师以备民众葬礼仪式之需——这一做法一直持续到 20 世纪 40 年代。[3] 在明清时期,官方风水师被称为"阴阳生"或"阴阳官",清朝南部县衙对官方风水师是一年一聘。[4] 不仅仅是南部县,刘永华(Yonghua Liu) 就发现在整个明清时期的福建,仪式专家如"礼生"扮演了地方治理的要角。[5] 以上所述的手写文书并非清政府所制,但为仪式专家所使用,专家地位由政府确认,他们又反过来诉请政府予以推动和支持。

这是否意味着这些文书,除了在信仰领域起作用之外,在现实世界中就没有什么社会功能了呢? 也不尽然,它们的内容表明了它们在现实世界中的重要性。出于成本和实际操作上的考虑,家族和邻里之间出现的紧张关系,最初是诉至冥府,通过饮宴仪式和寺庙参拜加以调解,最后才会在县衙那儿开始诉讼。司法是公开公共的活动,牵涉到整个宗族乃至社区。我们需看到,只有少数人能负担得起在坟上竖墓碑,

1 Valerie Hansen, "Why Bury Contracts in Tombs?" *Cahiers d'Extreme-Asie* 8, no.1, 1995, p. 66.

2 Peter Nickerson, "The Great Petition for Sepulchral Plaints," pp. 230-274.

3 Ole Bruun, *Fengshui in China: Geomantic Divination Between State Orthodoxy and Popular Religion*, Honolulu: University of Hawaii Press, 2003, p. 126.

4 Brown, "The Veins of the Earth," pp. 42-53.

5 Liu Yonghua, *Confucian Rituals and Chinese Villagers: Ritual Change and Social Transformation in a Southeastern Chinese Community*, 1368-1949. Leiden: Brill, 2013.

上面刻着长眠者的名字,这一事实凸显了上述文书的重要性。冥契和冢讼的威胁,使得坟墓的地权和方位在当地人尽皆知。相关风水的指示有些是程式化的,有些则是专门化的,需根据个人的出生时间(八字)来定,都向社会公布并写入到这些文书当中。这些指示确立了坟墓的合理秩序,表达了宗支的势力,缓解了生者的“祖先焦虑”,此焦虑在清朝激起了大量的墓地争讼。

尽管我们很难获得有关冥府使用率的历史数据,但考虑到中国过去和现在都是一个健讼的社会,那么冥府的广泛使用可能表明,古代时代的人们在积极寻找人间法庭的替代品。[1] 冢讼这类宗教诉讼至少比人间的民事诉讼更具成本效益,民事诉讼需要长途跋涉到县城,支付诉状和许多其他诉讼费用,以及在这长期备受折磨的诉讼过程中花费在歇家的食宿费用。而在当地寺庙或道观举行冢讼仪式,则只须按照市场行情,付出举行仪式、祭坛烧纸等成本。这并不是说冥府的判决对人间法庭具有拘束力,只是表明冢讼的流行,很可能符合人们的现实需求,即他们尽量避免去官府打民事官司。随着 19 世纪国家的衰落和人口的增长,民众越来越依赖冥府的冲突调解仪式和“廉价”的司法处理机制,这减轻了本已不堪重负的国家法制系统的负担,各项要素也更为完备。[2]

简言之,冢讼仪式将死者确立为在冥府上享有公认权利的法律主体。与仪式相关的文书应用了诸多法律术语,以满足安全生活和平静死亡所需的条件。最重要的是,这些仪式提供了关于死者和财产的信息,正如下一节所述,在明清时期最后几个世纪中,这些信息逐渐渗入到了生者的法庭当中。

二、生死同堂:坟墓争讼和衙门判决

因死者灵魂的安息为世所重,故而关于坟墓的争讼常常出现在地方衙门当中。《大清律例》中就包含对坟墓广泛保护的诸多条款,且对于破坏坟墓及周边环境的行为,给予严厉惩罚。

---

1 关于中国社会“健讼”的学术讨论,参见 Kathryn Bernhardt, and Philip Huang. *Civil Law in Qing and Republican China*, Stanford: Stanford University Press, 1994。

2 高诺佳(Ganany Noga)最近在研究明清时期包公的文学形象时得出了相关结论:“近几个世纪来,包公在文学、戏剧和宗教信仰扮中越来越多地扮演阎罗王的角色,表明许多中国人对现世的司法制度越来越悲观,从某种意义上讲,这种态度可能会使人们把希望中的正义交给冥府。”参见 Ganany Noga, “Baogong as King Yama in the Literature and Religious Worship of Late Imperial China”, *Asia Major*, Third Series, Vol.28, Part 2, Fall 2015, p. 41。

> 凡发掘坟冢见棺椁者,杖一百,流三千里。若卑幼发尊长坟冢者,同凡人论;开棺椁见尸者,斩。平治他人坟墓为田园者,虽未见棺椁,杖一百。(276.00)若盗他人坟茔树木者,杖八十。(263.00)

刑部复核涉坟案件之后给出的判决,显示了此类案件的独特与微妙。1871年成书的《刑案汇览续编》中记载了发生在四川的一个案子:1845年,刑部接到四川总督提交的一个侵犯坟墓的案件,争讼发生在王、苟、乔三氏之间。在道光(1821—1850)初期,王大亮的祖先向苟氏买得一块土地以安葬其母,并立约仅此一墓不得再葬。苟氏后来将该坟地周边之地卖于乔氏。但在1845年,王大亮违反不得再葬的约定,在其祖先的坟茔旁又建一墓,从而侵犯到了乔姓的农地。当乔氏家族得知其农地遭侵犯,遂援引前述王苟两氏契约中不得再葬的条款,将新建的墓冢掘平。王辩称此新坟乃是覆盖旧坟而成。川督听取了王的申辩,拟对乔氏以发冢见棺律上减一等处罚,因坟墓在乔姓土地之上。刑部认可了川督的判决,且并未因违反契约条款而处罚王大亮。[1]

简言之,国家不希望人们在乡间游荡,发掘尸骸,扰乱和平。然而,这种看似平常的期望,却意味着国家承认坟墓具备强大力量,及作为联结生者和土地间重要纽带的地位。

上述官员的拟判并没有纵容违反书面契约义务的行为,而是含蓄地承认,建立新坟意味着建立了一种新的关系。我们可以推测,这一关系是王家通过向土神提交契约而建立的;现在坟墓已经被摧毁,那就需要请仪式专家前来应对可能由死者提起的冢讼以及坟墓被毁普遍带来的不祥。这一典型案例,再加上下面要讨论到的地方案例,说明清朝官方会含蓄地、有时是明确地承认了死者有能力通过冥府影响到其活着的亲属。许多死刑案件都是对这种认识的回应,表明国家是考虑到墓葬财产的独特之处的。1833年,一个提交到刑部的案子中提到,有个叫潘阿多的人因追赶一盗窃坟茔上树木之人,致使其慌不择路溺水而亡。虽然该省官员认定潘对盗贼的死负有责任,但刑部最终认定潘没有过错,因为盗贼盗坟茔树木在先,因此才造成意外的死亡。[2] 值得注意的是,法律认为未经正式埋葬的尸骨的重要性低于举行仪式后再下葬的尸骨。潘的行为诚然造成了窃贼的死亡,但他并没有惊动坟茔,而那不合时宜的盗坟茔树木者,在其死亡之前,倒的确惊扰到了坟茔。

---

1 吴潮、何锡俨编:《刑案汇览续编》,法律出版社2006年版,第518—519页。关于这个案件的讨论,另见森田成满:《清代土地所有權法研究》),劲草出版中心,1984年,第257页。

2 这个案子在李哲所著的《中国传统社会坟山的法律考察——以清代为中心》(中国政法大学出版社,2017年版)被全文引用和讨论,见该书第149—152页。

《大清律例》中有许多条款涉及到对京官司法活动的规范,而对于州县一级的官员,则规范得要少得多。但与此同时,基层司法官员在审理案件时,始终坚持上述保护死者权益的原则。苏成捷(Matthew Sommer)在考察了农村贫困背景下产生的非正统婚姻习俗之后指出,地方官员有时会违反成文法典而认可这些习俗。[1] 研究南部县档案的学者们同样注意到,在适用法律进行惩罚方面,处于官僚机构上层的高级官员和停留在基层的州县一级官员不同,前者更经常援引成文法典。里赞就曾指出在少数南部县的案子中,就压根儿没援引过《大清律例》。[2]

南部县档案中记载地方官员每每认可冥府冢讼仪式。在很多方面,他们都如此行事。《大清律例》明文禁止在葬礼上搬作杂剧。律学作品如《读例存疑》对此持支持的态度,但也承认在地方上,这条禁令常遭到忽视。[3] 事实上,南部县官员在处理完涉及丧葬仪式或坟墓的争讼之后,偶尔也会安排杂剧来平息冥界的灵魂。[4] 中国自从中世以来,一直流传着一句名言,用来表明杂剧中著名人物判官崔府君(大约7世纪时期)的神通广大,说他能"昼理阳,夜理阴"。[5] 崔府君这样的官员诚然能横跨阴阳两界,但这只出现在通俗文学当中,在南部县档案内,我们只能看到州县官员"昼理阴"的记录。

在一个发生在1890年的案件中,罗文刚一纸诉状将杜其玉告到县衙,因杜其玉为猝死于麻风的胞兄杜其华修建了一座坟墓,其死后被葬在一寺院义冢中。这个义冢由当地四个家族共同出资设立并管理。按照罗的说法,杜在义冢中建造坟墓,破坏了地脉,妨害了原有墓葬的风水。[6] 这种脉是指地中的"气",它直接联结

1 Sommer Matthew, *Polyandry and Wife-selling in Qing Dynasty China: Survival Strategies and Judicial Interventions*, Berkeley: University of California Press, 2015, pp. 374-375.

2 里赞:《晚清州县诉讼中的审断问题》,法律出版社2010年版,第90—120页。

3 薛允升:《读例存疑》。
作者参考的版本为胡星桥、邓又天点注的版本,中国人民公安大学出版社1994年版。——译者注

4 关于《大清律例》和丧葬制度的讨论,参见刘冰雪:《清朝法律文献中的习俗规制——以丧葬习俗为例》,载《河北师范大学学报》2013年第3期。关于地法官在处理完坟墓争讼之后下令演出杂剧的例子,见清南部县档案12.44。关于通常与杂剧一同出现在葬礼仪式中的"醮"的研究,参阅Kenneth Dean, "Funerals in Fujian", *Cahiers d's Extreme-Asie*, no.4, 1988, pp. 19-78。杂剧长期以来一直是中国葬礼仪式的一部分,尤其是《目连》,该剧被大卫·约翰逊(David Johnson)描述为"关于鬼魂:他们无处不在,他们的力量,他们的征服。"参见David G. Johnson, "Actions Speak Louder than Words: The Cultural Significance of Chinese Ritual Opera", In *Ritual Opera, Operatic Ritual: "Mu-lien Rescues His Mother" in Chinese Popular Culture*, Edited by David Johnson, Berkey: Chinese Popular Culture Project, 1989, p. 26。

5 Wang Huayan, "Cui Fujun, entre juge des enfers et magistrats locaux: les sociétés locales vues à travers l'évolution d'un culte local en chine du XI au XV siècle," Ph. D. diss., L'École des Hautes études en Sciences Sociales, EHESS, France, 2015.

6 清朝四川南部县衙门档案:10.658.01。

着社区的财富和土地的健康。地脉在中国风水学经典著作中,并不如方位和时间之类的主题突出,但它却是明清时期风水诉讼中的常客。为回应破坏地脉的指控,杜反驳说,当年胞兄意外去世,他只是在义冢中确定了一方吉壤,并得到在寺僧人的襄助完成。

罗对杜指控中蕴含的潜台词很清晰。就是因为杜的兄长死于麻风病,杜家就不应该将这病死鬼埋在义冢中——罗在最初的指控中就强调了此点。罗认为,让杜的尸体埋葬在寺院义冢里,危害了更广泛社区的风水。南部县衙门工房发了一份通知,交给工书,让送达给当事人,从而了了这桩讼案。通知初稿是由一名书办起草的,指示衙门工书“前往查勘杜其玉等果否将故胞兄杜其华丧棺抬移罗文刚等关茔内霸葬截脉情事,据实禀覆”。[1]但在派遣工书之前,地方官又修改了通知,变更了上述决定,目的是让工书确定义冢的确切所有者。即是做了这样的变更,关于建墓破坏风水的指控——即便没有类似契约这样的其他物证作支持——也足以促使官府采取行动。在对原告、被告和僧人进行审讯后,地方官作出了如下的裁决:

> 堂谕:讯得罗文刚等供称僧元恕早施义冢,系伊等四姓关茔,实属不合于理,但杜其玉胞兄染患癞疾身死,应宜己地安葬,何得暗行抬至义地安埋,贻害他处?亦有不是。既经安葬已久,无庸起迁。断令杜其玉等归家,与义冢各孤魂诵经烧纸以昭幽冥。各结完案。此判。[2]

裁决明确指出,虽然杜姓在寺院义冢中建立坟墓是不恰当的,但要搬迁它是不可行的。就像前引《续刑案汇览》中的例子显示的那样,即便坟墓是在不当或者非法情形下建造的,但一旦建成了,官方通常不会鼓励人们再去对其进行移动或破坏。地方官声称罗文刚所谓的新增坟墓破坏了地脉这一说法“不合于理”。在作出裁决时,地方官明确表示其希望平复长眠于义冢的“孤魂”。“孤魂”指的是未能葬入祖坟或者死后无人祭祀的鬼魂。阵亡者、死时亲人不在者、自杀者或因特定疾病而亡者,都能产生“孤魂”,政府对这些孤魂,须设厉坛举行仪式以平复之。审判文书表明,杜氏将兄长葬在义冢,正是因为其兄之疾,故不能将之葬于杜家祖坟。地方官对杜氏非法安葬的责难,表明杜氏很可能在造坟前没有举行一个包含提交冥契在内的恰当的、公开的

---

1 清朝四川南部县衙门档案:10.658.02。虽然这一令工书巡查风水的要求乍一看可能显得有些奇怪,但南部县档案揭示,工书通常还负责评估和绘制风水图样。在一个案例中,南部县衙令一工书绘一四合院图,以确定厨房的增加是否扰乱了风水。关于此案更广泛的讨论,参见 Brown,“The Veins of the Earth”, pp. 200-205。

2 清朝四川南部县衙门档案:10.658.06。

仪式。焚烧包括为解决潜在冢讼而作的祈请书在内的纸祭品,旨在“提醒”阴曹地府注意到生者的这些安排,防止不幸降临到生者的社区。这也有助于使新建坟墓的存在公开化和合法化。而从地方官对杜其玉建坟予以申斥而没有给予刑罚处罚这一事实来看,死者的福祉为大,盖过了非法建墓的实际罪行。

风水始终是一个中心话题,当地人围绕着它提出诉讼,交官府来解决。当然,我们没有办法衡量地方官作为个人面对这些控诉时作何感受。作为非刑事案件,大多数地方案件被清律归类为“细事”,不需要上报至朝廷。由于风水案件数量庞大,并非所有的都能依法解决,该省官员就抱怨地方人民每每惑于风水。然而,官员在平复原告情绪的同时,还得阻止其毁坟掘尸——即使所葬非法,他们以此来维持地方的太平。即使只是诉讼过程中的权宜之计,官员们也常常援引风水来说理,并强调对风水的保护。明清社会普遍认为风水之说“真实不虚”,以至于地方官员从不自动驳回风水案件,某些“诬告”恰恰意味着真心诚意相信风水的控告者的存在。南部县在解决绝大多数此类案件时,如果没有找到正式的坟墓或者房屋的测绘图,就至少要对某一地点的风水进行基本的调查。撇开个人信仰的问题不谈,风水在明清法制中发挥了显著的作用。

类似上述案例中的裁断也经常出现在19世纪南部县的卷宗当中。在对一破坏地脉的案件进行审理之后,一地方官裁定“醮谢之礼亦不可废”,以便“妥地灵而安幽魄”,从而不扰乱一方风水。[1]另一个关于毁坏墓碑的案件,地方官裁定:断令周义三归家买小蜡一对、小火炮一封与周人坤醮坟。”[2]上述三起案件都发生在1890年的几个月内,都以此类裁断而结案,可作为测算其频率的一个指标来看。简言之,在19世纪的南部县,当发生坟墓争讼之后,命令当事人在墓前举行祭祀和法律仪式,已成为官府处理此类案件最常用的方法之一。官员们广泛参与到“司法连续体”当中,尤其在处理那些试图利用坟墓来显示其社会地位的案件时,更是如此。

三、社会地位与死者:墓碑、古坟和假坟

在上一节关于诉讼的讨论中,我们谈到了正确安置坟墓的问题。由于明清社会赋予了死者权利,因此在乡村社会中,坟墓也在更广泛的意义上成为社会地位和权力的投影。中央政府深谙此理,故在法律上对墓碑尺寸进行了规制。因几个世纪以来,

---

1　清朝四川南部县衙门档案:10.671.07。

2　清朝四川南部县衙门档案:10.663.08。

为适应长度单位“尺”在过去几个世纪逐步变长的情形,且随着人口的增长和墓葬仪式在全国的流行,朝廷对墓碑尺寸一再限制,墓碑高度也随时间的推移而降低。宋代一品官员的墓碑允许高 18 尺(565 厘米,18.5 英尺),而清代同样品级官员只允许 16 尺(512 厘米,16.8 英尺)。[1] 宋代平民墓碑最高不得过 6 尺(188.4 厘米,6.18 英尺),而清代平民最高不得过 4 尺(128 厘米,4.2 英尺)。这些规定在多大程度上得到遵守,还有待进一步研究,但可以肯定地说,除了在坟上树碑之外,还有很多方法,比如修建牌坊等,同样可以彰显精英的社会地位。南部县的士绅们指责富裕平民肆意建造超越其身份地位的大型坟墓,常常以这些大坟对该县风水有负面影响来说事儿。1890 年的一个案子中,一平民给他祖先立了块墓碑,据工书测量高达 10 尺(320 厘米,10.5 英尺),在清代,那至少是四品官员才配享有的待遇。[2] 在本案中,南部县衙判定墓碑确实违反了官方规定,但县的风水并未受到危害。

但对于那些无法立碑的平民来说,总有其他的墓葬策略有助于其展现社会影响力和赫赫家世。正如 Jeffrey Synder-Reinke 最近强调的那样,坟墓在 19 世纪,与其说是一个固定的埋尸之处,不如说是一个抽象的理念,因葬于其中的尸骸经常被迁移、操纵,甚至被消耗。[3] 墓葬的可塑性在南部县地方社会中表现得十分明显,南部县档案显示,有两种突出的策略,用在了操纵坟墓的行为中。第一个涉及“古坟”界定策略,第二个则涉及“假坟”现象。在明清法制中,“古坟”不是由时间久远定义的,而是指葬者拥有一个未知的祖先血统。这样的坟墓可以由当地家族在战略上加以利用,他们声称坟墓里有他们祖先之冢,以此来获得作为族产的土地及其资源。南部县还有一个常见的现象就是“假”坟很多,当地人为了争夺土地或资源,就将动物骨头埋在地下,制造出一个真坟的样子。骨头埋在土里,自然不为人知。它们的作用只在于一旦被人挖出,那么该“假”坟墓的建造者就可借此声称坟墓受到了严重的侵害。关于清代仵作在审判中鉴定动物骨骼能力的评估,还需要更多的研究。然而,南部县档案中这类案子的大量出现,可见此种“假”坟策略运用的频率还不低。清朝官员试图确定墓穴的谱系和合法性,通常会借助司法仪式来解决这一系列争议。

在 1890 年的一个案子中,蒲玉俊证实在七月的大雨中,一座古坟上的刻石从基座上脱落,又从山上掉落下来,落到了他的土地上。玉俊表示,他招呼其宗族成员用这古墓的刻石做建筑材料。出乎意料的是,另一个叫蒲国升的人声称这坟墓是他祖

1　李哲:《中国传统社会坟山的法律考察——以清代为中心》,中国政法大学出版社 2017 年版,第 35 页。

2　清朝四川南部县衙门档案:10.657.01。

3　Jeffrey Synder-Reinke, “Afterlives of the Dead: Uncovering Graves and Mishandling Corpses in Nineteenth-Century China,” *Frontiers of History in China* 11, no.1, 2016, pp.1-20.

先的,并要求蒲玉俊家族为破坏坟墓给予赔偿。地方官遂派出工书去调查可以确定有关坟墓谱系的任何墓志或家谱记录。在未得到工书确定的汇报及蒲国升缺席出庭的情形下,地方官作出了如下判决:

> 堂谕:讯得蒲国升等控称蒲玉俊改沟伤毁祖坟。查此业内实系古墓,因雨淋崩塌,并非祖坟,但蒲国升自知情虚,临审逃逸,伊既知畏咎,免予深究。蒲玉俊业内,虽系古墓,应宜保护,何得任由践踏?断令蒲玉俊归家将业内倾颓古墓培砌完好,以昭幽魂。各结完案。此判。[1]

值得注意的是,法官的裁决与现实世界诉讼中任何一方的利益都没有关系。尽管有人伪称此坟系其祖坟,他最关心的也不过是该坟的持久保护及与彼岸世界的联系。[2] 正是地方官,而不是诉讼当事人,在诉讼过程中特别关注死者有没有受惊扰这样的问题。这个判决大体上符合之前坟墓争讼案件中所显示出的趋势:地方官为解决既存争端或为在将来可能发生的争端上占得先机,通常命令当事人举行必要的家讼仪式以平复亡灵。当然,地方官也别无选择,只能保护古坟,以免让县民产生官府视古坟这类的财产如儿戏的印象。正如地方官对古坟中的没有任何已知的后代的孤魂表示关切一样, 他们还对古墓的风水问题表示担忧,

因坟墓周遭环境会影响该地区生者的利益。故而在听讼时,地方官经常批准将"古坟"改为"祖坟",以便使古坟有主,从而其风水也连带着转到新认的家族之上。宣统三年(1911 年)六月初六的一个案子中,一名叫徐隆富的人指控徐应成在原告的土地中修建坟墓,徐应成对此迅速提出了反诉。[3] 其中关于土地争议的详细原委如下。徐隆富是徐姓家族的地主,他拥有几块水田。其中的一块挨着三座没有墓碑的坟茔,这三座坟茔自隆富开始记事起,就一直存在于那里,所以他和他的宗亲都认为这些坟乃古坟。而且,每年清明,也未见徐氏家族中有任何人前往祭扫,隆富估计坟墓的主人肯定早于徐姓来到南部县。隆富的宗亲徐应成,则是家族中的穷人,他没有属于自己的田地,而是在徐氏家族的祭田中做工。[4] 徐氏墓园,内有坟茔和风水树,到

1　清朝四川南部县衙门档案,10.665.06。

2　《大清律例》"诬告"条中经常提到坟墓,正是因为:第一,墓地不像农地,当事人在物证不足的情况下,就可以向法院提起坟墓争讼;第二,坟墓争讼,按照前述,全年都得受理。更多关于清律"诬告"的研究,参见 Javers Quinn, "The Logic of Lies:False Accusation and Legal Culture in Late Qing Sichuan", pp. 27-55。

3　清朝四川南部县衙门档案,22.204.01;22.204.02。

4　关于"祭田"的讨论,见 Guo Qitao, *Ritual Opera and Mercantile Lineage: The Confucian Transformation of Popular Culture in Late Imperial Huizhou*, Stanford: Stanford University Press, 2005, pp. 29-30。

19世纪末已经拥挤不堪。该年五月,徐应成的母亲去世。因为穷,徐应成无力请人看风水和从土地市场中购买坟地,遂将视线投向隆富水田边那三座无名坟冢。于是就在那块土地上,应成给他母亲修了坟。

在公堂上,应成辩称这三座无名坟墓是他的祖坟。双方都用家族中所存留的契约作为支持自己主张的证据。隆富提交了道光年间(1821—1850年)其祖先买断水田的契约。工书检查了这份契约,并写下了“字样未注明界址”的断语,认定该契约为清律中的“古契”——即原书面条款在目前条件下不能生效的契约。[1] 而应成自己本来就一无所有,所以援引了乾隆(1736—1795年)以来他那一世系的户籍记录。这一记录证实徐家墓地的风水和祖坟,对所有徐氏宗亲都是开放的。可见其言外之意就是,应成此前已经被逐出了祖坟,或者至少已被告知徐家墓地没他的份儿了。像南部县的许多坟墓争讼案件一样,一名工书向地方官展示了坟墓及其周遭环境图,供后者研判。在这个案件中,正是这地图(图4),改变了地方官的看法,那就是这些争讼的古墓所在的位置,不在徐氏血胤一脉相续的祖传祭田内,而是独处一隅,位于徐家祖坟之外。鉴于这些坟墓的墓主已不可考,地方官作出以下的裁判:

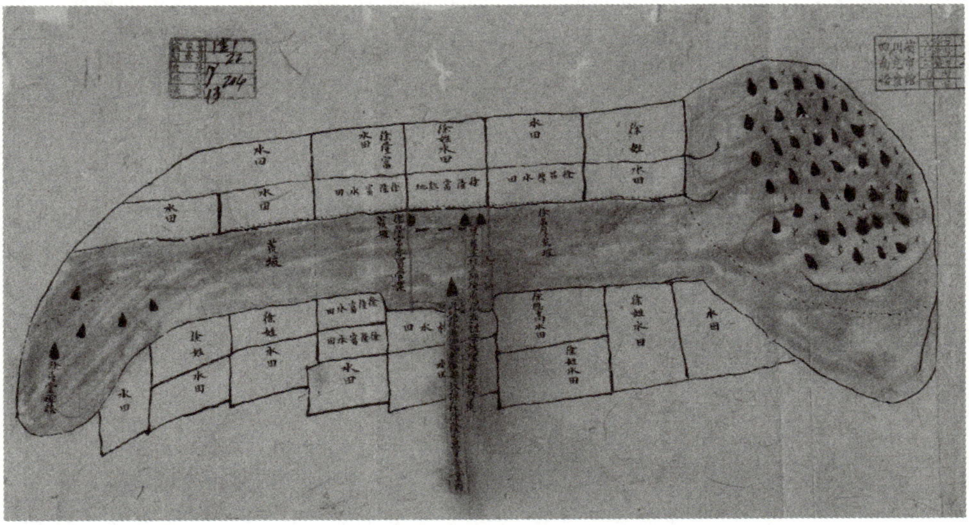

图4　工书所绘制的徐家祖坟(最右端),徐氏祭田和徐龙福私人所有的水田(1911年)[2]

1　清朝四川南部县衙门档案,22.204.06。有时契约直接提交到公堂,有时仅由工书过目后并总结汇报到地方官处。

2　清朝四川南部县衙门档案,22.204.04。

堂谕:查徐应成所葬坟地在徐隆富买明业内,原有古坟三座,无人祭扫,究系何人之坟,并不可知;乃徐应成突于今年葬此坟内,确系盗葬掌责。[1] 惟究既已葬定,碍难迁移,着徐应成以钱一百串,将此古坟全行买明,听由自使可也。其买界仍照珠笔所绘界线为界。锁押限半月缴价。此判。[2]

地方官的这项裁决允许徐应成保留他非法建造的坟墓,因为他已故的母亲已经长眠于此。这一裁决因为另一个理由而变得很有趣:地方官不仅要求徐应成购买为母亲所建之坟周围的土地,还命令他购买这三座古坟。也就是说,虽然地方官要求徐应成支付赔偿金的命令可以解释为一种惩罚,但地方官也认可徐应成将这三个无名坟茔作为他声称的祖先的坟墓,由此将这三座古坟转变为他的祖坟,从而使他对土地的要求合法化,尽管地方官强调他在三坟来源问题上保持中立。也就是说,地方官认识到,这个徐应成即便穷困潦倒,也要找一处风水宝地来安葬其母,不失为孝子之行。因此,地方官才允许徐应成购买这一方风水,并使其对该墓地的主张合法化。

后来,二徐又回到公堂,称徐应成无力支付 100 串的价格来合法购买土地,因此交易应该停止。在这第二次审判结束时,地方官以应成贫困、坟墓需安全保护等为由,将价格降低到了 40 串。[3] 在此,地方官明确表达了他对应成母亲之坟和应成本人艰难处境的关切。

有关“假”坟的案件同样需要官方大量用到民间信仰。正如前述徐氏一族的案件那样,南部县衙门照例会对声称是“假”的坟墓及其周遭情形进行勘察绘图,以便评估问题坟墓的环境特征。通过绘制乡村景观图,地方官可以分析争讼坟墓的位置,以辨别该地点是否符合文化意义上的真正坟墓之所在,并切合实际地弥合国家和地方对财产所有权认识上的巨大分歧。在张氏家族的一个成员声称邻居陈某在张家土地上建造了一个假坟的案件中,地方官详勘坟墓位置,发现坟上少了墓树,于是作了如下裁决:

……张文贵不应埋骨侵害,民张文喜亦不应与民张国奇诬控作抱,应重惩。从宽将民张文贵、张文喜均各掌责,断令民归家安分守己,日后不得均伊等诬控。此判。[4]

---

1 在清律中,“盗葬”,指的是将尸体葬在别人的土地上。

2 清朝四川南部县衙门档案,22.204.06。

3 清朝四川南部县衙门档案,22.204.14。

4 清朝四川南部县衙门档案,7.336.09。

地方官往往能够通过坟上缺乏被视为保护坟墓所必需的墓树,或通过地契发现该地历史上并不存在坟墓,从而证明所争讼的坟墓系假坟。公堂上的口头证词,比如表明的确有人在所争讼的坟墓里献祭,那么这就是证明坟墓真实性的基本证据。在一起有关假坟的诉讼中,地方官在分析了工书测绘的地图之后,发现争讼的假坟建在一个公共的祖坟附近,乃是以为当地老人给自己预留的埋骨之地。于是,地方官判决该坟应该从原来的地方挪走,以避免"破坏地脉或妨碍风水"。[1] 正如我们在本研究中所一再看到的那样,南部县地方官在公堂审判中,一贯坚持应该保护风水。

四、死者的经纪人:作为中间人、证人和诉讼当事人的风水师

因为官方需要某种仪式,遂使掌握这些仪式的人,如道士和风水师,获得了官方的支持。在明清的财产制度中,风水师在乡村社会中扮演着类似契约中间人的角色。同时,正如地方官在审理关于坟墓的讼案中认可冢讼仪式那样,他们通常会委托当地有才华的风水师来维护墓地,并向官府提供坟墓的相关信息。

在清代社会,契约经纪人的任务是起草合同条款,找到见证人以确保契约不是伪造的或变造的文书。他们为此会收取雇主的佣金。作为契约中间人,风水师的业务主要有:寻找潜在的吉壤,协商公平合理的价格,拟定坟地交易契约条款,并在坟墓争讼中提供证人证言。给风水师的报酬可能非常丰厚。南部县的风水师来自于当地的精英阶层,包括捐监生、医师和包税人。正如 Richard Smith 所观察到的那样,风水师的工作需要一定程度的文化素养;在这个竞争激烈的提供寻找吉壤和有效宗教服务的自由市场上,他们经常需要纂定详尽的契约条款和堪舆报告。[2] 下面这段话叙述的是一名 19 世纪四川风水师的故事,恰好交代了风水师的双重角色(仪式专家和中间人):

> 刘天文,应都人,字全真,精于堪舆。为人觅地,逾五十金即不买。安葬后,不计谢赀。家贫,然不趋势利,不为夸大之语以惊人。而所葬之地,卒无有议其

1 清朝四川南部县衙门档案,9.675.06。如白彬所论,自宋代以来,"活人墓"这一现象遍布全国。这些墓穴建在风水宝地上,可以延长未来墓主的寿命。本案中的"假坟"很可能就是这些"活人墓"之一。参见 Bin Bai, Daoism in Graves。

2 Richard J. Smith, *Fortune-tellers and Philosophers*: *Divination in Traditional Chinese Society*, Boulder: Westview Press, 1991.

非者。[1]

上面关于刘的传记证实了19世纪四川风水师所扮演的一些角色。书中提到了刘的“精于堪舆”,这使他与当地其他被认为是无能的风水师大为不同。刘的事迹在当地方志上同样有记载,上面写到刘对送他的谢赀“不计”,这表明他对自己的服务收取了合理的费用,同时也表明其他的风水师可能要价不菲。以上传记同时也展示了清代知识精英对风水师所做的两种分类,一种是“体制内”的风水师,如阴阳院所聘请之人,他们拿着政府发放的薪水;而另一种是那些妖言惑众的风水师,他们多为贪婪和自私自利之徒。

仪式专家负责制作在葬仪上燃烧的冥契,这种冥契与坟地交易的商业契约有许多相似之处。造成这些相似性的一个可能的原因是,冥契的制作者也经常充当坟地交易契约的见证人或制作人。在审理案件时,就像对其他种类的契约一样,地方官对这些坟地契约条款的意思也必须给出确切解释,以便作出正确的裁判。我们下面来看南部县档案中保留的1905年的一份关于墓地安置的契约,该契约是在一位风水师在场的情况下拟定的:

> 甘凭杜魏二姓族人书立永敦和睦再无异言。文约人杜中耀、杜玉宗、杜凤林、杜贵林、魏子玉等。今因魏子玉扦[迁]葬阴地安葬父亲,其地虽属魏姓管业,其脉系属杜姓来龙。当凭二族言明,迄今以后,杜中耀等阳宅基地直上为界。魏姓不得侵左扦葬,捷[截]定杜姓后脉。但魏姓可扦左畔祖茔一座,准魏姓立碑,任坟挂帛,不准扦葬捷脉。倘若扦葬捷脉,有中证二族。光绪三十二年三月十二日。[2]

在这份由风水师充当中间人和制定人的契约中,为了避免进一步的冲突,对相邻两家的地脉进行了精确的描述和分析。正如契约中所述,即便特定的土地为一家私有,但仍可以理解为与另一家的风水有关。在纠纷调解期间,风水师被召唤来对契约条款加以认证,看看修造新坟是否属于违约行为。其他由风水师拟定或于风水师在场的情况下签订的墓地交易契约则进一步约定这样的语句,如“(坟冢)上至青天盖,下至地府尊”;或者包括了坟墓风水位置的条款,如“(曾氏)当将母亲葬于申山寅向”。[3]

---

1 袁树珊:《中国历代卜人传》(第19卷),润德书局1948年版,第24页。

2 四川大学中国西南文献研究中心藏南部县数字化档案:446.77.6。

3 胡开全、苏东来编:《成都龙泉驿百年契约文书》,第222页。有关风水中的时间、位置和方向等术语的讨论,参见Feuchtwang, *An Anthropological Analysis of Chinese Geomancy*。

到了19世纪,墓地市场变得如此活跃和有利可图,以至于风水师在其中经常扮演经纪人和中间人的角色。此外,随着墓地交易的日益频繁,其买卖契约内容与冥契的内容也变得极为相似。

除了作为契约中间人的角色之外,风水师也被引入到司法程序中,成为诉讼当事人和证人。在1879年的一个案子中,敬慎仪控告一位名叫张锡畴的风水师,理由是张将原告之父于寅时葬于乙丑山癸丁向是不吉利的。风水师为敬慎仪所雇,并在敬氏买坟过程中为其勘测了时间和方位。然而张选择在这个时辰埋葬敬父,形成风水命理中所谓的“将军箭”,产生了“煞”,而敬慎仪之子恰于次年死亡。与特定“八字”相应,“将军箭”在寅时得成,这被认为导致了敬子的死亡。在对相关地点进行了官方调查,并详细审查了相关文书之后,地方官认定张在敬父安葬仪式上存在错误,并认为敬子之死很可能与不吉的方位有关,最后裁决禁止张继续担任风水师:

> 今沐深讯,查张锡畴择术不精,以致文生(敬慎仪)葬父不及三年,即有子死之痛。且坟上不生寸草,穴内生有白蚁。张锡畴的地理可知矣……断令文生(敬慎仪)不许再向张锡畴惹事,如文生敬氏子弟有向张锡畴滋事者,惟文生是问。遵依具结就是。[1]

地方官所作的“坟上不生寸草,穴内生有白蚁”这一考察结论不应忽视。19世纪一份来自川北的手写风水手册详细地记载了这类坟墓的情形,作为墓穴选择不当的范例。[2] 相应地,我们应注意到地方官对风水师所作坟墓堪舆的成败,自信拥有评价的能力。即使个别如上所述的风水师由此遭到谴责,其名声亦受损,但官方仍然认可风水学经典的准确性和关联性,如共享其他文化知识一样,这样的风水学知识在官方同样是通用的。

清代许多家族都明确要求由非亲属来处理墓葬的选址事务,从而确保了风水师在社会中的重要地位。如果在丧葬事务中主事的风水师属于家族某支亲属,则对丧葬过程不满意的一方通常会把这一事实抖落出来,风水师的信誉因此就会遭到损害。这类案子很多。1928年的一个案子表明古代的做法在民国仍得以延续。此案涉及一位从家族内部“廉价”雇用的风水师。当年早些时候,李国辅着手将父亲葬入祖坟。按照传统,李家要找南部县受人尊敬的阴阳师谢平章来主事,但令家族恐惧的是,结果却是未经训练的亲属李雨三被指派来从事这项工作。诉状详述了丧葬效果:

---

1 清朝四川南部县衙门档案,7.844.05。

2 相关的例证见《地理原序》,关于手稿的详细讨论,参见Brown,“The Veins of the Earth”, pp. 30–38。

> 术士李雨三,丧葬故犯山煞,害及李载华忽然患病垂危,巫医无效,另请堪舆查看,不但侵伤光祖老坟,葬期不利,人丁难保。民等无奈,请投本绅首左修竹……李国辅犯煞属实,致令民等合族不安,灾祸叠生,不但遭瘟火、盗贼之患,且又无故损伤人命。[1]

值得注意的是,李家在诉状中,很审慎地用“术士”一词来指称他们那位业务不熟的亲戚,而按照当地的习惯,训练有素的风水专家,一般被称为“堪舆”。李家在称谓上如此注意区分,恰恰凸显了人们对专家技术水平的担忧。按照清代的惯例,地方官下令由一名工书绘图和说明坟墓情形(见图5)。在谴责“术士”选址不利后,地方官勒令被告对周围的坟墓举行祷祝仪式,以平复那些可能受到干扰的灵魂。同样,按前清的做法,地方官仍令不准迁移坟墓。

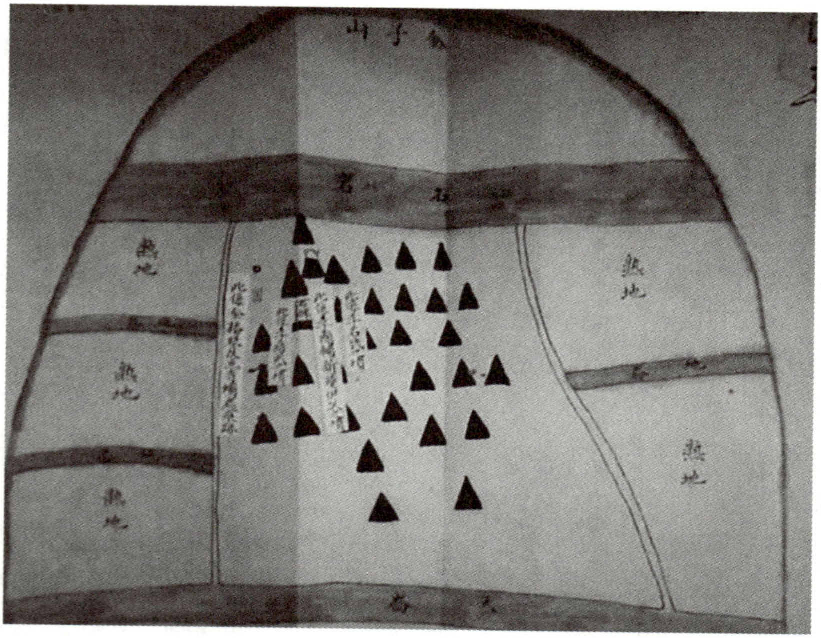

图5 工书对李家墓地及新增坟墓的绘图说明(1928)[2]

原告有时会将风水师的笔录,无论是以契约形式、还是堪舆辞形式做的,作为证明坟墓合法性的证据。因为在南部县农村地区,确定坟墓的真实性是一个非常复杂

1 四川大学中国西南文献研究中心藏南部县数字化档案:446.3079a。

2 四川大学中国西南文献研究中心藏南部县数字化档案:446.3079a.51。

的事情,特别是在坟上普遍未竖墓碑的情形下,笔录的作用更不可小觑。族谱中通常会保留一份对某坟所作冥契上的堪舆图抄本。1887 年,在乡村驿站旁建坟引发的一场旷日持久的财产纠纷中,原告就向当地衙门提交了一份内含税收评估的坟墓堪舆图抄本(图 6)。这些坟墓的建造者们担心他们那张印着“乾隆[某]年”(公元 1736—1795 年)字样的契约会在法庭上被视为“古契”,因此他们需要更多的证据来反驳有关坟墓是“假坟”的指控,他们提交的堪舆辞如下:

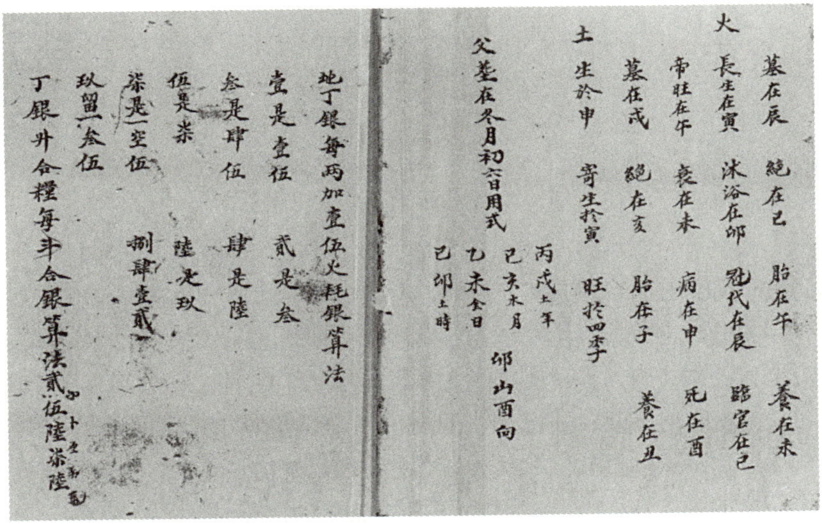
火
墓在辰 絶在巳 胎在午 養在未
長生在寅 沐浴在卯 冠代在辰 臨官在巳
帝旺在午 衰在未 病在申 死在酉
墓在戌 絶在亥 胎在子 養在丑
土
生於申 寄生於寅 旺於四季
父塟在冬月初六日用式
丙戌土年
己亥木月
乙未金日
己卯土時
卯山酉向
地丁銀每两加壹伍火耗銀算法
壹是壹伍 貳是叁
叁是肆伍 肆是陸
伍是柒 陸是玖
柒是一空伍 捌肆壹貳
玖留一叁伍
丁銀升合糧每斗合銀算法貳伍陸柒陸

图 6 附有对周边农田进行土地税估算的父坟堪舆图(卯山西向)图(约 1886 年)

> 土生于申,寄生于寅,旺于四季。父葬在冬月初六日,用式:丙戌土年,己亥木月,乙未金日,己卯土时。卯山酉向……地丁银每两加壹伍火耗银算法。壹是壹伍,贰是叁,叁是肆伍,肆是陆,伍是柒,陆是玖,柒是一空伍。捌肆壹贰,玖留一叁伍。丁银升合粮,每斗合银算法:贰钱伍卜[分],陆厘柒毫陆丝。[1]

当事人的主要动机是明确的:为了支持“古契”能够成立,并反驳由其新建的坟墓是假坟的指控,他们拿出了一份由风水师撰写的文件来加强他们的法律主张。对父亲八字中的“土”行堪舆,是在对之前的四行(金、木、水、火)进行长时间分析后算出来的,这对灵魂当中的“魄”尤为重要,关系到其能否在人死后长留于土坟之中。[2]

---

1 阆中市档案:343.7.04-05。

2 在巴县坟墓堪舆的抄本中,也能看到类似的情形,在那里,“四季”和“四方”的神灵也被召唤来迎接土神。

虽然我们不能确定在这个具体的案件中,究竟是风水堪舆公式、还是旁边的税收估算法在公堂上更具影响力,但上面的文书表明,当地人是在一个关于土地信息的统一框架中来看风水和税收信息的。就像当地人可能知道其每年的纳税义务一样,他们也会记录其父母或祖父母坟墓的位置和方位。虽然税收记录确立了这块土地的合法所有权,但这一精确的风水堪舆公式更为直接地说明了这块土地上坟墓的真实性。至少我们可以推测,在这种情况下,当地风水师和包税人很可能是同一个人,他一人同时制作了风水堪舆辞和税收评估书。四川史学家已经观察到了风水师担任包税人的现象。[1]

结 语

康豹在他具有里程碑意义的中国宗教与法律研究中,概述了他所称的“司法连续体”的内涵,即此岸世界法庭的司法机制与彼岸世界法庭产生明显的共鸣。[2] 在康豹的方法论基础之上,本文进一步指出,在清代时期州县一级的司法中,事实上确实将为冥府举行的仪式纳入当地的法律实践活动中。要理解这些现象,在接触清朝现存的大量法律资料时,就必须避免严格区分什么是宗教的,什么是世俗的。阳间政府与冥府的联系包括认可相关仪式以平复可能受到惊扰的亡魂,通过官方地图绘制来认识一方坟墓的风水,以及承认冥契和堪舆图,这些契约和堪舆图为生者提供了对坟地及其周边财产请求的依据。像南部县这样的州县一级的司法档案,对于我们考察政府与冥府之间的联系尤其有用,因为地方细事通常不像死刑案件那样,要受到律典严格的处刑限制。

在判决因生者试图操纵死者而引发的案件时,地方官试图在死者的合法权益和他或她在世的家庭成员的要求间寻求平衡,而正是这些家属,用坟墓来说事儿,以此来主张土地等财产权利。事实上,南部县的地方官经常明确区分死者的需要和生者

1 Gregory A. Ruf, *Cadres and Kin: Marking a Socialist Village in West China, 1921-1991*, Stanford: Stanford University Press, 2000, p. 196。我们注意到,在南部县,风水师同时也可扮演绘制争议坟地的工书、帮人撰写状子的讼师乃至帮地方官审理案件的幕友等多种角色。举个例子,有位一位风水师在一场诉讼中既是工书又是讼师,见清朝四川南部县衙门档案:10.689。事实上,清朝时期乡村精英所具有的仪式、税收和司法等多种角色的融合,可能增强了风水与税收、以及法律制度的关联性。在不明确因果关系的情形下,我们可能会注意到,在古代中国的最后几个世纪里,国家越来越依赖幕友进行裁判,这似乎显示该时期国家与法律上的风水相关联。更多关于幕友的介绍,参阅 Chen Li, “Legal Specialists and Judicial Administration in Late Imperial China, 1651-1911”, in *Late Imperial China* 33, no.1, 2012, pp. 1-54。

2 Katz, *Divine Justice*, p. 183.

的要求,例如,通常会下令生者向一个"古坟"献祭,而没有生者会提出如此要求。

政府广泛介入这些涉坟的事务中,其用意是多方面的。因为清代州县一级的法律例行实践,暗地里,有时则是明面上,使冥府司法仪式合法化,至晚到清朝时期,死者的在世亲属,就以祖先埋骨地下为基础而提出对土地权益的请求。虽然坟墓占用的土地数量在整个土地市场中所占的比例相对较小,但影响可能超出其直接的地理界限,因为生者可以通过借助于死者而主张权利。这样的策略在清朝时期变得更加明显,因为人口的增长增加了对耕地、坟墓和法律追索权的需求——无论是在这个世界、还是在阴曹地府。

正如在坟墓中发现了中国现存的最早的契约一样,坟墓和契约仍然是清代维系财产制度的两大核心技术。坟墓和契约之间的密切联系可以通过对比两种常见的做法反映出来,一种是创建"假坟"和"古坟",另一种是制作"假契"和"古契"(其中土地的四至无法核实)。这两种做法之间,存在着惊人的相似之处。纵观中古时期宗教学者的作品以及19世纪末四川许多古老仪式习俗的传承和应用,我们可以清楚地看到,在过去的两千年里,冥府及其司法仪式在塑造清代财产制度方面发挥了重要作用。

坟墓还是社会经济阶层实力的投影或者操纵杆。宋怡明(Michael Szonyi)和其他学者已经在富裕的沿海地区,如福建和广东,证明了此点,那里的宗族将他们祖先定居繁衍的历史,富有策略地记录在了族谱中。[1] 在南部县这样相对贫困的地区,也有这样的做法,那里的家庭常将动物骨骸埋入土中,来制造假坟。是否因为与福建、广东等地区相比,南部县的宗族既弱且新,所以官员才积极介入当地宗族的仪式活动之中?南部县的地方官扮演了更为积极的角色——例如,下令绘制墓地图——正是因为大多数当地的宗族,缺乏像徽州地区宗族那样可能广泛拥有的族谱及相应墓图。

我们知道,在徽州这样的地区,宗族通常在坟墓争讼中直接向法院提交族谱。当地的官员直接依赖这些族谱中记录的信息来处理坟墓争讼,这与成文法典的严格证据标准相矛盾。[2] 我们可以推断,像南部县这样穷乡僻壤的地方官,也并不是简单地屈从于"地方习俗",而是积极地实施和推广在较富裕地区证明了其社会效力的做法。

最后,南部县档案表明,在四川省的部分地区,清代有关处理坟墓争讼的做法,一直持续到20世纪。1938年的堪舆仪式手写文书和1930年的冥契所体现出的清代宗

---

1 Michael Szonyi, *Practicing Kinship: Lineage and Descent in late Imperial China*, Stanford University Press, 2002。"假"坟几乎可以肯定是在较富裕的地区建造的。

2 Zhang Xiaoye, "Legitimate, but Illegal: Case Studies of Civil Justice in the Ming and Qing Dynasties." In *Etudes chinoises* 28, 2009, pp. 73-94.

教习俗仍然很明显。此时沿海地区随着城市化的深入,其法律实践已经发生巨大变化,而南部县的判决,仍然深深植根于清朝时期的司法判例。[1] 本研究所述的制度,很可能直到20世纪50年代,在南部县和中国其他许多地方,都没有什么改变。事实上,在中国,直到今天,殡葬改革和迁坟问题仍然是高度敏感和广受关注的话题。

---

1 更多关于民国时代延续"古代模式"的诉讼情形,参见 Brown, "The Veins of the Earth", pp. 303-358。